Entscheidungen

des

Reichsgerichts.

Herausgegeben

von

den Mitgliedern des Gerichtshofes
und der Reichsanwaltschaft.

Entscheidungen in Zivilsachen.

102. Band.

Berlin und Leipzig 1921
Vereinigung wissenschaftlicher Verleger
Walter de Gruyter & Co.
vormals G. J. Göschen'sche Verlagshandlung :: J. Guttentag, Verlags-
buchhandlung :: Georg Reimer :: Karl J. Trübner :: Veit & Comp.

Entscheidungen

des

Reichsgerichts

in

Zivilsachen.

---

102. Band

mit Anhang: Entscheidungen des vorläufigen Staatsgerichtshofs.

Berlin und Leipzig 1921
Vereinigung wissenschaftlicher Verleger
Walter de Gruyter & Co.
vormals G. J. Göschen'sche Verlagshandlung :: J. Guttentag, Verlagsbuchhandlung :: Georg Reimer :: Karl J. Trübner :: Veit & Comp.

Druck von Metzger & Wittig in Leipzig.

Inhalt.

I. Bürgerliches Recht.

a. Reichsrecht.

III. Gerichtliches Verfahren.

IV. Anhang: Entscheidungen des vorläufigen Staatsgerichtshofs.

1. 1. Wie lange sind die Parteien an eine Vereinbarung, die nach der Bundesratsverordnung über den Verkehr mit landwirtschaftlichen Grundstücken vom 15. März 1918 (RGBl. S. 123) der Genehmigung bedarf, gebunden?

2. Wie ist in Preußen die Entscheidung der zur Erteilung der Genehmigung zuständigen Behörde den Beteiligten bekannt zu machen?

3. Kann diese Behörde die Genehmigung noch erteilen, nachdem sie sie versagt hatte?

V. Zivilsenat. Urt. v. 16. Februar 1921 i. S. F. (Bekl.) w. D. (Kl.). V 392/20.

I. Landgericht Hagen. — II. Oberlandesgericht Hamm.

Durch die notariellen Verträge vom 31. Dezember 1918 und 17. Januar 1919 verkaufte der Beklagte an den Kläger die darin bezeichneten Parzellen in der Größe von 55 bis 60 Morgen. Die Auflassung sollte am 15. September 1919 erfolgen. Am 18. Januar 1919 suchte der Kläger die Genehmigung zur Auflassung bei dem Landratsamte nach. Der Landrat erwiderte ihm jedoch am 4. März 1919, er beabsichtige, ihm die Erlaubnis nicht zu erteilen, da der Kläger die Landwirtschaft bisher im Hauptberufe nicht ausgeübt habe; bevor er ihm jedoch einen ablehnenden Bescheid erteile, stelle er ihm nochmalige Äußerung bis zum 20. März anheim. Nachdem der Kläger am 21. März persönlich mit dem Landrate verhandelt hatte, erließ dieser an demselben Tag einen schriftlichen Bescheid an ihn, daß er nach wie vor davon absehen müsse, ihm die Genehmigung zur Auflassung zu erteilen. Auf erneuten Antrag des Klägers vom 23. April 1919 wurde diesem alsdann aber am 10. Mai 1919 vom Landrate die Genehmigung zur Auflassung unter der Auflage erteilt, daß er das Gut sofort dem Landwirte S. auf 10 Jahre verpachte oder an diesen zu den Selbsterwerbsbedingungen verkaufe. Der Beklagte hält die nachträgliche Genehmigung für unzulässig, da die Verträge bereits durch die vorher stattgefundene Ablehnung der Genehmigung hinfällig geworden seien. Der Kläger erachtet dagegen den Beklagten an die

Verträge noch für gebunden und hat deshalb Klage auf Feststellung des Bestehens der notariellen Verträge vom 31. Dezember 1918 und 17. Januar 1919 erhoben und die Verurteilung des Beklagten zur Auflassung und Übergabe der verkauften Grundstücke sowie zur Grenzvermessung verlangt. Das Landgericht hat die Klage abgewiesen, das Oberlandesgericht ihr dagegen entsprochen.

Die Revision des Beklagten ist zurückgewiesen worden aus folgenden

Gründen:

Der Berufungsrichter hält die nach der Bekanntmachung des Reichskanzlers über den Verkehr mit landwirtschaftlichen Grundstücken vom 15. März 1918 erforderliche Genehmigung zu den Kaufverträgen und zur Auflassung durch die Verfügung des Landrats vom 10. Mai 1919 für erbracht. Die Auffassung des Beklagten, daß der Landrat zur nachträglichen Erteilung der Genehmigung überhaupt nicht mehr befugt gewesen sei, weil er die Genehmigung bereits am 21. März 1919 versagt habe, dieser Bescheid rechtskräftig geworden und damit der Vertrag hinfällig geworden sei, erachtet der Berufungsrichter nicht für zutreffend. Denn der Bescheid vom 21. März 1919 sei nur ein Zwischenbescheid gewesen; der Landrat setze darin den Kläger davon in Kenntnis, daß er auch nach den vom Kläger auf das Schreiben vom 4. März 1919 abgegebenen Erklärungen nach wie vor davon absehen müsse, ihm die Genehmigung zur Auflassung zu erteilen. Eine förmliche Zustellung dieses Bescheides sei auch nicht erfolgt, so daß die Beschwerdefrist des § 5 nicht in Lauf gesetzt sei. Solange aber keine endgültige Versagung der Genehmigung erfolgt war, habe der Kläger die gegen deren Erteilung vorliegenden Bedenken beseitigen und die Genehmigung noch beschaffen können.

Die Revision rügt Verletzung des materiellen Rechtes, insbesondere der §§ 108 Abs. 2, 133, 157 BGB., und Verletzung der Rechtsgrundsätze über die Auslegung und Zustellung von Verwaltungsentscheidungen. Die Auslegung des Berufungsgerichts, wonach der Landrat das Gesuch um Genehmigung gewissermaßen zur Zeit oder angebrachtermaßen abgewiesen habe, sei unrichtig. Der Landrat habe keinen Zwischenbescheid gegeben, sondern die nachgesuchte Genehmigung verweigert. Hiervon hätte er nicht wieder abgehen können. Ein solcher Vertrag, welcher der Genehmigung bedürfe, könne nicht auf lange Zeit in der Schwebe gehalten werden; § 108 Abs. 2 BGB. sei hier entsprechend anwendbar. Eine Zustellung des Beschlusses sei in der Verordnung vom 15. März 1918 überhaupt nicht vorgeschrieben; jedenfalls genüge die Zustellung an den Käufer. Der Beklagte habe durch die Erkundigung bei dem Amtmanne Kenntnis von dem Bescheide des Landrats erhalten; er habe hierauf dem Gegner sofort erklärt, daß er sich an den Verkauf nicht gebunden erachte.

Die Angriffe der Revision konnten nicht für durchgreifend erachtet werden. Allerdings tritt durch das in der Verordnung vom 15. März 1918 aufgestellte Erfordernis der behördlichen Genehmigung der Veräußerungsgeschäfte und der Auflassung bei Grundstücken über 5 ha zunächst ein Schwebezustand ein; erst mit der Erteilung der Genehmigung oder mit ihrer Versagung wird über die Wirksamkeit des Geschäfts entschieden. Da gegen die Versagung jedem Teile binnen zwei Wochen nach der Bekanntmachung die Beschwerde zusteht, so wird die Frage der Wirksamkeit des Geschäfts im Falle der Versagung der Genehmigung erst mit dem Ablaufe der Beschwerdefrist oder mit dem Erlaße der endgültigen Entscheidung in der Beschwerdeinstanz gelöst. Bis dahin sind aber die Vertragsparteien an das Geschäft gebunden; erst mit der endgültigen Versagung der Genehmigung werden die Vertragsteile von ihren Verpflichtungen frei. Für die entsprechende Anwendung des § 108 BGB. ist weder Raum noch Bedürfnis vorhanden, da jeder Vertragsteil die Genehmigung nachsuchen und damit die Entscheidung über die Wirksamkeit des Geschäfts herbeiführen kann. Nach den Feststellungen des angefochtenen Urteils war nun die erste Verfügung des Landrats vom 4. März 1919 noch keine Versagung der Genehmigung, da die Erteilung des ablehnenden Bescheides auf den Antrag des Klägers vom 18. Januar 1919 betreffend die Genehmigung zur Auflassung darin noch ausdrücklich vorbehalten und dem Kläger zunächst Gelegenheit gegeben wurde, sich inzwischen zu äußern. Aber auch die Verfügung des Landrats vom 21. März 1919 hat das Berufungsgericht lediglich als einen Zwischenbescheid angesehen. Es entnimmt dies zunächst aus dem Inhalte der Verfügung, in welcher der Landrat auf die inzwischen erfolgte Gegenäußerung des Klägers Bezug nimmt und erklärt, daß er „nach wie vor davon absehen muß", ihm die Genehmigung zur Auflassung zu erteilen. Nach der Auffassung des Berufungsgerichts hat der Landrat die Verhandlungen über die Genehmigung hiermit noch nicht als abgeschlossen betrachtet und noch keinen endgültigen Bescheid erteilen wollen, wie auch aus seinem Schreiben vom 15. Mai 1919 an den Rechtsanwalt R. hervorgehe. Auch daraus, daß der Landrat den Bescheid vom 21. März 1919 dem Beklagten überhaupt nicht, dem Kläger nicht förmlich habe zustellen lassen, folgert der Berufungsrichter, daß der Landrat damals noch nicht endgültig über die Genehmigung entschieden, sondern wiederum nur einen Zwischenbescheid erlassen habe.

Der Revision ist zuzugeben, daß gegen diese letztere Auffassung gewichtige Bedenken sprechen. Zunächst ist der Revision darin beizutreten, daß, da es sich hier um die Feststellung der Bedeutung und der Tragweite der Entscheidung einer Verwaltungsbehörde handelt, dem Revisionsgericht eine freie Nachprüfung der Auslegung des Berufungsrichters zusteht (vgl. RGZ. Bd. 91 S. 27, Bd. 92 S. 114, 117, Bd. 67 S. 380 und RG. 9. Dezember 1920, VI 433/20). Diese Prüfung muß zu einem abweichenden Ergebnis führen. In dem Schreiben vom 4. März 1919 spricht der Landrat allerdings nur von seiner Absicht, die Genehmigung nicht zu erteilen, und gibt dem Kläger Gelegenheit zur Äußerung, bevor der ablehnende Bescheid erginge. Nachdem diese Äußerung aber erfolgt war und das Bedenken, daß der Kläger nicht von Beruf Landwirt sei, nicht beseitigt war, stand der Erteilung des ablehnenden Bescheides nichts mehr im Wege. Der Inhalt des Schreibens vom 21. März 1919, in welchem der Landrat erklärt, nach wie vor davon absehen zu müssen, dem Kläger die Genehmigung zur Auflassung zu erteilen, läßt auch nicht erkennen, daß die Sache damit nicht endgültig erledigt sein sollte. Insbesondere spricht aber auch die Erteilung einer Abschrift des Bescheides an den Amtmann in M. dafür, daß es sich um einen endgültigen Bescheid handelte. Hierauf deutet auch die Schlußverfügung vom 21. März 1919 unter Nr. 4 in den Landratsakten hin, welche „Z. d. A." (zu den Akten) lautet, also die Angelegenheit abschließt, während in der Verfügung vom 4. März 1919 eine Wiedervorlegung der Akten zum 20. März 1919 angeordnet war. Endlich ist auch zu beachten, daß die Erteilung der Genehmigung am 10. Mai 1919 nicht auf den ursprünglichen Antrag vom 18. Januar 1919 ergangen, sondern ausdrücklich auf das neue Gesuch vom 23. April 1919 erfolgt ist.

Indes auch wenn mit der Revision anzunehmen ist, daß der Landrat durch die Verfügung vom 21. März 1919 die Genehmigung zur Auflassung endgültig versagen wollte, kann dies der Revision nicht zum Erfolge verhelfen. Denn keinesfalls ist eine Bekanntmachung dieser Entscheidung an den Beklagten erfolgt. Ihm gegenüber ist also die Beschwerdefrist des § 5 der BRVO. v. 15. März 1918 noch nicht in Lauf gesetzt. Aber auch dem Kläger gegenüber ist dies nicht der Fall. Ihm ist zwar die Verfügung des Landrats vom 21. März 1919 mitgeteilt, sie ist ihm aber nicht förmlich zugestellt worden. Über die Art der Bekanntmachung der Entscheidung ist in § 5 keine Bestimmung getroffen. Die Verordnung verweist jedoch in § 8 auf die von den Landeszentralbehörden zu erlassenden Ausführungsbestimmungen. In den für die Ausführung der Verordnung vom Staatskommissar für Volksernährung und den zuständigen Ministern am 27. März 1918 (MBl. der landw. Verwaltung S. 109; Schlegelberger, Kriegsbuch Bd. 8 S. 131) aufgestellten Grundsätzen ist zu § 5 der BRVO. bestimmt, daß, wenn die Genehmigung versagt wird, der Antragsteller und sein Vertragsgegner hiervon unter Angabe der Gründe schriftlich zu benachrichtigen und über ihr Beschwerderecht zu belehren sind. Diese Benachrichtigungen sind ihnen zuzustellen. Wenn diese Zustellungsvorschrift sich auch nicht in den auf Grund des § 8 der BRVO. erlassenen Ausführungsbestimmungen vom 16. März 1918 (JMBl. S. 69), sondern in den von den zuständigen Ministerien aufgestellten Grundsätzen für die Ausführung der Verordnung findet, so kann dies doch keinen Unterschied begründen. Nähere Bestimmungen über die Art der Zustellung sind allerdings in jenen Grundsätzen nicht enthalten. Wenn die Zustellungen in Verwaltungsangelegenheiten, soweit nicht besondere Vorschriften ergangen sind, im allgemeinen auch formlos ausgeführt werden mögen (v. Brauchitsch, Ges. über die allg. Landesverwaltung, 21. Auflage, § 51 Anm. 86), so wird jedenfalls bei Zustellungen, mit denen der Lauf einer Beschwerdefrist beginnt, der Zeitpunkt der Mitteilung oder Aushändigung der Verfügung urkundlich festzustellen sein. Es kommt aber hierauf nicht an; denn da in den Ausführungsgrundsätzen auch eine Belehrung über das Beschwerderecht bei der Bekanntmachung der Versagung der Genehmigung angeordnet ist, so hätte hier auch noch diese Belehrung erfolgen müssen. Die Zustellung eines Bescheides ohne richtige Rechtsbelehrung eröffnet aber die Frist überhaupt nicht und läßt den Bescheid nicht in Rechtskraft übergehen (vgl. Friedrichs, Landesverwaltungsgesetz § 64 S. 139, Entsch. OVG. Bd. 50 S. 292). Hiernach ist also der hilfsweise angestellten Erwägung des Berufungsrichters beizutreten, daß eine ordnungsmäßige Bekanntmachung des Bescheides nicht erfolgt und deswegen die Beschwerdefrist noch nicht in Lauf gesetzt war. Eine Verletzung der Grundsätze über die Zustellung von Verwaltungsentscheidungen, welche die Revision rügt, kann hierin um so weniger gefunden werden, als schon in § 52 LandesverwaltungsG. vom 30. Juli 1883 bestimmt war, daß die Fristen für die Anbringung der Beschwerde, sofern die Gesetze nichts anderes vorschreiben, mit der Zustellung beginnen. Solange aber die Entscheidung des Landrats, durch welche die Genehmigung zur Auflassung versagt wurde, nicht rechtskräftig geworden war, blieben die Parteien an den Vertrag gebunden. Der Beklagte war daher nicht berechtigt, sich von dem Vertrage loszusagen, weil durch die Verfügung des Landrats vom 21. März 1919 die Genehmigung versagt worden war.

Diese Rechtslage würde nun allerdings noch nicht das auf Erfüllung des Kaufvertrags und auf Feststellung seines Bestehens gerichtete Klagebegehren rechtfertigen; hierzu bedürfte es vielmehr noch der Erteilung der Genehmigung. Es entsteht daher die weitere Frage, ob der Landrat trotz des ablehnenden Bescheides vom 21. März 1919 die Genehmigung nachträglich noch erteilen durfte. Ob der Landrat, wenn er einen ablehnenden Bescheid erlassen und ordnungsmäßig bekannt gemacht hat, so daß die Beschwerdefrist des § 5 BRVO. in Lauf gesetzt ist, seine Entscheidung noch abändern und auf einen neuen

Antrag die Genehmigung erteilen kann, bedarf hier nicht der Entscheidung. Jedenfalls erscheint aber der Landrat hierzu berechtigt, solange er, wie hier, seinen ablehnenden Bescheid den Beteiligten überhaupt noch nicht oder nicht im Wege der förmlichen Zustellung bekannt gemacht hat. Denn bis dahin ist der Bescheid nach außen noch nicht mit amtlicher Wirksamkeit kundgegeben. Den Beteiligten sind aus der ihnen amtlich noch nicht in der vorgeschriebenen Weise eröffneten Entscheidung noch keinerlei Rechte erwachsen. Die Verwaltungsbehörde muß deshalb für berechtigt erachtet werden, ihre nach außen noch nicht amtlich in die Erscheinung getretene Verfügung zurückzunehmen oder abzuändern und den Beteiligten eine neue Verfügung zugehen zu lassen. Der Landrat war bei der gegebenen Sachlage daher noch befugt, auf den erneuten Antrag des Klägers die Genehmigung schlechthin oder unter Auflagen zu erteilen. Da eine solche Genehmigung nach dem festgestellten und in dieser Richtung unangefochten gebliebenen Sachverhalt am 10. Mai 1919 unter gewissen Auflagen endgültig erteilt ist, so sind die Klaganträge ohne Rechtsirrtum für gerechtfertigt erachtet worden.

---

2. Zur Haftung der Gemeinde für den einem Volksschullehrer infolge mangelhafter Unterhaltung der Schule entstehenden Schaden im Geltungsbereiche des preuß. Gesetzes, betr. die Unterhaltung der öffentlichen Volksschulen, vom 28. Juli 1906.

III. Zivilsenat. Urt. v. 11. März 1921 i. S. der Stadtgemeinde Köln (Bekl.) w. B. (Kl.) III 287/20.

I. Landgericht Köln. — II. Oberlandesgericht daselbst.

Die Klägerin hat am 14. September 1915 auf dem Schulhofe einer städtischen Volksschule in Köln, an der sie als Lehrerin angestellt war, durch das Umfallen einer dort aufgestellten Leiter einen schweren Unfall erlitten. Sie macht die Beklagte für den ihr entstandenen Schaden verantwortlich. Sie fordert die Zahlung von Kur- und Arztkosten und einer lebenslänglichen Rente und weiter die Feststellung der Pflicht der Beklagten zum Ersatze des weiteren ihr aus dem Unfall entstandenen Schadens. Das Landgericht hat durch Teilurteil den Leistungsanspruch zur Hälfte dem Grunde nach für gerechtfertigt erklärt, zur anderen Hälfte abgewiesen. Das Oberlandesgericht hat den Leistungsanspruch in vollem Umfange dem Grunde nach für gerechtfertigt erklärt. Die Revision der Beklagten wurde zurückgewiesen aus folgenden

Gründen:

Das Berufungsgericht erachtet für erwiesen, daß die Doppelleiter, durch deren Umfallen die Klägerin verletzt worden ist, auf dem Schulhof und zwar gerade an der Stelle, an der die Schüler nach Beendigung der Pause sich aufzustellen hatten, aufrecht derart hingestellt war, daß bei der Unebenheit des Bodens ein leichter Stoß sie zum Kippen bringen konnte. Das Berufungsgericht stellt ferner fest, daß der Beklagten bekannt geworden war, daß die Leiter, die ordnungsmäßig in der Turnhalle ihren Platz hatte, von den jener Zeit in dieser Halle untergebrachten Soldaten zum Trocknen von Wäsche benutzt und auf dem Hof aufgestellt wurde. Es nimmt an, daß die Beklagte, der die Unterhaltung der Schule gesetzlich obgelegen habe, unter diesen Umständen verpflichtet gewesen sei, sich mit den Militärbehörden ins Einvernehmen zu setzen, um diesem die Sicherheit des Verkehrs auf dem Schulhofe gefährdenden Zustand abzuhelfen, und erblickt in der Verabsäumung dessen ein Verschulden der gesetzlichen Vertreter der Beklagten. Es erachtet die Beklagte aber auch für haftbar für ein Verschulden der Schuldienerin, deren sie sich zur Erfüllung ihrer Verpflichtung zur vorschriftsmäßigen Instandhaltung des Schulgebäudes usw. bedient habe. Diese Schuldienerin aber treffe ein Verschulden insofern, als sie die Leiter schon mehrfach auf dem Hofe habe herumstehen sehen und deshalb mit einer Wiederkehr dieses Zustandes habe rechnen müssen und sie deshalb verpflichtet gewesen sei, vor jeder Unterrichtspause nachzusehen, ob die Leiter nicht auf dem Hofe herumstehe und sie nötigenfalls wegzuschaffen. Auch hätte die Schuldienerin, wenn die Soldaten ihren Anordnungen wegen der Leiter nicht nachkamen, ihren Vorgesetzten Anzeige erstatten müssen, damit diese für die gebotene Abhilfe sorgten.

Die Feststellungen des Berufungsgerichts rechtfertigen die von ihm getroffene Entscheidung. Die Pflicht, den Schulhof in ordnungsmäßigem, gefahrfreiem Zustande zu erhalten, lag der Beklagten schon als Eigentümerin des Grundstücks ob. Als solche haftete sie jedem, der durch eine Vernachlässigung dieser ihrer Pflicht zu Schaden kam, nach Maßgabe der §§ 31, 89, 823, 831 BGB. und, sofern einer ihrer Beamten in Ausübung der öffentlichen Gewalt seine Amtspflicht schuldhaft verletzt haben sollte, nach § 839 BGB. in Verbindung mit § 4 des Gesetzes vom 1. August 1909. Zu dieser allgemeinen, aus dem Eigentum bzw. dem Staatshaftungsgesetze folgenden Verpflichtung trat für die Beklagte die besondere gesetzliche Pflicht zur Unterhaltung der öffentlichen Volksschulen. Die Bestimmungen des zur Ausführung der Art. 24 Abs. 3 und Art. 25 Abs. 1 der preußischen Verfassungsurkunde vom 31. Januar 1850 erlassenen Gesetzes betr. die Unterhaltung der öffentlichen Volksschulen vom 28. Juli 1906 legen, vorbehaltlich besonderer Bestimmungen, der bürgerlichen Gemeinde die gesamte Volksschullast und damit die bauliche Unterhaltung der Schule mit allen ihren Nebenanlagen auf. Diese Unterhaltungspflicht muß den besonderen Zwecken der Schule Rechnung tragen. Der staatlichen Aufsichtsbehörde steht (vgl. § 65 VolksschulUnterhG. und v. Rohrscheidt, Anm. 2 dazu) das Recht und die Pflicht zu, die Erfüllung dieser Unterhaltungspflicht zu überwachen. Ministerielle Vorschriften haben die Anforderungen geregelt, die bei der Einrichtung der Volksschulen hinsichtlich der allgemeinen gesundheitlichen Rücksichten, der Sicherung des Verkehrs, der Beschaffenheit der Schulzimmer und der Lehrerwohnungen zu stellen sind. Es kann keinem Zweifel unterliegen, daß diese gesetzliche Unterhaltungspflicht auch die Verpflichtung in sich schließt, das Schulgebäude mit allen Nebenanlagen so einzurichten und zu unterhalten, daß die dort tätigen Lehrer bei der Verrichtung ihres Dienstes gegen Gefahren für Leben und Gesundheit soweit geschützt sind, als dies angängig ist. Diese Verpflichtung geht über die dem Eigentümer gegenüber der Allgemeinheit obliegende Pflicht hinaus und begründet eine öffentlichrechtliche Verbindlichkeit dem Lehrer gegenüber, eine konkrete Verbindlichkeit, die nicht erst mit dem Zeitpunkte der Verletzung dieser Pflicht und eines hierdurch dem Lehrer erwachsenden Schadens entsteht, sondern ohne weiteres mit der Tätigkeit des Lehrers an der Schule beginnt. Die Anerkennung einer solchen, die Anwendung des § 278 BGB. rechtfertigenden Verbindlichkeit entspricht auch durchaus dem besonderen engen Verhältnis, in dem der Volksschullehrer zu der Gemeinde steht. Allerdings ist dieses Verhältnis kein öffentlichrechtliches Dienstverhältnis. Nur zum Staat, der ihn anstellt, steht der Lehrer, als unmittelbarer Staatsbeamter, in einem öffentlichrechtlichen Dienstverhältnis. Aber die Gemeinde besoldet ihn, sie beschafft ihm unter Umständen eine Dienstwohnung, ihre Organe wählen ihn, und er wird angestellt zwar durch die staatlichen Behörden aber „für den Schulverband" (§ 59 Abs. 3 des Gesetzes), dem seine in Erfüllung einer staatlichen Aufgabe geleistete Tätigkeit unmittelbar zugute kommt. Bei der grundsätzlichen Stellungnahme zu der Frage der rechtlichen Stellung der Volksschullehrer hat der erkennende Senat demgemäß in dem Urteile vom 5. Mai 1914 (RGZ. Bd. 85 S. 21 flg., 26) auch das Bestehen „außerordentlich enger Beziehungen" zwischen der Gemeinde und den Lehrern an den Volksschulen anerkannt.

Die hiernach der Gemeinde obliegende Verpflichtung ist unter Verschulden der Personen, für die die beklagte Stadtgemeinde nach vorstehenden Ausführungen gemäß § 278 BGB. haftet, verletzt worden. Das Herumstehen der Leiter auf dem Schulhofe, wo sie bei der Unebenheit des Bodens leicht zum Umstürzen gebracht werden konnte, bedeutete zweifellos eine Gefahr wie für die sonst dort verkehrenden Personen so besonders auch für die Lehrer. Die Leiter war nicht aus Veranlassung des Unterrichts auf den Hof gebracht worden; sie war von den Soldaten wiederholt dorthin verschleppt worden und es hatte sich so ein Zustand entwickelt, der mit der äußeren Ordnung nicht vereinbar war und dessen Beseitigung gerade den mit den äußeren Schulangelegenheiten befaßten städtischen Behörden oblag. Diese hatten, wie das Berufungsgericht unangefochten feststellt, von dem Zustande Kenntnis erhalten. Mit Recht nimmt das Berufungsgericht hiernach an, daß die betreffenden gesetzlichen Vertreter der Beklagten für die Abhilfe dieser Unzuträglichkeit in wirksamer Weise hätten sorgen können und müssen, und daß sie durch die Verabsäumung dessen fahrlässig handelten. Ebensowenig unterliegt die Annahme eines Verschuldens der Schuldienerin einem rechtlichen Bedenken. Daß diese als eine Person anzusehen ist, deren sich die Beklagte zur Erfüllung ihrer Verbindlichkeit gegenüber den Lehrern bediente, kann keinem Zweifel unterliegen.

---

3. 1. Steht dem Patron oder der politischen Gemeinde, die, ohne kirchenbaulastpflichtig zu sein, unter Vorbehalt Aufwendungen zu notwendigen baulichen Erneuerungen des Kirchengebäudes gemacht haben, ein Erstattungsanspruch aus Geschäftsführung ohne Auftrag oder ungerechtfertigter Bereicherung zu?

2. Zur Kirchenbaulast des Patrons nach gemeinem evangelischen Kirchenrecht.

3. Kann eine Kirchenbaulastverpflichtung der politischen Gemeinde durch Observanz, Herkommen oder unvordenkliche Verjährung entstehen, solange der politischen Gemeinde eine selbständige Kirchengemeinde als besonderes Rechtssubjekt nicht gegenüberstand, politische und Kirchengemeinde vermögensrechtlich vielmehr als zusammenfallend angesehen wurden?

VI. Zivilsenat. Urt. v. 14. März 1921 i. S. der evangel.-luth. Kirchengemeinde Bonames (Bekl.) w. Stadtgemeinde Frankfurt a. M. (Kl.). VI 484/20.

I. Landgericht Frankfurt a. M. — II. Oberlandesgericht daselbst.

Die Klägerin verlangt von der Beklagten die Erstattung von Aufwendungen, die sie vor Erhebung der am 19. Februar 1915 zugestellten Klage im Betrage von 4100 *M* für Herstellungsarbeiten an der evangelischen Kirche in Bonames gemacht habe, mit der Begründung, daß die beklagte Kirchengemeinde, nicht die klagende politische

Gemeinde Frankfurt a. M., die infolge Eingemeindung von Bonames in das Stadtgebiet Frankfurt a. M. nach Maßgabe des Gesetzes vom 21. März 1910 an die Stelle der politischen Gemeinde Bonames getreten ist, die Kirchenbaulast treffe. Sie stützt ihren Anspruch auf auftraglose Geschäftsführung und Bereicherung.

Die Beklagte wurde in beiden Vorinstanzen nach dem Klagantrage verurteilt; ihre Revision blieb erfolglos.

Gründe:

Die Klage geht auf Erstattung eines Geldbetrags von 4100 *M*, den die Klägerin für bauliche Ausbesserungen des Kirchengebäudes der evangelisch-lutherischen Kirchengemeinde in Bonames unter Vorbehalt der Rückforderung aufgewendet hat; sie stützt sich auf Geschäftsführung ohne Auftrag (§§ 677 flg.) und Bereicherung (§§ 812 flg. BGB.). Die Klägerin ist Patron der genannten Kirche; sie ist ferner Rechtsnachfolgerin der früher zum Landkreise Frankfurt a. M. gehörigen Landgemeinde Bonames, die durch Gesetz vom 21. März 1910 mit Wirkung vom 1. April 1910 auf Grund des zwischen der genannten Landgemeinde und der Klägerin abgeschlossenen Eingemeindungsvertrags mit der Stadtgemeinde Frankfurt a. M. vereinigt wurde. Die Beklagte behauptet, daß die Klägerin für ihre Person — als Patron — oder als Rechtsnachfolgerin der Landgemeinde Bonames selbst die Kirchenbaulast zu tragen habe. Für die rechtliche Beurteilung der Frage, wem die Kirchenbaulast obliege, ist auch nach dem Inkrafttreten des Bürgerlichen Gesetzbuchs gemäß Art. 132 EG. z. BGB. das bisherige Recht der Landesgesetze in Geltung geblieben.

Die Gerichte beider Vorinstanzen haben das Vorbringen der Beklagten nach Maßgabe der vorgetragenen und festgestellten Tatsachen für rechtlich unbegründet erklärt und, da der Betrag der geltend gemachten Forderung an sich unstreitig ist, dem Klagantrage, den sie für schlüssig begründet erachten, stattgegeben. Der dagegen von der Beklagten eingelegten Revision war der Erfolg zu versagen.

Den Vorinstanzen ist darin beizutreten, daß der Klaganspruch, wenn nicht aus irgendeinem Rechtsgrunde die Klägerin die Baulast für die evangelisch-lutherische Kirche zu Bonames zu tragen hat, aus §§ 677, 679, 683 wie aus § 812 BGB. zu Recht besteht (vgl. RGZ. Bd. 82 S. 206). Die Klägerin hat, indem sie die baulichen Erneuerungen, die notwendig waren, vornahm und deren Kosten bestritt, ein Geschäft der Beklagten führen wollen und geführt, zu dem sie keinen Auftrag hatte, dessen Erfüllung aber im öffentlichen Interesse lag; die Beklagte ist ferner, wenn sie die Kirchenbaulast trifft, durch die Aufwendungen der Klägerin ohne rechtlichen Grund bereichert. Die kirchliche Baulast trifft aber nach gemeinem Kirchenrecht die evangelisch-lutherische Kirchengemeinde, wenn nicht das eigentliche Kirchenvermögen (die **fabrica ecclesiae**) zureicht und nicht andere Verpflichtete vor der Kirchengemeinde sich einschieben. Ersteres ist unstreitig nicht der Fall; als anderer Verpflichteter aber kommt nach dem Sachvortrage der Beklagten nur die Klägerin selbst in Frage.

Die Baulast der Klägerin wird von der Beklagten zunächst aus dem Patronatstitel hergeleitet. Daß das Patronatsrecht der Klägerin mit Einkünften aus dem Kirchenvermögen verbunden sei, ist nicht behauptet und kommt nicht in Frage. Dem Patron, dem keine Einkünfte aus dem Kirchenvermögen zustehen, liegt aber nach der herrschenden Lehre des gemeinen katholischen wie evangelischen Kirchenrechts, der auch das Reichsgericht in wiederholten Entscheidungen sich angeschlossen hat, eine Kirchenbaulast nicht ob (Gruchot Bd. 51 S. 1131, JW. 1885 S. 130 Nr. 29; Urteil vom 1. Mai 1916 IV 389/15). Die gemeinrechtliche Streitfrage, ob der Patron als solcher oder nur der Einkünfte aus dem Kirchenvermögen beziehende Patron (der **patronus fructuarius**) die Kirchenbaulast zu tragen habe, ist durch eine Bestimmung des Tridentinischen Konzils (Sess. **XXI cap. 7**) hervorgerufen worden, worin es heißt, daß die Kirchenbaulast treffe **omnes patronos et alios, qui fructus aliquos ex ecclesiis provenientes percipiunt.** Sie läßt die Frage offen, ob nur die **alii** oder auch die **patroni** Einkünfte aus der Kirche beziehen müssen, um baupflichtig zu sein. Die Bestimmungen des Tridentinischen Konzils haben für die evangelisch-lutherische Kirche an sich keine Gültigkeit; aber ein besonderes gemeines Recht hat sich für letztere in dieser Frage nicht entwickelt. Es gilt hier das bisherige, bis zur Reformation in Geltung gewesene Kirchenrecht; die Bestimmungen des Tridentinischen Konzils kommen nur insofern in Betracht, als sie lediglich das früher geltende Recht bestätigen (vgl. Sarwey, Kirchengemeinde und kirchliche Baulast in Württemberg im Archiv für Recht und Rechtsverwaltung in Württemberg Bd. 7 S. 284). Da das frühere Recht aber eine Baulast der Patrone als solcher überhaupt nicht kannte, sondern nur eine solche der **fructuarii**, der Nutznießer des Kirchenvermögens (vgl. das letztangeführte Urteil des Reichsgerichts), kann für das Kirchenrecht der evangelisch-lutherischen Kirche, von partikulären und örtlichen Rechtsentwicklungen abgesehen, nur eine Kirchenbaulast des Patrons, der Einkünfte aus dem Kirchenvermögen bezieht, in Frage kommen.

Das Berufungsgericht hat die gemeinrechtliche Streitfrage unentschieden gelassen. Es stellt tatsächlich fest, daß im Laufe langer Jahrhunderte, von 1517 bis zur Eingemeindung des Jahres 1910, die Gemeinde Bonames — ob Zivil- oder Kirchengemeinde — die Kirchenreparaturen vorgenommen und somit die Baulast getragen habe, und daß sie die Stadt Frankfurt a. M. in vielen Fällen (so in den Jahren 1558, 1642, 1651, 1660, 1766—69, 1851) um Darlehen und Beihilfen zum Kirchenbau angegangen habe, und es hat daraus den Schluß auf Bildung eines negativen Gewohnheitsrechts oder Herkommens dahin gezogen, daß die Stadt Frankfurt nach der Rechtsüberzeugung aller Beteiligten für befreit von der Baulast gehalten wurde. Die Schlußfolgerung ist rechtlich nicht zu beanstanden; nach dem vorher Ausgeführten bedarf es ihrer jedoch nicht, um eine Baulastverpflichtung der Klägerin aus dem rechtlichen Gesichtspunkte des Patronats hinfällig erscheinen zu lassen.

Hauptsächlich leitet die Beklagte indessen die von ihr behauptete Kirchenbaulast der Klägerin nicht aus ihrem Patronat, sondern aus der Rechtsnachfolge nach der politischen Gemeinde Bonames durch die Eingemeindung der bisher selbständigen Gemeinde her mit der Begründung, daß die Landgemeinde Bonames durch die Jahrhunderte stets die Baukosten bei baulichen Erneuerungen für die Kirche getragen und daß sich durch Observanz oder Herkommen oder unvordenkliche Verjährung die rechtliche Verpflichtung hierzu ausgebildet habe. Unter Observanz wird hier das örtlich begrenzte Gewohnheitsrecht im Sinne einer objektiven Rechtsnorm, hervorgegangen aus einer auf Grund innerer Überzeugung gepflogenen fortdauernden und gleichmäßigen Übung, verstanden (RGZ. Bd. 2 S. 185, Bd. 12 S. 293, Bd. 17 S. 181). Herkommen ist im Gegensatz hierzu eine Übung, die nur ein besonderes dauerndes Rechtsverhältnis zwischen zwei Beteiligten, hier der politischen und der Kirchengemeinde, regelt und in dieser beständigen Übung durch gegenseitige Anerkennung eine vertragsmäßige Abmachung ersetzt (RGZ. Bd. 11 S. 213). Unvordenkliche Verjährung bildet den Erwerbsgrund für subjektive Rechte durch Zeitablauf über Menschengedenken hinaus; auch hier müssen die Ausübungshandlungen an sich geeignet sein, eine Rechtsausübung darzustellen, also auf der Absicht beruhen, ein Recht auszuüben (RGZ. Bd. 17 S. 123, Bd. 24 S. 165).

Das Berufungsgericht stellt nun mit dem Landgericht in Würdigung der geschichtlichen Entwicklung der politischen und der Kirchengemeinde in Bonames tatsächlich fest, daß in Nachwirkung des Satzes **„cujus regio, illius et religio"** die Sonderung der kirchlichen von der politischen Gemeinde in Bonames sich erst seit dem Beginn oder im Laufe des 19. Jahrhunderts vollzogen habe, so daß alle Einwohner, auch wenn sie nicht dem evangelisch-lutherischen Bekenntnis angehörten, als dem Pfarrzwange des letzteren unterworfen galten, daß die Kirchengemeinde Bonames und die politische Gemeinde genau in denselben örtlichen Grenzen lagen, daß durch die Jahrhunderte in der kleinen Landgemeinde Bonames das Vorhandensein von Nichtlutheranern zu den größten Seltenheiten gehörte, und daß alle diese

Umstände die Behandlung der politischen und der Kirchengemeinde als rechtlich gleich und zusammenfallend hervorbrachten. Zwar habe es eine Kirchenkasse und auch besondere Amtspersonen für die Verwaltung des Kirchenvermögens gegeben; doch seien diese nicht als Organe einer besonderen Kirchengemeinde angesehen worden und anzusehen, sondern als solche der politischen Gemeinde mit besonderen auf die Verwaltung des Kirchenvermögens sich beziehenden Amtsobliegenheiten. Während das Landgericht eine zeitliche Begrenzung dieses Rechtszustandes mit dem Beginne des 19. Jahrhunderts annimmt, erachtet das Berufungsgericht seine Fortdauer auch in das 19. Jahrhundert hinein für dargetan; er habe noch im Jahre 1824, zur Zeit des Inkrafttretens der Frankfurter Landgemeinde-Ordnung vom 12. August 1824, fortbestanden. Beide Vordergerichte nehmen nun rechtlich an, daß, solange die Loslösung einer Kirchengemeinde in Bonames von der politischen Gemeinde nicht eingetreten sei, die Möglichkeit der Bildung einer Observanz oder eines Herkommens zugunsten der Kirchengemeinde und zu Lasten der politischen Gemeinde entfalle, weil es an den gesonderten Rechtssubjekten des Berechtigten und des Verpflichteten fehle.

In diesen Erwägungen ist ein Rechtsirrtum nicht zu erkennen. Daß an sich eine Observanzbildung möglich ist, durch welche die kirchliche Baulast, die an sich der Kirchengemeinde obliegen würde, der politischen Gemeinde auferlegt und diese zu Leistungen für die Unterhaltung der Kirchengebäude zugunsten der Kirchengemeinde verpflichtet wird, ist vom Reichsgericht wiederholt anerkannt worden (JW. 1886 S. 361 Nr. 50; Urt. v. 5. Juli 1917 IV 82/17; Leipz. Zeitschr. 1921 Sp. 23 Nr. 10). Diese Rechtsbildung setzt indessen voraus, daß politische Gemeinde und Kirchengemeinde als getrennte Rechtspersönlichkeiten sich gegenüberstehen und sich einander berechtigen und verpflichten können. Fallen sie in eine und dieselbe Rechtspersönlichkeit zusammen, so kann nicht die eine gegen die andere Rechte erwerben (vgl. das angezogene Urteil des RG. Leipz. Zeitschr. 1921 Sp. 23 Nr. 10, sowie Sarwey a. a. O. S. 287flg.). Das gilt zunächst jedenfalls von der Rechtsbildung durch Herkommen und durch unvordenkliche Verjährung, wie sie vorstehend rechtlich dargestellt wurde. Denn da es sich hier um die Schaffung eines subjektiven Rechts, um Rechtsverhältnisse zwischen zwei Beteiligten handelt, die durch gegenseitige Anerkennung in beständiger Rechtsausübung sich ausbilden, müssen notwendig die beiden Beteiligten gesondert sich gegenüberstehen. Etwas anders verhält es sich mit der Bildung einer Observanz i. S. eines Rechtssatzes, eines objektiven Gewohnheitsrechts. Soll ein solches im Gegensatz zum Herkommen als Regelung eines einzelnen Rechtsverhältnisses zwischen zwei Beteiligten und als Titel subjektiver Rechte, als eine die Rechtsverhältnisse beherrschende Norm erkennbar sein, so muß jedenfalls hier die Übung sich über den engen Kreis eines Rechtsverhältnisses und zweier Beteiligten hinaus erstrecken, der Rechtssatz aus rechtserheblichen Vorgängen außerhalb dieses Kreises gewonnen werden. So nimmt Sarwey (a. a. O. S. 351 flg.) an, daß die Bildung eines Gewohnheitsrechts angenommen werden könne, wenn aus einer Reihe von Vorgängen in einer Anzahl politischer Gemeinden innerhalb eines größeren politischen Bezirks oder eines größeren kirchlichen Sprengels eine einheitliche Übung und einheitliche Rechtsüberzeugung als normbildend erkennbar hervorträte. Eine solche Rechtsbildung, wie sie z. B. für das katholisch-kirchenrechtliche Gebiet des ehemaligen Fürstbistums Paderborn, begünstigt durch das einheitliche Kirchen- und Staatsregiment der geistlichen Herrscher, sich gestaltet haben mag (vgl. Linneborn, die kirchliche Baulast im ehemaligen Fürstbistum Paderborn; insbes. S. 75 flg., 84 flg.), kommt im gegebenen Falle nicht in Frage.

Für den Rechtszustand hinsichtlich der Kirchenbaulast in Bonames seit dem Inkrafttreten der Frankfurter Landgemeinde-Ordnung von 1824 ist zunächst dieses Gesetz maßgebend, dessen Auslegung durch das Berufungsgericht nach § 549 ZPO. der Revision nicht zugänglich ist. Nach der Auffassung des Berufungsgerichts hat die bezeichnete Landgemeinde-Ordnung nicht nur die Art der Aufbringung der Gelder für die Kirchenbauten innerhalb der politischen Gemeinden geordnet, sondern auch materielles Neurecht geschaffen, indem sie zwar die Kosten für die Erhaltung und Verbesserung der Kirchengebäude zu den Gemeindeausgaben rechnet, aber diese nur auf die Kirchspielgenossen, also im Gegensatze zu allen in der Gemeinde wohnenden Personen der Zivilgemeinde, auf die Mitglieder der Kirchengemeinde verteilt, so daß die politische Gemeinde nur als zuständig für die Verwaltung und Erhebung der Gelder erscheine, die Baulast selber aber die Kirchengemeinde treffe. Nun habe zwar, erwägt das Berufungsgericht, auch in der Folgezeit, in den Jahren 1833, 1835, 1837 und dann wieder 1862, 1863, 1865 die Landgemeinde Bonames die Kosten für Kirchenreparaturen bezahlt. Die Bildung eines Gewohnheitsrechts sei aber durch die gesetzliche Regelung in der Landgemeinde-Ordnung ausgeschlossen. Für eine Gewohnheitsrechts- oder Herkommensbildung wie für die an sich mögliche unvordenkliche Verjährung fehle es aber vor allem an der notwendigen Rechtsüberzeugung der Beteiligten, da in den Jahren 1824 bis 1827, alsbald nach dem Erlaß der Landgemeinde-Ordnung, zwischen dem Landamt und dem kirchlichen Konsistorium Verhandlungen über die Kirchenbaulast gepflogen worden seien, wobei die einander gegenüberstehenden Parteien einen einander gegensätzlichen Standpunkt vertraten, und die, da eine Einigung nicht erzielt wurde, damit endigten, daß die Entscheidung über die materiellrechtliche Frage der Kirchenbaulast der höheren Behörde anheimgegeben und bis zu dieser Entscheidung, die niemals erfolgt ist, es „bei der seitherigen Übung und Besitzstand" belassen wurde. Eine gemeinsame Rechtsüberzeugung habe hiernach nicht bestanden; sie habe sich wegen dieses ausdrücklichen Vorbehalts der Entscheidung einer höheren Behörde auch in der Folgezeit nicht gebildet, wie denn auch die Umlagen auf die Kirchspielgenossen noch jahrzehntelang fortgeführt worden seien. Die politische Gemeinde Bonames habe vielmehr die Baulast nur gemäß der vorläufigen Vereinbarung vom 19. November 1827, also immer unter dem Vorbehalt einer endgültigen Entscheidung der Rechtsfrage, auf sich genommen. Das Berufungsgericht führt weitere Belege aus den Jahren 1852 und 1874 dafür an, daß die politische Gemeinde keineswegs als solche die Kirchenbaulast zu tragen sich rechtlich für verpflichtet erachtet habe. Möge auch, als 1862 die Notwendigkeit einer Kirchenreparatur auftauchte, die Streitfrage und die vorläufige Einigung von 1827 in Vergessenheit geraten sein und die Landgemeinde jetzt in irriger Auslegung der Landgemeinde-Ordnung die Baukosten bezahlt haben, so habe doch dieser Rechtsirrtum an sich ein Recht nicht begründen können (RGZ. Bd. 26 S. 320); zudem fehle es auch an einer ständigen Übung, da nach den vereinzelten Vorgängen der Jahre 1862, 1863, 1865 die politische Gemeinde Bonames Kirchenreparaturen nicht mehr vorgenommen habe und die erstmalig 1911 von der Klägerin als Rechtsnachfolgerin der politischen Gemeinde Bonames unternommene Reparatur einen Beweis ständiger Übung nicht erbringen könne. Bei allen diesen Ausführungen des Berufungsgerichts handelt es sich um tatsächliche Würdigung geschichtlicher Vorgänge und um die Feststellung und Auslegung der Revision nicht zugänglichen örtlichen Rechtes. Daß das Berufungsgericht hierbei die allgemeinen Rechtsregeln über Rechtsbildung verkannt habe, ist nirgends ersichtlich.

---

4. Zur Wirksamkeit der Anzeige des Kommissionärs vom Selbsteintritt.

I. Zivilsenat. Urt. v. 16. März 1921 i. S. E.- und W.-Bank A.-G. (Kl.) w. A. (Bekl). I 367/20.

I. Landgericht Hanau, Kammer für Handelssachen. — II. Oberlandesgericht Cassel.

Der Beklagte hatte die Klägerin beauftragt, für ihn 10000 Kr. Ungarische Kriegsanleihe zum Höchstpreise von $76^1/_2$ zu kaufen; der

Auftrag sollte bis Ende Februar 1918 gültig sein. Die Klägerin behauptet, sie habe den Auftrag als Einkaufskommissionärin durch Selbsteintritt vollzogen, dies dem Beklagten angezeigt und die gekauften Wertpapiere für den Beklagten in Verwahrung genommen. Der Beklagte bestreitet dies und macht geltend, daß ihm eine Selbsteintrittsanzeige der Klägerin in der maßgeblichen Zeit nicht zugegangen sei.

Das Landgericht wies die auf Zahlung des Kaufpreises gerichtete Klage ab. Das Oberlandesgericht machte die Entscheidung von der Leistung zweier dem Beklagten auferlegter Eide abhängig. Die Revision der Klägerin wurde zurückgewiesen.

Aus den Gründen:

Zutreffend hat das Berufungsgericht angenommen, daß die Selbsteintrittsanzeige des Kommissionärs an den Kommittenten (§§ 400, 405 HGB.) eine empfangsbedürftige Willenserklärung ist, die, wenn sie in Abwesenheit des Kommittenten abgegeben wird, erst in dem Zeitpunkte wirksam wird, in dem sie ihm zugeht (§ 130 BGB.), und daß dieser Zugang hier innerhalb der für den Ankauf der Papiere maßgeblichen Frist (bis Ende Februar 1918) erfolgt sein mußte. Die Vorschrift in § 400 Abs. 2 Satz 2 HGB., daß als Zeit der Ausführung der Kommission durch Selbsteintritt des Kommissionärs der Zeitpunkt gilt, in welchem der Kommissionär die Anzeige von der Ausführung zur Absendung an den Kommittenten abgegeben hat, bedeutet hier nur, daß, sobald der Selbsteintritt des Kommissionärs durch den rechtzeitigen Eingang der betreffenden Anzeige beim Kommittenten erfolgt ist, die Wirksamkeit dieses Selbsteintritts auf den Zeitpunkt der Abgabe der Anzeige zurückdatiert wird Daraus folgt aber nicht — wie bei Düringer-Hachenburg HGB. § 400 Anm. 36 ausgeführt ist —, daß ein Verlust der Ausführungsanzeige auf Gefahr des Kommittenten geht, daß es genügt, wenn der Kommissionär, sobald er von dem Nichteintreffen der Anzeige erfährt, sie sofort wiederholt, und daß solchenfalls der Zeitpunkt der Abgabe der ersten Anzeige zur Absendung an den Kommittenten als Zeitpunkt der Kommissionsausführung zu gelten hat. Vielmehr trägt der Kommissionär die Gefahr des Eintreffens der Anzeige beim Kommittenten, und es liegt dem Kommissionär ob, wenn er auf Grund seines Selbsteintritts Ansprüche gegen den Kommittenten erheben will, den Nachweis zu erbringen, daß der Selbsteintritt durch rechtzeitigen Zugang der Anzeige beim Kommittenten wirksam geworden ist. . . .

5. 1. Kann die auftraglose Geschäftsführung eines in unwirksamer Generalvollmacht des Geschäftsführers einer Gesellschaft m. b. H. handelnden Dritten nachträglich formlos von der Gesellschaft genehmigt werden, wenn die Vollmacht an sich der Form des § 2 Abs. 2 GmbHG. entspricht?

2. Ist die Gestattung einer Firmenführung im Zweifel auf unbeschränkte Dauer zu verstehen?

3. Gilt dies auch für die Gestattung des Gebrauchs eines Warenzeichens und von Auszeichnungen?

II. Zivilsenat. Urt. v. 18. März 1921 i. S. Torgamentwerke G. m. b. H. (Kl.) w. Torgamentgesellschaft G. m. b. H. (Bekl.). II 320/20.

I. Landgericht I Berlin, Kammer für Handelssachen. — II. Kammergericht daselbst.

Die Klägerin ist eine am 9. Dezember 1901 in Leipzig gegründete Gesellschaft m. b. H. und stellt unter der Firma „Torgamentwerke" G. m. b. H. in Leipzig Steinfußböden her, für die ihr das Warenzeichen „Torgament" seit dem 2. Juni 1904 zusteht. Sie vertreibt die Fußböden von Leipzig, früher auch von Berlin und Charlottenburg aus, wo sie eine besonders eingerichtete Stelle hatte, die von der Klägerin als bloßes Verkaufsbureau, von der Beklagten auch als Fabrikationsstätte bezeichnet wird. Eine handelsgerichtlich eingetragene Zweigniederlassung hat jedoch in Berlin nicht bestanden. Von den gesamten Geschäftsanteilen in Höhe von 200000 ℳ besaß Dr. L. 193000 ℳ, die übrigen Geschäftsanteile von 7000 ℳ der Mitgesellschafter R. Beide sind zeitweilig Geschäftsführer der Gesellschaft gewesen. Im Jahre 1908 war Geschäftsführer R., und dieser hat Dr. L. unter dem 28. August 1908 für die Torgamentwerke eine Generalvollmacht ausgestellt, wonach Dr. L. berechtigt sein soll, jede Rechtshandlung, bei der eine Stellvertretung gesetzlich zulässig ist, vorzunehmen. Nach Ausstellung der Generalvollmacht ist dann Dr. L. zeitweilig wieder Geschäftsführer gewesen. Im Jahre 1915 war ein gewisser W. Geschäftsführer der Klägerin, Dr. L. verblieb aber im Besitz der Vollmachtsurkunde. Auf Grund dieser Vollmacht nun gründete Dr. L. als Vertreter der Klägerin mit dem Kaufmanne H. in Berlin eine neue Gesellschaft m. b. H. Der am 9. Februar 1915 notariell geschlossene Vertrag bestimmt, daß die Firma der Gesellschaft „Torgamentwerke G. m. b. H." lauten soll und daß Gegenstand des Unternehmens die Herstellung und der Vertrieb von Torgament (Steinholz) sei. Das Stammkapital sollte 20000 ℳ betragen; darauf sollten die Gesellschafter leisten: a) die Klägerin als ihre Einlage außer 9000 ℳ bar die Fabrikationseinrichtung zur Herstellung von Torgament nebst allen Gerätschaften sowie alle ihr gehörigen in ihren Geschäftsräumen in Berlin und Charlottenburg befindlichen Rohstoffe, halbfertige und fertige Waren und die gesamte Berliner Bureau- und Lagereinrichtung zum festgesetzten Werte von 10000 ℳ; b) der Kaufmann H. 1000 ℳ Bareinlage; H. wurde auch zum Geschäftsführer der Berliner Gesellschaft bestellt. Die Gesellschaft wurde, da der Registerrichter die Firma, wie sie im Vertrage vorgesehen war, beanstandete, als „Torgamentwerke Abt. Berlin, G. m. b. H." in das Handelsregister eingetragen und nachmals in die Firma „Torgament Gesellschaft G. m. b. H." umgeändert. Die Gründung teilte Dr. L. dem Mitgesellschafter der Klägerin, R., mit. In der Generalversammlung der Klägerin vom 30. April 1915 machte Dr. L. dann der Versammlung von der Gründung der neuen Gesellschaft m. b. H. und ihrer eingetragenen Firma nochmals Mitteilung, auch davon, daß inzwischen der gesamte Anteil der Klägerin von 9000 ℳ auf Frau Dr. L. übergegangen sei und diese alle Verpflichtungen der neuen Gesellschaft gegenüber übernommen habe. Nach dem Protokolle vom 30. April 1915 hat Dr. L. erklärt, daß die Berliner Gesellschaft bereit sei, mit Rücksicht auf die durch den Krieg geschaffenen Verhältnisse die Ausführung der gegenwärtig vorliegenden Aufträge der Torgamentwerke Leipzig zu übernehmen und den dabei erzielten Überschuß nach Abzug der Unkosten an Leipzig auszuzahlen. Der Geschäftsführer der Klägerin, W., hat das jedoch abgelehnt. Im Oktober 1915 trat Dr. L. seine sämtlichen Geschäftsanteile der Klägerin an den Kaufmann M. in Sch. käuflich ab. An Stelle des Mitgesellschafters H. ist er jetzt Geschäftsführer der beklagten Gesellschaft m. b. H.

Die Klägerin behauptet, die Beklagte mache ihr in unlauterer Weise Konkurrenz dadurch, daß sie im geschäftlichen Verkehr über Alter und Art ihres Betriebes Unwahres behaupte und Empfehlungen und Auszeichnungen der Klägerin für sich in Anspruch nehme, überhaupt sich als identisch mit der Klägerin hinstelle. Sie hat deshalb beantragt: die Beklagte zu verurteilen, es zu unterlassen, 1. die der Klägerin erteilten Auszeichnungen und Medaillen als solche zu bezeichnen, die der Beklagten erteilt seien, und Briefbogen zu benützen, auf denen die der Klägerin erteilten Auszeichnungen angegeben sind; 2. zu behaupten, daß der Beklagten von bestimmten Seiten Aufträge erteilt seien, oder sich auf sie zu berufen, wenn diese Aufträge der Klägerin erteilt sind; 3. zu behaupten, daß die Beklagte die älteste deutsche Firma sei, die sich mit der Herstellung von Torgament befasse, und die einzige Firma in Berlin sei, der langjährige Erfahrungen in diesem Geschäftszweige zur Seite stünden; 4. Maßnahmen zu treffen und Behauptungen aufzustellen, die geeignet sind, die irrige Vorstellung hervorzurufen, als ob die Beklagte mit der Klägerin identisch sei. Weiter hat die Klägerin beantragt: 5. festzustellen, daß die Beklagte nicht berechtigt sei, den Namen „Torgament“ in ihrer Firma zu führen und ihr Fabrikat als „Torgament“ zu bezeichnen.

Die Beklagte beantragte Klagabweisung und erhob Widerklage dahin, die Klägerin zu verurteilen, sich der Behauptung zu enthalten, daß 1. die Beklagte den Namen „Torgament“ nicht in ihrer Firma und für ihre Erzeugnisse führen und 2. die Medaillen der Klägerin aus der Zeit von 1897 bis 1914 nicht benutzen dürfe, 3. die Beklagte sich nicht auf die in Torgament ausgeführten Arbeiten der Klägerin berufen dürfe. Die Beklagte hat weiter beantragt, 4. die Klägerin zum Ersatze des Schadens zu verurteilen, der der Beklagten durch die Verbreitung obengenannter unwahrer Behauptungen erwachsen sei. Die Beklagte machte geltend, sie sei die Rechtsnachfolgerin der Klägerin insoweit geworden, als deren Niederlassung in Berlin auf sie übergegangen sei. Sie habe auch von der Klägerin die Erlaubnis zur Benutzung der Briefbogen erhalten. Die Klägerin habe endlich selbst die Firma der Beklagten erteilt und ihr gestattet, die Erzeugnisse Torgament zu nennen. Daß sie ihr Geschäft mit dem der Klägerin zu identifizieren suche, sei nicht richtig.

Das Landgericht erkannte nach den Klaganträgen zu 1, 3 und nach dem Feststellungsantrage zu 5 und wies die Widerklage zu 1 und 2 ab.

Gegen dieses Urteil legte die Beklagte Berufung ein; die Klägerin schloß sich der Berufung an. Die Klägerin begehrte mit der Anschlußberufung unter teilweisem Übergang von der Feststellungsklage zur Leistungsklage, der Beklagten zu verbieten, den Namen „Torgament“ in ihrer Firma zu führen, und die Beklagte zu verurteilen, die Firmenbezeichnung Torgament im Handelsregister löschen zu lassen.

Das Kammergericht änderte unter Zurückweisung der Anschlußberufung der Klägerin auf die Berufung der Beklagten das Teilurteil des Landgerichts dahin ab, daß die Klägerin mit dem Antrage, der Beklagten die Führung des Namens „Torgament“ in ihrer Firma zu verbieten, abgewiesen und auf die Widerklage verurteilt wird, sich der Behauptung zu enthalten, daß die Beklagte den Namen Torgament in ihrer Firma nicht führen dürfe. Im übrigen wurde die Berufung der Beklagten zurückgewiesen.

Die Revision der Klägerin gegen dieses Urteil hatte keinen Erfolg, die Revision der Beklagten wurde zum Teil für berechtigt erklärt.

Gründe:

1. Das Berufungsgericht prüft zunächst, ob überhaupt die beklagte Gesellschaft m. b. H. rechtswirksamen Bestand habe. Es geht hierbei mit dem Landgerichte davon aus, daß bei dem Gründungsakt und bei dem Abschlusse des Geschäftsvertrags mit H. die Klägerin nicht ordnungsmäßig vertreten gewesen sei, weil die Erteilung der

Generalvollmacht an Dr. L. vom 28. August 1908 an sich unzulässig war, da sie über den Rahmen einer bloßen Handelsvollmacht hinausging und sich im Grunde als Übertragung der gesamten Geschäftsführung darstellte. Dr. L. habe sonach als Vertreter ohne Vertretungsmacht gehandelt. Abweichend vom Landgericht nimmt das Berufungsgericht aber an, daß nachträglich eine Genehmigung durch die Klägerin erfolgt sei, und zwar durch das Schreiben des Mitgesellschafters vom 24. April 1915 und das Verhalten W.s ausweislich des Protokolls über die Generalversammlung vom 30. April 1915. Hierzu komme, daß die Beklagte ordnungsgemäß im Handelsregister eingetragen worden sei, sonach wenigstens eine formelle Existenz im Rechtsverkehre dadurch erlangt habe. Auch habe die Rechtsbeständigkeit von der Klägerin nur mit der Auflösungsklage des § 75 GmbHG. angegriffen werden können, diese Klage sei aber nicht erhoben worden. Habe die beklagte Gesellschaft m. b. H. nach alledem aber ein Recht auf Existenz, so habe sie auch ein Recht, die eingetragene Firma zu führen.

Die Revision der Klägerin bemängelt, daß das Berufungsgericht eine Genehmigung der auf Grund unwirksamer Vollmacht von Dr. L. vorgenommenen Errichtung der Beklagten angenommen habe. Aus dem Briefe des Mitgesellschafters der Klägerin vom 24. April 1915 gehe eine solche Genehmigung nicht hervor, es sei auch nicht erörtert, ob dieser legitimiert gewesen sei, im Namen der Klägerin die Genehmigung auszusprechen. Die Gesellschafterversammlung müsse aber außer Betracht bleiben, weil die Genehmigung eine empfangsbedürftige Willenserklärung voraussetze. Überdies sei über diese Verhandlung in den Instanzen nicht verhandelt worden, somit die Verhandlungsmaxime verletzt. Wenn die Klägerin den Bestand der beklagten Gesellschaft nicht nach § 75 GmbHG. angegriffen habe, so gereiche das der Beklagten nicht zur Beschwerde, sie selbst aber sei berechtigt, das Mindere zu fordern, nämlich die Unterlassung der unzulässigen Firmenführung, ohne die Existenz der Beklagten zu beanstanden. Der Ausspruch des Berufungsgerichts, wenn die Beklagte ein Recht zum Dasein habe, müsse sie auch berechtigt sein, die eingetragene Firma zu führen, sei unrichtig.

Die Revision der Beklagten dagegen hält die dem Dr. L. erteilte Generalvollmacht für zulässig und wirksam. Das Berufungsgericht berücksichtige nicht, daß Dr. L. mit der Klägerin wirtschaftlich nahezu identisch gewesen sei, da ihm über 96% der Geschäftsanteile gehörten. Wenn ein solcher Gesellschafter sich vom Geschäftsführer eine Generalvollmacht ausstellen lasse, so sei das nicht unzulässig, denn es würden ihm dadurch nicht mehr Rechte erteilt, als er auf dem Umweg über die Gesellschaftsversammlung sich ohne weiteres verschaffen könne. Die Genehmigung des anderen Gesellschafters und des Geschäftsführers müsse mit dem Berufungsgericht aber schon deshalb angenommen werden, weil ein Widerspruch dieser bei der Stellung des Dr. L. in der Gesellschaft ja sinnlos gewesen wäre.

2. Die Frage, ob ein Geschäftsführer einer Gesellschaft m. b. H. für einen Dritten überhaupt eine Generalvollmacht ausstellen darf und inwieweit den in RGZ. Bd. 86 S. 265; JW. 1912 S. 526 Nr. 3 zum Ausdrucke gekommenen, rechtsgrundsätzlichen Erwägungen zuzustimmen ist, und weiter, in welchem verkehrsüblichen Umfang eine solche Bevollmächtigung zu verstehen wäre, ob darunter auch die Gründung einer neuen Gesellschaft m. b. H. und die Beteiligung der vertretenen Gesellschaft an ihr eingeschlossen sein würde, kann dahin gestellt bleiben, denn es ist dem Berufungsgerichte darin beizustimmen, daß, selbst wenn Dr. L. zunächst in auftragloser Geschäftsführung auf Grund einer unwirksamen Generalvollmacht gehandelt haben sollte, diese doch nachträglich von der Klägerin genehmigt worden ist. Als Gegenstand der Geschäftsführung kommt hier sowohl der Abschluß eines Gesellschafsvertrags zur Gründung der neuen Gesellschaft m. b. H. in Berlin an sich, als auch deren Benennung und ihre Befugnis, ihre Waren als Torgament zu bezeichnen, in Betracht. Auch schon der Abschluß des Gesellschaftsvertrags als Gründungsakt kann aber durch eine nachträgliche Genehmigung der Erklärung des Geschäftsführers gültig werden, so daß es eines Eingehens auf die Frage nicht bedarf, ob überhaupt eine spätere Anfechtung der zur Eintragung gebrachten Gesellschaft hinsichtlich der bei ihrer Gründung stattgehabten Vorgänge noch möglich wäre, wenn diese Genehmigung nicht erfolgt wäre, abgesehen davon, daß eine solche Anfechtung gar nicht stattgefunden hat. Eine Vollmacht, die der Form des § 2 Abs. 2 GmbHG. entsprach, lag an sich vor. Dies muß aber zur Sicherheit des Rechtsverkehrs zunächst genügen. Erfolgt dann die Genehmigung der Geschäftsführung, so deckt diese der Form entsprechende Vollmacht auch diese Geschäftsführung so, als wenn sie von vornherein auf Grund der Vollmacht erfolgt wäre. Wenn das Reichsgericht in RGZ. Bd. 54 S. 418 und späteren Urteilen die unheilbare Nichtigkeit eines überhaupt nicht in vorgeschriebener Form abgeschlossenen Gesellschaftsvertrags angenommen hat, so ist dieser strenge Grundsatz nicht auszudehnen auf schwer erkennbare innere Mängel sei es des Vertrags selbst, sei es der dem Abschluß zugrunde liegenden Vollmacht. Vielmehr werden derartige Mängel bei Beobachtung der gehörigen Form an sich durch nachherige einfache Genehmigung geheilt. In dieser Weise hat das Reichsgericht auch bereits in einem aktienrechtlichen Fall (Bd. 26 S. 73) entschieden, wo nicht alle Teile des demnächst unter allseitiger Genehmigung zur Eintragung ins Handelsregister gelangten Gesellschaftsvertrags notariell verlautbart waren.

Nun ist allerdings die Erwägung des Berufungsgerichts, wenn die Beklagte ein Recht zum Dasein als Gesellschaft m. b. G. erlangt habe, müsse sie auch berechtigt sein, die ihr bei der Gründung erteilte und eingetragene Firma zu führen, verfehlt. Aus dem Umstande, daß die Beklagte als Gesellschaft m. b. H. entstanden ist, folgt noch nicht das Recht, eine in den Rechtskreis der Klägerin widerrechtlich eingreifende Firma zu führen. Und mit der Unanfechtbarkeit des Gründungsakts ist noch nicht die Notwendigkeit für die Klägerin gegeben, sich die Firma der neu gegründeten Gesellschaft m. b. H. gefallen zu lassen, wenn deren Firma ihre Rechte verletzt. Aber gegen die tatsächliche Feststellung des Berufungsgerichts, die Klägerin sei sowohl mit der Gründung der neuen Gesellschaft als auch mit der von Dr. L. erfolgten Erteilung der Firma „Torgamentwerke" (oder später Torgamentgesellschaft) an die Beklagte nachmals einverstanden gewesen, sind durchgreifende Bedenken nicht zu erheben. . . . Die Revision der Klägerin macht zwar geltend, die Befugnis, sich mit der klägerischen Firma „Torgamentwerke" oder „Torgamentgesellschaft" zu bezeichnen, sei der Beklagten von Dr. L. nur für solange erteilt worden, als zwischen ihr und der Klägerin eine Interessengemeinschaft bestünde. Von dieser zeitlichen Beschränkung ist jedoch in dem von Dr. L. namens der Klägerin mit H. abgeschlossenen Gesellschaftsvertrage nichts enthalten. Da sie zwar rechtlich an sich möglich (RGZ. Bd. 76 S. 265), aber doch immerhin etwas ganz Ungewöhnliches ist, und die Firma als der Name, unter dem jemand Handel treibt, in der Regel auf die Dauer beibehalten wird und gerade auf diese Beibehaltung Wert gelegt wird, so hätte es eines ausdrücklichen und klaren Vorbehalts bedurft, wenn die Erlaubnis von Dr. L. nur für die bestimmte Zeit und unter bestimmten Voraussetzungen als erteilt gelten sollte. Daß er bei dieser Erteilung von der Annahme einer Interessengemeinschaft beider Gesellschaften ausging, reicht noch nicht aus, diesen Beweggrund seines Handelns zum Vertragsinhalt zu erheben. Dafür aber, daß diese zunächst in auftragloser Geschäftsführung von Dr. L. erteilte Erlaubnis zur Firmierung von der Klägerin nachmals nur mit der Einschränkung genehmigt worden sei, daß die Erlaubnis nur für die Dauer der Interessengemeinschaft gelte, ist gleichfalls ein Anhalt in dem Verhalten der Klägerin nicht zu finden. Auch hier hätte es einer unzweideutigen Erklärung bedurft, wenn die Geschäftsführung des Dr. L. nicht in vollem Umfange hätte genehmigt werden wollen. Ist hiernach als erwiesen anzunehmen, daß die Klägerin unbeschränkt damit einverstanden war, daß die Beklagte wie geschehen firmiert, so kann sie jetzt auch nicht auf Grund von § 16 UWG. die Unterlassung dieser genehmigten Firmierung verlangen, und es bedarf nicht erst der Prüfung, ob das Berufungsgericht mit Recht die Verwechselungsgefahr beider Firmen verneint hat. Dies führt zur Zurückweisung der Revision der Klägerin zu diesem Punkte.

3. Aber auch der Revisionsangriff der Beklagten zu 1 des Klagantrags ist nicht gerechtfertigt. Ohne Rechtsirrtum verneint das Berufungsgericht die von der Beklagten in Anspruch genommene Befugnis, 1. die der Klägerin erteilten Auszeichnungen und Medaillen als solche zu bezeichnen, die der Beklagten erteilt seien, 2. sich als älteste deutsche Firma, die sich mit der Herstellung von Torgament befasse und die einzige Firma hier an Platze (Berlin) sei, der langjährige Erfahrungen zur Seite stünden, zu bezeichnen. Die Entscheidung des Berufungsgerichts wird getragen durch die Feststellung, daß das Unternehmen der Beklagten völlig selbständig ist und nicht als Rechtsnachfolger der Klägerin in Betracht kommt. Soweit eine Erlaubnis der Klägerin für die Beklagte zum Gebrauche dieser Auszeichnungen und Reklamemittel in Frage kommen könne, sei diese doch nicht unbeschränkt gegeben, sondern höchstens für solange, als zwischen dem klägerischen und beklagtischen Unternehmen eine Interessengemeinschaft bestanden habe, nicht aber darüber hinaus. Eine solche Interessengemeinschaft habe jetzt jedenfalls aufgehört. Diese Feststellungen sind tatsächlicher Natur. Die Revision der Beklagten macht hiergegen auch lediglich die Auffassung geltend, daß die Beklagte wirtschaftlich die Rechtsnachfolgerin der Klägerin oder eine Art Zweigstelle der Klägerin sein sollte. Rechtlich und tatsächlich war aber die Beklagte ein selbständiges neues Unternehmen. Dann müssen daraus auch die Folgerungen gezogen werden, daß alle als Geschäftszubehör anzusehenden Reklamemittel und Auszeichnungen bei der Klägerin verblieben sind. Es kann sich hiernach nur darum handeln, in welchem Umfange der Beklagten ein Mitbenutzungsrecht von der Klägerin eingeräumt worden ist. Wenn das Berufungsgericht ein solches als möglich zugibt, es aber auf die Zeit einer Interessengemeinschaft beider Firmen beschränkt, so ist das lediglich eine Frage tatsächlicher Feststellung und Beweiswürdigung. Was die Revision vorbringt, läuft auf bloßes Bestreiten hinaus.

4. Dagegen erscheint die Revision der Beklagten, soweit sie sich gegen den Unterlassungsanspruch hinsichtlich ihrer Warenbezeichnung richtet, begründet. Wenn das Berufungsgericht seine Entscheidung in erster Linie darauf stützt, daß das Warenzeichen der Klägerin nicht auf die Beklagte übergegangen sein könne, weil diese nicht die Rechtsnachfolgerin der Klägerin sei, so ist dies zwar richtig, trifft aber nicht die Sache. Denn die Beklagte begründet ihre Befugnis, die von ihr hergestellten Waren „Torgament" nennen zu dürfen, gar nicht auf den Übergang des klägerischen Warenzeichens auf sie, sondern auf eine ihr

von der Klägerin erteilte Erlaubnis seiner Benutzung. Es kann nun auf sich beruhen, ob und inwieweit eine Lizenz an einem Warenzeichen überhaupt erteilt werden kann; jedenfalls ist es — von besonderen, zu Täuschungszwecken dienenden Fällen abgesehen — an sich rechtlich zulässig, vertraglich auf die Erhebung eines Widerspruchs aus dem absoluten Recht am Warenzeichen Verletzungen gegenüber zu verzichten. Diese Bedeutung liegt aber stets in der Erlaubnis an einen Dritten, das Warenzeichen für seine Produkte zu benutzen. Nun hat zwar das Berufungsgericht für diesen Fall angenommen, diese Erlaubnis sei ebenso wie die hinsichtlich der Benutzung der Auszeichnungen nur für die Dauer der Interessengemeinschaft erteilt worden. Hierbei verkennt es aber, daß die Erlaubnis, die Produkte als „Torgament" zu bezeichnen, gleichzeitig mit der Erlaubnis zur Firmierung als „Torgamentwerke" im Gesellschaftsvertrag erteilt worden ist, und nicht, wie für die Auszeichnungen, bei späteren Gelegenheiten. Es müßte also in diesem Gesellschaftsvertrage selbst die Beschränkung der Erlaubnis zum Ausdruck gekommen sein, oder mindestens bei der nachmaligen Genehmigung dieses Vertrags seitens der Klägerin. Das ist nicht der Fall, wie bereits bei der Frage der Firmierung nachgewiesen worden ist. Der Annahme des Berufungsgerichts fehlt sonach jede tatsächliche Grundlage. Eine Verschiedenheit bei der Erlaubniserteilung hinsichtlich der Firmierung und hinsichtlich der Warenbezeichnung ist auch von vornherein nicht wahrscheinlich und im vorliegenden Fall um so weniger anzunehmen, als die Firma aus dem Warenzeichen gebildet ist. Wenn die Beklagte unbeschränkt befugt ist, in ihrer Firma das Wort „Torgament" zu führen, ist sie auch unbeschränkt berechtigt, ihre Waren mit dieser ihr zustehenden Firma zu bezeichnen. Kann sie das Wort aber in seiner Eigenschaft als Firma zur Warenbezeichnung verwenden, so bedeutete es einen Widerspruch, wenn ihr dasselbe Wort als Warenbezeichnung auf Grund der Benutzung eines Warenzeichens verboten sein sollte. Es liegt auf der Hand, daß die Erlaubnis, das Wort Torgament zur Firmenbildung zu benutzen, für dieselbe Dauer erteilt sein muß, wie die zur Warenbenennung. Dies ergeben die bereits festgestellten Tatsachen. Es war deshalb auf die Revision der Beklagten von hier aus der Anspruch der Klägerin abzuweisen.

---

6. Zum Begriff des Widerrufs nach § 178 BGB.

II. Zivilsenat. Urt. v. 18. März 1921 i. S. Berl. Elektrochem. u. Metallwarenges. m. b. H. (Bekl.) w. D. C. et fils (Kl.). II 458/20.

I. Landgericht III Berlin, Kammer f. Handelssachen. — II. Kammergericht daselbst.

Im Herbst 1916 kaufte der damals in Berlin befindliche Albert D. C. aus Konstantinopel im Namen der in Konstantinopel ansässigen klagenden Firma von der Beklagten einen Posten Cereisen. Die Beklagte verpflichtete sich, dem Albert D. C. „sein Eigentum, welches er uns ... voll bezahlt hat", gegen Vorlegung einer Ausfuhrbewilligung für die Türkei jederzeit auszuhändigen. Mit Schreiben vom 25. Oktober 1917 erklärte die Beklagte der jetzigen Klägerin den Rücktritt vom Vertrage mit der Begründung, daß sie zur Lieferung nicht verpflichtet sei, weil die Klägerin die Ausfuhrbewilligung nach der Türkei nicht beigebracht habe. Im Herbst 1918 erhob die Klägerin, nachdem sie kurz vorher für das Cereisen eine amtliche Ausfuhrbewilligung nach der Türkei erwirkt und der Beklagten vorgelegt hatte, Klage auf Herausgabe der Ware mit dem Hilfsantrag auf Schadensersatz in Höhe von 17280 *M*. Neben anderen Einwendungen machte die Beklagte geltend, Albert D. C. sei zur Zeit des Kaufabschlusses nicht befugt gewesen, die klagende Firma zu vertreten; mit dem Schreiben vom 25. Oktober 1917 habe die Beklagte den bis dahin von der Klägerin nicht genehmigten Kaufvertrag widerrufen.

Beide Vorinstanzen haben die Beklagte verurteilt; ihre Revision war erfolglos.

Aus den Gründen:

Das Berufungsgericht nimmt an, durch die Erhebung der jetzigen Klage habe Albert D. C., der jedenfalls damals vertretungsberechtigter Teilhaber der Firma D. C. et fils gewesen sei, den im Herbst 1916 mit der Beklagten abgeschlossenen Kaufvertrag für die klagende Firma genehmigt. Ein Widerruf der Beklagten (§ 178 BGB.) sei vorher nicht erklärt worden; ein solcher sei auch nicht enthalten in ihrem Schreiben vom 25. Oktober 1917, worin sie wegen nicht erfolgter Beschaffung der Ausfuhrbewilligung nach der Türkei den Rücktritt vom Vertrage ausspreche, dessen Zustandekommen aber nicht bestreite, auf den Vertragsinhalt vielmehr Bezug nehme. Dieser Auffassung tritt die Revision entgegen. Sie führt aus: Der Widerruf brauche nicht mit der Begründung zu erfolgen, daß der Vertreter keine Vertretungsmacht gehabt habe; er bedürfe überhaupt keiner Begründung, nur die Erklärung sei erforderlich, daß der andere Teil sich nicht länger an den Vertrag gebunden erachte. Werde diese Erklärung vor der nachträglichen Genehmigung abgegeben, so sei der Vertrag hinfällig und nicht mehr genehmigungsfähig. Das Schreiben vom 25. Oktober 1917 enthalte sonach einen wirksamen Widerruf; der dort tatsächlich angegebene Grund sei nicht von rechtlicher Bedeutung.

Der erkennende Senat vermag der Revision hierin nicht zu folgen. Der Widerruf nach § 178 BGB. bedarf zwar keiner besonderen Begründung, immerhin muß aber die Erklärung die Absicht erkennen lassen, das Vorgehen des Vertreters ohne Vertretungsmacht als rechtlich unwirksam zu behandeln und den Vertrag demnach als nicht geschlossen zu betrachten. Einen solchen Willen hat die Beklagte in jenem Schreiben nicht zum Ausdruck gebracht; sie vertritt darin, wie auch der Vorderrichter annimmt, unzweideutig den Standpunkt, daß der Vertrag an sich rechtswirksam abgeschlossen worden, sie aber nicht länger an ihn gebunden, sondern zum Rücktritt berechtigt sei, weil Klägerin die Beibringung der Ausfuhrbewilligung ungebührlich verzögert habe. Der Briefinhalt, der als Ganzes zu würdigen ist und nicht in seine einzelnen Bestandteile, von denen die Rücktrittserklärung an und für sich allein rechtlich erheblich sein soll, auseinandergerissen werden darf, steht daher der Annahme eines Widerrufs nach § 178 BGB. geradezu entgegen. Es geht nicht an, einer auf vertragswidriges Verhalten des Gegners sich stützenden Rücktrittserklärung nachträglich eine Bedeutung beizulegen, die von dem Erklärenden offensichtlich gar nicht gewollt war. Hieran wird auch dadurch nichts geändert, daß noch die 2. Kommission in den Fällen der jetzigen §§ 178, 109 BGB. ursprünglich ein Rücktrittsrecht eingeräumt und dieses erst später durch das Recht zum Widerruf ersetzt hat. . . .

7. Voraussetzungen der Zuständigkeit des Reichsgerichts zur Entscheidung über die weitere Beschwerde nach § 79 GBO.

V. Zivilsenat. Beschl. v. 19. März 1921 in der W.'schen Grundbuchsache von Bremen. V B 1/20.

I. Grundbuchamt Bremen. — II. Landgericht daselbst.

Gründe:

Im Grundbuche von Bremen Blatt 283 steht als Grundstückseigentümer der am 10. November 1912 verstorbene Chr. W. eingetragen. Er hat mit seiner hinterbliebenen Ehefrau in bremischrechtlicher allgemeiner Gütergemeinschaft gelebt. Ferner sind hinterblieben zwei Töchter, Frau Sp. und Frau G. Demnächst ist am 19. September 1914 Frau Sp. und am 28. Juni 1919 die Witwe W. gestorben. In notarieller Verhandlung vom 25. September 1919 wurde zum Zwecke der Erbauseinandersetzung das vorbezeichnete Grundstück von den Erben der Frau Sp. an die Frau G. veräußert und aufgelassen. Das Grundbuchamt beanstandete jedoch den Antrag auf Eintragung des Eigentums der Frau G., weil nach dem Tode des Chr. W. sein und seiner Ehefrau Samtgut, zu dem das Grundstück gehört habe, auf seine Witwe und die gemeinschaftlichen Kinder übergegangen sei, insoweit daher nicht Erbfolge, sondern Samtgutsnachfolge vorliege und deshalb nach § 40 GBO. zuvor die Erben der Witwe W., die Erben der Frau Sp. und Frau G. sich als Eigentümer des Grundstücks in das Grundbuch eintragen lassen müßten, da die Ausnahmebestimmung des § 41 GBO. nicht Platz greife. Die Beschwerde hierüber wurde vom Landgericht zurückgewiesen.

Der weiteren Beschwerde möchte das Oberlandesgericht Hamburg stattgeben, weil es die Ansicht vertritt, daß die an einer fortgesetzten Gütergemeinschaft Beteiligten als Erben im Sinne des § 41 GBO. anzusehen seien. An dieser Entscheidung hält es sich aber gehindert durch die Entscheidungen des Kammergerichts in OLG. Rspr. Bd. 5 S. 300; RJA. Bd. 4 S. 179 und KGJ. Bd. 38 A 212 (OLG. Rspr. Bd. 21 S. 9), sowie des Oberlandesgerichts Colmar in OLG. Rspr. Bd. 21 S. 11, welche den entgegengesetzten Standpunkt einnähmen. Es hat daher die weitere Beschwerde gemäß § 79 Abs. 2 GBO. dem Reichsgericht zur Entscheidung vorgelegt.

Das Reichsgericht erachtet sich jedoch zur Entscheidung über die weitere Beschwerde nicht für berufen. § 79 Abs. 3 GBO. bestimmt, daß „in den Fällen des Abs. 2" das Reichsgericht über die weitere Beschwerde entscheidet. Daraus folgt, daß das Reichsgericht, um seine Zuständigkeit zur Entscheidung festzustellen, von sich aus zu prüfen hat, ob ein Fall des § 79 Abs. 2 gegeben ist, ob also die Voraussetzungen vorhanden sind, unter denen nach dem Abs. 2 die Vorlegung einer weiteren Beschwerde an das Reichsgericht stattzufinden hat, und daß es an die Auffassung des vorlegenden Oberlandesgerichts in dieser Hinsicht nicht gebunden ist. Die von dem Oberlandesgericht nach Abs. 2 bei der Vorlegung zu gebende Begründung seiner Rechtsauffassung soll nur die Nachprüfung der Rechtsauffassung ermöglichen, auf Grund deren das Oberlandesgericht von der auf weitere Beschwerde ergangenen Entscheidung eines anderen Oberlandesgerichts abzuweichen meint (vgl. die Beschlüsse des Reichsgerichts in RJA. Bd. 5 S. 9, Bd. 6 S. 39). Demnach wäre das Reichsgericht zur Entscheidung über die vorliegende weitere Beschwerde nur dann zuständig, wenn das Oberlandesgericht Hamburg bei der Auslegung einer das Grundbuchrecht betreffenden reichsgesetzlichen Vorschrift, die es seiner Entscheidung zugrunde legen möchte, von den genannten Entscheidungen des Kammergerichts und des Oberlandesgerichts Colmar abwiche. Diese Voraussetzung ist jedoch nicht gegeben. Zwar ist nach der Begründung des Vorlegungsbeschlusses hier ebenso wie in den Entscheidungen des Kammergerichts und des Oberlandesgerichts Colmar Gegenstand der Auslegung der Begriff „Erbe" in § 41 Abs. 1 GBO., wonach die Vorschrift des § 40 Abs. 1 GBO., daß eine Eintragung nur erfolgen soll, wenn derjenige, dessen Recht durch sie betroffen wird, als der

Berechtigte eingetragen ist, keine Anwendung findet, wenn derjenige, dessen Recht durch eine Eintragung betroffen wird, Erbe des eingetragenen Berechtigten ist und die Übertragung oder die Aufhebung des Rechtes eingetragen werden soll. Entschieden ist jedoch vom Kammergericht in OLG. Rspr. Bd. 5 S. 300, daß die Witwe, die mit ihrem verstorbenen Ehemann in der Gütergemeinschaft nach der pommerschen Bauernordnung gelebt hat, in RJA. Bd. 4 S. 179, daß die Witwe, die mit ihrem verstorbenen Ehemann in der westfälischen allgemeinen Gütergemeinschaft nach dem Gesetze vom 16. April 1860 gelebt hat, und in KGJ. Bd. 38 A 212 sowie vom Oberlandesgericht Colmar in OLG. Rspr. Bd. 21 S. 11, daß die Witwe, die mit ihrem verstorbenen Ehemann in der allgemeinen Gütergemeinschaft des Bürgerlichen Gesetzbuchs gelebt hat, und daß die mit der Witwe die Gütergemeinschaft fortsetzenden gemeinschaftlichen Kinder hinsichtlich des Anteils des verstorbenen Ehemanns an dem Gesamtgute nicht Erben im Sinne des § 41 GBO. seien. Hier aber handelt es sich darum, ob, wenn eine Ehe, für welche der Güterstand der bremisch-rechtlichen allgemeinen Gütergemeinschaft gegolten hat, durch den Tod des Ehemanns aufgelöst wird, die hinterbliebene Witwe und die hinterlassenen gemeinschaftlichen Kinder hinsichtlich des Anteils des verstorbenen Ehemanns an dem Gesamtgute als „Erben" im Sinne des § 41 GBO. anzusehen sind. Die Rechtsverhältnisse dieses Güterstandes und die rechtlichen Folgen im Falle der Auflösung der Ehe durch den Tod des Ehemanns ergeben sich aus den Bremer Statuten von 1433, dem diese fortbildenden, auf Rechtslehre und Rechtsprechung beruhenden Gewohnheitsrecht[1] und aus dem Gesetz, betreffend den Güterstand der vor dem Inkrafttreten des Bürgerlichen Gesetzbuchs geschlossenen Ehen, vom 18. Juli 1899, welche Bestimmungen gemäß Art. 200, 218 EG. z. BGB. auch nach Inkrafttreten des Bürgerlichen Gesetzbuchs in Geltung geblieben sind, insbesondere auch gelten, wenn nach diesem Zeitpunkt die Ehe durch den Tod des Ehemanns aufgelöst wird (Finger, das Bremer Ehe- und Erbrecht, S. 1 flg., 99 flg.). Es ist hier daher, da es sich um Übertragung eines in Bremen belegenen Grundstücks handelt, das auf den Namen eines unter Hinterlassung seiner Ehefrau und zweier gemeinschaftlicher Kinder verstorbenen Ehemanns eingetragen steht, nach diesen Gesetzen zu entscheiden, ob die Witwe und die beiden Kinder hinsichtlich

---

[1] Vgl. Donant, Geschichte des Bremischen Stadrechts Teil II S. 127 flg.; Berck, Bremisches Güterrecht der Ehegatten S. 281 flg, 294, 342, 349, 351, 448 flg.: Post, Das Samtgut S. 2 flg., 13, 60 flg.; Kierulff, Sammlung der Entscheidungen des Ober-Appellationsgerichts Lübeck Bd. 6 S. 433/444; Hanseatische Gerichtszeitung 1889 Beibl. S. 109. 135; 1896 Beibl. S. 133; 1897 Beibl. S. 197; 1906 Beibl. S. 257, 281.

des Anteils des Ehemanns an dem das Grundstück umfassenden Gesamtgut als Erben im Sinne des § 41 GBO. zu gelten hätten. Das Oberlandesgericht Hamburg meint zwar, das Beisitzverhältnis, wie es nach dem Tode des Ehemanns zwischen der Beisitzwitwe und den gemeinschaftlichen Kindern gemäß bremischem ehelichen Güterrecht bestehe, unterscheide sich nicht wesentlich von der fortgesetzten Gütergemeinschaft des Bürgerlichen Gesetzbuchs. Die Beisitzinteressenten während des Beisitzes seien ebensowenig wie die Beteiligten an der fortgesetzten Gütergemeinschaft des Bürgerlichen Gesetzbuchs als Erben im Sinne dieses Gesetzbuchs anzusehen. Trotzdem seien diese Beteiligten und jene Beisitzinteressenten wegen Gleichheit des Rechtsgrundes als Erben im Sinne des § 41 GBO. zu behandeln. Die Entscheidungen des Kammergerichts und des Oberlandesgerichts Colmar dagegen beruhen auf der Annahme, daß bei dem Übergange des Anteils des verstorbenen Ehemanns an dem Gesamtgut auf die Witwe und die gemeinschaftlichen Kinder eine Erbfolge nicht stattfinde; für die fortgesetzte Gütergemeinschaft des Bürgerlichen Gesetzbuchs insbesondere sprechen dies die Entscheidungen in RJA. Bd. 4 S. 179; OLG. Rspr. Bd. 21 S. 9, 11 mit Rücksicht auf die Bestimmung des § 1483 Abs. 1 Satz 2 BGB. aus, daß, wenn bei dem Tode eines Ehegatten gemeinschaftliche Abkömmlinge vorhanden sind, der Anteil des verstorbenen Ehegatten am Gesamtgute nicht zum Nachlasse gehöre, im übrigen die Beerbung des Ehegatten nach den allgemeinen Vorschriften erfolge. Es will also das Oberlandesgericht Hamburg die Vorschrift des § 41 Abs. 1 GBO. auf die Beteiligten an der fortgesetzten Gütergemeinschaft des Bürgerlichen Gesetzbuchs und auf die Beisitzinteressenten des bremischen Rechtes, wiewohl sie nicht Erben seien, angewendet wissen, während die Entscheidungen des Kammergerichts und des Oberlandesgerichts Colmar die Anwendung der Vorschrift ablehnen, weil es sich nicht um Erben handle. Indessen kommt es für die Frage, ob eine Abweichung anzunehmen sei, nicht auf die Begründung der zu treffenden Entscheidung einerseits und die der früheren Entscheidungen der anderen Oberlandesgerichte anderseits, sondern darauf an, ob über den nämlichen Rechtssatz entschieden worden ist und entschieden werden soll und ob diese Entscheidungen unmittelbar eine Abweichung voneinander ergeben. Wenn hier das Oberlandesgericht Hamburg, übrigens im Gegensatz zu seinen eigenen Entscheidungen vom 24. November 1902 und 2. Oktober 1908 in OLG. Rspr. Bd. 6 S. 11, Bd. 18 S. 218, ausspräche, daß hinsichtlich des Anteils des verstorbenen Ehemanns an dem Gesamtgute, zu dem das hier in Rede stehende, auf den Namen des Ehemanns eingetragene Grundstück gehört, die Witwe und die hinterbliebenen Kinder als Erben im Sinne des § 41 GBO. anzusehen seien, wiewohl der Übergang des Anteils auf sie sich nach bremischem

Recht nicht als Erbfolge darstelle, so würde die Entscheidung nur eine Gesetzesauslegung dahin betreffen, daß unter den „Erben" im § 41 GBO. auch die Witwe und die Kinder, auf die nach bremischem Recht der Anteil des verstorbenen Ehemanns an dem Gesamtgut übergehe, hinsichtlich dieses Anteils zu verstehen seien. Daher würde die Entscheidung bei dieser Auslegung nicht abweichen von den genannten Entscheidungen des Kammergerichts und des Oberlandesgerichts Colmar, die eine Gesetzesauslegung dahin zum Gegenstande haben, daß die nach dem Tode des Ehemanns an der fortgesetzten Gütergemeinschaft nach der pommerschen Bauernordnung, nach dem westfälischen ehelichen Güterrecht und nach dem Bürgerlichen Gesetzbuch Beteiligten hinsichtlich des Anteils des verstorbenen Ehemanns an dem Gesamtgute nicht Erben im Sinne des § 41 GBO. seien. Demnach ist das Oberlandesgericht Hamburg durch diese Entscheidungen nicht behindert, hinsichtlich der Beisitzinteressenten des bremischen Rechtes die beabsichtigte Entscheidung zu erlassen. Es war deshalb, weil danach das Reichsgericht nicht berufen ist, an Stelle des Oberlandesgerichts über die weitere Beschwerde zu entscheiden, eine Entscheidung zur Sache selbst abzulehnen.

8. 1. Ist bei der Beurteilung eines Rückgriffsanspruchs des Militärfiskus wider einen dritten Schädiger aus § 41 Abs. 2 des Mannschaftsversorgungsgesetzes vom 31. Mai 1906 nachzuprüfen, ob für die von der Militärbehörde dem Verletzten bewilligte Rente die gesetzlichen Voraussetzungen erfüllt sind?

2. Ist der Rentenanspruch nach § 1 MannschVersG. auch wegen einer Vermehrung der Bedürfnisse infolge der Dienstbeschädigung gegeben?

3. Reichshaftung nach dem Gesetze vom 22. Mai 1910 und Ausgleichungspflicht.

VI. Zivilsenat. Urt. v. 21. März 1921 i. S. D. (Bekl.) w. Reichsmarinefiskus (Kl.). VI 581/20.

I. Landgericht Weimar. — II. Oberlandesgericht Jena.

Am 16. Mai 1916 verletzte der Beklagte, damals als Heizer der Reserve bei dem 3. Matrosenregiment in Flandern, den Matrosen G. im Quartier dadurch, daß er mit dessen Selbstladepistole hantierte, wobei sie sich entlud und ein Schuß den G. an einem Arm und an einem Beine traf. Der Kläger zahlt dem G. auf Grund der §§ 1, 3, 4, 49 flg. MannschVersG. seit dem 1. Februar 1917 eine Rente von monatlich 42 *M*. Auf Grund des § 41 Abs. 2 verlangt der

Kläger Erstattung dieser Leistungen von dem Beklagten und weiter die Feststellung, daß der Beklagte verpflichtet sei, ihn schadlos zu halten.

Der erste Richter hat die Klage abgewiesen. Das Berufungsgericht hat dagegen dem Leistungsbegehren antragsgemäß willfahrt und festgestellt, daß der Beklagte verpflichtet sei, den Kläger für die Versorgungsgebühren an G. insoweit schadlos zu halten, als er jenem wegen verminderter Erwerbsfähigkeit oder wegen Vermehrung der Bedürfnisse zum Schadensersatz verpflichtet ist.

Auf die Revision des Beklagten wurde das Berufungsurteil aufgehoben.

Aus den Gründen:

Der nach Maßgabe des § 41 Abs. 2 MannschVersG. auf den Kläger übergegangene Schadensersatzanspruch des Verletzten G. wider den Beklagten als Schädiger stützt sich auf §§ 823, 276 BGB. Ohne Rechtsverstoß hat das Berufungsgericht auf Grund des von ihm festgestellten Hergangs des Unfalls ein fahrlässiges Verschulden auf seiten des Beklagten angenommen. Seine Beurteilung des Einwandes des Selbstverschuldens des Verletzten — der hier, wo aus Rechten des Verletzten geklagt wird, unbedenklich zuzulassen ist (vgl. RGZ. Bd. 62 S. 429, Bd. 96 S. 136) — wird für sich allein durch die Erwägung getragen, daß ein Verschulden des Verletzten gegenüber dem weit überwiegenden Verschulden des Beklagten nicht in Betracht kommen könne.

Dagegen war das Urteil aufzuheben aus dem folgenden Grunde:

Nach dem Tatbestandsberichtigungsbeschluß vom 9. Dezember 1920 hat der Beklagte vorgetragen, den diensthabenden Offizier treffe ein konkurrierendes Verschulden, weil er seine Pflicht, dafür zu sorgen, daß die Wache beim Wegtreten die Waffen entladen habe, nicht nachgekommen sei und auch keine Anordnungen gegeben habe, um für die Durchführung des Befehls zu sorgen, daß die Waffen zu entladen seien.

Zu diesem Vorbringen hat das Berufungsgericht keine Stellung genommen. Das muß beanstandet werden. Nach der klägerischen und insoweit anscheinend unstreitigen Darstellung kam der Verletzte G. am frühen Morgen des 16. Mai 1916 von der Ortswache, der er als Nachtverstärkung zugeteilt gewesen war, in sein Quartier zurück, schnallte daselbst seine in einer Ledertasche befindliche Pistole ab und legte sie auf eine Bank neben seiner Koje, wo er sich schlafen legte. Einige Zeit später vergriff sich der Beklagte, der auf derselben Stube mit G. lag, während G. noch schlief, an der Pistole, wobei der Unfall geschah. Nach diesem Sachverhalt erhellt ohne weiteres, daß der Unfall nicht geschehen wäre, wenn verboten gewesen wäre, das

Quartier mit geladener Waffe zu betreten, und wenn dieses Verbot durch entsprechende Anordnungen und Überwachung durchgeführt worden wäre. Bestand ein solcher Befehl, dem der diensthabende Offizier nicht oder nur unzulänglich nachgekommen war, so kann dem Vorbringen auch die rechtliche Erheblichkeit nicht abgesprochen werden. Es ist, soweit der damalige Sach- und Streitstand erkennen läßt, nicht sowohl auf ein eigenes Selbstverschulden des Klägers (Zessionars) im Sinne des § 254 BGB. gerichtet — obwohl auch ein solches nach §§ 404, 412 BGB. eingewendet werden könnte — als es vielmehr die Geltendmachung eines Ausgleichungsanspruchs nach §§ 840, 426 BGB. darstellt. Der Beklagte wendet ein, daß neben ihm auch ein von dem Kläger rechtlich zu vertretendes Verhalten für den Unfall kausal geworden sei, daß sie mithin, wenn überhaupt, beide nebeneinander — für selbständige Verursachung des Schadens, ohne miteinander in Verbindung zu stehen (vgl. RGZ. Bd. 96 S. 225) — haften, und den hieraus entfließenden Ausgleichungsanspruch macht der Beklagte im Wege der Einwendung geltend. Wenn der diensthabende Offizier in der behaupteten Weise sich eines fahrlässigen Verhaltens schuldig gemacht hat, so liegt ein Fall der Haftung des Reichs nach § 1 des Reichsgesetzes vom 22. Mai 1910 über die Haftung des Reichs für seine Beamten vor. Wie in der Rechtsprechung des Reichsgerichts schon wiederholt ausgeführt wurde, betätigt sich die Staatsgewalt nicht nur im Zwange, sondern auch in der Fürsorge (vgl. RGZ. Bd. 82 S. 86, Bd. 91 S. 384, Bd. 101 S. 354). Eine solche Fürsorgepflicht soll nach der Behauptung des Beklagten dem Offizier seinen Leuten gegenüber obgelegen haben, deren einer, der Verletzte G., infolge der Unzulänglichkeit jener Fürsorge verunglückt ist. In Ausübung der ihm übertragenen öffentlichen Gewalt soll mithin nach dem Sinne des Vorbringens des Beklagten der diensthabende Offizier die ihm dem Verletzten gegenüber obliegende Fürsorgepflicht verletzt und dadurch den Schaden gestiftet haben. Die in § 839 BGB. bestimmte Verantwortlichkeit trifft nach § 1 Abs. 1, 3 des Gesetzes an Stelle des Offiziers das Reich (vgl. RGZ. Bd. 97 S. 265). Aus der dies grundsätzlich aussprechenden Gesetzesvorschrift ergibt sich weiter, daß dem Kläger, wenn jene Behauptung richtig ist, bezüglich des Offiziers der Entlastungsbeweis nach §§ 254, 831 BGB. nicht offen stehen kann. Nach in der Rechtsprechung feststehenden Grundsätzen wird für die Abwägung des von den beiden Ausgleichungspflichtigen im Verhältnis zueinander zu vertretenden Anteils an der Schadensverursachung auch die Vorschrift des § 254 BGB. herangezogen. Soweit hierbei im Rahmen des § 254 bei unerlaubten Handlungen bezüglich des mitkausalen Verhaltens eines zu einer Verrichtung bestellten Dritten dem Ausgleichungspflichtigen als Geschäftsherrn der Entlastungsbeweis nach § 831 BGB. nachzulassen wäre (RGZ. Bd. 77 S. 211, Bd. 79 S. 319), würde dies hier schon dadurch ausgeschlossen, daß die Verantwortlichkeit für den Schaden auf das Reich an Stelle des Offiziers übergehen soll....

Hiernach war das angefochtene Urteil schon aus diesem Grunde aufzuheben, ohne daß es auf das weitere Vorbringen der Revision ankam. Die Sache war zur anderweiten Verhandlung und Entscheidung an das Berufungsgericht zurückzuverweisen.

Von den weiteren Ausführungen des Berufungsurteils muß rechtlichen Bedenken der Ausspruch begegnen:

„Ob das Reich selbst zur Zahlung der Rente an G. verpflichtet ist, kann vom Gerichte nicht nachgeprüft werden. Das ist zwar im Gesetze nicht ausdrücklich gesagt, ergibt sich aber durch rechtsähnliche Anwendung des § 1543 RVO., der bei rechtlich gleichartigen Fällen im Gebiete der Unfallversicherung die Entscheidung im Rentenfestsetzungsverfahren für die Gerichte für bindend erklärt."

Für eine derartige Beschränkung der gerichtlichen Sachbeurteilung ergeben die hier in Betracht kommenden gesetzlichen Vorschriften in Wahrheit keine Grundlage.

Die Versorgungsverhältnisse des Verletzten sind nach dem Mannschaftsversorgungsgesetz vom 31. Mai 1906 geregelt. Ob inzwischen eine Neuregelung nach §§ 92, 93 des Reichsversorgungsgesetzes vom 12. Mai 1920 erfolgt ist, ist für die hier zu beurteilende Frage nicht von entscheidender Bedeutung. Nach beiden Gesetzen (Ges. von 1906 § 41 Abs. 2, Ges. von 1920 § 86 Abs. 2) steht dem Militärfiskus der Rückgriff auf den dritten Schädiger zu nur im Umfange der durch das Gesetz begründeten Pflicht zur Gewährung von Versorgungsgebührnissen. Wäre nach den Feststellungen des Berufungsgerichts anzunehmen, daß die Militärbehörde die Rente bewilligt habe, ohne daß die nach dem Stande der Gesetzgebung zur Zeit der Bewilligung zu erfordernden Voraussetzungen erfüllt sind, so hätte der Kläger etwas bewilligt, wozu er nach dem Gesetze nicht verpflichtet ist. Insoweit wäre ihm der Rückgriff auf den Beklagten nicht gegeben. Dies müßte gegebenenfalls zur Abweisung der Klage führen.

Nach dem Reichsgesetze vom 31. Mai 1906 (§§ 1, 3, 4) setzt die Verpflichtung zur Zahlung der Rente eine Dienstbeschädigung und eine Minderung der Erwerbsfähigkeit voraus. Von einer Beschränkung der gerichtlichen Nachprüfung spricht das Gesetz nur in dem — inzwischen durch die Verordnung vom 1. Februar 1919 über die Änderung des Verfahrens in Militärversorgungssachen Art. I Nr. 4 außer Kraft gesetzten — § 43, nach dessen Nr. 1 insbesondere in der Frage, ob eine Gesundheitsstörung als Dienstbeschädigung anzusehen ist, die Entscheidungen der obersten Militärverwaltungsbehörde des Kontingents maßgebend sind. Der Grad und die Dauer der Erwerbsunfähigkeit dagegen unterliegt nach dem Gesetze vom 31. Mai 1906 der gerichtlichen Nachprüfung (RGZ. Bd. 78 S. 358, auch III 385/14).

Daß das Berufungsgericht bezüglich dieser Voraussetzungen seine Nachprüfung für sachlich beengt angesehen hätte, erhellt aus dem angefochtenen Urteile selbst nicht. Es erwähnt, daß der Verletzte zwar nach der Auskunft der Firma B. augenblicklich in seinem Erwerbe nicht geschädigt sei, gleichwohl aber einen Anspruch gegen den Beklagten auf Zahlung einer Rente wegen Vermehrung seiner Bedürfnisse (§ 843 BGB.) habe. Und bezüglich der für die Annahme einer Dienstbeschädigung maßgebenden Voraussetzungen (§ 3 Ges.) bestand, soweit ersichtlich, gar kein Streit, so daß eine sachliche Prüfung zu diesem Punkte nicht in Frage kam.

Dagegen hält das Berufungsgericht für versagt anscheinend die Nachprüfung der Frage, ob dem Verletzten klägerischerseits eine Rente zugesprochen werden durfte, wenn und sofern er zwar eine Vermehrung seiner Bedürfnisse, nicht aber auch eine Minderung seiner Erwerbsfähigkeit erlitten hatte. Dem kann nicht beigetreten werden. Die von dem Berufungsgerichte herangezogene Vorschrift des § 1543 RVO. ist wesentlich jünger als das Reichsgesetz vom 31. Mai 1906. Als dieses erging, galt § 140 GewUVG. (vgl. auch § 151 LandwUVG., § 45 Abs. 2 BauUVG., § 138 Abs. 2 SeeUVG.), für dessen dem § 41 Abs. 2 MannschVersG. gleichartige Vorschrift in fester Rechtsprechung (RGZ. Bd. 88 S. 141, Bd. 55 S. 388, Bd. 39 S. 109, Seuff. Arch. Bd. 54 Nr. 175, auch VI 484/09) die freie Nachprüfung der Gerichte anerkannt war. Eine Beengung dieser ist ein so wesentlicher Eingriff in allgemeine Rechtsgrundsätze, daß sie überhaupt nicht unbedenklich aus irgendwelcher Rechtsähnlichkeit oder gar nur aus Zweckmäßigkeitsgründen entnommen werden kann, sondern regelmäßig einen bestimmten Ausspruch des Gesetzes erfordert, wie er z. B. in § 135 Abs. 3 GewUVG. und den verwandten Vorschriften der übrigen Unfallversicherungsgesetze von 1900, in § 155 RVG. (vgl. RGZ. Bd. 94 S. 32 in Abs. 1) vorliegt. Jedenfalls wäre das Mannschaftsversorgungsgesetz selbst, das in §§ 42, 43 den Rechtsweg eröffnet und die Nachprüfung der Gerichte, insbesondere in der Frage der Erwerbsunfähigkeit zuläßt, kein Boden, auf dem die Beschränkung dieser Nachprüfung im allgemeinen als gewollt gelten könnte. Es müßte auch aus inneren Gründen bedenklich erscheinen, eine solche Bindung der Gerichte, selbst wenn und soweit sie bezüglich des Verhältnisses der Militärverwaltung zum Versorgungsberechtigten besteht oder bestand, auf das Verhältnis zum Dritten zu erstrecken. Der Versorgungsberechtigte steht zur Militärverwaltung in einem öffentlichrechtlich geordneten Unterordnungsverhältnis; unter Gesichtspunkten, die der Organisation selbst zu entnehmen sein mögen, kann es gerechtfertigt erscheinen, diese Unterordnung auch auf die Frage jener Versorgung zu erstrecken. Der Dritte dagegen ist aus dem allgemeinen bürgerlichen Rechte verantwortlich und steht insoweit nicht in einem besonders geregelten Verhältnis zur Militärverwaltung, das dieser ein Recht geben könnte, auch ihm gegenüber endgültig zu befinden.

Es braucht daher nicht darüber entschieden zu werden, ob jene Vorschriften der §§ 42, 43 des Reichsgesetzes vom 31. Mai 1906 nicht überhaupt nur für Ansprüche Rentenberechtigter wider den Fiskus, nicht dagegen für dessen Rückgriffsansprüche wider dritte Schädiger gelten. Dafür läßt sich schon der Wortlaut des § 42 in Abs. 1 „Ansprüche aus diesem Gesetz" anführen: die Ansprüche wider den Dritten sind solche aus §§ 823 flg. BGB., aus dem Reichshaftpflichtgesetz und ähnlichen Gesetzen, niemals aber solche aus dem Mannschaftsversorgungsgesetz; dieses ergibt nur den gesetzlichen Übergang des Schadensersatzanspruchs auf das Reich, damit wird der Anspruch noch kein Anspruch „aus" dem Mannschaftsversorgungsgesetz. Weiter auch die in § 42 Abs. 1 geregelten Voraussetzungen der Klagerhebung, wovon die Nr. 2 für Ansprüche des Fiskus wider dritte Schädiger offenbar nicht paßt.

An alledem hat sich auch nichts dadurch geändert, daß am 1. März 1919 die Verordnung vom 1. Februar 1919 über Änderung des Verfahrens in Militärversorgungssachen in Kraft getreten ist. Sie betrifft lediglich Ansprüche von Versorgungsberechtigten wider den Fiskus. Wie schon berührt, wird durch Art. I Nr. 4 der VO. u. a. der § 43 MannschVersGes. überhaupt außer Kraft gesetzt, die Nachprüfung der Versorgungsgerichte erstreckt sich also auf alle in § 43 bisher unter Ausschluß des Rechtswegs der Militärverwaltungsbehörde vorbehalten gewesenen Fragen. Daß daraus nichts für eine Beschränkung der ordentlichen Gerichte in der Nachprüfung von Ansprüchen des Fiskus wider dritte Schädiger entnommen werden kann, bedarf keiner Ausführung.

Das Berufungsgericht wird also im Rahmen des gegebenen Sach- und Streitstands zu beurteilen haben, ob die gesetzlichen Voraussetzungen für die Gewährung der Rente, auf deren Erstattung der Rückgriffsanspruch des Klägers gerichtet ist, gegeben sind. Nach dem Mannschaftsversorgungsgesetz, wie es zur Zeit der Regelung der Versorgungsgebührnisse des Verletzten galt, kommt es gemäß § 1, wie in der Rechtsprechung des Reichsgerichts anerkannt ist (RGZ. Bd. 77 S. 366), auf eine wirkliche, konkrete Erwerbseinbuße nicht an. Auch wenn eine solche, wie das Berufungsgericht annimmt, nicht vorlag oder vorliegt, kann im Sinne jenes Gesetzes eine Minderung der Erwerbsfähigkeit vorliegen, die den Anspruch auf Militärrente — einen Versorgungs-, nicht einen Schadensersatzanspruch — begründet. Dafür anderseits, daß dem eine Vermehrung der Bedürfnisse gleichzustellen wäre, ergibt das Gesetz vom 31. Mai 1906 keinen Anhalt. Diese letztere bedeutet zunächst eine Vermehrung der Ausgaben, die Minderung der Erwerbsfähigkeit eine Schmälerung der Einnahmen. Im wirtschaftlichen Ergebnis ist beides Schaden (§ 843 BGB.), deshalb aber noch nicht dasselbe. Solange die Erwerbsfähigkeit, soweit sie dem Verletzten verblieben ist, dazu ausreicht, auch die vermehrten Bedürfnisse zu befriedigen, ist der Grund zu sozialer Fürsorge, auf dem die Regelung des Gesetzes beruht, nicht ohne weiteres gegeben. Die Vermehrung der Bedürfnisse wird nicht selten ein tatsächliches Anzeichen dafür sein, daß die Erwerbsfähigkeit gegenüber dem früheren Stande gemindert ist; eine dahingehende Erwägung enthält das angefochtene Urteil indessen nicht.

Ob und inwieweit nach dem bereits erwähnten Reichsversorgungsgesetz vom 12. Mai 1920 die Voraussetzungen für die Gewährung der Rente in der Folge (vom 1. April 1920 an, vgl. § 93 Ges.) andere geworden sind, ist in der gegenwärtigen Lage des Rechtsstreits nicht weiter zu verfolgen, muß vielmehr der erneuten Verhandlung und Entscheidung des Berufungsgerichts überlassen bleiben.

---

9. 1. Zum Verhältnis der Vertragsablösungsverordnung vom 8. August 1919 zur Abgeltungsverordnung vom 4. Dezember 1919. 2. Ist im Falle der Unzulässigkeit des Rechtswegs vor dem ordentlichen Gerichte nach der Abgeltungsverordnung die Verweisung an das Reichswirtschaftsgericht zulässig?

III. Zivilsenat. Urt. v. 22. März 1921 i. S. K. (Kl.) w. Deutsches Reich (Bekl.). III 532/20.

I. Landgericht Hannover. — II. Oberlandesgericht Celle.

Die Klägerin hat das ihr gehörige, im Dorfe Blennhorst gelegene Schwefel- und Moorbad vor dem Kriege an P. verpachtet. Laut der Urkunde vom 2./3. Juli 1915 hat dieser im Einverständnis mit der Klägerin das Bad an das Reich zur Einrichtung eines Gefangenenlagers gegen bestimmten Mietzins vermietet; die Miete sollte vom Juli 1916 ab bei monatlich zulässiger Kündigung auf unbestimmte Zeit weiterlaufen. Eine Kündigung ist bis zum Erlaß des Berufungsurteils (6. November 1920) nicht erfolgt, wie auch das Gefangenenlager bis dahin fortbestand. Nachdem zwischen den Prozeßparteien

Streit darüber entstanden war, ob nach der in Aussicht genommenen Aufhebung des Lagers der Beklagte das gemietete Grundstück an P. oder die Klägerin herauszugeben habe und ob er sich zur Begleichung seiner Verpflichtungen aus dem Mietvertrage lediglich mit P. auseinandersetzen dürfe, hat die Klägerin die nunmehrige Feststellungsklage dahin erhoben, daß der Beklagte zur Zurückgabe des Bades an sie verpflichtet und nicht berechtigt sei, sich von dieser Herausgabepflicht durch eine Vereinbarung mit P. und durch die Zahlung einer Entschädigungssumme an diesen mit Wirkung für die Klägerin zu befreien.

Das Landgericht hat der Klage entsprochen. Das Berufungsgericht hat die Klage wegen Unzulässigkeit des Rechtswegs gemäß den Verordnungen vom 21. November 1918 und 4. Dezember 1919 abgewiesen. Die Revision war erfolglos.

Gründe:

Die Verordnung über die Abgeltung von Ansprüchen gegen das Reich vom 4. Dezember 1919 (AbgVO.) findet, wie der erkennende Senat schon mehrfach (III 387, 461/20) ausgesprochen hat, auch auf Mietverträge über Grundstücke Anwendung. Dieser Auffassung steht nicht, wie die Revision meint, die Verordnung betreffend die Ablösung der dem Reiche durch die Inanspruchnahme von Grundstücken und Gebäuden, sowie Leistungen Dritter erwachsenen Verpflichtungen (Vertragsablösungsverordnung) vom 8. August 1919 (VAblVO.) entgegen. Wenn in § 7 der AbgVO. bestimmt ist, daß die Vorschriften der VAblVO. durch die AbgVO. nicht berührt werden, so ist damit lediglich zum Ausdruck gebracht, daß die in der VAblVO. enthaltenen Vorschriften aufrecht erhalten und durch die AbgVO. nicht beseitigt werden sollen; es ist aber nicht gesagt, daß die AbgVO. auf die Miete von Grundstücken überhaupt keine Anwendung finden solle. Es bleibt durchaus die Möglichkeit, daß die AbgVO. Bestimmungen über vermietete Grundstücke und insbesondere über die prozessuale Behandlung der Rechtsstreitigkeiten über solche gibt, die in der VAblVO. nicht enthalten sind, mit ihr nicht im Widerspruch stehen und deshalb anwendbar sind. Die zu § 7 gegebene Begründung, daß die in der VAblVO. für die Behandlung gewisser Kategorien von Kriegsverträgen gegebenen Sondervorschriften aufrecht erhalten werden sollen, bestätigt diese Auffassung.

Die VAblVO. verfolgt den Zweck, dem Reich in Anbetracht der außerordentlichen Sachlage, die sich aus dem Übergang vom Kriegs- zum Friedenszustand und aus der allgemeinen Umwälzung der politischen und wirtschaftlichen Verhältnisse ergab, Vergünstigungen in einzelnen näher beschriebenen Fällen und unter bestimmten Voraussetzungen zu gewähren. So wird ihm die Befugnis außerordentlicher

Kündigung (§ 1), der Außerkraftsetzung einzelner Vereinbarungen (§ 2), des Rücktritts (§§ 3, 4), der Beseitigung der Wiederherstellungspflicht (§ 7), der Weiterbenutzung über die vertragsmäßige Zeit (§§ 8, 9), der Lösung bestimmter Rechtsverhältnisse (§ 10), des Erwerbs von Grundstücken (§ 12) zugebilligt; es werden dem Reich Entschädigungsansprüche wegen Errichtung von Anlagen (§ 13) gewährt und es wird der Verkauf und die Belastung der überlassenen Grundstücke von seiner Genehmigung abhängig gemacht (§ 14). Die Entscheidung über die Regelung der Rechte im einzelnen Falle, sowie über etwaige Entschädigungen wird dem Reichswirtschaftsgericht übertragen. Keiner der Vorschriften der VAblVO. ist jedoch zu entnehmen, daß ihr die aus Anlaß des Krieges oder für die Zwecke der Wehrmacht eingegangenen Rechtsverhältnisse über Grundstücke in ihrem gesamten Umfang und insbesondere auch die prozessuale Behandlung der Ansprüche, die nicht besonders geregelt sind, unterworfen sein sollen.

Der Gegenstand des vorliegenden Rechtsstreits betrifft keinen der Fälle der VAblVO. Denn es handelte sich lediglich um die Frage, ob die Rückgabe des vermieteten Grundstücks und die Auseinandersetzung hierüber mit oder ohne Beteiligung der Klägerin stattzufinden habe. Diese Frage liegt außerhalb des Rahmens der VAblVO., insbesondere auch des § 7 derselben.

Die Voraussetzungen der AbgVO. hinsichtlich der Unzulässigkeit des Rechtswegs sind gegeben. Unzutreffend ist die Behauptung der Revision, daß der Ausschluß des Rechtswegs vor dem ordentlichen Richter sich nur auf Streitigkeiten beziehe, die durch die Bestimmungen der Verordnung vom 21. November 1918 und der AbgVO. entstanden seien. Für eine solche wenig zweckmäßige Unterscheidung ist keinerlei Anhalt vorhanden. Da das Gefangenenlager noch nicht aufgelöst ist und die Miete noch fortbesteht, erstreckt sich auch die Wirkung des Mietvertrags über den 10. November 1918 hinaus.

Dem Antrage der Revision, die Sache an das Reichswirtschaftsgericht zu verweisen, ist nicht stattzugeben. Es fehlt an einer gesetzlichen Grundlage für die Verweisung.

---

10. 1. Eigentumsübergang beim Versendungskaufe.

2. Ist der Rollfuhrunternehmer, der im Auftrage des Verkäufers eine versendete Ware am Ankunftsorte dem bereits Eigentümer gewordenen Käufer zuführen soll, diesem letzteren aus schuldhaft unterlassener Obhut über die Sache wegen widerrechtlicher Verletzung des Eigentums nach § 823 Abs. 1 BGB. schadensersatz-

pflichtig, wenn infolge der nachlässigen Obhut die Sache vom Rollwagen gestohlen wird?

3. Bedeutung von die Haftung der Rollfuhrunternehmer einschränkenden „Allgemeinen Bedingungen" für diesen Schadensersatzanspruch.

VI. Zivilsenat. Urt. v. 23. März 1921 i. S. K. L. (Bekl.) w. N. u. P. (Kl.). VI 543/20.

I. Landgericht Hamburg, Kammer f. Handelssachen. — II. Oberlandesgericht daselbst.

Die Klägerin hatte im Juni 1919 von der Firma M. & A. in A. einen Ballen Tuch zum Preise von 4317,40 *M* gekauft. Die Versendung der Ware an die Klägerin erfolgte durch die Aachener Speditions- und Lagerhaus A.-G., die ihrerseits zur Abfuhr der mit Sammelladungen in H. ankommenden Waren an die Empfänger die Sammelladung an den Beklagten gehen ließ. Die Klägerin hat die Ware nicht erhalten; sie wurde dem Rollkutscher des Beklagten, während er sich vom Wagen in ein Haus entfernt hatte, vom Wagen gestohlen. Die Klägerin nimmt den Beklagten auf Ersatz ihres Schadens in Höhe des dem Verkäufer gezahlten Kaufpreises in Anspruch. Das Landgericht wies die Klage ab, das Oberlandesgericht verurteilte den Beklagten nach dem Klagantrage.

Auf die Revision des Beklagten wurde das Berufungsurteil aufgehoben aus folgenden

Gründen:

1. Dem Berufungsgericht ist darin beizutreten, daß ein Vertragsverhältnis, das den Beklagten der Klägerin zum Schadensersatz verpflichten könnte, zwischen den Parteien nicht besteht, und daß ebensowenig an eine Geschäftsführung ohne Auftrag, die zu demselben Erfolge führen könnte, zu denken ist. Es ist zwar rechtlich nicht ausgeschlossen, daß eine Person im Auftrag einer anderen und zugleich als Geschäftsführer ohne Auftrag für einen Dritten handelt. Die Sachlage schließt aber im gegebenen Falle den Willen des Beklagten aus, für die Klägerin zu handeln; er hatte von der Aachener Speditionsfirma eine Sammelladung von Waren zur Abrollung der einzelnen Waren an die Empfänger zugesandt erhalten und führte lediglich den damit ihm erteilten Auftrag der Absenderin aus. Den Willen, für den Dritten als Geschäftsherrn zu handeln, setzt aber die Geschäftsführung ohne Auftrag in allen Fällen voraus. Ob es möglich sein würde, in dem Schreiben der Verkäuferin M. & A. in A. an die Klägerin vom 3. September 1919 eine Übertragung der vertraglichen Ansprüche der genannten Firma gegen Spediteur und Fracht-

führer zu erblicken, kann dahingestellt bleiben, da eine solche Übertragung der Rechte vom Kläger gar nicht behauptet ist.

2. Die Klage ist weiter gestützt auf rechtswidrige und schuldhafte Verletzung des Eigentums des Klägers durch den Beklagten (§ 823 Abs. 1, § 276 BGB.). Erste Voraussetzung des Schadensersatzanspruchs aus Eigentumsverletzung ist, daß die Klägerin das Eigentum an der seitens der Verkäuferin M. & A. durch die Aachener Speditionsfirma ihr übersandten Ware zur Zeit des Abhandenkommens des Tuchballens bereits erworben hatte. Nach dem Vortrage der ersten Instanz war der Eigentumserwerb der Klägerin lediglich auf das Kaufgeschäft und die Bezahlung des Kaufpreises sowie die mit der Klage in Abschrift überreichte Rechnung der Verkäuferin gestützt worden. Mit Recht sah das Landgericht dadurch den Nachweis für die Eigentumsübertragung nicht als erbracht an. Ein tatsächlicher Vorgang, in welchem nach den §§ 929, 930 BGB. eine Eigentumsübertragung seitens der Verkäuferin an die Klägerin hätte gefunden werden können, war gar nicht behauptet. An sich aber geht bei Versendungskäufen das Eigentum der Kaufsache auf den Käufer erst dann über, wenn sie in dessen Hände gelangt ist und von ihm in der Absicht des Eigentumserwerbs angenommen wird, was auch ohne ausdrückliche Erklärung geschehen kann (RGZ. Bd. 64 S. 145; Bd. 74 S. 355).

Im zweiten Rechtszuge hat die Klägerin ihren Eigentumserwerb auf die für die Lieferung der Ware seitens der Verkäuferin M. & A. in A. in der Auftragsbestätigung ausgesprochene Klausel gestützt: „netto Kasse bei Empfang der Ware loco Fabrik. Die Ware geht mit Ausstellung der Faktura in Ihren Besitz über". Darin erblickt das Berufungsgericht die Eigentumsübertragung: nach Absicht der Vertragsparteien, nimmt es an, sollte das Eigentum der Ware mit der Übergabe der Ware an die Aachener Speditionsfirma auf die Klägerin übergehen und diese Firma als Vertreter der Klägerin handeln. Diese Auffassung muß rechtlichen Bedenken begegnen. Die Revision sieht in der Klausel nur eine Abmachung über den Übergang der Gefahr; eine Absicht der Eigentumsübertragung sei ihr nicht zu entnehmen, zumal weder behauptet noch festgestellt sei, daß die Aachener Speditionsfirma tatsächlich als Vertreterin der Klägerin gehandelt habe. In der Tat ist es nach den Übungen im Handel nicht unwahrscheinlich, daß die Klausel nur über den Erfüllungsort (loco Fabrik) und den Übergang der Gefahr Bestimmung treffen will. Auch das Schreiben der Firma M. & A. an die Klägerin vom 3. September 1919 folgert aus der Klausel nichts anderes, als daß die Klägerin den Kaufpreis der Ware an sie jedenfalls zahlen müsse und sich dann wegen der Rückerstattung an den Hamburger Spediteur oder an die

Versicherungsgesellschaft halten möge. Wird der zweite Teil der Klausel rechtlich näher betrachtet, so ist zunächst die Ausstellung der Faktura ein rein innerer Vorgang im Geschäfte des Verkäufers, der nach außen in keiner Weise hervortritt; er kann deshalb eine Eigentumsübertragung nach § 929 oder auch nach § 930 BGB. jedenfalls nicht darstellen. Soll damit die gleichzeitig zu denkende Übergabe an den Spediteur behufs Absendung als Akt der Eigentumsübertragung gemeint sein, was das Berufungsgericht annimmt, mit dem Satze der Klausel aber keineswegs gesagt ist, so ist zu bemerken, daß der vom Verkäufer beauftragte Spediteur oder Frachtführer an sich nicht Vertreter des Käufers, sondern Beauftragter des Verkäufers ist; das Eigentum der Ware geht also nicht durch Ablieferung an den Spediteur auf den Käufer über, es sei denn, daß dieser oder in seinem Auftrag oder Einverständnis der Verkäufer ihn zu seinem Vertreter behufs Empfang und Weitersendung der Ware bestellt hatte (RGZ. Bd. 84 S. 320). Voraussetzung einer solchen Eigentumsübertragung wäre im gegebenen Falle, daß der Speditionsfirma in A. im Einverständnis der Klägerin durch Mitteilung der Vertragsklausel über den Eigentumsübergang der Auftrag erteilt worden wäre, als Vertreter der Klägerin zu handeln, sowie daß sie die Klausel auch im Sinne der Eigentumsübertragung auffaßte und demgemäß für die Klägerin handeln wollte. Nur so würde durch Übergabe der Ware an den Spediteur eine Eigentumsübertragung gemäß § 929 BGB. zustande gekommen sein. Ein Eigentumsübergang nach § 930 BGB. aber, wenn an einen solchen in der Klausel gedacht wäre, würde erfordern, daß gleichzeitig mit der Ausstellung der Faktura die für die Klägerin bestimmte Ware beim Verkäufer ausgeschieden war (RGZ. Bd. 97 S. 252), und der Verkäufer diese nunmehr für die Klägerin als die Käuferin in Verwahrung genommen hätte. Nach allen diesen Richtungen fehlt es an jeder Feststellung wie an schlüssigem Parteivorbringen und bedarf die Sache der weiteren Aufklärung; es muß der Sinn der Klausel aus den Geschäftsübungen der Parteien und am Orte der Lieferung ermittelt und dann geprüft werden, ob den rechtlichen Voraussetzungen für einen Eigentumsübergang genügt ist.

3. Das Berufungsgericht erachtet eine Schadensersatzverpflichtung des Beklagten aus §§ 823 Abs. 1, 276 BGB. für gegeben, weil er dem zur Abrollung der Waren an die Empfänger bestimmten Rollwagen nur den Kutscher, nicht aber auch noch einen Begleitmann beigegeben habe. Da er wissen mußte, daß der Kutscher im natürlichen Verlaufe seiner Verrichtungen gezwungen sein würde, den Wagen für kürzere oder längere Zeit unbeaufsichtigt zu lassen, habe er durch diese Unterlassung die Gefahr des Diebstahls an den auf dem Wagen lagernden Gütern grob fahrlässig heraufbeschworen. Die Revision

macht dagegen geltend, daß eine allgemeine Rechtspflicht der Beklagten zum Handeln gegenüber der Klägerin als der angeblichen Eigentümerin des Ballens Tuch nicht bestanden habe, und beruft sich für ihre Auffassung auf die Entscheidung RGZ. Bd. 97 S. 12. Hier ist ausgesprochen, daß eine allgemeine Rechtspflicht, fremdes Eigentum gegen Gefahren zu schützen und vor Diebstahl oder Beschädigung zu bewahren, nicht bestehe und eine Pflicht dazu nur durch ein besonderes Rechtsverhältnis begründet werde. Auch der allgemeine Gesichtspunkt, daß es eine Unterlassung ist, die die Haftung des Beklagten begründen soll, eine solche aber nur rechtswidrig ist, wenn die unterlassene Handlung durch eine Rechtspflicht geboten war (RGZ. Bd. 52 S. 373, Bd. 54 S. 53), führt dahin, daß ein besonderes Rechtsverhältnis, das dem Beklagten eine Sorgfaltspflicht hinsichtlich der Verwahrung und Überwachung des im fremden Eigentum stehenden, von ihm beförderten Gutes auferlegte, bestehen muß. Eine solche Sorgfaltspflicht war dem Beklagten zunächst nur vertragsmäßig durch die Aachener Speditionsfirma, die ihm die Sammelladung zur Abrollung der einzelnen Güter an die Empfänger zugesandt hatte, auferlegt worden. Daß die Vertragshaftung dem anderen Vertragsteile gegenüber die allgemeine Verantwortung aus unerlaubter Handlung auf Grund desselben Tatbestands, sei es diesem anderen Vertragsteile gegenüber, sei es auch gegenüber Dritten, nicht ausschließt, ist in der Rechtsprechung des Reichsgerichts anerkannt (RGZ. Bd. 63 S. 308, Bd. 88 S. 317 und 433; JW. 1920 S. 284 Nr. 6).

Ein den Beklagten zur Sorgfalt für fremdes Eigentum verpflichtendes rechtlich erhebliches Verhältnis ist nun in der Tat vorhanden; es ist in dem Gewerbebetriebe des Beklagten als Rollfuhrunternehmer begründet. Wer es als Gewerbeunternehmer sich zur Aufgabe macht, zum Zwecke des eigenen Erwerbes fremdes Eigentum, sei es als Lagerhalter zu verwahren, sei es als Spediteur oder Frachtführer von einem Orte zum anderen zu befördern, überkommt vermöge dieses Gewerbebetriebes, auch abgesehen von den einzelnen geschlossenen Verträgen und der dadurch begründeten Verpflichtung gegenüber dem Einlagerer oder dem Absender, eine Obhuts- und Überwachungsverpflichtung an allen in seinem Gewerbebetrieb an ihn gelangenden, im fremden Eigentum stehenden Sachen. Das entspricht der Rechtsanschauung und dem Rechtsbedürfnis. Der Eigentümer, dessen Person mit der Person des Absenders oder Einlagerers, also des Vertragsgegners des Lagerhalters, Spediteurs, Frachtführers in sehr vielen Fällen sich nicht deckt, und der in diesen Fällen sein Eigentum nicht selbst schützen kann, muß sich darauf verlassen können, daß der Gewerbeunternehmer, an den sein Eigentum zu den bezeichneten Zwecken gelangt, die im Verkehr erforderliche Sorgfalt zur Verwahrung und Erhaltung des fremden Gutes aufwendet. Ähnlich wie nach anerkannter Rechtsprechung derjenige, der einen Verkehr, sei es auf einem Wege, sei es zu oder in einem Hause, eröffnet, lediglich durch diese rechtserhebliche Tatsache auch die Verpflichtung übernimmt, für die Sicherheit dieses Verkehrs Sorge zu tragen (RGZ. Bd. 54 S. 56 flg., Bd. 68 S. 365, Bd. 85 S. 186, Bd. 88 S. 434), so übernimmt auch der Gewerbetreibende, der sich mit der Verwahrung oder Beförderung fremder Eigentumsgegenstände befaßt, die Sorgfaltspflicht hinsichtlich der Behandlung dieser Gegenstände. Sie trifft ihn, auch ehe und ohne daß ein Vertrag über die Lagerung oder Beförderung mit ihm geschlossen wurde, so wenn ein Gut ihm im Hinblick auf einen noch abzuschließenden Vertrag überliefert wird, aber auch wenn etwa infolge einer auf der Eisenbahn erfolgten Verwechselung ein fremdes Gut, auf das sich der von ihm geschlossene Vertrag nicht bezieht, in seinem Gewerbebetrieb in seine Hände gelangt. Daß schon der Gewerbebetrieb als solcher besondere Sorgfaltspflichten gegen Dritte mit sich bringt, ist ein Rechtsgedanke, der im Hinblick auf die Sicherheit der in dem Gewerbebetriebe tätigen oder durch den Gewerbebetrieb gefährdeten Personen strafrechtlich in den §§ 222 Abs. 2, 230 Abs. 2 StGB., zivilrechtlich in § 903 RVO. Ausdruck gefunden hat. Die besondere Sorgfalt, von der in diesen Gesetzesbestimmungen die Rede ist, ist nicht eine durch etwaige besondere Gesetze auferlegte, sie trifft den Gewerbetreibenden allein vermöge seines Berufes oder Gewerbes für alle Handlungen, die in den Kreis der Berufs- oder Gewerbehandlungen fallen; der Gewerbebetrieb begründet besondere Pflichten über die allgemeinen Pflichten eines jeden hinaus gegenüber den Personen, im gegebenen Falle gegenüber den Gütern, mit denen er in seinem Gewerbebetrieb in Verkehrsberührung kommt (vgl. zu § 222 Abs. 2 StGB. RGSt. Bd. 3 S. 84, Bd. 5 S. 77, Bd. 29 S. 227); er verpflichtet zum Handeln und begründet eine Verantwortlichkeit für Unterlassungen dieses Handelns, die andere Personen nicht trifft. Wie die Verkehrseröffnung Sorgfaltspflichten gegenüber Personen und Sachen entstehen läßt, deren Unterlassung schadensersatzpflichtig macht, so hier der Gewerbebetrieb des mit der Behandlung fremden Eigentums befaßten Unternehmers gegenüber den in dem Gewerbebetrieb an ihn gelangten fremden Sachen. Die Annahme des Berufungsgerichts, daß den Beklagten, indem er den Rollwagen, auf dem sich die den Empfängern zuzuführenden fremden Güter befanden, durch die Unterlassung der Mitgabe einer Begleitperson für den Kutscher zeitweise unbeaufsichtigt ließ und so die Gefahr des Verlustes durch Diebstahl herbeiführte, die von ihm auch bei der Häufigkeit der Diebstahlsvergehen in neuerer Zeit erkannt werden konnte und mußte, der Vorwurf einer fahrlässigen Eigentumsverletzung nach §§ 823

Abs. 1, 276 BGB. trifft, ist demnach rechtlich nicht zu beanstanden. Ob eine Schadensersatzpflicht gegenüber der Klägerin besteht, ist nur vom Nachweise des Eigentums der letzteren abhängig.

4. Der Beklagte beruft sich auf die von ihm vorgelegten Allgemeinen Bedingungen der Rollfuhrunternehmer von Hamburg, Altona und Umgegend vom 2. Juni 1910, wonach diese für Beschädigung oder Verlust der ihnen zum Transport übergebenen Güter bei eigenem oder ihrer Angestellten Verschulden, wenn nicht eine besondere Vereinbarung getroffen ist, nur bis zur Höhe von 60 ℳ für je 50 kg haften; er macht geltend, daß er darüber hinaus auch der Klägerin nicht hafte, die größere Rechte als der Vertragsgegner des Beklagten auch für sich nicht geltend machen könne.

Insofern etwa die Klägerin ihren Schadensersatzanspruch aus einer Abtretung der Ansprüche ihrer Verkäuferin und deren Spediteurs herleiten könnte, würden jene allgemeinen Bedingungen, wenn auf ihrer Grundlage der Fracht-(Abroll)-vertrag geschlossen wäre, auch die Klägerin verpflichten und ihren Schadensersatzanspruch einschränken. Für die Haftung des Beklagten der Klägerin gegenüber als Eigentümerin des rechtswidrig ihr entzogenen Gutes aus unerlaubter Handlung kann diese Haftungsbeschränkung an sich nicht gelten, auch dann nicht, wenn die Beschränkung der allgemeinen Übung in Hamburg entsprochen hätte und der Klägerin bekannt gewesen wäre, wie das Reichsgericht in dem ähnlich gelagerten Falle RGZ. Bd. 63 S. 312 ausgeführt hat. Sie würde nur dann auch gegenüber dem Anspruche der Klägerin Platz greifen können, wenn diese ausdrücklich oder stillschweigend jenen Bedingungen in ihrem Geschäftsverkehr sich unterworfen hätte, wenn sie mit der Art der Versendung der Ware und der Haftungsbeschränkung der Beklagten einverstanden war. Dabei ist aber zu bemerken, daß der Entschädigungssatz der allgemeinen Bedingungen im Jahre 1910 aufgestellt ist und den gegenwärtigen wirtschaftlichen Verhältnissen in keiner Weise mehr entspricht, so daß ein solches Einverständnis nur schwer anzunehmen sein möchte. Ob nicht auch dann, wenn die Haftungsbeschränkung danach Platz greifen könnte, eine grobe Fahrlässigkeit des Beklagten, wie sie das Berufungsgericht annimmt, sie wieder in Wegfall bringen würde, kann bei gegenwärtiger Sachlage unerörtert bleiben.

Wegen des Mangels der Feststellung des Eigentumsübergangs an die Klägerin war hiernach das angefochtene Urteil aufzuheben und die Sache zur anderweiten Verhandlung und Entscheidung an das Berufungsgericht zurückzuverweisen.

11. 1. Zum Begriff der Binnenschiffahrt.
2. Inwiefern werden die Verjährungsvorschriften der §§ 117 Nr. 7, 118 des Binnenschiffahrtsgesetzes durch das Internationale Übereinkommen zur einheitlichen Feststellung von Regeln über den Zusammenstoß von Schiffen vom 23. September 1910 (RGBl. 1913 S. 49) berührt?

I. Zivilsenat. Urt. v. 2. April 1921 i. S. K. B. u. Gen. (Bekl.) w. Reichsmarinefiskus (Kl.). I 328/20.

I. Landgericht Greifswald. — II. Oberlandesgericht Stettin.

Am 29. August 1914 stieß das deutsche Torpedoboot V 26 mit dem deutschen Dampfer Pommern zusammen. Der Zusammenstoß erfolgte auf dem Dammansch vor der Oder in der Nähe der Königsbake. Der Dampfer befand sich auf der Fahrt von Stettin nach Greifswald. Wegen der durch den Zusammenstoß dem Torpedoboot zugefügten Beschädigungen wurde gegen die Eigner und den Führer des Dampfers Klage erhoben.

Das Landgericht wies die Klage wegen Verjährung ab. Das Oberlandesgericht erklärte die Verjährungseinrede für unbegründet. Auf die Revision der Beklagten wurde das erste Urteil wiederhergestellt.

Gründe:

Das Berufungsgericht hat im Zwischenurteil vom 10. Mai 1917 ausgeführt, der Dampfer Pommern sei zwar als Seeschiff im Schiffsregister verzeichnet, habe jedoch seiner regelmäßigen Verwendung nach als Binnenschiff zu gelten. Hierin ist ein Rechtsirrtum nicht zu erblicken. Nach den insoweit von keiner Seite bemängelten Feststellungen des in der Berufungsinstanz vorgetragenen landgerichtlichen Urteils machte der Dampfer regelmäßige Frachtenfahrten zwischen Greifswald und Stettin durch die Peene und längs der Küste über den Greifswalder Bodden. Daß diese Fahrten, obgleich sie zum Teil ein der Ostsee angehöriges Gebiet berührten, wegen der eigentümlichen Gestaltung der genannten Küstengewässer (vgl. auch die Vorschriften über die Registrierung und Bezeichnung der Kauffahrteischiffe vom 13. November 1873 § 1 Nr. 5, 6) in vollem Umfange den Charakter von Binnenschiffahrten hatten, unterliegt aus den in RGZ. Bd. 13 S. 69 für die gleichartigen Fahrten Stettin—Stralsund dargelegten Gründen keinem Zweifel. War aber der Dampfer Pommern ein regelmäßig der Binnenschiffahrt dienendes Schiff, so ist er auch als Binnenschiff zu behandeln, da in dieser Beziehung seine Eintragung in das Seeschiffsregister keine entscheidende Bedeutung hat (Schaps, Seerecht, 2. Aufl., S. 8 Anm. 27).

Demgemäß handelt es sich bei dem Klaganspruch um Forderungen aus dem Verschulden einer Person der Besatzung eines Binnenschiffs, für welche in § 117 Nr. 7, § 118 BinnenSchG. eine Verjährungsfrist von einem Jahre vorgesehen ist, beginnend mit dem Schluß des Jahres, in welchem die Forderung fällig geworden ist. Die in Übereinstimmung mit dem landgerichtlichen Urteil vom Berufungsgericht getroffene Feststellung, daß bei Zugrundelegung der vorerwähnten Vorschriften die Klageforderung mit Ablauf des Jahres 1915, d. h. vor Klagerhebung verjährt sei, ist von keiner Seite beanstandet und erscheint zutreffend. Es fragt sich nur, ob, wie das Berufungsgericht meint, durch das Reichsgesetz vom 7. Januar 1913 im Beihalt des Internationalen Übereinkommens zur einheitlichen Feststellung von Regeln über den Zusammenstoß von Schiffen vom 23. September 1910 die Anwendbarkeit der erwähnten Verjährungsfrist ausgeschlossen und die in § 901 Nr. 2, § 903 Nr. 3 HGB. (neuester Fassung) vorgesehene zweijährige Verjährungsfrist auch für den vorliegenden Fall eingeführt ist.

Dies ist aber nicht zutreffend.

Das Gesetz vom 7. Januar 1913 sagt in Art. 1:

„Das vierte Buch des HGB. wird dahin geändert:

I. Die §§ 734—739 (welche über den Schaden durch Zusammenstoß von Schiffen handeln) werden durch folgende Vorschriften ersetzt . . . § 739. Die Vorschriften dieses Titels gelten auch dann, wenn bei dem Unfall ein der Binnenschiffahrt dienendes Schiff beteiligt ist.“ . . .

„Dieser Titel“ im Sinne des § 739 ist der zweite Titel des 7. Abschnitts des 4. Buches des Handelsgesetzbuchs, während die Verjährung im 11. Abschnitt des 4. Buches behandelt ist. Davon, daß auch diese Verjährungsvorschriften auf Binnenschiffe anzuwenden seien, besagt das Gesetz vom 7. Januar 1913 nichts, obgleich es in Art. 1 unter III—V verschiedene Änderungen der die Verjährung betreffenden §§ 901 flg. HGB. einführt. Das Berufungsgericht meint denn auch die Hauptgründe für seinen Standpunkt aus dem Internationalen Übereinkommen vom 23. September 1910 herleiten zu können. Dieses ist im Reichsgesetzblatt veröffentlicht und daher wie ein deutsches Gesetz zu behandeln. Es bestimmt u. a., daß die Ansprüche auf Schadensersatz, welche für ein Seeschiff aus seinem Zusammenstoß mit einem Binnenschiff hergeleitet werden, ohne Rücksicht darauf, in welchen Gewässern der Zusammenstoß stattgefunden hat, in zwei Jahren von dem schädigenden Ereignis ab verjähren (Art. 1, 7). Diese Vorschrift bezieht sich aber nicht auf einen Fall der hier fraglichen Art, wo alle Beteiligten demselben Staat angehören wie das mit der Sache befaßte Gericht, in welchem Falle nach ausdrücklicher Bestimmung in Art. 12

Nr. 2 die Landesgesetzgebung und nicht das Übereinkommen Anwendung findet. Die Verjährungsvorschriften der §§ 117 Nr. 7, 118 BinnenSchG. werden daher in Fällen der vorliegenden Art durch das Übereinkommen vom 23. September 1910 nicht berührt. Dementsprechend konnte auch die mit dem Gesetze vom 7. Januar 1913 bezweckte Anpassung der deutschen Gesetzgebung an das erwähnte Übereinkommen sehr wohl durchgeführt werden, ohne die Geltung der §§ 117 Nr. 7, 118 BinnenSchG. nach der hier in Betracht kommenden Richtung zu berühren. Sollte dies dennoch geschehen, so hätte es in dem Gesetze vom 7. Januar 1913 deutlich zum Ausdruck kommen müssen. Dies ist aber nach obigem nicht der Fall, vielmehr trifft das Gegenteil zu (vgl. Schaps, 2. Aufl. § 739 Anm. 3). Die Folge ist, daß die aus einem Zusammenstoße gegen ein deutsches Binnenschiff hergeleiteten Ansprüche auf Schadensersatz nach dem Übereinkommen vom 23. September 1910 Art. 7 in zwei Jahren von dem Ereignis ab verjähren, wenn sie von den Angehörigen eines fremden Vertragsstaats erhoben werden, während für ein deutsches Gericht die Verjährungsfrist der §§ 117 Nr. 7, 118 BinnenSchG. Platz greift, wenn die sämtlichen Beteiligten deutsche Staatsangehörige sind. Anderseits steht in Gemäßheit des Übereinkommens vom 23. September 1910 deutschen Berechtigten die erwähnte zweijährige Verjährungszeit zur Seite, wenn sich ihre Ansprüche gegen ein Binnenschiff richten, dessen Eigner einem fremden Vertragsstaat angehört, einerlei, ob der Zusammenstoß in deutschen oder fremden Gewässern oder auf hoher See erfolgt ist. Die kürzere Verjährung für den Fall, daß alle Beteiligten deutsche Staatsangehörige sind, rechtfertigt sich aus der verhältnismäßig leichteren Verfolgbarkeit solcher Ansprüche. Die bei Ansprüchen gegen Seeschiffe selbst für den Fall, daß alle Beteiligte Deutsche sind, nach § 901 Nr. 2 flg. HGB. in der Fassung des Gesetzes vom 7. Januar 1913 vorgesehene längere Verjährung war in ähnlicher Weise schon in der früheren Fassung des Handelsgesetzbuchs vorgesehen und stand bereits damals in einem wohlerwogenen Gegensatz zur Verjährung der §§ 117 Nr. 7, 118 BinnenSchG.

Es führt somit die ihrem Wortlaut entsprechende Anwendung der im Übereinkommen vom 23. September 1910 und im Gesetze vom 7. Januar 1913 niedergelegten Vorschriften keineswegs zu Ergebnissen, die deren Sinn und Zweck widersprechen oder unbillig sind.

---

12. Sorgfaltspflicht des Schlepperführers als Leiters eines Schleppzugs auf Binnengewässern.

I. Zivilsenat. Urt. v. 2. April 1921 i. S. A. G. u. Gen. (Kl.) w. Neue Nordd. Flußdampfschiffahrtsges. u. Gen. (Bekl.). I 343/20.

I. Landgericht Hamburg, Kammer f. Handelssachen. — II. Oberlandesgericht daselbst.

Die Klägerinnen haben mit der Beklagten zu 1 Schleppverträge geschlossen, in denen auf die Schleppbedingungen der Beklagten zu 1 Bezug genommen ist. Auf Grund dieser Schleppverträge hat die Beklagte zu 1 durch ihren Dampfer Magdeburg, dessen Kapitän der Beklagte zu 2 war, die Kähne der Klägerinnen in einem Schleppzuge, der aus 9 mit Kohlen beladenen Anhängen bestand, auf der Elbe von Hamburg aus stromaufwärts schleppen lassen. In der Nacht zum 24. Dezember 1916, als der Schleppzug unterhalb Boizenburg ankerte, kam ein Orkan auf. Die Anhänge Nr. 2 und Nr. 7 sanken und von den Anhängen Nr. 5 und 6 mußte zu ihrer Rettung ein Teil der Ladung über Bord geworfen werden. Die Klägerinnen verlangen Ersatz des Wertes der verloren gegangenen Kohlen, und zwar sowohl aus den Schleppverträgen als auch als Zessionare der Ladungseigentümer.

Die Vorinstanzen wiesen die Klagen ab, die Revision der Klägerinnen hatte keinen Erfolg.

Gründe:

Nach den Feststellungen des Berufungsgerichts hatten die Klägerinnen keine Ermächtigung von den Ladungseigentümern, auch für sie die Schleppbedingungen der Beklagten anzunehmen; von den Beklagten ist auch nicht behauptet worden, daß die Ladungseigentümer gewußt hätten, daß Schleppbedingungen der genannten Art üblich seien. Es bedarf keiner näheren Darlegung, daß solchenfalls den hier allein in Betracht kommenden Klaganspüchen, die auf Abtretung der den Ladungseigentümern nach § 823 BGB., § 3 BinnenSchG. erwachsenen Schadensersatzansprüche gestützt sind, die § 14 Nr. 2, § 15 Nr. 1 der genannten Schleppbedingungen nicht entgegengehalten werden können.

Das Berufungsgericht hat die Frage, ob eine für den Unfall ursächliche Fahrlässigkeit auf seiten des Führers oder der Eignerin des Schleppdampfers Magdeburg vorliegt, verneint. Dabei hat es die Gutachten der gerichtlichen Sachverständigen Te. und Ti. zugrunde gelegt, das Privatgutachten des Sachverständigen Sch. aber abgelehnt, weil dieses gegenüber dem, was im Schleppbetrieb auf der Oberelbe allgemein üblich sei, erheblich zu weit gehende und dem praktischen Leben nicht Rechnung tragende Anforderungen stelle. Denn es würde — so fährt das Berufungsgericht fort — eine nicht zu billigende Überspannung der Anforderungen sein, wenn man vom Führer des Schleppers Magdeburg mehr verlangen wollte, als das, was langjährige, mit der Schleppschiffahrt auf der Oberelbe vertraute Praktiker von der gerichtsbekannten Tüchtigkeit der Sachverständigen Te. und Ti. für erforderlich hielten.

Diese Darlegungen lassen einen Rechtsirrtum nicht erkennen. Mit der Vorschrift des § 276 BGB.: „Fahrlässig handelt, wer die im Verkehr erforderliche Sorgfalt verletzt" wird zum Ausdruck gebracht, daß die Anforderungen des Verkehrs den Maßstab geben, nach dem zu entscheiden ist, welches Maß von Umsicht und Sorgfalt zur Verhütung eines Schadens aufgewendet werden mußte. Dabei ist die Berücksichtigung der Anschauung eines bestimmten engeren Verkehrskreises nicht ausgeschlossen, sofern es sich nicht um eine im Verkehr eingerissene Nachlässigkeit und Unsitte handelt (RGR. Komm. § 276 Anm. 3). Daß dies letztere der Fall sei, ist den Feststellungen des Berufungsrichters nicht zu entnehmen.

Die Revision rügt insbesondere die auf die Gutachten der Sachverständigen Te. und Ti. gestützte Annahme des Berufungsgerichts, daß die Beobachtung des Barometers in der oberelbischen Schiffahrt nicht üblich sei und daß die Erhöhung der Freiborde der Kähne allein dem Ermessen und der Entscheidung der Kahnschiffer unterstehe. Dabei will die Revision einen wesentlichen Unterschied machen zwischen dem gewöhnlichen Kahnschiffer, der einzeln oder in einem Schleppzuge fährt, und dem Führer eines Schleppzugs, der von seinem Dampfer aus den Schleppzug leitet, und meint, ein Schlepper mit zahlreichen Anhängen müsse besser und vollständiger ausgerüstet sein, als ein gewöhnlicher Kahn, und die Führer solcher Schlepper müßten der gesteigerten Pflicht und Verantwortlichkeit entsprechende Kenntnisse haben. Dies letztere ist insofern richtig, als die Führung eines Schleppdampfers als Einzelfahrzeugs sowie die vom Dampfer aus geleitete einheitliche Führung eines ganzen Schleppzugs andere Fähigkeiten und Kenntnisse des Führers und andere Ausrüstungsgegenstände, nautische Hilfsmittel usw. des Dampfers erfordern, als die Führung eines einzeln oder im Schleppzuge fahrenden Kahnes. Das bedeutet indessen nicht, daß der Schlepperführer außer der aus der einheitlichen Führung des Schleppzugs als solcher (ElbschiffahrtsO. § 46 Abs. 3) folgenden Obhutspflicht eine besondere Obhut für jeden einzelnen mit eigener Mannschaft fahrenden Anhang auszuüben und dabei eine größere Umsicht und Sorgfalt zu gewähren hätte, als der Kahnschiffer selbst. Denn der wesentliche Inhalt des Schleppvertrags besteht darin, daß der Schlepper dem Schleppschiffe die bewegende Kraft stellt (Mittelstein in Hanseat. Rechtszeitschr. 1919 S. 560), und die nautische Führung der Anhänge geht nur insoweit auf die Schlepperleitung über, als es sich um den Schleppzug als ein besonderes Ganzes und nicht um die einzelnen Schleppschiffe als solche handelt. Dementsprechend bleibt innerhalb des durch den Schleppzug und seine einheitliche Führung gebildeten Rahmens jedes Schiff selbständig, derart, daß die Leitung desselben in erster Linie berufen ist, für seine Sicherheit zu sorgen und jederzeit in die Lage kommen kann, eigene selbständige Entschlüsse zu fassen (Schaps, Seerecht, 2. Aufl. Vorbemerk. zu § 556 Anm. 33, § 481 Anm. 7; Makower-Löwe, Binnenschiffahrt, 5. Aufl. § 4 Anm. 6 b, d; Mittelstein in Ehrenbergs Handb. des gesamten Handelsrechts VII 1 S. 121, 122, 323 flg.; anders, wenn es sich ausnahmsweise um vom Schlepper in Obhut genommene Anhänge handelt, RGZ. Bd. 67 S. 12). Das schließt natürlich nicht aus, daß die einheitliche Leitung des Schleppzugs unter Umständen besondere Maßnahmen, Beobachtungen, Warnungen usw. seitens der Schlepperführung erfordert, die den einzelnen im Anhang fahrenden Kahnschiffer in der Obhutspflicht über seinen Kahn unterstützen und fördern. In welchem Umfang aber ein solches Vorgehen zu den Pflichten der Schlepperleitung gehört, hängt mangels entsprechender vertraglicher Vereinbarungen, behördlicher Vorschriften usw. von den Anforderungen des Verkehrs ab, für welche die Verkehrssitte insoweit entscheidend ist, als es sich nicht um eine Unsitte handelt.

Nun behaupten die Klägerinnen selbst nicht, daß es für Kahnschiffer auf oberelbischer Fahrt verkehrsüblich sei, zwecks Prüfung der bevorstehenden Wetterlage Barometerbeobachtungen zu machen und diese Beobachtungen allein oder mitbestimmend zu Rate zu ziehen, auch wenn sie selbständig einen Liegeplatz für die Nacht auszuwählen haben. Anderseits sind Schleppdampfer der hier fraglichen Art in dem verhältnismäßig engen und flachen Fahrwasser der Oberelbe auch durch den stärksten Sturm so wenig gefährdet, daß für ihre Sicherheit Barometerbeobachtungen völlig unnötig sind. Bei dieser Sachlage kann es nicht als eine Unsitte in dem oben erwähnten Sinne bezeichnet werden, wenn es verkehrsüblich ist, daß an Bord der auf der Oberelbe verkehrenden Schlepper ein Barometer weder mitgeführt noch zu Wetterbeobachtungen benutzt wird, die höchstens für die Schleppschiffe von Interesse sein könnten, dort aber auch bei Einzelfahrt nicht vorgenommen zu werden pflegen. Daß aber die Benutzung von Barometern an Bord der Schleppdampfer nicht verkehrsüblich ist, hat das Berufungsgericht festgestellt, und zwar ohne erkennbaren Rechtsirrtum auch dann, wenn, wie die Revision behauptet, einzelne oberelbische Schleppdampfer mit einem Barometer ausgerüstet sein sollten. Gehörte demnach die erwähnte Barometerbeobachtung nicht zu den Dienstverrichtungen des Schlepperführers, so kann ihm auch im Beihalt der sonstigen Feststellungen des Berufungsgerichts kein Vorwurf daraus gemacht werden, daß er nicht die Schleppschiffe auf die drohende Sturmgefahr aufmerksam gemacht und sie veranlaßt hat, rechtzeitig ihre Freiborde zu erhöhen. Daß an sich die Erhöhung der Freiborde dem Ermessen und der Entscheidung der Kahnschiffer untersteht, hat das Berufungsgericht mit Recht angenommen, da dies mit der nautischen Leitung des Schleppzugs als solcher nichts zu tun hat. . . .

---

13. Steht dem Bürgen der Rückgriff gegen den Hauptschuldner in voller Höhe der Forderung zu, wenn er sich mit dem Gläubiger auf Zahlung eines geringeren Betrags verglichen hat?

I. Zivilsenat. Urt. v. 2. April 1921 i. S. R. (Bekl.) w. U. (Kl.). I 333/20.

I. Landgericht II Berlin. — II. Kammergericht daselbst.

Der Beklagte stand mit der Aktiengesellschaft Fr. in Geschäftsverbindung und schuldete ihr am 31. Dezember 1912 50241 *M*. Über das Vermögen der Gesellschaft wurde am 16. Juli 1913 das Konkursverfahren eröffnet. Der Konkursverwalter trat am 31. August 1916 die Forderung nebst Zinsen an den Kläger ab. Dieser verlangt, im Urkundenprozeß klagend, Verurteilung des Beklagten zur Zahlung.

Der Beklagte hat eingewendet, er sei berechtigt, mit einer Forderung von 100000 *M* gegen die Zedentin des Klägers aufzurechnen. Damit hat es folgende Bewandtnis:

Der Beklagte hatte für die Aktiengesellschaft gegenüber H. Bürgschaft geleistet, wurde von H. in Anspruch genommen und verglich sich mit diesem dahin, daß er am 1. Juni, 1. Juli und 1. August 1912 je 50000 *M* nebst Zinsen zahlen sollte. Die Gesellschaft bezahlte ihrerseits am 1. Juli 1912 die Rate von 50000 *M* an H. Sie verpflichtete sich weiter am 22. Juli 1912 notariell, die beiden ferneren Raten von zusammen 100000 *M* nebst Zinsen an den Beklagten nunmehr sofort zu zahlen. Dieser Verpflichtung ist die Gesellschaft nicht nachgekommen. Die Forderung des H. hat sich inzwischen auf 86000 *M* ermäßigt. Nachdem H. verstorben war, hat dessen Erbin, Frau W., in einer Urkunde vom 3. April 1916 anerkannt, daß der Beklagte ihre Forderung getilgt hat. Sie hat einen Betrag von 60000 *M* an die Firma Z. und den Rest an den Beklagten abgetreten. Mit dieser Gegenforderung rechnet der Beklagte auf.

Der Kläger bestritt den Bestand der Gegenforderung, weil der Beklagte an Frau W. nur 9000 *M* gezahlt habe und deshalb auch nicht mehr von der Gesellschaft beanspruchen könne.

Das Landgericht gab der Klage statt. Das Kammergericht legte dem Beklagten durch Beschluß einen Eid über die gegnerische Behauptung auf, daß er nicht mehr als 9000 *M* an Frau W. gezahlt habe. Die Leistung des Eides hat er verweigert. Daraufhin hat das Kammergericht die Klage zur Höhe von 9000 ℳ nebst Zinsen abgewiesen, im übrigen aber die Berufung zurückgewiesen.

Die Revision des Beklagten hatte Erfolg.

Gründe:

Zur Entscheidung des Revisionsgerichts steht die Frage, ob der Bürge, der im Wege des Vergleichs erreicht hat, daß der Gläubiger seine gesamte Forderung gegen Zahlung eines geringeren Betrags für getilgt erklärt, nunmehr grundsätzlich die auf ihn übergegangene Gläubigerforderung nicht zur vollen Höhe, sondern nur zur Höhe des tatsächlich gezahlten Betrags gegen den Hauptschuldner geltend machen kann, und weiter die Frage, ob vorliegendenfalls nach den besonderen Abmachungen zwischen der Aktiengesellschaft und dem Beklagten die Gesellschaft gemäß § 774 Abs. 1 Satz 3 BGB. nur dasjenige schuldet, was der Beklagte tatsächlich an den Gläubiger gezahlt hat.

Das Berufungsgericht hat aus dem Inhalt der Urkunde vom 22. Juli 1912, in welcher sich die Gesellschaft verpflichtet hat, dem Beklagten sofort diejenigen Beträge zu zahlen, die er demnächst dem Gläubiger auf Grund der Bürgschaft zu zahlen hätte, entnommen, daß dem Beklagten nur insoweit eine Forderung gegen die Gesellschaft zusteht, als er selbst Zahlung an den Gläubiger geleistet hat. Diese Schlußfolgerung wird von der Revision bekämpft. Sie sucht darzulegen, daß der Beklagte berechtigt sei, die auf ihn übergegangene Forderung des Gläubigers zur vollen Höhe geltend zu machen.

Was zunächst die ersterwähnte grundsätzliche Frage angeht, so läßt sie sich nicht allgemeingültig beantworten, vielmehr ist die Entscheidung von der Lage des Einzelfalls abhängig. Im gemeinen Recht war anerkannt, daß, wenn der Gläubiger dem Bürgen dessen Schuld schenkungsweise erlassen habe, gleichwohl der Rückgriff des Bürgen gegen den Hauptschuldner stattfinde (Windscheid, Pandekten, 9. Aufl., Bd. 2 § 481 Anm. 4). Voraussetzung war, daß der Erlaß lediglich zugunsten des Bürgen erfolgt ist. Derselbe Grundsatz hat auch für das Bürgerliche Gesetzbuch in der Rechtslehre Anerkennung gefunden (vgl. Staudinger § 774, 2a, d mit Nachweisungen). Was für den Erlaß gilt, hat auch für einen zwischen dem Gläubiger und dem Bürgen geschlossenen Vergleich zu gelten. Es kommt also auch bei einem solchen darauf an, ob nach den zwischen Gläubiger und Bürgen getroffenen Abmachungen der vergleichsweise erfolgte Nachlaß ein nur dem Bürgen gewährtes Entgegenkommen bedeuten, oder ob er das gesamte Schuldverhältnis umfassen sollte. Welche dieser beiden Möglichkeiten auf den vorliegenden Fall zutrifft, darüber hat sich das Berufungsgericht nicht ausgesprochen. Es hat seine Entscheidung vielmehr aus dem zwischen dem Bürgen und dem Hauptschuldner bestehenden Rechtsverhältnis entnommen. Das ist nicht zu beanstanden.

Zunächst ist in der Rechtsprechung anerkannt, daß der Hauptschuldner Einreden aus diesem Rechtsverhältnis dem Bürgen auch dann entgegenstellen kann, wenn der Bürge nicht aus dem Rechtsverhältnis (in der Regel Auftrag oder Geschäftsführung), sondern aus übergegangenen oder abgetretenen Rechten des Gläubigers klagt (Komm. v. RGR. § 774 Anm. 4; Motive zum Entwurf I BGB. Bd. 2 S. 674). Was nun das gedachte Rechtsverhältnis angeht, so ist eine Urkunde darüber nicht beigebracht; es ist auch nicht näher angegeben, unter welchen näheren Einzelabmachungen die Gesellschaft dem Beklagten den Auftrag zur Bürgschaftsübernahme erteilt hat. Beigebracht ist vielmehr nur die Urkunde vom 22. Juli 1912, in welcher sich die Gesellschaft, nachdem die Bürgschaftsübernahme bereits erfolgt war, verpflichtet hat, dem Beklagten diejenigen Summen zu zahlen, die dieser zur Begleichung seiner — durch einen Vergleich mit dem Gläubiger festgestellten — Bürgschaftsverpflichtung nötig hatte. In dieser Urkunde ist gesagt, daß die Gesellschaft sich mit Rücksicht auf die von dem Beklagten an den Gläubiger zu leistenden Zahlungen verpflichte, das nötige Geld vorher an den Beklagten zu entrichten.

Aus dem Umstande, daß die Zahlungsverpflichtung der Gesellschaft mit der Höhe des von dem Beklagten an den Gläubiger zu leistenden Bürgschaftsbetrags in eine derartige Verbindung gebracht ist, hat das Berufungsgericht geschlossen, daß die Gesellschaft nur insoweit Zahlung zu leisten habe, als der Beklagte tatsächlich an den Gläubiger zu zahlen habe und zahlen werde. Es ist also angenommen, daß ein Nachlaß des Gläubigers nach dem Verhältnis zwischen Bürgen (dem Beklagten) und Hauptschuldner (der Aktiengesellschaft) auch dem letzteren zugute kommen solle.

Mit Recht hat jedoch die Revision geltend gemacht, daß diese Annahme vom Berufungsgericht bisher nicht ausreichend begründet ist. Die Rechtsstellung des Beklagten ist zunächst eine ganz klare. Er stützt sich einmal darauf, daß die Rechte des Gläubigers auf ihn oder seine Frau übergegangen sind, und zweitens darauf, daß in der mehrerwähnten Urkunde ein bündiges Zahlungsversprechen der Gesellschaft vorliegt, für welches diese sich der sofortigen Zwangsvollstreckung unterworfen hat. Der Kläger ist beweispflichtig für alles, was er dagegen vorbringen will. Es fragt sich zunächst, wie der Kläger das Zahlungsversprechen aus der Welt schaffen will, durch die Einrede der Arglist, Anfechtung, Kondiktion oder wie sonst. Sodann kommt vor allem folgendes in Betracht: Die vollstreckbare Urkunde geht allerdings davon aus, daß der Beklagte als Bürge demnächst 100000 ℳ zu zahlen habe. Was dann daran geknüpft wird, ist aber die Verpflichtung der Gesellschaft, sofort an den Beklagten (nicht an den Gläubiger) 100000 ℳ zu zahlen. Wenn mit der Voraussetzung die

Verpflichtung fortfallen sollte, so würde es sich doch dabei eben nur um die Verpflichtung einer sofortigen Zahlung an den Beklagten handeln. Sollte diese Verpflichtung fortgefallen sein, so wäre damit an und für sich immer noch vereinbar, daß der Beklagte, nachdem er später die Schuld der Gesellschaft aus eigenen Mitteln zur vollen Höhe getilgt hatte, auch zur vollen Höhe Rückgriff gegen sie nehmen durfte. Ob diese rechtliche Möglichkeit der Sach- und Rechtslage entspricht, wird nicht allein aus der Fassung der Urkunde, die ja nicht das Rechtsverhältnis der Gesellschaft und des Beklagten abschließend regeln will, sondern aus einer Erörterung der gesamten zwischen den Genannten bestehenden Rechtsbeziehungen, soweit sie diese Bürgschaftsübernahme angehen, zu folgern sein. Der Kläger muß also darlegen und, soweit nötig, beweisen, wie es zu der Bürgschaftsübernahme gekommen ist, welche Abmachungen dabei getroffen sind usw. Nur dann wird sich ein abschließendes Urteil über die Sachlage gewinnen lassen. . . .

---

14. Liegt in der Verwendung eines eingetragenen Bildzeichens mit einer das Bild deutenden Unterschrift eine warenzeichenmäßige Verwendung der Unterschrift, durch welche in den Schutzbereich eines fremden Wortzeichens eingegriffen werden kann?

II. Zivilsenat. Urt. v. 5. April 1921 i. S. Gruschwitz Textilwerke A.-G. (Kl.) w. R. N. Erben (Bekl.). II 465/20.

I. Landgericht I Berlin, Kammer für Handelssachen. — II Kammergericht daselbst.

Der Klägerin sind eine Reihe von Warenzeichen im Zeichenregister seit 1885, 1911 und 1912 eingetragen, die im wesentlichen einen Negerkopf darstellen, das älteste von 1885 zugleich mit der Überschrift „Negerzwirn". Außerdem ist für sie nach Anmeldung vom 13. Dezember 1917 unter Nr. 222625 auch das Wortzeichen „Neger" für Papiergarne und Zwirne sowie andere Garne und Zwirne, Seilerwaren, Gespinstfasern und Kartonnagen am 21. Februar 1918 eingetragen worden.

Die Beklagte ist auf Grund ihrer Anmeldung vom 10. August 1896 Inhaberin eines unter Nr. 22762 für Garne und Zwirne eingetragenen Zeichens, das hauptsächlich aus der Verbindung des Wortes „Kolonialwolle" mit dem Bild einer aufrecht stehenden dunklen Männergestalt besteht, die nur mit Kniehosen bekleidet ist und in der einen Hand eine Fahne, in der anderen ein Gewehr trägt. Die Beklagte benutzt dieses Zeichen in verschiedener Weise: a) in großer farbiger

Ausführung, wobei die Männerfigur dunkelbraun, die Fahne schwarz-weiß-rot, das Wort Kolonialwolle rot gefärbt ist; b) in großer, in Schwarzdruck gehaltener Ausführung, bei der an Stelle des Wortes Kolonialwolle die Worte „Patent-Eider-Garn“ gesetzt sind; c) in kleiner briefmarkenähnlicher Ausführung, bei der sich zwei rechteckige Umrahmungen nebeneinander befinden und in deren eine die obenbezeichnete Männerfigur mit der Fahne, in die andere die Worte „nur echt mit Neger und Fahne“ gesetzt sind. Diese Worte befinden sich auch unter dem in der Form zu b) gebrauchten Warenzeichen, auf die Etiketten und Umhüllungen der Waren gesetzt.

Die Klägerin behauptet, ihr sei als Warenzeichen der Begriff „Neger“ an sich geschützt. Indem die Beklagte ihrem Warenzeichen den Zusatz „nur echt mit Neger und Fahne“ beifüge, versehe sie widerrechtlich ihre Ware mit dem Wortzeichen „Neger“. Sie versuche dadurch, sich in den der Klägerin zukommenden Zeichenschutz einzudrängen. Die Klägerin beantragt daher, die Beklagte zu verurteilen, es zu unterlassen, auf ihren Waren, deren Verpackungen und Umhüllungen sowie auf Ankündigungen, Preislisten, Geschäftsbriefen u. dgl. die Worte: „nur echt mit Neger und Fahne“ anzubringen, sowie von allen in ihrem Besitze befindlichen Gegenständen solcher Art diese widerrechtliche Kennzeichnung zu beseitigen oder, falls dies nicht möglich sei, die Gegenstände zu vernichten, endlich der Klägerin den erlittenen Schaden zu ersetzen.

Die Beklagte hat sich dagegen auf die Eintragung ihres gleichfalls einen Neger darstellenden Bildzeichens berufen und hält sich für berechtigt, darauf hinzuweisen, daß nur die mit diesem Zeichen versehenen Waren aus ihrem Betriebe hervorgegangen seien.

Das Landgericht hat die Beklagte antragsgemäß verurteilt, während das Kammergericht die Klage abgewiesen hat. Auf die Revision wurde das Berufungsurteil aufgehoben und die Sache zurückverwiesen.

Gründe:

Das Berufungsgericht geht zutreffend davon aus, daß Voraussetzung für die Unterlassungs- und Schadensersatzklage aus §§ 12, 14, 20 WZG. eine warenzeichenmäßige Benutzung des Wortzeichens der Klägerin „Neger“ ist und daß die Beklagte ihre Waren oder Umhüllungen usw. mit diesem Wort als einem Warenzeichen zwecks Hinweises auf einen bestimmten Betrieb versehen haben muß. Während das Landgericht das Vorliegen dieses Umstandes bejaht, verneint ihn das Berufungsgericht. Es erblickt in dem Hinzufügen des Vermerks „nur echt mit Neger und Fahne“ lediglich eine Aussage über den Inhalt des zur Kennzeichnung ihrer Ware benutzten Bildzeichens der

Beklagten, nicht die selbständige Benutzung des Wortes als eigenes Kennzeichen für die Ware.

Hiergegen richten sich die Angriffe der Revision, die Verletzung des § 12 WZG. rügt. Sie müssen als begründet erachtet werden. Es ist allerdings richtig, daß die Worte „nur echt mit Neger und Fahne" zunächst rein äußerlich eine Aussage und eine Aufforderung an das Publikum enthalten, auf das über dem Satz angebrachte Warenzeichen und seinen charakteristischen Bestandteil, das Bild eines Negers mit Fahne, zu achten. Allein damit erschöpfen sich Inhalt und Sinn jener Worte nicht. Sie enthalten gleichzeitig eine Deutung des Bildzeichens und bezeichnen insbesondere den im eingetragenen Zeichen der Beklagten dargestellten Kolonialkrieger als Neger.

Diese Deutung des Bildteils ist keineswegs eine zufällige und beiläufige. Auf den älteren, mit dem Warenzeichen der Beklagten versehenen Etiketten tritt der Kolonialkrieger nicht als Neger hervor. Erst für diejenigen Etiketten trifft dies zu, welche die Unterschrift „nur echt mit Neger und Fahne" enthalten.

Die ausdrückliche Deutung des eigenen Warenzeichens, in räumlicher Verbindung mit demselben und somit ebenfalls auf Umhüllungen, Verpackungen, Etiketten usw. angebracht, ist aber als warenzeichenmäßige Benutzung der begleitenden Erklärung anzusprechen und es kann somit auch nicht bezweifelt werden, daß die Beklagte ihre Ware oder deren Umhüllung mit dem Kennworte „Neger" versehen hat. Ob sich der Durchschnittsverbraucher dieses rechtlichen Tatbestandes bewußt ist, kommt nicht in Betracht. Der vom Gesetze gewährte Zeichenschutz stellt an den oberflächlich wahrnehmenden Dritten nicht die Anforderung, sich über die rechtliche Tragweite der Verwendung von Bild- oder Wortzeichen Gedanken zu machen. Es genügt, daß diese Verwendung die Wirkung hervorbringt, gegen welche der Berechtigte gesetzlich geschützt werden soll.

Die Annahme, daß die Beklagte mit den von ihr angebrachten Begleitworten in das Schutzrecht der Klägerin eingegriffen hat, liegt um so näher, wenn man sich das älteste eingetragene Warenzeichen der Klägerin vergegenwärtigt, welchem das Berufungsgericht offensichtlich nicht die erforderliche Beachtung geschenkt hat. Es stellt einen Negerkopf mit der Überschrift „Negerzwirn" dar. Wenn die Beklagte ihren Kolonialkrieger nebst Fahne mit der Unterschrift „nur echt mit Neger und Fahne" versieht, so benutzt auch sie grundsätzlich ein kombiniertes Zeichen. Insbesondere gibt sie der Unterschrift durch die Art ihrer Verwendung die Bedeutung eines — wenn auch nicht eingetragenen — Wortzeichens.

Ob allerdings die Worte „nur echt mit Neger und Fahne" die Gefahr einer Verwechselung mit dem für die Klägerin eingetragenen

Wortzeichen „Neger" in sich tragen, ist im wesentlichen Tatfrage und vom Revisionsgericht nicht ohne weiteres zu entscheiden. Es wird Sache des Berufungsgerichts sein, in dieser Beziehung die erforderlichen Feststellungen zu treffen.

---

15. In welchem Umfange sind die Zweigstellen zur Verwertung von Heeresgut ermächtigt, Veräußerungsverträge für den Reichsfiskus abzuschließen?

I. Zivilsenat. Urt. v. 6. April 1921 i. S. A. & Co. (Kl.) w. Reichsfiskus (Bekl.). I 366/20.

I. Landgericht Hildesheim. — II. Oberlandesgericht Celle.

Die Klägerin behauptet, im August 1919 mit der Zweigstelle Hildesheim des Reichsverwertungsamts mündlich über einen Vertrag einig geworden zu sein, wonach sie 750000 Stück Gewehrschafthölzer aus Heeresbeständen zum Preise von 60 ℛ𝓅 für das Stück gekauft habe. Das Reichsschatzministerium (Reichsverwertungsamt) lehnte die Erfüllung des Kaufes ab, indem es bestritt, daß die Zweigstelle Hildesheim den behaupteten Kauf abgeschlossen habe, insbesondere aber geltend machte, daß der genannten Zweigstelle die sachliche Zuständigkeit für einen Kaufabschluß, zumal in mündlicher Form, gefehlt habe. Die Klägerin erhob Klage auf Verurteilung des Beklagten zur Zahlung von 5000 ℳ Schadensersatz als Teil ihres auf 380935 ℳ bezifferten entgangenen Gewinns. Der Beklagte erhob Widerklage auf Feststellung, daß der Klägerin keinerlei Ansprüche gegen ihn zustehen. Das Landgericht erkannte gemäß dem Antrage der Widerklage und auf Abweisung der Klage. Die Berufung und die Revision der Klägerin wurden zurückgewiesen.

Gründe:

Das Oberlandesgericht hat, ebenso wie das Landgericht, die Behauptung der Klägerin, daß das Kaufgeschäft mit der Zweigstelle Hildesheim mündlich zum Abschluße gelangt sei, dahingestellt gelassen und die getroffene Entscheidung für gerechtfertigt erachtet, weil der Zweigstelle Hildesheim die Vertretungsmacht des Beklagten für einen mündlichen Abschluß gefehlt habe und feststehe, daß das Reichsschatzministerium als gesetzlicher Vertreter des Beklagten zur Vornahme rechtsgeschäftlicher Verfügungen über Militärgut den Kauf nicht genehmigt vielmehr abgelehnt habe. Zu letzterer Feststellung werden von der Revision Einwendungen nicht erhoben. Die Revision rügt vielmehr nur die Verneinung der Vertretungsmacht der Zweigstelle Hildesheim als rechtsirrtümlich.

Der Revision kann nicht zugegeben werden, daß dieser die getroffene Entscheidung tragende Grund auf Gesetzesverletzung beruhe. Die gesetzliche Grundlage für die Regelung der Vertretung des Reichsfiskus bei rechtsgeschäftlichen Verfügungen über das durch die Demobilisation freigewordene Militärgut, wozu die den Gegenstand des streitigen Kaufes bildenden Gewehrschafthölzer gehörten, bildet die VO. betr. Verwertung von Militärgut vom 23. Mai 1919 (RGBl. S. 477). Dort ist bestimmt, daß zu rechtsgeschäftlichen Verfügungen über dieses Militärgut nur das Reichsschatzministerium oder solche Stellen berechtigt sind, die vom Reichsschatzministerium ausdrücklich hierzu ermächtigt sind. Die zur Durchführung der Verwertung von Militärgut neben dem als Zentralstelle eingerichteten Reichsverwertungsamt weiter noch an verschiedenen Plätzen des Reichs errichteten Zweigstellen, deren Bestimmung und Aufgabe übrigens nach den Ausführungsbestimmungen des Reichsschatzministeriums vom 26. Mai 1919 (RGBl. S 478) im wesentlichen war, als Organe der Zentralstelle diese letztere bei der Sicherstellung und Ermittelung von Militärgut zu unterstützen und das Militärgut der Verwertung zuzuführen, konnten hiernach zur Vertretung des Beklagten bei rechtsgeschäftlichen Verfügungen nur berechtigt sein, wenn und soweit sie dazu vom Reichsschatzministerium ausdrücklich ermächtigt waren. Nur als Bevollmächtigte (§§ 164 flg. BGB.) des Reichsschatzministeriums kamen sie in dieser Beziehung in Betracht, und es lag kraft Gesetzes ausschließlich im Machtbereiche des Reichsschatzministeriums, eine solche Vollmacht zu erteilen und hinsichtlich des Umfanges und der Art und Weise der Vertretungsmacht, insbesondere auch hinsichtlich der Form, in welcher sie ausgeübt werden durfte, das Erforderliche zu bestimmen. In den Ausführungsbestimmungen (Art. 1) hatte nun zwar das Reichsschatzministerium zu rechtsgeschäftlichen Verfügungen über Militärgut gemäß der Verordnung vom 23. Mai 1919 die Zweigstellen ermächtigt, also bevollmächtigt, aber, wie es dort ausdrücklich heißt, nur „im Rahmen ihrer sachlichen Zuständigkeit“. Damit war keineswegs, wie die Revision meint, kundgegeben (§ 171 BGB.), daß die Zweigstellen sachlich unbeschränkt zu rechtsgeschäftlichen Verfügungen bevollmächtigt seien, vielmehr war durch den Zusatz „im Rahmen ihrer sachlichen Zuständigkeit“ in nicht mißverständlicher Weise zum Ausdruck gebracht (§ 157 BGB.), daß auch hier, wie es regelmäßig bei behördlichen Organisationen der Fall und dem Publikum allgemein bekannt ist, die Art und Weise der Ausübung der erteilten Ermächtigung hinsichtlich des Umfanges und der Form der Vertretung usw., näherer sachlicher Regelung im Wege der Ordnung des behördlichen Dienstes vorbehalten sei. Es handelte sich um behördliche Befugnisse zum Besten des Reichs und der Allgemeinheit, nicht um Ausübung einer Geschäftstätigkeit zur Erzielung von Gewinn; deshalb können auch nicht Anschauungen, wie sie für das gewerbliche Geschäftsleben, für Zweigniederlassungen von Geschäftsunternehmungen, auf welche Klägerin namentlich in den Vorinstanzen sich berufen hatte, Bedeutung haben, hier zum Vergleich ohne weiteres herangezogen werden. Nach den Feststellungen des Oberlandesgerichts hatte das Reichsschatzministerium durch Verfügungen vom 12. Mai und 15. Juni 1919 die sachliche Ermächtigung der Zweigstellen zur Vornahme rechtsgeschäftlicher Verfügungen über Militärgut in Vertretung des Beklagten in mehrfacher Weise beschränkt; von diesen Beschränkungen kommt, da auf sie allein die angefochtene Entscheidung gegründet ist, hier in Betracht, daß jedenfalls — abgesehen von Verkäufen über Gegenstände unter 2000 *M* und Zug um Zug — immer der Kaufabschluß sowohl vom Käufer als auch von der Zweigstelle schriftlich bestätigt werden mußte und daß andernfalls der Kauf für den Beklagten nicht als gültig abgeschlossen zu gelten hatte. Darüber, daß die Zweigstelle Hildesheim den hier in Rede stehenden Kauf nicht schriftlich bestätigt hat, besteht kein Streit. Daß aber dies Erfordernis eine Beschränkung der Vertretungsmacht der Zweigstelle darstellte, bedarf keiner näheren Begründung. Die Revision sucht aus einem Rundschreiben des Reichsschatzministeriums an die Zweigstellen vom 17. Juni 1919 herzuleiten, daß nach außen hin diese Beschränkung der Vertretungsmacht nicht habe in Betracht kommen sollen, sondern daß sie nur eine innere Dienstvorschrift gewesen sei. Dem kann nicht zugestimmt werden. Das Rundschreiben weist die Zweigstellen nur darauf hin, daß und wie bekannt zu machen sei, auf welche Weise die Zweigstelle nach außen vertreten werde, nämlich durch den Leiter und ein anderes Mitglied, schärft dann weiter ein, daß es für einen Kauf über 500000 *M* der Zustimmung des Reichsverwertungsamts bedürfe und daß von der Einleitung aller Kaufausschreibungen der Reichsverwertungsstelle Mitteilung zu machen sei. Daraus folgte nicht, daß die Beschränkung der Vertretungsmacht durch das Erfordernis der beiderseitigen schriftlichen Bestätigung nicht mehr die ihr oben beigelegte Bedeutung haben und daß sie nach außen hin nicht gelten sollte. Diese Annahme der Revision ist willkürlich. Daß die den Zweigstellen als Bevollmächtigten erteilte beschränkte Vertretungsmacht als solche nicht noch besonders bekannt gemacht wurde, ist unerheblich, da keinerlei Kundgebung des Reichsschatzministeriums über eine unbeschränkte Vertretungsmacht entgegensteht und anderseits die Klägerin sich im Hinblick auf den Zusatz in der bekannt gemachten Ausführungsbestimmung vom 26. Mai 1919 „im Rahmen ihrer sachlichen Zuständigkeit" keineswegs auf Verstoß des Reichsschatzministeriums gegen Treu und Glauben oder gar auf Arglist berufen kann. . . .

Die Revision stellt weiter die Behauptung auf: Der Beklagte

habe, wie von der Klägerin vorgetragen und unter Beweis gestellt worden sei, durch Zeitungen veröffentlicht, daß die Zweigstelle in Hildesheim zur Verwertung von Heeresgut bestellt worden sei, ohne dabei irgendwelcher Beschränkungen der Vollmacht dieser Zweigstelle zu gedenken. Bezug genommen wird dabei auf Schriftsätze der Klägerin. Wäre wirklich das, was die Revision jetzt behauptet, vorgetragen und unter Beweis gestellt, so wäre das zweifellos erheblich, denn es ergäbe sich dann, daß eine unbeschränkte Vollmacht auch zum Verkaufe kundgegeben sei (§ 171 BGB.). Aber die jetzt aufgestellte Behauptung der Revision ist willkürlich. In den angeführten Schriftsätzen hat die Klägerin nur vorgetragen, daß in Zeitungsnachrichten über die „Einrichtung" der Zweigstelle Hildesheim seitens des Beklagten keine Beschränkungen über deren Zuständigkeit beigefügt seien. Das hat der Beklagte auch nicht bestritten. Bei der Unerheblichkeit dieses Vorbringens brauchte das Oberlandesgericht hierauf nicht einzugehen.

Die Revision macht endlich geltend, die Klägerin habe behauptet, es seien unzählige Verkäufe, auch über große Objekte, ohne die beiderseitige schriftliche Bestätigung, oft lediglich mündlich von dem Reichsschatzministerium selbst, aber auch von Zweigstellen ohne Rüge des Reichsschatzministeriums, abgeschlossen und erfüllt worden; darauf sei das Oberlandesgericht nicht eingegangen. Es ist richtig, daß das Oberlandesgericht hierzu keine Stellung nimmt. Ein Verstoß gegen das Gesetz kann hierin nicht erblickt werden, da dem Vorbringen der Klägerin eine Erheblichkeit nicht beizumessen ist. Denn, wenn so, wie Klägerin behauptet, tatsächlich vielfach verfahren ist, so folgte daraus für die Zweigstellen weiter nichts, als daß das Reichsschatzministerium bereits Geschehenes genehmigte, nicht aber war darin zu erblicken, daß nun für die Zukunft die Zweigstellen nicht mehr in ihrer Vertretungsmacht gemäß den getroffenen Bestimmungen beschränkt sein sollten, und daß die Ausführungsbestimmung vom 26. Mai 1919 über die Vollmacht, welche in nicht mißverständlicher Weise nur die Erteilung einer beschränkten Vollmacht („im Rahmen der sachlichen Zuständigkeit") für die Zweigstellen ergab, in anderer Weise zu verstehen war.

---

16. Unter welchen Voraussetzungen ist der Schadensersatz wegen Nichterfüllung in ausländischer Währung zu zahlen?

II. Zivilsenat. Urt. v. 8. April 1921 i. S. S. & C. (Kl.) w. H. (Bekl.). II 497/20.

I. Landgericht Hamburg, Kammer f. Handelssachen. — II. Oberlandesgericht daselbst.

Die Parteien haben im September 1915 einen Vertrag geschlossen, wonach der in Hamburg wohnende Beklagte der Klägerin dänische Kühe zum Preise von 1,20 dänische Kronen für das Kilogramm Lebendgewicht liefern sollte. Die Klägerin hatte dem Beklagten bei einer Hamburger Bank dänisches Geld zur Verfügung zu stellen. Mit der — abgewiesenen — Klage machte die Klägerin, die 50 Kühe auf Grund des Vertrags geliefert erhalten hat, einen Ersatzanspruch wegen angeblich schlechter Beschaffenheit dieser Kühe geltend. Der Beklagte verlangte widerklagend Schadensersatz, weil die Beklagte sich grundlos geweigert habe, den Vertrag bezüglich weiterer 150 Kühe zu erfüllen. Im April 1916 wurden bei der Hamburger Filiale der Deutschen Bank aus einem Teile des von der Klägerin vorgeschossenen dänischen Goldes 10000 *M* deutscher Kriegsanleihe hinterlegt, die dem Beklagten für seine etwaige Schadensersatzforderung haften sollten und ihm im Laufe des Rechtsstreits mit Einwilligung der Klägerin ausgefolgt wurden. Auf die Revision der Klägerin wurde das der Widerklage stattgebende Urteil des Oberlandesgerichts aufgehoben und die Sache in die Vorinstanz zurückverwiesen.

Aus den Gründen:

... Zur Rechtfertigung der Höhe seines Schadensersatzanspruchs hat der Beklagte geltend gemacht, daß ihm durch die Erfüllungsverweigerung der Klägerin ein Verdienst von 6000 dänischen Kronen entgangen sei, da er um diesen Betrag die 150 Kühe billiger eingekauft hätte, als sie nach dem Vertrage der Parteien der Klägerin zu liefern waren. Er gehöre zu den sog. dänischen Kommissionären, die auf dem Hamburger Viehhofe dänisches Vieh handelten, diese kauften in Dänemark ein und hätten Konten bei den dänischen Banken, die den Kaufpreis an die Verkäufer in Dänemark vorschössen; hätte er, der Beklagte, die 6000 Kronen erhalten, so würden sie sein Guthaben in Dänemark vermehrt oder seine Schuld dort um 6000 Kronen vermindert haben, das könne er jetzt nur noch erreichen, wenn er 6000 dänische Kronen oder ihren Wert in deutschem Gelde zum jetzigen Kurs erhalte. Daraus hat er das Recht abgeleitet, die in deutscher Währung ausgedrückte Widerklageforderung, die er nach dem Kurse zur Zeit der Ankündigung der Widerklage auf 8400 *M* berechnet hatte, entsprechend dem Rückgange der deutschen Valuta zu erhöhen. Er berechnete schließlich die Forderung auf 38400 *M* und gelangte so, indem er den durch die Auslieferung des Depots empfangenen Betrag von 7975 *M* abzog, zu dem — ihm dann zugesprochenen — Betrage von 30425 *M*. Dagegen hat die Klägerin die Ansicht vertreten, der Beklagte könne, da er Erstattung seines Schadens im Inlande verlange, Ersatz nur in deutschem Gelde fordern und zwar zu dem Kurse, der zur Zeit der Entstehung des Schadens gegolten habe.

Das Berufungsgericht stellt zunächst fest, daß der Beklagte den behaupteten Verdienstausfall von 6000 dänischen Kronen erlitten hat. Weiter entnimmt es der Eigenschaft des Beklagten als sog. dänischen Viehkommissionärs, daß der Beklagte den Gewinn von 6000 Kronen nicht in deutsche Währung umgewechselt, sondern zur dauernden Stärkung der für seine dänischen Geschäfte erforderlichen Mittel verwendet hätte und daß er, um so gestellt zu werden, wie wenn der Vertrag erfüllt worden wäre, in deutscher Währung so viel erhalten müsse, daß er in der Lage sei, sich jetzt 6000 dänische Kronen zu verschaffen. Hierbei geht das Oberlandesgericht, soweit ersichtlich, davon aus, daß der Beklagte den Schadensersatz in der fremden Währung — wenn auch unter Ausschluß der Vorschrift des § 244 BGB. — zu beanspruchen gehabt habe. Diese Beurteilung wird mit Grund von der Revision beanstandet.

Es handelt sich um einen aus § 326 BGB. folgenden Anspruch auf Schadensersatz wegen Nichterfüllung. Das Wesen dieses Anspruchs besteht, wie das Reichsgericht in ständiger Rechtsprechung angenommen hat, darin, daß an die Stelle der ursprünglichen Vertragspflichten beider Teile eine einseitige, reine Geldforderung des Ersatzberechtigten tritt, die sich bemißt nach der Verschlechterung, welche die wirtschaftliche Stellung des Berechtigten durch das Unterbleiben des Vertragsvollzugs erfahren hat. Für die Art des dem Beklagten zu leistenden Ersatzes ist es daher gleichgültig, ob das Geschäft der Parteien in dänischen Kronen abgewickelt werden sollte, ob der Beklagte auch seine Einkäufe in Kronen machte und ob sich daraus eine nach Kronen zu berechnende Verdiensteinbuße ergab. Es muß vielmehr der Auffassung der Klägerin, daß nur deutsches Geld Gegenstand des hier streitigen Schuldverhältnisses gewesen sei, beigetreten werden, und der Beklagte hat, indem er von Anfang an nicht 6000 dänische Kronen verlangte, sondern den entsprechenden Markbetrag forderte, nicht etwa, wie das Berufungsurteil zu verstehen ist, nur einen Anspruch erhoben, der sich aus seiner Absicht, das bei der Deutschen Bank gebildete Depot zur Verrechnung zu verwerten, erklärt, sondern er hat damit den allein richtigen Anspruch geltend gemacht.

Das Berufungsgericht geht daher bei Prüfung der Frage, ob die Schadensausgleichung, wenn sie erst jetzt stattfindet, nach § 249 BGB. unter Rücksichtnahme auf die Verschlechterung der deutschen Valuta zu erfolgen hat, von einem irrigen Gesichtspunkt aus. Es kommt nicht, wie das Oberlandesgericht meint, darauf an, ob der Beklagte die Umwandlung des Kronengewinns in deutsches Geld unterlassen hätte und diese 6000 Kronen noch besitzen würde, vielmehr ist entscheidend, ob er das deutsche Geld, das ihm als Schadensersatz gebührte, so verwendet hätte, daß er jetzt im Besitze von 6000 Kronen wäre und ob ihm die 6000 Kronen in seinem Vermögen deshalb fehlen, weil er zufolge des Verzugs der Klägerin das deutsche Geld nicht rechtzeitig erhalten hat. Dazu wäre vor allem die Feststellung erforderlich gewesen, daß der Beklagte das deutsche Geld in dänisches umgewechselt hätte. Das ist aber bei einem inländischen Gläubiger — anders als bei einem im Ausland ansässigen, vgl. JW. 1920 S. 704 Nr. 2 — nicht zu vermuten und kann hier um so weniger ohne weiteres angenommen werden, als der Beklagte im April 1916 damit einverstanden war, daß die Sicherheit von 6000 Kronen in Mark umgewandelt wurde. . . .

---

17. 1. Zur Anwendung des § 139 BGB.
2. Findet die Formvorschrift des § 15 Abs. 4 GmbHG. Anwendung auch auf solche Verträge, in welchen nur die Verpflichtung zur Abnahme eines Geschäftsanteils, nicht auch eine solche des Gesellschafters zu dessen Abtretung eingegangen werden soll?

III. Zivilsenat. Urt. v. 12. April 1921 i. S. K. G. m. b. H. (Bekl. u. Widerkl.) w. S. (Kl. u. Widerbekl.). III 406/20.

I. Landgericht Stuttgart, Kammer f. Handelssachen. — II. Oberlandesgericht daselbst.

Die Beklagte hat gegenüber der unstreitigen Darlehnsforderung des Klägers von 52150,25 *M* durch Aufrechnung und Widerklage eine Gegenforderung von 133000 *M* geltend gemacht, die sie in folgender Weise begründet: Ihr Geschäftsführer L. hatte durch notariellen Vertrag vom 29. August 1918 von seinen Geschäftsanteilen an der Gesellschaft solche im Nennbetrage von 80000 *M* an den Kläger für 118000 *M* verkauft. Durch notariellen Vertrag vom 30. September 1918 kaufte L. die Geschäftsanteile im Nennbetrage von 64000 *M* für 133000 *M* zurück. In Ergänzung dieses Vertrags verpflichtete sich der Kläger, gleichfalls in einem notariellen Vertrag, am 8. Oktober 1918, auf Verlangen des L. von einem Wiederkaufsrechte Gebrauch zu machen, das er sich bei dem Weiterverkaufe der restlichen 16000 *M* der ihm am 29. August 1918 verkauften Geschäftsanteile vorbehalten hatte; er machte zugleich dem L. ein Angebot zum Kaufe dieser 16000 *M* Geschäftsanteile zu dem von ihm, dem Kläger, zu zahlenden Wiederkaufspreise. Die Beklagte behauptet nun, der Vertrag vom 30. September 1918 sei hinfällig geworden, weil er unter der Bedingung geschlossen worden sei, daß die Fabrik der Beklagten an den Kaufmann R. verkauft werde, und diese Bedingung nicht eingetreten sei. L. hat seine Rechte gegen den Kläger der Beklagten abgetreten.

Das Landgericht hat die Beklagte unter Abweisung der Widerklage nach dem Klagantrage verurteilt. Die Berufung der Beklagten ist zurückgewiesen worden. Auch ihre Revision hatte keinen Erfolg.

Aus den Gründen:

Das Berufungsgericht erachtet die Behauptung der Beklagten, daß der Vertrag vom 30. September 1918 unter einer Bedingung geschlossen sei, durch die Bekundung des Notars F., daß der Kläger die Aufnahme der Bedingung in den Vertrag ausdrücklich abgelehnt habe, für widerlegt. Es läßt dahingestellt, ob die Parteien einen Nebenvertrag dahin, daß der Kläger die Anteile wieder zurücknehmen solle, falls R. die Fabrik der Beklagten nicht kaufe, mündlich vereinbart haben, da ein solcher Vertrag nach § 15 Abs. 4 GmbHG. der gerichtlichen oder notariellen Beurkundung bedurft hätte.

Die Revision beanstandet diese Begründung, weil die Nichtaufnahme des Nebenvertrags in die Vertragsurkunde vom 30. September 1918 die Nichtigkeit dieses ganzen Vertrags zur Folge haben müsse. Dem kann nicht beigetreten werden. Die Aussage des Zeugen F. ergibt und das Berufungsgericht stellt demgemäß fest, daß die Parteien den Vertrag eben unabhängig von der angeblichen Nebenabrede schließen wollten, und daß die notarielle Beurkundung des Vertrags alles, was die Parteien zum Gegenstande der Beurkundung machen wollten, vollständig und richtig enthält. Es bildete also die angebliche Nebenabrede ein völlig selbständiges Rechtsgeschäft, nicht etwa einen Teil eines sie und den Inhalt des notariellen Vertrags umfassenden einheitlichen Rechtsgeschäfts im Sinne des § 139 BGB. Die Nichtigkeit der Nebenabrede berührt danach nicht die Gültigkeit des notariellen Vertrags.

Die Annahme des Berufungsgerichts, daß der Formvorschrift des § 15 Abs. 4 GmbHG. auch solche Verträge unterliegen, durch welche sich jemand gegenüber einem Gesellschafter einer Gesellschaft m. b. H. zur Abnahme eines Geschäftsanteils verpflichtet, auch wenn dieser Gesellschafter seinerseits nicht die Verpflichtung zur Abtretung des Geschäftsanteils übernimmt, entspricht der ständigen Rechtsprechung des Reichsgerichts — vgl. RGZ. Bd. 57 S. 60, Bd. 76 S. 310, Bd. 82 S. 353. Dieser, besonders auf den Zweck der Vorschrift, den spekulativen Handel mit den Geschäftsanteilen der Gesellschaften m. b. H. zu verhindern, gegründeten Auslegung der Vorschrift schließt sich auch der jetzt erkennende Senat an. Die Voraussetzung, von der die Anwendung des § 15 Abs. 4 GmbHG. in den Urteilen vom 3. Juni 1913 und 8. Dezember 1916 — RGZ. Bd. 82 S. 350, Bd. 89 S. 193 — abhängig gemacht ist, daß die Verpflichtung zur Abtretung oder Abnahme des Geschäftsanteils den unmittelbaren und wesentlichen Inhalt des Vertrags ausmache, ist bei der Vereinbarung, wie sie die Beklagte hier behauptet und das Berufungsgericht seiner rechtlichen Beurteilung zugrunde legt, unbedenklich gegeben.

---

18. Wird durch den Überweisungsauftrag ein unmittelbarer Anspruch desjenigen, zu dessen Gunsten die Überweisung erfolgen soll, gegen die Bank auf Ausführung des Auftrags begründet?

VII. Zivilsenat. Urt. v. 25. Februar 1921 i. S. W. (Kl.) w. Westholst. Bank (Bekl.). VII 439/20.

I. Landgericht Altona. — II. Oberlandesgericht Kiel.

Der Kaufmann F., der bei der Hauptniederlassung der Beklagten in H. ein Girokonto besaß, hat am 27. Januar 1919 die Altonaer Zweigniederlassung der Beklagten angewiesen, einen Betrag von 8200 ℳ auf das Konto des Klägers bei einer Hamburger Bank zu überweisen. Der Überweisungsauftrag war gegeben worden, nachdem ein Bankbeamter der Beklagten mittels Fernsprechers festgestellt hatte, daß ein Überweisungsauftrag der Firma H. & T. an die Altonaer Zweigniederlassung der Beklagten, bei der die Firma ein Konto hatte, zugunsten des F. für dieselbe Summe unterwegs sei. Letztere Überweisung ist auch erfolgt, und zwar auf das Konto des F. in H. Dagegen kam der Überweisungsauftrag des F. für den Kläger nicht zur Ausführung. F. wurde, nachdem er dem Kläger 4000 ℳ in bar auf die von ihm darlehnsweise erhaltenen 8200 ℳ zurückgezahlt hatte, flüchtig. Die Klage geht auf Verurteilung der Beklagten zur Zahlung von 4200 ℳ nebst Zinsen mit der Begründung, daß die Bank für diesen Betrag vertragsmäßig und aus unerlaubter Handlung dem Kläger hafte. Beide Vorinstanzen wiesen die Klage ab. Auch die Revision wurde zurückgewiesen aus folgenden

Gründen:

Das Berufungsgericht unterstellt, daß sich die Vorgänge bei der Altonaer Zweigstelle der Beklagten so abgespielt haben, wie der Kläger behauptet. Danach hat F., nachdem der Bankbeamte mittels Fernsprechers festgestellt hatte, daß ein Überweisungsauftrag der Firma H. & T. über 8200 ℳ für F. unterwegs sei, den Auftrag erteilt, diese 8200 ℳ auf das Konto des Klägers bei der Hamburger Bank weiter zu überweisen. Der Bankbeamte, der den Überweisungszettel in Empfang nahm und dem der Kläger von F. als der Zahlungsempfänger vorgestellt wurde, erklärte zum Kläger gewendet: „Es ist gut, dann überweisen wir Ihnen die Summe auf Ihr Konto.“

Der Berufungsrichter hat die Rechtsauffassung des Klägers abgelehnt, daß der Bankbeamte durch diese Äußerung die Beklagte dem Kläger gegenüber vertraglich verpflichtet habe, die 8200 *M* seinem Konto bei der Hamburger Privatbank zu überweisen. Zur Eingehung einer solchen Verbindlichkeit gegenüber einer der Bank völlig unbekannten Persönlichkeit sei der Bankbeamte auch nicht befugt gewesen, dazu seien nur die satzungsmäßigen Vertreter berufen. Das ist rechtlich nicht zu beanstanden. (Weiter wird die Ausführung der Revision zurückgewiesen, daß aus dem behaupteten Sachverhalt auf eine Abtretung der Forderung des F., die für diesen aus der Überweisung seitens der Firma H. & T. gegen die Beklagte entstand, an den Kläger zu schließen sei; der Annahme des Berufungsgerichts, daß die Beklagte nicht aus unerlaubter Handlung dem Kläger hafte, wird beigetreten. Sodann fährt das Urteil fort:)

Nun hat der Berufungsrichter weiter dargelegt, F. habe zwar auf Grund seines Überweisungsauftrags gegen die Beklagte einen Anspruch darauf gehabt, daß die 8200 *M* dem Konto des Klägers überwiesen würden, ein solcher Anspruch sei aber dem Kläger aus dem Überweisungsauftrage nicht zuzuerkennen; denn die Giroüberweisung sei kein Vertrag zugunsten eines Dritten (§ 328 BGB.) mit der Wirkung, daß dem Dritten ein unmittelbarer Anspruch auf die Überweisung gegen die Bank zustehe.

Gegen diese Rechtsausführungen wendet sich die Revisionsbeklagte insofern, als der Vorderrichter dem F. einen Anspruch gegen die Beklagte zuerkennt. Sie meint, durch den an einen Beamten der Altonaer Zweigstelle, bei der F. kein Konto besessen habe, gegebenen Überweisungsauftrag sei ein Vertrag mit der Hauptstelle in H. nicht zustande gekommen. Schon deshalb sei die Klage unbegründet. Die Ansicht der Revisionsbeklagten ist aber verfehlt. Die Altonaer Zweigstelle der Beklagten ist kein eigenes Rechtssubjekt, sondern nur eine zum selbständigen Abschluß von Bankgeschäften ermächtigte Geschäftsstelle der Beklagten. Wenn überdies die Altonaer Zweigstelle den Überweisungsauftrag des F. entgegennahm und ihn an die Hauptstelle, mit der F. in Geschäftsverbindung stand, weitergab, so ist jedenfalls auf Grund des mit der Hauptstelle geschlossenen Girovertrags für die Beklagte die vertragliche Verpflichtung entstanden, dem Überweisungsauftrag nach Maßgabe des Girovertrags Folge zu geben. F. hatte also in der Tat den Anspruch gegen die Beklagte, daß die ihm überwiesenen 8200 *M*, über die er zugunsten des Klägers verfügt hatte, dessen Konto überwiesen würden.

Es kommt daher auf die Entscheidung der Frage an, ob die Rechtsansicht des Berufungsgerichts richtig ist, daß dem Kläger aus dem zu seinen Gunsten von F. erteilten Überweisungsauftrag kein unmittelbarer Anspruch auf Überweisung gegen die Beklagte erwachsen sei. Zu dieser Rechtsfrage haben der VI. Zivilsenat in RGZ. Bd. 84 S. 354 und Bd. 91 S. 119 (die dieselbe Sache betreffen) und der IV. Zivilsenat unter Verweisung hierauf im Urteil vom 15. April 1920 IV 542/19 der gegenteiligen Auffassung Ausdruck gegeben. Der erkennende Senat vermag sich jedoch dieser Rechtsprechung nach eingehender Prüfung der Rechtsfrage für die Regel nicht anzuschließen. Die Gründe allerdings, die das Oberlandesgericht für seine Ansicht anführt, erweisen sich nicht als stichhaltig. Dem Satze, daß bei einem Vertrage zugunsten eines Dritten als Wille beider Vertragsteile vorauszusetzen sei, der Dritte solle durch den Vertrag ein unbedingtes und unwiderrufliches Recht auf den überwiesenen (richtiger: den zu überweisenden) Betrag erlangen, kann nicht beigetreten werden. Der Anspruch des Dritten kann vielmehr ebenso von einer Bedingung, wie von der Nichtausübung eines Widerrufs abhängig sein. Aber aus anderen Gründen ist der Auffassung des Berufungsgerichts grundsätzlich beizutreten.

Im Schrifttum ist zu dieser Frage für die einfache Giroüberweisung (den roten Scheck der Reichsbank) nur vereinzelt, und dann ohne nähere Begründung, Stellung genommen. In der Zeit vor Erlaß des Scheckgesetzes vom 11. März 1908 drehte sich der Streit der Meinungen vielmehr hauptsächlich darum, ob dem Inhaber des weißen Schecks ein Anspruch auf Einlösung gegen die bezogene Bank zuzuerkennen sei. Diesem Streit ist dadurch ein Ende gemacht, daß das Gesetz (§§ 15, 18) dem Inhaber diesen Anspruch versagt (RGZ. Bd. 99 S. 77). Für den roten Scheck haben sich gegen die Annahme eines Vertrags zugunsten eines Dritten mit der Wirkung eines unmittelbaren Anspruchs desselben gegen die Bank ausgesprochen Asher, Der Girovertrag S. 55, Lehmann, Lehrbuch des Handelsrechts § 185, anscheinend auch Düringer-Hachenburg (Anh. I zu §§ 363—365 HGB. Bd. 2 S. 597), während Staub-Koenige (10. Aufl., Anh. zu § 363 Anm. 1) die Frage bejaht, jedoch ohne nähere Begründung. Ebensowenig geben die angezogenen Entscheidungen des VI. und IV. Zivilsenats des Reichsgerichts eine Begründung ihrer, übrigens nur nebenher ausgesprochenen Rechtsansicht.

Maßgebend für die Entscheidung der Streitfrage ist in erster Linie der § 328 Abs. 2 BGB. Danach ist in Ermangelung einer besonderen Bestimmung aus den Umständen, insbesondere aus dem Zwecke des Vertrags, zu entnehmen, ob der Dritte das Recht erwerben soll, unmittelbar die Leistung zu fordern. Hinzu kommt die Auslegungsregel des § 329 BGB., wonach im Zweifel nicht anzunehmen ist, daß der Gläubiger unmittelbar das Recht erwerben soll, von demjenigen die Befriedigung zu verlangen, der sich in einem Vertrage mit dem Schuldner zur Befriedigung des Gläubigers verpflichtet hat, ohne die Schuld zu übernehmen. Es kommt also auf den Willen der Vertragsteile an, ob der Dritte einen unmittelbaren Leistungsanspruch erwerben soll. Ist ein solcher Wille im Vertrage nicht zum Ausdruck gelangt, so ist er aus den Umständen, insbesondere aus dem Vertragszweck zu ermitteln, wobei jedoch im Falle einer bloßen Erfüllungsübernahme die Vermutung gegen jenen Willen spricht.

Nun pflegen die Überweisungsaufträge sich darauf zu beschränken, die Bank anzuweisen, aus dem Guthaben des Auftraggebers einem anderen einen bestimmten Betrag zu überweisen. Der Bank pflegt nicht einmal bekannt gegeben zu werden, aus welchem Rechtsgrunde die Überweisung erfolgen soll. Die Bank führt den Auftrag, falls Deckung vorhanden ist oder sie Kredit gewähren will, in der Weise aus, daß sie dem Konto des Auftraggebers den Betrag abschreibt und dem Konto des Dritten gutschreibt und beide dann von dem Geschehenen benachrichtigt. Hat der Dritte bei einer anderen Bank ein Konto, so tritt sie mit ihm überhaupt nicht in Verbindung, sondern überweist den Betrag der anderen Bank zwecks Gutschrift, die dann ihrerseits den Dritten von der Gutschrift benachrichtigt. Der Zweck des Vertrags nötigt keineswegs zur Annahme des Willens der Parteien, dem Dritten einen Anspruch auf Ausführung der Überweisung gegen die Bank einzuräumen. Es ist im Gegenteil Düringer-Hachenburg zuzustimmen, daß die Banken, wenigstens regelmäßig, Giroverträge in diesem Sinne nicht abschließen wollen. Dieser Wille ist um so weniger dann anzunehmen, wenn der Dritte nicht einmal ihr Kunde ist. Es gilt auch für den roten Scheck die Erwägung, aus welcher das Scheckgesetz dem Scheckinhaber den Einlösungsanspruch gegen die Bank versagt hat, daß nämlich ein unmittelbarer Anspruch des Dritten (Scheckinhabers) die Bank der Gefahr aussetzen würde, Prozesse gegen ihr völlig unbekannte und geschäftsfremde Personen führen zu müssen (Begründung zum Scheckgesetz S. 14), während einerseits der Bank das Rechtsverhältnis zwischen dem Überweisenden und dem Dritten, anderseits dem Dritten das Rechtsverhältnis zwischen dem Überweisenden und der Bank gänzlich unbekannt ist. Das Scheckgesetz gibt überhaupt einen wertvollen Fingerzeig für die grundsätzliche Entscheidung der hier streitigen Frage. Wenn nämlich sogar für den weißen Scheck, der dem Dritten vom Aussteller ausgehändigt wird und der die Natur eines Orderpapiers, zumeist sogar eines Inhaberpapiers besitzt, dem Inhaber der Anspruch auf Einlösung gegen die bezogene Bank versagt wird, so ist erst recht ein solcher Anspruch des Dritten für den roten Scheck abzulehnen, der regelmäßig dem Dritten nicht ausgehändigt wird, sondern die Grundlage eines Vorgangs bildet, der dem Dritten häufig bis zu seiner Benachrichtigung von der erfolgten Gutschrift völlig unbekannt bleibt und vielleicht niemals zur Kenntnis kommt, wenn der Auftrag vor seiner Ausführung vom Aussteller widerrufen wird oder keine Deckung bei der Bank vorhanden ist.

Daß unter ganz besonderen Umständen ausnahmsweise auf einen anderen Parteiwillen geschlossen werden kann, soll nicht geleugnet werden. Aber solche Umstände liegen hier nicht vor. Insbesondere kann ein anderer Wille der Beklagten nicht aus der eingangs erwähnten Äußerung des Bankbeamten entnommen werden, abgesehen davon, daß dieser nicht die Vollmacht besaß, die Beklagte über den Rahmen des Üblichen hinaus zu verpflichten.

Die vereinigten Zivilsenate mit der Rechtsfrage zu befassen, lag kein Anlaß vor, da die Sachlage in den erwähnten Entscheidungen des VI. und IV. Zivilsenats eine wesentlich andere war, die gegenteilige Rechtsansicht auch nur nebenbei ausgesprochen worden ist und die Entscheidungen nicht auf ihr beruhen.

---

19. Ist ein durch Vernichtung der Testamentsurkunde bewirkter Widerruf des Testaments nach § 2078 Abs. 2 BGB. anfechtbar?

IV. Zivilsenat. Urt. v. 21. März 1921 i. S. W. v. B. (Kl.) w. F. v. B. (Bekl.). IV 486/20.

I. Landgericht Köslin. — II. Oberlandesgericht Stettin.

Der Kläger hat Klage auf Feststellung erhoben, daß der Beklagte, sein Bruder, an dem mütterlichen Nachlaß nur pflichtteilsberechtigt sei. Die Klage stützt sich auf ein eigenhändiges Testament der Mutter, das nicht mehr auffindbar ist. Der Beklagte wandte ein, daß die Mutter das Testament durch Vernichtung der Urkunde widerrufen habe. Der Kläger bestritt dies, machte aber geltend, wenn dem so sei, so habe die Mutter in der irrtümlichen Annahme gehandelt, daß zwei in ihrem Testament eingesetzte Erben in Geisteskrankheit verfallen seien, und es sei der Widerruf des Testaments deshalb gemäß § 2078 Abs. 2 BGB. angefochten worden.

Das Berufungsgericht erachtete die Anfechtung eines durch Vernichtung der Testamentsurkunde erfolgten Widerrufs für unzulässig und wies ebenso wie das Landgericht die Klage ab.

Die Revision führte zur Aufhebung des Berufungsurteils.

Aus den Gründen:

Das Berufungsgericht meint, das Gesetz kenne nur die Anfechtung einer letztwilligen Verfügung, nicht aber die Anfechtung der

Aufhebung einer solchen, die in anderer Weise als durch Errichtung einer neuen letztwilligen Verfügung, insbesondere durch Vernichtung der Testamentsurkunde (§ 2255 BGB.), vorgenommen werde. Diese Ansicht verletzt das Gesetz. Richtig ist nur, daß diese Art des Widerrufs äußerlich nicht die Form einer letztwilligen Verfügung hat, sachlich ist sie eine solche. Das Gesetz findet in der Vernichtung — vorbehaltlich des Gegenbeweises — die Erklärung des Willens des Erblassers, das Testament aufzuheben. Das ist eine letztwillige Verfügung. Denn sie führt eine Änderung der bisherigen erbrechtlichen Bestimmungen des Erblassers herbei und hat mithin die Regelung des Schicksals seines Vermögens für die Zeit nach seinem Tode zum Gegenstande. Sie kann also Gegenstand der Anfechtung sein, wenn und soweit im übrigen die gesetzlichen Voraussetzungen für eine Anfechtung vorliegen. Dies trifft im vorliegenden Falle zu. Ist die Behauptung des Klägers richtig, so ist die Erblasserin zu der Verfügung durch die irrige Annahme des Eintritts eines Umstandes, nämlich der Geisteskrankheit im Testamente bedachter Personen, bestimmt worden (§ 2078 Abs. 2 BGB.). Ob und inwieweit eine Anfechtung eines durch Vernichtung der Testamentsurkunde zum Ausdruck gebrachten Widerrufs auf Grund des § 2078 Abs. 1 BGB. in Frage kommen kann, ist hier nicht zu untersuchen.

Ein gewisses Bedenken gegen die hier vertretene Ansicht ließe sich vielleicht aus § 2257 entnehmen. Danach soll der Widerruf des Widerrufs nur zulässig sein, wenn letzterer durch Testament erfolgt ist. Es ließe sich sagen, wenn nach Vernichtung der Testamentsurkunde nicht einmal ein ausdrücklicher Widerruf des durch die Vernichtung zum Ausdruck gebrachten Widerrufs zulässig ist, müsse auch die Zulassung einer Anfechtung bedenklich erscheinen. Dieser lediglich für den Widerruf getroffenen Vorschrift kann indes für den Fall der Anfechtung entscheidende Bedeutung nicht beigemessen werden. Für die Zulassung des Widerrufs eines durch Vernichtung der Testamentsurkunde vollzogenen Widerrufs besteht kein besonderes Bedürfnis. Denn der Erblasser selbst ist in der Lage, in der gehörigen Form eine anderweite letztwillige Verfügung zu treffen. Anders ist die Sachlage, wenn sich nach dem Tode des Erblassers herausstellt, daß der Erblasser sich bei dem Widerruf im Irrtum befundet hat.

---

20. 1. Steht den Berufsgenossenschaften für Beitragsrückstände das Konkursvorrecht zeitlich unbeschränkt zu oder nur für das letzte Jahr vor der Eröffnung des Verfahrens oder dem Ableben des Gemeinschuldners?

2. Bestimmt sich die zeitliche Begrenzung des Vorrechts nach der Entstehung oder der Fälligkeit der Beitragsforderungen?
3. Wann entstehen die Beitragsforderungen?

VII. Zivilsenat. Urt. v. 1. April 1921 i. S. Nordöstl. Eisen- u. Stahlberufsgenossenschaft (Kl.) w. T. (Bekl.). VII 409/20.

I. Landgericht II Berlin. — II. Kammergericht daselbst.

Zu dem am 5. Oktober 1918 eröffneten Konkurs über das Vermögen der Joh. Sp. Kommanditgesellschaft hat die Klägerin als ihr geschuldete Beiträge zur Unfallversicherung 5424,05 *M* für die Zeit vom 1. Januar bis 31. Dezember 1916 und 1034,35 *M* für die Zeit vom 1. Januar bis 1. April 1917 mit dem Vorrecht aus § 61 Nr. 1 KO. angemeldet. Die Forderung ist im Prüfungstermine festgestellt, das Vorrecht aber vom beklagten Konkursverwalter bestritten, da es sich nur auf die Rückstände für das letzte Jahr vor Eröffnung des Verfahrens erstrecke. Die auf Feststellung der Forderung von 6458,35 *M* mit dem Vorrecht aus § 61 Nr. 1 erhobene Klage wurde in beiden Vorinstanzen abgewiesen.

Die Revision wurde zurückgewiesen aus folgenden

Gründen:

Das Berufungsgericht hat den streitigen Beitragsforderungen der klagenden Berufsgenossenschaft das in Anspruch genommene Vorzugsrecht aus § 61 Nr. 1 KO. versagt, da sie früher als innerhalb des letzten Jahres vor der Konkurseröffnung vom 5. Oktober 1918 entstanden seien.

Die Revision rügt Verletzung des § 28 Abs. 3 RVO. Sie ist zunächst der Meinung, daß danach den Rückständen schlechthin ohne jede zeitliche Beschränkung das Vorzugsrecht zustehe. Diese Ansicht ist nicht begründet. Sie ist außer in den von der Revision angeführten Urteilen eines Amtsgerichts und eines Landgerichts (mitgeteilt in der Zeitschr. f. Rechtspflege in Bayern 1916 S. 44) nur in einem Urteile des Amtsgerichts Stralsund vom 28. März 1916 (Arbeiterversorgung 1916 S. 297) vertreten, das sich dafür auf die allgemein gehaltene Fassung des § 28 Abs. 3 RVO. beruft, wonach Rückstände das Vorzugsrecht des § 61 Nr. 1 KO. haben. Demgegenüber hat schon die Schriftleitung der „Arbeiterversorgung" a. a. O. in einer Anmerkung darauf hingewiesen, daß diese Begründung unrichtig ist, und daß die Bestimmung des § 28 Abs. 3 schon sprachlich bedeutet, daß das Vorrecht den Rückständen genau in der Art zusteht, wie den in § 61 Nr. 1 KO. bezeichneten anderen Forderungen, also nicht nur das Vorrecht in derselben Klasse, sondern auch in gleichem Umfange; dafür, daß die Bestimmung mehr als eine Gleichstellung der Ansprüche der

Versicherungsträger mit den Lohnforderungen der sog. Liedlöhner beabsichtigt habe, liege kein Anhalt vor. In dem Sinne einer zeitlichen Beschränkung, in dem auch das Berufungsgericht die Bestimmung des § 28 Abs. 3 aufgefaßt hat, äußern sich auch die Kommentare zur Reichsversicherungsordnung von Laß-Olshausen-Weymann 2. Aufl. S. 30 Anm. 9 zu § 28, von Hanow-Hoffmann 3. Aufl. S. 119 und von Düttmann-Appelius S. 127, ferner Hahn, Handbuch der Krankenversicherung, 8/9. Aufl. S. 52 Anm. 5, Rosin, das Recht der Arbeiterversicherung Bd. 2 S. 606, ferner die Kommentare zur Reichskonkursordnung von Jaeger 5. Aufl. S. 861 Anm. 17c und von Wolff 2. Aufl. S. 296 Anm. d, endlich das Urteil des Oberlandesgerichts zu Königsberg vom 21. März 1916 (Rspr. Bd. 32 S. 384) und die bei Soergel, Rspr. 1917 S. 537 mitgeteilte Entscheidung des Oberlandesgerichts zu Kiel vom 10. Oktober 1916.

Mit Recht weist das Oberlandesgericht Königsberg darauf hin, daß der § 61 KO. in Nr. 1 bis 5 den darin als bevorrechtigt bezeichneten Forderungen überall das Vorzugsrecht nicht unbeschränkt gewährt, sondern es an eine zeitliche Grenze knüpft, die in Nr. 1 und 4 durch die Entstehung, in Nr. 2 und 3 durch die Fälligkeit und in Nr. 5 durch die gerichtliche Geltendmachung bedingt ist. Die Tendenz war im Interesse des Kredits auf eine möglichste Beschränkung des Konkursvorrechts gerichtet, und es liegt vom sozialen und wirtschaftlichen Gesichtspunkte kein Anlaß vor, die Forderungen der Versicherungsträger in dieser Hinsicht günstiger zu stellen als die Forderungen der Reichskasse usw. wegen öffentlicher Abgaben oder die Forderungen der öffentlichen Verbände wegen der an sie zu entrichtenden Abgaben und Leistungen.

Die Entstehungsgeschichte des § 28 RVO. ergibt gleichfalls, daß durch den Abs. 3 kein neues materielles Konkursrecht hat geschaffen werden sollen, das abweichend von den sonstigen Bestimmungen der Konkursordnung für alle Rückstände ohne zeitliche Beschränkung ein Vorzugsrecht für die Beitragsforderungen der Versicherungsträger begründen sollte. Die Vorschrift hat das Vorzugsrecht übernommen, das für die Krankenversicherung schon in § 55 des Gesetzes betr. die Krankenversicherung der Arbeiter vom 15. Juni 1883 und desselben Gesetzes in der abgeänderten Fassung vom 10. April 1892 und für die Invalidenversicherung im § 137 des Gesetzes vom 22. Juni 1889 bzw. im § 168 desselben Gesetzes in der abgeänderten Fassung vom 19. Juli 1899 bestimmt war. Dort war überall schon für die Rückstände das Vorzugsrecht des § 61 Nr. 1 KO. (früher § 54 Nr. 1 KO.) bestimmt. Die Gleichstellung mit den Forderungen der Liedlöhner beruhte auf der Erwägung, daß die vom Arbeitgeber geschuldeten Beiträge rechtlich oder doch wenigstens wirtschaftlich einen Teil des vom Arbeitnehmer verdienten Lohnes darstellen, und daß der letztere sich bei der Lohnzahlung Beitragsteile vom Lohn abziehen lassen muß (Jaeger, a. a. O. S. 861, Arbeiterversorgung 1916 S. 699). Allgemein wurde in Rechtsprechung und Schrifttum die gleiche zeitliche Beschränkung wie bei den Liedlohnforderungen für das Vorzugsrecht der genannten Versicherungsträger anerkannt mit Ausnahme von Fuld, Invalidenversicherungsgesetz, Anm. 4 zu § 137, der das Vorrecht allen unverjährten Rückständen zuteil werden lassen wollte, für seine Ansicht aber keine Begründung gab. Für die Beitragsforderungen der Berufsgenossenschaften fehlte es an einer gleichen Bestimmung in den verschiedenen Unfallversicherungsgesetzen; für sie als „öffentliche Verbände" wurde ein Vorrecht aus § 61 Nr. 3 (früher § 54 Nr. 3) KO. für die im letzten Jahre vor der Konkurseröffnung, bzw. im Falle des Nachlaßkonkurses vor dem Ableben des Gemeinschuldners, fällig gewordenen Beitragsforderungen abgeleitet (RGZ. Bd. 22 S. 139). Die Reichsversicherungsordnung hat nun in ihrem ersten Buche gemeinsame Vorschriften für alle Arten der durch sie geregelten öffentlichen Versicherungen gegeben. Die besondere Begründung zu dem mit dem § 28 des Gesetzes wörtlich übereinstimmenden § 25 des Entwurfs äußert sich zum Abs. 3 überhaupt nicht, sondern beschränkt sich auf die Bemerkung, daß der § 25 sich in seinen Vorschriften über die Beitreibung der Rückstände den etwas ausführlicheren Vorschriften des Krankenversicherungsgesetzes anschließe (RT. Bd. 274 Anl. zu 340 S. 44). Nach dem Kommissionsberichte (RT. Bd. 279 Nr. 946) wurde der § 25 ohne Diskussion in erster und zweiter Lesung nach der Vorlage angenommen, und zum Abs. 3 fanden nur Erörterungen darüber statt, ob den Rückständen ein Recht auf vorzugsweise Befriedigung in der Zwangsversteigerung zuzubilligen sei (S. 4361 des Berichts in Verbindung mit dem Bericht zu §§ 132 und 760). Hieraus ergibt sich, daß man für das Konkursvorrecht der Rückstände kein neues Recht schaffen wollte, sondern im Interesse einer einheitlichen Gestaltung die bis dahin für die Kranken- und Invalidenversicherungen schon bestehenden gesetzlichen Bestimmungen auf alle Arten von öffentlichen Versicherungen übertrug und demgemäß den § 28 unter die für alle gemeinsamen Vorschriften aufnahm. Die Berufsgenossenschaften wurden dadurch lediglich den anderen Versicherungsträgern gleichgestellt. Eine Besserstellung war damit nur insofern verbunden, als sie statt, wie bisher, in der dritten Klasse nunmehr in der ersten für ihre Rückstände bevorrechtigt wurden. Eine weitere Besserstellung darüber hinaus in dem Sinne, daß das Vorrecht nunmehr allen Rückständen ohne zeitliche Begrenzung zukommen sollte, war nicht beabsichtigt, es handelte sich vielmehr nur um eine einheitliche und gleichmäßige Regelung für alle Arten der Versicherung auf der Grundlage der für einige von ihnen schon bestehenden Bestimmungen.

Die Gründe für die Gleichstellung der Beitragsforderungen der einzelnen Versicherungsträger mit den Liedlohnforderungen sind allerdings verschieden; sie liegen für die Forderungen der Krankenkassen und der Versicherungsanstalten in der oben mitgeteilten Erwägung, für die Forderungen der Berufsgenossenschaften, für welche diese Erwägung nicht in gleichem Maße zutrifft, in der beabsichtigten Schaffung einer einheitlichen Bestimmung für alle Arten von Versicherungsträgern. Daraus folgt jedoch nichts für eine verschiedene Beurteilung der Wirkung der Gleichstellung und des Umfangs des Konkursvorrechts. Am allerwenigsten ist der Schluß gerechtfertigt, daß die Forderungen der Berufsgenossenschaft in dieser Hinsicht besser gestellt sein sollten als die Forderungen der Krankenkassen und Versicherungsanstalten, für die eine inhaltliche Änderung ihres Konkursvorrechts gar nicht beabsichtigt war. Es verblieb bei der zeitlichen Begrenzung des Vorrechts, wie es für die Liedlohnforderungen gegeben ist. Die abweichenden Ausführungen in der „Arbeiterversorgung" 1916 S. 697 flg. können nicht für begründet erachtet werden.

Die Revision wendet sich weiter dagegen, daß das Berufungsgericht das Vorrecht nur auf die Rückstände für das letzte Jahr vor der Konkurseröffnung erstrecken will und dabei die Forderungen der Berufsgenossenschaft als mit der Leistung des Vorschusses durch die Postverwaltung bzw. mit den einzelnen Ausgaben, die die Genossenschaft für Durchführung ihres Betriebs zu leisten hat, entstanden und seitdem als rückständig im Sinne des § 61 Nr. 1 KO. erachtet. Die hiergegen erhobenen Angriffe sind aber unberechtigt. Mit Verleihung des Vorrechts des § 61 Nr. 1 statt des früher ihnen zukommenden Vorrechts aus § 61 Nr. 3 ist das Vorrecht der Berufsgenossenschaften nunmehr auch der zeitlichen Begrenzung des § 61 Nr. 1 unterworfen. Es erstreckt sich nur noch auf die Rückstände für das letzte Jahr vor der Konkurseröffnung, nicht aus dem letzten Jahre, also auf die im letzten Jahre entstandenen Forderungen ohne Rücksicht auf ihren Fälligkeitstermin. Aus dem Worte „Rückstände" ist dabei ebensowenig etwas zu entnehmen wie aus den für die Liedlohnforderungen gebrauchten Worten, daß die für das letzte Jahr rückständigen Forderungen bevorrechtigt sein sollen, wobei es nach der im Schrifttum und Rechtsprechung allgemein herrschenden Ansicht auch nicht darauf ankommt, daß die Lohnforderungen bereits fällig und in diesem Sinne rückständig sind. Entscheidend ist vielmehr im Falle des § 61 Nr. 1 lediglich der Zeitpunkt der Entstehung der Forderungen; im Gegensatz dazu ist für die zeitliche Begrenzung des Vorrechts nach § 61 Nr. 2

und 3 der Zeitpunkt der Fälligkeit der Forderungen maßgebend (vgl. RGZ. Bd. 22 S. 139).

Kommt es aber für die Anwendung des § 61 Nr. 1 lediglich auf den Zeitpunkt der Entstehung der Forderungen an, so fragt es sich, wann die Beitragsforderungen der Berufsgenossenschaften entstehen. Diese Frage ist vom Reichsgericht in der angeführten Entscheidung Bd. 22 S. 139 bereits entschieden, indem dort ausgeführt ist: Die Beitragsforderung einer Berufsgenossenschaft beruht darauf, daß sie den Postanstalten durch deren Vorschüsse ersatzpflichtig wird; im Zeitpunkte der Leistung jedes einzelnen Vorschusses gelangt bezüglich dieses Vorschusses die Ersatzpflicht der Genossenschaft und mit dieser ein verhältnismäßiger Tilgungsanspruch der letzteren gegen jedes einzelne Genossenschaftsmitglied rechtlich zur Entstehung (S. 141). Im weiteren wird dort ausgeführt, daß abweichend von der Entstehung die Fälligkeit zu beurteilen sei; die Fälligkeit trete erst ein, wenn der Beitrag des Mitglieds berechnet und nach vorschriftsmäßiger Zustellung eines Auszugs aus der Heberolle und der Zahlungsaufforderung an das Mitglied eine zweiwöchige Frist verstrichen sei. Im gleichen Sinne ist in RGZ. Bd. 30 S. 6 flg., insbesondere S. 7, ausgeführt, daß, wenn auch die Höhe der Beiträge, die zur Deckung der vor der Konkurseröffnung hervorgetretenen Bedürfnisse der klagenden Berufsgenossenschaft bestimmt seien, erst nachträglich nach Maßgabe der verausgabten Löhne festgestellt würde, doch der Anspruch der Klägerin für die Zeit bis zum Tage der Konkurseröffnung gegenüber dem Mitgliede schon vor der Konkurseröffnung begründet sei. Der jetzt erkennende Senat tritt diesen Ausführungen bei. Die Bestimmungen der Reichsversicherungsordnung über die Erhebung der Beiträge zu den Berufsgenossenschaften decken sich im wesentlichen mit denen der früheren Unfallversicherungsgesetze und geben keinen Anlaß zu einer abweichenden Beurteilung. Dadurch erledigen sich die Bedenken der Revision, daß die Beitragsforderungen für das ganze Geschäftsjahr einheitlich und erst mit Abschluß des Umlageverfahrens zur Entstehung gelangten, und daß von einer Entstehung der Forderungen nach einzelnen Zeitabschnitten nicht die Rede sein könne. Damit entfällt auch die Annahme, daß die Bestimmung des § 61 Nr. 1 KO. in dem vom Berufungsgericht aufgefaßten Sinne für Beitragsforderungen der Berufsgenossenschaften gar nicht durchführbar sei. Nur die Höhe der bis zum Tage der Konkurseröffnung entstandenen Beitragsforderungen wird sich zunächst nicht genau bestimmen lassen; solchenfalls läßt sich aber der Schätzungswert der Beitragsforderung nach § 69 KO. zum Konkurse anmelden, wenn man es nicht für zulässig halten will, was aber hier nicht geprüft zu werden braucht, die Anmeldung ohne Bezifferung des Anspruchs einfach auf „den im Umlegeverfahren festzusetzenden Betrag“ zu beschränken (vgl. Jaeger, KO. Anm. 29 zu § 3 S. 119; Düttmann, RVO. S. 127; Stier-Somlo, RVO. S. 56). Die Revision meint, in der Unterwerfung des Vorrechts der Beitragsforderungen der Berufsgenossenschaften unter die zeitliche Beschränkung des § 61 Nr. 1 würde eine Verschlechterung ihrer Rechtslage liegen, die nicht als Absicht des Gesetzes angesehen werden könne; denn bis zum Inkrafttreten der Reichsversicherungsordnung hätten die Berufsgenossenschaften für ihre rückständigen Beiträge das Vorrecht des § 61 Nr. 3 gehabt, wonach es genügte, wenn die Beiträge innerhalb des letzten Jahres vor der Konkurseröffnung umgelegt und damit fällig geworden seien. Soweit hierin eine nachteilige Veränderung der Rechtslage der Berufsgenossenschaften zu erblicken wäre, müßte sie als eine vom Gesetzgeber nicht beabsichtigte Folge der Gleichstellung mit den anderen Versicherungsträgern mit in den Kauf genommen werden, die anderseits den Berufsgenossenschaften das Vorrecht der ersten statt der dritten Klasse der bevorrechtigten Konkursgläubiger verschafft hat. Eine Benachteiligung wird aber kaum anzunehmen sein. Beschränkt man nämlich das frühere Vorrecht aus § 61 Nr. 3 auf die im letzten Jahre vor der Konkurseröffnung umgelegten und fällig gewordenen Beitragsforderungen, so würde, da das Umlegeverfahren vor dem Mai nicht abgeschlossen zu werden pflegt, bei Eröffnung des Konkurses z. B. am 15. April 1918 das Vorrecht nur die im Mai 1917 umgelegten Beitragsforderungen aus dem Jahre 1916 umfassen, während für das ganze Jahr 1917 und die Zeit vom 1. Januar bis 15. April 1918 das Vorrecht versagt bliebe. Bei Anwendung des § 61 Nr. 1 wäre dagegen das Vorrecht für die Zeit vom 15. April 1917 bis 14. April 1918 begründet und damit für die längste Zeit gesichert; für die Rückstände aus 1916 wäre es aber im übrigen auch ziemlich bedeutungslos, da bei den den Versicherungsträgern nach § 28 Abs. 1 und 2 und § 738 RVO. zustehenden Beitreibungsmöglichkeiten solche Rückstände kaum noch vorhanden sein würden. Die Berufsgenossenschaft stände also jetzt besser als nach dem früheren Rechte.

Das Reichsgericht hat bei Anwendung des § 54 Nr. 3 KO. auf die fraglichen Beitragsforderungen u. a. auch ausgeführt (RGZ. Bd. 22 S. 145), es wäre unzweckmäßig gewesen, das Vorzugsrecht von ihrer in verschiedenen Zeitpunkten auseinander liegenden Entstehung abhängig zu machen statt von ihrer Fälligkeit, die einheitlich durch die Zustellung des Auszugs der Heberolle bestimmt werde, und es würde darin auch eine Härte liegen, da den Berufsgenossenschaften insoweit keine Säumnis zur Last falle. Diese Zweckmäßigkeitserwägungen können angesichts der abweichenden gesetzlichen Regelung, durch welche das Vorrecht nunmehr der zeitlichen Begrenzung des § 61 Nr. 1 unterworfen ist, für die allein der Zeitpunkt der Entstehung der Beitragsforderungen maßgebend ist, nicht mehr Platz greifen.

---

21. 1. Zur Auslegung des § 885 ZPO.
2. Gebietet § 823 Abs. 1 BGB. den Schutz des Eigentums eines anderen?

VII. Zivilsenat. Urt. v. 5. April 1921 i. S. N. F., G. m. b. H. (Bekl.) w. G. (Kl.). VII 384/20.

I. Landgericht II Berlin. — II. Kammergericht daselbst.

Der Architekt B. hatte einen Schuppen auf dem Flugplatz in T. bis 1. April 1917 an den Kläger und seitdem an die Beklagte vermietet. Der Kläger räumte nicht pünktlich. B. erwirkte eine einstweilige Verfügung auf Räumung. Sie wurde vor Zustellung am 5. April 1917 durch den Gerichtsvollzieher in Abwesenheit und ohne Vorwissen des Klägers vollstreckt. Der Kläger wurde aus dem Besitz des Schuppens gesetzt, die Beklagte in diesen Besitz eingewiesen. Die dem Kläger gehörigen Sachen — Flugzeuge, Teile davon, Geräte usw. — wurden aus dem Schuppen hinausgeschafft. Es heißt dann weiter in dem Protokoll des Gerichtsvollziehers:

„Da die herausgeschafften Sachen... weder an den Antragsgegner noch an eine andere Person übergeben werden konnten, so sind dieselben auf Kosten des Antragsgegners dem Direktor N. zur Aufbewahrung übergeben. Die Sachen sind zusammengestellt und mit vorhandenen Tragflächen, soweit es möglich war, überdeckt. Ein Fortschaffen nach einer Pfandkammer war unmöglich, da in einem Umkreis von 3 km kein geeigneter Raum zum Unterbringen vorhanden ist. Die Sachen werden dem Antragsgegner auf Verlangen gegen Zahlung der Transport- und Aufbewahrungskosten zurückgegeben werden. Erfolgt die Abforderung der Sachen nicht innerhalb eines Monats vom heutigen Tage ab, so wird Antrag zur Versteigerung derselben beim Vollstreckungsgericht gestellt werden."

Eine Abschrift des Protokolls erhielt der Kläger. Am 29. Juni 1917 verlangte er von der Beklagten die Herausgabe der Sachen. Die Beklagte weigerte sich, dies zu tun, indem sie zugunsten des B. wegen einer angeblich noch bestehenden Mietzinsforderung ein Zurückbehaltungsrecht geltend machte. Später hat der Kläger die Sachen bekommen, aber, wie er behauptet, in sehr schlechtem Zustande. Mit der gegenwärtigen Klage macht er die Beklagte für ordnungswidrige Aufbewahrung und gesetzwidrige Zurückbehaltung der Sachen haftbar und verlangt zunächst Zahlung eines Teilbetrags von 5000 ℳ. Das

Landgericht hat den Klaganspruch dem Grunde nach für gerechtfertigt erklärt. Das Kammergericht hat auf die Berufung der Beklagten diesen Ausspruch dahin eingeschränkt, daß nur der Anspruch auf Ersatz des seit dem 29. Juni 1917 entstandenen Schadens dem Grunde nach gerechtfertigt ist. Im übrigen hat das Kammergericht die Klage abgewiesen. Beide Parteien haben Revision eingelegt. Die des Klägers ist zurückgewiesen, die der Beklagten hatte Erfolg.

Gründe:

Das Landgericht läßt die Frage des Verwahrungsvertrags offen. Es erblickt eine zum Schadensersatz nach § 823 Abs. 1 BGB. verpflichtende Handlung darin, daß die Beklagte am 29. Juni 1917 die Sachen nicht an den Kläger herausgegeben hat. Worauf bei dieser Annahme die vom Landgericht ausgesprochene Haftbarkeit der Beklagten auch für den vor dem 29. Juni 1917 entstandenen Schaden beruhen sollte, bleibt allerdings unklar. Wenn die Sachen des Klägers durch das Lagern im Freien überhaupt gelitten haben, dann dürfte mindestens ein Teil des Schadens schon in der Zeit vom 5. April bis 29. Juni 1917 entstanden sein. Dieser Erwägung hat der Berufungsrichter Rechnung getragen, indem er nur den Anspruch auf Ersatz des seit dem 29. Juni 1917 entstandenen Schadens dem Grunde nach für gerechtfertigt anerkannt hat. Auch er sieht das schädigende Ereignis in der Zurückhaltung vom 29. Juni 1917, im übrigen verurteilt er aber aus den beiden vom Kläger geltend gemachten Gesichtspunkten, dem des Verwahrungsvertrags und dem der unerlaubten Handlung. Beide Gesichtspunkte versagen aber grundsätzlich.

1. Nach § 885 Abs. 2 und 3 ZPO. hat der Gerichtsvollzieher, der bei einer Räumung Sachen des Schuldners weder diesem noch einem Bevollmächtigten, einem Familienmitglied oder Bediensteten übergeben oder zur Verfügung stellen kann, die Sachen auf Kosten des Schuldners in das Pfandlokal zu schaffen oder anderweit in Verwahrung zu bringen. Beide Möglichkeiten stehen gleichberechtigt nebeneinander. Das Gesetz legt hier dem Gerichtsvollzieher die Amtspflicht auf, für die bei einer Räumung hinausgeschafften Sachen des Schuldners zu sorgen. Das soll er tun, indem er die Sachen selbst in Besitz oder Verwahrung nimmt. Unzweifelhaft geschieht das, wenn er die Sachen in sein Pfandlokal schafft. Es geschieht aber auch in dem zweiten möglichen Falle. Der Unterschied ist nur der: das eine Mal nimmt der Gerichtsvollzieher die Sachen in seinen unmittelbaren Besitz und behält sie in diesem Besitz, das andere Mal nimmt er sie zunächst auch in seinen unmittelbaren Besitz, verwandelt diesen aber dann in mittelbaren, indem er den unmittelbaren Besitz auf einen dritten Verwahrer überträgt. Die zweite — bei der Handhabung des Gesetzes gewiß häufig anwendbare — Möglichkeit mußte in dem Gesetz be-

sonders zugelassen werden. Nach § 691 Satz 1 BGB. ist ein Verwahrer im Zweifel nicht berechtigt, die hinterlegte Sache bei einem Dritten zu hinterlegen. Wenn das schon für den gewöhnlichen Verwahrer gilt, so mußte es erst recht für den amtlichen Verwahrer gelten.

Die Regelung ist ähnlich der im § 808 ZPO. vorgenommenen. Gepfändete Sachen hat der Gerichtsvollzieher in Besitz zu nehmen, doch sind gewisse Sachen unter bestimmten Voraussetzungen im Gewahrsam des Schuldners zu belassen. Ebenso wie bei der Pfändung kann sich der Gerichtsvollzieher auch bei der Verwahrung der Sachen im Falle des § 885 Abs. 3 mit dem mittelbaren Besitz begnügen. Diesen muß er aber jedenfalls behalten, denn nur dann bleibt die Verwahrung amtlich. Der Gerichtsvollzieher ist es also, der den Verwahrungsvertrag mit dem Dritten im eigenen Namen abschließt.

Die von der Beklagten geäußerte Ansicht, daß der Gerichtsvollzieher den Vertrag im Namen des Gläubigers abschließe, ist schon deshalb unrichtig, weil der Gerichtsvollzieher, der für einen andern eine Amtshandlung vornimmt, nicht dessen privatrechtlicher Vertreter ist (RGZ. Bd. 90 S. 194). Abgesehen davon aber: der Gläubiger ist befriedigt, wenn die Räumung bewirkt ist. Wohin die hinausgeschafften Sachen kommen, ist für ihn als Gläubiger gleichgültig. Eine Fürsorgepflicht ist dem Gläubiger vom Gesetz nicht auferlegt. Anders liegt die Sache allerdings, wenn der Gläubiger z. B. gleichzeitig Vermieter ist und als solcher sein Vermieterpfandrecht ausübt. Davon ist aber im vorliegenden Falle bei der Räumung nicht die Rede gewesen.

Ebenso unrichtig ist auch die Ansicht des Kammergerichts, daß der Gerichtsvollzieher den Verwahrungsvertrag im Namen des Schuldners abschließe. Dieser Annahme widerspricht schon die Vorschrift des § 885 Abs. 4 ZPO. Danach kann das Vollstreckungsgericht den Verkauf der Sachen und das Hinterlegen des Erlöses anordnen, wenn der Schuldner das Abfordern der Sachen verzögert. Das beweist, daß es sich bei der Unterbringung der Sachen, mag sie in der einen oder der anderen Art vorgenommen werden, immer noch um eine vollstreckende Tätigkeit des Gerichtsvollziehers handelt. Sie wird erst dadurch beendigt, daß die Sachen an den Schuldner herausgegeben werden. Nähme man das nicht an, so ließe sich die Zuständigkeit des Vollstreckungsgerichts rechtlich nicht begründen. Wäre durch Vermittelung des Gerichtsvollziehers lediglich ein privatrechtlicher Verwahrungsvertrag zwischen dem Schuldner und dem Dritten geschlossen, so ginge dieses Rechtsverhältnis den Vollstreckungsrichter nichts mehr an. Nur der Prozeßrichter könnte hier eingreifen. Das Kammergericht stützt seine Ansicht auf die in § 885 Abs. 3 ZPO. enthaltenen Worte „auf Kosten des Schuldners“. Sie bedeuten aber nur, daß für die Kosten des Unterbringens der

Sachen, für welche als Kosten der Zwangsvollstreckung an sich der Gläubiger zu haften hätte, der Schuldner haften soll, zu dessen Nutzen die Sachen untergebracht werden.

Ein Verwahrungsvertrag zwischen dem Kläger und der Beklagten hat also niemals bestanden. Aus einem solchen Vertrage kann der Kläger der Beklagten gegenüber keine Rechte herleiten. Von den Parteien nicht angeregt und von den Instanzrichtern auch nicht in den Kreis ihrer Erwägungen gezogen ist die weitere Frage, ob etwa der Gerichtsvollzieher den an sich privatrechtlichen Verwahrungsvertrag mit der Beklagten zwar in amtlicher Eigenschaft und in Ausübung seiner vollstreckenden Tätigkeit, aber gemäß § 328 BGB. zugunsten des Klägers mit der Wirkung abgeschlossen hat, daß der Kläger unmittelbar das Recht erwarb, die Herausgabe der Sachen von der Beklagten zu verlangen. Eine solche Annahme wäre mit der Vorschrift des § 885 Abs. 4 ZPO. grundsätzlich vielleicht noch vereinbar. Hier wird zwar vorausgesetzt, daß der Gerichtsvollzieher jederzeit in der Lage ist, von dem Dritten die Herausgabe der Sachen an sich selbst zu verlangen, damit er sie der Anordnung des Vollstreckungsgerichts entsprechend verkauft, aber die nach dem Gesetz — § 335 BGB. — an sich eintretenden Wirkungen hätten im Rahmen der Vertragsfreiheit, wie sie § 328 Abs. 2 BGB. umschreibt, wohl beseitigt werden können. Auch der Umstand, daß der Gerichtsvollzieher dem dritten Verwahrer für die etwaigen Kosten der Verwahrung aus dem Vertrage haftet, § 689 BGB., und daß er Deckung für etwa aufgewendete Wegschaffungskosten letzten Endes in den zur Verwahrung gegebenen Sachen suchen muß, hätte den Abschluß des Vertrages zugunsten des Klägers vielleicht nicht geradezu gehindert. Durch Vereinbarung hätte die Beklagte veranlaßt werden können, die Sachen nur gegen Erstattung aller etwa erwachsenen Unkosten herauszugeben. Es ist aber nach diesen Erwägungen ohne weiteres klar, daß ein Vertrag, der nach § 328 BGB. zugunsten des Klägers abgeschlossen wäre, eine eingehende Regelung erfordert hätte. Das Protokoll des Gerichtsvollziehers enthält darüber nichts. Es besagt nur, daß die Sachen dem Direktor N. — als dem Vertreter der Beklagten, wie der Berufungsrichter annimmt — zur Aufbewahrung übergeben worden sind. Damit ist, solange nicht das Gegenteil behauptet wird, nur ein gewöhnlicher Verwahrungsvertrag bezeugt, aus dem nur den Vertragschließenden selbst Rechte erwuchsen. Die weiteren Bemerkungen des Protokolls über die Herausgabe der Sachen und ihre etwaige Versteigerung bei verzögerter Abforderung entsprechen dem Muster und beruhen auf § 94 Abs. 6 der Geschäftsanw. f. d. preuß. Gerichtsvollzieher vom 24. März 1914 (JMBl. S. 343). Hier heißt es:

„Ist weder der Schuldner noch eine der im Abs. 5 bezeichneten Personen anwesend, so hat der Gerichtsvollzieher die Sachen auf Kosten des Schuldners in die Pfandkammer zu schaffen oder sonst für ihre Verwahrung Sorge zu tragen; sie sind dem Schuldner auf Verlangen gegen Erstattung der Wegschaffungs- und Verwahrungskosten jederzeit zurückzugeben. Wird die Abforderung verzögert, so kann der Gerichtsvollzieher bei dem Vollstreckungsgerichte beantragen, daß der Verkauf der Sachen und die Zahlung des Erlöses nach Abzug der Unkosten an den Schuldner, nötigenfalls die Hinterlegung zugunsten des Schuldners angeordnet werde (§ 885 Abs. 4 ZPO.). Der Verkauf erfolgt nach den für den Verkauf gepfändeter Sachen geltenden Vorschriften".

In einer Geschäftsanweisung an die Gerichtsvollzieher bedeutet Satz 1 Halbsatz 2 einen Befehl, der sich an die Gerichtsvollzieher richtet. Die entsprechenden Sätze des Protokolls bedeuten also, daß der Gerichtsvollzieher die Sachen des Antragsgegners auf Verlangen gegen Zahlung der Transport- und Aufbewahrungskosten herausgeben, und daß er die Versteigerungsanordnung erbitten wird, wenn die Sachen nicht rechtzeitig bei ihm abgefordert werden. Diese Sätze des Protokolls schließen die Möglichkeit, daß eine Vertragsabrede zugunsten des Klägers getroffen ist, unbedenklich aus. Einer weiteren Erörterung der oben aufgeworfenen Frage durch den Tatrichter bedarf es daher nicht.

Die vorstehenden Erwägungen zeigen, daß der Kläger am 29. Juni 1917 kein Recht hatte, von der Beklagten die Herausgabe der Sachen zu fordern, und daß die Beklagte ihrerseits weder verpflichtet, noch auch nur berechtigt war, die Sachen an den Kläger herauszugeben. Sie waren ihr von dem Gerichtsvollzieher anvertraut. Nur an ihn oder mit seiner Zustimmung an einen Dritten durfte die Beklagte die Sachen ausantworten. Die Zustimmung des Gerichtsvollziehers war Sache des Klägers. Er hat sie nicht beigebracht.

2. Zu dem Anspruch aus der unerlaubten Handlung bemerkt das Landgericht: Die Beklagte hat das Zurückbehaltungsrecht ausgeübt, also den Kläger gehindert, selbst für seine Sachen zu sorgen; deshalb war sie verpflichtet, dies zu tun; gegen diese Pflicht hat sie gefehlt. Das Kammergericht führt dazu aus: Die Beklagte mußte an sich die Sachen herausgeben, zur Ausübung des Zurückbehaltungsrechts für B. war sie nicht mehr befugt; jedenfalls mußte sie für die Sachen sorgen; der Vermieter muß es nach § 1215 BGB., jeder andere, der das Pfandrecht geltend macht, nach § 823 BGB. Die Unrichtigkeit dieser Sätze ergibt sich zum Teil schon aus den Bemerkungen zu 1. Im übrigen sei noch folgendes bemerkt. Zur Ausübung eines etwa dem B. zustehenden Vermieterpfandrechts war die Beklagte befugt, denn sie hatte den Auftrag dazu erhalten und angenommen. Widerrufen war der Auftrag nicht. Der an den Gerichtsvollzieher gegebene Auftrag, die Räumung des Schuppens vorzunehmen, war keine an die Beklagte gerichtete Erklärung, stand aber auch mit dem nicht in Widerspruch,

was ihr aufgegeben war. Zu unterscheiden ist zwischen dem Schuppen und den übrigen Teilen des verpachteten Grundstücks. Der Schuppen sollte durch den Gerichtsvollzieher leergemacht werden, die Beklagte aber sollte nicht dulden, daß die Sachen von dem Grundstück als solchem entfernt würden.

Die Beklagte hat das Vermietungspfandrecht im Namen des B. und mit dessen Vollmacht ausgeübt. Nach § 164 BGB. wirkten also ihre Erklärungen unmittelbar für und gegen B. Er erlangte den Pfandbesitz, er war nach § 1215 BGB. an sich verpflichtet, für die Verwahrung der Pfänder zu sorgen. Ob er dazu im vorliegenden Falle verpflichtet oder auch nur berechtigt war, da sich die Sachen doch auch in amtlicher Verwahrung befanden, mag dahinstehen. Jedenfalls ergab sich seine etwaige Pflicht aus dem Mietvertrag und dem nach diesem Vertrage gesetzlich entstehenden Pfandrecht. Eine Verpflichtung der Beklagten läßt sich aus diesen Gesichtspunkten nicht ableiten. Das verkennen auch die Instanzgerichte nicht. Sie ziehen aber den § 823 Abs. 1 BGB. heran. Indessen diese Vorschrift verbietet vorsätzliche und fahrlässige Eigentumsverletzungen, gebietet aber nicht den Schutz des Eigentums eines anderen. Auch ein etwaiges schuldhaftes Handeln des Gerichtsvollziehers würde sich immer nur als Verletzung einer besonderen Amtspflicht darstellen, nicht als Verletzung einer allgemeinen, jedem einzelnen obliegenden Fürsorgepflicht. Die Beklagte traf keine besondere Amtspflicht aus § 839 BGB. Sie brauchte die Sachen des Klägers überhaupt nicht in Obhut zu nehmen. Wenn sie es dennoch tat und die Sachen wenigstens einen gewissen Schutz erhielten, so kann der Kläger nicht sagen, die Beklagte hätte mehr tun können, und weil sie es nicht tat, habe sie gegen § 823 Abs. 1 BGB. gefehlt. Das würde richtig sein, wenn die Beklagte mehr hätte tun müssen, aber an dem Müssen fehlt es eben.

---

22. Ist ein zwischen deutschen Eheleuten, die neben einem Wohnsitz in Deutschland einen zweiten in der Schweiz haben, ergangenes Scheidungsurteil des für den ausländischen Wohnsitz zuständigen schweizerischen Gerichts von den deutschen Gerichten als rechtsgültig anzuerkennen?

VII. Zivilsenat. Urt. v. 5. April 1921 i. S. Frau v. Fl. (Kl.) w. v. Fl. (Bekl.). VII 563/20.

I. Landgericht Hildesheim. — II. Oberlandesgericht Celle.

Die Parteien, welche beide deutsche Reichsangehörige sind, hatten am 30. Januar 1912 in Baden-Baden miteinander die Ehe geschlossen. Durch rechtskräftiges Urteil des Amtsgerichts zu Bern vom 18. Dezember 1918, das beide Parteien am gleichen Tage als rechtskräftig anerkannten, wurde ihre Ehe geschieden und die jetzige Klägerin als schuldiger Teil erklärt. Jetzt verlangt die Klägerin die Feststellung, daß die Ehe der Parteien noch gültig bestehe. Das Landgericht erkannte demgemäß. Es nahm an, daß der Beklagte zur Zeit des Schweizer Prozeßverfahrens seinen Wohnsitz in Ankensen gehabt habe und deshalb das Berner Gericht zur Scheidung der Ehe nicht zuständig gewesen sei. Das Oberlandesgericht wies die Klage ab auf Grund der Annahme, daß der Beklagte zur Zeit der Erhebung der Scheidungsklage in Bern seinen Wohnsitz gehabt habe. Die Revision der Klägerin blieb erfolglos.

Gründe:

Die Begründetheit des Klaganspruchs hängt davon ab, ob dem Scheidungsurteile des Berner Amtsgerichts vom 18. Dezember 1918 die rechtliche Anerkennung in Deutschland zu versagen ist. Die Klägerin hat für die Bejahung der Frage in den Vorinstanzen und noch in dieser Instanz den § 328 Nr. 5 ZPO. mit der Ausführung angezogen, in der Rechtsprechung Schweizer Gerichte des Kantons Bern werde die Wirksamkeit von Urteilen, und zwar auch von Ehescheidungsurteilen, deutscher Gerichte nicht anerkannt, die Gegenseitigkeit sei sonach nicht verbürgt. Allein nachdem das internationale Haager Abkommen vom 12. Juni 1902 zur Regelung des Geltungsbereichs der Gesetze und der Gerichtsbarkeit auf dem Gebiete der Ehescheidung und der Trennung von Tisch und Bett in Deutschland am 1. Juni 1904 und in der Schweiz am 17. Juli 1905 (RGBl. 1904 S. 231, 249, 1905 S. 716) ratifiziert worden ist, sind für den Bereich des Ehescheidungsverfahrens die allgemeinen Vorschriften des § 328 ZPO. nur noch nach näherer Maßgabe der in jenem Staatsvertrag enthaltenen Sonderregelung anwendbar. Das Haager Abkommen besagt nun, insoweit es für den vorliegenden Rechtsstreit in Betracht zu ziehen ist, im Art. 2: „Auf Scheidung kann nur dann geklagt werden, wenn sie in dem zu beurteilenden Falle sowohl nach dem Gesetze des Heimatstaats der Ehegatten als auch nach dem Gesetze des Ortes, wo geklagt wird, sei es auch aus verschiedenen Gründen, zulässig ist.“ . . .

im Art. 5: „die Klage auf Scheidung kann erhoben werden:

1. vor der nach dem Gesetze des Heimatstaats der Ehegatten zuständigen Gerichtsbarkeit, 2. vor der zuständigen Gerichtsbarkeit des Ortes, wo die Ehegatten ihren Wohnsitz haben. . . . Die Gerichtsbarkeit des Heimatstaats ist allein berufen, soweit sie für die Scheidungsklage ausschließlich zuständig ist.“ . . .

im Art. 7: „die Scheidung und die Trennung von Tisch und

Bett, die durch ein nach Art. 5 zuständiges Gericht ausgesprochen werden, sind überall anzuerkennen, vorausgesetzt daß die Bestimmungen dieses Abkommens beobachtet worden sind." . . .

Durch diese in allen an dem Abkommen beteiligten Staaten geltenden Vorschriften ist für die in einem der Vertragsstaaten gefällten gerichtlichen Scheidungsurteile die im § 328 Nr. 5 ZPO. geforderte Gegenseitigkeit als verbürgt anzusehen, und lediglich nach Maßgabe dieser mitgeteilten Vorschriften unterliegt insbesondere das Berner Scheidungsurteil im Streitfall über seine Anerkennung in Deutschland noch der Nachprüfung durch deutsche Gerichte. Das Berner Urteil hat nicht nur das Recht des schweizerischen Zivilgesetzbuchs angewendet, sondern auch den § 1568 BGB. berücksichtigt und mit einwandfreier Begründung dargelegt, daß auch der Tatbestand dieser Vorschrift vorhanden war. Damit ist dem oben wiedergegebenen Art. 2 genügt. Daß das Amtsgericht in Bern dazu berufen ist, über Klagen auf Ehescheidung zu entscheiden, ist nicht bezweifelt worden und ergibt sich auch aus Art. 3 der am 1. September 1918 in Kraft getretenen Zivilprozeßordnung für den Kanton Bern in Verbindung mit Art. 4 des Berner Gesetzes über die Einführung des schweizerischen Zivilgesetzbuchs vom 28. Mai 1911 und den Artikeln 137 flg. des schweizerischen Zivilgesetzbuchs vom 10. Dezember 1907.

Zu prüfen bleibt, ob das Berner Amtsgericht auch zur Scheidung der Ehe der Parteien zuständig war. In sachlicher Hinsicht kommt zunächst in Betracht, daß das mit der Revision angefochtene Urteil damit als möglich rechnet, der jetzige Beklagte habe während des Scheidungsverfahrens einen Wohnsitz in Ankensen im Landgerichtsbezirk Hildesheim gehabt, daß das Urteil indes feststellt, jedenfalls habe damals der Beklagte einen Wohnsitz in Bern als dem Orte seiner ständigen Niederlassung gehabt. Daß, wie das Urteil annimmt, hier die Frage der Wohnsitzbegründung in Anwendung deutschen Rechts zu lösen ist, kann einem begründeten Bedenken nicht unterliegen (vgl. Art. 14, 17 EG. z. BGB.). Gemäß der Urteilsbegründung muß für diese Instanz unterstellt werden, daß beide Parteien während ihres Scheidungsprozesses einen Wohnsitz sowohl in Ankensen wie in Bern hatten, vgl. §§ 7, 10 BGB. Die Revision will die Feststellung, daß sich der Beklagte in Bern ständig niedergelassen habe, nicht gelten lassen und rügt unzureichende Begründung. Der Angriff versagt jedoch. Zur beanstandeten Feststellung ist das Berufungsurteil in sehr eingehender, auf die Zeit vom März 1918 bis zum Herbst 1920 erstreckter Betrachtung aller zugehörigen Verhältnisse gelangt. Die betreffenden Urteilsausführungen bewegen sich wesentlich auf dem Gebiete der tatsächlichen Würdigung und sind insofern einer Nachprüfung durch das Revisionsgericht entzogen.

Unschlüssigkeit oder ein Verstoß gegen Rechtsnormen wird dabei nirgends erkennbar.

Auf der Grundlage, daß der Beklagte zur Zeit des Scheidungsprozesses einen Wohnsitz in Bern und vielleicht auch noch einen Wohnsitz in Ankensen hatte, hat das angefochtene Urteil angenommen, daß nach deutschem Gesetze (§ 606 Abs. 1 ZPO.) für den Scheidungsprozeß sowohl das Landgericht in Hildesheim wie das Amtsgericht in Bern zuständig, für die Zuständigkeit des letzteren Gerichts nach dem Haager Abkommen daher dessen Art. 5 Nr. 1 entscheidend war, und es sonach auf die Bestimmungen der Nr. 2 des Art. 5 nicht weiter ankam. Demgegenüber macht die Revision geltend: Die Zuständigkeit des Berner Gerichts sei weder nach Nr. 1 noch nach Nr. 2 des bezeichneten Art. 5 begründet gewesen. Die deutsche Zivilprozeßordnung handle nur von deutscher Gerichtsbarkeit und enthalte nirgends ein Anerkenntnis eines ausländischen Gerichtsstands. Damit entfalle die Möglichkeit, die Zuständigkeit des Berner Gerichts auf Nr. 1 des Art. 5 zu stützen. In Nr. 2 daselbst sei zwar auch die für den Wohnsitz der Ehegatten bestehende Gerichtsbarkeit für zuständig erklärt, dabei aber ausdrücklich und ausnahmsweise die Gerichtsbarkeit des Heimatstaats allein berufen, soweit sie für die Scheidungsklage ausschließlich zuständig sei, und dieser Ausnahmefall liege hier vor, weil sich aus den §§ 606 Abs. 1, 13 ZPO. ergebe, daß für eine Scheidungsklage des Ehemanns von Fl. das dem Heimatstaate der Parteien angehörende Landgericht in Hildesheim ausschließlich zuständig sei.

Den Revisionsausführungen kann nur zu einem für die Entscheidung unwesentlichen Teile beigestimmt werden. Nach dem Vorgange der Begründung zu dem dem § 568 ZPO. a. F. entsprechenden § 544 des Entwurfs des Gesetzes, die mit Hinweis auf die §§ 13 und 18 des Entwurfs besagte, daß sich der allgemeine Gerichtsstand des Ehemanns nach seinem Wohnsitz ohne Rücksicht darauf bestimme, ob sich der Wohnsitz im Inland oder Auslande befinde, wird im Schrifttum zum § 568 a. F. und § 606 ZPO. n. F. der Standpunkt vertreten, der Gerichtsstand nach Abs. 1 dieser Vorschrift bestehe am Wohnsitze des Ehemanns ohne Unterschied, ob sich der Wohnsitz oder einer von mehreren Wohnsitzen im Inland oder im Auslande befindet (vgl. außer den Kommentaren zu § 606 ZPO., Sauer Deutsches Eheschließungs- und Ehescheidungsrecht S. 726, Gieſker-Zeller in Niemeyers Zeitschr. für intern. Recht Bd. 27 S. 487). In Gemäßheit dieser Auffassung wäre anzunehmen, daß, wenn der Ehemann einen Wohnsitz im Inland und einen zweiten im Auslande hat, aus dem § 606 Abs. 1 die Anordnung zu entnehmen sei, daß sowohl das für den inländischen Wohnsitz bestehende Landgericht als auch das diesem entsprechende, für den ausländischen

Wohnsitz bestehende Gericht zuständig sei, und insbesondere wäre daraus in Verbindung mit Art. 5 Nr. 1 Haag. Abk. im Einklang mit der Vorinstanz die Zuständigkeit des Berner Amtsgerichts für den Scheidungsprozeß der Parteien zu folgern. Hiergegen erheben sich indes, wie der Revision zuzugeben ist, begründete Bedenken. Die Zuständigkeitsvorschriften der deutschen Zivilprozeßordnung sind nur für das Geltungsgebiet des Gesetzes, also für das Raumgebiet des deutschen Reichs bestimmt. Die Zuständigkeit ausländischer Gerichte zu regeln, liegt nicht in dem Machtbereiche deutscher Gesetze (RGZ. Bd. 9 S. 396). Kann sonach der Zivilprozeßordnung und besonders den §§ 13, 606 Abs. 1 eine Anordnung der Zuständigkeit von Gerichten des Auslands nicht entnommen werden, so läßt sich die fragliche Zuständigkeit des Berner Gerichts auf Art. 5 Nr. 1 nicht stützen.

Dagegen darf angenommen werden, daß das Amtsgericht in Bern nach Nr. 2 des Art. 5 für den Scheidungsprozeß zuständig war. Die insofern grundlegende Voraussetzung, daß die Parteien im Bezirke jenes Gerichts einen Wohnsitz hatten, ist, wie schon erörtert, erfüllt. Fraglich bleibt nur noch, ob hier der Zuständigkeit des Berner Gerichts die Ausnahmebestimmung im Wege steht, wonach die Gerichtsbarkeit des Heimatstaats allein berufen ist, soweit sie für die Scheidungsklage ausschließlich zuständig ist. Für sich betrachtet, könnte der Wortlaut des § 606 Abs. 1 ZPO., der nur von deutschen Gerichten handelt und das Landgericht, bei welchem der Ehemann seinen allgemeinen Gerichtsstand hat, als ausschließlich zuständig erklärt, für die Bejahung der Frage sprechen. Eine Betrachtung des Wortlauts für sich könnte indes auch leicht die Auffassung hervorrufen, daß die Zuständigkeit eines einzigen Landgerichts für den einzelnen Klagefall vorgeschrieben werden sollte, während es doch keinem Zweifel unterliegen kann, daß, wenn der Ehemann im Inlande mehrere, in verschiedenen Landgerichtsbezirken belegene Wohnsitze hat, nach den §§ 13, 606 ZPO. jedes Landgericht zuständig ist, in dessen Bezirk sich einer der Wohnsitze befindet.

Bei der grundsätzlichen Bedeutung, welche die deutsche Zivilprozeßordnung dem Wohnsitz und den Wohnsitzen einer Partei für die Gerichtszuständigkeit beilegt, wird die Annahme nahegerückt, daß es dem Sinne und dem Willen des Gesetzes entspreche, im Falle die Ehegatten neben einem Wohnsitz im Inland einen solchen im Auslande haben, als zuständiges Gericht für eine Scheidungsklage das Gericht des ausländischen Wohnorts zwar nicht anzuordnen, aber doch auch nicht auszuschließen, sondern zuzulassen. Als beweisend aber für die Richtigkeit dieser Annahme ist Abs. 2 des § 568 a. F., § 606 n. F. anzusehen. Die alte Fassung der Sondervorschriften des Abs. 2

war unzureichend befunden worden und hat darum die Umänderung in die seit 1900 geltende Fassung erfahren. Als ein erheblicher Bestimmungszweck der Sondervorschriften in ihrer alten Fassung, und das gleiche trifft in weitem Umfange noch auf den geltenden § 606 Abs. 2 zu, darf aber bezeichnet werden, unter gewissen Voraussetzungen einen inländischen Gerichtsstand neben dem des ausländischen Wohnsitzes zu schaffen (vgl. Wach, Hdb. des deutschen Zivilprozeßrechts I § 39 sowie Abs. 3 der Erörterungen der Begründung zum § 544 des Gesetzentwurfs von 1874). Der Gesetzgeber hat nicht der ausländischen Gerichtsbarkeit entgegentreten und deren Inanspruchnahme durch Deutsche verbieten wollen, es sollte vielmehr deutschen Rechtsuchenden, weil die Angehung von Gerichten des Auslandes vielfach Schwierigkeiten begegnet, die Möglichkeit gewährt werden, in Ehesachen den Rechtsschutz vor deutschen Gerichten zu finden (vgl. auch die Erörterungen zum § 568 ZPO. in den Motiven zum Entwurf eines Einführungsgesetzes zum BGB. und in der Begründung des 1897 vorgelegten Entwurfs einer Prozeßnovelle). Sonach ergibt sich, daß Deutschland trotz des Ausdrucks „ausschließlich" im § 606 Abs. 1 für Ehescheidungsklagen von Deutschen die Möglichkeit einer Zuständigkeit von Gerichten des Auslandes voraussetzt und zuläßt, mithin nicht ausschließlich die Zuständigkeit deutscher Gerichte für solche Klagen in Anspruch nimmt. Hierfür ist auch namentlich noch hinzuweisen auf Stein § 606 Anm. II 3a Note 19 und Meili und Mamelok das internationale Privat- und Zivilprozeßrecht auf Grund der Haager Konventionen S. 215. Ist demnach die zur Erörterung stehende Ausnahmebestimmung aus dem Haager Abkommen hier nicht anwendbar, so war das Berner Amtsgericht zur Scheidung der Ehe der Parteien zwar nicht nach Nr. 1, wohl aber nach Nr. 2 des Art. 5 des Abkommens berufen.

---

23. 1. Ist eine ohne Kenntnis der Genehmigungsbedürftigkeit eines Rechtsgeschäfts abgegebene, eine Genehmigung enthaltende Willenserklärung wegen Irrtums anfechtbar?

2. Unter welchen Voraussetzungen kann die Irrtumsanfechtung mit der Einrede der allgemeinen Arglist entkräftet werden?

III. Zivilsenat. Urt. v. 12. April 1921 i. S. Sch. (Bekl.) w. F. (Kl.). III 457/20.

I. Landgericht Rottweil. — II. Oberlandesgericht Stuttgart.

Am 21. Oktober 1919 verkaufte der Reisende der Beklagten, T., dem Kläger 1000 Dosen weißen und gelben Bodenwachses. Im

November übersandte die Beklagte dem Kläger ein Postpaket mit mehreren Dosen Wachs, die der Empfänger als angeblich vertragswidrig beanstandete. Da die Beklagte weitere Sendungen verweigerte, klagte der Kläger auf Lieferung. Der dem Kläger von T. ausgehändigte Bestellschein trug die Klausel „Limit". Nach der Behauptung der Beklagten wohnt dieser Klausel die Bedeutung inne, daß ihr, der Verkäuferin, die Genehmigung des Vertrags vorbehalten sei. Sie will von dieser Klausel erst im Laufe des Prozesses, im Februar 1920 Kenntnis erhalten und dann unverzüglich „alle kaufabschließenden und genehmigenden Erklärungen und Handlungen wegen Irrtums" angefochten haben. Weiter macht sie geltend, daß der Vertrag bei Gelegenheit eines Ferngesprächs vom 9. Dezember durch Übereinkunft wieder aufgehoben worden sei. Das Landgericht wies die Klage ab, das Oberlandesgericht gab ihr statt. Auf die Revision der Beklagten wurde das Berufungsurteil aufgehoben.

Gründe:

... Unstreitig ist der Kauf mit der Klausel „Limit" abgeschlossen. Sie bedeutet nach der von dem Berufungsrichter gebilligten Annahme des Landgerichts, daß die Gültigkeit des Geschäfts von der Genehmigung des Prinzipals des Reisenden T. abhängen sollte. Von dieser Feststellung aus sind die Erwägungen, mit denen das Oberlandesgericht die Möglichkeit einer Irrtumsanfechtung verneint, nicht haltbar. Unbedenklich ist in der Anfang November erfolgten Zusendung eines Postpakets gefüllter Bodenwachsdosen nach außen hin eine Genehmigungserklärung zu finden. Der Kläger konnte also nicht im Zweifel darüber sein, daß die Beklagte die ihr vorbehaltene Genehmigung erteilen wollte und erteile. Anders lag die Sache hinsichtlich der Beklagten selbst, falls es richtig ist, daß sie damals von der Limit-Klausel nichts wußte. Sie konnte den Genehmigungswillen nur haben, wenn ihr bekannt war, daß das Geschäft noch in der Schwebe sei, und daß es in ihrer Hand liege, es durch ihre Genehmigung endgültig zustande oder durch deren Versagung zum Scheitern zu bringen. Erachtete sie jedoch den Kauf für fest geschlossen und sich deshalb für verpflichtet, die Dosen dem Kläger zu übermitteln, so wollte sie mit deren Übersendung keine Bestätigungs-, sondern eine Erfüllungshandlung vornehmen und daher eine Erklärung des Inhalts, daß sie von ihrem Genehmigungsrechte Gebrauch mache, tatsächlich nicht abgeben. Damit ist aber eine Voraussetzung der Irrtumsanfechtung aus § 119 BGB. gegeben. Von einem Irrtum im Beweggrunde, von dem das Oberlandesgericht spricht, kann keine Rede sein. Ob aber auch die zweite Voraussetzung der Anwendbarkeit des § 119 erfüllt ist, kann dahin gestellt bleiben, weil die Berufung auf den Irrtum unter den vorliegenden Umständen in jedem Falle gegen

Treu und Glauben verstoßen würde. Treu und Glauben erfordern, daß der Prinzipal die Tätigkeit seines Reisenden so regelt, den Geschäftsverkehr mit ihm so gestaltet, daß er in angemessener Frist von dem Inhalte der von diesem geschlossenen Verträge restlos sichere Kenntnis erhält. Geschieht das, wie hier, erst nach Wochen oder gar Monaten, so handelt der Geschäftsherr arglistig, wenn er diesen einem ordnungsmäßigen und redlichen Geschäftsverkehr widersprechenden Umstand dazu benutzt, um seine inzwischen abgegebenen rechtserheblichen Erklärungen dem gutgläubigen Erklärungsempfänger gegenüber anzufechten. Die gegenteilige Auffassung würde die Sicherheit des Rechtsverkehrs in bedenklicher Weise beeinflußen. . . .

Dagegen konnte der Beurteilung, welche das Oberlandesgericht dem Ferngespräche vom 9. Dezember 1919 hat angedeihen lassen, nicht beigetreten werden. . . . (Das wird zur Begründung der Aufhebung des Berufungsurteils näher ausgeführt.)

---

24. Ist die Telegrammadresse eines Kaufmanns eine „besondere Bezeichnung eines Erwerbsgeschäfts" im Sinne des § 16 Abs. 1 UWG.?

II. Zivilsenat. Urt. v. 12. April 1921 i. S. W. (Bekl.) w. K. (Kl.). II 486/20.

I. Landgericht Hamburg, Kammer f. Handelssachen. — II. Oberlandesgericht daselbst.

Die Frage wurde bejaht aus folgenden

Gründen:

. . . Das Recht, eine „abgekürzte Adresse" für den Telegrammverkehr zu verwenden, beruht auf der Telegraphenordnung für das Deutsche Reich vom 16. Juni 1904 § 3 unter VII und VIII (Amtsblatt des Reichspostamts 1904 S. 171) und wird begründet durch eine Vereinbarung mit der Telegraphenanstalt des Wohnorts und die Hinterlegung der Adresse. Die Adresse tritt „an Stelle des Namens und der Wohnungsangabe" in diesem Verkehr. Sie ist eine willkürlich gewählte Bezeichnung der Person oder des Geschäfts und deren Wohnung. Sie kann den bürgerlichen Namen oder die Firma in abgekürzter Form wiedergeben, sie kann aber ebensowohl in einem frei erfundenen oder gewählten Worte bestehen. Soweit die abgekürzte Gestalt den bürgerlichen Namen für jedermann erkennen läßt, steht nichts entgegen, den Schutz des § 12 BGB. auch diesem abgekürzten Namen dann zuteil werden zu lassen, wenn er zum Zwecke des Telegrammverkehrs benutzt wird (vgl. RG. v. 27. Mai 1909 IV 559/08). Dasselbe gilt für die Benutzung einer Firma in abgekürzter Gestalt, sofern die Abkürzung als Abkürzung der Firma in den beteiligten Abnehmerkreisen bekannt ist und diese daraus die wirkliche Firma zu erkennen und zu rekonstruieren vermögen (RGZ. Bd. 56 S. 418). Die vom Kläger gewählte Telegrammadresse „Eka-Werk" ist in ihrem ersten Bestandteil „Eka" augenscheinlich mit seinem zugleich die Firma bildenden bürgerlichen Namen E.... K..... gebildet worden. Ob dieser Name jedoch aus dieser Abkürzung noch hinreichend deutlich erkennbar ist, muß bezweifelt werden. Es kann aber dahingestellt bleiben, ob der Namenschutz oder der Firmenschutz hiernach der Telegrammadresse zuteil werden kann, denn jedenfalls muß sie den Schutz genießen, den die besondere Bezeichnung eines Erwerbsgeschäfts hat. Mit Unrecht bestreitet die Revision, daß die Telegrammadresse eine Bezeichnung des Geschäfts als ganzen sei. Der Auffassung Rosenthals, der sie nur als Geschäftsabzeichen ansehen will (Komm. zu UWG. § 16 Anm. 125), kann nicht beigetreten werden. Wie die Firma eine Bezeichnung des Geschäfts im weiteren Sinne ist, der Name, unter dem der Kaufmann dieses sein Geschäft betreibt und mit dem er es bezeichnet, ebenso ist die Telegrammadresse, die lediglich an Stelle der Firma tritt, ein eigenartiges Individualisierungsmittel des Geschäfts in Form der Bezeichnung des Geschäfts. Sie ist nicht irgendein beliebiges Kennzeichnungsmerkmal, durch das auf das bestimmte Geschäft hingewiesen wird, sondern ein Kennzeichnungsmerkmal nach Art des Namens oder der Firma, aus dessen Bestandteilen sie in der Regel auch gebildet ist. Sie verfolgt den gleichen Zweck wie der Name und die Firma mit gleichartigen Mitteln, nur daß an Stelle des bürgerlichen oder geschäftlichen Namens ein künstlich gebildeter Name tritt. Hiernach hat das Berufungsgericht mit Recht § 16 Abs. 1 und nicht Abs. 3 UWG. zur Anwendung gebracht. Dann entscheidet aber ausschließlich die Priorität der Annahme der Geschäftsbezeichnung und es kommt auf die weiteren in Abs. 3 erforderten Voraussetzungen nicht an. An der Natur einer Geschäftsbezeichnung im Sinne von § 16 Abs. 1 UWG. wird auch dadurch nichts geändert, daß diese nur in einem besonderen Teile des geschäftlichen Verkehrs, nämlich im Telegrammverkehr, verwendet wird. Die Bezeichnung dient auch dort der Bezeichnung des ganzen Geschäfts, der Gesamtheit der geschäftlichen Beziehungen, nicht nur eines besonderen Teils des Geschäfts, wie die Revision meint. Übrigens würde auch, selbst wenn dies der Fall wäre, an der Eigenschaft als Geschäftsbezeichnung nichts geändert werden. Ebensowenig ist von Bedeutung für das Wesen dieser Bezeichnung, ob sie bestimmt ist, für die Dauer verwendet zu werden oder nicht. Solange sie befugterweise verwendet wird, genießt sie jedenfalls den Schutz des § 16 UWG....

25. Verliert der Käufer, wenn der Verkäufer die Ware unmittelbar an dessen Abnehmer gesandt hat, seine etwaigen Gewährleistungsansprüche, wenn der Abnehmer als Nichtkaufmann die unverzügliche Mängelanzeige unterlassen und infolgedessen der Käufer selbst dem Verkäufer verspätet Nachricht von der mangelhaften Beschaffenheit der Ware gegeben hat?

II. Zivilsenat. Urt. v. 12. April 1921 i. S. J. (Bekl.) w. K. (Kl.). II 505/20.

I. Landgericht II Berlin, Kammer f. Handelssachen. — II. Kammergericht daselbst.

Der Kläger hat dem Beklagten 50 kg Möhrensamen zum Preise von 190 *M* für das Kilo unter Gewährleistung für gute Keimfähigkeit verkauft und am 5. März 1918 auf Ersuchen des Beklagten den Samen unmittelbar an dessen Abkäuferin, die Gemeinde Neukölln, gesandt. Letztere hat dem Beklagten am 14. März den Samen zurückgesandt, weil er eine angeblich unzulässige Beimischung enthielte. Am gleichen Tage stellte der Beklagte den Samen dem Kläger mit der Begründung zur Verfügung, daß die Zusicherung guter Keimfähigkeit nicht eingehalten sei.

Der Kläger erhob Klage auf Zahlung des Kaufpreises einschließlich der Verpackungskosten. Der Beklagte wandte ein, die Mängelanzeige sei verspätet.

Landgericht und Kammergericht haben unter Zurückweisung des Einwands der Klage stattgegeben. Auch die Revision blieb erfolglos.

Aus den Gründen:

Einwandfrei hat das Berufungsgericht festgestellt, daß der Beklagte etwaige Gewährleistungsansprüche wegen mangelhafter Beschaffenheit der gelieferten Waren infolge verspäteter Mängelanzeige verwirkt hat. Das Reichsgericht hat in seiner RGZ. Bd. 96 S. 15 abgedruckten Entscheidung ausgesprochen, daß bei unmittelbarer Übersendung der Ware an den Abnehmer des Käufers dieser zwar erst dann die Mängel anzuzeigen habe, wenn er die entsprechende Anzeige von seinem Abnehmer erhalten habe; doch sei dabei vorauszusetzen, daß der Abnehmer des Käufers selbst den Mangel unverzüglich angezeigt habe. Von diesem Grundsatze darf auch dann nicht abgegangen werden, wenn der Abnehmer des Käufers kein Kaufmann war und daher auch nicht die Verpflichtung hatte, gemäß § 377 HGB. den Mangel unverzüglich anzuzeigen. Für das Verhältnis der Parteien zueinander bleibt die Vorschrift dieser Gesetzesbestimmung maßgebend. Läßt sich der Verkäufer auf eine unmittelbare Übersendung an den Abnehmer seines Käufers ein, so liegt es im Rahmen eines ordnungsmäßigen Geschäftsgangs, wenn der Käufer den Befund seines Abnehmers abwartet. Es kann aber dem Verkäufer nicht zugemutet werden, länger über die Entschließung seines Vertragsgegners im ungewissen zu bleiben, als es die Verständigung zwischen dem Käufer und dem Dritten erfordert. Es muß daher in solchen Fällen Sache des Käufers sein, sich den alsbaldigen Bescheid seines Abkäufers zu sichern. Unterläßt er dies, wie im vorliegenden Falle, so hat er die Gefahr einer dadurch verspäteten Erstattung der Mängelanzeige zu tragen. Die Ware war unstreitig bereits am 5. März 1918 bei der Stadtgemeinde Neukölln eingetroffen, und erst am 14. März hat der Beklagte dem Kläger von der angeblich zu geringen Keimfähigkeit des Samens Mitteilung gemacht. Daß eine derartige Verspätung nicht mit einem ordnungsmäßigen Geschäftsgange vereinbar ist, kann nicht wohl bezweifelt werden. . . .

---

26. 1. Zu den Begriffen „Annahme" (Abnahme) im Sinne des § 438 HGB., § 97 der Eisenbahnverkehrsordnung und „Selbstverlader" im Sinne des § 61 Abs. 4 EVO.

2. Besteht bei Verlust von Frachtgütern während der Eisenbahnbeförderung unter Umständen die Vermutung, daß der Verlust durch ein Verschulden von Bahnangestellten herbeigeführt worden ist?

I. Zivilsenat. Urt. v. 13. April 1921 i. S. J. (Kl.) w. preuß. Eisenbahnfiskus (Bekl.). I 385/20.

I. Landgericht Hamburg. — II. Oberlandesgericht daselbst.

Die Firma W. in Schkeuditz übergab am 22. November 1917 der Eisenbahn einen Kesselwagen Putzölersatz zur Beförderung an die Klägerin. Der Wagen kam am 30. November in Hamburg an. Hiervon wurde die Klägerin durch die Bahn am 1. Dezember benachrichtigt. Sie löste darauf den Frachtbrief Schkeuditz-Hamburg ein, stellte als Absenderin einen neuen Frachtbrief vom 1. Dezember an ihre Abnehmerin, die Firma R. in Wandsbeck, aus und übersandte ihn am selben Tage der Bahn. Da zur Weiterbeförderung noch die Erlaubnis des Kriegsamts in A. einzuholen war, so wurde der Frachtbrief erst nach Eingang der Genehmigung am 3. Dezember 1917 abgestempelt. Am nächstfolgenden Tage ging der Wagen nach Wandsbeck ab, wo er am 8. Dezember eintraf. Hier wurde bahnamtlich festgestellt, daß der Wagen nur noch 2290 kg Putzölersatz enthielt, während sein Inhalt bei Abgang des Wagens von Schkeuditz bahnamtlich auf 15460 kg festgestellt worden war. Dieses Gewicht hatte die Klägerin auch in dem Frachtbriefe Hamburg-Wandsbeck angeführt.

Sie erhob Klage auf Verurteilung des Beklagten zur Zahlung von 17779,50 *M* als Schadensersatz für die während der Beförderung verloren gegangene Menge Putzölersatz. Das Landgericht erkannte nach dem Klagantrage, das Oberlandesgericht wies die Klage ab. Die Revision hatte keinen Erfolg.

Gründe:

Die Beförderung des in Rede stehenden Wagens Putzölersatz wurde vom Beklagten auf Grund zweier Frachtbriefe, nämlich gemäß Frachtbrief der Firma W. vom 22. November 1917 zwischen Schkeuditz und Hamburg und gemäß Frachtbrief der Klägerin vom 1. Dezember 1917 zwischen Hamburg und Wandsbeck, ausgeführt. Den Ersatzanspruch wegen des eingetretenen Verlustes (§ 456 HGB.) hat das Oberlandesgericht, soweit der erste Frachtvertrag in Betracht kommt, im Hinblick auf § 438 HGB., § 97 EVO. abgewiesen, weil die Klägerin nach Ausführung der Beförderung bis zum Bestimmungsort Hamburg den hierfür von der Absenderin in Schkeuditz an sie als Empfängerin adressierten Frachtbrief vom 22. November durch Zahlung der Fracht und sonstigen Kosten eingelöst und durch Ausstellung eines neuen Frachtbriefs vom 1. Dezember an ihre Abnehmerin in Wandsbeck und den damit für die Strecke Hamburg-Wandsbeck geschlossenen neuen Frachtvertrag über das Gut verfügt habe, hierin aber, da Umstände, welche eine andere Beurteilung rechtfertigten, nicht hervorgetreten seien, eine An- oder Abnahme des Gutes in Hamburg zu erblicken sei.

Dieser Entscheidungsgrund ist bedenkenfrei, die dagegen erhobenen Einwendungen der Revision sind nicht erheblich. Allerdings würde die bloße Vereinbarung, das Gut an eine andere Adresse zu befördern, noch nicht als Annahme (Abnahme) bzw. Ablieferung betrachtet werden können. So liegt aber die Sache nicht. Nachdem die Klägerin durch Zahlung der Fracht und Kosten und Einlösung des Frachtbriefs Schkeuditz-Hamburg die Möglichkeit erlangt hatte, über das Frachtgut als Empfängerin frei zu verfügen, hat sie auch tatsächlich darüber durch Ausstellung eines neuen Frachtbriefs und Abschluß eines neuen Frachtvertrags, nunmehr als Absenderin, verfügt. Darin konnte gemäß § 157 BGB. nur die Annahme (Abnahme) von seiten der Klägerin und die Ablieferung von seiten des Beklagten erblickt werden, d. h. die Erledigung der Beförderung Schkeuditz-Hamburg. Ob die Klägerin die Absicht gehabt hat, mit der von ihr vorgenommenen Verfügung die Beförderung Schkeuditz-Hamburg nicht als erledigt anzusehen, ist ohne Bedeutung. Eine solche Absicht ist nach dem vom Oberlandesgericht erörterten Sachverhalte weder ausdrücklich noch durch irgendwelche Umstände hervorgetreten und vor allem nicht, worauf es ankam, dem Beklagten erkennbar gewesen, so daß für eine Annahme, die

Parteien seien über eine Hinausschiebung der Annahme (Abnahme) und Ablieferung bezüglich der ersten Beförderung bis nach Ausführung der weiteren Beförderung Hamburg-Wandsbeck einverstanden gewesen, was allein die Folge des § 458 HGB. (§ 97 EVO.) hätte abwenden können, der Sachverhalt keinerlei Unterlage gibt. Hierbei ist nicht ersichtlich, inwiefern es erheblich sein sollte, ob der Beklagte den zweiten Frachtvertrag selbst auszuführen hatte oder ihn für die Lübeck-Büchener Bahn abschloß. Auch wenn ersteres der Fall war, liegt die Sache für die Klägerin nicht günstiger. Das Oberlandesgericht stellt zudem fest, daß es der Klägerin leicht möglich war, schon am Vormittage des 1. Dezember eine Nachwiegung des Wagens vorzunehmen, und erwägt mit Rücksicht hierauf sowie mit Rücksicht auf die Tatsache, daß die Klägerin selbst am Nachmittage des 1. Dezember den neuen Frachtbrief ausstellte und darin die Gewichtsangabe aufnahm, daß der Beklagte auch tatsächlich die Sachlage so auffassen mußte, daß die Klägerin abgenommen habe bzw. ihr abgeliefert sei. Davon, daß der Klägerin ein Nachwiegen am 1. Dezember nicht hätte zugemutet werden können, wie die Revision meint, kann keine Rede sein. Gegebenenfalls hätte die Klägerin aber auch im Hinblick auf § 438 Abs. 3 HGB., § 97 Abs. 2 Ziff. 4 EVO. binnen 1 Woche nach Annahme bezüglich der ersten Beförderung schriftlich die Untersuchung beantragen können, was nicht geschehen ist. Die am 8. Dezember in Wandsbeck erfolgte bahnamtliche Wiegung ist ohne Antrag erfolgt.

Den Ersatzanspruch wegen des Verlusts (§ 456 HGB.) auf Grund des zweiten Frachtvertrags Hamburg-Wandsbeck hat das Oberlandesgerichts, abgelehnt, weil der von der Klägerin zu führende Nachweis fehle, daß bei Abschluß dieses Vertrags noch die 15460 kg Putzölersatz im Wagen gewesen seien. Die Annahme des Oberlandesgerichts, daß Klägerin den vermißten Nachweis zu führen hatte, ist zutreffend. Das Landgericht hatte diesen Nachweis unter Bezugnahme auf § 61 Abs. 3 EVO. für geführt erachtet, da der abgestempelte neue Frachtbrief das darin angegebene Gewicht bis zum Beweise der Unrichtigkeit seitens des Beklagten gegen diesen beweise. Das Oberlandesgericht hat dies mit Recht unter Bezugnahme auf § 61 Abs. 4 EVO. mißbilligt. Die Klägerin galt, wie das Oberlandesgericht zutreffend annimmt, als Selbstverlader, sowohl gemäß Tarif B als auch namentlich mit Rücksicht darauf, daß sie den Wagen verladen in den zweiten Frachtvertrag hineingegeben hatte. Der Umstand, daß früher bei Abschluß des ersten Frachtvertrags der Beklagte das Gewicht selbst nachgewogen hatte, ist ebenso unerheblich wie die Tatsache, daß die Klägerin tatsächlich nicht selbst verladen hatte (ROHG. Bd. 13 S. 130).

Die Klägerin hatte zur Stütze ihres Anspruchs geltend gemacht, daß, da die Entleerung des Kesselwagens nur umständlich unter Zuhilfenahme von größeren Werkzeugen möglich gewesen sei, bei solcher Art der Beraubung, wo sie auch auf der Strecke Schkeuditz bis Wandsbeck oder den in Betracht kommenden Bahnhöfen vorgenommen sein möge, die Leute des Beklagten entweder selbst mitgewirkt haben müßten oder wenigstens nicht die erforderliche Bewachung in einer auch nur der geringsten Sorgfalt entsprechenden Weise ausgeübt hätten, so daß nach § 438 Abs. 5 HGB., § 97 Abs. 2 Nr. 1 EVO. der Ersatzanspruch aus § 456 HGB. nicht verloren sei. Das Oberlandesgericht hat dieses Vorbringen gewürdigt, erachtet es auch für wahrscheinlich, daß eine Beraubung stattgefunden hat und dabei Leute des Beklagten entweder mitgewirkt oder doch nicht ordentlich bewacht haben können. Es erwägt aber, daß der die Bewachung störende Einfluß der Kriegsverhältnisse in Berücksichtigung zu ziehen sei, daß weiter die Möglichkeit der Fälschung eines Frachtbriefs durch Dritte in Betracht komme. Im Hinblick hierauf sieht sich das Oberlandesgericht nicht in der Lage, zu der Annahme zu gelangen, daß tatsächlich eine Mitwirkung von Leuten des Beklagten bei der Beraubung stattgefunden haben müsse, oder daß diese Leute in grob fahrlässiger Weise ihre Bewachungspflicht vernachlässigt hätten. Das ist rein tatsächlich und läßt einen Rechtsirrtum nicht erkennen. Die Revision meint, daß das Oberlandesgericht hierbei den Rechtsgedanken des sog. **prima facie**-Beweises nicht beachtet habe. Davon kann aber bei der Würdigung des Oberlandesgerichts keine Rede sein. Das Oberlandesgericht macht ja selbst gegen die von ihm hingestellte Wahrscheinlichkeit, daß Leute des Beklagten bei der Beraubung mitgewirkt oder ihre Bewachungspflicht grob fahrlässig verletzt haben könnten, wieder so viele Bedenken rein tatsächlicher Art geltend, daß darnach von einem von der Klägerin **prima facie** geführten Beweis nichts mehr übrig blieb und der Klägerin die volle Beweislast verblieb.

Die Behauptung der Revision, daß die Entscheidung des Oberlandesgerichts im Ergebnis unbillig sei, weil die Klägerin gar nicht anders habe handeln können, als sie getan habe, ist nicht für zutreffend zu erachten. Sie konnte die Nachwiegung in Hamburg selbst vornehmen oder behufs Vornahme durch die Bahn den rechtzeitigen Antrag stellen. Alsdann wäre alles zur Erhaltung ihres Ersatzanspruchs gemäß § 456 HGB. in Ordnung gewesen. Eine solche Sorgfaltspflicht mußte ihr auch im Hinblick auf die scharfe Haftungspflicht des Beklagten billigerweise zugemutet werden.

27. Welche Bedeutung hat die Klausel „Netto Kasse gegen Frachtbriefduplikat" für die Frage des Zeitpunktes, in dem das Eigentum an der verkauften Ware auf den Käufer übergeht?

II. Zivilsenat. Urt. v. 15. April 1921 i. S. B. (Kl.) w. Z. (Bekl.). II 439/20.

I. Landgericht I Berlin, Kammer für Handelssachen. — II. Kammergericht daselbst.

Der ursprünglich mitbeklagte Kaufmann C. in Berlin kaufte im Oktober und November 1916 von dem jetzigen Alleinbeklagten Z. daselbst je einen Wagen Schuhcreme mit der Bestimmung, daß die Versendung mit Militärzug an Sch. & Co. in Konstantinopel erfolgen sollte, und erhielt von Z. je gegen Zahlung des Kaufpreises die mit dem Stempel der Abgangsstation Berlin, Schlesischer Bahnhof, versehenen Frachtbriefduplikate vom 31. Oktober 1916 über den Wagen 9072 Posen, adressiert an „Sch. & Co. in Konstantinopel", und vom 18. November 1916 über den Wagen 13542 Breslau, adressiert an „Sch. & Co. in Konstantinopel, Sofia transit Türkei", ausgehändigt. Er verkaufte die beiden Wagen Schuhcreme an den Kläger weiter und übergab diesem die beiden Frachtbriefduplikate, wogegen er seinerseits den Kaufpreis bezahlt erhielt. Vor Abgang der Wagen änderte jedoch Z. mit Genehmigung der Abgangsstation die Originalfrachtbriefe dahin ab, daß der über Wagen 9072 Posen vom 2. November 1916 datiert und „an die Weiterleitungsstelle Oberleschen zur Weiterbeförderung an das Kriegsministerium Sofia (Spediteur Sch. & Co.)" adressiert wurde, während der über Wagen 13542 Breslau das Datum des 25. November 1916 und die Adresse: „An das Kriegsministerium (Disponent Spediteur Sch. & Co.) Sofia transit durch die Weiterleitungsstelle Oberleschen" erhielt. Infolgedessen wurden die Wagen nach Sofia befördert, wo sie von dem Bulgarischen Kriegsministerium angehalten und erst im Sommer 1917, als die Ware schon durch Eintrocknen gelitten hatte, freigegeben wurden.

Im Juni wurde der Kläger gegen C. und Z. auf Zahlung von 70000 *M* Schadensersatz (Erstattung des von ihm gezahlten Kaufpreises und des ihm entgangenen Gewinns) nebst Zinsen klagbar. Er verglich sich aber dann, unter Vorbehalt seiner Ansprüche gegen Z., mit C. dahin, daß dieser ihm den Kaufpreis mit etwa 44000 *M* und seine Auslagen mit etwa 5000 *M*, im ganzen 49000 *M*, erstattete und er die Klage gegen ihn zurücknahm. Den Rechtsstreit gegen Z. setzte er mit dem Antrage fort, diesen zur Zahlung von 40000 *M* zu verurteilen. Zur Begründung behauptete er: Durch die in der Übergabe der Frachtbriefduplikate von Z. an C. und von diesem an ihn liegende Abtretung des Herausgabeanspruchs gegen die Eisenbahnverwaltung sei das Eigentum an der Schuhcreme gemäß § 931 BGB. zunächst auf C. und dann auf ihn übergegangen. Dieses Eigentum habe der Beklagte Z. dadurch widerrechtlich verletzt, daß er die beiden Wagen eigenmächtig nach Sofia geleitet und die Ware dort anderweit verkauft habe.

Der Beklagte Z. bestritt, daß der Kläger Eigentümer der Ware gewesen sei, und behauptete, daß er die Umleitung lediglich im Interesse der schnelleren Beförderung der Ware vorgenommen habe.

Das Landgericht erkannte auf Abweisung der Klage. Der Kläger legte Berufung ein, hielt jedoch den Klagantrag nur in Höhe von 13200 *M* nebst Zinsen aufrecht. Das Kammergericht wies die Berufung zurück. Auf die Revision des Klägers wurde das Berufungsurteil aufgehoben und die Sache an das Kammergericht zurückverwiesen.

Aus den Gründen:

Die Erwägungen, die das Kammergericht bestimmt haben, den Klagegrund der widerrechtlichen Eigentumsverletzung zu verneinen (vgl. § 823 Abs. 1 BGB.), können rechtlich nicht gebilligt werden. Es ist zwar richtig, daß das Frachtbriefduplikat nicht die gesetzliche Bedeutung eines Lagerscheins, eines Ladescheins oder eines Konnossements hat (vgl. §§ 424, 450, 647 HGB.), vielmehr zunächst nur dazu dienen soll, den Empfänger gegen eigenmächtige Verfügungen des Absenders über das Frachtgut zu sichern (§ 455 Abs. 2 HGB., Art. 8 Abs. 6, 15 Abs. 2 IntFrachtÜb.). Unter Umständen kann jedoch in der Übergabe des Frachtbriefduplikats vom Verkäufer an den Käufer der Ausdruck des beiderseitigen Willens gefunden werden, daß damit der Anspruch des Verkäufers gegen die Eisenbahn auf Herausgabe des Frachtguts und das Eigentum an dem Frachtgut auf den Käufer übergehen sollen (§§ 931, 929 BGB. vgl. Urt. d. RG. vom 20. Mai 1908 I 444/07, Warneyer Bd. 1908 Nr. 584), und ein solcher Wille ist nach der neueren Verkehrsentwickelung namentlich dann für vorliegend zu erachten, wenn, wie hier, der Vertrag mit der Klausel „Netto Kasse gegen Frachtbriefduplikat" oder einer gleichbedeutenden Klausel geschlossen worden ist und demgemäß beiderseits erfüllt wird (Urt. d. RG. vom 1. Oktober 1918 III 150/18, JW. 1919 S. 182 mit Anmerkung von Geiler; vgl. auch Joerges JW. 1921 S. 329). Das Kammergericht hätte also den Willen der Vertragschließenden (Beklagter — C., C. — Kläger), sofort mit Aushändigung der Frachtbriefduplikate und der Vollzahlung des Kaufpreises den Käufer zum Eigentümer des Frachtguts zu machen, nur dann verneinen dürfen, wenn trotz jener Klausel ein gegenteiliger Wille zutage getreten wäre. Dies ist aber nach der Begründung des angefochtenen Urteils nicht anzunehmen. Im übrigen läßt sich auf Grund der bisherigen tatsächlichen Feststellungen noch nicht entscheiden, ob und wann der Kläger das Eigentum an der verkauften

Ware erlangt hat, ob es also sein Eigentum war, das seiner Behauptung nach vom Beklagten widerrechtlich verletzt worden ist.

---

28. Kann derjenige, welcher vor dem Kriege sein Grundstück mit langfristiger Bindung einem anderen zu einem bestimmten Preise zum Kaufe angeboten hatte, nach rechtzeitiger Annahme seines Angebots die Erfüllung wegen der durch den Krieg und die Revolution herbeigeführten Veränderung der Verhältnisse verweigern?

V. Zivilsenat. Urt. v. 16. April 1921 i. S. P. & Co. (Kl.) w. M. u. Gen. (Bekl.). V 484/20.

I. Landgericht Weimar. — II. Oberlandesgericht Jena.

Der Erblasser der Beklagten, Gastwirt M., machte am 4. Januar 1913 der Klägerin ein gerichtlich beurkundetes Kaufangebot hinsichtlich seines Hausgrundstücks in W. Nr. 199a. Der Kaufpreis sollte 18400 ℳ betragen; falls das Grundstück aber zur Zeit des Zustandekommens des Kaufs einen wesentlich höheren Wert erlangt haben sollte, als es damals besaß, sollte nach § 3 des Angebots der Kaufpreis auf 19000 ℳ erhöht werden. Nach § 4 hielt sich M. bis zum 1. Oktober 1922 an das Kaufangebot gebunden. Am 31. März 1920 nahm die Klägerin das Angebot in gerichtlicher Verhandlung an und bewilligte hierbei einen Kaufpreis von 19000 ℳ. Die Annahme des Angebots wurde den Beklagten am 12. April 1920 mitgeteilt. Die Klägerin hat Klage erhoben auf Verurteilung der Beklagten zur Bewilligung der Überschreibung des Grundbesitzes 199a von W. auf sie gegen Zahlung von 19000 ℳ. Das Landgericht gab der Klage statt, das Oberlandesgericht wies sie ab. Auf die Revision der Klägerin wurde das Berufungsurteil aufgehoben und die Berufung der Beklagten gegen das Urteil des Landgerichts zurückgewiesen.

Gründe:

Das Berufungsgericht pflichtet im Gegensatz zum Landgericht der Auffassung der Beklagten bei, daß die Klägerin wider Treu und Glauben handle, wenn sie trotz der durch den Krieg und die Revolution völlig veränderten wirtschaftlichen Grundlagen des Angebots vom 4. Januar 1913 die Beklagten noch an das Angebot ihres Erblassers gebunden halte. Bei dem auf fast 10 Jahre befristeten Kaufangebot liege die Sache ebenso, wie bei den vor dem Kriege geschlossenen Verträgen, deren Erfüllung nach der Rechtsprechung des Reichsgerichts für die Zeit nach dem Kriege nicht mehr verlangt werden könne, wenn in den Verhältnissen, unter denen der Abschluß des Vertrags erfolgt sei, eine von den Parteien nicht vorausgesehene und nicht voraussehbare Veränderung so wesentlicher

Art eingetreten sei, daß die Leistung eine wesentlich andere sein würde als die vertraglich vorgesehene. Auch im vorliegenden Fall hätten die wirtschaftlichen Verhältnisse, welche für den Erblasser M. die Grundlagen des Vertragsangebots vom 4. Januar 1913 gewesen wären, sich in der Zeit bis zur Annahmeerklärung vom 31. März 1920 wesentlich geändert. Auf dem Grundstücksmarkt habe sich eine allgemeine unerhörte Preissteigerung vollzogen; das Grundstück, das der Erblasser M. für 19000 *M* habe hergeben wollen, habe zur Zeit der Annahme des Angebots einen Wert von 52000 *M* gehabt. Wenn hierauf auch die erhöhte Nachfrage nach Grundstücken von Einfluß gewesen sei, so sei doch die Preissteigerung im wesentlichen auf die Entwertung der Reichsmark als Folge der Papierwährung zurückzuführen. Dadurch sei der im Angebot vom 4. Januar 1913 vorgesehene Gegenwert von 19000 *M* ein viel geringerer geworden. Diese Änderung der wirtschaftlichen Verhältnisse sei nicht vorauszusehen gewesen. In § 3 der Offerte sei mit einer normalen Wertsteigerung gerechnet, die auf einige hundert Mark begrenzt worden sei. Daran, daß er 19000 *M* Nennwert bekommen könne, während der Geldwert dieser Summe auf einen geringen Bruchteil des im Jahre 1913 bestehenden Wertes gesunken sei, habe M. nicht gedacht.

Die Revision rügt Verletzung des materiellen Rechtes und des § 286 ZPO. Sie macht zunächst geltend, daß das Berufungsgericht von dem auch in der neueren Rechtsprechung des Reichsgerichts festgehaltenen Grundsatze, Verträge seien zu wahren, lediglich deshalb abgehen wollte, weil der Wert des Grundstücks um etwa 170 % gestiegen sei. Das Grundstück habe 1913 wie heute im Eigentum der Beklagten, bzw. ihres Erblassers, und im Mietbesitz der Klägerin gestanden. Es könne also keine Rede davon sein, daß die Erfüllung des Vertrags die Beklagten zu ruinösen Ankäufen oder Lohnausgaben zwingen würde. Wenn das Angebot schon vor dem Kriege angenommen und die Vertragserfüllung schon damals erfolgt wäre, würden die Beklagten nicht anders dastehen als jetzt; sie würden dann von der allgemeinen Währungsverschlechterung in gleicher Weise betroffen sein.

Der Revision war der Erfolg nicht zu versagen. Das Berufungsgericht glaubt zu Unrecht, sich mit seiner Annahme, es verstoße gegen Treu und Glauben, wenn die Klägerin die Beklagten auch nach dem Kriege und nach der Revolution trotz völlig veränderter wirtschaftlicher Grundlagen noch an das Angebot vom 4. Januar 1913 gebunden erachtete, auf die Rechtsprechung des Reichsgerichts über den Einfluß des Krieges und der Revolution auf langfristige Verträge stützen zu können. Die Entscheidung des Berufungsgerichts enthält eine so wesentliche Erweiterung der Grundsätze dieser Rechtsprechung, daß sie im Interesse der Rechtssicherheit und der Vertragstreue beanstandet werden muß. Das Reichsgericht hat eine Lossagung von Verträgen infolge der durch den Krieg und die deutsche Revolution bewirkten völligen Veränderung der wirtschaftlichen Verhältnisse allerdings insoweit gebilligt, als mit den wirtschaftlichen Verhältnissen auch die einzelne Vertragsleistung derart verändert wurde, daß sie nicht mehr als die beim Vertragsschluß erwartete und gewollte Leistung zu erachten war. Eine Leistungspflicht könne nicht mehr als bestehend anerkannt werden, wenn die Erfüllung des Vertrags unter solchen Umständen stattfinden müßte, daß sie dem, was die Beteiligten vernünftigerweise beabsichtigt haben, nicht mehr entsprechen würde und der Erfüllungszwang mit der durch §§ 157, 242 BGB. gebotenen Rücksicht auf Treu und Glauben und auf die Verkehrssitte unvereinbar wäre (RGZ. Bd. 99 S. 115 und 259). Insbesondere könne die durch den Krieg notwendig gewordene zeitliche Verschiebung der Leistung als ein der Unmöglichkeit gleichzuachtender Umstand die dauernde Befreiung des Schuldners bewirken, wenn die Leistung infolge der Verschiebung nicht mehr als die beim Vertragsschluß gewollte und erwartete Leistung zu erachten sein würde (RGZ. Bd. 94 S. 47, 68). Das Reichsgericht hat aber ausdrücklich davor gewarnt, hieraus zu folgern, daß jede größere Umwälzung auf wirtschaftlichem Gebiet, möge sie auch unvorhergesehen und unvorhersehbar gewesen sein, dem Vertragsteile, dem sie nachteilig sei, das Recht gebe, sich vom Vertrage loszusagen (RGZ. Bd. 99 S. 259). Im Fall einer bloßen Preissteigerung sei ein solches Recht regelmäßig zu versagen, es müßte denn sein, daß mit einer außerordentlichen Steigerung der Preise eine außerordentliche Einwirkung auf die Verhältnisse des betreffenden Vertragteils verbunden sei, wie z. B. in dem Falle, daß die Durchführung eines langfristigen Vertrags infolge der wirtschaftlichen Veränderungen „geradezu ruinös“ für den einen Vertragsteil zu werden drohe (RGZ. Bd. 95 S. 43, Bd. 98 S. 18, Bd. 99 S. 259, Bd. 100 S. 131). Eine allgemeine Regel dahin, daß die Befreiung von der Leistungspflicht nur dann zu gewähren sei, wenn die Vertragserfüllung ganz oder nahezu den geschäftlichen Ruin des Leistungspflichtigen zur Folge haben würde, lasse sich zwar nicht aufstellen, denn es seien auch Fälle denkbar, in denen der Erfüllungszwang zwar nicht diese Wirkung hätte, aber gleichwohl eine so erhebliche wirtschaftliche Schädigung des Erfüllenden mit sich bringen würde, daß ihm nach Treu und Glauben nicht zugemutet werden könne, sie auf sich zu nehmen. Es komme vielmehr immer auf die Lage des einzelnen Falles an (RG. 18. Februar 1921 VII 118/20). Keinesfalls könne die Lösung eines Vertragsverhältnisses schon dann verlangt werden, wenn die Fortsetzung dieses Verhältnisses unter den bisherigen Bedingungen wegen der Änderungen seiner wirtschaftlichen Grundlagen nur eine Unbilligkeit für den anderen Vertragsteil bedeuten würde (RGZ. Bd. 99 S. 260). In diesen und zahlreichen anderen vom Reichsgericht entschiedenen Fällen handelte es sich regelmäßig um noch ausstehende Lieferungen oder Leistungen, die infolge der veränderten wirtschaftlichen Verhältnisse nicht mehr unter den zur Zeit des Vertragsschlusses bestandenen Voraussetzungen und Bedingungen, sondern nur mit unvergleichlich höheren Kosten und Aufwendungen zu beschaffen waren, so daß die zugesicherte Gegenleistung in keinem Verhältnis mehr zu ihnen stand. Die außergewöhnliche Verteuerung der Rohstoffe, die außerordentliche Erhöhung der Löhne, starkes Steigen der Frachten, die Erhöhung der Kohlenpreise und ähnliche Umstände waren es, deren Berücksichtigung in diesen Fällen zu der Annahme führte, daß die Lieferung oder Leistung dem Verpflichteten unter den völlig veränderten Verhältnissen nicht mehr zuzumuten sei.

Der vorliegende Fall ist aber, wie die Revision zutreffend hervorhebt, anders geartet. Der Erblasser der Beklagten hat der Klägerin im Jahre 1913 ein Grundstück für den Kaufpreis von 18400 *M*, höchstens 19000 *M*, angeboten und sich bis zum 1. Oktober 1922 an das Gebot gebunden. Bei der Annahme des Angebots seitens der Klägerin im März 1920 war der Wert des Grundstücks auf 52000 *M* gestiegen. Wenn die Klägerin von den Beklagten nunmehr die Bewilligung der Überschreibung des Grundbesitzes verlangt, so ist die von den Beklagten geforderte Leistung in keiner Weise verändert oder schwerer zu beschaffen. Eine Erschwerung ihrer Leistung auch nur in wirtschaftlicher Hinsicht ist um so weniger anzunehmen, als der Erblasser der Beklagten das Hausgrundstück schon im Jahre 1912 der Klägerin vermietet hatte und die letztere es seitdem ununterbrochen in Mietbesitz hatte. Der Umstand, daß ihnen als Gegenleistung für die Umschreibung nur der vertragsmäßig festgesetzte Kaufpreis von 19000 *M* angeboten wird, kann sie von der übernommenen Vertragspflicht nicht befreien. Die Gegenleistung war im Angebot vorgesehen und hat sich ebenfalls nicht verändert. Nur das Wertverhältnis zwischen Leistung und Gegenleistung hat sich seit dem Jahre 1913 wesentlich verschoben, insofern als der Geldwert erheblich gesunken, der Wert des Grundstücks aber fast auf das Dreifache gestiegen ist. Diese außerordentliche Änderung des Wertverhältnisses berechtigt aber die Beklagten nicht, sich vom Vertrage loszusagen. Die Verfügung über das Grundstück war ihnen nach wie vor möglich; die Verschiebung der Leistung, die hier nicht durch den Krieg oder die Revolution notwendig geworden war, sondern lediglich von dem Vertragswillen der Parteien abhing, kann hier nicht als ein der Unmöglichkeit gleichzuachtender Umstand angesehen werden. Die Annahme des Angebots erst im Jahre 1920 und der Austausch von Leistung und Gegenleistung haben hier nur die Folge, daß die in diesem Maße nicht vorgesehene Preissteigerung der Klägerin zugute kommt, und der Kauf sich für sie zu einem äußerst günstigen Geschäft gestaltet. Dieser

Wirkung hat sich aber der Erblasser der Beklagten bei der Stellung des Angebots ausgesetzt. Sie war ihm, wie § 3 des Vertrags ergibt, auch bewußt; denn der Fall der Wertsteigerung des Grundstücks ist dort besonders vorgesehen und es ist Vorsorge dafür getroffen, daß ihr durch Erhöhung des Kaufpreises Rechnung getragen wird. Nur an eine derartige Wertsteigerung, wie sie der Weltkrieg und seine Folgen mit sich brachten, hat man nicht gedacht. Den Beklagten entgeht nur der höhere Kaufpreis, den sie hätten erzielen können, wenn ihr Erblasser sich nicht im Jahre 1913 seiner Verfügungsfreiheit über das Grundstück bis zum Jahre 1922 begeben hätte. Das Recht, sich von einem Vertrage deshalb loszusagen, weil durch seine Erfüllung der einen Vertragspartei ein höherer Kaufpreis entgeht, den sie sonst hätte erzielen können, ist ihr noch in keiner Reichsgerichtsentscheidung zuerkannt. Eine derartige Befugnis kann ihr auch vom Standpunkt der clausula rebus sic stantibus aus nicht zugebilligt werden, weil alsdann der Gesichtspunkt nicht Platz greift, daß ihr das Aushalten des Vertrags wirtschaftlich nicht zugemutet werden könne. Im übrigen weist die Revision aber auch mit Recht darauf hin, daß die Beklagten oder deren Erblasser genau in die gleiche Lage gekommen wären, wenn die Klägerin das Angebot bereits in einem erheblich früheren Zeitpunkt angenommen hätte. Auch alsdann wäre die Preissteigerung ausschließlich der Klägerin zugute gekommen. Dieser Fall zeigt gerade, wenn er auch nicht eingetreten ist, daß das Angebot des Erblassers wirtschaftlich im Ergebnis zu derselben Schädigung der Beklagten geführt hätte. Die Beklagten konnten aus einer wesentlichen Preissteigerung nach der langfristigen Kaufofferte im Falle der Annahme der Offerte keinen nennenswerten Nutzen mehr ziehen, weil ihr Erblasser freiwillig selbst diesen Vorteil in § 3 auf 600 M begrenzt hatte. Es ist nicht einzusehen, inwiefern die Klägerin wider Treu und Glauben handeln soll, wenn sie in der günstigen Vertragsstellung, die ihr durch das Angebot eingeräumt war, von dem Recht auf den Erwerb des Grundstücks, das ihr jederzeit offen gestanden hatte, noch nach Einsetzen des starken Steigens der Grundstückswerte während der Offertfrist Gebrauch machte und sich dadurch den Vorteil der Wertsteigerung, der ihr von Anfang an bedingt zustand, endgültig sicherte. Auch bei Vertragsverhältnissen von längerer Dauer muß, soweit nicht ganz besondere Umstände im einzelnen Fall eine abweichende Beurteilung erfordern, im Interesse der Rechtssicherheit an dem Grundsatz festgehalten werden, daß die Verträge zu wahren sind....

---

29. 1. Zur Anwendung des „deutsch-polnischen Abkommens vom 20. September 1920, betr. die Überleitung der Rechtspflege, auf bürgerliche Rechtsstreitigkeiten in der Revisionsinstanz.

2. Ist für eine auf § 2113 BGB. gestützte Klage des Nacherben gegen den Erwerber eines Nachlaßgrundstücks auf Feststellung der Verpflichtung, das Grundstück im Falle des Eintritts der Nacherbfolge herauszugeben, der dingliche Gerichtsstand insbesondere dann begründet, wenn das Recht des Nacherben im Grundbuch eingetragen ist?

IV. Zivilsenat. Beschl. v. 18. April 1921 i. S. v. D. u. Gen. (Kl.) w. v. D. (Bekl.). IV 215/19.

I. Landgericht Bromberg. — II. Oberlandesgericht Posen.

Die Kläger gehören zu denjenigen 7 Personen, welche der nach dem 31. Dezember 1899 verstorbene A. v. D. in seinem Testament als Nacherben auf den Überrest eingesetzt hat. Alleinige Vorerbin ist die hinterbliebene Witwe. Diese hat das zum Nachlasse gehörige Rittergut L., nachdem sie als Eigentümerin und das Nacherbenrecht als Verfügungsbeschränkung im Grundbuch eingetragen worden war, durch notariellen Vertrag vom 16./21. Dezember 1911 an den Beklagten „verkauft" und am 30. Dezember 1911 aufgelassen. Der Beklagte ist daraufhin als Eigentümer eingetragen worden. Die Kläger haben geltend gemacht, daß der in dem Vertrage festgesetzte „Kaufpreis" zu dem wahren Werte des Ritterguts in großem Mißverhältnisse stehe und daß die Veräußerung deshalb den Nacherben gegenüber rechtsunwirksam sei. Die Klage richtete sich

a) auf die Feststellung dieser Rechtsunwirksamkeit,

b) auf die Feststellung der Verpflichtung des Beklagten, das Rittergut L. im Falle des Eintritts der Nacherbfolge an die Nacherben herauszugeben, und zwar in dem Zustande, in dem es sich zur Zeit der Übergabe und Auflassung am 30. Dezember 1911 befunden habe, und nur mit denjenigen Hypotheken belastet, welche zur Zeit der Auflassung im Grundbuch eingetragen gewesen seien.

Das preußische Landgericht in Bromberg wies die Klage durch Urteil vom 5. Juni 1912 wegen fehlenden Feststellungsinteresses ab. Die gegen dieses Urteil von zwei Klägern eingelegte Berufung wurde durch Teilurteil des preußischen Oberlandesgerichts in Posen vom 31. März 1919 mit Bezug auf den — als sachlich unbegründet befundenen — Klagantrag b zurückgewiesen. Hiergegen hat einer der Kläger am 12. Mai 1919 Revision eingelegt. Vor Eintritt in die mündliche Verhandlung über die Revision hat der Beklagte beantragt, den Rechtsstreit an das zuständige polnische Gericht abzugeben. Der Revisionskläger hat diesem Antrage widersprochen.

Das Reichsgericht hat die Abgabe des Rechtsstreits an das Oberste Gericht in Warschau beschlossen.

Gründe:

Der Landgerichtsbezirk Bromberg, aus dem der Rechtsstreit mit Beschränkung auf den Klaganspruch b an das Reichsgericht gelangt ist, ist mit dem Inkrafttreten des Friedensvertrags an Polen gefallen. Würde mit dem Anspruche das Eigentum an dem in jenem Bezirke gelegenen Rittergut oder eine darauf haftende dingliche Belastung geltend gemacht, so müßte die Abgabe des Rechtsstreits nach Art. 1 § 2 in Verbindung mit § 6 Abs. 1 des in der Überschrift bezeichneten deutsch-polnischen Abkommens schon von Amts wegen erfolgen. Denn dann würde, falls die Klage zur Zeit des Inkrafttretens des Abkommens erhoben worden wäre, bei einem polnischen Gerichte der ausschließliche dingliche Gerichtsstand des § 24 ZPO. begründet sein. Die aufgestellte Voraussetzung ist indessen nicht gegeben. Allerdings ist die Frage, ob im Sinne des § 24 ZPO. Eigentum geltend gemacht wird, davon unabhängig, ob eine Leistungs- oder eine Feststellungsklage erhoben wird und ob die Klage sich auf einen dinglichen Rechtserwerb unter Lebenden oder einen erbrechtlichen Erwerb von Todes wegen stützt. Die Kläger haben aber gar nicht behauptet, kraft Erbrechts Eigentümer des Ritterguts geworden zu sein, sondern haben selbst einen Tatbestand vorgetragen, aus dem sich das Eigentum des Beklagten an dem Rittergut ergibt. Denn die alleinige Vorerbin war als solche auch die alleinige Eigentümerin des zum Nachlasse gehörigen Ritterguts. Sie übertrug durch die Veräußerung des Gutes, auch wenn deren Unentgeltlichkeit anzunehmen sein sollte, das Eigentum an dem Gute auf den Erwerber. Eine unentgeltliche Veräußerung würde nur in dem — noch dahinstehenden — Falle des Eintritts der Nacherbfolge, trotz der bloßen Einsetzung der Nacherben auf den Überrest, gemäß §§ 2137 Abs. 1, 2136, 2113 Abs. 2 BGB. unwirksam sein. Eine solche bedingte Unwirksamkeit der Veräußerung des Gutes an den Beklagten wollen die Kläger angenommen wissen, indem sie die Feststellung der Verpflichtung des Beklagten verlangen, das Gut im Falle des Eintritts der Nacherbfolge an die Nacherben in dem früheren tatsächlichen und rechtlichen Zustande herauszugeben. Damit ist kein Eigentum, sondern das den Klägern als Nacherben zustehende Anwartschaftsrecht geltend gemacht. Dieses Nacherbenrecht hat bloß erbrechtliche, keine sachenrechtlichen Wirkungen. Auch durch seine gemäß § 52 GBO., §§ 11 Abs. 1 Nr. 2 Pr. Allg. Verfügung vom 20. November 1899 (JMBl. S. 349) erfolgte Eintragung im Grundbuch ist kein Recht am Grundstücke (KGJ. Bd. 42 S. 228, RGZ. Bd. 83 S. 436) und deshalb auch keine dingliche Belastung des Grundstücks im Sinne des § 24 ZPO. entstanden.

Ein anderer ausschließlicher Gerichtsstand als der aus den dargelegten Gründen zu verneinende dingliche Gerichtsstand kommt nicht in Frage. Bei dem Fehlen der Zustimmung des Revisionsklägers zu dem Abgabeantrage des Beklagten, das die Anwendung des Art. 1 § 3 Abs. 2 des Abkommens ausschließt, fragt es sich daher nur, ob der Fall des § 3 Abs. 3 mit § 6 Abs. 1 a. a. O. vorliegt. Der § 3 Abs. 3 setzt in Satz 1 Halbs. 1 für die auf einseitigen Antrag auszusprechende Abgabe eines bürgerlichen Rechtsstreits durch ein deutsches an ein polnisches Gericht gleicher Ordnung voraus, daß bei diesem Gericht ein (nicht ausschließlicher) Gerichtsstand begründet sein würde, wenn die Klage zur Zeit des Inkrafttretens des Abkommens erhoben worden wäre. In einem solchen Fall ist nach Halbs. 2 das. dem Abgabeantrag, auch bei Widerspruch des Gegners, stattzugeben, es sei denn, daß in dem bezeichneten, gemäß Art. 5 Abs. 2 mit dem Ablaufe des 31. Dezember 1920 eingetretenen Zeitpunkt auch das deutsche Gericht zuständig ist. Für den vorliegenden Rechtsstreit kommt neben dem allgemeinen Gerichtsstande des Beklagten (§ 13 ZPO.) nur der Gerichtsstand der Erbschaft (§ 27 ZPO.) in Betracht. Jeder dieser beiden Gerichtsstände würde, wenn die Klage erst im Jahre 1921 erhoben worden wäre, bei dem für L. zuständigen polnischen Gerichte begründet sein. Der Abgabefall des § 3 Abs. 3 ist darum gegeben.

Der Revisionskläger will dies deshalb nicht gelten lassen, weil die in § 6 Abs. 1 für die Revisionsinstanz vorgeschriebene entsprechende Anwendung der vorangehenden, sich unmittelbar nur auf das Verfahren in erster Instanz beziehenden Vorschriften in ihrer Richtung auf den § 3 Abs. 3 Satz 1 Halbs. 2 bedeute: es sei zu prüfen, ob an dem für maßgebend erklärten 1. Januar 1921 das mit der Sache befaßte deutsche Revisionsgericht zuständig sei. Diese Zuständigkeit sei zu bejahen, weil die Revision schon 1919, also vor dem Übergange der Rechtspflege in den abgetretenen Gebietsteilen auf Polen, anhängig geworden sei. — Die Ausführung geht fehl. Wo die §§ 2, 3 a. a. O. von Gerichtsstand und Zuständigkeit sprechen, haben sie die in den §§ 12 flg. ZPO. unter der Titelüberschrift „Gerichtsstand" behandelte örtliche Zuständigkeit im Auge. Die örtliche Zuständigkeit aber ist bloß für die Klage, nicht für Rechtsmittel, durch die Aufstellung verschiedener, teils ausschließlicher teils nicht ausschließlicher Gerichtsstände gesetzlich geregelt. Die örtliche Zuständigkeit eines Gerichts höherer Ordnung ist nur eine abgeleitete. Sie ergibt sich aus der örtlichen Zuständigkeit des untergeordneten Gerichts. Verschiedene Gerichtsstände für die höhere Instanz kennt das Gesetz nicht. Demgemäß kann auch im Sinne des § 6 Abs. 1 a. a. O. nur die oben vorgenommene Prüfung der Zuständigkeit für die Klage liegen.

Der Revisionskläger wendet gegen die hiernach gebotene Abgabe des Rechtsstreits ferner ein, es sei zunächst festzustellen, ob der polnische Staat überhaupt ein Oberstes Gericht habe und insbesondere als Revisionsinstanz für die Rechtsstreitigkeiten aus den früher preußischen Gebietsteilen eingerichtet habe. Auch diese Einwendung ist unbegründet. Für den deutschen Richter ist das gemäß Art. 2 des Gesetzes, betreffend den deutsch-polnischen Vertrag über die vorläufige Regelung von Beamtenfragen, vom 23. Januar 1920 durch den Reichsminister des Auswärtigen unter dem 8. Dezember 1920 bekannt gemachte deutsch-polnische Abkommen vom 20. September 1920 maßgebend. Da die dort aufgestellten Voraussetzungen für die Abgabe vorliegen, hat das Reichsgericht den bei ihm anhängigen Rechtsstreit an das in § 6 Abs. 1 benannte und damit als bestehend bezeugte „Oberste Gericht" des Polnischen Staates abzugeben, ohne Rücksicht darauf, ob in Polen die entsprechenden innerstaatlichen Überleitungsvorschriften getroffen sind.

---

30. Zur Frage der Rechtswirksamkeit von Verträgen über militärische Ausrüstungsgegenstände, die sich bei Abschluß des Waffenstillstandsvertrags vom 11. November 1918 in dem vom Feinde zu besetzenden Gebiete befanden und nicht in dem für die Räumung festgesetzten Zeitpunkte mitgeführt werden konnten.

II. Zivilsenat. Urt. v. 19. April 1921 i. S. A. (Kl.) w. R. u. Gen. (Bekl.). II 262/20.

I. Landgericht Koblenz. — II. Oberlandesgericht Köln.

Namens der Schmiede-Vereinigung des Stadt- und Landkreises Koblenz, einer Gesellschaft bürgerlichen Rechts, der die Schmiedemeister R., B., M. und K. als Mitglieder angehören und deren Vorsitzender und Geschäftsführer der zuerst genannte R. ist, kaufte dieser am 25. November 1918 von dem Reichsmilitärfiskus, vertreten durch das Traindepot des 8. Armeekorps in Koblenz, einen großen Posten Hufeisen, Stollen und Nägel zum Preise von 12000 *M*. Nach Übergabe und Bezahlung wurde der kleinere Teil der gekauften Gegenstände an Mitglieder der Schmiede-Vereinigung abgesetzt. Den größeren Teil verkaufte R. namens der Schmiede-Vereinigung am 3. Januar 1919 zum Preise von 68153,50 *M* an die Klägerin. Übergabe und Bezahlung erfolgten am 4. Januar 1919. Im Februar 1919 erklärte die amerikanische Besatzungsbehörde unter Hinweis auf Art. VI Abs. 3 der Waffenstillstandsvertrags vom 11. November 1918 (in Übersetzung lautend: „Militärische Einrichtungen jeder Art werden in unversehrtem Zustande ausgeliefert, ebenso alle militärischen Vorräte, Lebensmittel, Munition, Ausrüstungsgegenstände, die nicht in dem für die Räumung festgesetzten Zeitpunkte mitgeführt werden konnten") die beiden Käufe für nichtig und die im Besitze der Klägerin befindlichen Gegenstände für amerikanisches Staatseigentum. Sie gab jedoch die Gegenstände frei, nachdem ihr die Klägerin im Juni 1919 den Betrag von 55653,60 *M* als den Unterschied zwischen dem Einkaufs- und dem Verkaufspreise der Schmiede-Vereinigung gezahlt hatte, und stellte der Klägerin eine Quittung aus, wonach sie von dieser für Rechnung der Schmiede-Vereinigung 55653,60 *M* empfangen hatte. Auch trat sie der Klägerin, deren Behauptung zufolge, ihre Ansprüche gegen die Schmiede-Vereinigung ab. Die Klägerin vertrat den Standpunkt, daß ihr die Schmiede-Vereinigung, sei es wegen Entwehrung, sei es aus ungerechtfertigter Bereicherung, sei es aus dem ihr abgetretenen Rechte des amerikanischen Staates, ersatzpflichtig sei, und erhob gegen die obengenannten vier Mitglieder der Schmiede-Vereinigung im Juli 1919 Klage auf Zahlung von 55653,60 *M*.

Das Landgericht wies die Klage ab. Das Oberlandesgericht bestätigte, obgleich die Klägerin ihren Anspruch nunmehr auch auf Geschäftsführung ohne Auftrag gestützt hatte. Auch die Revision der Klägerin blieb erfolglos.

Aus den Gründen:

... Nach der einwandfreien Feststellung des Oberlandesgerichts gehörten die in Rede stehenden Hufeisen, Stollen und Nägel zu den im Traindepot von Ehrenbreitstein lagernden militärischen Ausrüstungsstücken des Deutschen Reichs, die gemäß Art. VI Abs. 3 des Waffenstillstandsvertrags vom 11. November 1918 an die Vereinigten Staaten von Amerika als die besetzende feindliche Macht auszuliefern waren, soweit sie „nicht in dem für die Räumung festgesetzten Zeitraum mitgeführt werden konnten". Selbst wenn nun auch, was dahingestellt bleiben mag, aus Art. VI Abs. 3 zu entnehmen sein sollte, daß das Deutsche Reich zwar befugt gewesen sei, vor Ablauf der Räumungsfrist die erwähnten Ausrüstungsstücke aus dem vom Feinde zu besetzenden Gebiete fortzuschaffen, daß es aber nicht das Recht gehabt habe, sie an Ort und Stelle an Privatpersonen zu veräußern, vielmehr schlechthin die Verpflichtung, sie im Falle der Nichtfortschaffung an die Vereinigten Staaten auszuliefern, so würde doch diese Verpflichtung des Deutschen Reichs und das ihr gegenüberstehende Recht der Vereinigten Staaten einen rein völkerrechtlichen Charakter gehabt haben, der sich auch nicht, jedenfalls nicht mit rückwirkender Kraft, dadurch verändert hätte, daß in Art. 212 des — von den Vereinigten Staaten übrigens noch gar nicht ratifizierten — Friedensvertrags vom

28. Juni 1919 der ganze Art. VI des Waffenstillstandsvertrags aufrecht erhalten und dadurch zum Bestandteil eines ordnungsmäßig zustandegekommenen und verkündeten Reichsgesetzes gemacht worden ist. Der Waffenstillstandsvertrag als solcher ist, wie das Oberlandesgericht zutreffend ausgeführt hat, in Ermangelung der verfassungsmäßigen Zustimmung und Genehmigung der deutschen gesetzgebenden Faktoren und seiner Verkündung durch das Reichsgesetzblatt vom Standpunkte des deutschen bürgerlichen Rechts aus überhaupt nicht Gesetz geworden, auch nicht dadurch, daß das Gesetz vom 6. März 1919 die Reichsregierung ermächtigt hat, während der Tagung der Nationalversammlung diejenigen wirtschaftlichen und finanziellen Maßnahmen mit gesetzlicher Wirkung anzuordnen, welche sich zur Durchführung der mit den Gegnern des Deutschen Reichs vereinbarten Waffenstillstandsbedingungen als notwendig erweisen würden. Demgemäß kann in der Bestimmung des Art. VI Abs. 3 weder ein die Verfügung über die in Rede stehenden Hufeisen, Stollen und Nägel hinderndes Verbotsgesetz im Sinne des § 134 BGB. gefunden werden, noch stellt sich das auf jener Bestimmung beruhende Recht der Vereinigten Staaten, die Auslieferung der Gegenstände zu verlangen, als ein solches dar, dessen Nichtbestehen der Verkäufer dem Käufer nach Maßgabe des § 434 BGB. zu gewährleisten hätte.

Nun hat allerdings die amerikanische Militärbehörde unter dem 14. Januar 1919, also nach Abschluß und Erfüllung der hier in Betracht kommenden Veräußerungsverträge, durch den Bürgermeister von Koblenz unter Hinweis auf die erwähnte Bestimmung des Waffenstillstandsvertrags folgendes bekannt machen lassen:

... „2: Entsprechend diesen Waffenstillstandsbedingungen werden hierdurch alle militärischen ... Ausrüstungsstücke, die bis zum 11. November 1918, dem Tage der Unterzeichnung des Waffenstillstands, der deutschen Armee gehörten und die nicht aus der Zone, welche die amerikanische Besatzungsarmee besetzt hält, während der von der Waffenstillstandskommission festgesetzten Zeit für die Räumung entfernt worden sind, unter den Bedingungen des Waffenstillstands zugunsten der amerikanischen Besatzungsarmee als verfallen erklärt.

3. Bedeutende Mengen von Gut der ... angegebenen Art ... wurden von der deutschen Armee vor der Räumung aufgegeben oder an Einzelpersonen oder städtische Behörden verkauft, nachdem der Waffenstillstand in Kraft getreten war. Alle solche Verkäufe werden hierdurch für null und nichtig erklärt. Den Rechtsanspruch auf all' solches ausgegebene Gut haben die Vereinigten Staaten.

4. ... irgendwelches Gut der ... angegebenen Art, das nach dem 20. Januar 1919 mittags 12 Uhr noch im Besitz irgend einer Person, Gesellschaft oder Behörde ist, wird durch die amerikanische

Armee beschlagnahmt und der Besitzer wie der Eigentümer wird wegen Verletzung dieser Bekanntmachung durch das Militärgericht abgeurteilt".

Allein durch diese Bekanntmachung haben die schon vorher nach deutschem bürgerlichen Rechte wirksam abgeschlossenen und erfüllten Verträge, mittels deren im besetzten Gebiete nicht rechtzeitig fortgeschaffte militärische Ausrüstungsstücke von der deutschen Heeresverwaltung an Privatpersonen und von diesen weiter veräußert worden waren, nicht mehr im Verhältnisse der Vertragschließenden zueinander für nichtig erklärt werden können und auch offenbar nicht erklärt werden sollen. Denn nach Art. 43 des Haager Abkommens betreffend die Gesetze und Gebräuche des Landkriegs, vom 18. Oktober 1907 (RGBl. 1910 S. 107 flg. 147, vgl. Bekanntmachung vom 25. Januar 1910, das. S. 375), waren die Vereinigten Staaten von Amerika, nachdem sie in Koblenz-Ehrenbreitstein die gesetzmäßige Gewalt tatsächlich erlangt hatten, verpflichtet, bei Erlaß der zur Wiederherstellung und Aufrechterhaltung der öffentlichen Ordnung erforderlichen Anordnungen, soweit kein zwingendes Hindernis bestand, die Landesgesetze zu beachten, und der nach diesen Gesetzen bereits vollendete Eigentumwechsel sowie die zugrunde liegenden Verträge beeinträchtigen ihre Ansprüche auf Auslieferung militärischer Ausrüstungsstücke nach Art. 53 Abs. 1, 2 daselbst nur insofern, als es sich um die Frage der Rückgabe und der Regelung der Entschädigungen nach Friedensschluß handelte (Art. 53 Abs. 2 Satz 2). Zur Wahrung ihres berechtigten Interesses war es deshalb völlig ausreichend, wenn die nach deutschem bürgerlichen Rechte wirksam erfolgten Veräußerungen nur ihnen selbst gegenüber für null und nichtig erklärt wurden. In die durch die Veräußerungen entstandenen privatrechtlichen Beziehungen zwischen der deutschen Heeresverwaltung und deren Abnehmern oder zwischen diesen und den weiteren Abnehmern nachträglich einzugreifen, hatten sie keinen Anlaß.

Nach alledem ist der Klaganspruch weder aus dem Gesichtspunkte der Entwehrung, noch aus dem der ungerechtfertigten Bereicherung begründet, und es bedarf deshalb keiner weiteren Erörterung, ob beim Vorliegen einer ungerechtfertigten Bereicherung die Klage auf deren Herausgabe gegen R. allein hätte gerichtet werden können, obgleich er als Vertreter der Schmiede-Vereinigung des Stadt- und Landkreises Koblenz gehandelt hatte.

Aus den Artt. 39, 41 des Haager Abkommens läßt sich zugunsten der Klägerin gleichfalls nichts herleiten. Durch Art. VII Abs. 3 des Waffenstillstandsvertrags sind unmittelbare rechtliche Beziehungen zwischen den Vereinigten Staaten und der Bevölkerung des von ihnen besetzten Gebiets nicht geschaffen worden, und ebensowenig kann davon die Rede sein, daß der Beklagte „aus eigenem Antriebe" den Art. VI Abs. 3 verletzt hätte, oder daß durch eine solche Verletzung für die Vereinigten Staaten ein andrer Schadensersatzanspruch als ein solcher gegen das Deutsche Reich hätte entstehen können. Die Klage ist daher auch insoweit mit Recht abgewiesen worden, als sie darauf gestützt war, daß die Vereinigten Staaten den ihnen gegen N. angeblich zustehenden Anspruch auf Schadensersatz in Höhe des Unterschieds zwischen dem von der Schmiede-Vereinigung an die Heeresverwaltung und dem von der Klägerin an die Schmiede-Vereinigung gezahlten Kaufpreis an die Klägerin abgetreten hätten.

Die Klägerin hat zwar weiter geltend gemacht, daß die Vereinigten Staaten einen solchen Anspruch auf Schadensersatz in Höhe von 55 653,60 *M* gegen N. als Mitglied und Vertreter der Schmiede-Vereinigung, tatsächlich erhoben hätten und daß sie den beanspruchten Betrag für Rechnung der Schmiede-Vereinigung an die Vereinigten Staaten bezahlt habe, so daß ihr N. auch aus auftragloser Geschäftsführung hafte. Das Oberlandesgericht hat jedoch ohne Gesetzesverletzung festgestellt, daß die Klägerin die Zahlung der 55 653,60 *M* ausschließlich in ihrem eigenen Interesse geleistet habe, um nämlich für sich die — daraufhin auch erfolgte — Freigabe der in ihrem Eigentum und in ihrem Besitze befindlichen Hufeisen, Stollen und Nägel von der Beschlagnahme seitens der Vereinigten Staaten zu erwirken. Der Klagegrund der auftraglosen Geschäftsführung versagt sonach ebenfalls.

---

31. Kann der Dienstberechtigte gegenüber dem Anspruche des Dienstverpflichteten auf Rechnungslegung wegen eines ihm aus dem Dienstverhältnis gegen den Dienstverpflichteten zustehenden Schadensersatzanspruchs ein Zurückbehaltungsrecht geltend machen?

III. Zivilsenat. Urt. v. 19. April 1921 i. S. St. & Co. (Bekl.) w. M. (Kl.). III 543/20.

I. Landgericht I Berlin. — II. Kammergericht daselbst.

Der Kläger war von der Beklagten zur Leitung und Überwachung eines ihrer Geschäftszweige gegen festes Gehalt und eine Vergütung von 2 vom Tausend bestimmter Aufträge angestellt worden. Nach dem Scheiden aus dem Dienste der Beklagten verlangte der Kläger mit Rücksicht auf die ihm zugesagte Provision die Rechnungslegung über die betreffenden Aufträge. Die Beklagte machte gegenüber dem Klaganspruch u. a. auch geltend, daß ihr wegen einer aus dem Dienstverhältnis gegen den Kläger erwachsenen Schadensersatzforderung ein Zurückbehaltungsrecht zustehe. Das Landgericht entsprach dem Klagantrage, soweit es sich um die bis zum Ausscheiden des Klägers erledigten Aufträge handelte. Die Berufung der Beklagten hiergegen wurde mit der, dem veränderten Antrage des Klägers entsprechenden Maßgabe zurückgewiesen, daß die Beklagte zur Erteilung eines Buchauszugs verurteilt wurde. Die Revision hatte keinen Erfolg.

Aus den Gründen:

... Dem Berufungsgericht ist darin beizutreten, daß der Beklagten gegenüber dem Anspruch auf Erteilung des Buchauszugs ein Zurückbehaltungsrecht wegen ihres angeblichen Schadensersatzanspruchs nicht zugestanden werden kann. Ist bei einem gegenseitigen Vertrage die Bezifferung und der Nachweis des dem einen Teile zustehenden Anspruchs von der dem anderen Teile obliegenden Verpflichtung zur Rechnungslegung oder Erteilung von Buchauszügen usw. abhängig, so erfordern Treu und Glauben grundsätzlich, vorbehaltlich abweichender Beurteilung bei besonderer Sachlage, die Erfüllung dieser Verpflichtung ohne Rücksicht auf etwaige Gegenansprüche des Verpflichteten. Wie die Verpflichtung des Beauftragten und des Geschäftsführers zur Rechnungslegung als eine Vorleistungspflicht anerkannt ist — JW. 1907 S. 479 Nr. 11, RGUrt. v. 10. Dezember 1918 III 247/17 —, so ist aus dem Sinn und Zweck solcher den materiellen Anspruch vorbereitenden Leistungen die Unzulässigkeit der Zurückbehaltung dieser Leistungen auch gegenüber dem Dienstverpflichteten zu folgern.

---

32. 1. Zu den Begriffen der „nautischen Verrichtungen" eines Kahnschiffers und der „gehörigen Bemannung" eines Kahns.

2. Braucht bei der Kaskoversicherung eines Kahns der Versicherer für Schäden, die durch die Schiffsmannschaft verschuldet sind, nicht zu haften, wenn er sich von der Haftung für die durch Verschulden des Kahneigners verursachten Schäden freigezeichnet hat?

I. Zivilsenat. Urt. v. 20. April 1921 i. S. B. Assek.-Ges. (Bekl.) w. S. (Kl.). I 321/20.

I. Landgericht Hamburg, Kammer f. Handelssachen. — II. Oberlandesgericht daselbst.

Der mit Kies beladene Kahn des Klägers ist am 6. Mai 1917 im Hamburger Hafen, als er bei den St. Pauli Landungsbrücken am elektrischen Krahn zur Löschung festgemacht hatte, bei fallendem Wasser auf einen dort stehenden, unter Wasser befindlichen Spundpfahl geraten und gesunken. Das Kasko war bei der Beklagten versichert. Der Kläger verlangt Erstattung seines Schadens und Feststellung, daß die Beklagte von ihm Ersatz der Bergungskosten nicht zu beanspruchen hat.

Die Vorinstanzen erklärten den Schadensersatz dem Grunde nach für berechtigt und gaben dem Feststellungsanspruch statt. Die Revision der Beklagten hatte keinen Erfolg.

Gründe:

1. Das Berufungsgericht hat die Frage, ob der Kläger durch Hinlegen seines Kahns an die Unfallstelle ein Verschulden begangen hat, das seinen Ansprüchen aus der Versicherung gemäß § 4a der Allgemeinen Bedingungen der Police entgegensteht, zutreffend von dem Gesichtspunkt aus geprüft, ob der Kläger bei der Sorgfalt, welche er in seinem Verhältnis zur Beklagten anzuwenden verpflichtet war, die Gefährdung des Kahns an der Unfallstelle voraussehen konnte. Dabei ist zu beachten, daß dieses Hinlegen des Kahns an jene Stelle nicht etwa zu den administrativen, sondern zu den nautischen Verrichtungen des Klägers im Sinne von § 4a Abs. 2 der Policebedingungen gehörte. Somit ist, da eine bösliche Handlungsweise des Klägers nicht in Frage steht, nur zu untersuchen, ob sein Verhalten als grobe Fahrlässigkeit anzusprechen ist. Die Verneinung dieser Frage seitens des Berufungsgerichts wird durch seine tatsächlichen Feststellungen gerechtfertigt. Zutreffend weist das Berufungsgericht daraufhin, daß der Kläger schon aus dem Umstande, daß an der Stelle sich ein Krahn befand, annehmen durfte, daß die Stelle zum Anlegen von Wasserfahrzeugen bestimmt und geeignet war. Und zwar durfte er diese Annahme auf den unter der Brücke befindlichen Teil des Fahrwassers insofern ausdehnen, als er auch dort mit dem Vorhandensein eines die Schiffahrt gefährdenden Spundpfahls nicht zu rechnen brauchte. Denn es handelt sich dort um einen Teil der offenen Fahrstraße, der gerade unter der Brücke-dicht an der Kaimauer entlang befahren zu werden pflegt. Auch durfte sich der Kläger auf die Mitteilung der Ladungsempfängerin, daß die behördliche Erlaubnis zum Entlöschen seines Kahns an jener Stelle erteilt sei, unter den obwaltenden Umständen verlassen und daraus gleichfalls schließen, daß eine Gefährdung des Kahns durch die Beschaffenheit des Platzes selbst nicht zu befürchten war. . . .

2. Sollte die Vertäuung des Kahns nicht sachgemäß, insbesondere das Tau am Vordersteven zu straff gespannt gewesen sein, und sollte hierfür der Kläger selbst verantwortlich sein, so würde, wie das Berufungsgericht zutreffend ausführt, dies Versehen als ein nautisches Verschulden anzusprechen sein und an sich nicht als grobe Fahrlässig- im Sinne von § 4a Abs. 2 der Policebedingungen erachtet werden können. Denn bei ordnungsmäßiger Handhabung durfte der Kläger erwarten, daß sein an Bord des Kahns zurückgelassener Schiffsmann entsprechend dem Fallen oder Steigen des Wassers die Vertäuungen jeweils lockern oder anziehen würde. Nur wenn der Kläger wußte oder nach der Sachlage damit rechnen mußte, daß während seiner

Abwesenheit auch sein Schiffsmann den Kahn verlassen würde, und wenn er trotzdem keine Vorsorge zur rechtzeitigen Lockerung der Vertäuung getroffen haben sollte, könnte möglicherweise aus der Art der Vertäuung ein grobes Verschulden des Klägers selbst hergeleitet werden. Nach dieser Richtung sind aber keine ausreichenden Angaben in der Berufungsinstanz gemacht worden.

3. Nach § 4c der Policebedingungen haftet die Beklagte nicht für Schäden, die daraus entstanden sind, daß das Schiff nicht gehörig bemannt ist. Das Berufungsgericht faßt diese Vorschrift zu eng auf, wenn es sie nur auf die Bemannung während der Reise und der eigentlichen Navigierung des Schiffs beziehen will, da damit die einer Schiffsmannschaft der fraglichen Art obliegenden nautischen Verrichtungen nicht erschöpft sind. Wenn der Kahn des Klägers, wie nach den Feststellungen des Berufungsgerichts anzunehmen ist, an der betreffenden Liegestelle zu seiner Sicherheit einer ständigen Obhut durch mindestens eine Persönlichkeit bedurfte, die bereit und imstande war, den zu gewärtigenden Gefährdungen des Schiffs durch geeignete nautische Maßnahmen zu begegnen, so gehörte das Vorhandensein einer solchen Persönlichkeit zur gehörigen Bemannung des Kahns. Dem hat der Kläger auch insofern Rechnung getragen, als er zu der maßgeblichen Zeit seinen auf dem Kahn bediensteten erwachsenen Sohn mit der Bewachung des Fahrzeugs an seinem Liegeplatz beauftragte. Nun besagt aber die Vorschrift in § 4c der Versicherungsbedingungen, wonach der Versicherer von der Haftung für die durch nicht gehörige Bemannung des Schiffs entstandenen Schäden befreit ist, nach ihrem Sinn und Zweck nur, daß seitens des versicherten Schiffseigners die erforderliche Mannschaft gestellt und alles sonst Sachdienliche getan werden muß, um eine gehörige Bemannung des Kahns aufrecht zu erhalten. Ist dies, wie solches hier unbestritten der Fall ist, geschehen, so ist im Verhältnis der Parteien der Kahn im Sinne von § 4c der Versicherungsbedingungen gehörig bemannt und wird daran durch eine ohne Wissen oder Willen des Klägers eingetretene vorübergehende Abwesenheit des mit dem Schiffsdienst beauftragten Schiffsmanns nichts geändert.

4. In § 4a der Versicherungsbedingungen heißt es: „Der Versicherer haftet nicht: für Schäden, die von dem Versicherungsnehmer vorsätzlich oder fahrlässig verursacht sind. Der Versicherungsnehmer, welcher sein Schiff selbst führt, behält jedoch seinen Anspruch auf Ersatz des Schadens auch dann, wenn dieser durch sein eigenes nautisches Verschulden verursacht ist (es sei denn, daß ihm eine bösliche Handlungsweise oder grobe Fahrlässigkeit zur Last fällt). . . ."

Die Revision will diese Bestimmung entsprechend auch auf das Verschulden eines Erfüllungsgehilfen des Versicherungsnehmers anwenden. Dem kann aber nicht zugestimmt werden. Die Frage, ob und inwieweit die Vorschriften des Versicherungsrechts über die Befreiung des Versicherers von der Haftung für einen Schaden, der von dem Versicherungsnehmer vorsätzlich oder fahrlässig verursacht wird (vgl. §§ 130, 61, 6 VersVG.), auf den Erfüllungsgehilfen des Versicherungsnehmers auszudehnen sind, ist zweifelhaft und bestritten (Leipz. Z. 1907 Sp. 483; Gerhard-Manes VersVG. § 130 Anm. 3, Anm. 1 Abs. 4, § 61 Anm. 4; Voigt, Seeversicherungsrecht S. 411). Mit Recht aber nimmt das Berufungsgericht an, daß jedenfalls die hier maßgebende Klausel keine Ausdehnung auf solche Fälle verträgt, wo das Verschulden bei den Angestellten des Versicherungsnehmers liegt, da es zum Wesen einer Kaskoversicherung der hier fraglichen Art gehört, daß der Versicherungsnehmer nicht zum wenigsten auch gegen solche Schäden gedeckt ist, die durch Verschulden seiner Schiffsmannschaft verursacht sind. Es ist daher für den gegenwärtigen Streitfall ohne Bedeutung, ob der Schaden ganz oder teilweise vermieden sein würde, wenn der Sohn des Klägers zu der fraglichen Zeit an Bord des Kahns gewesen wäre und seine Dienstobliegenheiten gehörig erfüllt hätte.

33. Bezieht sich § 66, Nr. 1 der Bremer Seeversicherungsbedingungen von 1875, betr. die Überhaftung des Versicherers, auch auf die Beiträge zur großen Haverei?

I. Zivilsenat. Urt. v. 20. April 1921 i. S. H.-B.-Afrika-Linie A.-G. (Kl.) w. F. Allg. Versicherungs-A.-G. (Bekl.). I 357/20.

I. Landgericht Bremen, Kammer f. Handelssachen. — II. Oberlandesgericht daselbst.

Der der Klägerin gehörige, mit Erz beladene Dampfer Irmgard strandete am 30. Oktober 1916 bei Utlängen. Die Abdichtung gelang erst im Januar 1917, nachdem ein Teil der Ladung geworfen oder gelöscht war. Das Schiff wurde zunächst in Karlskrona eingebracht und setzte nach der notwendigen Abdichtung und Vornahme sonstiger vorläufiger Ausbesserungen die Reise nach Hamburg fort. Mit den Bergern war mit Billigung der beteiligten Versicherer, unter deren Mitleitung und Aufsicht die Rettungsarbeiten stattfanden, ein Hilfslohn von 450000 Kr. und für die vorläufige Abdichtung eine Vergütung von 50000 Kr. vereinbart. Die weiteren Wiederherstellungskosten sind auf 1600000 bis 1700000 ℳ angegeben. Das Schiff war laut Policen vom 10. Juli 1916 nach Maßgabe der Bremischen Seeversicherungsbedingungen von 1875 bei mehreren Gesellschaften, darunter der Beklagten, „bloß für Seegefahr“ in Höhe von 1800000 ℳ versichert. An der Versicherungssumme ist die Beklagte mit 20000 ℳ beteiligt; sie hat diesen Betrag der Klägerin gezahlt.

Die Klägerin hat auf Grund von § 66 Nr. 1 der BremSVB. die Feststellung beantragt, daß die Beklagte im Verhältnis zu ihrer Beteiligung verpflichtet sei, der Klägerin ohne Rücksicht auf die Grenze der Versicherungssumme sowohl den Beitrag zur großen Haverei als auch die endgültigen Instandsetzungskosten des Schiffes zu erstatten. Die Beklagte bestreitet die Anwendbarkeit von § 66 Nr. 1, weil es sich bei den Rettungskosten nicht um „Verwendungen zum Besten des versicherten Gegenstandes“ im Sinne jener Bestimmungen handle.

Die erste Instanz gab der Klage im wesentlichen statt. Die zweite Instanz wies die Klage ab. Die Revision der Klägerin hatte keinen Erfolg.

Gründe:

Zutreffend geht das Berufungsgericht davon aus, daß bei Anwendung der Vorschriften des Handelsgesetzbuchs oder der Allgemeinen Seeversicherungsbedingungen von 1867 die Versicherer wegen der streitigen Beiträge zur großen Haverei nicht über den Betrag der Versicherungssumme hinaus haftbar sein würden und daß es, wenn die (später abgefaßten) Bremischen Seeversicherungsbedingungen von 1875 eine davon abweichende Regelung dieser Haftpflicht beabsichtigten, nahegelegen hätte, solches deutlich zum Ausdruck zu bringen. Dies ist aber nicht geschehen. Die maßgebliche Stelle in § 66 dieser Bedingungen lautet: „Die Schadensforderung kann nur dann 100 % (der Versicherungssumme) übersteigen, wenn mit Genehmigung des Versicherers Verwendungen zum Besten des versicherten Gegenstandes vorgenommen sind.“ ... Zu dieser Klausel hat das Reichsgericht bereits früher in einem der gegenwärtigen Streitsache im wesentlichen gleichliegenden Falle (Urt. vom 8. Juli 1891 I 126/91, Hans. Gerichtszeit. 1891 Hauptbl. Nr. 89) Stellung genommen und in Übereinstimmung mit den Vorinstanzen die Überhaftung des Versicherers verneint. Damals hat das Landgericht Bremen unter Billigung der zweiten und dritten Instanz u. a. ausgeführt, die bedingungslose Genehmigung des Bergungs- (richtiger Rettungs-) Aufwandes (§ 740 HGB.) schade den Versicherern nicht, da durch den Beitrag des Schiffes zur großen Haverei die Versicherungssumme nicht erreicht worden, die späteren Instandsetzungskosten aber von den Versicherern nicht genehmigt seien. Damit ist zum Ausdruck gebracht, daß der § 66 Nr. 1 nur in Betracht kommt, wenn die vom Versicherer genehmigten Verwendungen für sich allein die Versicherungssumme übersteigen, nicht aber, wenn, wie hier, diese Überschreitung nur bei Zusammenrechnung der genehmigten Verwendungen und der sonstigen Kosten, Schäden usw. herauskommt.

Es kann dahingestellt bleiben, ob dieser Ansicht beizupflichten ist (vgl. auch § 68 der Bremer Bedingungen von 1854). Denn jedenfalls ist der in jener Sache vom Oberlandesgericht und Reichsgericht weiter hervorgehobene Gesichtspunkt zutreffend, daß ein Betrag zur großen Haverei nicht unter den Begriff der Verwendungen fält, welche nach § 66 der Bremer Bedingungen über den vollen Belauf der Zeichnung der Versicherer hinaus zu zahlen sind.

Allerdings kann unter der Bezeichnung „Verwendungen zum Besten des versicherten Gegenstandes" nach dem gewöhnlichen Sprachgebrauch ebensogut der Wiederherstellungsaufwand wie der Bergungs-(Rettungs-) Aufwand begriffen werden. Es ist aber bereits in der Entscheidung vom 11. Oktober 1919 (RGZ. Bd. 96 S. 316) eingehend dargelegt worden, daß der in Gemäßheit von § 700 HGB. zur Rettung von Schiff und Ladung aus einer gemeinsamen Gefahr vom Schiffer oder auf dessen Geheiß veranstaltete Rettungsaufwand etwas anderes ist als der auf Grund dieser Veranstaltung für das Schiff in Gemäßheit der Dispache berechnete Beitrag zur großen Haverei, welch letzterer hier allein in Frage kommt. Beide Dinge pflegen nicht nur rein rechnerisch erheblich voneinander abzuweichen, sondern haben auch in ihrem Wesen so mannigfache Verschiedenheiten, daß ihre — dem englischen Recht entsprechende — unterschiedliche Behandlung für die Frage der Überhaftung der Versicherer wohlberechtigt ist. Dabei ist neben anderem nicht außer acht zu lassen, daß im Falle der großen Haverei der Versicherte neben der Versicherungssumme den versicherten Gegenstand selbst behält.

Der von dem Landgericht zugunsten einer Überhaftung des Versicherers besonders angeführte Gesichtspunkt, daß „im Normalfalle" der Versicherte die Rettungsaufwendungen für die versicherte Sache nicht im eigenen, sondern im Interesse des Versicherers und somit in nützlicher Geschäftsführung für diesen mache, ergibt keine genügende Unterlage für die darauf aufgebauten Schlußfolgerungen hinsichtlich der Auslegung von § 66 Nr. 1. Was unter diesem „Normalfall" verstanden werden soll, ist nicht näher dargelegt. Daß der oben erwähnte Gedanke einer nützlichen Geschäftsführung des Versicherten für den Versicherer in den Fällen, wo der Wert des versicherten Gegenstandes die Versicherungssumme übersteigt, nur ausnahmsweise in Betracht kommen kann, verkennt offenbar auch das Landgericht nicht. Aber auch bei gleicher oder annähernd gleicher Höhe des Wertes der versicherten Sache und der Versicherungssumme versagt jener Gedanke gerade in dem hier maßgeblichen Falle, daß nämlich die Rettungskosten so hoch sind, daß sie allein oder zusammen mit dem Instandsetzungs- und sonstigen Kosten, Schäden usw. die Versicherungssumme zu übersteigen drohen und wirklich übersteigen. Die weitere Erwägung des Landgerichts, daß der Versicherer, wenn er von dem ihm nach §§ 841, 842 HGB. zustehenden Abandonrechte keinen Gebrauch mache, für die Rettungsaufwendungen des Versicherten, auch soweit sie allein oder zusammen mit den Instandsetzungskosten usw. die Versicherungssumme überstiegen, gemäß den Grundsätzen der nützlichen Geschäftsführung nach § 683 BGB. aufzukommen habe, scheitert schon daran, daß in vielen Fällen die Rettungsaufwendungen und Wiederherstellungsschäden ganz oder im wesentlichen erwachsen sind, bevor der Versicherer in der Lage ist, überhaupt von seinem Abandonrecht Gebrauch zu machen. Dabei ist zu beachten, daß die endgültigen Instandsetzungskosten nicht im Interesse des Versicherers, sondern des Versicherten aufgewendet zu werden pflegen.

Anderseits weist das Berufungsgericht mit Recht darauf hin, daß für die Klärung der hier maßgeblichen Frage in dem von der Klägerin gewünschten Sinn durch die Vorgeschichte der Bremer Bedingungen von 1875, insbesondere durch ein Zurückgreifen auf den § 68 der alten Bedingungen von 1854, nichts gewonnen wird. Wenn es in dem § 68 der alten Bedingungen heißt: „Die Schadensforderung kann in einem einzigen Falle auch 100% übersteigen, wenn das Mehrere aus von dem Versicherer gutgeheißenen oder erwiesenermaßen unvermeidlichen Verwendungen zum Besten des versicherten Gegenstandes herrührt“ . . „ so reicht auch diese Fassung nicht aus, um die nicht zu den eigentlichen Verwendungen gehörigen und besonders gearteten Beiträge zur großen Haverei mit zu treffen. Die Behauptung der Revision, daß vor 1875 unter den Verwendungen des alten § 68 auch die Beiträge zur großen Haverei verstanden seien, wird durch das in der Berufungsinstanz beigebrachte Material nicht unterstützt. Insbesondere läßt sich das Gutachten des Sachverständigen G. hierfür nicht verwerten. Dieser hat ausgeführt: die Sachverständigen der ersten am 11. September 1874 aufgelösten Bremer Kommission hätten den Inhalt der Art. 844, 845 ADHGB. (vgl. §§ 840, 841 HGB., §§ 92, 93 AllgSVB.) als gleichwertig mit dem § 68 der Bremer Bedingungen von 1854 angesehen, die neue Sachverständigenkommission, deren Verhandlungen am 28. November 1874 begonnen hätten, habe den alten § 68 in seiner Fassung etwas, aber für den hier in Frage kommenden Fall unwesentlich verändert; es erscheine ganz undenkbar, daß die Mitglieder der zweiten Kommission, welche zum größten Teil schon Mitglieder der ersten gewesen seien und bei ihren Verhandlungen die Beratungsprotokolle zum Handelsgesetzbuch sowie die Protokolle der ersten Bremer Kommission zur Verfügung gehabt hätten, den Begriff der Verwendungen anders hätten auffassen wollen als das Handelsgesetzbuch ihn auffasse. Wenngleich nun der Sachverständige bei diesen Ausführungen den §§ 840, 841, 834 HGB.

einen anderen Sinn unterlegt als dies nach obigem (vgl. RGZ. Bd. 96 S. 316, Bd. 98 S. 168, 171) für zutreffend zu erachten ist, so ist doch dem Gutachten nicht zu entnehmen noch sonst ersichtlich, daß die von der Revision gewünschte Auslegung des § 68 der Bremer Bedingungen von 1854 zur Zeit der Abfassung der Bremer Bedingungen von 1875 der herrschenden Meinung entsprach. Damit entfallen aber die von der Revision aus dem genannten § 68 gezogenen Schlußfolgerungen.

Schließlich wendet sich die Revision gegen die die Beweislast betreffenden Ausführungen des Berufungsgerichts: Es sei zum mindesten unklar, ob unter „Verwendungen" im Sinne von § 66 Nr. 1 BremSVB. auch die hier in Frage stehenden Beiträge zur großen Haverei gemeint seien; dann fehle es aber an dem von der Klägerin zu führenden Beweise, daß die von ihr beanspruchte Überhaftung der Versicherer vertragsmäßig festgesetzt sei, und es müßten in Ermangelung einer solchen Regelung die einschlägigen Bestimmungen des Handelsgesetzbuchs Platz greifen.

Demgegenüber mag folgendes bemerkt werden: Richtig ist es, daß die Versicherer etwaige Unklarheiten der von ihnen herausgegebenen Versicherungsbedingungen gegen sich gelten lassen müssen, aber doch immer nur insoweit, als die betreffenden Vorschriften für die von dem Versicherten beanspruchte Auslegung genügend Raum bieten. Die Bestimmung in § 66 Nr. 1 bedeutet nun aber eine Ausnahmevorschrift von dem das Seeversicherungsrecht beherrschenden und im § 66 Satz 1 ausdrücklich wiederholten Grundsatz, daß der Versicherer grundsätzlich nur bis zum Betrage der Versicherungssumme haftet. Eine solche Ausnahmevorschrift rechtfertigt keine ausdehnende Auslegung und die Unklarheit des von den Versicherern gewählten Ausdrucks ist nach den vorstehenden Darlegungen nicht derartig, daß die von der Klägerin gewünschte Auslegung Platz greifen könnte. Danach kann es dahingestellt bleiben, ob neben den Vorschriften in § 66 Nr. 1 noch auf die entsprechenden Vorschriften in §§ 840, 841 HGB. zurückgegriffen werden darf.

---

34. 1. Hat die Verwaltungsbehörde, welche die Aufsicht über die Standesbeamten führt, das Recht der Beschwerde gegen die gerichtliche Anweisung des Standesbeamten zur Vornahme einer Eintragung in das Standesregister?

2. Darf die von einem Rabbiner in Deutschland vollzogene Scheidung der Ehe russischer Staatsangehöriger jüdischen Glaubens in das Heiratsregister eingetragen werden?

IV. Zivilsenat. Beschl. v. 21. April 1921 i. S. Standesregister N. IV B 1/21.

I. Amtsgericht Nürnberg. — II. Landgericht daselbst.

Am 28. November 1918 haben der Kaufmann Albert K. und die Kaufmannstochter Mina F., beide israelitischer Religion und russische Staatsangehörige, vor dem Standesamt Nürnberg mit einander die Ehe geschlossen. Die Beurkundung ist im Heiratsregister erfolgt. Am 21. Januar 1920 hat Rechtsanwalt E. in N. namens der Mina K. bei dem bezeichneten Standesamt den Antrag gestellt, am Rande der Heiratsurkunde zu vermerken, daß die Ehe der Eheleute K. geschieden worden sei. Dem Antrage war eine Bescheinigung des früheren Distriktsrabbiners in B. Dr. D. beigefügt, wonach die Ehe des Albert und der Mina K. am 19. Januar 1920 von ihm nach jüdisch-talmudischem Recht geschieden worden sei. Diese Scheidung ist in der Weise vollzogen worden, daß Mina K. in Fürth in Gegenwart mehrerer Personen den Antrag auf Scheidung stellte, daß der Ehemann sich mit der Scheidung einverstanden erklärte, daß dann der Scheidebrief ausgefertigt und der Antragstellerin ausgehändigt wurde. Das Standesamt hat den Antrag abgewiesen, ist aber auf den von Rechtsanwalt E. gestellten Antrag durch Beschluß des Amtsgerichts vom 19. August 1920 zur Eintragung des Randvermerks angewiesen worden. Diesen Beschluß hat das Landgericht auf die von der Regierung von Mittelfranken als zuständiger Aufsichtsbehörde eingelegte Beschwerde aufgehoben. Hiergegen richtet sich die von Frau Mina K. erhobene weitere Beschwerde mit dem Antrag auf Eintragung des Randvermerks über die erfolgte Scheidung der Ehe der Eheleute K. Das Bayerische Oberste Landesgericht in München würde die weitere Beschwerde als sachlich unbegründet zurückweisen, sieht sich daran aber durch die Beschlüsse des Kammergerichts vom 22. April 1910 (KGJ. Bd. 39 A S. 33), 21. Oktober 1910 (RJA. Bd. 11 S. 9 = KGJ. Bd. 40 S. 18), 10. Oktober 1913 (ZblFG. Bd. 14 S. 457) und 4. Oktober 1918 (RJA. Bd. 16 S. 31 = KGJ. Bd. 51 S. 63) über die Beschwerdeberechtigung der Aufsichtsbehörde in standesamtlichen Angelegenheiten gehindert, da die dort vertretene Ansicht zur Aufhebung der landgerichtlichen Entscheidung und zur Zurückweisung der ersten Beschwerde führen müsse. Es hat die weitere Beschwerde deshalb dem Reichsgericht vorgelegt. Das Reichsgericht hat die weitere Beschwerde zurückgewiesen.

Gründe.

(Es wird zunächst ausgeführt, daß die Voraussetzungen des § 28 Abs. 2 FGG. gegeben seien).

In Übereinstimmung mit dem Bayerischen Obersten Landesgericht ist für die Fälle der hier in Rede stehenden Art die Beschwerdeberechtigung der zuständigen Verwaltungsbehörde anzuerkennen. Im Schrifttum sind die Meinungen geteilt. Von den Erläuterern des Personenstandsgesetzes sagt Hinschius-Boschan, 4. Aufl. § 11 Anm. 71 Abs. 3 a. E., der Aufsichtsbehörde sei im öffentlichen Interesse das Beschwerderecht zuzugestehen, wenn sie die gerichtliche Anordnung aus § 11 Abs. 3 PStG. für ungerechtfertigt erachte. So wohl auch Reger-Dames 4. Aufl. § 11 Anm. 8 unter Bezugnahme auf §§ 19, 20 FGG., im übrigen aber ohne Begründung. v. Sicherer, Personenstand und Eheschließung S. 27, verneint die Beschwerdeberechtigung anscheinend unter Hinweis auf Stölzel im Standesbeamten 1876 S. 105, dessen Standpunkt zu der hier behandelten Frage nicht völlig zweifelsfrei erhellt. Von den Kommentaren zum Gesetz über die Angelegenheiten der freiwilligen Gerichtsbarkeit geht auf die Frage näher nur Schlegelberger § 20 Anm. 24 ein. Er billigt die Rechtsprechung des Kammergerichts. Wellstein 2. Aufl. § 69 Anm. 3b S. 198 und 199, § 20 Anm. 2aβ und 2c hält ein Beschwerderecht der Aufsichtsbehörde anscheinend nicht nur im Berichtigungsverfahren, sondern auch im Falle des § 11 Abs. 3 PStG. für gegeben. Die Ansicht des Kammergerichts teilen Lilie bei Gruchot Bd. 58 S. 807 flg., der aber die gesetzliche Zulassung der Beschwerde der Aufsichtsbehörde empfiehlt (S. 811), und Heine ZBlFG. Bd. 18 S. 391, letzterer gegen Josef Verw. Arch. Bd. 23 S. 265, der in Hess. Rspr. 20. Jahrgang (1919) Sp. 143 die neueste kammergerichtliche Rechtsprechung bekämpft.

Das Kammergericht begründet seine Ansicht in KGJ. Bd. 51 S. 65 flg. durch folgende Erwägungen: Die Beschwerdeführung in Fällen der vorliegenden Art regele sich gemäß § 11 Abs. 3 PStG. nach den Vorschriften für Sachen der nichtstreitigen Gerichtsbarkeit, also nach §§ 19 flg. FGG. und, was die Beschwerdeberechtigung betreffe, nach § 20 FGG. Hiernach müsse, um ein Beschwerderecht zu begründen, ein dem Beschwerdeführer zustehendes Recht, insbesondere das Recht seiner standesamtlichen Aufsichtsführung, durch die Anordnung des Amtsgerichts beeinträchtigt sein. Daran fehle es. Das den Gerichten in § 11 Abs. 3 PStG. eingeräumte Anweisungsrecht stelle sich als ein Teil des standesamtlichen Aufsichtsrechts dar und trete in dieser Abgrenzung an die Stelle des sonst den Verwaltungsbehörden zustehenden Aufsichtsrechts. Daraus folge, daß durch eine Anweisung des Gerichts das Aufsichtsrecht der Verwaltungsbehörde nur dann als beeinträchtigt angesehen werden könne, wenn die Anweisung eine Verrichtung, die nicht den Gegenstand einer Amtshandlung im Sinne des § 11 Abs. 3 PStG. bilde, zum Gegenstand habe, also in die Befugnisse der Verwaltungsbehörde übergreife. Soweit dagegen das Gericht sich bei seinen Anweisungen in den Grenzen seiner Befugnisse halte — und dazu sei auch die Anweisung zu einer im Gesetze vorgeschehenen Eintragung zu rechnen —, sei der Verwaltungsbehörde die Befugnis, den Inhalt der Anweisung der Nachprüfung der Beschwerdeinstanzen zu unterbreiten, abzusprechen. Das Aufsichtsrecht der Verwaltungsbehörde bei der Registerführung sei insofern ausreichend gewahrt, als es ihr unbenommen bleibe, die Berichtigung einer nach ihrer Ansicht unrichtigen Eintragung gemäß §§ 65, 66 PStG. mit der Begründung zu betreiben, daß sie auf einer inhaltlich unzutreffenden Anweisung beruhe. Zur Verhütung unrichtiger Eintragungen dagegen, wenn solche auf einer gerichtlichen Anweisung beruhten, solle nach der erkennbaren Absicht des Gesetzes die Verwaltungsbehörde nicht befugt sein. Denn das Gesetz (§ 11 Abs. 3 PStG.) habe den gerichtlichen Anweisungen sofortige Wirksamkeit beigelegt (§ 16 FGG.); diese Wirksamkeit trete aber schon mit der an die Beteiligten bewirkten Bekanntmachung ein, während eine Bekanntmachung an die Verwaltungsbehörde im Gesetze nicht vorgesehen und jedenfalls zur Wirksamkeit der Anweisung nicht erforderlich sei. Der Standesbeamte sei hiernach nicht einmal für befugt zu erachten, die Eintragung, zu der er wirksam angewiesen sei, aufzuschieben, etwa bis seine Aufsichtsbehörde sich wegen Einlegung eines Rechtsmittels schlüssig gemacht oder dieses durchgeführt habe. Sei die Eintragung aber einmal bewirkt, so könne die ihr zugrunde liegende Anweisung überhaupt nicht mehr mit dem Ziele angefochten werden, die einmal vorgenommene Eintragung wieder zu beseitigen.

Diesen Ausführungen ist insofern unbedenklich beizupflichten, als darin für das Beschwerdeverfahren im Falle der Anweisung des Standesbeamten zur Vornahme einer Amtshandlung die Bestimmungen des Gesetzes über die Angelegenheiten der freiwilligen Gerichtsbarkeit und insbesondere für die Beschwerdeberechtigung § 20 dieses Gesetzes als maßgebend erklärt werden. Das folgt unmittelbar aus § 11 Abs. 3 Satz 3 PStG., wonach sich das Verfahren und die Beschwerdeführung nach den Vorschriften regeln, welche in Sachen der nicht streitigen Gerichtsbarkeit gelten. Nach § 20 FGG. steht die Beschwerde jedem zu, dessen Recht durch die Verfügung beeinträchtigt ist. Es ist daher zu prüfen, ob durch die hier getroffene Anweisung des Amtsgerichts ein Recht der Regierung beeinträchtigt ist. Das Kammergericht leugnet für Fälle der vorliegenden Art eine Beeinträchtigung des Rechtes der Verwaltungsbehörde zur standesamtlichen Aufsichtsführung, und auch insoweit bestehen gegen seine Ausführungen keine Bedenken. Das Kammergericht betrachtet die dem Gericht durch § 11 Abs. 3 PStG. gegebene Ermächtigung, den Standesbeamten zur Vornahme einer Amtshandlung anzuweisen, als Teil der in dem Recht zur Aufsichtsführung liegenden Befugnisse. Dafür, daß dies der Standpunkt des Gesetzes ist, spricht die Anordnung des Stoffes, insbesondere der Umstand, daß in § 11 Abs. 1 die Aufsicht über die Amtsführung der

Standesbeamten den Verwaltungsbehörden übertragen wird, daß nach Abs. 2 die Aufsichtsbehörde zur Verhängung von Warnungen, Verweisen und Geldstrafen gegen den Standesbeamten für befugt erklärt wird und sich hieran unmittelbar in Abs. 3 die Bestimmung anschließt, daß der Standesbeamte zur Vornahme einer von ihm abgelehnten Amtshandlung durch das Gericht angewiesen werden könne. Darauf deutet auch die Entstehungsgeschichte des Gesetzes hin. § 10 des Entwurfs, der in allen drei Lesungen unverändert geblieben und als § 11 Gesetz geworden ist, sollte nach der Begründung die Aufsichtsführung über die Standesbeamten im Anschluß an § 7 des preußischen Gesetzes über die Beurkundung des Personenstandes und die Form der Eheschließung vom 9. März 1874 regeln (Drucks. RT. 1874 Nr. 153). Der Entwurf dieses letzteren Gesetzes wollte in § 7 die Aufsicht über die Amtsführung der Standesbeamten dem Staatsanwalt übertragen und enthielt noch keine dem § 11 Abs. 3 PStG. entsprechende Bestimmung (Anlage 84 stenogr. Ber. Abgeordn. Haus 1873/4). Erst die Kommission des Herrenhauses beschloß, an die Stelle des Staatsanwalts die Verwaltungsbehörde zu setzen und den dann Gesetz gewordenen Absatz 3 einzufügen, wonach der Standesbeamte zur Vornahme einer von ihm abgelehnten Amtshandlung durch das Gericht angewiesen werden konnte (Vhdl. des Herrenhauses 1873/4 Anl. Bd. 2 Nr. 74). In dem Kommissionsbericht wird erwähnt, daß die Frage, wem die Aufsichtsführung über die Standesbeamten zu übertragen sei, zu eingehenden Erörterungen Anlaß gegeben habe. Dann heißt es dort: „Von anderer Seite wurde es der Stellung der Standesbeamten für angemessener erachtet, die Aufsicht dem Kreisausschuß und in der höheren Instanz dem betreffenden Verwaltungsgericht, bzw. der Behörde zu überlassen, welcher die Aufsicht über die Kommunalangelegenheiten zustehe. Über die Weigerung des Standesbeamten, eine Amtshandlung vorzunehmen, müsse dann die Entscheidung an die Gerichte gehen" (Drucks. Nr. 54 a. a. O.). Nimmt man hiernach an, daß das Recht zur Führung der Dienstaufsicht zwischen Verwaltungsbehörde und Gerichten derart geteilt ist, daß die letzteren auf die Anweisung zur Vornahme von Amtshandlungen beschränkt sind, so kann von einer Beeinträchtigung des Aufsichtsrechts der Verwaltungsbehörde durch eine gerichtliche Anweisung nur gesprochen werden, wenn das Gericht hierbei über die Grenzen seines Aufsichtsrechts hinausgegangen ist. Das ist hier nicht der Fall. Denn nach § 55 PStG. hat es der Standesbeamte am Rande der über die Eheschließung bewirkten Eintragung zu vermerken, wenn eine Ehe vor dem Tode eines der Ehegatten aufgelöst wird. Sonach stellt diese Eintragung eine Amtshandlung des Standesbeamten dar, und das Amtsgericht hat sich bei der Anweisung zur Vornahme der Eintragung durchaus im Rahmen der ihm zustehenden Befugnisse gehalten, wobei es nicht darauf ankommt, ob es dabei von rechtsirrigen Erwägungen geleitet worden ist. Zu demselben Ergebnis muß man aber auch gelangen, wenn man das den Gerichten in § 11 Abs. 3 PStG. verliehene Recht, den Standesbeamten zur Vornahme einer von ihm abgelehnten Amtshandlung anzuweisen, als ein besonders geartetes, außerhalb der Dienstaufsicht stehendes Recht betrachtet, wofür sich anführen ließe, daß das Gesetz, wo es von der „Aufsichtsbehörde" spricht, immer nur die in § 11 Abs. 1 bezeichneten Verwaltungsbehörden und niemals das Amtsgericht meint (vgl. § 11 Abs. 2, § 14 Abs. 2, 3, §§ 27, 60, 66 Abs. 2). Denn dann würde die Anweisung des Standesbeamten zur Vornahme einer Amtshandlung nicht unter die der Verwaltungsbehörde zustehenden Aufsichtsbefugnisse fallen und daher deren Aufsichtsrecht nicht beeinträchtigt werden, wenn sich das Amtsgericht innerhalb seiner Zuständigkeitsgrenzen hält.

In einem besonderen, dem siebenten, Abschnitt des Personenstandsgesetzes wird die Berichtigung der Standesregister geregelt. Die Berichtigung kann nur auf Grund gerichtlicher Anordnung erfolgen. Die Verwaltungsbehörde, der die allgemeine Dienstaufsicht über die Standesbeamten obliegt, hat das Berichtigungsverfahren auf Antrag oder von Amts wegen zu betreiben, die Beteiligten zu hören, geeignetenfalls eine Aufforderung durch ein öffentliches Blatt zu erlassen und die abgeschlossenen Verhandlungen dem Gericht vorzulegen. Auch hier finden für das Beschwerdeverfahren die für Sachen der nichtstreitigen Gerichtsbarkeit geltenden Vorschriften Anwendung. Soweit die Verwaltungsbehörde im Berichtigungsverfahren tätig wird, handelt sie nicht als Dienstaufsichtsbehörde. Zu einer Berichtigung der Standesregister kann Anlaß sein, auch wo zu einem Einschreiten gegen den Standesbeamten oder seine Dienstführung kein Grund ist, er vielmehr durchaus dem Gesetz und seinen Anweisungen gemäß gehandelt hat. Aus den Bestimmungen über die Berichtigung der Standesregister folgert Josef, Hess. Rspr. 20. Jahrg. (1919) Sp. 144, ein allgemeines Recht der Verwaltungsbehörde auf richtige Führung der Standesregister, umfassend nicht nur die Befugnis, für die Berichtigung einer unrichtigen Eintragung zu sorgen, sondern auch das Recht darauf, daß eine unrichtige Eintragung unterbleibe, und meint, daß in einem Falle wie dem vorliegenden dieses Recht der Verwaltungsbehörde durch die gerichtliche Anweisung an den Standesbeamten beeinträchtigt werde. Dem ist beizupflichten. Den Ausführungen des Kammergerichts dagegen kann nicht zugestimmt werden.

Wenn das Kammergericht sagt, daß das Aufsichtsrecht der Verwaltungsbehörde bei der Registerführung insofern ausreichend gewahrt sei, als es ihr unbenommen bleibe, die Berichtigung einer nach ihrer Ansicht unrichtigen Eintragung nach §§ 65, 66 PStG. zu betreiben, so ist dazu zunächst zu bemerken, daß es sich nach dem Gesagten nicht um das Recht zur Dienstaufsicht handelt, sondern um das Recht, für die Richtigkeit der Eintragungen im Standesregister zu sorgen. Im übrigen weist Josef a. a. O. zutreffend darauf hin, daß sich das öffentliche Interesse nicht auf die Berichtigung unrichtiger Eintragungen beschränkt, sondern daß ein ebenso dringendes Bedürfnis nach Verhütung unrichtiger Eintragungen anzuerkennen ist. Das zeigt besonders deutlich der hier zur Entscheidung stehende Fall. Denn ist die Ehe der Eheleute K. nicht rechtswirksam geschieden, so würde sie doch nach erfolgter Eintragung der Scheidung in das Heiratsregister gemäß § 15 PStG. bis auf weiteres als rechtswirksam geschieden zu gelten haben; daß daraus für die K.schen Eheleute und für Dritte schwere Schäden entstehen können, bedarf im Hinblick auf § 1326 BGB. keiner weiteren Begründung. Das öffentliche Interesse wird unbedenklich besser gewahrt durch Zulassung der Beschwerde der Verwaltungsbehörde als bei dem vom Kammergericht vertretenen Standpunkt.

Das Kammergericht ist freilich weiter der Ansicht, daß die Verwaltungsbehörde nach der erkennbaren Absicht des Gesetzes zur Verhütung unrichtiger Eintragungen, wenn solche auf einer gerichtlichen Anweisung beruhen, nicht befugt sein solle; aber für eine solche Annahme fehlt es an ausreichenden Unterlagen, und das, was das Kammergericht zur Begründung anführt, ist nicht überzeugend. Das Personenstandsgesetz läßt nicht erkennen, daß die Verwaltungsbehörde kein Recht haben soll, unrichtige Eintragungen zu verhüten. Seinen Vorschriften über die Berichtigung der Standesregister liegt vielmehr der allgemeine Gedanke zugrunde, daß die Verwaltungsbehörde, die zur Ausübung der Dienstaufsicht über die Standesbeamten berufen ist, auch das öffentliche Interesse an der Richtigkeit der Eintragungen im Standesregister nach jeder Richtung zu wahren hat. Etwas Gegenteiliges ist auch der Entstehungsgeschichte nicht zu entnehmen. Die betreffenden Vorschriften sind ebenfalls dem preußischen Gesetze vom 9. März 1874 nachgebildet, in dessen § 48 sie enthalten waren. Der an das Herrenhaus gelangte, auf den Beschlüssen des Hauses der Abgeordneten beruhende Gesetzentwurf (§ 47) sah für das Berichtigungsverfahren noch keine Mitwirkung der Verwaltungsbehörde vor (Drucks. Nr. 34 a. a. O.). Die Fassung des Gesetzes beruht auch hier auf den Beschlüssen der Kommission des Herrenhauses (Drucks. a. a. O. Nr. 54 § 47 und Nr. 74 § 48). Aus dem Berichte der Kommission ergibt sich nichts dafür, daß die Verwaltungsbehörde zur Verhütung unrichtiger Eintragungen nicht befugt sein soll. Auch daraus, daß Verwaltungsbehörden und Gerichte zur Ausführung des Gesetzes nebeneinander berufen sind, ohne daß die einen den anderen untergeordnet wären, folgt selbstverständlich nicht, daß man der Verwaltungsbehörde nicht die Befugnis hat geben wollen, gegenüber untergerichtlichen Entscheidungen die höheren Gerichte anzurufen. Das Gegenteil steht in der Rechtsprechung, auch des Reichsgerichts (RGZ. Bd. 60 S. 197), für das Berichtigungsverfahren fest. Das für anwendbar erklärte Verfahren in Angelegenheiten der freiwilligen Gerichtsbarkeit hat freilich zur Folge, daß die Verwaltungsbehörde nicht unter allen Umständen in die Lage kommt, gegen den eine Eintragung in das Standesregister anordnenden Beschluß des Amtsgerichts vor dessen Vollziehung Beschwerde einzulegen. Denn wie das Kammergericht zutreffend bemerkt, ist eine Bekanntmachung an die Verwaltungsbehörde nicht vorgesehen und jedenfalls zur Wirksamkeit der Anweisung nicht erforderlich, sondern die Wirksamkeit der Anweisung tritt nach § 16 FGG. mit der Bekanntmachung an denjenigen ein, für den sie ihrem Inhalte nach bestimmt ist. Ob die Anweisung danach wirksam wird, sobald sie dem Standesbeamten zugeht, wie vor allem Schlegelberger § 69 Anm. 8 annimmt, oder — für Fälle der vorliegenden Art — sobald sie der Partei, deren Personenstand beurkundet ist, bekannt gemacht wird, bedarf keiner Entscheidung. Jedenfalls kann sie nach Eintritt ihrer Wirksamkeit durch Eintragung in das Standesregister vollzogen werden, und dies kann geschehen, bevor die Verwaltungsbehörde davon Kenntnis erhalten und die Möglichkeit zur Einlegung der Beschwerde dagegen gehabt hat. Ist die Eintragung aber einmal erfolgt, so kann sie, wie das Kammergericht mit Recht annimmt, nicht im Wege der Beschwerde beseitigt, sondern nur noch in dem in §§ 65 flg. PStG. vorgesehenen Verfahren berichtigt werden. Dies Ergebnis hätte vermieden werden können, wenn vorgeschrieben worden wäre, daß der die Anweisung zur Vornahme einer Eintragung enthaltende Beschluß des Amtsgerichts der Verwaltungsbehörde mitzuteilen sei, der sofortigen Beschwerde unterliege und erst mit der Rechtskraft wirksam werde. Weshalb diese Regelung nicht getroffen ist, ergibt die Entstehungsgeschichte des Gesetzes nicht. Es ist auch nicht ersichtlich, daß man sich bei seiner Beratung der Tragweite seiner Bestimmungen nach der angegebenen Richtung bewußt gewesen ist. Deshalb läßt sich nicht sagen, daß die Verwaltungsbehörde nach der erkennbaren Absicht des Gesetzes zur Verhütung unrichtiger Eintragungen, wenn sie auf gerichtlicher Anweisung beruhen, nicht befugt sein solle. Ebensowenig ist ersichtlich, daß der Standesbeamte eine angeordnete Eintragung unter allen Umständen sofort vollziehen muß. Sein Verhalten hat sich im Einzelfall nach pflichtgemäßem Ermessen zu richten. Gegen unbegründete Verzögerungen einzuschreiten, ist lediglich Sache der Verwaltungsbehörde, der die allgemeine Aufsicht zusteht. Hat diese aber das Recht und die Pflicht, unrichtige Eintragungen zu verhüten, solange und soweit dies bei dem vom Gesetze vorgeschriebenen Verfahren möglich ist, so kann auch ihre Beschwerdeberechtigung nicht zweifelhaft sein, wenn das Amtsgericht den Standesbeamten zur Vornahme einer Eintragung anweist, durch deren Vollziehung das Standesregister unrichtig werden würde. Denn das Recht, dessen Beeinträchtigung nach § 20 FGG. zur Beschwerde berechtigt, kann auch dem Gebiete des öffentlichen Rechts angehören. Das war die Meinung der Reichstagskommission, in deren Sinn sich auch ein Vertreter des Bundesrats geäußert hat (Drucks. RT. 1897/8 Nr. 109 S. 24), und das Schrifttum steht allgemein auf demselben Standpunkte.

Die Entscheidung über die weitere Beschwerde hängt daher davon ab, ob das Amtsgericht den Standesbeamten mit Recht angewiesen hat, die Scheidung der Ehe der Eheleute K. in das Heiratsregister einzutragen, und das ist in Übereinstimmung mit dem Landgericht und dem Bayerischen Obersten Landesgericht zu verneinen. Als russische Behörde kann der frühere Distriktsrabbiner Dr. D. nicht tätig gewesen sein, als er die Ehe in Fürth schied; denn das wäre mit der Gerichtshoheit des Deutschen Reichs und seiner Länder unvereinbar. Die Frage der Anerkennung des Urteils eines ausländischen Gerichts (§ 328 ZPO.) scheidet damit aus. In Deutschland aber findet eine geistliche oder eine durch die Zugehörigkeit zu einem Glaubensbekenntnis bedingte Gerichtsbarkeit nicht mehr statt. § 76 PStG. bestimmt das ausdrücklich und erklärt die bürgerlichen Gerichte in streitigen Ehesachen für ausschließlich zuständig. Das bezeichnet die Begründung zu § 75 des Regierungsentwurfs als „notwendige Folge der Einführung der bürgerlichen Ehe und eines bürgerlichen Eheschließungsrechts" (Drucks. RT. 1874/5 Nr. 153 S. 37). Ebenso sagt § 15 Abs. 3 GVG., daß die Ausübung einer geistlichen Gerichtsbarkeit in weltlichen Angelegenheiten ohne bürgerliche Wirkung sei, und daß dies insbesondere bei Ehe- und Verlöbnissachen gelte. Diese Bestimmung ist ein Teil der deutschen Gerichtsverfassung und daher von jedem deutschen Gericht und von jeder deutschen Behörde zu beachten. Sie unterscheidet nicht zwischen Inländern und Ausländern und gilt daher auch für Ehestreitigkeiten der letzteren. Die Erklärung, die der Kommissar des Bundesrats v. Amsberg bei der zweiten Lesung im Plenum zu § 4 des Entwurfs (§ 15 PStG.) abgab: „Bei Aufstellung des Entwurfs sind die verbündeten Regierungen davon ausgegangen, Gerichte zu schaffen, deren Jurisdiktion sich nach Maßgabe der Zuständigkeitsnormen über jeden Deutschen erstrecken kann", darf nicht in gegenteiligem Sinne verstanden werden. Sie sollte, wie der Zusammenhang zeigt, die von dem Abgeordneten Windhorst bezweifelte Zuständigkeit des Reichs zum Erlaß einer solchen Vorschrift begründen und zielte auf den örtlichen Geltungsbereich des Gesetzes ab. Ein von dessen Inhalt abweichender, die Anerkennung von Scheidungsurteilen deutscher Geistlicher oder anderer Organe einer Religionsgesellschaft verbürgender Staatsvertrag ist mit Rußland nicht abgeschlossen worden. Art. 17 EGzBGB. hat nicht die ihm vom Amtsgericht beigemessene Bedeutung, behandelt vielmehr die Frage, welche Gesetze die deutschen Gerichte anzuwenden haben, wenn Ausländer bei ihnen die Scheidung der Ehe nachsuchen. Ist hiernach aber die Scheidung der Ehe der Eheleute K., wie sie Dr. D. vollzogen hat, ohne bürgerliche Wirkung, so kann sie auch nicht gemäß § 55 PStG. in das Heiratsregister eingetragen werden.

---

35. 1. Gehen bei dem Verkauf eines Geschäfts die Rechte aus einem für den Verkäufer bestehenden Wettbewerbsverbot auf den Käufer über, auch wenn der Verpflichtete nicht zustimmt?

2. Wie ist die Rechtslage, wenn ein wechselseitiges Wettbewerbsverbot besteht und die Verbindlichkeiten des Geschäfts von der Übernahme ausgeschlossen worden sind?

II. Zivilsenat. Urt. v. 22. April 1921 i. S. D. (Bekl.) w. B. (Kl.). II 492/20.

I. Landgericht Stuttgart, Kammer f. Handelssachen. — II. Oberlandesgericht daselbst.

Die Beklagte betrieb den Groß- und Kleinhandel in Holzwaren. Durch Vertrag vom 23. Mai 1913 zweigte sie das Großhandelsgeschäft ab und verkaufte es an Br. Dabei wurde bedungen: „Die Herren D. verpflichten sich dem Käufer gegenüber, für die Dauer von 10 Jahren weder ein Konkurrenzgeschäft selbst zu betreiben, noch sich unmittelbar oder mittelbar an einem solchen zu beteiligen oder für ein solches Geschäft tätig zu sein. . . . Dagegen verpflichtet sich der Käufer, an Private und Konsumenten in Stuttgart nichts zu liefern, dem Detailgeschäft in keiner Weise Konkurrenz zu machen."

Durch Vertrag vom 26. Januar 1917 verkaufte Br. das Geschäft an den Kläger. In § 1 des Vertrags heißt es: „Die im Betriebe des Geschäfts begründeten Forderungen sind von der Veräußerung ausgeschlossen, wogegen anderseits eine Haftung des Käufers für die im Betriebe des Geschäfts begründeten Verbindlichkeit . . . nicht besteht." § 7 lautet:

„Herr Br. verpflichtet sich dem Käufer gegenüber für die Dauer von 10 Jahren vom 1. April 1917 an gerechnet, weder ein Konkurrenzgeschäft zu betreiben, noch" usw.

Der Kläger war bemüht, den Mitinhaber der verklagten Firma Paul D. zu veranlassen, schriftlich anzuerkennen, daß das Wettbewerbsverbot fortbestehe. Das lehnte D. mit der Erklärung ab, bei seinem Alter sei es ausgeschlossen, daß er wieder ein Engrosgeschäft betreibe; er wolle sich aber nicht wegen jeder Kleinigkeit verklagen lassen.

Da die Beklagte in der Folgezeit das Wettbewerbsverbot unbeachtet ließ, erhob der Kläger Klage auf Feststellung, daß sie an das Wettbewerbsverbot gehalten und zum Schadensersatz verpflichtet sei.

Das Landgericht gab der Klage statt. Das Oberlandesgericht machte die Entscheidung von einem Eide des Klägers darüber abhängig, daß Paul D. im Jahre 1913 dem Käufer Br. gegenüber erklärt habe, er gehe die Verpflichtung zur Unterlassung des Wettbewerbs ihm persönlich gegenüber ein.

Die Revision der Beklagten wurde zurückgewiesen.

Gründe:

Der Vorderrichter führt aus, nach dem Vertrage vom 23. Mai 1913 habe Br. gegen die Beklagte das Recht auf Unterlassung des Wettbewerbs in dem vom Kläger in Anspruch genommenen Umfang erlangt. Dieser Anspruch sei — wenn nichts anderes vereinbart — übertragbar. Die Wendung im Vertrage, die Beklagte verpflichte sich „dem Käufer gegenüber", lasse nicht erkennen, daß die Verpflichtung nur der Person des Käufers gegenüber übernommen werden sollte. Durch den Vertrag vom 26. Januar 1917 sei dieser Anspruch auf den Kläger übertragen worden, da er etwas Gegenteiliges nicht enthalte. Denn im Zweifel stelle ein solches Wettbewerbsverbot ein unter Umständen sehr wertvolles Aktivum des mit dem Rechte der Fortführung der Firma übertragenen Geschäfts dar, und die Bestimmung, daß die im Betriebe des Geschäfts begründeten Forderungen und Schulden auf den Erwerber nicht übergehen, sei auf ein solches Aktivum nicht zu beziehen. Das ergebe auch Br.'s Aussage, aus der hervorgehe, daß er die Übertragung des fraglichen Anspruchs auf den Kläger nicht ausgeschlossen habe.

Diese Ausführungen sind rechtlich nicht zu beanstanden. Es ist klar, daß das zugunsten eines Geschäfts bestehende Wettbewerbsverbot diesem einen inhaltlich ganz bestimmten gewerblichen und wirtschaftlichen Vorteil gewährt, der zwar je nach den Umständen an Wert sehr verschieden sein kann, aber immer ein Aktivum des Geschäfts ausmacht, etwas, das für den Geschäftsinhaber nicht nur durch die dauernde Rückwirkung auf seinen währenden Betrieb, sondern auch bei einer Veräußerung des Geschäfts durch seine Wert und Preis erhöhende Wirkung ein greifbares Wertobjekt darstellt. Dabei mag anderseits für den Verpflichteten das Wettbewerbsverbot nach Inhalt und Umfang zwar genug des Beschwerlichen an sich haben. Inhalt und Umfang der in der zugesagten Unterlassung liegenden Leistung sind aber von der Persönlichkeit des Berechtigten ganz unabhängig. Schon an und für sich besteht daher kein Bedenken gegen die allgemeine Zulässigkeit, mit dem Geschäfte zugleich eine für dasselbe bestehende Wettbewerbsklausel zu übertragen (§§ 413, 399 BGB.). Vollends in einem Falle, wie dem vorliegenden, wo aus einem bestehenden Geschäft ein Teil abgezweigt und als selbständiges Geschäft einem Dritten übertragen wird und dabei der Veräußerer sich dem Erwerber verpflichtet, auf die Dauer von 10 Jahren keine Konkurrenz zu machen, wo also unverkennbar die Klausel dem Zwecke dient, die Abtrennung des veräußerten Geschäftszweigs praktisch durchzuführen und damit eigentlich erst dem Käufer das verkaufte Objekt restlos zu gewähren, kann — vorausgesetzt, daß nicht eine andere Meinung erhellt — die Absicht der Parteien nur dahin verstanden werden, daß die Klausel nicht so sehr der Persönlichkeit des Käufers als vielmehr dem künftigen Inhaber des Geschäfts gelten, daß die auf 10 Jahre festgesetzte Schutzzeit dem Geschäfte, d. h. seinem jeweiligen Inhaber, zugute kommen solle. Mag auch der Käufer im Augenblicke des Erwerbs des Geschäfts eine Weiterveräußerung noch nicht im Auge gehabt haben, mögen auch beide Teile an eine solche Möglichkeit gar nicht gedacht haben, so ist doch nach dem inneren Zusammenhang ihre Absicht auf die Wettbewerbsklausel in jener rein objektiven Bedeutung und Beziehung gerichtet gewesen und muß dahin verstanden werden, daß das Versprechen der Konkurrenzenthaltung auf die Dauer von 10 Jahren gemäß § 328 BGB. zugleich dem etwaigen späteren Geschäftsinhaber hat erteilt werden sollen.

Alles das kann, wie gesagt, nur gelten, wenn die Parteien nicht etwas anderes ausdrücklich oder stillschweigend vereinbart haben. Die Beklagte behauptet das und nach dem angefochtenen Urteile soll darüber der dem Kläger zugeschobene Eid die Entscheidung bringen. . . .

Ein anderes Bedenken könnte daraus erwachsen, daß in dem Vertrage von 1913 nicht nur der Verkäufer dem Käufer, sondern auch der Käufer dem Verkäufer sich zur Enthaltung vom Wettbewerbe verpflichtet hat, während in dem Vertrage von 1917 von diesem letzteren Wettbewerbsverbote zugunsten der Beklagten nichts gesagt, wohl aber die Haftung des Käufers für die im Betriebe des Geschäfts begründeten Verbindlichkeiten ausgeschlossen wird. Es könnte in Frage kommen, ob nicht die von Br. übernommene Verpflichtung, dem Geschäfte der Beklagten keine Konkurrenz zu machen, in den Kreis jener Verbindlichkeit fällt, die auf den Käufer nicht übergehen sollen und nicht übergegangen sind (vgl. RGZ. Bd. 76 S. 10, Bd. 96 S. 171). Zweifellos stehen die beiderseitigen Wettbewerbsverbote in unlöslichem Zusammenhang. Der Kläger kann nicht die Rechte aus der einen Klausel geltend machen wollen und zugleich die Verpflichtung aus der anderen ablehnen, und hätte er in Wirklichkeit diese letztere Verpflichtung nicht rechtswirksam eingegangen, dann würde sich ergeben, daß auch der Gegner seiner Verbindlichkeit enthoben wäre. Aber der Kläger selbst nimmt diesen Standpunkt gar nicht ein. Von der zu seinen Gunsten lautenden Klausel ist bei dem Verkaufe des Geschäfts an ihn die Rede gewesen. Er hat verständlicherweise auf sie Wert gelegt und in die Rechte eintreten wollen. Das ist mit Br. denn auch vereinbart, und zwar um deswillen nicht weniger vereinbart worden, weil dieser erklärt hat, er könne nicht dafür einstehen, daß die Übertragung der Rechte aus der Klausel auch rechtswirksam sei. Der Gedanke, daß dann auch die entsprechende Verpflichtung aus der Gegenklausel übernommen werden müsse, ist für die natürliche Auffassung so naheliegend und selbstverständlich, daß vielmehr die Abtrennung, der Erwerb der Rechte aus der einen Klausel unter Ablehnung der Verpflichtung aus der anderen, wenn das gemeint gewesen wäre, hätte ausdrücklich erklärt werden müssen. In Wahrheit hat dieser Gedanke so fern gelegen, daß weder die Parteien und ihre Anwälte noch in beiden Instanzen der Richter auf das Bedenken, das sich hier ergeben könnte, gestoßen sind. Darin, daß der Kläger seine Verpflichtung, sich ebenfalls des Wettbewerbs zu enthalten, anerkannte und nur bestritt, daß er gegen sie verstoßen habe, trat die zutreffende Auslegung des Vertrags zutage, die der Vorderrichter ohne weiteres seinen Ausführungen zugrunde gelegt hat. Daraus ergibt sich zugleich, daß der Kläger und Br. diesen Punkt nicht im Auge gehabt haben, als sie die im Geschäftsbetriebe begründeten Verbindlichkeiten von der Übernahme ausschlossen.

Die Behauptung der Beklagten, daß auch der Kläger das ihn betreffende Wettbewerbsverbot verletzt habe, kann nicht — wie die Revision will — unter dem Gesichtspunkte der Zurückbehaltung der Leistung nach § 320 BGB. gewürdigt werden. Abgesehen davon, daß es sich hier nicht um Leistung gegen Gegenleistung handelt, wäre es widersinnig, auf die Verbindlichkeit zu einer Unterlassung den Gedanken anzuwenden, als würde durch das Zuwiderhandeln die Verpflichtung zur Unterlassung einbehalten. In Frage konnte nur kommen, ob nach den gegebenen Umständen das Verhalten des Klägers danach angetan war, daß die Beklagte an das ihr auferlegte Wettbewerbsverbot nicht mehr gehalten, die Verpflichtung zur Unterlassung erloschen war. Das hat der Vorderrichter ohne Rechtsirrtum verneint. . . .

36. Geht der gegen den Arbeitgeber erwachsene Schadensersatzanspruch eines Arbeiters, der ohne Betriebsunfall im Betrieb invalide geworden ist und deshalb nicht Unfallrente, sondern Invalidenrente zugebilligt erhalten hat, in Höhe der Invalidenrente auf die Versicherungsanstalt über?

III. Zivilsenat. Urt. v. 22. April 1921 i. S. Zwickauer Fahrzeugfabrik (Bekl.) w. H. (Kl.). III 499/20.

I. Landgericht Zwickau. — II. Oberlandesgericht Dresden.

Der bei der Rechtsvorgängerin der Beklagten als Schlosser angestellte Kläger hat am 7. April 1914 während der Arbeit in der Werkzeugschlosserei einen Schlaganfall erlitten, der erhebliche gesundheitliche Nachteile für ihn zur Folge hatte. Die von ihm gegenüber der Berufsgenossenschaft erhobenen Versicherungsansprüche sind durch Entscheidung des Reichsversicherungsamts vom 17. Februar 1917 zurückgewiesen worden, weil ein versicherungspflichtiger Betriebsunfall nicht vorliege. Dagegen ist dem Kläger durch Bescheid der Landesversicherungsanstalt für Sachsen vom 24. Dezember 1914 eine Invalidenrente, laufend vom 7. April 1914 im Jahresbetrage von 220,80 *M* zuerkannt worden. Jetzt beansprucht der Kläger von der Beklagten den Ersatz seines gesamten durch den Schlaganfall erlittenen Schadens, weil der Schlaganfall durch eine infolge schuldhaft mangelhafter Einrichtung der Arbeitsstätte hervorgerufene Kohlenoxydvergiftung verursacht worden sei. Das Landgericht hat die Verpflichtung der Beklagten zum Ersatz des beanspruchten Schadens anerkannt und dem Kläger eine Jahresrente von 1976 *M* bis zur Vollendung des 65. Lebensjahres, sowie eine solche von 988 *M* von da ab bis zur Vollendung des 70. Lebensjahres zugebilligt. Das Berufungsgericht hat die Verurteilung der Beklagten bestätigt. Ihre Revision, die die Klagabweisung verlangte, hatte teilweise Erfolg aus folgenden

Gründen:

1. Die von der Revision gegen den Grund des klägerischen Schadensersatzanspruchs erhobenen Bedenken sind durchweg ungerechtfertigt. Nach der Feststellung des Berufungsgerichts ist der Schlaganfall, den der Kläger während der Arbeit in der Werkzeugschlosserei erlitten hat, durch eine akute Kohlenoxydvergiftung verursacht worden. Dieser Feststellung stehen zunächst nicht, wie die Revision meint, rechtliche Bedenken aus § 901 RVO. entgegen. Die bindende Kraft des Urteils des Reichsversicherungsamts vom 17. Februar 1917 reicht, wie schon im früheren zu dieser Sache ergangenen Urteile des Senats vom 23. April 1920 dargelegt ist, nur soweit, daß ein versicherungspflichtiger Betriebsunfall nicht vorliegt und deshalb die Haftung des Unternehmers

nicht gemäß § 898 RVO. ausgeschlossen ist. An die tatsächlichen Grundlagen der Entscheidung des Reichsversicherungsamts ist jedoch der ordentliche Richter bei seiner selbständigen Prüfung nicht gebunden; er ist nicht gehindert, tatsächliche Feststellungen zu treffen, die von denen des Reichsversicherungsamts abweichen und die, wenn sie im Versicherungsverfahren getroffen worden wären, möglicherweise zu der Annahme eines versicherungspflichtigen Betriebsunfalls im Sinne des § 544 RVO. geführt hätten.

Die Feststellung des Berufungsgerichts ist auch im übrigen bedenkenfrei und läßt weder einen materiellen Rechtsirrtum, insbesondere hinsichtlich der Grundsätze des ursächlichen Zusammenhanges und der Beweislast, noch einen Prozeßverstoß erkennen. (Wird näher ausgeführt.)

Das Verschulden der Unternehmerin wird vom Berufungsgericht darin erblickt, daß sie der in der Werkstätte bestehenden Vergiftungsgefahr nicht, wie es gemäß § 120a GewO. und § 618 BGB. ihre Pflicht war, durch eine Entlüftungsanlage vorgebeugt hat. Nach dem vom Berufungsgericht zugrunde gelegten Gutachten des Gewerberats K. war die Werkstätte nur 3 Meter hoch und hatte zur Zeit des Unfalls keine Entlüftungsanlage; erst nach demselben ist eine solche in Länge von 3 m und einer Breite von $1\,^3/_4$ m in der Decke angebracht worden. Ohne solche Entlüftungsanlage war die Betriebsstätte gesundheitsgefährlich. Ihr Vorhandensein hätte nach dem Gutachten mit Wahrscheinlichkeit die Vergiftung verhindert, da sie die gefährlichen Gase aus dem Raum entfernt hätte. Daß der Unternehmer eine gewerbepolizeiliche Auflage zur Errichtung der Anlage nicht erhalten hatte, befreite ihn nicht von der Verantwortlichkeit; bei Anwendung der erforderlichen Sorgfalt war die Gesundheitsgefährlichkeit der Werkstätte auch ohne solche Auflage für ihn erkennbar.

2. Gleichfalls bedenkenfrei sind — abgesehen von der zu 3) zu erörternden Frage — die Ausführungen des Berufungsgerichts über den Betrag des Schadensersatzanspruchs. (Wird näher dargelegt.)

3. Die Beklagte hat endlich geltend gemacht, daß dem Kläger der Schadensersatzanspruch in Höhe der ihm durch den Bescheid der Landesversicherungsanstalt zuerkannten Invalidenrente nicht zustehe. Dieser Einwand ist gemäß § 1542 RVO. berechtigt und es ist die gegenteilige Rechtsauffassung des Berufungsgerichts unzutreffend. Denn gemäß dieser Vorschrift geht die nach bürgerlichem Rechte in der Person des Verletzten entstandene Schadensersatzforderung kraft Gesetzes in Höhe der nach der Reichsversicherungsordnung versicherungspflichtigen Beträge auf den Träger der Versicherung über. Schon das vor der Reichsversicherungsordnung geltende Recht hatte diesen Forderungsübergang in besonderen, für die einzelnen Versicherungszweige gegebenen Vorschriften, so in § 57 Abs. 4 KrankVersG., § 54 InvalG., § 40

GewUnfVersG. angeordnet. Insbesondere bestimmt § 54 InvG., daß, soweit den zum Bezug von Invalidenrenten berechtigten Personen ein gesetzlicher Anspruch auf Ersatz des ihnen durch die Invalidität entstandenen Schadens gegen Dritte zustehe, dieser Anspruch auf die Versicherungsanstalt bis zum Betrage der von dieser zu gewährenden Rente übergehe. Der Zweck der Vorschriften war, einerseits eine doppelte Entschädigung des Verletzten zu hindern, andrerseits die Versicherungsträger für die ihnen obliegende Versicherungspflicht möglichst schadlos zu halten.

An dieser Rechtsgrundlage hat auch die Reichsversicherungsordnung festgehalten. Sie hat nur im fünften Buche, das umfassend die Beziehungen der Versicherungsträger untereinander und zu anderen Verpflichteten regelt, die bisher für die einzelnen Versicherungszweige gegebenen besonderen Bestimmungen über den Forderungsübergang der bürgerlich-rechtlichen Ersatzforderung des Verletzten auf die Versicherungsträger in der einheitlichen Vorschrift des § 1542 RVO. zusammengefaßt. Dies ergibt sich klar aus dem ersten Satze des § 1542 Abs. 1, der den durch Krankheit, Unfall, Invalidität oder Tod des Ernährers erwachsenen Schaden behandelt und den Übergang der Forderung des Verletzten auf den jeweiligen Versicherungsträger im Rahmen der nach der Reichsversicherungsordnung zu gewährenden Beträge vorschreibt.

Der zweite Satz des § 1542 Abs. 1 lautet nun: „Dies gilt jedoch bei den gegen Unfall Versicherten . . . nur insoweit, als es sich nicht um einen Anspruch gegen den Unternehmer oder die ihm nach § 899 Gleichgestellten handelt". Durch diesen zweiten Satz ist also bei den gegen Unfall versicherten Personen eine Ausnahme vom ersten Satze dahin getroffen worden, daß der Forderungsübergang auf den Versicherungsträger bei den Ansprüchen des Verletzten gegen den eigenen Unternehmer oder die ihm Gleichgestellten ausgeschlossen sei, und daß er nur bei Ansprüchen gegen andere Personen stattfinde. Damit ist lediglich für das Gebiet der Unfallversicherung eine Ausnahme bestimmt. Auf die Fälle der Kranken- und Invaliditätsversicherung und den Forderungsübergang zugunsten dieser Versicherungsträger bezieht sich der zweite Satz überhaupt nicht. Die gegebene Ausnahmevorschrift hatte ihren Grund darin, daß dem Verletzten gegen den eigenen Unternehmer und die ihm Gleichgestellten regelmäßig ein Ersatzanspruch wegen eines Betriebsunfalls überhaupt nicht zusteht, ein Forderungsübergang also auch insoweit nicht in Betracht kommen kann, ein Anspruch vielmehr nur in dem seltenen Falle vorsätzlicher, durch strafgerichtliches Urteil festgestellter Schädigung gegeben ist (§§ 898, 899, RVO.) und daß für diesen letzteren Fall die Haftung des Unternehmers gegenüber den Versicherungsträgern — auch ohne Forderungsübergang — schon durch die Bestimmung des § 903 festgelegt ist. Daß dem zweiten

Satze des § 1542 eine weitere Bedeutung nicht zukommt, läßt auch die Entstehungsgeschichte (RT. Bd. 274 S. 470, Bd. 279 S. 5022 flg.) klar erkennen. Der Entwurf (§ 1525), in dem der zweite Satz überhaupt nicht enthalten war, ging dahin, daß, soweit die nach der Reichsversicherungsordnung Versicherten gesetzlich von Dritten den Ersatz eines Schadens beanspruchen könnten, der ihnen durch Krankheit, Unfall, Invalidität oder Tod des Ernährers entstanden ist, der Anspruch auf den Versicherungsträger übergehen solle. In der Begründung wird ausgeführt, daß zu solchen Ansprüchen gegen Dritte auf dem Gebiete der Unfallversicherung nicht die Ansprüche gegen den eigenen Unternehmer und die ihm Gleichgestellten gehörten. Im übrigen werde in diesem fünften Buch überhaupt nicht bestimmt, ob und in welchem Umfange der Versicherte gesetzliche Ansprüche auf Schadensersatz habe; derartige Vorschriften seien an anderer Stelle der Reichsversicherungsordnung gegeben. Erst auf Grund der Kommissionsberatungen ist dann der zweite Satz zur Klarstellung der Rechtslage gegenüber dem Unternehmer beigefügt worden.

Der zweite Satz ist also im Gegensatz zu der Auffassung des Berufungsgerichts für den hier vorliegenden Fall nicht anwendbar, daß der Verletzte, weil kein versicherungspflichtiger Betriebsunfall vorliegt, nicht Unfallrente, sondern Invalidenrente zu beanspruchen hat. Vielmehr ist nach dem ersten Satze der an sich dem Kläger erwachsene Schadensersatzanspruch in Höhe der ihm zustehenden Invalidenrente auf die Landesversicherungsanstalt für Sachsen übergegangen und kann daher vom Kläger nicht mehr geltend gemacht werden. Insoweit war also das angefochtene Urteil aufzuheben und der Klaganspruch abzuweisen.

---

37. 1. Welchen Schutz gegen Übersetzung ihrer Werke genossen schwedische Urheber im Deutschen Reiche bis zum 1. Januar 1920? Welche Folgen hat der seit diesem Tage wirksame Beitritt Schwedens zur Revidierten Berner Übereinkunft für den Übersetzungsschutz schwedischer Urheber gehabt?

2. Zum Schutze des Urhebers gegen Herausgabe seines Werkes in veränderter oder verstümmelter Form.

I. Zivilsenat. Urt. v. 23. April 1921 i. S. Str. Erben (Kl.) w. H.-Verlag (Bekl.). I 299/20.

I. Landgericht II Berlin, Kammer f. Handelssachen. — II. Kammergericht daselbst.

Die Kläger, die Erben des im Jahre 1912 verstorbenen schwedischen Dichters August Strindberg, haben mit der Behauptung, daß die Beklagte Strindbergs Werke „Heiraten", „Gotische Zimmer", „Schwarze Fahnen", „Leute auf Hemsö" und „Am offenen Meer" in deutschen Übersetzungen, die von ihr beschafft worden seien, widerrechtlich vertreibe, beantragt, ihr die gewerbsmäßige Vervielfältigung und Vertreibung deutscher Übersetzungen der genannten Werke zu untersagen, sie zum Schadensersatze zu verurteilen und auf Vernichtung der widerrechtlich hergestellten Ausgaben zu erkennen. Die Beklagte hat um Klagabweisung gebeten, weil die Werke Strindbergs im Deutschen Reiche zur Zeit des Erscheinens der von ihr herausgegebenen Übersetzungen Übersetzungsschutz nicht mehr besessen hätten.

Das Landgericht wies die Klage ab. Das Berufungsgericht gab durch Teilurteil hinsichtlich des Werkes „Schwarze Fahnen" der Klage teilweise statt, während es hinsichtlich des Werkes „Leute auf Hemsö" die Berufung zurückwies. Beide Teile legten Revision ein, die Kläger mit, die Beklagte ohne Erfolg.

Gründe:

... In betreff der Novellen „Die Leute auf Hemsö" und „Schwarze Fahnen" hat das Berufungsgericht festgestellt, daß sie lange vor dem Jahre 1910 zuerst in Schweden als Ganzes erschienen sind. Es nimmt deshalb an, daß sie in Ansehung des Übersetzungsschutzes vor dem 1. Januar 1920 gemeinfrei gewesen seien, und zwar sowohl in Schweden gemäß dem früheren schwedischen Urheberrechtsgesetze vom 10. August 1877 (Röthlisberger, Urheberrechtsgesetze, 3. Aufl. S. 262) als auch im Deutschen Reiche gemäß der Berner Übereinkunft zum Schutze von Werken der Literatur und Kunst vom 9. September 1886 (BernÜb.).

Dieser Auffassung wird von der Revision der Kläger widersprochen, jedoch zu Unrecht. Bis zum 1. Januar 1920 wurden die urheberrechtlichen Verhältnisse an literarischen Werken zwischen Schweden und dem Deutschen Reiche allein durch die BernÜb. von 1886 und die Pariser Deklaration vom 4. Mai 1896 geregelt. Diesen beiden Übereinkommen, die vom Deutschen Reiche schon längst ratifiziert waren (RGBl. 1887 S. 493 flg., 1897 S. 759 flg.), ist Schweden erst durch Erklärung vom 8. Juli 1904 mit Wirkung vom 1. August 1904 beigetreten (Röthlisberger, Berner Übereinkunft S. 55), während es sich der Pariser Zusatzakte vom 4. Mai 1896 überhaupt nicht angeschlossen hat. Maßgebend für die Beurteilung des Urheberrechts- und Übersetzungsschutzes an den Strindbergschen Werken sind daher vor allem die Art. 2 und 5 BernÜb. Nach Art. 2 genießen die einem der Verbandsländer angehörenden Urheber oder ihre Rechtsnachfolger in den übrigen Ländern für ihre Werke, und zwar sowohl für die in einem der Verbandsländer veröffentlichten als für die überhaupt nicht veröffentlichten, diejenigen Rechte, welche die betreffenden Gesetze den inländischen Urhebern gegenwärtig einräumen oder in Zukunft einräumen werden. Hier ist also der ausländische Urheber hinsichtlich des Schutzes des Originalwerks (abgesehen von gewissen Einschränkungen, die sich aus Abs. 2 des Art. 2 ergeben) dem inländischen Urheber gleichgestellt. Dagegen trifft der Art. 5 für den Schutz der Urheber gegen Übersetzungen des Werkes in fremde Sprachen abweichende, selbständige Bestimmungen. Er spricht zwar auch den einem Verbandsland angehörenden Urhebern oder ihren Rechtsnachfolgern das ausschließliche Recht in den übrigen Ländern zu, ihre Werke zu übersetzen oder deren Übersetzung zu gestatten; zeitlich beschränkt er das Recht aber auf die Dauer bis zum Ablauf von 10 Jahren, von der Veröffentlichung des Originalwerks in einem der Verbandsländer an gerechnet. Diese Vorschrift enthält, wie sich aus ihrer selbständigen Fassung ergibt und auch bei den Beratungen über die BernÜb. von den Verhandlungsteilnehmern zum Ausdruck gebracht wurde (Röthlisberger S. 185), zwingendes Recht. Zugleich bedeutet sie einen Ansatz zu einer einheitlichen zwischenstaatlichen Regelung des Übersetzungsschutzes, wobei es freilich den einzelnen beteiligten Staaten überlassen blieb, durch besondere Verträge die Rechtslage des Urhebers noch günstiger zu gestalten. Unter das durch Art. 5 bestimmte Mindestmaß hinunterzugehen, war aber jedem Staate, der sich der Übereinkunft anschloß, verwehrt. Ein besonderer Staatsvertrag ist über das Übersetzungsrecht zwischen dem Deutschen Reiche und Schweden nicht abgeschlossen worden. Mithin ist für die rechtliche Stellung eines schwedischen Urhebers hinsichtlich des ihm im Deutschen Reiche zustehenden Übersetzungsschutzes bis zum 1. Januar 1920 allein der Art. 5 BernÜb. maßgebend gewesen. Da dieser die Schutzdauer auf 10 Jahre seit der ersten Veröffentlichung des Originalwerks in einem Verbandslande beschränkte und die Novellen „Die Leute auf Hemsö" und „Schwarze Fahnen" lange vor 1910 in Schweden veröffentlicht waren, so war der Schutz, der Strindberg im Deutschen Reiche gegen deutsche Übersetzungen der genannten beiden Werke zustand, jedenfalls längere Zeit vor dem 1. Januar 1920 erloschen. Wenn die Revision der Kläger im Anschluß an ein Privatgutachten von Osterrieth auszuführen sucht, daß rechtspolitische Erwägungen die Gleichstellung des Übersetzungsschutzes mit dem Urheberrechtsschutze am Originalwerke rechtfertigten und eine solche Gleichstellung von den deutschen Vertretern bei den Berliner Verhandlungen von 1908 als deutschrechtlicher Auffassung entsprechend anerkannt worden sei, so genügen derartige Überlegungen keinenfalls, um einem ausländischen Urheber als zu Recht bestehend einen Schutz zuzubilligen, der weder in der deutschen Gesetzgebung noch in zwischenstaatlichen Abkommen

Ausdruck gefunden hat. Insbesondere vermögen sie an der durch Art. 5 BernÜb. geschaffenen klaren Rechtslage nichts zu ändern.

Mit dem 1. Januar 1920 ist der Übersetzungsschutz der schwedischen Urheber durch den Beitritt Schwedens zur Revidierten Berner Übereinkunft zum Schutze von Werken der Literatur und Kunst vom 13. November 1908 (RGBl. 1910 S. 965 flg., RevBernÜb.) auf eine neue Grundlage gestellt worden. Diese Übereinkunft, vom Deutschen Reiche bereits am 9. Juni 1910 ratifiziert, regelt im Art. 8 den Übersetzungsschutz dahin, daß die einem der Verbandsländer angehörigen Urheber nicht veröffentlichter Werke und die Urheber von Werken, welche zum ersten Male in einem dieser Länder veröffentlicht worden sind, in den übrigen Verbandsländern während der ganzen Dauer ihres Rechts am Originale das ausschließliche Recht besitzen, ihre Werke zu übersetzen oder die Übersetzung zu gestatten. Hier ist also die Gleichstellung des Übersetzungsschutzes des Urhebers mit dessen Schutzrecht am Original ausgesprochen. Über das letztere Schutzrecht verhält sich der Art. 4. Nach ihm genießen die einem der Verbandsländer angehörigen Urheber sowohl für die nicht veröffentlichten als für die in einem Verbandslande zum ersten Male veröffentlichten Werke in allen Verbandsländern mit Ausnahme des Ursprungslandes des Werkes diejenigen Rechte, welche die einschlägigen Gesetze den inländischen Urhebern gegenwärtig einräumen oder in Zukunft einräumen werden, sowie die in dieser Übereinkunft besonders festgesetzten Rechte. Für die Übergangszeit werden die Rechtsverhältnisse durch Art. 18 geordnet. Danach findet die Übereinkunft auf alle Werke Anwendung, die beim Inkrafttreten der Übereinkunft noch nicht in ihrem Ursprungslande zufolge Ablaufs der Schutzfrist Gemeingut geworden sind (Abs. 1). Ist jedoch ein Werk infolge des Ablaufs der ihm vorher zustehenden Schutzfrist in dem Verbandsland, in welchem der Schutz beansprucht wird, bereits Gemeingut geworden, so erlangt es dort auf Grund der Übereinkunft nicht von neuem Schutz (Abs. 2). Die Anwendung dieses Grundsatzes erfolgt nach Sonderabkommen der einzelnen Verbandsländer; in deren Ermangelung regelt jedes Land für sich die Art und Weise der Anwendung (Abs. 3). Zu diesem Zwecke ist im Deutschen Reiche die Verordnung vom 12. Juli 1910 (RGBl. S. 989) erlassen, nach deren Nr. 3 die Befugnis eines Übersetzers zur Vervielfältigung, Verbreitung und Aufführung unberührt bleibt, wenn die Übersetzung erlaubterweise ganz oder zum Teil vor dem Inkrafttreten der Übereinkunft erschienen war. Faßt man diese Bestimmungen, soweit sie für den Streitfall von Bedeutung sind, kurz zusammen, so ergibt sich folgende Rechtslage: Vom 1. Januar 1920 ab genießt der schwedische Urheber für seine erstmalig in Schweden veröffentlichten Werke auch im Deutschen Reiche Übersetzungsschutz für die ganze Dauer seines Urheberrechts am ursprünglichen Werke. Hinsichtlich des urheberrechtlichen Schutzes ist er den deutschen Urhebern gleichgestellt; nur kann er neuen urheberrechtlichen Schutz auf Grund der Übereinkunft nicht für ein Werk beanspruchen, das im Deutschen Reiche infolge Ablaufs der früher dafür maßgeblichen Schutzfrist bereits Gemeingut war. Auch während der Fortdauer des Urheberrechts bleibt vom Übersetzungsschutze des Urhebers ein Recht des Übersetzers zur Vervielfältigung und Verbreitung insoweit unberührt, als die Übersetzungen erlaubterweise bereits vor dem 1. Januar 1920 im Deutschen Reiche erschienen sind. Neue Übersetzungen dürfen dagegen ohne Erlaubnis des Urhebers im Deutschen Reiche nicht vervielfältigt und verbreitet werden, auch wenn der Übersetzungsschutz des Urhebers nach den früher in Kraft gewesenen Vorschriften bereits vor dem 1. Januar 1920 sein Ende erreicht hatte. Insoweit tritt ein Wiederaufleben des Übersetzungsschutzes zugunsten des Urhebers ein.

Demzufolge haben Strindbergs Rechtsnachfolger auf Grund ihres Urheberrechts an den ursprünglichen Werken für die Dauer dieses Rechts im Deutschen Reiche vom 1. Januar 1920 ab vollen Übersetzungsschutz erlangt; nur die weitere Vervielfältigung und Verbreitung der bereits vorher erlaubterweise erschienenen Übersetzungen müssen sie sich gefallen lassen. Inwieweit diese Voraussetzung auf die von der Beklagten herausgegebenen Übersetzungen der in Rede stehenden beiden Novellen zutrifft, ist vom Vorderrichter nicht festgestellt worden.

Das Berufungsgericht ist zu einer anderen Beurteilung der Rechtslage gelangt, indem es einerseits aus der Entstehungsgeschichte der RevBernÜb. herzuleiten sucht, daß Art. 18 das Wiederaufleben eines vor dem Inkrafttreten der Übereinkunft erloschenen Übersetzungsschutzes ausschließe, und indem es anderseits das Anwendungsgebiet der Nr. 3 der VO. vom 12. Juli 1910 auf den Fall beschränken will, daß der Übersetzungsschutz des Urhebers auf Grund der Gesetze des Ursprungslandes oder der RevBernÜb. für die vorher erschienenen Werke noch fortdauere. Die Ausführungen des Berufungsurteils sind jedoch in keiner Weise überzeugend. Besonderes Gewicht wird darin auf den Umstand gelegt, daß die Pariser Zusatzakte laut Nr. 4 Abs. 4 des Schlußprotokolls für die Übergangszeit die Frage des Übersetzungsschutzes so geregelt hat, daß der erweiterte Schutz nur dann Platz greifen sollte, wenn das Übersetzungsrecht als solches noch nicht Gemeingut geworden war. Hierfür verweist das Berufungsgericht noch besonders auf die Ausführungen des Berichterstatters Rénault in den **Actes de la Conférence de Paris de 1896** S. 174 und auf die deutsche Denkschrift zur Pariser Zusatzakte (RT. 1895/97 Anl. Bd. 6 [Bd. 156] Nr. 640 S. 3311). Allein auf diese älteren Vorgänge kann es hier überhaupt nicht ankommen, da die RevBernÜb. die

Frage des Übersetzungsschutzes neu und grundsätzlich abweichend von der Pariser Zusatzakte geregelt hat. In seinem Bericht zur RevBernÜb. hat aber derselbe Berichterstatter Rénault, wie der Vorderrichter selbst nicht verkennt, nur diejenigen Übersetzungen für frei vom Schutzrechte des Urhebers und der Bestimmung des Art. 8 nicht unterworfen erklärt, die erlaubterweise in dem Lande, darin der Schutz beansprucht werde, veröffentlicht worden seien, wogegen in allen anderen Fällen der Urheber den Vorteil der neuen Ordnung genießen solle (**Actes de la Conférence réunie à Berlin** S. 268). Weshalb Rénault sich hier, wie das Berufungsgericht annimmt, geirrt und mit seinen früheren oder späteren Ausführungen in Widerspruch gesetzt haben soll, ist nicht ersichtlich. Auch die vom Vorderrichter angezogene deutsche Denkschrift zur RevBernÜb. (RT. Bd. 254 Nr. 1324) S. 38 besagt nichts Gegenteiliges. Die Frage des Übersetzungsschutzes ist an dieser Stelle überhaupt nicht behandelt. Wenn dort hinsichtlich des durch Ablauf der Schutzfrist erloschenen Urheberrechts gesagt wird, daß dessen Wiederaufleben durch den Abs. 2 des Art. 18 ausgeschlossen werde, weil ein solches Wiederaufleben des Schutzes nach abgelaufener Frist mit den Anforderungen des geschäftlichen Verkehrs unvereinbar sei, so folgt daraus noch keineswegs, wie der Vorderrichter annimmt, daß auch das Wiederaufleben des Übersetzungsschutzes durch die Anforderungen des geschäftlichen Verkehrs ausgeschlossen werde und deshalb der Abs. 2 des Art. 18 auf den Übersetzungsschutz entsprechend anzuwenden sei. Den Anforderungen des Verkehrs ist hinsichtlich des Übersetzungsschutzes durch die Verordnung vom 12. Juli 1910 Genüge geschehen, indem dort unter Nr. 3 den erlaubterweise erschienenen Übersetzungen die weitere Vervielfältigung und Verbreitung gesichert worden ist. Das Anwendungsgebiet dieser Vorschrift, wie der Vorderrichter es tut, auf die Übersetzung solcher Werke zu beschränken, für die der Übersetzungsschutz nach den Gesetzen des Ursprungslandes oder nach der RevBernÜb. fortdauert, besteht kein Anlaß. Hierfür bietet weder der Inhalt der RevBernÜb. noch der Wortlaut der Verordnung irgendeinen Anhalt. Mithin erscheint die Ansicht des Berufungsgerichts, daß die Novellen „Leute auf Hemsö" und „Schwarze Fahnen" schon deshalb, weil sie im Deutschen Reiche bereits vor dem 1. Januar 1920 übersetzungsfrei geworden seien, den Vorschriften der RevBernÜb. hinsichtlich des Übersetzungsschutzes nicht unterlägen, rechtsirrtümlich.

Hinsichtlich des Werkes „Schwarze Fahnen" ist das Berufungsgericht dennoch zu einer teilweisen Verurteilung der Beklagten gelangt, indem es angenommen hat, daß diese das Werk in verstümmelter Form herausgebracht habe und ihr die Verbreitung des gekürzten Werkes zu untersagen sei. In tatsächlicher Beziehung hat es festgestellt, daß das Werk selbst zuerst in Schweden im Jahre 1907 erschienen ist, daß jedoch die

Übersetzung eines Bruchstücks, der sog. Fuge, unter der Überschrift „Lügengeschichten“ bereits am 3. April 1905 in einem Beiblatt des Berliner Tageblattes veröffentlicht worden ist. Diese Fuge ist in die von der Beklagten herausgegebene Übersetzung des Werkes nicht aufgenommen worden. Hierin hat das Berufungsgericht eine Verstümmelung des Werkes erblickt, wegen deren es den klagenden Erben Strindbergs die Befugnis zuerkennt, der Beklagten die Vervielfältigung und gewerbsmäßige Verbreitung der Übersetzung zu verbieten und von ihr die Vernichtung der hergestellten und vertriebenen Einzelstücke zu fordern. Hiergegen wendet sich die Revision der Beklagten. Sie führt aus, daß im geltenden deutschen Rechte ein allgemeines Persönlichkeitsrecht keine Anerkennung gefunden habe, vielmehr ein gesetzlicher Schutz nur für einzelne besondere Persönlichkeitsrechte begründet worden sei: so für das Namensrecht, das Warenzeichenrecht, das Recht am eigenen Bilde und die persönlichkeitsrechtlichen Bestandteile des Urheberrechts (RGZ. Bd. 69 S. 403). Ein urheberrechtlicher Persönlichkeitsschutz könne aber hier nicht in Betracht kommen, da das deutsche Urhebergesetz auf den vorliegenden Fall, in dem ein gemeinfrei gewordenes Übersetzungsrecht zur Erörterung stehe, überhaupt nicht anwendbar sei.

Die Rüge erscheint nicht begründet. Wie bereits oben näher dargelegt, genießen die zuerst in Schweden veröffentlichten Werke Strindbergs, also auch die hier in Rede stehende Novelle „Schwarze Fahnen“, im Deutschen Reiche denselben urheberrechtlichen Schutz, wie die Werke deutscher Urheber (Art. 4 RevBernÜb.). Dieser Schutz ist vornehmlich durch das Gesetz v. 19. Juli 1901 geregelt, nach dessen § 29 er noch dreißig Jahre über den Tod des Urhebers hinausdauert. Da Strindberg im Jahre 1912 gestorben ist, so besteht der Schutz unzweifelhaft noch zu Recht. Im § 9 LitUG. ist bestimmt, daß der Erwerber des Urheberrechts mangels anderweiter Vereinbarung nicht das Recht hat, an dem Werke Zusätze, Kürzungen oder sonstige Änderungen vorzunehmen. Ebenso wird im § 38 Abs. 2 mit Strafe bedroht, wer ein Werk, dessen Wiedergabe an sich erlaubt ist, ohne Einwilligung des Berechtigten vorsätzlich vervielfältigt oder gewerbsmäßig verbreitet, obgleich daran Änderungen vorgekommen sind. In diesen Bestimmungen ist mit voller Deutlichkeit der Grundsatz zum Ausdruck gelangt, daß der Urheber einen Rechtsanspruch auf unveränderte Wiedergabe seines Werkes hat, daß dieser Anspruch mangels anderweiter Vereinbarung selbst dann besteht, wenn ein anderer das Recht zur Verwertung des Urheberrechts erlangt hat, und daß die urheberrechtlichen Machtbefugnisse verletzt werden, wenn das Werk in anderen als den gesetzlich zugelassenen Fällen (§ 24) mit Änderungen abgedruckt wird, in die der Urheber nicht einwilligt hat (Begründung des Gesetzentwurfs S. 18, 40 RT.

1900/02 Anl. Bd. 1 [Bd. 189] Nr. 97). Demgemäß ist auch bereits in der Rechtsprechung des Reichsgerichts (RGZ. Bd. 69 S. 243, Bd. 79 S. 399) anerkannt worden, daß der § 9 LitUG. die ausschließliche Befugnis des Urhebers, über den Bestand und die Form des Werkes zu verfügen, als selbstverständlich voraussetzt, und daß der § 11, der als ausschließliche Befugnisse des Urhebers nur dessen Recht zur Vervielfältigung und gewerbsmäßigen Verbreitung des Werkes, zur Mitteilung des Werkes, besonders in öffentlichen Vorträgen, sowie zur öffentlichen Aufführung eines Werkes der Bühnen- oder Tonkunst nennt, den Begriff des Urheberrechts nicht abschließend umgrenzt, vielmehr daneben den Anspruch des Urhebers auf Wahrung der ursprünglichen Gestalt des Werkes rechtlich geschützt fortbestehen läßt. Dieser Schutz erstreckt sich auch auf die Übersetzungen des Werkes in fremde Sprachen dergestalt, daß auch die Übersetzungen den Inhalt des Werkes nicht in gekürzter oder sonst umgestalteter Form bringen dürfen. Dies ergibt sich ohne weiteres aus § 12, wonach die Befugnisse, die dem Urheber in Ansehung des Werkes zustehen, sich auch auf dessen Übersetzung in eine fremde Sprache erstrecken. Ebenso ist der Übergang des Schutzes auf die Erben des Verfassers unbedenklich, da der Anspruch auf unveränderte Wiedergabe nur einen Teil des Urheberrechts bildet und der § 8 LitUG. das Recht des Urhebers ohne jede Einschränkung auf die Erben übergehen läßt (Allfeld Urheberrechtsgesetz S. 101).

Hiernach erscheint es wohlbegründet, wenn das Berufungsgericht den klagenden Erben Strindbergs das Recht zubilligt, der Vervielfältigung und gewerbsmäßigen Verbreitung einer deutschen Übersetzung des Werkes „Schwarze Fahnen", in der die sog. Fuge fortgelassen wird, selbst dann zu widersprechen, wenn ihnen andere Widerspruchsgründe nicht zur Seite stehen. In tatsächlicher Beziehung erwägt der Vorderrichter hierbei noch, daß es sich bei der Fuge keineswegs um eine nur ganz geringfügige, für den Charakter des Werkes bedeutungslose Abschweifung von der eigentlichen Darstellung handle, sondern daß sie, wenn sie auch für den Gang des Romans unwesentlich sein möge, immerhin zur Kennzeichnung der Persönlichkeit und der Lebensanschauungen einer Hauptperson und dadurch mittelbar zur Charakterisierung Strindbergs selbst diene. Damit hat der Vorderrichter einwandfrei dargelegt, daß die von der Beklagten herausgebrachte unvollständige Übersetzung des Werkes das Recht der klagenden Erben auf ungekürzte Wiedergabe des Werkes verletzt. Unerheblich ist es dabei, daß das Werk, wie oben ausgeführt worden ist, vor dem 1. Januar 1920 in Ansehung des Übersetzungsschutzes zeitweilig gemeinfrei gewesen ist. Denn der Anspruch des Urhebers auf unveränderte Wiedergabe seines Werkes stützt sich auf das Urheberrecht als solches. Mindestens solange dies zu Recht besteht, kann der Urheber auch gegenüber einer zur Übersetzung an sich berechtigten Person verlangen, daß sie sein Werk in unverstümmelter Form bringe. Die zeitweilige Übersetzungsfreiheit hat daher das Recht der klagenden Erben auf Unterlassung jeder Kürzung der Übersetzung nicht berührt. Die Verletzung dieses Rechts zieht dieselben zivilrechtlichen Folgen nach sich, wie jede andere unbefugte Vervielfältigung (Voigtländer-Fuchs Urheberrechtsgesetz S. 81). Die klagenden Erben können daher auf Grund des entsprechend anzuwendenden § 1004 BGB. jeder ferneren Beeinträchtigung ihres Rechts entgegentreten; auch können sie auf Grund des § 42 LitUG. die Vernichtung der widerrechtlich hergestellten oder verbreiteten Stücke fordern. Dagegen ist ihr Schadensersatzanspruch mit Recht abgewiesen worden. Nach § 36 LitUG. wie nach § 823 BGB. hat der Schadensersatzanspruch zur Voraussetzung, daß die Beklagte die schädigende Handlung vorsätzlich oder fahrlässig begangen hat. Ohne Rechtsirrtum hat aber das Berufungsgericht ein schuldhaftes Handeln der Beklagten verneint. . . .

In bezug auf das Werk „Die Leute auf Hemsö" hat das Berufungsgericht das Vorliegen einer unzulässigen Verstümmelung der Übersetzung verneint. Zwar hat es festgestellt, daß in der Übersetzung abweichend vom Originalwerk sich an 22 Stellen Auslassungen befinden. Diese hat es aber für bedeutungslos erachtet, da sie ganz geringfügiger Art seien, lediglich einzelne derbe Ausdrücke oder Bemerkungen beträfen und auch bereits in den 12 bei Strindbergs Lebzeiten erschienenen schwedischen Auflagen vorkämen. Da Strindberg sich auf einen ziemlich schwachen Widerspruch beim Druck der ersten Auflage beschränkt habe, so habe er selbst zu erkennen gegeben, daß die Fortlassungen, wenn sie ihm auch nicht erwünscht seien, doch nicht gegen seine schriftstellerische Ehre verstießen und die Eigenart seines Werkes nicht wesentlich beeinträchtigten. Auch nach dem Tode Strindbergs seien in der neuen schwedischen Auflage die 22 Stellen mit Zustimmung der Kläger, oder doch jedenfalls ohne ihren Widerspruch, nicht in den Text, sondern nur in die am Ende des Buches gebrachten Anmerkungen aufgenommen worden. Wenn das Berufungsgericht unter diesen Umständen eine Verletzung des persönlichen Urheberrechts verneint, so kann darin entgegen der Auffassung der Kläger ein Rechtsirrtum nicht gefunden werden. Im § 9 Abs. 2 LitUG. sind für den Fall der Übertragung des Urheberrechts solche Änderungen für zulässig erklärt, für die der Berechtigte seine Einwilligung nach Treu und Glauben nicht versagen kann. Es gelangt damit der Grundsatz zum Ausdruck, daß für die Frage der Änderung die Verkehrsanschauung maßgebend sein und eine geringfügige Abweichung vom Originale, die vom Verkehr als unwesentlich angesehen wird, nicht unter den Begriff einer unzulässigen Änderung fallen soll. Diesem Grundsatz entspricht es, wenn das Berufungsgericht, besonders im Hinblick auf das eigene

Verhalten Strindbergs und der klagenden Erben, die 22 Auslassungen für rechtlich bedeutungslos erklärt.

Das führt beim Werke „Die Leute auf Hemsö" zum Ergebnis, daß die Kläger auf die Auslassungen ihren Klaganspruch nicht stützen können und der Erfolg der Klage davon abhängt, ob die Beklagte ihre Übersetzung erst nach dem 31. Dezember 1919 hat erscheinen lassen oder ob sie, wie oben dargelegt worden ist, auf Grund des früheren Erscheinens der Übersetzung die Befugnis zur Vervielfältigung und Verbreitung der zeitweilig bereits gemeinfrei gewesenen Übersetzung behalten hat. Da im Berufungsurteil eine Feststellung über die Zeit des Erscheinens der Übersetzung nicht getroffen worden ist und hierüber unter den Parteien Streit herrscht, so ist zur Nachholung der Feststellung und zur anderweitigen Verhandlung und Entscheidung die Sache in die Vorinstanz zurückzuverweisen.

---

38. 1. **Wann beginnt die Verjährung des Schadensersatzanspruchs wegen Sachbeschädigung hinsichtlich desjenigen, durch Klagerweiterung geltend gemachten, Betrags, um welchen die Kosten der Wiederherstellung der Sache infolge der seit der Revolution eingetretenen Preissteigerung sich erhöht haben?**

2. **Ist Verjährung eingetreten, wenn der Kläger eine bezifferte Geldsumme als den zur Wiederherstellung nach Sachverständigengutachten erforderlichen Betrag eingeklagt hat und nach drei Jahren den Anspruch erhöht, weil der Sachverständige bei seiner Berechnung verschiedene Posten vergessen hatte?**

VI. Zivilsenat. Urt. v. 25. April 1921 i. S. B. (Bekl.) w. G. (Kl.). VI 94/21.

I. Landgericht Bremen. — II. Oberlandesgericht Hamburg.

Die Beklagte führte im Juli 1913 zu C. im Auftrag der H.schen Baugesellschaft Sprengungen von Kaimauern aus, durch die das Grundstück der Klägerin schwer beschädigt wurde. Nach Abweisung der Klage gegen die Baugesellschaft auf Zahlung von 2000 *M* Schadensersatz als den zur Beseitigung der Schäden erforderlichen Betrag erhob die Klägerin Ende Februar 1916 gegen die Beklagte Klage auf Zahlung von 2000 *M*. Nachdem diese dem Grunde nach für gerechtfertigt erklärt worden war, erhöhte die Klägerin Mitte Februar 1920 ihre Forderung auf 50850 *M*, weil jetzt mindestens dieser Betrag zur Wiederherstellung des Grundstücks nötig sei.

Beide Vordergerichte haben die Einrede der Verjährung zurückgewiesen und die Beklagte antragsmäßig verurteilt. Auch die Revision der Beklagten blieb erfolglos.

Gründe:

Nach § 249 BGB. hat, wer zum Schadensersatz verpflichtet ist, den Zustand herzustellen, der bestehen würde, wenn der zum Ersatz verpflichtende Umstand nicht eingetreten wäre. Hiernach sind die zur Wiederherstellung nötigen Kosten Folgen des Schadens und des zum Ersatz verpflichtenden Umstandes, hier also der durch die Sprengungen begangenen unerlaubten Handlung. Steigen die Kosten, bevor der Schaden geheilt ist, in einem Maße, das von dem Ersatzberechtigten nicht vorhergesehen werden konnte, so sind die auf der Steigerung beruhenden Mehrkosten neue Schadensfolgen, denen die Einrede der Verjährung aus § 852 BGB. erst nach Ablauf von drei Jahren seit dem Zeitpunkt entgegengesetzt werden kann, zu dem der Ersatzberechtigte Kenntnis von der Steigerung erlangt hat. Die nach dem Kriegsausgang und der Revolution einsetzende ungeheuere Verteuerung der Arbeitslöhne und Baustoffe, die die Kosten für die Wiederherstellung des Grundstücks der Klägerin um das Vielfache in die Höhe schnellen ließ, ist eine Schadensfolge der Sprengungen, deren mögliche Entstehung von der Klägerin so wenig wie von einem andern Menschen vorhergesehen werden konnte. Die Verjährung dieser Schadensfolge begann daher erst Ende 1918 oder Anfang 1919. Der zu diesem Punkt erhobene Angriff der Revision ist nicht berechtigt: insoweit die Kosten der verlangten Wiederherstellung sich nach der Revolution erhöht haben, ist keine Verjährung eingetreten. Fraglich könnte nur sein, was die Klägerin an solchen Kosten verlangt hat. Sie hat dem Buchstaben nach ihren Klagantrag auf Zahlung von 2000 *M* gerichtet und die Klage auf 50850 *M* erst im Februar 1920 erweitert, d. h. zu einer Zeit, zu der seit der Unterbrechung der Verjährung durch die Klagerhebung drei Jahre verstrichen waren. Die Revision machte in der mündlichen Verhandlung geltend, daß nach dem späteren Gutachten des Sachverständigen mit den 2000 *M* schon zur Zeit der Schadenszufügung nur die Maurerarbeiten hätten ausgeführt werden können, nicht aber die sonst erforderlichen (Tischler-, Maler-, Dachdecker-, Zimmermann-) Arbeiten, daß also jedenfalls die Forderung dieser Kosten, die in der mit der Klagerweiterung begehrten Summe steckten, verjährt sei. Indes kann der Klagantrag nach dem Inhalt der Klageschrift im Vorprozeß, auf die im gegenwärtigen Rechtsstreit Bezug genommen ist, nicht anders verstanden werden und ist auch von den Vordergerichten nicht anders aufgefaßt worden, als daß die Klägerin nicht 2000 *M* als Geldentschädigung schlechthin, etwa gemäß §§ 251, 252 BGB., sondern im Sinne von § 249 S. 2 denjenigen Geldbetrag gefordert hat, der zur Wiederherstellung ihres Grundstücks nach sachverständigem Gutachten erforderlich sei (vgl. RGZ. Bd. 98 S. 55). Den Betrag von 2000 ℳ hat sie gegriffen, weil ihr der Sachverständige L. versichert hatte, daß alle Schäden damit ausgebessert werden könnten. Der Anspruch, wie er von der Klägerin gemeint war, ist mithin, entgegen der Ansicht der Revision, nicht verjährt, und es verschlägt nichts, daß L. jetzt erklärt, sein damaliges Gutachten habe sich, ohne daß er dies dem Kläger mitgeteilt hatte, nur auf die Ausführung der Maurerarbeiten bezogen. . . .

---

39. Sind die Art. 151 Abs. 1 Satz 1 und 153 Abs. 1 des bayerischen Volksschullehrergesetzes vom 14. August 1919 mit dem Art. 128 Abs. 2 der Verfassung des Deutschen Reichs vereinbar?

III. Zivilsenat. Beschl. v. 10. Mai 1921. III TB. 68/20.

Die Frage ist durch den gemäß Art. 13 Abs. 2 der Reichsverfassung und dem Ausführungsgesetz vom 8. April 1920 erlassenen Beschluß verneint worden aus folgenden

Gründen:

Das bayerische Volksschullehrergesetz vom 14. August 1919 enthält in seinem Abschnitt XV Art. 151 bis 156 besondere Vorschriften für die Volksschullehrerinnen, die auf dem Gedanken beruhen, daß eine Verwendung verheirateter Lehrerinnen im öffentlichen Schuldienst ausgeschlossen sein soll. Hervorzuheben sind:

Art. 151 Abs. 1 Satz 1: „Das Dienstverhältnis der Volksschullehrerin erlischt mit der Eheschließung."

Art. 153 Abs. 1: „Heiratet die Volksschullehrerin im Ruhestande, so kann sie auf die Dauer der Ehe im öffentlichen Volksschuldienste nicht wieder angestellt werden."

Art. 156: „Für die Volksschulfachlehrerinnen und die israelitischen Volksschullehrerinnen gelten die Vorschriften dieses Abschnitts entsprechend."

Der Reichsminister des Innern ist der Ansicht, daß die hervorgehobenen Vorschriften mit dem Art. 128 Abs. 2 der Reichsverfassung nicht vereinbar seien, der lautet: Alle Ausnahmebestimmungen gegen weibliche Beamte werden beseitigt", und hat beantragt, dies festzustellen, wobei er davon ausgeht, daß damit die anderen Vorschriften des Abschnitts XV des bayerischen Volksschullehrergesetzes ohne weiteres gegenstandslos werden, soweit sie auf der Vorschrift aufgebaut sind, daß das Dienstverhältnis der Volksschullehrerinnen mit der Eheschließung erlischt. Die bayerische Regierung bestreitet, daß ein Widerspruch mit der Reichsverfassung vorliege. Eine Änderung der Vorschriften des bayerischen Volksschullehrergesetzes, die die frühere Regierung mit Rücksicht auf Art. 128 Abs. 2 der Reichsverfassung beantragt hatte, ist vom bayerischen Landtag ebenso abgelehnt worden, wie ein Antrag, die Frage des Rechts der Lehrerinnen auf Verheiratung dem Staatsgerichtshof vorzulegen (vgl. bayer. LandtagsVerh. 1919/20 Sten. Ber. Bd. II Nr. 53 S. 636 flg., Bd. III Nr. 62 S. 114 flg.).

Der Standpunkt der Reichsregierung ist begründet.

Der zweite Hauptteil der Reichsverfassung mit der Überschrift „Grundrechte und Grundpflichten der Deutschen", in dessen zweitem Abschnitt „Das Gemeinschaftsleben" der Art. 128 steht, enthält Bestimmungen der verschiedensten Art: allgemeine Programmsätze ohne unmittelbare rechtliche Wirksamkeit, rechtlich bindende Richtlinien für die Gesetzgebung, insbesondere der Länder, mit der sofortigen Geltung in das bestehende Recht eingreifende Einzelvorschriften. Welche Bedeutung einer Bestimmung beizumessen ist, muß nach ihrem Wortlaut, Inhalt und Zweck, wie auch nach ihrem Zusammenhang mit anderen Bestimmungen beurteilt werden. Danach kann der Vorschrift des Art. 128 Abs. 2 der Reichsverfassung die sofortige unmittelbare rechtliche Wirksamkeit nicht abgesprochen werden. Es handelt sich nicht um einen allgemeinen Programmsatz von der Art, daß es erst einer Ausführung durch Reichs- oder Landesgesetz bedürfte, um der Vorschrift rechtliche Wirksamkeit zu verschaffen. Das ergibt sich schon aus ihrer bestimmten Fassung. Es heißt von den Ausnahmebestimmungen gegen weibliche Beamte zwar nicht „sind beseitigt", aber auch nicht „sind zu beseitigen", sondern „werden beseitigt". Damit wird zum Ausdruck gebracht, daß solche Ausnahmebestimmungen kraft der Reichsverfassung ausgeschlossen sein sollen, und daß es nicht erst einer künftigen Gesetzgebung vorbehalten bleibt, welche Folgerungen aus dem aufgestellten Grundsatze zu ziehen sind. Aus einzelnen Äußerungen in der Nationalversammlung, wie z. B., daß die Grundrechte die Grundlinien für die Ausgestaltung der späteren Gesetzgebung geben, oder daß die Ausnahmebestimmungen gegen weibliche Beamte beseitigt werden müssen oder sollen (Sten. Ber. S. 1636 flg.), lassen sich zuverlässige Anhaltspunkte für die Bedeutung des Art. 128 Abs. 2 nicht gewinnen. Der offenbare Zweck der Vorschrift, die als unbillig empfundene Ungleichheit in der beamtenrechtlichen Behandlung der beiden Geschlechter für die Zukunft auszuschließen, spricht notwendig für ihre sofortige Geltung, und der Zusammenhang mit anderen Bestimmungen, wie insbesondere die Stellung des Abs. 2 zwischen Abs. 1 und Abs. 3 des Art. 128, steht nicht entgegen. Nach Abs. 1 sind alle Staatsbürger ohne Unterschied nach Maßgabe der Gesetze und entsprechend ihrer Befähigung und ihren Leistungen zu den öffentlichen

Ämtern zuzulassen. Diese Bestimmung bedarf schon nach ihrem Wortlaut und ebenso nach ihrem Inhalt einer Ausführung durch besondere Vorschriften. Die Anwendung des Abs. 2 dagegen verlangt immer nur die Prüfung, ob eine Vorschrift als Ausnahmebestimmung gegen weibliche Beamte zu erachten ist. Und wenn nach Abs. 3 die Grundlagen des Beamtenverhältnisses durch ein erst künftig zu erlassendes Reichsgesetz zu regeln sind, so schließt das nicht aus, daß die Reichsverfassung eine einzelne besonders wichtige Frage heraushebt und sie von sich aus selbst schon abschließend regelt (vgl. zu Art. 129 Abs. 4 RGZ. Bd. 99 S. 261). Nach diesem allen ist im Art. 128 Abs. 2 der klare und bestimmte Ausdruck des Willens zu finden, daß Ausnahmebestimmungen gegen weibliche Beamte unzulässig sein sollen. Damit ergibt sich als Inhalt des Art. 128 Abs. 2 das sofort wirksame Verbot der Erlassung solcher Ausnahmebestimmungen. Landesrechtliche Vorschriften, die diesem Verbot zuwider nach dem Inkrafttreten der Reichsverfassung erlassen werden, sind unwirksam.

Das bayerische Volksschullehrergesetz ist nun nach dem Inkrafttreten der Reichsverfassung erlassen. Die Reichsverfassung vom 11. August 1919 ist in der am 14. August 1919 ausgegebenen Nr. 152 des Reichsgesetzblattes verkündet worden, nach ihrem Art. 181 also mit diesem Tage in Kraft getreten. Das bayerische Gesetz aber ist erst am 14. August 1919 beschlossen und in Nr. 55 des bayerischen Gesetz- und Verordnungsblattes vom 2. September 1919 verkündet worden. Wenn die bayerische Regierung geltend macht, der entscheidende staatsrechtliche Akt, — nämlich der Beschluß des Landtags vom 14. August 1919, ausgefertigt vom Gesamtministerium noch am gleichen Tage, — liege nicht nach dem Inkrafttreten der Reichsverfassung, so ist das aus einem doppelten Grunde nicht zutreffend. Erstens kommt es für das zeitliche Verhältnis mehrerer Gesetze nicht auf den Zeitpunkt der Beschlußfassung, sondern darauf an, wann sie formell nach außen wirksam geworden sind. Diese formelle Gesetzeskraft setzt aber nach allgemeinen, auch in Bayern anerkannten staatsrechtlichen Grundsätzen die Verkündung der Gesetze voraus. Wenn es im vorläufigen Staatsgrundgesetz für den Freistaat Bayern vom 17. März 1919, auf das sich die bayerische Regierung beruft, in § 6 hieß: „Die gesetzgebende Gewalt wird vom Landtag ausgeübt. Zum Zustandekommen eines Gesetzes ist die Zustimmung der einfachen Mehrheit der anwesenden Landtagsmitglieder erforderlich", so war damit nur gesagt, daß andere gesetzgebende Faktoren nicht mehr in Betracht kommen sollten. Die Notwendigkeit einer Verkündung der Gesetze verstand sich von selbst und brauchte in dem nur die Hauptgrundsätze einer neuen Verfassung aufstellenden vorläufigen Gesetze nicht besonders hervorgehoben zu werden. Das bayerische Volksschullehrergesetz ist aber erst am 2. September 1919, also nach der Reichsverfassung verkündet worden. Zweitens würde, auch wenn man mit der bayerischen Regierung den Zeitpunkt der Beschlußfassung maßgebend sein lassen wollte, die Anwendung des Art. 128 Abs. 2 nicht ausgeschlossen sein. Die Reichsverfassung ist, wie erwähnt, mit dem Tage ihrer Verkündung, also mit dem 14. August 1919, in Kraft getreten. Ihren Bestimmungen unterlag daher jeder an diesem Tage vorgenommene Akt der Landesgesetzgebung, also auch der an diesem Tage gefaßte Beschluß des bayerischen Landtags. Wenn die bayerische Regierung gegen die Anwendung des Art. 128 Abs. 2 RVerf. ferner vorbringt, Art. 151 des bayerischen Volksschullehrergesetzes habe keinen neuen Rechtszustand geschaffen, sondern nur eine frühere Regelung unter Neugewährung einer besonderen Vergünstigung (Abfindung) an die heiratenden Lehrerinnen übernommen, so ist das zunächst, wie ihre eigenen Ausführungen erkennen lassen, nicht völlig zutreffend. Der frühere Rechtszustand in bezug auf eine Eheschließung von Volksschullehrerinnen in Bayern war nicht durch Gesetz oder Verordnung geregelt, beruhte vielmehr auf der Verwaltungspraxis, die, einer Entschließung des Staatsministeriums für Kirchen- und Schulangelegenheiten vom 29. Oktober 1875 folgend, den weiblichen Lehrkräften an öffentlichen Schulen die Erlaubnis zur Eheschließung grundsätzlich verweigerte, einer Praxis, die, wenngleich tatsächlich ausnahmslos durchgeführt, doch, wenigstens theoretisch, die Möglichkeit einer Ausnahme offen ließ. Nach Art. 151 des bayerischen Volksschullehrergesetzes dagegen erlischt das Dienstverhältnis ausnahmslos und kraft Gesetzes mit der Eheschließung. Es kommt indessen auf diese Unterschiede nicht an. Für die hier zu entscheidende Frage ist vielmehr allein maßgebend, daß es sich um ein unter der Herrschaft der Reichsverfassung erlassenes Gesetz handelt, das infolgedessen auch mit deren Bestimmung im Einklang stehen muß.

Die Entscheidung hängt demnach nur noch davon ab, ob die von der Reichsregierung beanstandeten Vorschriften im Sinne des Art. 128 Abs. 2 RVerf. Ausnahmebestimmungen gegen weibliche Beamte sind. Diese Frage ist zu bejahen. Lehrer an öffentlichen Schulen haben nach Art. 143 Abs. 2 RVerf. die Rechte und Pflichten der Staatsbeamten, und nach Art. 1 Abs. 3 des bayerischen Volksschullehrergesetzes sind die Volksschullehrer, einschließlich der Lehrerinnen, Beamte des Staates. Die bayerischen Volksschullehrerinnen sind daher weibliche Beamte. Es handelt sich aber auch um Ausnahmebestimmungen gegen solche Beamte. Der im Art. 128 Abs. 2 ausgesprochene Grundsatz soll ersichtlich dem auch sonst hervortretenden Gedanken der Gleichberechtigung von Mann und Frau Geltung auf dem Gebiete des Beamtenrechts verschaffen. Wie nach Art. 109 Abs. 2 RVerf. Männer und Frauen dieselben staatsbürgerlichen Rechte haben, so sollen sie auch als Beamte grundsätzlich gleichberechtigt sein. Das kann freilich nicht den Sinn haben, daß fortan ein Unterschied zwischen männlichen und weiblichen Beamten in Recht und Verwaltung überhaupt nicht mehr vorkommen dürfe. Der natürliche Unterschied der Geschlechter und seine Einwirkung auf die Ausübung amtlicher Tätigkeit verlangt weitgehende Berücksichtigung. Sonderbestimmungen zur Regelung des Dienstverhältnisses weiblicher Beamten, die diesem Unterschiede Rechnung tragen, sind daher nicht zu vermeiden und trotz Art. 128 Abs. 2 zulässig. Dies darf jedoch nicht zu grundlegenden Verschiedenheiten in der Behandlung von Mann und Frau in ihrer Eigenschaft als Beamte führen. Eine für das persönliche Leben einschneidendere Verschiedenheit läßt sich aber kaum denken als die, daß der Mann völlig unbeschadet seiner amtlichen Stellung eine Ehe schließen darf, während die Frau, wenn sie verheiratet ist, zum Amte nicht zugelassen und, wenn sie als Beamte eine Ehe schließt, mit dem Verluste des Amtes belegt wird. Eine solche Regelung, wie sie auch in den beanstandeten Bestimmungen der Art. 151 Abs. 1 Satz 1 und 153 Abs. 1 des bayerischen Volksschullehrergesetzes zum Ausdruck kommt, ist im hervorragenden Sinn als Ausnahmebestimmung gegen weibliche Beamte anzusehen. Ihre Zulässigkeit läßt sich auch nicht aus Art. 128 Abs. 1 RVerf. ableiten, wo eine Zulassung der Staatsbürger zu den öffentlichen Ämtern nur entsprechend ihrer Befähigung und ihren Leistungen vorgesehen ist. Daß durch die die Frau stärker beeinflußenden Wirkungen der Ehe ihre Befähigung, worunter neben der geistigen auch die körperliche zu verstehen ist, und ihre Leistungen beeinträchtigt werden können und, falls aus der Ehe ihrem natürlichen und sittlichen Zwecke entsprechend Kinder hervorgehen, wenigstens vorübergehend sogar beeinträchtigt werden müssen, kann es, insbesondere auch nur in Beschränkung auf den Beruf der Volksschullehrerin, nicht rechtfertigen, mit der Eheschließung an sich schon einen Mangel an Befähigung und an Leistungen als gegeben anzusehen und deshalb eine Vereinigung von Ehe und Lehrtätigkeit in der Person der Frau von vornherein als ausgeschlossen zu erklären.

Die weiteren Ausführungen der bayerischen Regierung, in denen sie aus Gründen des Beamtenrechts, des finanziellen Staatsinteresses, sowie der Bevölkerungs- und Sozialpolitik eine Einschränkung der Verehelichungsfreiheit der weiblichen Beamten im allgemeinen für unentbehrlich und die Tätigkeit einer Hausfrau und Mutter im besonderen für mit der Tätigkeit einer Lehrerin in der Schule unvereinbar erklärt, sind an sich durchaus beachtenswert, können aber gegenüber dem nun einmal in Art. 128 Abs. 2 zum Gesetz gewordenen Verbot von Ausnahmebestimmungen nicht entscheidend sein und nicht zu dessen Beseitigung führen. Besondere Beachtung verdienen die Bedenken, die sich aus der

Verwendung verheirateter Volksschullehrerinnen im Falle werdender Mutterschaft ergeben können. Es läßt sich schlechterdings nicht verkennen, daß die Einwirkungen, die der Zustand der Mutterschaft auf die Person der Lehrerin ausübt, nicht nur ihre Leistungsfähigkeit beeinträchtigen, sondern, soweit sie in der äußeren Erscheinung augenfällig hervortreten, bei den Schulkindern Gedanken und Vorstellungen erwecken können, die im Interesse der Erziehung besser vermieden werden sollten. Die Interessen, die danach als bedroht erscheinen, sind aber auch vom Standpunkt der Reichsverfassung keineswegs schutzlos. Es ist vielmehr durchaus zulässig, ihnen auch bei grundsätzlicher Zulassung einer Verwendung verheirateter Lehrerinnen durch entsprechende Sonderbestimmungen Rechnung zu tragen. So würde es mit den Rechtsgrundsätzen der Reichsverfassung völlig vereinbar sein, wenn die dazu berufene Behörde der verheirateten, im Zustande werdender Mutterschaft befindlichen Lehrerin mit Rücksicht auf die erwähnten Bedenken die Ausübung der Lehrtätigkeit in der Schule von einem bestimmten Zeitpunkt vor bis zu einem bestimmten Zeitpunkte nach der Entbindung nicht mehr gestatten würde. Auch würde vom Standpunkt der Reichsverfassung aus nichts dem entgegenstehen, wenn mit Rücksicht auf den Grundsatz der ausgleichenden Gerechtigkeit, wonach gleichen Pflichten gleiche Rechte entsprechen sollen, ungleiche Pflichten aber nicht gleiche Rechte begründen, eine Gehaltsregelung zuungunsten der durch solche Zustände an der Erfüllung ihrer amtlichen Pflichten zeitweise verhinderten Lehrerin für diese Zeit stattfände. Verhinderung durch Krankheit erfolgt ohne und gegen den Willen des Beamten. Die Lehrerin aber, die eine Ehe schließt, versetzt sich dadurch bewußt und gewollt in eine Lage, die nach dem sittlichen Zwecke der Ehe uud nach dem gewöhnlichen Verlaufe der Natur voraussichtlich bei ihr zu Zuständen führen muß, die sie zeitweilig zur Erfüllung ihrer Amtspflichten unfähig machen. Dieser Gesichtspunkt ist von dem bayerischen Finanzminister mit Recht hervorgehoben worden. Auf einem ganz anderen Gebiete, als dem der ausgleichenden Gerechtigkeit, liegt selbstverständlich die Frage, ob nicht aus sozialen und sozialpolitischen Gründen (Verhinderung der Kinderlosigkeit und der Beschränkung der Kinderzahl, Interesse an der Gesundheit von Mutter und Kind usw.) von solcher Gehaltsregelung zuungunsten der Lehrerin abzusehen ist.

Das so aus dem Gesetze selbst gewonnene Ergebnis steht, wie nebenbei bemerkt werden mag, in Übereinstimmung mit dem, was sich aus den Verhandlungen der Nationalversammlung (Sten. Ber. S. 1636 flg.) über die Absichten der Antragsteller entnehmen läßt. Die Beseitigung des Eheverbots, und zwar gerade für Lehrerinnen, war danach der ausgesprochene Zweck, der mit der Aufstellung des jetzt im Art. 128 Abs. 2 enthaltenen Grundsatzes erreicht werden sollte und der offenbar auch von der Mehrheit der Nationalversammlung, die dem Antrag zugestimmt hat, gebilligt worden ist.

Nicht vereinbar mit Art. 128 Abs. 2 RVerf. sind demnach die grundsätzlichen Bestimmungen der Art. 151 Abs. 1 Satz 1 und 153 Abs. 1 des bayerischen Volksschullehrergesetzes. Mit dieser Feststellung werden, wie die Reichsregierung mit Recht annimmt, die anderen in den Art. 151 bis 155 enthaltenen Vorschriften insoweit gegenstandslos, als sie auf der Bestimmung aufgebaut sind, daß das Dienstverhältnis der Volksschullehrerin mit der Eheschließung erlischt. Der Art. 156, den die Reichsregierung ebenfalls in ihren Antrag aufgenommen hat, kommt für einen Widerspruch mit der Reichsverfassung nur insofern in Betracht, als unter den Vorschriften des XV. Abschnitts, die für die Volksschulfachlehrerinnen und die israelitischen Volksschullehrerinnen entsprechend gelten sollen, auch die beanstandeten Art. 151 Abs. 1 Satz 1 und 153 Abs. 1 sich befinden. Indem diese als mit Art. 128 Abs. 2 RVerf. nicht vereinbar erklärt und so ihrer Wirksamkeit entkleidet werden, entfällt ohne weiteres der nur mittelbar in Art. 156 des bayerischen Gesetzes liegende Widerspruch. Es besteht daher kein Anlaß, die Feststellung der Unvereinbarkeit auf den im übrigen unbedenklichen Art. 145 zu erstrecken.

...

40. 1. Inwieweit hat das Reichstumultschadengesetz vom 12. Mai 1920 rückwirkende Kraft?

2. Greift die in § 15 Abs. 1 RTG. angeordnete Einschränkung des Ersatzanspruchs auch dann ein, wenn der Anspruch gleichzeitig auf die Vorschriften des preußischen Tumultschadengesetzes vom 11. März 1850 und auf Haftung aus unerlaubter Handlung gestützt wird?[1]

VI. Zivilsenat. Urt. v. 23. März 1921 i. S. Stadtgemeinde M.-Gladbach (Bekl.) w. Sch. (Kl.). VI 319/20.

I. Landgericht M.-Gladbach — II. Oberlandesgericht Düsseldorf.

Am 29. November 1918 fanden in verschiedenen Teilen der Stadt M.-Gladbach Unruhen statt. Es bildeten sich größere Ansammlungen erregter Menschen und es kam zur Ausplünderung von Geschäften. Auch das Geschäftslokal der Klägerin wurde von einer gewaltsam eingedrungenen Menschenmenge geplündert. Wegen des ihr hierdurch entstandenen Schadens hat die Klägerin die Beklagte auf Grund des preußischen Tumultschadengesetzes sowie wegen Verschuldens in Anspruch genommen. Das Landgericht erklärte den Anspruch dem Grunde nach

[1] Vgl. RGZ. Bd. 101 S. 358.

für gerechtfertigt, die Berufung der Beklagten wurde zurückgewiesen. Die Revision hatte teilweise Erfolg.

Gründe:

Das Berufungsgericht hat zunächst geprüft, ob die Voraussetzungen für die Anwendung des preußischen Tumultschadengesetzes vorhanden sind, und diese Frage bejaht. Die Revision bekämpft die Ansicht des Berufungsgerichts, daß die Beklagte nicht nur den unmittelbaren Schaden zu ersetzen habe, sondern auch den mittelbaren, namentlich den entgangenen Gewinn. Daß solcher Schade in der eingeklagten Summe enthalten ist, ist nicht streitig. Im Anschluß an das Urteil des Reichsgerichts vom 22. Dezember 1919 (RGZ. Bd. 98 S. 3) führt das Berufungsgericht aus, daß der Umfang des zu leistenden Schadensersatzes sich jetzt nach den Vorschriften des Bürgerlichen Gesetzbuchs richte und danach der mittelbare Schaden und der entgangene Gewinn zu ersetzen seien. Demgegenüber macht die Revision geltend, daß durch § 15 des Reichsgesetzes vom 12. Mai 1920 über die durch innere Unruhen verursachten Schäden eine Änderung der Rechtslage eingetreten sei. Dieses Gesetz beseitige für Ansprüche aus Tumultschäden das Recht auf den Ersatz des mittelbaren Schadens und des entgangenen Gewinns und auf den Ersatz für Gegenstände, die dem Luxusbedürfnis des Betroffenen dienen. Dieses Gesetz sei auch noch in der Revisionsinstanz anzuwenden.

Der Ansicht der Revision war im wesentlichen zuzustimmen, soweit es sich um Ansprüche auf Grund des preußischen Gesetzes vom 31. März 1850 handelt. Nach § 19 RTG. ist das neue Reichsgesetz mit dem Tage der Verkündung, d. i. mit dem 14. Mai 1920, in Kraft getreten; es galt somit schon bei der Verkündung des angefochtenen Urteils und wäre deshalb vom Berufungsgerichte anzuwenden gewesen (RGZ. Bd. 45 S. 98, 421), mag es auch zur Zeit der letzten mündlichen Verhandlung zweiter Instanz noch nicht in Geltung gewesen sein. Für die Anwendung des neuen Rechtes in der Revisionsinstanz aber kommt es auf seine Geltung bei Erlaß des Berufungsurteils nicht einmal an, weil die Vorschrift des § 15, wie der Senat in dem RGZ. Bd. 100 S. 243 abgedruckten Urteil angenommen hat, auch in den Prozeßbetrieb insoweit eingreift, als sie bestimmt, daß für gewisse Schäden kein Ersatz beansprucht werden kann. Daß aber die Klageforderung sachlich von dem § 15 betroffen wird, unterliegt keinem Bedenken. Es wird ein Vermögensschaden geltend gemacht, der in der Zeit vom 1. November 1918 bis zum Inkrafttreten des neuen Gesetzes im Zusammenhange mit inneren Unruhen durch offene Gewalt verursacht worden ist, der Ersatz solcher Schäden aber kann nur noch in dem durch § 15 begrenzten Umfange beansprucht werden. Diese Rechtslage wird in dem angefochtenen Urteile nicht berücksichtigt, vielmehr wird, wie die Gründe ergeben, der auf das preußische Tumultschadengesetz gestützte Anspruch ohne jede Einschränkung und auch, soweit er sich auf mittelbaren Schaden und entgangenen Gewinn bezieht, dem Grunde nach für berechtigt erklärt. Insoweit war daher das Berufungsurteil aufzuheben.

Dagegen konnte die Abweisung der Klage in dem bezeichneten Umfange, wie sie von der Revision verlangt wird, nicht ausgesprochen werden, weil der Klaganspruch auch auf die allgemeinen Vorschriften über die Haftung wegen Verschuldens, d. i. aus unerlaubter Handlung, gestützt wird. Das Berufungsgericht hatte von seinem Standpunkt aus, die Klageforderung sei schon nach dem preußischen Tumultschadengesetz in ihrem ganzen Umfange berechtigt, keine Veranlassung, sich mit der zweiten Klagebegründung näher zu beschäftigen, sie wird aber erheblich mit Rücksicht auf die Einschränkung, die die Schadensersatzforderungen wegen Tumultschäden durch § 15 des Reichsgesetzes erfahren haben. Von der Revision wird diese Auffassung bekämpft; sie führt aus, die Tragweite des § 15 könne nicht dadurch abgeschwächt werden, daß sich der Verletzte auf ein von der Gemeinde zu vertretendes Verschulden berufe. Der Ansicht der Revision kann insoweit nicht zugestimmt werden.

Zuzugeben ist freilich, daß der Wortlaut des § 15 Abs. 1 der Auslegung der Revision nicht notwendig entgegen steht. Es wird dort schlechthin von den bisherigen Gesetzen gesprochen, die mit der mehrerwähnten Einschränkung auch künftig für die näher umgrenzten Vermögensschäden maßgebend bleiben sollen, nicht aber von den landesgesetzlichen Vorschriften über Tumultschäden, wie dies an anderen Stellen des Gesetzes (vgl. §§ 14, 11) geschieht. Nach dem Zweck und der Entstehungsgeschichte der Vorschrift kann aber nicht angenommen werden, daß sie auch Forderungen ergreifen soll, die auf sonstige Rechtsgründe gestützt werden, sofern nur der zugrunde liegende Umstand gleichzeitig auch den Voraussetzungen des § 15 Abs. 1 genügt, es sich also um den Ersatz eines Vermögensschadens handelt, der in der erheblichen Zeit im Zusammenhange mit inneren Unruhen durch offene Gewalt oder deren Abwehr entstanden ist. Dies war der Fall bei § 11 des ursprünglichen Gesetzentwurfs, der in der vorgeschlagenen Fassung bestimmte, daß wegen der im § 1 das. bezeichneten Schäden gegen das Reich, die Einzelstaaten und gegen andere, nach § 10 an der Aufbringung der für die Leistung von Schadensersatz nötigen Mittel beteiligte öffentlichrechtliche Körperschaften vom Inkrafttreten des Gesetzes an Ansprüche „auf Grund des bürgerlichen Rechts, auf Grund der Gesetze über die Haftung öffentlichrechtlicher Körperschaften für Handlungen von Beamten und Militärpersonen sowie auf Grund der besonderen Vorschriften über den Ersatz von Aufruhrschäden nicht geltend gemacht oder weiter verfolgt werden" könnten. Rechtskräftig zuerkannte Ansprüche sollten nach Satz 2 des § 11 von dieser Regelung ausgenommen sein, ferner sollten, wie die Begründung (Drucks. der Nationalversammlung 1919 Nr. 643 S. 9) bemerkt, Ansprüche gegen die Täter oder Anstifter unberührt bleiben. Diese Fassung des § 11 wurde schon bei der ersten Beratung in der Nationalversammlung beanstandet, bei der sich der Abgeordnete Warmuth dagegen wandte, daß nach § 11 privatrechtliche Ansprüche beseitigt werden sollten, die ihre Quelle nicht in dem Tumultgesetz hätten, bloß weil der Anspruch nebenbei auch aus dem Tumultgesetz geltend gemacht werden könne (Stenogr. Berichte der Nationalversammlung S. 2777). Im Ausschusse, an den der Gesetzentwurf verwiesen wurde, sind dann, wie dessen Bericht sagt, ernste Bedenken gegen die vorgeschlagene Antastung wohlerworbener Rechte erhoben. Besonders aber wurde beanstandet, daß der Entwurf auch solche Ansprüche aufheben wolle, die sich auf das bürgerliche Recht und auf die Gesetze über die Haftung öffentlich-rechtlicher Körperschaften für Handlungen von Beamten und Militärpersonen stützten. Auf besonderen Rechtstiteln beruhende Ansprüche dürften neben den aus dem neuen Gesetz erwachsenden Geltung beanspruchen. Obgleich nun dieser Auffassung gegenüber geltend gemacht wurde, sie enthalte einen Anreiz dazu, die behaupteten Ansprüche auf besondere Rechtstitel zu stützen und zu versuchen, auf diesem Wege einen höheren Schadensersatz zu erlangen, drang sie doch durch, und der § 11 erhielt seine jetzige Fassung (Drucks. der Nationalversammlung 1920 Nr. 2752 S. 7, 10). Für die nach dem Inkrafttreten des Reichsgesetzes entstandenen Schäden ist mithin die Rechtslage die, daß Ansprüche auf Grund der landesgesetzlichen Vorschriften über den Ersatz von Aufruhrschäden gegen Länder oder Gemeinden nicht mehr geltend gemacht werden können, daß aber auf anderen Rechtsgründen beruhende Ansprüche wegen Tumultschäden auch künftig gegen Länder und Gemeinden erhoben werden dürfen. Für die früheren, bis zum 1. November 1918 zurückliegenden Fälle von Tumultschäden treffen die §§ 13—15 RTG. Bestimmungen. Der § 13 verleiht den §§ 1—10, 12 rückwirkende Kraft für Gebiete, in denen Ansprüche auf Grund landesgesetzlicher Vorschriften über den Ersatz von Aufruhrschäden gegen Länder oder Gemeinden nicht bestanden. Für Gebiete mit landesrechtlichen Tumultschädengesetzen dagegen greifen die §§ 14 und 15 ein. Danach ist zwischen Schäden an Leib und Leben und Vermögensschäden zu unterscheiden. Die ersteren sollen nach Maßgabe der §§ 1—10, 12 RTG. behandelt werden; auf Grund landesgesetzlicher Vorschriften über den Ersatz von Aufruhrschäden können solche Ansprüche gegen Länder oder Gemeinden nicht mehr geltend gemacht oder weiter verfolgt werden (§ 14). Dagegen bleiben nach § 15 für Vermögensschäden die bisherigen Gesetze grundsätzlich auch ferner maßgebend, werden aber in Beziehung auf den Umfang des zu leistenden Schadensersatzes eingeschränkt. Nach diesem Zusammenhange der gesetzlichen Bestimmungen kann es keinem Zweifel unterliegen, daß unter den „bisherigen Gesetzen" im § 15 nur die bisherigen Landesgesetze gemeint sind, also auch nur für die auf diese gestützten Ansprüche die durch § 15 angeordnete Beschränkung des Schadensersatzanspruchs gilt. Dafür, daß auch auf sonstige Rechtstitel gegründete Ansprüche der erwähnten Beschränkung in den Fällen des § 15 unterworfen sein sollten, fehlt jeder ausreichende Anhalt, es ist das namentlich auch aus dem Berichte des Ausschusses der Nationalversammlung, durch den die Bestimmung geschaffen wurde, nicht zu entnehmen (vgl. S. 8—9 das.). Daß es bei dieser Auffassung des Gesetzes für die Verletzten vorteilhaft sein kann, ihre Ansprüche aus Tumultschäden möglichst auch noch auf andere Rechtstitel zu gründen, ist nicht zu verkennen, enthält aber um so weniger einen Gegengrund, als dieses Bedenken, wie schon oben bemerkt, bei der Erörterung des § 11 im Ausschuß erwogen und nicht als durchgreifend anerkannt wurde.

Soweit die Klage auf Verschulden gestützt wird, ist die Sache noch nicht zur Endentscheidung reif. . . .

---

41. 1. Ist die Vereinbarung, daß der Käufer dem Verkäufer bei einer von diesem bezeichneten Bank ein Akkreditiv zu eröffnen habe, als Bedingung anzusehen, mit deren Erfüllung der Vertrag steht oder fällt?

2. Genügt solchenfalls der Käufer seiner Vertragspflicht, wenn er mit der Akkreditivstellung eine kleine Bankzweigniederlassung beauftragt, deren Vertreter der im Vertrage bestimmten Bank unbekannt sind? Ist letztere berechtigt, eine Bestätigung der Akkreditivstellung durch die Hauptniederlassung zu fordern?

II. Zivilsenat. Urt. v. 22. April 1921 i. S. D. (Kl.) w. J. (Bekl.). II 565/20.

I. Landgericht II Berlin, Kammer f. Handelssachen. — II. Kammergericht daselbst.

Im Verlaufe brieflicher Verhandlungen schrieb der Beklagte dem Kläger am 10. Oktober 1919, daß er für ihn 5 Waggons Wiesenheu zum Preise von 18,50 *M* für den Zentner, „Kasse vorher per Draht an Nationalbank Berlin-Charlottenburg direkt unwiderrufliches Akkreditiv" notiert habe. Er bitte um sofortige Überweisung an seine Bank und erwarte Gegenbestätigung resp. Auftrag sowie Frachtbriefe.

Auf dieses am 15. Oktober bei ihm eingegangene Schreiben ersuchte der Kläger am gleichen Tage den Beklagten um Verladung der 5 Waggons für seine Rechnung an S. in Saarbrücken. Er fügte hinzu, daß die Überweisung drahtlich bei der Bank des Beklagten eingegangen sei. Tatsächlich will der Kläger noch am 15. Oktober durch die Zweigstelle der Pfälzer Bank zu Rockenhausen bei der Nationalbank Berlin-Charlottenburg zugunsten des Beklagten ein Akkreditiv in Höhe von 9500 *M* eröffnet haben. Am 18. Oktober teilte der Beklagte dem Kläger mit, daß er bisher ohne Antwort auf sein Schreiben vom 10. Oktober geblieben sei und daher das Heu anderweit verkauft habe. Der Kläger erhob am 23. Oktober Einspruch, wies darauf hin, daß er am 15. Oktober seine Bank mit der sofortigen Zahlung an die Nationalbank gegen Vorlegung der Duplikatfrachtbriefe beauftragt und dem Beklagten Verladungsanweisung erteilt habe, und ersuchte um prompte Verladung. Der Beklagte erwiderte am 27. Oktober, daß er entgegen dem Inhalte seines Schreibens vom 10. Oktober bis jetzt kein Geld erhalten und daher soeben die 5 Waggons anderweitig weggegeben habe. Der Kläger bestimmte nunmehr dem Beklagten am 30. Oktober gemäß § 326 BGB. eine 10tägige Nachfrist. Der Beklagte antwortete am 3. November, daß das Akkreditiv noch nicht eröffnet sei, und er daher den Auftrag streiche.

Mit der Klage beansprucht der Kläger Schadensersatz wegen Nichterfüllung in Höhe von 4800 *M* nebst Zinsen. Der Beklagte stützte seinen Antrag auf Klagabweisung u. a. darauf, daß er vom Vertrage zurückgetreten sei, weil der Kläger der vertraglich ihm auferlegten Bedingung, sofort vor Verladung den Kaufpreis drahtlich zu überweisen, nicht nachgekommen sei. Erst am 5. November sei das Akkreditiv eröffnet worden. Der Kläger bestritt beide Behauptungen.

Landgericht und Kammergericht wiesen die Klage ab. Auch die Revision blieb erfolglos.

Aus den Gründen:

... Einwandfrei hat das Berufungsgericht dargelegt, daß der Beklagte nicht berechtigt war, wegen verspäteter Eröffnung des Akkreditivs ohne Fristbestimmung vom Vertrage zurückzutreten. Die Vereinbarung alsbaldiger Eröffnung eines Akkreditivs durch den Käufer kann als Bedingung in Betracht kommen, mit deren pünktlicher Erfüllung der Vertrag nach der Absicht der Parteien stehen und fallen soll. Es braucht aber jene Vereinbarung eine solche Bedeutung nicht zu haben. In den letzthin vom Reichsgericht entschiedenen Fällen (vgl. RGZ. Bd. 92 S. 388 und Bd. 96 S. 257) handelte es sich einmal um die Lieferung aus dem neutralen Auslande zu beziehender Ware; im anderen Falle hatten die Parteien eine kurze feste Frist für die Eröffnung des Akkreditivs vereinbart. Hier dagegen steht ein Inlandsgeschäft in Frage und ist für die Stellung des Akkreditivs keine feste Frist festgesetzt. Das Berufungsgericht hat überdies festgestellt, daß der Beklagte auf die buchstäbliche Erfüllung der Pflicht sofortiger Akkreditivstellung kein besonderes Gewicht gelegt und erst nach mehrfachem Briefwechsel am 3. November, also etwa 2 $^1/_2$ Wochen nach dem Vertragsabschlusse, seinen Rücktritt erklärt hat. Diese Erwägung beruht auf reiner Tatsachenwürdigung und läßt keinen Rechtsirrtum erkennen. Es wäre danach Pflicht des Beklagten gewesen, die Vorschrift des § 326 BGB. zu beobachten, zumal — wie das Berufungsgericht ebenfalls zutreffend betont — der Ausnahmefall des Abs. 2 nicht gegeben war.

Von der Revision wird nun aber die Auffassung des angefochtenen Urteils bekämpft, daß dem Kläger mangels Verzugs des Beklagten ein Anspruch auf Schadensersatz wegen Nichterfüllung nicht zustehe.

Der Kläger hat am 23. Oktober auf Lieferung gemahnt und dem Beklagten am 30. Oktober eine zehntägige Nachfrist gemäß § 326 BGB. bestimmt. Es fragt sich, ob diese Mahnung und Fristbestimmung nach Fälligkeit der Lieferpflicht des Beklagten erfolgt sind und ob, wenn dies nicht zutrifft, aus besonderen Gründen der Kläger einer Wiederholung der Mahnung und Fristbestimmung überhoben war.

Aus dem festgestellten Sachverhalt, insbesondere aus der von der Nationalbank eingezogenen Auskunft geht hervor, daß die Verzögerung der Angelegenheit durch das Verlangen der Bank nach einer Bestätigung der Akkreditivstellung abseiten der Pfälzer Bankzentrale in Ludwigshafen verursacht worden ist. Diesem Verlangen ist, wie die Pfälzer Bank am 14. November mitteilt, erst am 29. Oktober stattgegeben worden. Die Bestätigung wird also Ende Oktober oder Anfang November bei der Nationalbank eingelaufen sein. Die Revision rügt, daß das Berufungsgericht das von der Nationalbank eingeschlagene Verfahren aus dem Grunde dem Kläger zur Last gelegt habe, weil er sich der Bank als Erfüllungsgehilfin bedient habe. Diese Rüge beruht offenbar auf einem Mißverständnisse. Das Berufungsgericht hat in seinen Gründen nicht die Nationalbank, sondern die Pfälzer Bank als Erfüllungsgehilfin des Klägers im Auge gehabt. Der in Betracht kommende Satz: „Die Einholung der Bestätigung der Bank in Ludwigshafen durch die Nationalbank ist aber ein Umstand, den der Kläger zu vertreten hat, wenn er sich der Bank zur Erfüllung seiner Verbindlichkeiten bediente" wird durch die vorangehenden Ausführungen völlig verständlich. Dort legt das Berufungsgericht dar, daß eine Akkreditivstellung, welche eine glatte Erledigung der Angelegenheit nicht gewährleiste, der Vertragsabsicht nicht entspreche, daß aber im vorliegenden Falle tatsächlich die bloße Eröffnung des Akkreditivs durch Vermittelung der Pfälzer Bank, Zweigstelle in Rockenhausen, nicht genügt habe. Diese Ausführungen sind keineswegs rechtsirrtümlich. Die Eröffnung eines Akkreditivs erfolgt üblicherweise durch Rimessen oder durch den Kreditauftrag einer Bank, welche bei der beauftragten Bank ein Guthaben hat oder Kredit genießt. Keine Bank wird den Kreditauftrag zur Ausführung bringen, wenn sie nicht entweder gedeckt ist oder den Auftraggeber als kreditwürdige Persönlichkeit kennt. Im vorliegenden Falle hatte die Nationalbank, da sie die Unterschriften der Zweigstelle Rockenhausen nicht kannte, eine Bestätigung oder — wie die Pfälzer Bank sich in ihrem Schreiben vom 14. November ausdrückt — Beglaubigung der Bankzentrale in Ludwigshafen verlangt, und diese ist dann am 29. Oktober von der letztgenannten abgesandt worden. Das Verfahren der Nationalbank war zweifellos berechtigt. Da ihr keine Barwerte übersandt wurden, verlangte sie Sicherung für ihren Erstattungsanspruch. Eine solche Sicherung konnte ihr nur eine Verpflichtung gewähren, deren Wirksamkeit für sie sofort erkennbar war. Unmöglich kann einer Bank zugemutet werden, die Unterschriften aller Leiter von kleinen Zweigstellen zu kennen. Es kann aber auch keinen Geschäftsgebrauch geben, der jemanden zwänge, auf unsichere Gewähr hin einem Dritten Zahlung zu leisten oder Kredit zu eröffnen. Somit war es Pflicht des Klägers, entweder die Nationalbank mit entsprechender Rimesse zu versehen oder, wenn er eine Bank zur Vermittelung der Akkreditivstellung in Anspruch nahm, dafür Sorge zu tragen, daß der Bank, bei welcher das Akkreditiv zu eröffnen war, keine Zweifel über die Ungefährlichkeit des Geschäfts aufzukommen brauchten. Dieser Pflicht ist der Kläger nicht nachgekommen, und es bedurfte daher auch keiner Beweiserhebung über die Frage, ob das Akkreditiv bereits am 15. Oktober drahtlich und brieflich von der Pfälzer Bank Rockenhausen eröffnet worden ist. Hatte andrerseits der Kläger die Tatsache zu vertreten, daß die Eröffnung des Akkreditivs erst Anfang November ordnungsmäßig erfolgt und dem Beklagten bekannt gegeben worden ist, so war, da er nach dem Vertrage vorzuleisten hatte, sein Anspruch auf Lieferung des Heus auch erst in diesem Zeitpunkte fällig geworden. . . .

---

42. Zur Anwendung des § 812 Abs. 1 Satz 2 BGB. Einwirkung der Kriegsverhältnisse auf eine Vereinbarung, durch die ein Schluß über eine aus Amerika zu liefernde Ware rückgängig gemacht worden ist.

II. Zivilsenat. Urt. v. 25. April 1921 i. S. K. & Co. (Kl.) w. L. Söhne (Bekl.). II 536/20.

I. Landgericht I Berlin, Kammer für Handelssachen. — II. Kammergericht daselbst.

Die Klägerin hatte am 27. Mai 1914 von der Firma H. & Sohn 100 Tonnen prima amerikanisches Elektrolyt-Kupfer, im Dezember aus Amerika zu verschiffen, gekauft und hiervon am 26. Juni 1914 die Hälfte an die Beklagte verkauft. Durch Briefwechsel vom 8. und 10. Dezember 1914 hatten sich die Parteien dahin geeinigt, daß die der Beklagten zu liefernden 50 Tonnen nach Wiederkehr geregelter Schiffahrt so rasch wie möglich zur Verladung zu bringen seien. Am 10. Juni 1915 kam zwischen den Parteien eine Vereinbarung zustande, die von der Klägerin wie folgt bestätigt wurde: „Die an Sie noch nach Friedensschluß zu liefernden 50 tons Elektrolyt-Kupfer zu $126^1/_2$ haben wir heute zum Preise von M 190 von Ihnen zurückgekauft. Wir überreichen Ihnen mitfolgend bezügliche Abrechnung mit einem Saldo von M 31750 zu unseren Lasten und zum Ausgleich dieses Gegenstandes einen Scheck in gleicher Höhe“....

Die dem Schreiben beigefügte Abrechnung lautete:

„Ihr Kauf:	Debet	Credit
26/6.14 = 50 tons Elektrolyt-Kupfer Dezember 1914 Verschiffung à M $126^1/_2$	M 63250	
Ihr Verkauf:		
10/6.15. = 50 tons Elektrolyt-Kupfer zum Storno à M 190		M 95000
	M 63250	M 95000
		„ 63250
		M 31750“...

Im Mai 1917 zeigte die Firma H. & Sohn der Klägerin an, daß sie infolge Ausbruchs des Krieges mit Amerika den Vertrag vom 27. Mai 1914, auf Grund dessen sie nach Eintritt geregelter Schiffahrtsverhältnisse noch 50 Tonnen zu liefern habe, — 50 Tonnen hatte sie der Klägerin vor Ausbruch des Krieges geliefert — hinsichtlich der rückständigen Menge als hinfällig ansehe. Da die Klägerin dieser Auffassung widersprach, erhob die Firma H. & Sohn gegen sie eine Feststellungsklage. Der Rechtsstreit, in dem die jetzige Beklagte auf Streitverkündung der jetzigen Klägerin als Nebenintervenientin beitrat, wurde endgültig zugunsten der Firma H. & Sohn entschieden. Das Gericht nahm an, die durch den Krieg herbeigeführte Umwälzung der Verhältnisse müsse rechtlich alle vor dem Kriege abgeschlossenen Lieferungsverträge, soweit ihre Erfüllung den Bezug von Rohstoffen aus Übersee voraussetze, grundsätzlich als hinfällig erscheinen lassen, auch wenn sie im Kriege auf die Zeit nach Kriegsende verschoben seien. Die Klägerin vertrat nunmehr den Standpunkt, daß auch die beiden zwischen ihr und der Beklagten geschlossenen Verträge vom 26. Juni 1914 und vom 10. Juni 1915 hinfällig geworden seien, und erhob im März 1920 Klage auf Rückzahlung der durch Scheck gezahlten 31750 *M* nebst 5 % Zinsen seit dem 10. Juni 1915. Die Beklagte beantragte die Abweisung der Klage. Das Landgericht erkannte mit folgender Begründung nach dem Klagantrage: Der streitige Betrag sei von der Klägerin an die Beklagte aus dem Rechtsgrund des Rückkaufs gezahlt worden und der Rückkauf sei deshalb geschehen, weil zur Zeit seines Abschlusses der Rechtsgrund des Kaufs zwischen den Parteien, durch den die Klägerin an die Beklagte 50 Tonnen Elektrolyt-Kupfer verkauft gehabt, noch bestanden habe oder doch von den Parteien als bestehend angenommen worden sei. Dieser Rechtsgrund sei später weggefallen. Denn nach der Rechtsprechung des Reichsgerichts (RGZ. Bd. 94 S. 45) seien infolge der langen Dauer des Krieges solche Verträge, bei denen dem Käufer aus dem Ausland einzuführende Waren zu liefern und die nicht bereits vor Ausbruch des Krieges erfüllt gewesen seien, hinfällig geworden, oder es habe doch der Verkäufer ein Rücktrittsrecht wegen Unmöglichkeit der Erfüllung erlangt. Dies sei insbesondere auch bei solchen Verträgen der Fall, durch die der Verkäufer aus Amerika nach Deutschland zu verschiffendes Elektrolyt-Kupfer verkauft gehabt habe. Der Rechtsgrund, auf Grund dessen das Abkommen vom 10. Juni 1915 geschlossen worden, sei also später in Wegfall gekommen, oder es sei doch später der Klägerin gegen den Kauf, durch den sie das Kupfer an die Beklagte verkauft gehabt habe, die Einrede der Unmöglichkeit der Erfüllung entstanden, durch die die Geltendmachung des Kaufs seitens der Beklagten gegen die Klägerin dauernd ausgeschlossen worden sei. Die Beklagte sei also durch den auf Grund des Abkommens vom 10. Juni 1915 an sie gezahlten Barbetrag ohne Rechtsgrund auf Kosten der Klägerin bereichert.

Auf die Berufung der Beklagten wies das Kammergericht die Klage ab. Die Revision der Klägerin wurde zurückgewiesen.

Aus den Gründen:

... Wenn auch der erste Satz des Bestätigungsschreibens vom 10. Juni 1915 seinem Wortlaute nach für den Abschluß eines Vertrags zu sprechen scheint, durch den die Klägerin die von ihr nach Friedensschluß an die Beklagte zu liefernden 50 Tonnen Elektrolyt-Kupfer von der Beklagten zu einem um 63 ½ *M* für 100 kg höheren Preise zurückgekauft hat, so nötigt, mindestens aber berechtigt doch nach den §§ 133, 157 BGB. und dem § 346 HGB. der übrige Inhalt jenes Schreibens und der ihm beigefügten Abrechnung zu der vom Kammergericht vertretenen Auffassung, daß die Parteien nicht einen nach Friedensschluß zu erfüllenden Rückkaufsvertrag über die 50 Tonnen Elektrolyt-Kupfer, sondern einen beiderseits sofort zu erfüllenden Vertrag geschlossen haben, wonach die Klägerin an die Beklagte 31750 *M* zahlen und die für beide aus dem Vertrage vom 26. Juni / 8./10. Dezember 1914 erwachsenen Rechte und Pflichten aufgehoben sein sollten. Daß der Vertrag vom 10. Juni 1915, wie die Revision meint, unter einer auflösenden Bedingung geschlossen worden wäre, ist nicht erkennbar, in den Vorinstanzen übrigens auch gar nicht geltend gemacht worden. Mit der alsbald erfolgten Zahlung der 31750 *M* ist daher die Klägerin von ihrer Lieferungsverpflichtung, die damals noch voll zu Recht bestand, endgültig frei geworden. Nun sind allerdings später, infolge des Eingreifens der Vereinigten Staaten von Amerika in den Krieg und der dadurch herbeigeführten gänzlichen Veränderung aller Verhältnisse, Umstände eingetreten, unter denen der Klägerin die Erfüllung ihrer Lieferungsverpflichtung auch dann nicht mehr hätte zugemutet werden können, wenn sie nicht schon davon frei gewesen wäre. Daraus folgt jedoch nicht, daß der rechtliche Grund für die Zahlung der 31750 *M* später weggefallen oder daß der mit der Zahlung nach dem Inhalte des Vertrags vom 10. Juni 1915 bezweckte Erfolg nicht eingetreten wäre (§ 812 Abs. 1 Satz 2 BGB.). Der bezweckte Erfolg, die Befreiung der Klägerin von ihrer Lieferungsverpflichtung, war vielmehr mit der Zahlung der 31750 *M* endgültig eingetreten, so daß für eine Rückforderung dieses Betrags wegen ungerechtfertigter Bereicherung kein Raum ist.

---

43. Sind die vor Erlassung des Reichsgesetzes vom 11. Mai 1920 über Maßnahmen gegen Wohnungsmangel auf Grund der Bundesratsverordnung vom 23. September 1918 getroffenen Anordnungen und Maßnahmen mit rückwirkender Kraft gültig, auch wenn sie dem Art. 153 der Reichsverfassung widersprechen?

VI. Zivilsenat. Urt. v. 28. April 1921 i. S. Th. (Kl.) w. Bremischen Staat (Bekl.). VI 368/20.

I. Landgericht Bremen. — II. Oberlandesgericht Hamburg.

Das Wohnungs- und Siedelungsamt des beklagten Staates teilte dem Kläger, der Eigentümer eines Grundstücks in Bremen ist, mit, daß er eine Anzahl Wohnräume zur Verfügung stellen müsse, wies ihm auch Wohnungsuchende als Mieter für diese Räume zu. Der Kläger hat darauf Klage erhoben mit dem Antrage, dem Beklagten jeden Eingriff in seine Eigentums- und Wohnungsrechte an dem Grundstück insbesondere nach der Richtung zu verbieten, daß er die Wohnung auf entbehrliche Räume untersuchen läßt und entbehrliche Räume für Wohnungsuchende zur Verfügung stellt.

Das Landgericht hat dem Beklagten aufgegeben, jeden Eingriff in die Eigentums- und Wohnungsrechte des Klägers bezüglich des genannten Grundstücks auf Grund der Verordnungen vom 14. Februar und 14. August 1919, betreffend Beschaffung von Wohnungen, zu unterlassen. Das Oberlandesgericht hat die Klage abgewiesen.

Die Revision wurde zurückgewiesen aus folgenden

Gründen:

Die Bremer Verordnung vom 14. Februar 1919 bestimmt in §§ 2—4:

„Die Inhaber von großen Wohnungen sind verpflichtet, die nach Ansicht des Wohnungs- und Siedelungsamts entbehrlichen Räume den ihnen von dem Wohnungsnachweis zugewiesenen Wohnungsuchenden, in besonderen Notfällen auch mit Mobiliar und Kochgelegenheit, zu überlassen und die erforderlichen Umbauten zu gestatten. Der Staat übernimmt die Kosten der Umbauten und der Wiederinstandsetzung, ferner vergütet er einen etwa entgangenen Gewinn. In Streitfällen entscheidet das Einigungsamt unter Ausschluß des Rechtswegs. Das Wohnungs- und Siedelungsamt setzt die zu zahlende Miete fest und zieht sie ein. Sie wird dem Mieter ausgekehrt."

Die Bremer Verordnung vom 14. August 1919 ist auf Grund des § 9 BRV. über Maßnahmen gegen Wohnungsmangel vom 23. September 1918 mit Zustimmung des Reichsarbeitsministers ergangen. Sie enthält in den §§ 2—4 die gleichen Vorschriften wie die §§ 2—4 der VO. vom 14. Februar 1919, nur daß an die Stelle des Wohnungs- und Siedelungsamts der Ausschuß für das Wohnungs- und Siedelungswesen getreten ist. Durch § 6 ist die Verordnung vom 14. Februar 1919 aufgehoben worden.

Das Landgericht hält die Verordnung vom 14. August 1919 für formell gültig und ist der Ansicht, daß die durch sie gestatteten Eingriffe in das Eigentum der gesetzlichen Grundlage nicht entbehren, da die Verordnung durch die auf Grund des Ermächtigungsgesetzes vom 3. August 1914 erlassene Bundesratsverordnung vom 23. September 1919 gedeckt sei. Dagegen widerspreche sie dem Art. 153 RVerf., wonach Enteignungen nur gegen angemessene Entschädigung und unter Zulassung des Rechtswegs wegen der Höhe der Entschädigung erfolgen dürften. Die Bremer Verordnung gestatte eine Enteignung, indem der Eigentümer in der freien Verfügung über sein Eigentum behindert werden dürfe. Es werde jedoch weder eine angemessene Entschädigung gewährt, noch sei der Rechtsweg wegen ihrer Höhe offen gehalten. Die §§ 3 und 4 seien daher ungültig, woraus die Ungültigkeit der Verordnung überhaupt folge.

Nach Verkündung des Urteils des Landgerichts ist am 4. Dezember 1919 auf Grund des § 9 der BRV. vom 23. September 1918 mit Zustimmung des Reichsarbeitsministers eine neue Bremer Verordnung ergangen, die die Verordnung vom 14. August 1919 aufhebt und als mit letzterem Tage in Kraft getreten gilt. Sie bestimmt in den §§ 2—5:

„Die Verfügungsberechtigten solcher Wohnungen, die im Verhältnis zur Zahl der Bewohner übergroß sind, haben auf Aufforderung des Ausschusses für das Wohnungs- und Siedelungswesen diejenigen Räume ihrer Wohnungen, die für sie entbehrlich sind und ohne erhebliche bauliche Änderungen zur Verwendung als Wohnungen abgetreten werden können, den ihnen vom Wohnungsnachweis zugewiesenen Wohnungsuchenden zu überlassen. Kommt zwischen diesen und dem Verfügungsberechtigten kein Mietvertrag zustande, so setzt auf Anrufen des Ausschusses für das Wohnungs- und Siedelungswesen das Einigungsamt . . . einen Mietvertrag fest. . . . Räume, die dem Ausschuß für das Wohnungs- und Siedelungswesen nicht überlassen werden, können auf Veranlassung des Ausschusses zwangsweise geräumt werden. In den Fällen, in denen der Ausschuß auf Grund der Verordnungen vom 14. Februar 1919 und 14. August 1919 Beschlagnahmen vorgenommen hat, können die Verfügungsberechtigten das Einigungsamt mit dem Antrag anrufen, die vom Ausschuß festgesetzte Vergütung anderweitig zu regeln."

Das Oberlandesgericht erachtet im Gegensatz zum Landgericht die Bremer Verordnung vom 14. August 1919 und ebenso die Verordnung vom 4. Dezember 1919 für gültig. Der Bremer Senat sei kraft § 9 der BRV. vom 23. September 1918, der Bundesrat durch § 3 des ErmächtigungsG. zum Erlaß befugt gewesen. An sich sei zwar die sog. Subdelegation unzulässig. Hier sei aber der Bundesrat ermächtigt gewesen, nach seinem Ermessen Maßnahmen zu treffen. Er habe daher auch einen Teil der Maßnahmen zur Hebung des Wohnungsmangels durch Vermittelung der Landeszentralbehörden auf Gemeindebehörden übertragen dürfen. Materiell enthielten die Bremer Verordnungen eine echte Enteignung. Sie gewährten keine angemessene Entschädigung. Die Miete sei kein genügender Ersatz für die Schäden und Unzuträglichkeiten, die dem Wohnungsinhaber durch die erzwungene Einquartierung und durch die lästige Beschränkung auf die verbliebenen Räume erwüchsen. Auch sei der Rechtsweg nicht gewährleistet. Jedoch ließen Art. 115, 153 RVerf. Ausnahmen auf Grund von Gesetzen zu. Gesetz sei hier im Sinne von Rechtsnorm zu verstehen. Als Gesetze gälten auch Verordnungen des Bundesrats und der Behörden, denen das Verordnungsrecht zulässig delegiert sei. Die Bremer Verordnungen seien als Ausnahmegesetze anzusehen, die gemäß § 9 der BRV. ergangen seien, wonach die Gemeindebehörden auch zu anderen als den in §§ 2—5 der BRV. bezeichneten Anordnungen ermächtigt werden könnten. Danach sei die Klage unbegründet, gleichviel ob man die Bremer Verordnung vom 14. August 1919 oder vom 4. Dezember 1919 zugrunde lege.

Die Revision macht im wesentlichen geltend, daß das sog. Ermächtigungsgesetz vom 3. August 1914 den Bundesrat nur ermächtigt habe, die erforderlichen Maßnahmen selbst anzuordnen, nicht aber ihm die Befugnis verliehen habe, die ihm erteilte Ermächtigung bis hinunter zu den Gemeindebehörden weiter zu übertragen. Daraus ergebe sich die formelle Ungültigkeit der Bremer Verordnungen. Diese verstießen aber auch gegen Art. 115 und 153 RVerf., wonach Ausnahmen von den hierin gewährten Grundrechten nur durch ein Reichsgesetz und nicht durch eine, zudem auf Delegation beruhende Verordnung gemacht werden könnten.

Der Revision war der Erfolg zu versagen.

Die Zulässigkeit des Rechtswegs stützt sich auf § 15 der (früheren) Bremer Verfassung und ist außer Streit.

Das Reichsgericht hat in ständiger Rechtsprechung die Gerichte für befugt erklärt, die formelle wie die materielle Rechtmäßigkeit von Gesetzen und Verordnungen nachzuprüfen, soweit die Nachprüfung nicht durch Gesetz ausgeschlossen ist (RGZ. Bd. 9 S. 235, Bd. 24 S. 3, Bd. 25 S. 274, Bd. 45 S. 270, Bd. 48 S. 84, 205, Bd. 77 S. 231). Hieran ist festzuhalten. Bei Prüfung der Gültigkeit der Bundesratsverordnung vom 23. September 1918 könnte sich das Bedenken erheben, ob die Ermächtigung, die dem Bundesrat durch das Gesetz vom 3. August 1914 erteilt war, sich soweit erstreckte, daß er einer anderen Behörde Anordnungen von Maßnahmen übertragen konnte, ohne den Rahmen zu ziehen, innerhalb dessen sie oder die Behörde, der sie die Ermächtigung weitergab, die Maßnahme treffen dürfe. Eine solche weitgespannte Übertragung enthält § 9 der BRV. Danach konnte die Landeszentralbehörde mit Zustimmung des Reichskanzlers die Gemeindebehörden auch zu „anderen als den in §§ 2—5 bezeichneten Anordnungen" ermächtigen, so daß die Gemeindebehörden ganz nach ihrem unbeengten Ermessen, ja nach Willkür Anordnungen, die sie zur Steuerung der Wohnungsnot für geeignet hielten, erlassen konnten. Zwar waren die Maßnahmen an die Zustimmung des Reichskanzlers gebunden. Allein die Verordnung sagt nicht, daß der Reichskanzler, an dessen Stelle der Reichsarbeitsminister getreten ist, vor der Zustimmung von den beabsichtigten Anordnungen Kenntnis erhalten müsse. Dies ergibt sich nach dem Gang des Verfahrens keineswegs von selbst. Denn der Reichskanzler hatte nur seine Zustimmung dazu zu erteilen, daß die Landeszentralbehörde die Gemeindebehörden zu anderen Anordnungen ermächtige. Welche Anordnungen die Gemeindebehörden kraft der Ermächtigung treffen würden, mußte sich vielfach nach den besonderen, unter Umständen wechselnden Bedürfnissen in den Gemeinden richten und konnte im voraus nicht angegeben werden. Die Zustimmung der höchsten Reichsstelle bot mithin keine sichere Gewähr dagegen, daß auf Grund der Ermächtigung zuweitgehende Maßnahmen ergriffen würden. Indes erledigt sich dies Bedenken aus den später darzulegenden Gründen.

Das Berufungsgericht legt die Bremer Verordnungen dahin aus, daß sie eine Enteignung zuließen, hierfür aber keine angemessene Entschädigung gewährten und den Rechtsweg wegen der Höhe der Entschädigung nicht offen hielten. Diese Auslegung verkennt keinen allgemeinen Rechtsbegriff, namentlich nicht den der Enteignung, und ist im übrigen, da sie sich auf Bremer Landesrecht bezieht, nicht nachprüfbar.

Hiernach treten die Bremer Verordnungen in Widerspruch mit dem durch Art. 153 geschaffenen positiven Recht, daß eine Enteignung nur gegen angemessene Entschädigung unter Offenhaltung des Rechtswegs wegen ihrer Höhe stattfinden darf, soweit ein Reichsgesetz nichts anderes bestimmt. Die Frage, ob unter Reichsgesetz in Art. 153 nur ein gemäß Art. 68 flg. RVerf. ergangenes Gesetz oder auch eine Rechtsverordnung zu verstehen sei, hat der I. Strafsenat im Urteil vom 4. Oktober 1920 RGSt. Bd. 55 S. 88 (91) dahin entschieden, daß Reichsgesetz hier jede reichsrechtliche Rechtsnorm bedeute, daß also auch reichsrechtliche Rechtsverordnungen als Reichsgesetze im Sinne des Art. 153 zu gelten haben. Der erkennende Senat findet keinen ausreichenden Anlaß, dieser Ansicht entgegen zu treten.

Demgemäß hätte durch die Bundesratsverordnung vom 23. September 1918 — deren Gültigkeit unterstellt — sowie durch die Verordnungen, die kraft der durch sie gestatteten Übertragung erlassen sind, die in Art. 153 zugelassene Ausnahme von dem Grundrecht an sich getroffen werden können. Art. 153 läßt aber die Durchbrechung des Grundrechts nur zu, soweit ein Reichsgesetz „nichts anderes bestimmt". Der Zweifel entsteht, ob das Reichsgesetz ausdrücklich oder mindestens durch entgegengesetzte Vorschriften etwas anderes bestimmen muß, oder ob es bereits genügt, daß aus dem Inhalt der Norm die Abweichung von dem Grundrecht zu entnehmen ist. Die Bremer Verordnungen sagen weder, daß dem Enteigneten keine Entschädigung zu leisten oder der Rechtsweg wegen ihrer Höhe verschlossen sei, noch treffen sie eine anderweite Festsetzung, aus der sich dies klar ergibt; sondern das Berufungsgericht leitet seine dahingehende Auslegung nur aus Inhalt und Zweck der Verordnungen her. Der Wortlaut des Art. 153 sowie die Bedeutung der Verfassungsbestimmungen, insbesondere der Grundrechte, die doch als Heiligtum des deutschen Volkes gedacht sind, weisen auf die Notwendigkeit hin, daß die Rechtsnorm, die eine Ausnahme davon schafft, sich deutlich dazu bekenne. Doch braucht die Frage, ob die Bremer Verordnungen um deswillen ungültig seien, weil sie eines solchen Ausspruchs ermangeln, aus dem folgenden Grund nicht entschieden zu werden:

Nach Schluß der mündlichen Verhandlung vor dem Berufungsgericht vom 6. Mai 1920, jedoch vor der am 1. Juni darauf erfolgten Verkündung des Urteils, ist am 15. Mai 1920 das Reichsgesetz vom 11. Mai 1920 über Maßnahmen gegen Wohnungsmangel in Kraft getreten. Das Gesetz hätte also von dem Berufungsgericht noch beachtet werden können und ist von dem Revisionsgericht anzuwenden. § 9 der BRV. vom 23. September 1918 hat nunmehr in der neuen Fassung eine zweifelsfreie gesetzliche Unterlage gewonnen. Er gestattet Eingriffe in die Freizügigkeit und in die Unverletzlichkeit der Wohnung und des Eigentums, soweit sie zur Behebung oder Milderung der Wohnungsnot dringend erforderlich sind. Sodann ist unter III des Gesetzes bestimmt, daß die auf Grund der Bundesratsverordnung vom 23. September 1918/22. Juni 1919 bisher getroffenen Anordnungen und Maßnahmen in Kraft bleiben. Damit hat das Gesetz die Bundesratsverordnung vom 23. September 1918 als zu Recht ergangen anerkannt, und ihre etwaigen Mängel sind geheilt. Das Gesetz stellt ferner die auf Grund der Bundesratsverordnung getroffenen Anordnungen auf einen gesetzlichen Boden: es will sie so angesehen wissen, als seien sie von vornherein auf Grund von Vorschriften erlassen, wie sie das neue Gesetz enthält, und verleiht ihnen, indem es befiehlt, daß die Anordnungen in Kraft bleiben, trotz der ihnen anhaftenden Mängel Geltung mit Rückwirkung auf den Zeitpunkt, zu dem sie in Kraft getreten sind.

Hiermit ist die Gültigkeit der Bremer Verordnungen, die auf Grund der Bundesratsverordnung vom 23. September 1918 erlassen sind, festgestellt. Die Klage ist also mit Recht abgewiesen worden....

44. 1. Enthält Art. 131 der Reichsverfassung sofortiges unmittelbares Recht? Wie wirken seine Vorschriften in den Gebieten ohne Staatshaftungsgesetz, wie gegenüber den bereits bestehenden Staatshaftungsgesetzen?

2. Zur Frage der staatlichen Entschädigungspflicht für hoheitsrechtliche Eingriffe.

III. Zivilsenat. Urt. v. 29. April 1921 i. S. R. (Kl.) w. Deutsches Reich (Bekl.). III 373/20.

I. Landgericht I Berlin. — II. Kammergericht daselbst.

Der Kläger hatte auf Grund fester Kaufabschlüsse der Russischen Sowjetregierung eine größere Menge Waren zu liefern und hierfür vom Reichskommissar für Ausfuhrbewilligungen auf Weisung des Reichswirtschaftsministers am 12. April 1919 eine Ausfuhrbewilligung erhalten. Die Bewilligung lautete jedoch nicht auf die Sowjetregierung als Käuferin der Waren, sondern auf „Rußland“ und auf „einen noch anzugebenden Käufer“. Die Waren wurden am 21. April 1919 auf der Grenzstation auf Weisung des Auswärtigen Amts angehalten.

Der Kläger fordert den Ersatz des ihm durch das Anhalten der Waren erwachsenen Schadens und stützt diese Klage auf ein die Haftung des Beklagten begründendes Verschulden des Auswärtigen Amts, das durch Vereitelung der dem Kläger vom Reichswirtschaftsminister erteilten Ausfuhrbewilligung seinen Geschäftsbereich unberechtigt und schuldhaft überschritten habe, und auf eine Rechtsregel der staatlichen Entschädigungspflicht für staatliche Eingriffe in wohlerworbene Rechte.

Die Instanzen haben abgewiesen. Die Revision blieb erfolglos.

Gründe:

Den ersten Klagegrund erachtet der Beklagte schon darum für hinfällig, weil für ein Verschulden des zur Wahrung der internationalen Beziehungen und Interessen, also zur selbständigen Prüfung der Zulässigkeit jeder Ausfuhr — zumal im April 1919 nach Rußland — berufenen Auswärtigen Amts nicht das geringste vorliege, insbesondere vom Kläger kein Beweis dafür angetreten sei, daß das Auswärtige Amt durch den Eingriff seinen Geschäftsbereich überschritten habe. Abgesehen davon aber schlage § 5 Nr. 2 des fortgesetzt geltenden Reichshaftungsgesetzes vom 22. Mai 1910 ein; dieses Gesetz sei durch den nicht unmittelbares Recht, sondern nur eine Richtschnur gebenden Art. 131 der Reichsverfassung vom 11. August 1919 nicht berührt. Der Reichskanzler habe unter dem 27. Oktober 1919, der Reichsminister des Auswärtigen am 11. Februar 1920 die Erklärung abgegeben, daß das Verhalten der mit dieser Angelegenheit befaßt gewesenen Beamten des auswärtigen Dienstes politischen Rücksichten entsprochen habe. Aus diesen Gründen habe der Beklagte nicht nötig gehabt, die Motive, welche das Auswärtige Amt leiteten und seinen Eingriff nötig machten, zu offenbaren.

Gegen die Anwendung des § 5 Nr. 2 des Reichshaftungsgesetzes wendet der Kläger ein:

Zwar habe zur Zeit der strittigen Vorgänge das Reichshaftungsgesetz noch bestanden; es habe damals aber laut der Gesetze vom 10. Februar 1919 (über die vorläufige Reichsgewalt), und 4. März 1919 (Übergangsgesetz) und des Erlasses vom 21. März 1919 (Errichtung und Bezeichnung der obersten Reichsbehörden) einen Reichskanzler nicht mehr gegeben. Die Reichsverfassung vom 11. August

1919 habe durch Art. 131 das Reichshaftungsgesetz von 1910 und damit dessen § 5 Nr. 2 aufgehoben; der durch die Verfassung wieder eingeführte Reichskanzler habe also die Befugnis zu einer Erklärung im Sinne des § 5 Nr. 2 überhaupt nicht mehr gehabt. Daß aber etwa die Erklärungen des Reichskanzlers vom 27. Oktober 1919 und des Außenministers vom 11. Februar 1920 nur in dem Sinne und nur darum abgegeben werden wollten und abgegeben seien, weil die strittigen Vorgänge sich noch unter der damaligen, wenn auch inzwischen aufgehobenen, Geltung des § 5 Nr. 2 abgespielt hätten, dafür fehle jeder Anhalt, zumal ja der Beklagte, also auch der Reichskanzler und der Außenminister trotz des Art. 131 die fortdauernde Geltung des § 5 Nr. 2 annähmen. Eine derartige nachträgliche Anwendung des nicht mehr bestehenden und als nicht mehr bestehend erkannten § 5 Nr. 2 — nur weil der Tatbestand sich noch zur Zeit seiner Geltung verwirklicht hatte — würde auch unzulässig und unwirksam sein.

Bei diesem Streitstand bedarf es der Entscheidung der Frage, ob und inwieweit der Art. 131 der Reichsverfassung sofortiges, unmittelbares Recht enthält, und ob er insbesondere den § 5 Nr. 2 des Reichshaftungsgesetzes aufgehoben hat.

Die Bedeutung und Tragweite des Art. 131 kann nur aus dem Wortlaut und aus dem Zusammenhang mit den anderweiten Bestimmungen der Reichsverfassung und mit den gesamten Vorschriften unseres Rechtssystems geschöpft werden. Die Zufälligkeiten der Entstehung des Art. 131 und die Äußerungen der dafür oder dagegen eintretenden Abgeordneten in der Nationalversammlung dürfen von keinem ausschlaggebenden Belang sein; das Gesetz selbst ist davon losgelöst und muß seine Erklärung lediglich in sich selbst — als individuelle Vorschrift und zugleich als Teil eines Gesamtrechtskörpers — finden.

Art. 131 steht im zweiten Hauptteil der Verfassung „Grundrechte und Grundpflichten der Deutschen" im zweiten Abschnitt „das Gemeinschaftsleben" unmittelbar nach dem die Rechtsstellung der Beamten regelnden Art. 129, der, wie RGZ. Bd. 99 S. 262 näher ausführt, den Beamten und Berufssoldaten sofortige unmittelbare Rechte gibt, insbesondere den Rechtsweg für ihre vermögensrechtlichen Ansprüche. In Abs. 1 des Art. 131 lautet Satz 1 „Verletzt . . ., so trifft die Verantwortlichkeit grundsätzlich den Staat (oder die Körperschaft usw.)". Damit wird — abgesehen von dem Worte „grundsätzlich" — eine gegenwärtige, sofort, d. h. mit der Verfassung, ins Leben tretende, keines weiteren Einführungs- oder Ausführungsgesetzes bedürftige Vorschrift aufgestellt. Mit dem Worte „die Verantwortlichkeit" kann, da der Eingang des Satzes 1 den Eingang des § 839 BGB. genau wiederholt, nur unter Einschiebung der Worte „in Ausübung der ihm anvertrauten öffentlichen Gewalt" — nichts anderes gemeint sein als die

Verantwortlichkeit, wie sie dem Beamten in § 839 BGB. auferlegt ist, also nur bei vorsätzlicher oder fahrlässiger Amtspflichtverletzung und nur unter den Beschränkungen des Abs. 1 Satz 2 (subsidiär), des Abs. 2 (bei dem Urteil in einer Rechtssache) und des Abs. 3 (Gebrauch eines Rechtsmittels) des § 839. Der Inhalt des Satzes 1 des Art. 131 ist also genau derselbe wie in dem § 1 Abs. 1 des Reichshaftungsgesetzes von 1910 und des preußischen Staatshaftungsgesetzes vom 1. August 1909, obwohl hier die Worte „an Stelle der Beamten" fehlen. Dies wird bestätigt durch Satz 2 des Art. 131 „der Rückgriff gegen den Beamten bleibt vorbehalten". Damit ist dasselbe gesagt, was in § 2 Satz 1 des Reichshaftungsgesetzes und in § 3 Satz 1 des preußischen Haftungsgesetzes mit den Worten gesagt war „das Reich (bzw. der Staat) kann von dem Beamten Ersatz des Schadens verlangen, den es (bzw. er) durch die vorbestimmte Verantwortlichkeit erleidet". Das „Schadensersatzverlangen" gegen den Beamten und ebenso hier der „Rückgriff" gegen ihn zielt nur auf das, was der Beamte nach § 839 BGB. schuldig ist. Es kann also mit der diesen Rückgriff begründenden Verantwortlichkeit gegenüber dem Dritten nichts anderes gemeint sein, als die Verantwortlichkeit aus dem Grunde und in den Schranken des § 839. Die Ersatzpflicht des Beamten gegenüber dem an seiner Stelle dem geschädigten Dritten verantwortlichen Staate, also das Recht des Rückgriffs des Staates gegen den Beamten, steht an sich außerhalb der durch Art. 131 geregelten Rechtsbeziehung zwischen dem geschädigten Dritten und dem ihm verantwortlichen Staat. Es war jedoch sachgemäß, nach dem Vorgange des § 2 und des § 3 der Haftungsgesetze von 1910 und 1909 die Rückgriffsbefugnis des Staates gegen den Beamten sofort anzuschließen, um dem Mißverständnis vorzubeugen, als ob die Schadensersatzpflicht des Beamten selbst aufgehoben oder irgend beschränkt werden solle. Die Worte „bleibt vorbehalten" besagen, daß von Reichsverfassungsrechts wegen es jedem einzelnen Staat überlassen bleibt, im einzelnen Falle den Rückgriff zu nehmen oder nicht; sie besagen also insoweit dasselbe, was die § 2 RHaft.G. und § 3 preuß. Haft.G. mit den Worten „der Staat kann Ersatz verlangen" aussprechen; sie drücken aber noch weiter aus, daß in betreff dieses Rückgriffs die in Abs. 2 des Art. 131 vorgesehene „nähere Regelung" durch die zuständige Gesetzgebung völlig freie Hand hat, z. B. in der Festsetzung der Verjährungsfrist für den Rückgriffsanspruch des Staats. Nach diesem zwischengeschobenen Satz 2 kehrt der Satz 3 des Abs. 1 des Art. 131 zu dem Rechtsverhältnis zwischen geschädigtem Dritten und verantwortlichem Staat zurück: „der ordentliche Rechtsweg darf nicht ausgeschlossen werden". Dieser Satz, — der übrigens nicht, wie der Berufungsrichter annimmt, erst in der 3. Lesung beigefügt wurde, sondern bereits in der 2. Lesung beantragt

(Anträge Nr. 419 Nr. 8 und Nr. 590) und am 17. Juli beschlossen war, vgl. die Zusammenstellung der Beschlüsse 2. Lesung, — bedeutet, daß der ordentliche Rechtsweg von Reichsverfassungsrechts wegen nunmehr hiermit offen steht, vgl. Art. 129 Abs. 1 Satz 4, und zwar schlechthin, nämlich derart, daß er durch die „nähere Regelung" nach Abs. 2 des Art. 131 nicht ausgeschlossen werden darf. Er bedeutet also nicht, daß erst für eine durch zukünftige Gesetzgebung einzuführende Staatsverantwortlichkeit durch diese zukünftige Gesetzgebung der ordentliche Rechtsweg gegeben werden solle, sondern er bedeutet, daß die gegenwärtig durch die Verfassung gegründete Staatsverantwortlichkeit vor dem ordentlichen Richter ausgetragen werden muß, also durch eine spätere „nähere Regelung" nicht einer Verwaltungsstelle oder einem Verwaltungsgericht überwiesen werden darf. Die Frage des Rechtswegs ist als eine bereits und unbedingt durch die Verfassung entschiedene der „näheren Regelung" entzogen. Nur wäre es kein Ausschluß den Rechtswegs, wenn etwa die Beschreitung des Rechtswegs an die Voraussetzung eines Vorbescheids geknüpft werden wollte, vgl. RGZ. Bd. 99 S. 262.

Der den Art. 131 abschließende Abs. 2 stellt klar, was mit dem Worte „grundsätzlich" in Abs. 1 Satz 1 gemeint ist. Der Grundsatz der reichsverfassungsrechtlich festgestellten Staatsverantwortlichkeit darf durch die nähere Regelung nicht angetastet werden. Unbeschadet des bereits hier verwirklichten Grundsatzes wird nur die nähere Regelung der Einzelheiten — Durchführung, Erweiterung, Einzelabweisung — zugelassen. Eine erst noch ausstehende zukünftige Verwirklichung des Grundsatzes kann nicht als nähere Regelung bezeichnet werden. Ob das Wort „grundsätzlich" in Art. 109 Abs. 2 der Reichsverfassung „Männer und Frauen haben grundsätzlich dieselben staatsbürgerlichen Rechte und Pflichten" nur ein Prinzip bedeutet, kann als belanglos dahinstehen. Denn dies Wort kann sehr wohl in verschiedenen Artikeln, je nach ihrem Wortlaut und Zusammenhang, eine verschiedene Bedeutung haben; übrigens weist es auch in Art. 109 Abs. 2 wie in Art. 131 Abs. 1 Satz 1 auf die Zulässigkeit einzelner Abweichungen und Ausnahmen hin, insofern nämlich eine völlige staatsbürgerliche Gleichheit jedenfalls durch die Verschiedenheit der männlichen und der weiblichen Natur ausgeschlossen wird.

Hiernach ergibt sich kraft des Art. 131 folgender Rechtszustand:

Für die Rechtsgebiete, welche bisher keine Staatshaftungsvorschrift hatten, ist die Verantwortlichkeit des Staates (bzw. der Körperschaft) nunmehr eingeführt und verwirklicht, und zwar, solange die einzelne zuständige Gesetzgebung eine nähere Regelung nicht getroffen hat, ausnahmslos für alle Beamten, also auch für die in § 5 Nr. 1 bzw. § 1 Satz 3 der Gesetze von 1910 und 1909 ausgenommenen Gebühren-

beamten, aber ohne die in § 1 Abs. 2 der Gesetze von 1910 und 1909 bestimmte Erweiterung auf den Fall der Bewußtlosigkeit oder Geistesgestörtheit des Beamten und ohne die besondere, behufs Vermeidung einer Schlechterstellung des Beamten dem § 852 BGB. angepaßte Rückgriffsverjährungsvorschrift des § 2 Satz 2 bzw. § 3 Satz 2 jener Gesetze. Die Bedenken oder Nachteile einer derartigen Geltung allein des Art. 131 ohne jedwede nähere Regelung können den betroffenen Ländern dringenden Anlaß geben, die nähere Regelung durch ihre Gesetzgebung nunmehr zu treffen. Wäre dagegen Art. 131 Abs. 1 nur eine Richtlinie für eine spätere Landesgesetzgebung, so bliebe zweifelhaft, ob das Reich, etwa im Wege des dazu unzureichend erscheinenden Art. 15 der Verfassung, überhaupt die rechtliche Möglichkeit hat, eine solche Landesgesetzgebung in Gang und zur Vollendung zu bringen. Es bliebe also etwa dem einzelnen Lande überlassen, ob und wann es die Richtlinien der Staatsverantwortlichkeit für sein Gebiet verwirklichen wollte. Um dem vorzubeugen, schafft und verwirklicht die Reichsverfassung selbst die Staatsverantwortlichkeit als ein sofortiges Grundrecht aller Deutschen für das ganze Reichsgebiet. Sie beseitigt sofort und schlechtweg einen Rechtszustand, in welchem dem geschädigten Dritten nur der mit öffentlicher Gewalt betraute Beamte haftet und nicht der Staat, der doch den Beamten in seine Hoheitsstellung einsetzt und handeln läßt. Sie gibt dem geschädigten Dritten bereits jetzt einen gegen den Staat zu erhebenden Ersatzanspruch, welcher durch das Fehlen einer „näheren Regelung" nicht berührt wird.

Für die Rechtsgebiete, in denen die Staatsverantwortlichkeit bereits bestand, so insbesondere für die Reichsbeamten und die preußischen Beamten kraft des Gesetzes von 1910 und 1909, ist die Quelle der Staatsverantwortlichkeit nicht mehr § 1 Abs. 1 dieser Gesetze, sondern nunmehr Art. 131 Abs. 1 Satz 1 und 3 der Reichsverfassung. Jene §§ 1 Abs. 1 sind durch Art. 131 Abs. 1 Satz 1 und 3 überholt und, insofern die Staatsverantwortlichkeit jetzt auf der nur nach ihrem Art. 76 abzuändernden Reichsverfassung beruht, in ihrer Rechtsbeständigkeit gesteigert. Die je dem § 1 Abs. 1 nachfolgenden Einzelbestimmungen der Gesetze von 1910 und 1909 behalten aber ihre Gültigkeit, soweit sie dem Art. 131 Abs. 1 Satz 1 und 3 nicht widersprechen; insoweit sind sie eine schon vorhandene „nähere Regelung" im Sinne des Art. 131 Abs. 2. Die fortdauernde Geltung der Erweiterung der Staatsverantwortlichkeit auf den Fall der Geistesstörung des handelnden Beamten und die fortdauernde Geltung der Verjährungsvorschrift für den Rückgriffsanspruch des Staates kann einem Bedenken nicht unterliegen. Dagegen fragt es sich, steht hier jedoch nicht zur Entscheidung, ob § 2 (Konflikt) und § 5 (polizeiliche Verfügung) des preußischen Gesetzes von 1909 nicht gegen Art. 131

Abs. 1 Satz 3 verstoßen und folglich beseitigt sind, weil sie den reichsverfassungsrechtlich gegen den Staat schlechthin offenstehenden Rechtsweg (um den Rechtsweg gegen die Beamten selbst handelt es sich hier nicht) unter gewissen Voraussetzungen ausschließen. Und es fragt sich weiter ob für gewisse Beamte, nämlich für die auf den Bezug von Gebühren angewiesenen Beamten (§ 5 Nr. 1 RHaft.G. § 1 Satz des preuß. Haft.G.) und für die mit Angelegenheiten des auswärtigen Dienstes befaßten Beamten (§ 5 Nr. 2 RHaft.G.) die Staatsverantwortlichkeit abgelehnt werden darf. Dies steht für die Reichsbeamten des auswärtigen Dienstes zur Entscheidung und ist zu bejahen. Jede der beiden davon ausgenommenen Beamtenklassen bildet eine besondere Eigenart; dieser Eigenart durch Versagung der Staatsverantwortlichkeit Rechnung zu tragen, dazu eben soll das Wort „grundsätzlich" die rechtliche Möglichkeit geben. Durch solche Versagung aus den besonderen Gründen einzelner besonders gearteter Beamtenstellungen wird der grundsätzlich allgemeinen Herrschaft der Norm der Staatsverantwortlichkeit kein Abbruch getan.

Die Revision meint, die Bestimmung des § 5 Nr. 2 könne schon darum nicht mehr Bestand haben, weil durch sie entgegen Art. 131 Abs. 1 Satz 3 der Rechtsweg ausgeschlossen werde. Diese Anschauung geht fehl. Das Reich lehnt in betreff der Beamten des auswärtigen Dienstes für den Fall einer bestimmten Erklärung des Reichskanzlers zulässig seine sachliche Haftung ab, es ist also insoweit passiv nicht legimitiert; insoweit muß eine trotzdem erhobene Klage abgewiesen werden nicht wegen Unzulässigkeit des Rechtswegs, sondern weil eine Haftung des Reichs nicht besteht.

Auf Grund und in Gemäßheit des hiernach fortdauernd gültigen § 5 Nr. 3 RHaft.G. hat nun der Reichskanzler am 27. Oktober 1919 die Erklärung abgegeben, daß das Verhalten der Beamten des auswärtigen Dienstes, welche mit der Ende April 1919 erfolgten Anhaltung der für die Sowjetregierung bestimmten Waren befaßt waren, politischen Rücksichten entsprochen hat. Dieser Erklärung des Reichskanzlers ist eine gleichlautende Erklärung des Reichsministers des Auswärtigen vom 11. Februar 1920 gefolgt. Maßgebend ist allein die Erklärung des Reichskanzlers, denn diese ist in § 5 Nr. 2 vorgeschrieben. Daß es zur Zeit der strittigen Vorgänge (April 1919) einen Reichskanzler nicht gab, kann von keinem Belang sein; ein Zeitpunkt oder eine Frist für die Abgabe der Erklärung ist gesetzlich nicht bestimmt. Der am 27. Oktober 1919 verfassungsmäßig wieder bestehende Reichskanzler hatte das Recht und die Pflicht, sich in Ausführung des geltenden § 5 Nr. 2 über das Verhalten der im April 1919 handelnden Beamten zu erklären. Die Zuständigkeit dazu ist ihm, — wie auch sonst sein Geschäftsbereich von dem des Reichskanzlers nach der ehemaligen Reichsverfassung verschieden sein mag — eben durch § 5 Nr. 2 gegeben; übrigens hat der Reichskanzler nach § 56 der gegenwärtigen Reichsverfassung gerade die Richtlinien der Politik zu bestimmen.

Die Revision meint, § 5 Nr. 2 habe nur ein solches Verhalten der Beamten des auswärtigen Dienstes im Auge, welches sich innerhalb des ihnen zugewiesenen Geschäftskreises halte, hier aber sei vom Auswärtigen Amt über seinen Dienstbereich eigenmächtig und willkürlich ohne Einvernehmen mit dem Reichswirtschaftsminister und ohne Einholung eines Beschlusses der Reichsregierung übergegriffen in ein nur dem Reichswirtschaftsminister und seinem Kommissar unterstehendes Geschäftsgebiet. Es sei darum unzulässig, daß der Reichskanzler und der Außenminister sich derart schützend vor ihre Beamten stellten. Dieser Einwand wird erledigt schon durch den der richterlichen Nachprüfung entzogenen Inhalt der Reichskanzlererklärung selbst. Diese stellt fest, daß die betreffenden Beamten innerhalb ihres Dienstbereichs handelten, also nicht in einen fremden Geschäftsbereich übergriffen und daß sie richtig, d. h. in der den politischen Rücksichten entsprechenden Weise handelten. Durch diese Erklärung stellt sich der Reichskanzler nicht schützend vor die Beamten, sondern er verneint damit nur die Haftbarkeit des Reichs. Gegen die betreffenden Beamten selbst Ersatzklage zu erheben, ist dem Kläger unbenommen, falls er vermeint, daß eine ihm gegenüber obliegende Amtspflicht schuldhaft verletzt sei. Übrigens liegt, auch abgesehen von der Erklärung des Reichskanzlers, offen, daß in betreff der Ausfuhr von deutschen für die Sowjetregierung bestimmten Waren im April 1919 das Reichswirtschaftsministerium und das Auswärtige Amt je selbständig zu befinden und zu handeln hatten. Beide Stellen hielten die Ausfuhr an die Sowjetregierung, der doch in Wirklichkeit der Kläger die Waren zuführen und liefern wollte, für nicht angängig; dem Kläger war die Ausfuhrbewilligung vom Kommissar des Reichswirtschaftsministers nur erteilt für „Rußland" und „für einen anzugebenden Käufer", und gerade nicht für die Sowjetregierung.

Nach dem Ausgeführten ist der erste Klagegrund hinfällig. Auch der zweite versagt.

Die Ausfuhrbewilligung des Reichskommissars gab dem Kläger kein „wohlerworbenes Recht". Die ihm so freigegebene Ausfuhrbefugnis war kein Privatrecht im Sinne des Bürgerlichen Gesetzbuchs, war überhaupt kein Privatrecht und nicht einmal eine vollständige, endgültige Befugnis, insofern die Ausfuhr weiter noch der Prüfung und Entscheidung des Auswärtigen Amtes unterlag. Die Ausfuhrbewilligung war nur die öffentlichrechtliche Erklärung der einen der beiden zuständigen Stellen, daß sie ihrerseits keine Einwendung mache und die Ausfuhr freigebe.

Aus der in Theorie und Praxis verworrenen und zweifelvollen Lehre über die Entschädigungspflicht bei hoheitsrechtlichen Eingriffen in wohlerworbene Rechte könnte als gemeinrechtlicher oder allgemein gültiger Satz höchstens der entnommen werden, daß Entschädigung einzutreten hat, wenn Eigentum oder dem ähnliche dingliche Rechte ohne die Möglichkeit einer Abwehrklage genommen oder geschädigt werden, und wenn der hoheitsrechtliche Akt sich gerade gegen einzelne individuelle Rechte dieser Art im Interesse der Allgemeinheit richtete. Ob ein solcher Satz anzuerkennen und auf hoheitsrechtliche, insbesondere politische Akte auch des Reichs anwendbar ist, bedarf keiner Entscheidung. Denn ein eigentumähnliches Recht des Klägers steht hier keinesfalls in Frage, und die Nichtzulassung und Verhinderung der Ausfuhr der für die Sowjetregierung bestimmten Waren war eine Maßnahme, die sich nicht besonders gegen den Kläger, sondern gegen alle Verkäufer und Exporteure richtete.

45. Ist ein Rechtsmittel zulässig gegen ein Urteil, das sich als Zwischenurteil bezeichnet, aber über einen von mehreren im Eventualverhältnis geltend gemachten Ansprüchen entschieden hat?

V. Zivilsenat. Urt. v. 30. April 1921 i. S. W. u. Gen. (Kl.) w. R. (Bekl.). V 501/20.

I. Landgericht Insterburg. — II. Oberlandesgericht Königsberg.

Die Kläger haben in der Berufungsinstanz in erster Linie Feststellung der Nichtigkeit des mit dem Beklagten über ein Grundstück abgeschlossenen notariellen Kaufvertrags, in zweiter Linie Verurteilung des Beklagten zur Entgegennahme der Auflassung des Grundstücks Zug um Zug gegen Zahlung des Kaufpreises beantragt.

Das Oberlandesgericht hat zunächst durch ein von ihm als Zwischenurteil bezeichnetes Urteil vom 7. Oktober 1920 die Gültigkeit des notariellen Vertrags festgestellt. Bei der weiteren mündlichen Verhandlung in der Berufungsinstanz beantragten die Kläger nur noch, den Beklagten zur Entgegennahme der Auflassung gegen 7500 *M* zu verurteilen. Darauf hat das Oberlandesgericht durch Urteil vom 25. November 1920 den Beklagten verurteilt, die Auflassung des Grundstücks entgegenzunehmen und Zug um Zug gegen diese an die Kläger 5454,34 *M* zu zahlen, im übrigen aber die Klage abgewiesen. Die Kläger legten Revision zunächst gegen das Urteil vom 7. Oktober 1920, sodann auch gegen das vom 25. November 1920 ein. Die Revision gegen das Urteil vom 7. Oktober 1920 ist zurückgewiesen worden.

Aus den Gründen:

Die Revision gegen das Urteil vom 7. Oktober 1920 war für zulässig zu erachten. Zwar hat der Berufungsrichter dieses Urteil ausdrücklich als Zwischenurteil bezeichnet und auch aus den Entscheidungsgründen ergibt sich, daß er „zunächst durch Zwischenurteil nach § 303 ZPO." aussprechen wollte, daß der Vertrag gültig sei. Für die Frage der Zulässigkeit eines Rechtsmittels ist es aber nicht entscheidend, was für ein Urteil das Instanzgericht hat erlassen wollen, sondern als was sich das erlassene Urteil nach seiner Bedeutung und seinem Inhalte, wie sie sich aus der Urteilsformel und der Begründung ergeben, in Wirklichkeit darstellt. Das hiernach zulässige Rechtsmittel kann der beschwerten Partei nicht dadurch genommen werden, daß das Gericht das Urteil als ein einem Rechtsmittel nicht unterliegendes Zwischenurteil bezeichnet. Das ist in der Rechtsprechung des Reichsgerichts, namentlich in solchen Fällen, in denen es sich darum handelt, ob ein Zwischenurteil nach § 303 oder eine Vorabentscheidung über den Grund des Anspruchs nach § 304 erlassen war, anerkannt (RGZ. Bd. 42 S. 351, 395, Bd. 54 S. 342). Es muß aber ebenso auch für Fälle gelten, in denen, wie hier, in Frage kommt, ob ein Zwischenurteil nach § 303 oder ein Teilurteil nach § 301 vorliegt. Prüft man von diesen rechtlichen Gesichtspunkten aus die Natur des angefochtenen Urteils, so kann kein Zweifel bestehen, daß ein Teilurteil nach § 301 erlassen worden ist, und zwar in der Weise, daß über einen von mehreren in der Klage geltend gemachten Ansprüchen, der zur Entscheidung reif war, erkannt ist. Darauf weist schon der Wortlaut des verfügenden Teils hin, in dem nicht ein einzelnes Angriffs- oder Verteidigungsmittel als begründet oder unbegründet erklärt und so lediglich ein Element für eine weitere künftige Entscheidung geschaffen, sondern ein Rechtsverhältnis, nämlich die Gültigkeit des Vertrags vom 21. Juni 1919, festgestellt worden ist (§ 256 ZPO.). Diese Fassung der Urteilsformel entsprach aber auch der prozessualen Sachlage, da die Kläger in der Berufungsinstanz einen Antrag auf Feststellung der Nichtigkeit des Vertrags erhoben hatten, der nicht etwa lediglich als Einführung und Vorbereitung auf Leistungsansprüche, die aus der Nichtigkeit hergeleitet werden sollten, gemeint war und deshalb einer eigenen Bedeutung entbehrte (vgl. RGZ. Bd. 54 S. 343 und RG. 21. November 1916 VII 209), vielmehr selbständige Bedeutung als Inzidentfeststellungsantrag (§ 280 ZPO.) gewonnen hatte, nachdem im Laufe des Verfahrens die Gültigkeit des Vertrags streitig geworden war. Ein solcher mittels Klagerweiterung gestellter Inzidentfeststellungsantrag enthält aber die Geltendmachung eines Anspruchs auf gerichtliche Entscheidung über das streitige Rechtsverhältnis. Über diesen Anspruch ist durch die Feststellung der Gültigkeit des Vertrags dem Sinne nach dahin entschieden, daß er abgewiesen ist. Daß dies die Bedeutung der Entscheidung ist, ergibt sich auch aus dem späteren Verhalten der Parteien und des Berufungsgerichts, da in dem weiteren Verfahren der Feststellungsantrag als erledigt angesehen wurde und nur noch über die für den Fall seiner Abweisung gestellten, auf der Gültigkeit des Vertrags fußenden Klaganträge entschieden worden ist. Nicht entgegen steht der rechtlichen Natur des Urteils als eines Teilurteils, daß die weiteren mit der Klage gestellten Anträge zu dem Feststellungsantrag in dem Verhältnisse von Eventualanträgen stehen, da das Gesetz (§ 301 ZPO.) in dieser Richtung nicht unterscheidet und Eventualanträge auf tatsächlich und rechtlich anderer Grundlage beruhen und dementsprechend anderen Inhalt haben als der Prinzipalantrag, also in der Tat mehrere Ansprüche vorliegen (vgl. RG. 18. März 1902 III 88/02 in JW. 1902, S. 251 Nr. 8; nicht entgegenstehend RG. 1. Juni 1899 IV 459/98, JW. 1899 S. 433 Nr. 7, wo durch Teilurteil über den Eventualanspruch entschieden war). Die von einigen Schriftstellern (Marwitz, Urteil in bürg. Rechtsstreitigkeiten S. 25; Skonietzki und Gelpke zu § 301 Anm. 5) für den Fall abändernder Entscheidung über den Prinzipalantrag in der höheren Instanz hervorgehobenen angeblichen Unzuträglichkeiten können nicht ausschlaggebend sein, zumal sie durch geeignetes Verfahren nach dem Erlasse des Teilurteils in erster Instanz vermieden werden können (vgl. Koll ZZP. Bd. 31 S. 339). Die Streitfrage, ob eine eventuelle Klagenverbindung prozessual zulässig ist, bedarf hier keiner Entscheidung, da eine Rüge in dieser Richtung weder in den Vorinstanzen noch in der Revisionsinstanz erhoben worden ist. Übrigens würde, auch wenn ein Teilurteil nicht hätte erlassen werden dürfen, das nichts daran ändern, daß das erlassene Urteil sich seinem Inhalte nach als ein Teilurteil darstellt und deshalb die Revision zulässig ist.

Die Revision ist aber unbegründet. ...

46. Zum Begriff des rechtlichen Interesses im Sinne des § 393 Nr. 4 ZPO.

II. Zivilsenat. Urt. v. 3. Mai 1921 i. S. M. (Kl.) w. Sch. (Bekl.). II 550/20.

I. Landgericht Hamburg, Kammer f. Handelssachen. — II. Oberlandesgericht daselbst.

Aus den Gründen:

Die Rüge, daß das Berufungsgericht den in erster Instanz unbeeidigt vorgenommenen Zeugen B. zu Unrecht nicht beeidigt habe, ist unbegründet. Wenn der Kläger, wie er vorträgt, die dem Beklagten abgekauften Maschinen seinerseits an B. verkauft hat, so hat dieser am Obsiegen des Klägers ein rechtliches Interesse. Dies läßt sich zwar nicht, wie der Revisionsbeklagte meint, unmittelbar aus der Wendung des Berufungsurteils ableiten, daß der Kaufabschluß zwischen den Parteien die Voraussetzung für die Durchführung der Rechte B.'s auf die Maschinenanlage gewesen sei. Denn damit ist nicht gesagt, daß der Rechtsbestand des Vertrags zwischen B. und dem Kläger abhängig sei vom Abschluß eines festen Kaufvertrags zwischen den Prozeßparteien. Jene Wendung ist vielmehr in Wirklichkeit nur der Ausdruck dafür, daß zwischen beiden Rechtsverhältnissen eine Beziehung besteht, vermöge deren die Durchführung des Anspruchs des Zeugen B. aus dem mit dem Kläger geschlossenen Kaufvertrage wesentlich erschwert oder gefährdet werden kann durch das Obsiegen des Beklagten im jetzigen Rechtsstreit. Das genügt aber zur Bejahung des rechtlichen Interesses des B. am Ausgang des Rechtsstreits; es ist hierzu nicht erforderlich, daß der Vertragsanspruch des Zeugen in seinem Gegenstande durch das Ergebnis des Prozesses berührt wird. Die Vorschrift des § 393 Nr. 4 ZPO. ist daher nicht verletzt. . . .

---

47. 1. Ist der rechtsgeschäftliche Erwerber eines vermieteten Grundstücks im Sinne des § 265 ZPO. Rechtsnachfolger des Veräußerers auch in seiner Eigenschaft als Vermieter?

2. Ist ein vermietetes Grundstück, das während der Rechtshängigkeit einer Klage des Mieters aus § 536 BGB. an einen Dritten übereignet wird, im Sinne des § 265 ZPO. in Streit befangen?

III. Zivilsenat. Urt. v. 3. Mai 1921 i. S. V. (Bekl.) w. G. (Kl.). III 485/20.

I. Landgericht III Berlin. — II. Kammergericht daselbst.

Die Klägerin mietete durch schriftlichen Vertrag vom 9. Dezember 1913 von dem Beklagten in dessen in Ch. gelegenen Hause eine Zehnzimmerwohnung bis zum 1. April 1920. Am 1. April 1919 wurden die über der klägerischen Wohnung befindlichen Räume an den Verein Deutscher Maschinenbauanstalten zu Bureauzwecken vermietet. Die Klägerin behauptet, daß in diesen Räumen von früh 6 1/4 Uhr an bis gegen 5 Uhr nachmittags ein solcher Lärm herrsche, daß sie in ungebührlicher Weise belästigt werde. Sie erhob daher im Mai 1919 Klage gegen den Vermieter mit dem Antrag, ihn zu verurteilen, dafür zu sorgen, daß in den über ihrer Wohnung gelegenen Räumen jeder ruhestörende Lärm unterlassen werde.

Der Beklagte kündigte das Mietverhältnis zum 1. April 1920. Das Mieteinigungsamt verlängerte es jedoch auf Antrag der Klägerin unter Erhöhung des Mietzinses bis zum 31. März 1921. Im Dezember 1919 wurde das Hausgrundstück vom Beklagten an die Firma R. veräußert und aufgelassen. Das Landgericht und das Kammergericht erkannten nach dem Klagantrage. Die Revision blieb erfolglos.

Aus den Gründen:

... Die Revision bemängelt in erster Reihe die Überzeugungskraft der Erwägungen, die den Berufungsrichter zu der Annahme der Fortdauer der Passivlegitimation des Beklagten geführt haben. Es ist zuzugeben, daß die Begründung des Kammergerichts nicht überall schlüssig und einwandfrei ist; das Ergebnis aber, zu dem es gelangt, läßt sich keinesfalls beanstanden. Aus der Entstehungsgeschichte und dem Wortlaute des § 571 BGB. (vgl. RGZ. Bd. 59 S. 188, Bd. 68 S. 12/13) folgt, daß der rechtsgeschäftliche Erwerber eines vermieteten Grundstücks die Rechte und Pflichten des bisherigen Vermieters nicht auf Grund einer aktiven und passiven Rechtsnachfolge überkommt, sondern daß sie für die Dauer seines Eigentums als Ausfluß eben dieses Eigentums kraft des Gesetzes in seiner Person nach Maßgabe des ursprünglichen Mietvertrags neu entstehen. Daraus ergibt sich aber weiter, daß der Vermieter, wie auch in der Kommission für die zweite Lesung des Entwurfs des Bürgerlichen Gesetzbuches (Prot. Bd. 2 S. 134 flg.) widerspruchslos zum Ausdruck gebracht wurde, mit der Übertragung des Grundeigentums aus dem Mietverhältnis ausscheidet, daß er von diesem Augenblick an dem Mieter nicht mehr als Vermieter gegenübersteht und von ihm nicht auf Erfüllung der jetzt allein dem Grundstückserwerber obliegenden Vermieterpflichten in Anspruch genommen werden kann. Zwischen den beiden ehemaligen Mietvertragsparteien bleibt allerdings insoweit ein schuldrechtliches Band bestehen, als der Vermieter, wenn der neue Eigentümer seine Vermieterleistungen nicht ordnungsgemäß bewirkt und deshalb dem Mieter schadensersatzpflichtig wird, diesem für die Befriedigung seiner Schadensersatzforderung als selbstschuldnerischer Bürge haftet. Der Eigentumswechsel läßt also die prinzipale Haftung des Vermieters untergehen, er drückt sie zu einer akzessorischen herab und beschränkt sie lediglich auf die Leistung von Schadensersatz.

Unstreitig hat nun der Beklagte Ende Dezember 1919 sein Hausgrundstück veräußert und aufgelassen. Mit der Aufgabe des Grundeigentums endete somit auch eine etwaige frühere Verpflichtung des Beklagten, dafür zu sorgen, daß in den Räumen über der Wohnung der Klägerin fortan kein ruhestörender Lärm verursacht werde, erlosch demgemäß auch ein ihr entsprechender Anspruch der Klägerin, von ihm die dazu erforderlichen Maßnahmen zu verlangen. Diese im Laufe des Rechtsstreits eingetretene materielle Änderung der Rechtslage würde daher dem Klagebegehren den Boden entziehen und zu seiner Abweisung führen müssen, wenn nicht § 265 Abs. 2 ZPO. eingriffe. Er will verhüten, daß die in Abs. 1 daselbst für unbeschränkt zulässig erklärte Veräußerung der streitbefangenen Sache, auf die der Prozeßgegner naturgemäß keinen Einfluß hat, dessen Rechtsstellung verschlechtere und die Quelle neuer Prozesse werde. Beides würde jedoch der Fall sein, wenn z. B. die Veräußerung der in Streit befangenen Sache durch den Beklagten den Kläger zwänge, unter Verzicht auf die bisherigen — ihm vielleicht günstigen — Prozeßergebnisse seinen Anspruch für erledigt zu erklären und einen neuen Rechtsstreit gegen den Sacherwerber zu beginnen. Würde sich dieser Vorgang dann bei einem häufigen Eigentumswechsel jedesmal wiederholen müssen, so würde das eine Hinausschiebung des von dem Kläger erstrebten materiellen Richterspruchs auf unabsehbare Zeit bedeuten. Derartigen unerträglichen prozessualen Folgen sollten § 265 Abs. 2 und der ihn ergänzende § 325 Abs. 1 ZPO. vorbeugen. „Die Veräußerung hat auf den Prozeß keinen Einfluß". Dieser soll also trotz der inzwischen erfolgten materiellen Rechtsänderung und ohne Rücksicht auf sie zwischen den Parteien, die ihn begonnen haben, weiter und zu Ende geführt werden können. „Der Rechtsnachfolger" des Veräußerers, — so nennt § 265 ZPO. den Erwerber der in Streit befangenen Sache, — ist abgesehen von dem Falle des § 266 a. a. O. weder verpflichtet noch ohne Zustimmung des Gegners auch nur berechtigt, in den Prozeß einzutreten. In bezug auf das Mietverhältnis und die aus ihm sich ergebenden Rechte und Pflichten ist nun freilich die Firma R. nicht Rechtsnachfolgerin des Beklagten im gewöhnlichen Sinne des Wortes. § 265 a. a. O. versteht jedoch unter Rechtsnachfolge allgemein jede Nachfolge, mag sie nun das unmittelbare oder nur das mittelbare Ergebnis eines Rechtsgeschäfts oder eines anderen rechtserheblichen Vorgangs sein, mag sie durch Vermittelung eines Vorgängers oder ohne sie kraft Gesetzes in originärer Weise sich vollziehen (vgl. RGZ. Bd. 40 S. 333, 340). In diesem weiteren Sinne ist der Nachfolger im Eigentum des Mietgrundstücks aber auch Nachfolger hinsichtlich der Rechte und Pflichten des Vermieters. Die Entscheidung über die Anwendbarkeit des § 265 ZPO. hängt daher lediglich von der Beantwortung der Frage ab, ob bei einer Klage aus § 536 BGB. die Veräußerung des Mietgrundstücks als Veräußerung der in Streit befangenen Sache anzusehen ist.

In Streit befangen ist eine Sache im wesentlichen dann, wenn ihr Besitz oder Eigentum streitig ist oder wenn hinsichtlich ihrer ein dingliches oder ein sich gegen den jedesmaligen Eigentümer oder Besitzer als solchen richtendes persönliches Recht geltend gemacht wird. Die Ansprüche des Mieters aus dem Mietvertrage sind jedoch trotz des verschiedenartigen Inhalts, den sie haben können, stets schuldrechtlicher Natur. Der Vermieter wird als Vertragsgegner, nicht als Hauseigentümer in Anspruch genommen. Er kann Hauseigentümer sein, braucht es aber nicht zu sein. Sein Eigentum ist also kein wesentliches Tatbestandsmerkmal für einen Anspruch der vorliegenden Art. Die Sachlage ändert sich aber sofort, wenn der Vermieter tatsächlich Eigentümer des Mietgrundstücks ist und es an einen anderen veräußert und aufläßt. Denn während bei sonstigen rein schuldrechtlichen Ansprüchen der ursprüngliche Schuldner auch nach der Übertragung des Eigentums, sei es der geschuldeten sei es einer mit der Schuld in irgendeinem rechtlichen Zusammenhange stehenden Sache, auf einen außerhalb des Prozesses stehenden Dritten in derselben Weise, wie bisher, schuldrechtlich gebunden bleibt, wird der Vermieter, sobald er das Mietgrundstück einem anderen übereignet, für die Zukunft von seinen schuldrechtlichen Verpflichtungen aus § 536 BGB. frei. Ihre Fortdauer ist also durch die Fortdauer seines Grundstückseigentums bedingt, und mit dessen Wechsel wechselt auch die Person des Schuldners, von dem der Mieter die Erfüllung des Mietvertrags verlangen und erzwingen kann. § 571 BGB. verknüpft daher die Rechte und Pflichten der sich als Vermieter und Mieter gegenüberstehenden Personen dergestalt mit dem Eigentum am Mietgrundstück, daß dieses bei Klagen aus § 536 BGB. als im Sinne des § 265 ZPO. streitbefangen jedenfalls dann gelten muß, wenn dessen Eigentümer, wie hier, den Mietvertrag geschlossen hat. Dem § 571 BGB. liegt der Gedanke zugrunde, den Mieter durch die Grundstücksveräußerung materiellrechtlich keinen Schaden leiden zu lassen, und § 265 ZPO. verfolgt, wie hervorgehoben, den Zweck, zu verhindern, daß die Veräußerung der in Streit befangenen Sache durch eine Partei der anderen prozessual zum Nachteile gereicht. Beide Paragraphen ergänzen sich also, und es steht nichts im Wege, zur Bestimmung des Begriffs der Streitbefangenheit im Einzelfall auch Vorschriften des materiellen Rechtes heranzuziehen. Gerade einen Fall, wie den vorliegenden, in welchem die Veräußerung einer Sache infolge der rechtlichen Beziehungen der einen oder der anderen Partei zu ihr das Schuldverhältnis so beeinflußt, daß sie die materielle Verpflichtung, deren Erfüllung verlangt wird, in der Person des Veräußerers zum Erlöschen und in der des Sacherwerbers neu zur Entstehung bringt und somit den bisherigen Beklagten materiellrechtlich nicht mehr als den richtigen Beklagten erscheinen läßt, will § 265 ZPO. treffen. Ihn von dessen Anwendungsgebiet ausschließen, hieße den Sinn und Zweck dieser Vorschrift verkennen und die Wohltat, die § 571 BGB. dem Mieter erweisen will, bedeutend einschränken oder gar vereiteln. Denn die Folgen wären, wie oben gezeigt, Prozeßvermehrung und Hinauszögerung der Entscheidung über den dem Mieter durch § 571 BGB. auch bei einer Veräußerung des Mietgrundstücks gewährleisteten Erfüllungsanspruch. Deshalb hat der Berufungsrichter zutreffend den von der Revision mit Unrecht bekämpften Gesichtspunkt hervorgehoben, daß die Klägerin fast schutzlos wäre, wenn man die Fortdauer der Passivlegitimation des Beklagten verneine. Denn auf die ihr von der Revision zugemutete Überleitung ihres Klagebegehrens in einen Entschädigungsanspruch (§ 571 Abs. 2 Satz 1 BGB., § 268 Nr. 3 ZPO.) braucht sie sich nicht verweisen zu lassen. Ein Schadensersatzanspruch hat wirtschaftlich eine ganz andere Bedeutung als ein Erfüllungsanspruch und kann diesen namentlich bei Mietverhältnissen nicht oder doch nur selten ersetzen.

Der VI. Zivilsenat hat der Veräußerung des Mietgrundstücks in einem Falle, in dem sie den Übergang einer eingeklagten Mietzinsforderung, also eines Vermieteranspruchs, auf den neuen Grundstückseigentümer zur Folge hatte, keinen Einfluß auf die Prozeßlage eingeräumt (RGZ. Bd. 55 S. 294). Für die Begründung dieser Entscheidung kam freilich die Streitbefangenheit des Mietgrundstücks nicht in Betracht. Es wäre jedoch ein unbefriedigendes, von dem Gesetzgeber zweifellos nicht gewolltes Ergebnis, wenn dieselbe Ursache, die Grundstücksübereignung, da, wo sie den Eintritt des Grundstückserwerbers in Vermieterpflichten vermittelt, eine andere Wirkung auf den schwebenden Prozeß äußerte als diejenige, welche sie bei der Vermittelung seines Eintritts in die für ihn aktive Seite des Mietverhältnisses hat.

Der Einwand der mangelnden Passivlegitimation ist daher von dem Kammergericht mit Recht zurückgewiesen worden.

Auch die übrigen Angriffe der Revision sind unbegründet. (Wird ausgeführt.) . . .

---

48. Inwieweit finden Abs. 1 und 2 des § 66 RMilG. Anwendung auf diejenigen Beamten, welche während des Kriegs noch ihrer aktiven Friedensdienstpflicht zu genügen hatten?

III. Zivilsenat. Urt. v. 6. Mai 1921 i. S. U. (Kl.) w. Gesamtschulverband T. (Bekl.). III 311/20.

I. Landgericht Tilsit. — II. Oberlandesgericht Königsberg.

Dem Kläger war im Jahre 1910 die Verwaltung der 2. Lehrerstelle in T. „bis auf weiteres" übertragen worden. Er verwaltete diese Stelle bis zum Kriegsausbruch, bei dem er, der bis dahin vom Militärdienst zurückgestellt gewesen war, freiwillig in das Heer eintrat.

Sein Lehrauftrag wurde widerrufen; Gehalt erhielt er vom 1. August 1914 nicht mehr. Er fordert mit der Klage Zahlung des Gehalts für die Zeit vom 1. August 1914 bis zum 1. April 1918. Seine Klage wurde in zwei Rechtszügen abgewiesen. Auf seine Revision wurde das Berufungsurteil aufgehoben, soweit dieses den Klaganspruch für die Zeit vom 1. August 1915 abgewiesen hatte.

Gründe:

Das Berufungsgericht ist wie das Landgericht zur Abweisung der Klage auf Grund der Nr. I, 8 Abs. 1 des Staatsministerialbeschlusses vom 1. Juni 1888 betr. Bestimmungen zur Ausführung des § 66 RMilG. vom 2. Mai 1874 / 6. Mai 1880 gelangt. Diese Bestimmung lautet:

„Auf diejenigen Staatsbeamten, welche ihrer aktiven Dienstpflicht genügen, finden lediglich die Bestimmungen unter 6, und zwar nur hinsichtlich derjenigen Zeit Anwendung, während deren die Beamten über die Dauer ihrer gesetzlichen Friedensdienstpflicht hinaus im Militärdienste zurückbehalten worden."

Die hier angeführte Bestimmung zu Nr. 6 spricht aus, daß den Staatsbeamten die aus ihrem Dienstalter sich ergebenden Rechte und Vorteile gewahrt bleiben. Das Berufungsgericht nimmt hiernach an, daß auf die ihrer aktiven Dienstpflicht genügenden Beamten die Bestimmungen zu I, 1 und 2 des Staatsministerialbeschlusses, daß während der Dauer des Kriegsdienstes dem etatsmäßig angestellten Staatsbeamten seine Zivilstelle gewahrt bleibt und diesen Beamten sowie den ständig gegen Entgelt beschäftigten Beamten ihr persönliches Diensteinkommen unverkürzt fortgewährt wird, keine Anwendung finden und zwar auch für diejenige Zeit nicht, während deren sie über die Friedensdienstzeit hinaus im Militärdienste verbleiben.

Dem Berufungsgericht ist zuzugeben, daß die angeführte Bestimmung zu 8 nach ihrem Wortlaute diese Auslegung rechtfertigt. Die Bestimmung würde aber in dieser Auslegung mit der Vorschrift des § 66 RMilG. nicht vereinbar sein. § 66 RMilG. ist allerdings eine Bestimmung des fünften Abschnitts des Gesetzes, der vom Beurlaubtenstand und der Ersatzreserve erster Klasse handelt. Er bezieht sich also nicht auf diejenigen Personen, welche ihrer aktiven Friedensdienstpflicht zu genügen haben. Für die Zeit dieser aktiven Dienstpflicht brauchten also die gemäß § 66 Abs. 4 zu treffenden Anordnungen der Bundesregierungen den zum Heeresdienst einberufenen Beamten keine Vergünstigungen zu gewähren. Nicht aber kann aus der Einordnung des § 66 in die Bestimmungen des fünften Abschnitts geschlossen werden, daß diesen Beamten die in Abs. 1 und 2 den Reichs-, Staats- und Kommunalbeamten ganz allgemein gewährleisteten Rechte auch für diejenige Zeit vorenthalten werden sollten, die sie über die Friedensdienstzeit hinaus im Heeresdienste zurückbehalten werden. Es würde dies eine des inneren Grundes entbehrende Zurücksetzung und Benachteiligung dieser Beamten bedeuten. Zu einer anderen Auffassung kann auch die Vorschrift des § 19 der Wehrordnung nicht führen, wonach die Bestimmungen über die Dauer der Dienstpflicht nur für den Frieden gelten; denn diese Vorschrift trifft auch diejenigen Beamten, die ihrer Friedensdienstpflicht beim Kriegsausbruch bereits genügt hatten. Danach konnte die Regelung der Verhältnisse dieser Beamten durch die Bundesregierungen nur in der Weise erfolgen, daß auch ihnen nach Ablauf der aktiven Friedensdienstzeit ihr persönliches Diensteinkommen weiter gewährt wurde. Zu dieser Auffassung hat sich auch das preußische Staatsministerium noch im ersten Kriegsjahre bekannt. Nach einem auf eine Anfrage des erkennenden Senats diesem mitgeteilten Schreiben des Vizepräsidenten des preußischen Staatsministeriums vom 30. November 1914 (StM. 5118) bestand unter den preußischen Staatsministern Übereinstimmung darüber, daß die oben wiedergegebene Bestimmung zu I, 8 Abs. 1 des Beschlusses vom 1. Juni 1888 dahin auszulegen sei, daß auf die am Kriege teilnehmenden Beamten, so lange sie ihrer aktiven Dienstpflicht genügen, die unter I, 1—7 des Beschlusses gegebenen Vorschriften keine Anwendung finden sollen, daß diesen Beamten aber von dem Tage der Beendigung ihrer gesetzlichen Friedensdienstzeit an, so lange sie weiter im Militärdienste zurückbehalten werden, der in jenen Vorschriften vorgesehenen Vorteile teilhaftig werden sollen.[1]

Das Berufungsgericht stellt nun fest, daß der Kläger, der vor dem Kriege seiner Militärpflicht noch nicht genügt hatte, militärpflichtig war, und daß er, wenn er beim Kriegsausbruch sich auch freiwillig meldete, doch mit dem Eintritt in das Heer nur seine aktive Dienstpflicht erfüllte. Diese Feststellung unterliegt keinem rechtlichen Bedenken. Aus ihr ergibt sich aber nach dem oben Ausgeführten, daß dem Kläger während der Dauer seiner aktiven Friedensdienstpflicht, die nach § 13 Nr. 2 der Heeresordnung (vgl. KabO. vom 8. Februar 1900 ABBl. S. 77) ein Jahr betrug, also für die Zeit vom 1. August 1914 bis zum 31. Juli 1915 die in § 66 RMilG. und I, 1 und 2 des Staatsministerialbeschlusses den Beamten gewährleisteten Rechte nicht zustehen. Für diese Zeit ist also der Klaganspruch vom Vorderrichter mit Recht abgewiesen.

Anders steht es mit dem Anspruch für die Folgezeit. Zutreffend nehmen die Vorderrichter im Anschluß an die Entscheidung des Oberverwaltungsgerichts Bd. 70 S. 254 an, daß der Kläger, der mit der Verwaltung der Lehrerstelle ohne zeitliche Begrenzung beauftragt worden

---

[1] Vgl. auch Verfügung vom 31. Januar 1915, MBl. f. d. i. V. 1915 S. 26. D. E.

wär, zu den „ständig gegen Entgelt beschäftigten Staatsbeamten" im Sinne der Vorschrift zu I, 2 des Staatsministerialbeschlusses vom 1. Juni 1888 gehörte. Es entspricht dies auch der Auffassung der Unterrichtsverwaltung, vgl. den Erlaß des Ministers der geistlichen usw. Angelegenheiten vom 9. September 1914 (UnterrZentrBl. S. 633).

Als solcher ständig gegen Entgelt beschäftigter Staatsbeamter hatte der Kläger mit dem Ablaufe seiner aktiven Friedensdienstzeit ebenso wie die aus dem Beurlaubtenstande zum Heere einberufenen Beamten nach I, 2 des Beschlusses vom 1. Juni 1888 den Anspruch auf unverkürzte Fortgewährung seines persönlichen Diensteinkommens. Dieser Anspruch konnte auch dadurch nicht beeinträchtigt werden, daß er mit Rücksicht auf seinen Eintritt in das Heer von der Verwaltung der Lehrerstelle von der Regierung entbunden wurde (vgl. RGZ. Bd. 94 S. 181). Hinsichtlich des Klaganspruchs für die Zeit vom 1. August 1915 ab kann deshalb das angefochtene Urteil nicht aufrecht erhalten werden. Es konnte jedoch auch insoweit dem Klagantrage nicht ohne weiteres entsprochen werden, da noch zu prüfen ist, ob dem Kläger, der im Laufe des Krieges zum Offizier befördert worden ist, nach § 66 Abs. 2 Satz 2 RMilG. und I, 3 des Staatsministerialbeschlusses vom 1. Juni 1888 seine Offizierbesoldung ganz oder zum Teil auf sein Zivildiensteinkommen anzurechnen ist. Die Sache war daher insoweit an das Berufungsgericht zurückzuverweisen.

---

49. Was ist im Sinne des § 3 Abs. 1 des Telegraphen-Wegegesetzes vom 18. Dezember 1899 unter einer von dem Unterhaltungspflichtigen beabsichtigten Änderung des Verkehrswegs zu verstehen?

VI. Zivilsenat. Urt. v. 9. Mai 1921 i. S. Deutsches Reich (Kl.) w. Stadt H. (Bekl.). VI 63/21.

I. Landgericht Bochum. — II. Oberlandesgericht Hamm.

Die vorliegende Klage ist in den Vorinstanzen abgewiesen, die Revision des Klägers zurückgewiesen worden aus folgenden

Gründen:

In der Bahnhofstraße zu H. befand sich ein Eisenbahnübergang zu ebener Erde, der im Laufe des letzten Jahrzehnts im Anschluß an den Umbau des Bahnhofs beseitigt und durch eine Eisenbahnunterführung ersetzt wurde. Hierzu war es erforderlich, einen Teil der Bahnhofstraße tiefer zu legen. Diese Arbeiten hat die beklagte Stadtgemeinde auf Grund von Verträgen mit der preußischen Eisenbahnverwaltung und der Provinzialbauverwaltung der Provinz Westfalen ausgeführt. Eigentümerin der Bahnhofstraße ist die Provinz. Wegunterhaltungspflichtig sind für die in Betracht kommende Teilstrecke teils der Eisenbahnfiskus, teils die Provinz, sowie für die Bürgersteige die Stadtgemeinde und die Anlieger.

In dem Fahrdamm der Bahnhofstraße befand sich ein Zementkanal, der die Telegraphenleitung des Klägers enthielt. Der Kläger hat während der Senkungsarbeiten den Kanal abbrechen lassen und die Telegraphenleitungen anderweit verlegt. Hierfür behauptet er 4130,85 ℳ verauslagt zu haben und verlangt diesen Betrag unter Berufung auf die Rechtsregeln der Geschäftsführung ohne Auftrag von der Beklagten erstattet. Die Beklagte vertritt die Auffassung, daß diese Kosten sowohl nach § 3 wie nach § 6 TelWG. dem Kläger zur Last zu bleiben haben. Das Berufungsgericht ist dem auf Grund des § 3 beigetreten.

Die hiergegen erhobenen Angriffe der Revision sind unbegründet. Zugunsten des Gemeingebrauchs, der Unterhaltung und einer etwaigen Änderung eines Verkehrswegs ordnet das Gesetz in § 3 an, daß gegebenenfalls die Telegraphenlinie, soweit erforderlich, abzuändern oder gänzlich zu beseitigen ist. Die gebotenen Änderungen an den Telegraphenlinien hat die Telegraphenverwaltung auf ihre Kosten zu bewirken.

Unzweifelhaft kommt hier nur der dritte der angeführten Fälle in Betracht, den das Gesetz dahin bezeichnet, daß die Telegraphenlinie der Ausführung einer von den Unterhaltungspflichtigen beabsichtigten Änderung des Verkehrswegs entgegensteht. Die Anwendbarkeit des § 3 wird klägerischerseits um deswillen in Zweifel gezogen, weil Wegunterhaltungspflichtiger für den Fahrdamm, innerhalb dessen der Zementkanal der Telegraphenleitung entfernt worden ist, die Provinz, die Änderung (Tieferlegung) der Straße aber nicht von der Provinz, sondern von der beklagten Stadtgemeinde „beabsichtigt“ sei. Eine vom Wegunterhaltungspflichtigen „beabsichtigte“ Änderung des Weges im Sinne des § 3 sei nur eine solche, die aus eigener Anregung dieses Wegunterhaltungspflichtigen entsprungen sei und in seinem Interesse und für seine Rechnung erfolge. Es genüge nicht, daß der Wegunterhaltungspflichtige lediglich seine Zustimmung oder Genehmigung zu der Änderung gebe. Die Anregung zu der hier in Rede stehenden Änderung des Fahrdamms sei von der Stadtgemeinde ausgegangen, die Provinz habe sich auf die Zustimmung und einen geringfügigen Beitrag zu den Pflasterkosten beschränkt. Die in diesem Vorbringen berührten Tatumstände hat das Berufungsgericht nicht, wie die Revision anzunehmen scheint, übersehen oder sonstwie unbeachtet gelassen. Es geht vielmehr von einem dementsprechenden Sachverhalt aus, hält aber dafür, daß die Beklagte, die Provinz und die Eisenbahnverwaltung, indem sie als die Wegunterhaltungspflichtigen die Senkung der Straße auf gemeinsame Kosten beschlossen, ihre „Absicht" zur Änderung des Verkehrswegs zu erkennen gegeben haben und damit den Voraussetzungen des § 3 Abs. 3 genügt ist. Dem ist beizutreten. Für die von der Klagseite vertretene einschränkende Auslegung des Gesetzes, die an das Wort „beabsichtigt" anknüpft, besteht kein Anhalt; eine besondere Interessenlage kommt in der Wortfassung des Gesetzes nicht zum Ausdruck. Man wollte die Veränderung mit dem Wegunterhaltungspflichtigen in Verbindung bringen und wählte das Wort „beabsichtigt", weil man an den Regelfall dachte, daß erst die Telegraphenlinie verlegt und dann die Wegänderung ausgeführt werde, also zur Zeit jener diese regelmäßig noch der Zukunft angehöre, erst „beabsichtigt" sei. Beabsichtigt ist eine solche Wegänderung auch seitens eines nicht von sich aus sie Unternehmenden, sondern nur ihr Zustimmenden, — sobald ihr zugestimmt wird, womit die Willensmeinung des Zustimmenden zum Ausdruck gelangt. Ohne Zustimmung des am Fahrdamm Unterhaltungspflichtigen konnte die Wegänderung hier so, wie sie geboten war, offenbar nicht ausgeführt werden. Sobald die Provinz dem Unternehmen beitrat, das die Beseitigung des Zementkanals notwendig machte, war es auch von ihr „beabsichtigt". Ebenso wie die Provinz die fragliche Arbeit von einem gewerblichen Unternehmer hätte ausführen und die Kosten von der Stadt oder sonstwie sich hätte ersetzen lassen können, so konnte sie auch die Stadt die Arbeit unmittelbar ausführen lassen und sich auf die Erteilung der Zustimmung beschränken.

Auf die (vom ersten Richter berührte) Anwendbarkeit des § 6 Ges. kommt es hiernach nicht an (vgl. übrigens RGZ. Bd. 80 S. 288 zu 1). Die Vorschrift des § 13 Abs. 2 Ges. gilt für dessen § 3 nicht. Nach § 19 Abs. 2 Ges. kommt es darauf, ob die verlegten Linien vor dem Jahre 1900 errichtet waren, nicht an. . . .

---

50. Bedarf die Kündigung des über ein Erholungsheim geschlossenen Pachtvertrags der Zustimmung des Mieteinigungsamts?

III. Zivilsenat. Urt. v. 10. Mai 1921 i. S. F. (Bekl.) w. Kath. Wohltätigkeitsanstalt (Kl.). III 133/21.

I. Landgericht III Berlin. — II. Kammergericht daselbst.

Die Beklagte hat am 5. Januar 1912 mit dem Eigentümer P. eines in Sch. gelegenen Anwesens, auf dem sich ein Wohnhaus mit 35 zur Beherbergung von Personen eingerichteten Zimmern befindet, einen als Miete bezeichneten Vertrag geschlossen, durch den sich P. zur

Überlassung des Anwesens und des Inventars gegen einen für die späteren Jahre auf 13000 M festgesetzten Jahreszins verpflichtete; für den Fall des Verkaufs des Anwesens sollte die Beklagte gegen Entschädigung in Höhe eines Jahreszinses innerhalb 4 Wochen das Grundstück räumen. Die Beklagte hat darauf in dem Anwesen ein Erholungsheim betrieben. Die Klägerin, welche das Anwesen erworben hat, fordert von der Beklagten die Räumung. Die Beklagte hat widersprochen, weil die Kündigung nur mit Zustimmung des Mieteinigungsamts zulässig sei.

Das Landgericht hat die Beklagte zur Räumung bis 20. April 1920 Zug um Zug gegen Zahlung von 13000 M verurteilt. Die Berufung der Beklagten wurde zurückgewiesen, die Revision hatte dagegen Erfolg.

Gründe:

Zur Entscheidung steht die Frage, ob das nach dem Vertrag an sich begründete Räumungsverlangen der Klägerin zu seiner Wirksamkeit der Zustimmung des Mieteinigungsamts bedarf.

Dem Berufungsgericht ist darin beizutreten, daß der genannte Vertrag, obwohl er als Miete bezeichnet ist, in Wahrheit ein Pachtvertrag ist. Nach den Feststellungen des Berufungsgerichts hat bereits der Verpächter P. die Aufnahme erholungsbedürftiger Personen gewerbsmäßig betrieben. Die Beklagte hat den Betrieb als den eines Erholungsheims fortgeführt. Zu einem solchen Betriebe war das Anwesen durchaus geeignet; es hatte 35 eingerichtete Zimmer, eine einheitliche Küche, Garten, Wald und gute Luft. Die größtenteils auf behördliche Anordnung getroffenen Veränderungen, die die Beklagte bei Aufnahme ihres Betriebs vorgenommen hat, waren nicht erheblicher Art; sie bestanden in der Abänderung einer zu steilen Treppe, der besseren Belichtung und Belüftung eines Flurs, sowie der Errichtung eines Lichtbads. Das Inventar ist der Pächterin zum größten Teile gebrauchsweise überlassen worden. Die Gesamtheit dieser Umstände rechtfertigt die Bejahung eines Pachtverhältnisses. Behufs Erzielung von Erträgnissen ist zum Betrieb eines Erholungsheims ein Anwesen einschließlich seines Inventars überlassen worden, das für einen solchen Betrieb nach seiner Lage und Beschaffenheit geeignet und bereits hierzu ausgerüstet war.

Aus den zum Schutze der Mieter erlassenen gesetzlichen Vorschriften (Verordnung vom 23. September 1918 mit Abänderung vom 22. Juni 1919 und weiterer Abänderung im Gesetze über Maßnahmen gegen Wohnungsmangel vom 11. Mai 1920 unter II) läßt sich die Notwendigkeit der Zustimmung des Mieteinigungsamts zur Kündigung dieses Pachtverhältnisses nicht ableiten. Alle diese Vorschriften sprechen nur von Mietverhältnissen, nur vom Vermieter und Mieter. Weder dem Text der Vorschriften, noch ihren Begründungen oder ihrem Zwecke ist ein Anhalt dafür zu entnehmen, daß sie auch auf Pachtverhältnisse anzuwenden seien. In Übereinstimmung mit dem Schrifttum (Stern, Mieterschutz-Verordnung S. 19; Lehmann, Mieterschutz S. 20/28; Unger, ebenda S. 21, 48; Dähne, Miet- und Wohnrecht S. 8) ist auch eine entsprechende Anwendung auf Pachtverhältnisse abzulehnen. Diese Auffassung ist um so mehr gerechtfertigt, als der Gesetzgeber durch besondere Vorschriften Schutzbestimmungen für Pachtverhältnisse gegeben hat. Dies ist geschehen in der Kleingarten- und Kleinpachtlandordnung vom 31. Juli 1919 und der Pachtschutzordnung vom 9. Juni 1920, zu der die preußische Pachtschutzordnung vom 3. Juli 1920 ergangen ist. Die erstere Verordnung bezieht sich jedoch, wie schon ihr Name besagt, lediglich auf die Arbeiter- und Schrebergärten, Laubenkolonien, Pflanzervereine. Auch die zweite Verordnung betrifft nicht alle Pachtverhältnisse, sondern nur Grundstücke, die der landwirtschaftlichen oder gewerbsmäßigen gärtnerischen Nutzung dienen. Auf die Verpachtung anderer Betriebe, wie Hotels, Sanatorien, ist sie nicht anwendbar.

Zweifel bestehen aber darüber, ob nicht die Notwendigkeit der Zustimmung des Mieteinigungsamts zur Kündigung der Pacht durch die gesetzlichen Maßnahmen gegen den Wohnungsmangel (Verordnung vom 23. September 1918 mit Nachtrag vom 22. Juni 1919 Art. 2 und insbesondere im Gesetz über Maßnahmen gegen Wohnungsmangel vom 11. Mai 1920 unter I) gerechtfertigt ist. Nach den §§ 2 bis 5 der ursprünglichen Verordnung haben die Gemeindebehörden das Recht zur Untersagung des Abbruchs von Gebäuden, der Verwendung von Gebäuden zu Fabriken (§ 2), ferner ein Auskunftsrecht über das Leerstehen von Wohnungen (§ 3), das Recht zur Festsetzung von Mietverträgen (§ 4) und endlich das Recht auf unbenutzte Fabrik-, Lager- und ähnliche Räume. In § 9 (in der Fassung des Gesetzes vom 11. Mai 1920) wird weiterhin für den Fall, daß infolge starken Mangels an Wohnungen sich außergewöhnliche Mißstände geltend machen, der obersten Landesbehörde die Befugnis erteilt, mit Zustimmung des Reichsarbeitsministers Gemeindebehörden auch zu anderen als den in §§ 2 bis 5 bezeichneten Anordnungen und Maßnahmen zu ermächtigen und zu verpflichten, insbesondere zu Eingriffen in die Freizügigkeit und die Unverletzlichkeit der Wohnung und des Eigentums, soweit solche Eingriffe zur Behebung oder Milderung der Wohnungsnot dringend erforderlich sind. Der obersten Landesbehörde ist auch die Befugnis erteilt, selbst unmittelbar solche Maßregeln zu treffen. § 9 enthält also eine Sammelbestimmung für Maßregeln jeder Art, soweit sie zur Hebung der Wohnungsnot notwendig sind und im übrigen den gesetzlichen Voraussetzungen entsprechen. Unter solche Maßregeln kann auch die Anordnung fallen, daß die Kündigung einer Wohnung schlechthin ohne Rücksicht auf die Art ihrer Benutzung von der Zustimmung des Mieteinigungsamts abhängt. Gerade bei Betrieben, die, wie Erholungsheime, für längere Zeit Personen aufnehmen, könnten im Fall einer durch Kündigung bewirkten Aufhebung des Betriebs erhebliche Mißstände hinsichtlich der anderweiten Unterbringung der erholungsbedürftigen Personen entstehen. Für eine nach § 9 getroffene Maßregel ist es unerheblich, auf Grund welchen Rechtsverhältnisses die Wohnung in Besitz genommen worden ist.

Nun hat die Beklagte behauptet, daß vom Gemeindevorstand auf Grund der Ermächtigung des preuß. Ministers für Volkswohlfahrt am 27. November 1919 eine Verordnung erlassen worden sei, wonach Klagen auf Räumung von Wohnungen nur mit Zustimmung des Mieteinigungsamts angestrengt werden dürfen. Welche nähere Bewandtnis es mit dieser schon vor dem Erlasse des Gesetzes vom 11. Mai 1920 ergangenen Anordnung hat, ist vom Berufungsgericht bisher nicht erörtert worden. Zur Aufklärung des Sachverhalts ist daher die Sache unter Aufhebung des Urteils an das Berufungsgericht zurückzuverweisen.

---

51. Muß bei Verbindung der Nebenintervention mit der Einlegung der Berufung die Berufungsschrift dem Berufungsbeklagten und der unterstützten Partei noch innerhalb der Berufungsfrist zugestellt werden?

V. Zivilsenat. Urt. v. 21. Mai 1921 i. S. Sch. (Kl.) u. K. (Nebeninterv.) w. H. (Bekl.). V 24/21.

I. Landgericht Altona. — II. Oberlandesgericht Kiel.

Gegen das die Klage abweisende, am 3. Februar 1920 zugestellte Urteil des Landgerichts legte der Kaufmann K., dem vom Kläger der Streit verkündet worden war, durch Schriftsatz vom 29. Februar 1920, beim Berufungsgericht eingegangen am 1. März 1920, Berufung ein. In dieser Berufungsschrift erklärte K. zugleich, daß er dem Kläger als Nebenintervenient beitrete. Die Berufungsschrift mit der Terminsbestimmung wurde den Parteien am 9. März 1920 zugestellt. Das Oberlandesgericht hat die Berufung des Nebenintervenienten als unzulässig verworfen. Die Revision des Nebenintervenienten ist für gerechtfertigt erachtet worden.

Gründe:

Das Berufungsgericht nimmt zwar an, daß die Nebenintervention auch jetzt noch gemäß § 66 Abs. 2 ZPO. in Verbindung mit der Einlegung der Berufung erfolgen konnte, obwohl der Beitritt des Nebenintervenienten nach § 70 durch Zustellung eines Schriftsatzes und die Einlegung der Berufung nach § 518 Abs. 1 nicht mehr durch Zustellung eines Schriftsatzes, sondern durch Einreichung der Berufungsschrift bei dem Berufungsgericht zu erfolgen hat. Es erachtet aber in Anlehnung an eine Entscheidung des Oberlandesgerichts München (OLGRspr. Bd. 33 S. 29) hierbei für erforderlich, daß die Beitrittserklärung beiden Parteien vor dem Ablauf der Rechtsmittelfrist zugestellt werden müsse, weil die Berufung nur von einem wirklichen Nebenintervenienten eingelegt werden könne und der Beitritt des Nebenintervenienten erst mit der Zustellung des Schriftsatzes erfolge. Die Wirkungen der Zustellung auf den Zeitpunkt der Einreichung des Schriftsatzes zurückzubeziehen, wie in den Fällen des § 207 und des § 496 Abs. 3, sei nicht angängig, weil für die Beitrittserklärung keine Frist gelte.

Die Revision rügt Verletzung der §§ 66, 70 Abs. 2, 518 ZPO. Die Auffassung des Berufungsgericht stehe in Widerspruch mit der festen Rechtsprechung des Reichsgerichts, welche die Wirkungen des Beitritts auf den Tag der Einreichung des Schriftsatzes zurückbeziehe.

Die Revision mußte Erfolg haben. Der Beitritt des Nebenintervenienten, welcher nach § 70 Abs. 1 durch Zustellung eines Schriftsatzes erfolgt, kann nach § 66 Abs. 2 auch in Verbindung mit der Einlegung eines Rechtsmittels stattfinden. Diese Bestimmungen standen im Einklange mit der ursprünglichen Regelung der Einlegung der Berufung und der Revision in der Zivilprozeßordnung, wonach diese Rechtsmittel durch Zustellung eines Schriftsatzes eingelegt wurden (§§ 479, 515 der alten Fassung der ZPO., jetzt §§ 518, Abs. 1, 553 Abs. 1 ZPO.). Erst als durch die Novellen von 1905 und 1909 an die Stelle der Zustellung die Einreichung der Berufungs- oder Revisionsschrift bei dem Berufungs- oder Revisionsgericht als Form der Einlegung dieser Rechtsmittel bestimmt wurde, stimmten die Vorschriften der §§ 66 Abs. 2, 70 mit dieser Regelung nicht mehr überein. Allein das Reichsgericht hat wiederholt ausgesprochen, daß § 66 Abs. 2 nach dem Willen des Gesetzgebers fortdauernd Geltung haben solle, und hat deshalb auf eine sinngemäße Anwendung dieser Bestimmung Bedacht genommen, um die der Form nach nicht mehr unter sich stimmenden Vorschriften tunlichst in Einklang zu bringen. Es hat deshalb den § 66 Abs. 2 nicht in dem engen Wortsinn ausgelegt und den § 70 Abs. 1 den jetzigen Vorschriften über die Einlegung der Rechtsmittel angepaßt. Demnach hat es den einheitlichen Akt der Erhebung der Nebenintervention durch Einlegung eines Rechtsmittels in der Einreichung und der demnächstigen Zustellung des betreffenden Rechtsmittelschriftsatzes erblickt (RGZ. Bd. 76 S. 166; Warneyer 1911

Nr. 446; JW. 1912 S. 397 Nr. 18). Das Berufungsgericht will von dieser Auffassung auch nicht abweichen, es hält aber die Nebenintervention und die Einlegung des Rechtsmittels nur dann für wirksam, wenn die Zustellung der Berufungsschrift an beide Parteien noch innerhalb der Berufungsfrist erfolge. Allein in den beiden ersten der angeführten Entscheidungen hat das Reichsgericht auch bereits ausgesprochen, daß die Notfrist alsdann durch die rechtzeitige Einreichung des Schriftsatzes gewahrt werde. Der Dritte nimmt diese Prozeßhandlung wirksam vor, obwohl er vor erfolgter Zustellung des Schriftsatzes noch nicht nach § 70 Nebenintervenient geworden ist. Das Reichsgericht weist hierbei auf die Analogie der in § 496 Abs. 3 und § 207 enthaltenen Bestimmungen hin. An dieser Rechtsprechung ist festzuhalten. Die Abänderung der Vorschriften der Prozeßordnung über die Art der Einlegung der Berufung und der Revision hat notwendig zur Folge, daß, wenn man die Vorschrift des § 66 Abs. 2 überhaupt aufrecht erhalten will, man auch die Beitrittserklärung des Nebenintervenienten in diesem Falle den neuen Bestimmungen über die Einlegung der Rechtsmittel anpaßt. Kann die Nebenintervention mit der Rechtsmitteleinlegung in einem Schriftsatz erklärt werden, so muß auch in diesem Falle die Einreichung der Rechtsmittelschrift bei Gericht zur Wahrung der Rechtsmittelfrist genügen. Durch die Vorschriften der §§ 520 und 553a, wonach die Berufungs- und Revisionsschrift von Amts wegen zuzustellen sind, wird zugleich der Vorschrift des § 70 Abs. 1 auch bei der jetzigen Form der Rechtsmitteleinlegung genügt. Das Erfordernis, daß diese Zustellung noch innerhalb der Rechtsmittelfrist erfolgen müßte, ist nicht aufzustellen. Denn der allein entscheidende Vorgang für die Ergreifung des Rechtsmittels ist die Einreichung der Rechtsmittelschrift bei dem für das Rechtsmittel zuständigen Gericht. Nach dem Zeitpunkt der Einreichung richtet sich demgemäß auch die Zulässigkeit des Rechtsmittels. Der Dritte wird dadurch, daß er das Rechtsmittel in der jetzt vorgeschriebenen Form einlegt und in diesem Rechtsmittelschriftsatz zugleich seinen Beitritt erklärt, zum Nebenintervenienten. Ist die Zustellung in diesem Zeitpunkt auch noch nicht erfolgt, so geschieht sie doch im Amtsbetrieb und ist dadurch sichergestellt. Denn ebenso wie die Berufungsschrift dem Berufungsbeklagten von Amts wegen zuzustellen ist (§ 520 ZPO.), muß sie auch, wenn die Berufung von einem als Nebenintervenienten auftretenden Dritten eingelegt ist, der unterstützten Partei von Amts wegen zugestellt werden. In solchem Fall ist der Dritte, wenn er von seinem Recht, die Nebenintervention mit der Rechtsmitteleinlegung zu verbinden, Gebrauch machen will, gar nicht in der Lage, seinerseits die Einhaltung der Rechtsmittelfrist bei Zustellung seiner Rechtsmittelschrift zu erwirken und zu überwachen. Die für andere Fälle gegebenen Vorschriften der

§§ 207 und 496 Abs. 3 sind hier allerdings nicht anwendbar; das Reichsgericht hat in den früheren Entscheidungen auch nur auf die Analogie dieser Vorschriften aufmerksam gemacht. Entscheidend ist hier, daß die Einreichung der Berufung innerhalb der Berufungsfrist erfolgt, und daß die Zustellung der Beitrittserklärung durch den Amtsbetrieb sichergestellt ist. Die Erklärung des Beitritts des Nebenintervenienten ist vom Gesetz an keine Frist gebunden; sie kann bis zur rechtskräftigen Entscheidung des Rechtsstreits erfolgen (§ 66 Abs. 2). Hat der als Nebenintervenient auftretende Dritte die für eine Prozeßhandlung vorgeschriebene Notfrist durch rechtzeitige Vornahme dieser Handlung gewahrt, so kann ihm die dadurch erlangte prozessuale Rechtsstellung durch den Ablauf dieser Frist nicht nachträglich wieder verloren gehen. Die Zustellung der die Nebenintervention enthaltenden Rechtsmittelschrift braucht daher weder an den Prozeßgegner noch an die von dem Nebenintervenienten unterstützte Partei innerhalb der Rechtsmittelfrist zu erfolgen. Eine abweichende Rechtsanschauung liegt auch nicht der Entscheidung des Reichsgerichts vom 1. Mai 1917 II 19/17 (Gruchot Bd. 61 S. 824) zugrunde. Der dort entschiedene Fall hatte die besondere Gestaltung, daß die Beitrittserklärung des Nebenintervenienten in einem besonderen Schriftsatz enthalten und in der Berufungsschrift nur auf diesen Schriftsatz Bezug genommen war. Dort lag also eine Verbindung der Einlegung des Rechtsmittels mit der Nebenintervention nicht vor. Es ist deshalb in jenem Falle, wo die Berufung von einem Dritten eingelegt war, noch Wert darauf gelegt worden, daß auch die besondere Erklärung des Dritten, daß er als Nebenintervenient auftrete, noch innerhalb der Berufungsfrist beiden Parteien zugestellt worden war. In diesem Sinne ist auch das Urteil des VII. Zivilsenats des Reichsgerichts vom 30. April 1920 VII 485/19 (Leipz. Zeitschr. 1920 Sp. 766) zu verstehen, wenn es unter Bezugnahme auf diese Entscheidung auch auf die Zustellung des die Beitrittserklärung enthaltenden Schriftsatzes innerhalb der Rechtsmittelfrist Wert legt. Denn der VII. Zivilsenat schließt sich gleichzeitig auch der Rechtsprechung des VI. Zivilsenats an. In diesen oben erwähnten Entscheidungen RGZ. Bd. 76 S. 166 und Warneyer 1911 Nr. 446 hat der VI. Zivilsenat aber gerade die mit der Nebenintervention verbundenen Rechtsmittel für zulässig erachtet, obwohl der die Nebenintervention enthaltende Schriftsatz erst nach Ablauf der Rechtsmittelfrist zugestellt worden war.

Hiernach war die Zulässigkeit der Berufung auszusprechen.

52. Zur Auslegung des § 8 der preußischen Verordnung, betr. ein vereinfachtes Enteignungsverfahren zur Beschaffung von Arbeitsgelegenheit und zur Beschäftigung von Kriegsgefangenen, vom 11. September 1914/27. März 1915.

VII. Zivilsenat. Urt. v. 27. Mai 1921 i. S. Stadtgemeinde Königsberg i. Pr. (Kl. u. Bekl.) w. Sch.-H. (Bekl. u. Kl.). VII 378/20.

I. Landgericht Königsberg. — II. Oberlandesgericht daselbst.

Durch die Erlasse des preußischen Staatsministeriums vom 9. und 15. Mai 1915 ist der Revisionsklägerin das Enteignungsrecht verliehen worden zur Erwerbung von Grundflächen des Südfrontgeländes, das durch Aufhöhung für eine künftige Stadterweiterung hergerichtet werden soll, und es ist weiter auf Grund des § 1 der VO. v. 11. September 1914 bestimmt worden, daß das vereinfachte Enteignungsverfahren bei dem Unternehmen der Aufhöhung dieses Geländes stattfindet. Von der Enteignung betroffen wurde auch der Revisionsbeklagte mit seinem Grundstück Nasser Garten Band 6 Blatt 7 des Grundbuchs. Es umfaßte die Trennstücke 289/37 und 341/35 in Größe von 2,1520 und 0,5998 ha. Durch sofort verkündeten Beschluß des Regierungspräsidenten vom 22. September 1915 wurde die Unternehmerin vorläufig in den Besitz des Grundstücks eingewiesen, in den des Trennstücks 289/37 jedoch nur, soweit es nicht mit Gebäuden besetzt war. Der Pächter des Grundstücks wurde für die Zeit bis zum 15. Oktober 1915 von der Unternehmerin entschädigt. Unter dem 11. April 1916 erging der Beschluß des Regierungspräsidenten, nach welchem der vorläufige Plan endgültig festgestellt, die dem Revisionsbeklagten für sein Grundstück einschließlich der Baulichkeiten zu gewährende Entschädigung auf 12,50 *M* für das qm, insgesamt also auf 343975 *M* festgesetzt und endlich ausgesprochen wurde, daß das Grundstück in das Eigentum der Revisionsklägerin übergehe, sobald die Entschädigung rechtsgültig gezahlt oder hinterlegt ist. Wegen der Höhe der Entschädigung beschritten beide Parteien innerhalb der gesetzlichen Frist den Rechtsweg. Die beiden Sachen wurden zu gleichzeitiger Verhandlung und Entscheidung miteinander verbunden. Die Revisionsklägerin billigte nur 8 *M* für das qm zu, verlangte demgemäß Festsetzung der Entschädigung auf nur 220144 *M* und Abweisung des Gegners mit seiner Mehrforderung. Der Revisionsbeklagte beanspruchte 20 *M* für das qm, Festsetzung der Entschädigung auf 550360 *M* und Verurteilung der Unternehmerin zur Zahlung dieses Betrages nebst 5 % Zinsen seit dem 22. September 1915. Das Landgericht hat die Entschädigung auf 220144 *M* festgestellt und den Revisionsbeklagten mit seinem Mehranspruch abgewiesen. Das Oberlandesgericht hat die

Entschädigung auf 15,50 ℳ für das qm, insgesamt auf 426529 ℳ nebst 4 v. H. Zinsen seit dem 15. Oktober 1915 festgesetzt, den Revisionsbeklagten mit seinem Mehranspruch und die Revisionsklägerin mit ihrer Klage abgewiesen. Die Revision der Unternehmerin hatte Erfolg.

Aus den Gründen:

... Über den Zeitpunkt, für welchen der Wert des Grundstücks ermittelt werden sollte, hatte das Oberlandesgericht dem Sachverständigen bei Erlaß des Beweisbeschlusses keine Vorschriften gemacht. Der Sachverständige hat von sich aus zwei Zeitpunkte gewählt, den 22. September 1915, den Tag der Besitzeinweisung, und den 11. April 1916, den Tag, an welchem durch Beschluß des Regierungspräsidenten der Plan festgestellt, die Entschädigung festgesetzt und die Enteignung selbst in bedingter Form ausgesprochen worden ist. Bei Erlassung seines Urteils hat sich das Oberlandesgericht für den 11. April 1916 entschieden, weil damals der Plan festgestellt sei.

Schon diese Begründung ist zu beanstanden. Nach der seit langem feststehenden Rechtsprechung des Reichsgerichts ist der maßgebende Zeitpunkt in der Regel der des Beschlusses, durch welchen die Entschädigung festgestellt wird (vgl. RGZ. Bd. 27 S. 263, Urt. v. 18. Oktober 1918, VII 155/18). Auf den Irrtum in der Begründung käme es hier allerdings nicht entscheidend an, denn entsprechend dem § 5 VO. v. 11. September 1914 sind in dem gegenwärtigen vereinfachten Enteignungsverfahren der Plan und die Entschädigung durch denselben Beschluß festgestellt worden. Der 11. April 1916 käme also auch nach dieser Rechtsprechung des Reichsgerichts in Frage, wenn einer der Regelfälle gegeben wäre. Das aber trifft nicht zu.

Nach dem Berufungsurteil soll die Revisionsklägerin den für den 11. April 1916 festgestellten Wert des Grundstücks schon vom 15. Oktober 1915 ab verzinsen. Darüber, ob der Wert in der Zeit vom Herbst 1915 bis zum Frühjahr 1916 gestiegen ist, hat sich das Berufungsgericht nicht ausdrücklich ausgesprochen. Der Sachverständige, welchem das Berufungsgericht folgt, hat aber den Wert des enteigneten Grundstücks für den 11. April 1916 auf 15,50 ℳ für das qm, für den 22. September 1915 auf nur 15,00 ℳ für das qm geschätzt. Die letztere Schätzung bildet einen Rechnungsposten für die erstere, und mit dieser scheint daher auch jene vom Berufungsgericht gebilligt zu sein. Jedenfalls muß hier mangels entgegenstehender Feststellungen von den Annahmen des Sachverständigen ausgegangen werden. Dann aber soll der Revisionsbeklagte von einem Kapitalteil, nämlich der Wertsteigerung seit Herbst 1915, Zinsen für einen Zeitraum — vom 15. Oktober 1915 bis 11. April 1916 — erhalten, während dessen dieser Kapitalteil noch nicht zu seinem Vermögen gehörte. Das ist ein Ergebnis, welches das Reichsgericht bereits einmal (RGZ. Bd. 69 S. 347) für unmöglich richtig erachtet hat. Mit der Berufung auf § 8 VO. v. 11. September 1914 kann diese Widersinnigkeit nicht gerechtfertigt werden. Satz 1 dieser Vorschrift gibt dem Regierungspräsidenten die Befugnis, den Unternehmer vorläufig in den Besitz des zu enteignenden Grundstücks einzuweisen. Satz 2 und 3 lauten sodann: „Dem Besitzer des Grundstücks ist der hierdurch entstandene, nötigenfalls im Rechtswege festzustellende Schaden zu vergüten. Ist der Eigentümer im Besitze des Grundstücks, so ist ihm die für die Enteignung zu gewährende Entschädigung vom Tage der Besitzeinweisung an zu verzinsen; erleidet er einen weiteren Schaden, so ist ihm auch dieser zu ersetzen." Im ersten Halbsatz des Satzes 2 gelangt eine alte Rechtsregel zum Ausdruck, die namentlich für Kaufverträge wichtig ist. Niemand soll gleichzeitig die Sache und ihren Wert nutzen dürfen (vgl. § 452 BGB.). So soll es auch bei der Enteignung gehalten werden. Von dem Augenblick an, in welchem der Unternehmer das Grundstück bekommt, soll er dessen Wert verzinsen. Das Grundstück und sein Wert werden gewissermaßen gegeneinander ausgetauscht. Daraus folgt dann aber auch, daß beide gegeneinander austauschbar sein müssen, d. h. es darf für das Grundstück kein höherer Wert eingesetzt werden, als derjenige, den es zur Zeit der Besitzeinweisung hatte. So ergibt sich in diesem Falle die Notwendigkeit, den Wert des Grundstücks nicht für die Zeit des Entschädigungsfeststellungsbeschlusses, sondern für die Zeit der Besitzeinweisung zu ermitteln.

Gleiche Voraussetzungen haben schon früher zu dem gleichen Schluß geführt. Das Enteignungsgesetz selbst kennt in seinem § 16 einen Fall, in welchem die Besitzübertragung der Enteignung vorangeht. Das trifft zu, wenn sich die Beteiligten gütlich darüber einigen. Für diesen Fall hat das Reichsgericht (RGZ. Bd. 69 S. 347) bereits ausgesprochen, daß die Enteignungsentschädigung nach dem Zeitpunkt zu berechnen ist, zu welchem der Besitz überlassen ist.

Aus diesen Ausführungen folgt nun aber nicht, daß durchweg der 22. September 1915 der Wertbemessung zugrunde zu legen ist. Dabei würde übersehen werden, daß damals die Revisionsklägerin in den Besitz der auf dem Grundstück stehenden Gebäude nicht eingewiesen ist. Für sie und für den von ihnen bedeckten Teil des Grund und Bodens kommt also in der Tat — wenigstens nach dem bisher festgestellten Sachverhalt — der 11. April 1916 als entscheidender Zeitpunkt in Frage. Nur für den von Gebäuden nicht bedeckten Teil des Grund und Bodens ist der 22. September 1915 maßgebend. Bisher ist der Wert des Grundstücks einschließlich der darauf stehenden Gebäude nach Einheitssätzen für das qm geschätzt worden. Das wird sich bei der jetzt erforderlichen Sonderung voraussichtlich nicht aufrechterhalten lassen. Zu ermitteln ist a) der Wert des nicht mit Gebäuden bestandenen

Grund und Bodens für den 22. September 1915, b) der Wert des mit Gebäuden bestandenen Grund und Bodens und der Gebäude selbst für den 11. April 1916.

Bei der Frage der Verzinsung des Betrages zu a) ist noch zu beachten, daß das Grundstück des Revisionsbeklagten am 22. September 1915 verpachtet war. Damals war also der Revisionsbeklagte nicht Besitzer des Grundstücks im Sinne des § 8 der VO. Diese Vorschrift versteht unter Besitz und Besitzer, wie sich aus Satz 2 und 3 klar ergibt, nur den unmittelbaren Besitz und Besitzer. Auf den mittelbaren Besitz, den der Eigentümer in der Regel nach § 868 BGB. haben wird, wenn ein anderer im unmittelbaren Besitz ist, nimmt die Verordnung keine Rücksicht. Sie geht mit Recht davon aus, daß insoweit der Eigentümer durch sein Vertragsverhältnis zu dem unmittelbaren Besitzer gedeckt sein wird. Festzustellen ist also der Zeitpunkt, zu welchem der Revisionsbeklagte bei regelmäßigem Ablauf der Dinge wieder unmittelbarer Besitzer seines Grundstücks geworden wäre. Erst von diesem Zeitpunkt hat er den unmittelbaren Besitz zugunsten der Revisionsklägerin verloren, erst von da an tritt deren Pflicht zur Zinszahlung ein. Von diesen Sätzen ist anscheinend auch der Berufungsrichter ausgegangen, die Ausführung aber, mit der er dazu gelangt, den Beginn der Zinszahlung auf den 15. Oktober 1915 festzusetzen, erscheint nicht vollständig schlüssig. Zwar spricht er in den Gründen seines Urteils davon, daß das Grundstück bis zum 15. Oktober 1915 verpachtet gewesen sei, eine Feststellung in dieser Richtung ist aber nicht getroffen, wie denn auch von den Parteien keine Behauptungen darüber aufgestellt waren. Es liegt nichts weiter vor, als daß die am 22. September 1915 von dem Beauftragten des Regierungspräsidenten gehörten Sachverständigen die dem Pächter für den Besitzverlust gebührende Entschädigung auf Grund der Annahme berechnet haben, daß er sein Vieh auf dem Grundstück voraussichtlich bis zum 15. Oktober 1915 hätte weiden können. Über den vertragsmäßigen Ablauf der Pacht ist daraus nichts zu entnehmen. Hierüber und über die damit zusammenhängenden Fragen wird der Berufungsrichter, nötigenfalls unter Ausübung des Fragerechts, die erforderlichen Feststellungen zu treffen haben. . . .

Von dem nach b) zu ermittelnden Werte werden Zinsen bei dem bisher festgestellten Sachverhalt nicht zuzusprechen sein. Es ist weder festgestellt noch auch nur behauptet, daß der Besitz an den Gebäuden bereits auf die Revisionsklägerin übergegangen ist, sei es im Wege der Besitzeinweisung durch den Regierungspräsidenten, sei es im Wege gütlicher Einigung. Zinsen könnten also nur nach der Regel des § 36 Abs. 2 EntG. vom Tage der Enteignung zugesprochen werden, aber auch diese ist noch nicht geschehen. Im ordentlichen Verfahren wird die Enteignung durch besonderen Beschluß ausgesprochen. Dieser ist in gewöhnlichen Fällen erst zu erlassen, wenn die vereinbarte oder endgültig festgestellte Entschädigungssumme rechtsgültig gezahlt oder hinterlegt ist, § 32 Abs. 1 des Gesetzes. In dringlichen Fällen kann der Beschluß schon erlassen werden, wenn die im Verwaltungsverfahren festgestellte Entschädigungssumme gezahlt oder hinterlegt worden ist, § 34 flg. des Gesetzes. Die Verordnung vom 11. September 1914 hat diese Rechtslage nur insoweit geändert, als nach § 5 daselbst gleichzeitig mit der Feststellung des Planes und der Entschädigungssumme auch die Enteignung ausgesprochen werden soll. Das begründet aber keinen sachlichen Unterschied, denn nach § 6 geht das Eigentum des enteigneten Grundstücks auf den Unternehmer erst nach Zahlung der Hinterlegung der Entschädigungssumme über. Es ist deshalb richtig, wenn der Regierungspräsident in seinem Beschluß vom 11. April 1916 gesagt hat, daß das Eigentum übergeht, sobald die Entschädigungssumme gezahlt oder hinterlegt ist. Diese Bedingung ist noch nicht eingetreten, die Enteignung ist deshalb noch nicht bewirkt, Zinsen vom Tage der Enteignung kommen deshalb nicht in Frage. . . .

---

53. Bleibt ein Rechtsgeschäft, welches der durch einstweilige Verfügung bestellte Geschäftsführer einer Gesellschaft m. b. H. als deren Vertreter abschließt, wirksam, wenn der Antragsteller dem Antragsgegner den Nachweis über die Hinterlegung der Sicherheit, von der die Wirksamkeit der Verfügung abhängig gemacht ist, nicht innerhalb der Frist des § 929 Abs. 3 Satz 2 ZPO. zustellen läßt?

III. Zivilsenat. Urt. v. 27. Mai 1921 i. S. Krö. (Bekl.) w. H.G. m. b. H. (Kl.). III 488/20.

I. Landgericht Dresden, Kammer f. Handelssachen. — II. Oberlandesgericht daselbst.

Der Beklagte behauptet, daß er am 10. August 1919 mit dem Kaufmann Kri. als dem Geschäftsführer der klagenden Gesellschaft einen Vertrag abgeschlossen habe, durch den er für 5 Jahre als Disponent im Betriebe der Klägerin angestellt worden sei. Da diese den Vertragsabschluß bestreitet und die vermeintlichen Rechte des Vertragsgegners aus dem Abkommen nicht anerkennt, so hat der Beklagte Gehaltsansprüche für die Monate September bis November 1919 gegen sie geltend gemacht. In dem vorliegenden Rechtsstreit begehrt die Klägerin die Feststellung, daß dem Beklagten aus dem erwähnten Vertrag Ansprüche für die weitere Zeit seit Dezember 1919 nicht zustehen. Die Berufung des Beklagten gegen das der Klage stattgebende Urteil des

Landgerichts ist erfolglos geblieben. Auf die Revision des Beklagten ist das Berufungsurteil aufgehoben und die Sache an die Vorinstanz zurückverwiesen worden.

Aus den Gründen:

... Folge zu geben ist dem Angriffe der Revision gegen die Gründe, aus denen der Berufungsrichter den Vertrag, auch wenn er abgeschlossen sein sollte, als für die Klägerin wegen mangelnder Vertretungsbefugnis Kri.'s nicht verbindlich erklärt. Das angefochtene Urteil knüpft bei der Darlegung dieser Ansicht an folgenden unstreitigen Sachverhalt an:

Kri., der im Jahre 1918 zum Geschäftsführer der Klägerin bestellt worden war, wurde durch Beschluß einer am 27. Juni 1919 zusammengetretenen Gesellschafterversammlung entlassen und an seine Stelle wurde ein gewisser V. berufen. Diese Tatsachen wurden am 30. Juni 1919 im Handelsregister eingetragen und die Eintragungen wurden bis zum 4. Juli 1919 bekannt gemacht. Ein Gesellschafter H., der den Beschluß vom 27. Juni im Klageweg anfocht, erwirkte am 30. Juli 1919 gegen die jetzt klagende Gesellschaft eine — auf Grund mündlicher Verhandlung in Urteilsform erlassene — einstweilige Verfügung des Inhalts, daß bis zum Eintritt der Rechtskraft der Entscheidung über die Anfechtungsklage in den inneren und den Vertretungsverhältnissen der Gesellschaft der Zustand vor dem 27. Juni wieder Platz zu greifen und V. sich der Geschäftsführertätigkeit bei Vermeidung von Strafe einstweilen zu enthalten habe. Die Wirksamkeit der Verfügung wurde davon abhängig gemacht, daß der Antragsteller 10000 ℳ Sicherheit leiste. Nachdem H. dieser Bedingung genügt hatte, wurde auf seine Veranlassung am 9. August 1919 im Handelsregister verlautbart, daß durch einstweilige Verfügung angeordnet worden sei, V. solle sich der Geschäftsführertätigkeit enthalten und Kri. weiterhin Geschäftsführer sein. Die Eintragung wurde am 13. August 1919 bekannt gemacht. Das bezeichnete Urteil wurde von der Klägerin als der Antragsgegnerin mit der Berufung angefochten. Da H. den Schein über die Hinterlegung der Sicherheit erst am 8. September 1919 der Klägerin zustellen ließ, wurde die Verfügung vom Berufungsgericht als nicht wirksam geworden bezeichnet und für erledigt erklärt und die Eintragung vom 9. August am 11. November 1919 wieder gelöscht. Die Anfechtungsklage fand durch einen außergerichtlichen Vergleich der Prozeßparteien ihre Erledigung.

Diesen Tatbestand würdigt der Berufungsrichter in folgender Weise: Die Vorschriften, welche der § 936 verb. mit § 929 Abs. 3 ZPO. über die Bedeutung der Zustellung einstweiliger Verfügungen für die Zulässigkeit und Wirksamkeit ihrer Vollziehung enthielten, seien bei solchen Verfügungen, deren Anordnung von einer Sicherheitsleistung des Antragstellers abhängig gemacht sei, auf die Zustellung des Hinterlegungsnachweises auszudehnen. Die Eintragung vom 9. August habe daher zwar vor der Zustellung des Hinterlegungsscheins an die Antragsgegnerin erfolgen können. Die Aufschiebung dieser Zustellung habe jedoch in bezug auf die Bestellung Kri.'s zum Geschäftsführer einen Schwebezustand erzeugt. Da die Zustellung nun nicht fristgemäß nachgeholt sei, so habe sich der Rechtszustand so gestaltet, als wenn jene niemals stattgefunden hätte. Die dem Kri. durch die einstweilige Verfügung verliehene Vertretungsmacht habe sich daher mit rückwirkender Kraft erledigt und diese Rechtsfolge mache sich auch bei der Beurteilung der Frage, ob der Klägerin durch das vertretungsweise Handeln Kri.'s beim Vertragsabschluß vom 10. August gebunden worden sei, zum Nachteile des Beklagten geltend. Er könne sich deshalb nicht darauf berufen, daß am Tage des Vertragsabschlusses die Eintragung vom 9. August schon vorgelegen habe und er somit auf das Bestehen der Vertretungsmacht Kri.'s habe vertrauen können. Denn aus der Eintragung sei ersichtlich gewesen, daß sie auf der einstweiligen Verfügung beruhe und daß sie demnach nur die Rechte, welche sich aus der Verfügung selbst ergeben, gewährleiste.

Das Berufungsgericht geht hiernach von dem in § 15 Abs. 2 HGB. mittelbar ausgesprochenen Grundsatz aus, daß ein Dritter sich gegenüber demjenigen, in dessen Angelegenheiten eine im Handelsregister einzutragende Tatsache dort verlautbart und dann bekannt gemacht wurde, auf diese Tatsache berufen kann, wenn ihm nicht die Unrichtigkeit der Eintragung bekannt war oder bekannt sein mußte. Der Vorderrichter ist der Meinung, daß der Beklagte sich hinsichtlich der Vertretungsbefugnis Kri.'s auf diesen Grundsatz nicht zu stützen vermag, weil er bei der Bezugnahme des Eintrags vom 9. August auf die einstweilige Verfügung mit deren späterer Außerkraftsetzung, wie sie durch die nicht rechtzeitige Zustellung des Hinterlegungsscheins herbeigeführt worden sei, habe rechnen müssen. Bei diesen Erwägungen ist übersehen, daß die Eintragung vom 9. August am darauffolgenden Tage, dem Zeitpunkt des streitigen Vertragsabschlusses, noch nicht bekannt gemacht war und eine Anwendung des § 15 Abs. 2 HGB. deshalb überhaupt nicht in Frage kommt. Die Eintragung, der nur rechtsbekundende, nicht rechtsbegründende Bedeutung zukommt, war auch nicht, wie das Berufungsgericht anzunehmen scheint, die Vorbedingung für die Gültigkeit der Wiederbestellung Kri.'s zum Geschäftsführer (RGZ. Bd. 9 S. 91). Deren Grundlage bildet vielmehr lediglich die einstweilige Verfügung. Da es sich bei den darin getroffenen richterlichen Maßnahmen um Veränderungen in der Geschäftsführung und den Vertretungsverhältnissen der klagenden Gesellschaft handelte, so bedurften diese Anordnungen allerdings der Vollziehung, und eine solche kann nur dann als erfolgt gelten, wenn H., der Antragsteller, der Klägerin als der Antragsgegnerin, sei es durch die Zustellung des die Verfügung aussprechenden Urteils, sei es auf anderem Wege, in ausreichend deutlicher Weise zu erkennen gab, daß er auf der Durchführung der richterlichen Maßregeln bestehe (RGZ. Bd. 51 S. 132, Seuff. Arch. Bd. 66 Nr. 83). Eine derartige Willenskundgebung ist aber — falls etwa die nach dem Vorbringen der Klägerin schon am 8. August bewirkte Urteilszustellung nicht auf Betreiben des Antragstellers erfolgt sein sollte — darin zu erblicken, daß H. die Verlautbarung der einstweiligen Verfügung im Handelsregister veranlaßte. Ob nun die Tatsache, daß die Urkunde über die Hinterlegung der Sicherheit erst am 8. September 1919 zur Zustellung gelangte, zu einer entsprechenden Anwendung des § 929 Abs. 3 Satz 2 ZPO. und damit zu der Annahme nötigt, daß die Wirksamkeit der einstweiligen Verfügung am 10. August noch in der Schwebe war und mit dem Ablauf der in der Gesetzesvorschrift geregelten Frist nach rückwärts beseitigt wurde, bedarf keiner Entscheidung. Auch wenn dies mit dem Berufungsgericht bejaht wird, so wird hierdurch die Rechtsbeständigkeit des streitigen Vertrags nicht in Frage gestellt. Sollte auch die Wirksamkeit einer einstweiligen Verfügung der vorliegenden Art vor der fristgemäßen Zustellung des Hinterlegungsscheins keine endgültige sein und die Verfügung bei unterbleibender oder verspäteter Nachholung dieser Zustellung kraftlos werden, so würde die Gültigkeit eines Vertrags, den ein Dritter mit dem durch die einstweilige gerichtliche Maßregel bestellten Geschäftsführer der Gesellschaft als deren Vertreter abschließt, hierdurch nicht berührt werden. Die gegenteilige Ansicht würde dem Dritten die nicht selten schwierige Prüfung der Frage zumuten, ob die einstweilige Verfügung bereits zur vollen Wirkung gelangt und mit der Vertretungsberechtigung des Geschäftsführers als einer sicheren Tatsache zu rechnen ist, und die Notwendigkeit einer solchen Erörterung wäre mit der Sicherheit des Rechtsverkehrs völlig unverträglich. Nicht von der Hand zu weisen ist freilich die vom Vertreter des Revisionsbeklagten betonte Möglichkeit, daß die Gesellschaft bei einer solchen Rechtsauffassung, falls die einstweilige Verfügung infolge der verspäteten Zustellung des Hinterlegungsnachweises unwirksam wird, durch die inzwischen erfolgten Abschlüsse des Geschäftsführer mit dem Dritten, die sie trotzdem gegen sich gelten lassen muß, Schaden erleidet. Daß aber nach der Absicht des Gesetzgebers die Rücksicht auf die Interessen der Gesellschaft hinter der Rücksicht auf die Sicherheit des Rechtsverkehrs zurückzustehen hat, ergibt sich mit voller Deutlichkeit aus § 37 Abs. 2 GmbHG., wonach Beschränkungen, welche die Gesellschaft ihrem Geschäftsführer in bezug auf seine Vertretungsmacht auferlegt, gegen dritte Personen keine rechtliche Wirkung haben, eine Vorschrift, die selbst dann Platz greift, wenn der Dritte um die Beschränkungen weiß, und erst im Falle seiner wissentlichen Mitwirkung zur vorsätzlichen Schädigung der Gesellschaft durch den Geschäftsführer unanwendbar ist (RGZ. Bd. 71 S. 222).

Das angefochtene Urteil konnte daher nicht aufrecht erhalten werden. . . .

---

54. Zur Frage der Zulässigkeit des Rechtswegs nach der Abgeltungsverordnung vom 4. Dezember 1919.

III. Zivilsenat. Urt. v. 27. Mai 1921 i. S. S. & Co. (Kl.) w. M. (Bekl.). III 522/20.

I. Landgericht II Berlin. — II. Kammergericht daselbst.

Durch schriftlichen Vertrag vom 15. Oktober 1918 mietete die Beklagte von der Klägerin eine Lokomobile für drei Monate gegen einen monatlich im voraus zu zahlenden Mietzins von täglich 35 *M*, der auch nach Ablauf der vereinbarten Mietdauer bis zum Tage des Wiedereintreffens des Mietgegenstandes auf dem Lagerplatz der Klägerin weiter zu entrichten war. Die Lokomobile ist nach Ablauf der drei Monate nicht zurückgeliefert worden. Am 7. Mai 1919 hat die Klägerin sie anderweit vermietet. Sie beansprucht daher von der Beklagten, die den Mietzins nur für drei Monate entrichtet hat, die Zahlung von täglich 35 *M* für die Zeit vom 26. Januar bis 7. Mai 1919.

Das Landgericht hat die Beklagte verurteilt, das Kammergericht die Klage wegen Unzulässigkeit des Rechtswegs abgewiesen. Die Revision der Klägerin wurde zurückgewiesen.

Gründe:

Das Berufungsgericht stellt auf Grund des Freigabescheins des Kriegsministeriums (Waffen- und Munitionsbeschaffungsamt) vom 23. Oktober 1918 in Verbindung mit dem Mietvertrage fest, daß die Beklagte, die während des Krieges Granaten für das deutsche Heer herstellte, die Lokomobile von der Klägerin gemietet hat, um sie als Antriebmaschine für Munitionsherstellung zu verwenden, und sie auch tatsächlich hierzu verwendet hat. Daraus folgert der Berufungsrichter, daß der Mietvertrag ein während des Krieges für die Zwecke der Wehrmacht des Deutschen Reichs geschlossener Vertrag im Sinne des § 6 der Abgeltungsverordnung vom 4. Dezember 1919 sei, und erklärt auf Grund dieser Verordnung das Reichswirtschaftsgericht zur Entscheidung über den erhobenen Anspruch für zuständig und den ordentlichen Rechtsweg für ausgeschlossen.

Dem ist beizupflichten. Daß es sich hier nicht um einen von dem Deutschen Reich abgeschlossenen Vertrag und nicht um einen Anspruch gegen dieses handelt, steht der Anwendung des § 6 nicht entgegen. Wie die §§ 1 flg. ausweislich des § 2 und dessen Begründung (Verhandl. der Deutschen Nationalversammlung Bd. 341 Aktenstück Nr. 2093 S. 2206) sich nicht nur auf die Verträge der Beschaffungsstellen, Kriegsgesellschaften und Kriegsausschüsse, sondern auch auf solche Verträge beziehen, die deren Vertragsgegner, die sog. Erstlieferer, behufs Ermöglichung der Ausführung der Kriegsaufträge mit ihren Unterlieferern und diese wieder mit weiteren Unterlieferern geschlossen haben (vgl. RGZ. Bd. 101 S. 302, 326), so ergreift § 6, der auch den § 2 für entsprechend anwendbar erklärt, nicht nur Verträge des Deutschen Reichs, sondern auch von Erstlieferern zur Ermöglichung der Ausführung der ihnen erteilten Kriegsaufträge mit Dritten getätigte Verträge. Auch sie sind für Zwecke der Wehrmacht des Deutschen Reichs geschlossen, und auch auf sie paßt die Erwägung der Begründung zu § 2, daß es unbillig und wirtschaftlich unhaltbar wäre, dem Erstlieferer die Beeinträchtigungen der Verordnung aufzuerlegen, wenn er selbst und seine Vertragsgegner ihre Verpflichtungen gegenüber ihren Vertragsgegnern in vollem Umfange erfüllen müßten.

Daß, wie die Revision geltend macht, in dem vorliegenden Falle die verspätete Rückgabe der Mietsache aus Gründen erfolgt ist, die mit der Demobilmachung nichts zu tun haben und das Reich nichts angehen, steht der Zuständigkeit des Reichswirtschaftsgerichts nicht entgegen. Diese ist stets gegeben, wenn ein Anspruch aus einem von den §§ 1, 2, 6 der Verordnung betroffenen Vertrag erhoben wird, ohne Rücksicht darauf, ob im Einzelfall eine Forderung an das Reich, die nach Billigkeit abzugelten wäre, in Frage kommt. Über das Vorliegen einer solchen Forderung haben die ordentlichen Gerichte nicht zu befinden.

Daß die Wirkungen des zwischen den Streitteilen geschlossenen Mietvertrags sich über den 10. November 1918 hinaus erstrecken, unterliegt keinem Zweifel, da der Vertrag am 15. Oktober 1918 auf drei Monate geschlossen ist, die Klägerin sich also zur Gewährung des vertragsmäßigen Gebrauchs der Mietsache bis Mitte Januar 1919 verpflichtet und folglich ihre Vertragsleistung am 10. November 1918 noch nicht restlos erfüllt hatte (vgl. RGZ. Bd. 101 S. 370, 424; Warneyer Bd. 14 Nr. 62).

Schließlich steht es der Anwendung der Verordnung vom 4. Dezember 1919 nicht entgegen, daß die vorliegende Klage bereits vor deren Erlaß erhoben ist. Der Ausschluß des ordentlichen Rechtswegs ist, wie der erkennende Senat bereits in dem Urteil vom 18. März 1921, III. 362/20 (RGZ. Bd. 101 S. 424) in Anwendung auf die Abgeltungsverordnung ausgesprochen hat, eine prozessuale Vorschrift, die, wenn sie nichts anderes bestimmt, auch auf bereits anhängige Rechtsstreitigkeiten anzuwenden ist. Die Abgeltungsverordnung enthält nun aber nicht nur keine abweichende, sondern eine die Regel bestätigende Bestimmung im § 6 Abs. 2, die ausdrücklich gerade für einen Fall der hier vorliegenden, von § 6 Abs. 1 betroffenen Art getroffen ist, außerdem aber auch, wie gegenüber der Revision zu bemerken ist, gemäß dem RGZ. Bd. 101 S. 304 Gesagten allgemein, auch für die Fälle der §§ 1, 2 der Verordnung, Anwendung finden muß.

---

55. Wie wirkt ein Gesetz, das sowohl den Abschluß wie die Erfüllung eines Vertrags verbietet, auf einen Vertrag, der vor seinem Inkrafttreten geschlossen, aber noch nicht erfüllt worden ist?

II. Zivilsenat. Urt. v. 27. Mai 1921 i. S. Schl. & M. (Kl.) w. Nordische Salpeter-Gesellschaft m. b. H. (Bekl.). II 525/20.

I. Landgericht Hamburg, Kammer f. Handelssachen. — II. Oberlandesgericht daselbst.

Durch Vertrag vom 14. Dezember 1917/20. Februar 1918 verkaufte die Klägerin der Beklagten vier Segelschiffe, von denen drei in Chile, das vierte in Mexiko lagen und jedes über 1600 Bruttotonnen enthielt. Von dem Kaufpreis wurde die Hälfte angezahlt; der Rest sollte gegen Übereignung der Schiffe gezahlt werden, die sofort nach Friedensschluß mit England vorzunehmen war. Weiter war bedungen: „Für den Fall, daß aus irgendeinem Grund eines oder mehrere der Schiffe nach Friedensschluß mit England nicht zur Ablieferung gelangen kann, erfolgt Rückzahlung der jetzt geleisteten Anzahlung pro rata der nicht gelieferten Tonnage". Hierfür leistete die Klägerin Sicherheit durch Stellung einer Bankgarantie.

Nachdem der Friedensvertrag bekannt gemacht worden war, forderte die Klägerin die Befreiung von der Bankgarantie gegen Rückerstattung der Anzahlung. Da die Schiffe verkauft worden seien, um von der Beklagten zur Schiffahrt benutzt zu werden, der Friedensvertrag aber die Auslieferung an die früheren Feinde vorschreibe, lägen veränderte Umstände vor, infolge deren die Erfüllung des Kaufvertrags etwas ganz anderes sein würde als die bei dessen Abschluß vereinbarte Leistung. Mit dieser Begründung erhob sie Ende November 1919 Klage auf Feststellung, daß die Beklagte kein Recht habe, auf Erfüllung zu bestehen.

Der erste Richter erkannte auf Abweisung der Klage. In der Berufungsinstanz wiederholte die Klägerin ihren Antrag mit dem Zusatz, eventuell festzustellen, daß sie nicht verpflichtet sei, der Beklagten ihre Entschädigungsansprüche gegen das Reich abzutreten. Das Oberlandesgericht wies jedoch die Berufung zurück.

Auf die Revision hob das Reichsgericht die ergangenen Urteile auf und stellte fest, daß die Beklagte aus dem Vertrage vom 14. Dezember 1917/20. Februar 1918 keinerlei Rechte gegen die Klägerin herleiten könne.

Gründe:

Das Berufungsgericht hat ausgeführt, nachdem die Schiffe infolge des Friedensvertrags enteignet worden seien (vgl. §§ 1 flg. Anl. III zu Art. 244 des Friedensvertrags und dazu das Ausführungsgesetz vom 31. August 1919), könne zwar Lieferung nach § 275 BGB. nicht mehr gefordert werden, wohl aber sei die Klägerin gemäß § 281 BGB. verpflichtet, der Beklagten den Anspruch auf die Enteignungsentschädigung abzutreten. Diese Ausführungen und die dagegen gerichteten Revisionsangriffe bedürfen keiner Erörterung, da das Berufungsgericht einen Punkt übersehen hat, der den Prozeß zugunsten der Klägerin entscheidet.

Wie die Klägerin, ohne Widerspruch zu finden, in der Berufungsinstanz behauptet hat, ist die beklagte Gesellschaft m. b. H. ein wesentlich dänisches Unternehmen, insofern sie aus dänischen Interessenten besteht und mit dänischem Gelde betrieben wird. Hat dies somit als unstreitig zu gelten, so hätte die Bundesratsverordnung, betr. Veräußerung von Kauffahrteischiffen ins Ausland, vom 17. Januar 1918 beachtet werden müssen. Nach § 1 Abs. 1 dieser Verordnung sind Rechtsgeschäfte, durch die das Eigentum an deutschen Kauffahrteischiffen an Ausländer übertragen oder die Verpflichtung dazu begründet werden soll, verboten; nach § 1 Abs. 4 Satz 2 steht dem Erwerbe durch Ausländer ein Erwerb durch solche im Inland ansässige Gesellschaften gleich, deren Kapital zum größeren Teil Ausländern zusteht. Der § 3, der dem Reichskanzler vorbehält, Ausnahmen von den Verboten des § 1 zuzulassen, kommt hier nicht in Frage. Der Reichskanzler hätte von dieser Befugnis höchstens bis zur Bekanntmachung des Friedensvertrags Gebrauch machen können; es ist nicht behauptet worden, daß ihn eine der Parteien vor jenem Zeitpunkt um Genehmigung des Vertrags ersucht hätte.

Gegenüber dem Hinweis auf die angezogene Verordnung hat der Vertreter der Revisionsbeklagten geltend gemacht, der Vertrag der Parteien datiere vom 14. Dezember 1917 und könne daher nicht durch die später erlassene Verordnung vom 17. Januar 1918 nichtig geworden sein. Nachträglich unmöglich geworden sei aber nur die Übereignung der Schiffe, nicht die Abtretung des Anspruchs aus § 281 BGB. Außerdem habe die Beklagte Anfang Januar 1920 alle ihre Rechte aus dem Vertrag auf die mit deutschem Kapital betriebene Hamburger Verwertungsgesellschaft m. b. H. in Hamburg übertragen.

Diese Einwendungen sind nicht stichhaltig. Allerdings wurde der Kaufvertrag schon am 14. Dezember 1917 geschlossen; am 20. Februar 1918 hat nur zu Beweiszwecken seine privatschriftliche Festlegung mit notarieller Beglaubigung der Unterschriften stattgefunden. Es ist auch richtig, daß das Verbot der Veräußerung von Kauffahrteischiffen an Gesellschaften mit überwiegend ausländischem Kapital erst mit dem 22. Januar 1918, an welchem Tage die Verordnung vom 17. desſ. Mts. verkündet wurde und laut § 5 in Kraft trat, wirksam geworden ist. Die Bundesratsverordnung vom 21. Oktober 1915 untersagte lediglich die Veräußerung an Nichtreichsangehörige, worunter von Gesellschaften nur diejenigen verstanden werden können, die im Ausland ihren Sitz haben; daß aber die zweite, ergänzende Verordnung rückwirkend frühere Rechtsverhältnisse hätte ergreifen wollen, geht aus ihr in keiner Weise hervor. Wäre daher die Übereignung an die Beklagte vor dem 22. Januar 1918 erfolgt, so würde ihre Gültigkeit nicht zu beanstanden sein. Allein dies ist nun einmal nicht geschehen, und am 22. Januar ist die Verordnung in Kraft getreten, die die Übereignung an die Beklagte verbot. Da mithin der Kaufvertrag, das obligatorische Rechtsgeschäft, von dem bezeichneten Tage an auf eine gesetzlich verbotene Handlung gerichtet war, wurde er mit diesem Tage nichtig (vgl. § 134 BGB.). Es versteht sich von selbst, daß die Beklagte und ihre angebliche Zessionarin aus dem nichtigen Vertrage keinerlei Rechte, insbesondere auch nicht das Recht auf Abtretung der Enteignungsentschädigung, herleiten können.

Zu demselben Ergebnis würde man gelangen, wenn man mit der Revisionsgegnerin statt nachträglicher Vertragsnichtigkeit nachträgliche Unmöglichkeit der Erfüllung des gültig gebliebenen Vertrags annehmen müßte. Gewiß ist das spätere Unmöglichwerden der Leistung eine Voraussetzung, an welche die Vorschrift des § 281 BGB. über die Pflicht zur Herausgabe des Ersatzes anknüpft. Die weitere Voraussetzung ist aber die, daß zwischen dem Unmöglichwerden und dem Erwerb des Ersatzes durch den Schuldner ein ursächlicher Zusammenhang besteht (vgl. die Eingangsworte des § 281: erlangt der Schuldner „infolge des Umstandes", welcher die Leistung unmöglich macht ...). Von einem solchen Zusammenhang liegt hier nichts vor. Ein Ersatzanspruch der Klägerin gegen das Reich kann nur auf die durch den Friedensvertrag herbeigeführte Enteignung gestützt werden, wogegen die Verordnungen gegen Veräußerung von Kauffahrteischiffen ins Ausland ganz andere Zwecke verfolgt und eine Enteignung überhaupt nicht vorgesehen haben. Hätte man daher das Inkrafttreten der Verordnung vom 17. Januar 1918 als den Umstand aufzufassen, durch den der

Klägerin die Übereignung der Schiffe unmöglich geworden wäre, so würde sie sicherlich nicht hierdurch den Ersatzanspruch erlangt haben, dessen Abtretung die Beklagte fordert. Auch von diesem Standpunkt aus würde also die Forderung unbegründet sein.

---

56. 1. In welcher Art haftet die Eisenbahn für Frachtgut vor Beginn und nach Beendigung des eigentlichen Transports? 2. Grobes Verschulden der Eisenbahnangestellten bei Verwahrung des Frachtguts.

I. Zivilsenat. Urt. v. 28. Mai 1921 i. S. Reichseisenbahnfiskus (Bekl.) w. B. L. K. (Kl.). I 411/20.

I. Landgericht Karlsruhe. — II. Oberlandesgericht daselbst.

Die Klägerin bezog Anfang Oktober 1918 vier Faß Wein mit der Eisenbahn. Die Sendung kam vollzählig in K. an. Mit der Abrollung beauftragte die Klägerin den Spediteur H. Dieser löste am 4. oder 5. Oktober den Frachtbrief ein, bezahlte die Fracht und quittierte über den Empfang der Ware. Er nahm aber die Ware nicht sofort an sich, sondern ließ sie auf dem Güterboden stehen. Als er sie am 9. Oktober abholen wollte, fehlte von den vier Fässern eins im Gewichte von 834 **kg**. Dessen Verbleib ist nicht aufgeklärt.

Die Klägerin verlangt mit der Klage Ersatz des Werts des Fasses. Das Landgericht erklärte die Klage dem Grunde nach für berechtigt. Die Berufung des Beklagten wurde zurückgewiesen. Die Revision hatte keinen Erfolg.

Aus den Gründen:

... Das Berufungsgericht hat angenommen, der Sinn und die rechtliche Bedeutung der im voraus geleisteten Quittierung sei dahin aufzufassen, daß die Ware als abgenommen gelte (welche Wirkung nur bei sofortigem Widerruf der Quittung aufgehoben werden könne), und daß zwischen Empfänger und Eisenbahn ein Verwahrungsvertrag abgeschlossen werde, der bis zur körperlichen Abholung der Ware in Kraft bleibe. Dieser Verwahrungsvertrag sei ein entgeltlicher. Die Eisenbahn müsse nachweisen, daß sie an dem Verlust des Guts schuldlos sei. Ein derartiger Beweis sei nicht angetreten.

Die Revision rügt, daß zu Unrecht ein entgeltlicher Verwahrungsvertrag angenommen sei.

Zunächst ist es nicht zu beanstanden, wenn das Berufungsgericht in der Bezahlung der Fracht und der Quittierung über den Empfang der Ware rechtlich eine Ablieferung und Abnahme des Frachtguts erblickt hat. Insoweit sind auch von der Revision keine Angriffe erhoben. Da nun aber die Ware nicht körperlich abgenommen (abgeholt), vielmehr sodann in Verlust geraten ist, fragt sich, welche Haftungsart der Eisenbahn außerhalb der Dauer des eigentlichen Transports eintritt. Darüber haben sich in Schrifttum und Rechtsprechung folgende Grundsätze entwickelt: Aufgelieferte Güter, die nicht sofort befördert werden können, hat die Eisenbahn in Verwahrung zu nehmen (§ 64 EVO.). Darin wird ein Verwahrungsvertrag erblickt. Ob der Vertrag unentgeltlich oder entgeltlich ist (vgl. § 690 BGB.), ist nicht unzweifelhaft. In der Zeit von der „Annahme zur Beförderung bis zur Ablieferung" haftet die Eisenbahn bis zur höheren Gewalt (§ 456 HGB.). Sie haftet in dieser Weise grundsätzlich also zunächst auch noch, nachdem das Frachtgut am Bestimmungsort angekommen und ausgeladen ist; jedoch nimmt die vorherrschende Meinung an, daß bei Annahmeverzug des Empfängers infolge unberechtigter Annahmeweigerung nur noch Haftung für Arglist und grobes Verschulden eintritt. Diese Anschauung wird bestritten von Barnickel, Eisenbahnrechtl. Entsch. Bd. 26 S. 114, und Rundnagel in Ehrenbergs Handb. Bd. 5 Abt. 2 S. 422. Folgerichtig wird die vorherrschende Meinung annehmen müssen, daß die geminderte Haftung nicht nur bei ausdrücklicher Annahmeweigerung des Empfängers, sondern auch bei Verzug infolge Verzögerung der Abnahme eintritt. Zu betonen ist aber, daß diese Ansicht zunächst nur den Fall ins Auge faßt, daß auch nicht ein Surrogat der körperlichen Ablieferung (Quittierung über den Empfang und Zahlung der Fracht) vorliegt (vgl. z. B. Staub, § 429 Anm. 8; Rundnagel in Eisenbahnrechtl. Entsch. Bd. 23 S. 306). Endlich ist anerkannt, daß auf die Ablieferung ein Verwahrungsvertrag mit Haftung für leichtes Verschulden nachfolgen kann (Staub § 429 Anm. 9; ROHG. Bd. 14 S. 295), und daß eine solche Haftung insbesondere dann eintritt, wenn die Eisenbahn unanbringliche Güter selbst zu Lager nimmt (§ 81 Abs. 3 EVO.; Eger § 81 Anm. 429).

In dem zur Entscheidung stehenden Falle ist die Sachlage so, daß das erwähnte Surrogat der körperlichen Ablieferung eingetreten ist, der Empfänger sich aber um das Gut mehrere Tage lang nicht gekümmert hat. Das Berufungsgericht hat angenommen, daß zwischen den Parteien ein Verwahrungsvertrag geschlossen ist, und zwar ein entgeltlicher, so daß der Beklagte für jedes Verschulden zu haften habe. Dies Ergebnis wäre nur schwer in Einklang zu bringen mit der vorstehend gekennzeichneten vorherrschenden Meinung, daß auch schon vor Ablieferung des Frachtguts bei Verzug des Empfängers nur eine Haftung für grobes Verschulden eintritt. Es bedarf jedoch keiner Prüfung ob deshalb der Entscheidung des Berufungsgerichts entgegenzutreten ist. Denn die Sachlage ist so gestaltet, daß grobes Verschulden auf seiten des Beklagten angenommen werden muß. Es handelte sich um ein

Faß Wein im Gewicht von 834 kg, also ein Frachtstück von erheblichem Umfang und Gewicht. Kommt ein solches Frachtstück abhanden, so ist dies jedenfalls so lange auf grobes Verschulden der Eisenbahnbeamten zurückzuführen, als nicht die Eisenbahn irgendeine sie entlastende Erklärung für die Möglichkeit des Verlustes zu geben vermag. Nach dem nächsten Anschein kann ein derartiger Gegenstand nicht ohne grobes Verschulden in Verlust geraten. Daß es versehentlich mit anderen Waren ausgeliefert worden ist, erscheint sehr wenig wahrscheinlich. Unbemerkt fortbringen ließ es sich kaum. Von Einbruchsdiebstählen hat nichts verlautet. Die nächstliegende Annahme ist also, daß die Bahnangestellten es zum mindesten an der nötigen Bewachung haben fehlen lassen. Das schließt ein grobes Verschulden ein. Für eine andere Auffassung der Sachlage hat der Beklagte, wie es bei solcher Beweislage ihm obgelegen hätte, nichts vorgebracht. Für ein grobes Verschulden seiner Beamten und Angestellten aber kann der Beklagte die Haftung nicht ablehnen und zwar weder, wenn man einen entgeltlichen, noch auch, wenn man einen unentgeltlichen Verwahrungsvertrag annehmen will, noch auch, wenn man einen Verwahrungsvertrag ablehnt, vielmehr eine fortdauernde Haftung aus dem Frachtvertrag annimmt (vgl. Janzer in der Zeitschr. des Vereins Deutscher Eisenb. 1908 S. 269; Rundnagel in Ehrenbergs Handb. Bd. 5 Abt. 2 S. 416, Anm. 11).

57. Zur Berechnung des Versicherungswerts eines Binnenschiffs im Verhältnis zur Versicherungssumme. Zeitpunkt für die nachträgliche Feststellung des Versicherungswerts.

I. Zivilsenat. Urt. v. 28. Mai 1921 i. S. A. See-, Fluß- u Landtransportversich.-Ges. (Bekl.) w. Kohlenhandelsges. m. b. H. (Kl.). I 422/20.

I Landgericht Köln, Kammer für Handelssachen. — II. Oberlandesgericht daselbst.

Laut Police vom 29. Juli 1916 versicherte die Klägerin ihre beiden Leichter Glückauf I und II für die Beschäftigung und den Aufenthalt im Warnowfluß bei der Beklagten für die Zeit vom 5. August 1916 bis 4. August 1917 auf Kasko. Dabei wurden u. a. die der Police angefügten „Allgemeinen Bedingungen" zum Vertragsinhalt erhoben. Der Wert der Schiffe ist in der Police auf insgesamt 25000 *M*, für jedes Schiff auf 12500 *M*, angegeben. Als Versicherungssumme wurden die gleichen Beträge eingesetzt.

Am 24. Dezember 1916 wurde der Leichter Glückauf II infolge Zusammenstoßes mit einem anderen Schiffe erheblich beschädigt. Die

Wiederherstellung des Schiffs auf der Neptunwerft in Rostock erfolgte erst im Oktober 1917. Der Gesamtschaden, der sich aus den verauslagten Beträgen nach Kürzung um die in den Versicherungsbedingungen festgesetzten Abzüge ergibt, betrug 10638,85 ℳ.

Die Beklagte weigert die Zahlung des vollen Betrags dieser Schadenssumme und hat nur die Summe von 5226,53 ℳ bezahlt. Sie beruft sich dabei vornehmlich auf die folgenden Vorschriften in den Allgemeinen Bedingungen des Versicherungsvertrags:

§ 21. Als Versicherungswert des Schiffs gilt der Wert, den das Schiff beim Beginn der Versicherung hat. Dieser Wert gilt auch beim Eintritte des Versicherungsfalls als Versicherungswert. Der Versicherer ist jedoch berechtigt, im Schadensfalle den Wert von Sachverständigen feststellen zu lassen; in diesem Falle gilt der so ermittelte Wert als Versicherungswert. Für die Ernennung der Sachverständigen gelten die Bestimmungen in §§ 23flg.

§ 22. Ist die Versicherungssumme niedriger als der Versicherungswert (Unterversicherung), so haftet der Versicherer für den Schaden nur nach dem Verhältnisse der Versicherungssumme zu diesem Werte.

Die Klägerin hat die restlichen 5412,32 ℳ nebst Zinsen eingeklagt. Beide Instanzgerichte gaben der Klage statt. Die Revision hatte keinen Erfolg.

Aus den Gründen:

1. Die Beklagte verfährt insofern nicht folgerecht, als sie nach ihrem Schriftsatz vom 30. September 1918 und in ihrem Schreiben vom 29. Januar 1918 als den nach § 21 Satz 3 der Allg. Bedingungen der Police maßgeblichen Wert des Schiffs den Wert zur Zeit der Sachverständigenschätzung, d. h. nach Beendigung der Instandsetzung im Oktober 1917, (mit 24000 ℳ) angibt und danach die von ihr der Klägerin vergütete Summe berechnet hat, während sie nach ihrem Schriftsatz vom 16. Januar 1920 und ihrer Revisionsschrift den Wert zur Zeit des Schadenseintritts (24. Dezember 1916) für entscheidend erklärt, ohne jedoch diesem letzteren Gesichtspunkt durch entsprechende Berechnung und Nachzahlung Rechnung zu tragen. Indessen kann von einem weiteren Eingehen hierauf Abstand genommen werden, da beide Berechnungsarten abzulehnen sind. Wenn demgegenüber die Revision geltend macht, daß durch das Wort „jedoch" in § 21 Satz 3 der Versicherungsbedingungen ein Gegensatz zu Satz 1 und 2 zum Ausdruck gebracht sei, so ist dieser Grund nicht zwingend. Der Gegensatz ist zwar vorhanden, aber er besteht nicht in einer Änderung des für die Wertermittelung maßgeblichen Zeitpunkts, sondern darin, daß der Versicherer den in Satz 1 und 2 erwähnten Versicherungswert, auch wenn er durch Sachverständige festgestellt sein sollte, im Schadens-

falle durch ein besonderes Verfahren nachprüfen lassen kann, das zwar gleichfalls den Zeitpunkt des Versicherungsbeginns zugrunde zu legen hat, aber gemäß § 21 letzter Satz, §§ 23 flg. der Versicherungsbedingungen eigentümlich geregelt ist, und zwar mit der Wirkung, daß der so ermittelte Wert maßgeblich ist, auch wenn er von dem in Satz 1 und 2 des § 21 erwähnten Versicherungswert abweicht. Die von der Beklagten im Hinblick auf die Art der Prämienberechnung gemachten Ausführungen sind nicht überzeugend. Sie nehmen zunächst keine genügende Rücksicht darauf, daß nach § 141 VersVG. der Versicherungswert des Schiffs bei Eintritt des Versicherungsfalls dem Wert entspricht, den das Schiff bei Beginn der Versicherung hatte, ohne Rücksicht auf ein etwa inzwischen eingetretenes Steigen oder Sinken des Schiffswerts, und daß dies auch bei Anwendung von §§ 55, 56 VersVG. von Bedeutung ist. Außerdem rechtfertigen sie die von der Beklagten gezogenen Schlußfolgerungen auch dann nicht, wenn eine Beeinflussung des Versicherungswerts durch Veränderung des Schiffswerts während der Versicherungszeit in Betracht käme. In dem von der Beklagten unterstellten Regelfall entspricht die beim Abschluß des Versicherungsvertrags ziffernmäßig festgelegte Versicherungssumme dem derzeitigen Versicherungswert, nach dieser Versicherungssumme wird die Prämie berechnet und diese Versicherungssumme bezeichnet grundsätzlich das Höchstmaß der Haftpflicht des Versicherers. Tritt dann im Laufe der Versicherungszeit ein Steigen des Schiffswerts ein und würde damit ein Steigen des Versicherungswerts verbunden sein, so bedeutet dies eine Erhöhung des Risikos des Versicherers höchstens bei einem Partialschaden; das Risiko geht aber auch dann, ebenso wie beim Totalverlust, niemals über die Versicherungssumme hinaus. Anderseits wird das Risiko des Versicherers beim Sinken des Schiffswerts und einem etwa damit verbundenen Sinken des Versicherungswerts verringert, und zwar nicht nur im Falle des Partial- sondern auch des Totalschadens (§ 55 VersVG.). Es steht also der Möglichkeit eines Steigens des Risikos des Versicherers beim Steigen des Versicherungswerts die Möglichkeit einer Abschwächung dieses Risikos beim Fallen des Versicherungswerts gegenüber. Dies zeigt, daß die erstere Möglichkeit nicht nur für sich allein betrachtet werden darf und daß aus solcher einseitigen Betrachtungsweise für die Auslegung von § 21 Satz 3 der Versicherungsbedingungen beachtliche Rückschlüsse nicht gezogen werden können. Entspricht somit die Auslegung, welche das Berufungsgericht dem § 21 Satz 3 der Versicherungsbedingungen gegeben hat, nicht nur dem Wortlaut sondern auch dem Sinn und Zweck der fraglichen Vorschrift, so konnte das Berufungsgericht ohne Rechtsverletzung von einem Eingehen auf die Behauptung der Beklagten Abstand nehmen, daß jene Bestimmung stets in dem von ihr behaupteten Sinne verstanden und gehandhabt worden sei, zumal nicht behauptet ist, daß dies die Klägerin bei Vertragsschluß gewußt habe.

2. Hinsichtlich der in § 21 Satz 3 behandelten Wertfeststellung durch Sachverständige ist in Satz 4 ebenda vorgeschrieben: „Für die Ernennung der Sachverständigen gelten die Bestimmungen in §§ 23 flg." Dort sind nicht nur besondere Regeln für die Ernennung der Sachverständigen, die Wahl oder Ernennung des Obmanns usw. aufgestellt, sondern ist auch bestimmt, daß die Untersuchung, Feststellung und Abschätzung des Schadens durch die Sachverständigen am ersten Orte erfolgen muß, wo dies möglich ist und nur ausnahmsweise bis zum Bestimmungsort verschoben werden darf. Damit ist zum Ausdruck gebracht, daß die betreffende Wertfeststellung unverzüglich nach Eintritt des Schadensfalls erfolgen muß und nicht zu beliebiger Zeit nachgeholt werden kann. Nach den Feststellungen des Berufungsgerichts ist eine rechtzeitige Wertfeststellung in diesem Sinne weder erfolgt noch von der Beklagten beantragt. Mit Recht hat daher das Berufungsgericht angenommen, daß die Beklagte nachträglich nicht mehr auf das ihr nach § 21 Satz 3 eingeräumte Recht der Nachprüfung des Versicherungswerts zurückgreifen kann. Es spricht vieles dafür, daß damit die Beklagte überhaupt die Befugnis verloren hat, den bei Abschluß des Versicherungsvertrags für den Beginn der Versicherung angegebenen und von ihr laut Police vom 29. Juli 1916 selbst eingesetzten Versicherungswert — abgesehen von dem hier nicht in Betracht kommenden Falle des Irrtums oder der Täuschung — zu bemängeln. Indessen kann dies dahingestellt bleiben. Denn jedenfalls hat das Berufungsgericht ohne erkennbaren Rechtsirrtum angenommen, daß die Beklagte durch ihr Schreiben vom 4. Mai 1918 an den klägerischen Anwalt auf den Einwand einer schon bei Abschluß des Versicherungsvertrags vorhandenen Unterversicherung verzichtet hat. . . .

---

58. Sind die Bestimmungen des § 4 der Verordnung zur Behebung der dringendsten Wohnungsnot vom 9. Dezember 1919 (RGBl. S. 1968) über den Ausschluß des Rechtswegs anwendbar auf vorher, gemäß der Verordnung vom 15. Januar 1919 (RGBl. S. 64), erfolgte Enteignungen?

VII. Zivilsenat. Urt. v. 24. Mai 1921 i. S. Sch. (Kl.) w. Gemeinnütziger Bauverein G. m. b. H. in N. u. Gen. (Bekl.). VII 506/20.

I. Landgericht Gera. — II. Oberlandesgericht Jena.

Auf Grund der Reichsverordnung vom 15. Januar 1919 über die Behebung der Wohnungsnot hat der Bezirkswohnungskommissar in N. Grundstücke des Klägers enteignet und die Entschädigung auf 1,50 *M* für das qm festgesetzt. Gegen den am 29. November 1919 dem Kläger zugestellten Beschluß hat dieser am 27. Dezember 1919 Klage erhoben mit dem Antrage, die Entschädigung auf 5,50 *M* für das qm festzusetzen oder so viel, als das Gericht für angemessen hält. Die Beklagten haben unter Verweigerung der Einlassung zur Hauptsache die Einrede der Unzulässigkeit des Rechtswegs erhoben. Während nämlich die Verordnung vom 15. Januar 1919 in § 4 dem Enteigneten das Recht einräumte, binnen eines Monats seit Zustellung des Entschädigungsfestsetzungsbeschlusses die Entscheidung der ordentlichen Gerichte anzurufen, ist durch die Verordnung vom 9. Dezember 1919, die am 12. Dezember 1919, dem Tage ihrer Verkündung im Reichsgesetzblatte, in Kraft getreten ist, abändernd bestimmt worden, daß binnen 14 Tagen seit Zustellung des Beschlusses die Entscheidung einer von der Landeszentralbehörde zu bestimmenden Berufungsbehörde angerufen werden kann. Als solche ist für Sachsen-Weimar-Eisenach das Ministerium des Innern (Landeswohnungs- und Siedlungsamt) bestimmt worden.

Das Landgericht hat die Einrede verworfen, das Oberlandesgericht hat sie dagegen für gerechtfertigt erachtet und die Klage abgewiesen. Auf Revision wurde das Berufungsurteil aufgehoben und das landgerichtliche Urteil wiederhergestellt aus folgenden

Gründen:

Das Berufungsgericht nimmt an, die alte Verordnung habe dem Kläger kein wohlerworbenes Recht auf Rechtsschutz durch Anrufung der Gerichte gewährt, sondern nur ein sog. publizistisches Klagerecht. Die Möglichkeit, die ordentlichen Gerichte anzurufen, sei eine Sache freien Beliebens (res merae facultatis). Die neue Verordnung habe den Rechtsweg abgeschnitten. Es handle sich um eine prozeßrechtliche Bestimmung, die grundsätzlich mit ihrem Inkrafttreten Anwendung zu finden habe.

Dieser Rechtsauffassung kann nicht beigetreten werden. § 4 der Verordnung vom 15. Januar 1919 beschränkte den materiellrechtlichen Anspruch des Enteigneten auf die Geltendmachung voller Entschädigung, die ihm nach allgemeinen Rechtsgrundsätzen bis zu seiner Verjährung zugestanden hätte, in der Art, daß nur binnen einer Ausschlußfrist von einem Monat seit Zustellung des Verwaltungsbescheides die Entscheidung des ordentlichen Gerichts angerufen werden konnte. Diese Bestimmung enthält also einen Eingriff in materielles Recht und ist daher ihrem ganzen Inhalte nach auch selbst eine materiellrechtliche, und zwar nicht nur nach der negativen Seite, insofern jeder weitere

Anspruch auf Entschädigung nach Ablauf der Ausschlußfrist ausgeschlossen ist, sondern auch insofern, als positiv binnen der Ausschlußfrist seine Geltendmachung im ordentlichen Rechtswege gewährleistet wurde. Eine gleichartige Bestimmung findet sich in Abs. 1 des § 30 preuß. EnteignG. vom 11. Juni 1874. Auch hier ist der Anspruch des Enteigneten auf eine höhere Entschädigung, als im Entschädigungsfestsetzungsbeschluß der Verwaltungsbehörde zugebilligt wurde, an eine Ausschlußfrist geknüpft, binnen deren der ordentliche Rechtsweg zugelassen ist. Der erkennende Senat hat nun bereits in seiner Entscheidung vom 11. Januar 1918 (RGZ. Bd. 92 S. 40) ausgesprochen, daß diese Ausschlußfrist materiellrechtlicher Natur ist. Wenn dort aber weiter ausgeführt wurde, daß der Abs. 1 des § 30 zugleich schon die hauptsächlichste Bestimmung über die Verfahrensseite, die Ausübung der Befugnis enthalte, insofern er den Rechtsweg gewähre, so kann dieser Satz, der übrigens für die damalige Entscheidung keine grundlegende Bedeutung hatte, so nicht aufrecht erhalten werden. Zwar ist die Klagerhebung als solche ein Verfahrensakt, aber die Befugnis zur Geltendmachung des Anspruchs im ordentlichen Rechtsweg ist ein Bestandteil der materiellen Regelung des Entschädigungsanspruchs in § 30. Ebenso ist die Rechtslage hier zu beurteilen.

Der Annahme des Berufungsrichters, daß das in § 4 der alten Verordnung gewährte Klagerecht nur eine sog. res merae facultatis sei, verträgt sich begrifflich nicht mit der Tatsache, daß es an eine Ausschlußfrist gebunden ist (vgl. § 505 ALR. I, 9).

Die materiellrechtliche Bestimmung des § 4 VO. vom 15. Januar 1919 konnte nur durch eine spätere materiellrechtliche Gesetzesvorschrift beseitigt werden, und zwar mit Wirkung für Enteignungen, die in der Zeit vor ihrem Inkrafttreten bereits erfolgt waren, nur dann, wenn ihr ausdrücklich rückwirkende Kraft verliehen wurde. In der Tat ist nun auch die Bestimmung in § 4 der neuen VO. vom 9. Dezember 1919, wodurch der Entschädigungsanspruch des Enteigneten in seiner Geltendmachung noch weiter beschränkt worden ist, ebenfalls materiellrechtlicher, und nicht, wie der Berufungsrichter annimmt, prozeßrechtlicher Natur. Der Grundsatz, daß neue Prozeßgesetze mit ihrem Inkrafttreten Anwendung zu finden haben, kommt hier also überhaupt nicht in Betracht. Die Verordnung vom 9. Dezember 1919 läßt eine Bestimmung vermissen, wonach ihrem § 4 rückwirkende Kraft beigelegt werden soll. Sie findet also auf Enteignungen, die vor ihrem Inkrafttreten stattgefunden haben, keine Anwendung, und es ist auch nicht anzunehmen, daß bei Erlaß der Verordnung eine andere Absicht bestanden habe, sonst wären geeignete Übergangsbestimmungen erforderlich gewesen, wenn nicht der Enteignete, wie hier, unter Umständen des Rechts, den Entschädigungsfestsetzungsbescheid anzugreifen, gänzlich verlustig gehen sollte. Für den Kläger ist demnach das auf Grund der ersten Verordnung wohlerworbene Recht, den ordentlichen Rechtsweg zu beschreiten, bestehen geblieben.

---

59. Ist das Urteil unter allen Umständen aufzuheben, wenn der Instanzrichter bei der Vertragsauslegung unrichtig davon ausgegangen ist, daß deutsches Recht anzuwenden sei?

II. Zivilsenat. Urt. v. 24. Mai 1921 i. S. L. (Kl.) w. H. (Bekl.) II 571/20.

I. Landgericht I Berlin. — II. Kammergericht daselbst.

Im August 1916 verhandelten die Parteien persönlich in Kopenhagen über einen Kauf von Käse. Das Ergebnis war, daß der Kläger dem Beklagten folgende schriftliche Offerte an die Hand gab: „Hiermit offeriere ich Ihnen 10 Waggon Gouda-Käse, dän. Hollandkäse, mindestens 23 % Fettgehalt zum Preise von 1,78 Kr. per kg frei Waggon dän. Station ausfuhrfrei nach Wien gegen Rembours Kopenhagen, an meine Order auszahlbar gegen bahnamtlich ausdeklarierte Frachtbriefduplikate an Ihre Adresse oder Order nach Wien" usw.

Am 16. August nahm der Beklagte, nach Wien zurückgekehrt, die Offerte telegraphisch an. Zur Lieferung des Käses ist es nicht gekommen. Es fehlte an der erforderlichen Erlaubnis der Durchfuhr durch Deutschland. Die Parteien machen gegenseitig geltend, daß der andere die Verpflichtung übernommen habe, die Durchfuhr- und die Einfuhrbewilligung nach Österreich zu verschaffen. Sie erheben klagend und widerklagend, Schadensersatzansprüche gegeneinander. Der Kläger fordert 30225 *M*, der Beklagte 10000 *M*.

Beide Instanzen haben — zunächst nur über die Klage entscheidend — diese abgewiesen. Das Kammergericht legt den Vertrag dahin aus, daß der Kläger übernommen habe, die Einfuhrerlaubnis nach Wien zu beschaffen. Die Revision des Klägers hatte Erfolg.

Aus den Gründen:

Der vorliegende Kaufvertrag ist zwischen dem Wiener Käufer und dem Breslauer Verkäufer gelegentlich ihres Zusammentreffens in Kopenhagen verhandelt und so weit fertig vereinbart worden, daß nur das letzte entscheidende Ja auf telegraphischem Wege von Wien aus gesprochen wurde. Es handelte sich um dänische Ware, die frei Waggon dänische Station zu liefern war; die Zahlung sollte gegen Duplikatbrief in Kopenhagen stattfinden; der Vertrag war zwischen zwei Ausländern geschlossen, die ihrerseits wiederum verschiedenen Staaten angehörten. Danach unterliegt das ganze Vertragsverhältnis dänischem Recht. Der Vorderrichter ist auf diese Frage gar nicht eingegangen, wie sie auch von den Parteien in den Unterinstanzen nicht berührt worden ist. Der Schwerpunkt der Entscheidung lag in der Auslegung des in deutscher Sprache gefaßten Vertrags und es ist offenbar, daß der Richter hierbei unbefangen die ihm geläufigen Rechtsgrundsätze und also deutsches Recht angewendet hat.

Schon insofern beruht die angefochtene Entscheidung auf unrichtiger Rechtsanwendung. Wäre die Auslegung, welche der Vorderrichter dem Vertrage gegeben hat, nicht zu beanstanden, so könnte in Frage kommen, ob nicht trotz obigen Verstoßes die Entscheidung aufrecht zu halten wäre, weil die Begründung nur auf Anwendung der Sprachgesetze und allgemeiner Rechtsgrundsätze beruht, welche im dänischen Recht keine anderen sind, als im deutschen und österreichischen. Es ergäbe sich, daß jener Verstoß gegen die Sätze des internationalen Privatrechts ohne Einfluß auf das Ergebnis gewesen ist (vgl. RGZ. Bd. 71 S. 9). Aber die Revision rügt mit Recht auch die Auslegung des Vertrags als von Rechtsirrtum beeinflußt und unzulänglich begründet. . . . (Wird ausgeführt.)

---

60. Haftet der Versicherungsnehmer einer Versicherung gegen Einbruchsdiebstahl für ein Verschulden des Wächters, durch den er seiner Obliegenheit, die versicherten Räume bewachen zu lassen, nachkommt, als eines Erfüllungsgehilfen?

VII. Zivilsenat. Urt. v. 31. Mai 1921 i. S. Deutscher Lloyd (Bekl.) w. O. & J. (Kl.). VII 496/20.

I. Landgericht I Berlin. — II. Kammergericht daselbst.

Die Klägerin war bei der Beklagten gegen Einbruchsdiebstahl versichert. Laut Versicherungsschein war unter anderem folgende besondere Bedingung vereinbart: „Von 10 Uhr abends bis 7 Uhr früh eines jeden Tages, auch über die Sonn- und Feiertage hinweg, werden die Räume durch einen Innenwächter, der in dem Versicherungslokal schläft, bewacht. Die Gültigkeit der Versicherung ist dadurch bedingt, daß vorgenannte Räume mit dem im Antrage angegebenen Sicherheitsvorrichtungen versehen sind und dieselben ordnungsmäßig angewandt werden".

In der Nacht zum 2. Mai 1919 wurde in die Versicherungsräume eingebrochen und Sachen im festgesetzten Werte von 120000 ℳ gestohlen. Die Beklagte verweigert die Zahlung der Entschädigung, weil der Innenwächter sich in der fraglichen Nacht nicht im Versicherungslokal aufgehalten habe. Die Klägerin hat dies bestritten, jedenfalls aber ein eigenes Verschulden an der angeblichen Pflichtwidrigkeit des Wächters, bei dessen Auswahl sie die verkehrserforderliche Sorgfalt aufgewendet habe, in Abrede gestellt. Beide Vorinstanzen haben die Beklagte antragsgemäß zur Zahlung verurteilt. Die Revision wurde zurückgewiesen aus folgenden

Gründen:

Gemäß § 8 der Allgemeinen Versicherungsbedingungen darf der Versicherungsnehmer, falls er bestimmte Obliegenheiten zum Zwecke der Verminderung der Gefahr oder der Verhütung einer Gefahrerhöhung übernimmt (Sicherheitsvorschriften), diese Obliegenheiten weder selbst verletzen, noch deren Verletzung durch einen Dritten gestatten oder dulden. Als Rechtsfolge einer Verletzung räumt Abs. 2 dem Versicherer das Kündigungsrecht ein und bestimmt weiter, daß der Versicherer von der Verpflichtung zur Leistung frei sein soll, wenn der Versicherungsfall nach der Verletzung eintritt und die Verletzung auf Vorsatz oder auf grober Fahrlässigkeit des Versicherungsnehmers beruht. Die Obliegenheit, die Versicherungsräume nachts durch einen Wächter bewachen zu lassen, ist eine solche Sicherheitsvorschrift im Sinne des § 8.

Der Berufungsrichter hat die Behauptung der Beklagten als richtig unterstellt, daß der von der Klägerin angestellte Wächter in der Diebstahlsnacht nicht auf seinem Posten war, verneint aber ebensowohl eigenes grobes Verschulden der Klägerin als auch ihre Haftbarkeit für die schuldhafte Pflichtwidrigkeit des Wächters aus § 278 BGB. Die nach beiden Richtungen von der Revision erhobenen Angriffe können nicht als begründet erachtet werden.

Was zunächst die Frage angeht, ob der Wächter ein „Dritter" oder aber Erfüllungsgehilfe der Klägerin im Sinne des § 278 BGB. gewesen ist, so kann für den hier zu entscheidenden Fall dahingestellt bleiben, ob die Vorschrift, die Räume durch einen Wächter nachts bewachen zu lassen, die Natur einer Schuldnerverbindlichkeit oder einer Bedingung oder Voraussetzung des Anspruchs auf Leistung der Versicherungssumme hat. Denn es steht außer jedem Zweifel, daß die Klägerin nicht selbst die Räume zu bewachen hatte, sondern daß sie der in die besonderen Versicherungsbedingungen aufgenommenen Sicherheitsvorschrift genügte, wenn sie eine vertrauenswürdige Person mit der Bewachung betraute und deren Tätigkeit beaufsichtigte. Der Wächter hatte also nicht eine Verpflichtung des Versicherungsnehmers, die diesem selbst gegenüber dem Versicherer obgelegen hätte, zu erfüllen, sondern eine eigene Verpflichtung, die er dem Versicherungsnehmer gegenüber übernommen hatte. Erfüllungsgehilfen im Sinne des § 278 BGB. sind aber nur die Personen, deren der Schuldner sich zur Erfüllung seiner Verbindlichkeiten bedient (RGZ. Bd. 72 S. 219, Bd. 74 S. 166, Urteil vom 15. Oktober 1920 VII. 140/20.). Der Wächter war also nicht Erfüllungsgehilfe der Klägerin, sondern ein Dritter. Die Klägerin hat demnach nicht gemäß § 278 BGB. für ein Verschulden des Wächters einzustehen. Sie genügte vielmehr der Bewachungsvorschrift, wenn sie bei der Auswahl des Wächters die erforderliche Sorgfalt aufgewendet hatte, was nicht bestritten ist, und gemäß § 8 der Allgemeinen Versicherungsbedingungen nicht gestattete oder duldete, daß die Sicherheitsvorschrift durch den Wächter, als Dritten, verletzt wurde. Es lag ihr also die weitere Pflicht ob, die Tätigkeit des Wächters in geeigneter Weise zu beaufsichtigen. Nur wenn sie vorsätzlich oder grobfahrlässig dieser Pflicht zuwidergehandelt hätte, würde die Beklagte von der Leistung befreit sein. (Dies wird verneint.)

---

61. 1. Ist gegen ein Urteil, durch das die Sache nach § 539 ZPO. an die erste Instanz zurückverwiesen wird, die Revision statthaft?
2. Ist eine Vereinbarung der Parteien, durch die sich der Kläger verpflichtet, die Klage zurückzunehmen, rechtswirksam? Steht sie insbesondere der Fortsetzung des anhängigen Rechtsstreits durch den Kläger entgegen?

V. Zivilsenat. Urt. v. 1. Juni 1921 i. S. R. (Bekl.) w. N. (Kl.). V 82/21.

I. Landgericht Marburg. — II. Oberlandesgericht Kassel.

Der Kläger verlangt die Verurteilung des Beklagten zur Zahlung von 12416,76 *M* als Zinsen einer ihm abgetretenen Restkaufpreisforderung aus einem Grundstückskauf und als Darlehenszinsen, sowie zur Duldung der Zwangsvollstreckung in ein für diese Forderung hypothekarisch haftendes Grundstück. Der Beklagte hat in der ersten Instanz beantragt, den Rechtsstreit für erledigt oder die Klage für zurückgenommen zu erklären und den Kläger in die Kosten zu verurteilen, die durch den Termin vom 4. Februar 1920 entstanden seien, eventuell, den Kläger mit der Klage abzuweisen. Er hat behauptet, vor dem zur Verhandlung über die Klage bestimmten Termine (4. Februar 1920) hätten die Parteien miteinander vereinbart, daß die Klage zurückgenommen werden solle. Das Landgericht hat über diese Behauptung Beweis erhoben und sodann durch bedingtes Endurteil für den Fall der Leistung eines richterlichen Eides über die behauptete

Vereinbarung durch den Beklagten auf kostenfällige Abweisung der Klage, für den Fall der Nichtleistung auf Zusprechung des Klagantrags erkannt. Das Oberlandesgericht hat auf die Berufung des Klägers das angefochtene Urteil nebst dem ihm vorangegangenen Verfahren aufgehoben und die Sache an das Landgericht zurückverwiesen. Auf die Revision des Klägers ist das Berufungsurteil aufgehoben und die Sache an das Berufungsgericht zurückverwiesen worden.

Aus den Gründen:

1. Die Statthaftigkeit des Rechtsmittels (§ 545 ZPO.) ist nicht zu bezweifeln. Das Berufungsgericht hat nach seiner ausdrücklichen Erklärung in den Urteilsgründen auf Grund des § 539 ZPO. das landgerichtliche Urteil und das ihm vorangegangene Verfahren aufgehoben, weil es annahm, daß das Verfahren erster Instanz an einem wesentlichen Mangel leide, und die Sache an das Gericht erster Instanz zurückverwiesen. Ein solches die Instanz beendigendes Urteil ist nach der in der Rechtsprechung des Reichsgerichts zur Herrschaft gelangten Auffassung (vgl. RGZ. Bd. 6 S. 335, Bd. 7 S. 427, Bd. 17 S. 361), an welcher festzuhalten ist, ein den Rechtsmitteln zugängliches Endurteil. Freilich ist es, wie die Revision unter Berufung auf RGZ. Bd. 9 S. 323 nicht ohne Grund hervorhebt, nicht unbedenklich, daß der Berufungsrichter die Sache an das Landgericht zurückverwiesen hat, da das Landgericht die Klage aus einem materiellrechtlichen Entscheidungsgrunde, nämlich wegen des der weiteren Verfolgung des Anspruchs zur Zeit (in dem anhängigen Prozesse) entgegenstehenden privatrechtlichen Vertrags abgewiesen hat, also wohl kein Mangel des Verfahrens (**error in procedendo**), sondern eine unrichtige Entscheidung (**error in iudicando**) in Frage stand. Aber, wie die Revision gleichfalls zutreffend ausführt, steht der Umstand, daß das Berufungsgericht ein Urteil nach § 539 nicht hätte erlassen sollen, der Statthaftigkeit des Rechtsmittels nicht entgegen, da es tatsächlich ein solches erlassen hat (RGZ. Bd. 85 S. 217.).

2. In der Sache selbst geht der Berufungsrichter unter Bezugnahme auf mehrere Kommentare der ZPO. sowie auf eine Entscheidung des Reichsgerichts (v. 28. März 1919, Warneyer 1919 S. 161) davon aus, es könne aus einem Vertrage, in dem die Zurücknahme der Klage versprochen ist, ein Einwand gegen die Fortsetzung des Prozesses nicht entnommen werden; ein solcher Vertrag, durch den sich der Kläger außerhalb des Prozesses zur Zurücknahme der Klage verpflichtet, sei daher für das Gericht unbeachtlich, solange nicht der Kläger die Zurücknahme der Klage erkläre; denn kein Rechtssatz ermächtige das Gericht, die nicht erfolgte Erklärung als abgegeben anzusehen. Diese letzte Erwägung geht schon deshalb fehl, weil das Landgericht nicht die Zurücknahme der Klage als erfolgt angesehen, daher auch nicht die Klage für zurückgenommen

oder den Rechtsstreit für erledigt erklärt, sondern für den Fall der Eidesleistung über die behauptete Vereinbarung die Klage abgewiesen hat, indem es annahm, daß die vom Kläger übernommene Verpflichtung zur Zurücknahme der Klage der Fortsetzung des Rechtsstreits in dem gleichen Prozesse, also ohne Klagezurücknahme, entgegenstehen würde. Der Berufungsrichter will freilich nicht verkennen, daß in einem solchen Vertrag ein Verzicht oder eine Stundung gefunden werden könne; er meint aber, daß das eine oder das andere hier zuträfe, sei vom Beklagten gar nicht behauptet worden. Damit wird aber der Berufungsrichter dem Vorbringen des Beklagten nicht gerecht. Der Beklagte hatte schon in der ersten Instanz geltend gemacht, daß die von dem Kläger durch Vertrag übernommene Verpflichtung zur Zurücknahme der Klage der Fortsetzung des Rechtsstreits in dem anhängigen Prozeß entgegenstehe. Er hatte also aus dem Vertrag einen Verzicht des Klägers zwar nicht auf den Anspruch, aber auf seine Geltendmachung in dem anhängigen Prozesse und ein daraus sich ergebendes Einrederecht gegen die Klage hergeleitet. Und das Landgericht hatte angenommen, daß der Kläger, falls eine solche Vereinbarung bewiesen würde, mit der erhobenen Klage abzuweisen sein würde, ohne daß ihm damit das Recht genommen wäre, mit einer neuen Klage seine Ansprüche wieder geltend zu machen, wobei unerörtert bleiben könne, ob alsbald oder nach angemessener Frist. Diese Auffassung des Landgerichts entspricht dem Standpunkte, der in der allerdings sehr bestrittenen Frage von einer Anzahl von Schriftstellern und Entscheidungen vertreten wird, so namentlich mit ausführlicher Begründung vom Oberlandesgericht Frankfurt a. M. (Rspr. OLG. Bd. 1 S. 423) in einem der hier zu unterstellenden Sachlage vollständig entsprechenden Falle; ferner Oberlandesgericht Oldenburg in Seuff. Arch. Bd. 44 Nr. 90; Skonietzki-Gelpke zu § 271 Erl. 7 S. 692 letzter Absatz unter c; Eisenlohr in Badische Annalen Bd. 58 S. 174; Petersen-Anger zu § 271 Anm. 1. Auch Planck, Zivilprozeßrecht Bd. 1 § 57 II 1 und § 59, steht auf dem Standpunkt, daß unter den gewöhnlichen zivilrechtlichen Voraussetzungen ein Vertrag oder eine Vereinbarung wirksam ist, kraft deren die eine Partei sich der anderen gegenüber verpflichtet, von ihrem Prozeßrecht, also ihrem Anspruche gegen das Gericht auf Rechtshilfe, keinen Gebrauch zu machen, und daß, wenn eine solche Vereinbarung insbesondere über eine Klagezurücknahme getroffen ist, die Partei, welche Interesse daran hat, in der Regel der Beklagte, die Vereinbarung vor Gericht geltend machen müsse, also (wie zu ergänzen ist) auch könne; — ebenso für das gemeine Prozeßrecht Renaud, S. 195/196 —. Auch Gaupp-Stein hat in den früheren Auflagen (4. Aufl. zu § 271 I) ersichtlich die gleiche Auffassung vertreten; denn er führt aus, die außergerichtliche Erklärung, auf die Fortsetzung des Rechtsstreits verzichten zu wollen, sei keine Klagezurücknahme, könne aber dann bindend und wirksam sein, wenn sie auf Grund eines nach materiellem Recht zu beurteilenden Vertrags erfolge, in welchem Falle aber die prozessualen Wirkungen der Klagezurücknahme (§ 271 Abs. 3 und 4) erst einträten, wenn der Kläger die Klage zurücknehme. Andrerseits ist Hellwig (Anspruch und Klagerecht S. 162 sowie Lehrbuch Bd. I § 27 Abs. 7 und System Bd. 1 § 151 S. 450) der Meinung, daß ein Versprechen des Klägers, die Klage zurückzunehmen, keinerlei zivilrechtliche Bedeutung habe, „nichtig" sei, da es kein zivilrechtliches Verhältnis betreffe, und daß deshalb dadurch nicht nur kein Einwand gegen die Fortsetzung des Prozesses begründet werde, sondern auch eine Klage auf Erfüllung ausgeschlossen sei (ihm folgend AG. Meßkirch in Bad. Annalen 1904 S. 77 u. OLG. Braunschweig, 7. März 1913; Roos in Bad. Annalen Bd. 58 S. 238), während Seuffert ZPO. 11. Aufl. zu § 271 Abs. 7 zwar den Einwand gegen die Fortsetzung des Prozesses versagen, aber die Klage auf Erfüllung, die dann durch Zwangsvollstreckung gemäß § 888 ZPO. erzwungen werden könnte, zulassen will (ebenso Förster-Kann ZPO. zu § 271 Anm. 4a). Nicht ganz klar ist die Stellungnahme von Stein (ZPO. 11. Aufl. zu § 271 I. Abs. 2 u. Anm. 10); doch scheint auch er (entgegen den früheren Auflagen) der Hellwigschen Ansicht im Ergebnisse beitreten zu wollen. Das Reichsgericht hat, soweit feststellbar, die Streitfrage noch nicht ausdrücklich entschieden; das von dem Berufungsrichter angeführte Urteil vom 28. März 1919, Warneyer 1919 S. 161, enthält nichts Einschlägiges; im Urteil vom 11. April 1912, IV 418/11, ist sie dahingestellt gelassen worden; in dem vom 12. Februar 1907, III 318/06, ist ausgesprochen, daß, abgesehen von dem in § 271 vorgesehenen Falle der Zurücknahme der Klage durch Zustellung eines Schriftsatzes, auch ein Verzicht auf die weitere Verfolgung des Klaganspruchs denkbar sei, der aber nicht einseitig, sondern nur durch vertragliche Bindung wirksam erfolge könne. —

Bei Beurteilung der Streitfrage ist davon auszugehen, daß die dingliche Verfügung über den durch die Klagerhebung erworbenen prozeßrechtlichen Anspruch des Klägers auf Entscheidung der Sache durch das Gericht durch Endurteil (§ 300 ZPO.), mag man diesen als Rechtsschutzanspruch öffentlichrechtlicher Art gegenüber dem Gerichte oder als Anspruch auf Duldung des Urteils gegenüber dem Beklagten ansehen (vgl. darüber Stein vor § 253 III), nur durch eine in der vorgeschriebenen Form (§ 271) erfolgende Prozeßhandlung, nicht aber durch einen außergerichtlich abgeschlossenen Vertrag erfolgen kann. Auf dem Gebiete der dinglichen Verfügung besteht im Prozeßrechte, das dem öffentlichen Rechte angehört, noch weniger Vertragsfreiheit, als im materiellen bürgerlichen Rechte. Ein außergerichtlicher Vertrag, durch welchen der

Kläger auf die Fortsetzung des anhängig gemachten Rechtsstreits verzichtet, kann deshalb niemals einer tatsächlich erfolgten Klagezurücknahme gleichstehen und auch nicht die mit einer solchen verbundenen prozessualen Wirkungen hinsichtlich der Beseitigung der Rechtshängigkeit, der kraft Gesetzes eintretenden Verpflichtung des Klägers zur Tragung der Kosten des Rechtsstreits und der Befugnis des Beklagten zur Verweigerung der Einlassung auf eine erneute Klage vor Kostenerstattung (§ 271 Abs. 3, 4) erzeugen. Die Klage kann demzufolge, ohne daß eine Klagezurücknahme erfolgt ist, nicht, wie einzelne Schriftsteller meinen, vom Gericht für zurückgenommen erklärt werden. Eine ganz andere Frage aber ist es, ob nicht schuldrechtliche Wirkungen unter den Parteien des Rechtsstreits durch einen Vertrag entstehen können, durch den sich der Kläger zur Zurücknahme der Klage verpflichtet, und bejahendenfalls, ob und in welcher Weise diese Wirkungen den weiteren Gang des anhängigen Prozesses beeinflussen. Daß ein solcher Vertrag „nichtig" sei, also schuldrechtliche Wirkungen überhaupt nicht erzeugen könne, wird von Hellwig und den ihm Folgenden zu Unrecht aufgestellt. Eine schuldrechtliche Verpflichtung kann zu jeder Handlung, die möglich und rechtlich erlaubt ist, übernommen werden, also auch zu einer Prozeßhandlung, wie die Klagezurücknahme es ist. Warum ein privatrechtlicher Anspruch auf Erfüllung einer solchen Verpflichtung ausgeschlossen sein sollte, ist nicht einzusehen und keineswegs mit dem allgemeinen Satz zu begründen, daß ein Versprechen, die Klage zurückzunehmen, „kein privatrechtliches Verhältnis betreffe". Die Klagezurücknahme ist ein Akt, den die Prozeßordnung dem Kläger freistellt, und zu dem er sich deshalb unbedenklich schuldrechtlich verpflichten kann, soweit nicht etwa in besonderen Fällen in einer solchen Verpflichtung ein Verstoß gegen die guten Sitten zu finden wäre, was etwa da, wo es sich um Zurücknahme der Anfechtung eines Entmündigungsbeschlusses handelte (OLG. Oldenburg in Seuff. Arch. Bd. 44 Nr. 90), in Frage kommen konnte, aber auch in dem damaligen Falle aus tatsächlichen Gründen verneint wurde. Der von Hellwig (System a. a. O.) geprägte Satz, es sei auch da, wo das Gesetz den Parteien gestatte, auf konkrete gegenwärtige Befugnisse durch Erklärung an das Gericht zu verzichten, das Versprechen, dies künftig tun zu wollen, nichtig, läßt sich aus der geltenden Prozeßordnung nicht begründen. Er steht vielmehr im Widerspruche mit der von Hellwig (a. a. O.) gleichfalls bekämpften, aber in der Rechtsprechung des Reichsgerichts ständig festgehaltenen Auffassung, daß die Gültigkeit eines vor Erlaß eines Urteils erklärten vertragsmäßigen Verzichts auf das gesetzlich statthafte Rechtsmittel durch die Zivilprozeßordnung, wie deren Begründung (Motive S. 300) ergibt, nicht ausgeschlossen werden sollte, daß die Gültigkeit eines solchen Vertrags sich vielmehr nach dem geltenden bürgerlichen

Rechte bestimmt und daß das Bürgerliche Gesetzbuch kein Verbot eines solchen Vertrags enthält; vgl. RGZ. Bd. 20 S. 400, Bd. 36 S. 421 Bd. 70 S. 59 (von Hellwig a. a. O. Anm. 7 mit Unrecht für seine Meinung angeführt); vgl. auch § 514 ZPO. Auch daß zivilistische Rechtsgeschäfte über prozessuale Befugnisse ein „widersinniger Begriff" sein sollen (Hellwig a. a. O. Anm. 11), kann nicht zugegeben werden. Der von Hellwig (Lehrbuch a. a. O.) hinzugefügte praktische Grund, die Klage könne zu jeder Zeit wieder erhoben werden (vgl. auch Roos a. a. O., der meint, ein auf ein solches Versprechen gegründeter Einwand werde wohl kaum vorkommen, da ein Interesse des Beklagten kaum denkbar sei), ist noch weniger durchgreifend. Denn das Interesse des Beklagten erhellt ohne weiteres daraus, daß die anhängige Rechtsverfolgung zunächst einmal gehemmt und dadurch Zeit gewonnen, außerdem der Kläger zu einem neuen Entschlusse über Wiederanstellung der Klage genötigt wird, auch wenn nicht nach Treu und Glauben aus der Vereinbarung weitere Verpflichtungen des Klägers, die einer Stundung oder gar dem Verzicht auf den Klaganspruch gleichkommen, zu folgern sind. Übrigens wird ein besonderes vermögensrechtliches Interesse an der Leistung für die Begründung eines Schuldverhältnisses nach dem Bürgerlichen Gesetzbuche (§ 241) nicht erfordert (RGZ. Bd. 87 S. 293). Die Unhaltbarkeit des Hellwigschen Standpunktes sehen deshalb offenbar diejenigen ein, die eine Klage auf Erfüllung des Klagezurücknahmeversprechens und demnächstige Erzwingung der Erfüllung im Wege des § 888 (nicht 894) ZPO. zulassen, dagegen einen Einwand gegen die dem Versprechen zuwider erfolgende Fortsetzung des Rechtsstreits in dem anhängigen Verfahren versagen wollen (Seuffert, Förster a. a. O.). Diese Ansicht würde nicht nur den Beklagten zu dem umständlichen und kostspieligen Umwege der Erhebung einer Klage nötigen, um zu seinem Rechte auf Erfüllung des Versprechens zu gelangen, sondern auch dieses Recht gefährden, da der Kläger unterdessen den anhängigen Rechtsstreit weiter führen und in ihm eine Verurteilung erzielen könnte. Einem solchen Verhalten des Klägers muß der Beklagte jedenfalls als einer vorsätzlichen Verletzung der durch den Vertrag übernommenen Verpflichtung mit der Einrede der Arglist entgegentreten können. Dafür, daß eine solche, dem materiellen Vertragsrecht entspringende Einrede einem auf prozessualem Gebiete liegenden Verhalten einer Partei nicht entgegengesetzt werden könnte, bietet die Prozeßordnung keinen Anhalt. Vielmehr muß man annehmen, daß auch das Prozeßrechtsverhältnis der Parteien ebenso wie ihre materiellrechtlichen Beziehungen durch den Grundsatz von Treu und Glauben beherrscht wird, wie ja auch die für das Recht des Bürgerlichen Gesetzbuchs anerkannte exceptio doli generalis sich gerade gegen das Verhalten des Gläubigers im Prozesse richtet. Zudem verweisen gerade für die „auf der Übereinkunft der Parteien beruhende Klagezurücknahme" die Motive zu § 234 des Entwurfs der ZPO. (Hahn Bd. 1 S. 263) auf die allgemeinen Rechtsgrundsätze über Verträge. Der Einwand muß aber, wie die obenangeführten Schriftsteller und Urteile mit Recht annehmen, dazu führen, daß die der Vereinbarung zuwider fortgesetzte Klage auf Antrag des Beklagten abgewiesen wird, da der Klagangriff in dem anhängigen Prozesse nicht mehr durchgeführt werden kann. Diese Abweisung ist eine Abweisung angebrachtermaßen wie bei mangelhaft erhobener Klage (RGZ. Bd. 13 S. 334, Bd. 45 S. 396). Sie hindert nicht die Geltendmachung des Anspruchs in einem neuen Prozesse, sofern nicht der Vereinbarung der Parteien über die Klagezurücknahme eine weitergehende Bedeutung — Stundung oder Verzicht auf den Klaganspruch — beizumessen war. . . .

---

62. 1. Ist die Auslegung einer irrevisiblen Polizeiverordnung durch das Berufungsgericht für die Entscheidung, ob sie den Schutz eines bestimmten Gewerbebetriebs bezweckt, maßgebend?
2. Gewerbebetrieb als „sonstiges Recht" im Sinne des § 823 Abs. 1 BGB.

VI. Zivilsenat. Urt. v. 2. Juni 1921 i. S. K. M. (Kl.) w. A. M. (Bekl.). VI 112/21.

I. Landgericht Altona. — II. Oberlandesgericht Kiel

Nach einer Polizeiverordnung des Landrats von M. über die Beseitigung gesundheitsschädlichen Fleisches vom 28. November 1905/1. Februar 1906 sind die Tiereigentümer des Kreises verpflichtet, alles Fleisch verendeter, getöteter oder geschlachteter Tiere, das für untauglich zum menschlichen Genuß erklärt ist, der Kreisabdeckerei zuzuführen, die es in bestimmtem Verfahren unschädlich zu machen hat. In der Nacht zum 24. Dezember 1918 verendete bei einer Sturmflut eine Anzahl Schafe des Hofbesitzers D. in Fr. Die Klägerin, die die Kreisabdeckerei gepachtet hat, behauptet, daß der Beklagte sich 115 dieser verendeten Schafe angeeignet und verwertet habe, die so der Abdeckerei entgangen seien. Sie fordert den Ersatz des ihr hierdurch entstandenen Schadens von dem Beklagten.

Die Gerichte der Vorinstanzen haben die Klage abgewiesen. Die Revision blieb erfolglos.

Gründe:

Die Klage stützt sich rechtlich auf § 823 Abs. 2 BGB., indem sie die Polizeiverordnung als Schutzgesetz für die Kreisabdeckerei in

Anspruch nimmt. Das Landgericht ist zur Abweisung der Klage gelangt, weil es nicht für erwiesen erachtet, daß der Beklagte Fleisch verendeter Tiere an sich gebracht und verwertet habe; er habe nur eine Anzahl Schaffelle gekauft und wieder verkauft, auf die sich die Polizeiverordnung nicht beziehe.

Das Berufungsgericht nimmt an, daß die Felle zu den Kadavern gehören und an die Abdeckerei abzuliefern gewesen wären; es verneint aber, daß die fragliche Polizeiverordnung als ein Schutzgesetz zum Schutze des Abdeckereiinhabers anzusehen sei. An dessen Schutz denke die Verordnung gar nicht. Der Zweck der Verordnung sei überhaupt nicht, den Gewerbebetrieb der Abdeckerei zu schützen, sondern lediglich die Tierkadaver zur Verhütung von Seuchen unschädlich zu machen. Wenn tatsächlich die darin befohlene Ablieferung an die Abdeckerei deren Pächter wirtschaftliche Vorteile bringe, so sei dies eine Nebenwirkung die mit dem Zwecke der Verordnung nichts zu tun habe. Auf eine Verletzung des § 823 Abs. 1 BGB., Verletzung eines „sonstigen Rechts", stütze die Klägerin ihren Anspruch selbst nicht.

Die Revision erachtet die Verneinung des Charakters eines Schutzgesetzes für die fragliche Polizeiverordnung für rechtsirrtümlich; daß die letztere auch andere Zwecke verfolge, verbiete nicht die Annahme, daß auch der gewerbliche Schutz der Abdeckerei bezweckt wurde. Wenn diese die der öffentlichen Wohlfahrt dienende Vernichtung der Kadaver ausführen solle, müsse sie auch in deren Alleinbezugsrecht geschützt werden.

Die Revision war nicht für begründet zu erachten.

Daß ein Gesetz in der Hauptsache andere Zwecke verfolgen, nebenher aber auch bestimmte Einzelinteressen zu schützen bezwecken kann, hat das Berufungsgericht nicht verkannt, sondern unter Anführung der Entscheidungen des Reichsgerichts RGZ. Bd. 63 S. 327 und Bd. 79 S. 92 ausdrücklich anerkannt. Wenn es aber für die hier in Rede stehende Polizeiverordnung aus der Würdigung des gesamten Inhalts der Verordnung heraus verneint, daß diese auch nur nebenher bestimmt sei, den Unternehmer der Abdeckerei zu schützen und deren Betrieb wirtschaftlich günstig zu gestalten, so ist dies eine Auslegung eines der Revision entzogenen örtlichen Gesetzes, die selbst ebenfalls der Revision entzogen ist. Nach der Auslegung, die das Berufungsgericht der Polizeiverordnung zuteil werden läßt, erschöpft sich aber ihr Zweck in der Unschädlichmachung der Tierkadaver zur Verhütung und Verbreitung von Tierseuchen; lediglich aus diesem Gesichtspunkte wird die Ablieferung der Kadaver gefordert und die Nichtablieferung mit Strafe bedroht. An einen Schutz des Gewerbebetriebs der Abdeckerei ist nicht gedacht worden; wenn die Verordnung diesem zugute kommt, so ist dies nach der Auslegung des Berufungsgerichts eine Nebenwirkung, um derentwillen die Verordnung nicht erlassen worden ist und die sie auch nicht nebenher herbeiführen wollte. Damit sind aber die rechtlichen Annahmen des Berufungsgerichts, daß die Polizeiverordnung kein Schutzgesetz i. S. des § 823 Abs. 2 BGB. zum Schutze des Gewerbebetriebs der Abdeckerei darstelle, und daß durch die Zuwiderhandlung dagegen der Beklagte einer unerlaubten Handlung nach Maßgabe der angezogenen Bestimmung des BGB. sich nicht schuldig gemacht habe, ebenfalls gerechtfertigt.

Auch eine Anwendung des § 823 Abs. 1 BGB., auf die die Klägerin selbst ihren Anspruch nicht gestützt hat, lehnt das Berufungsgericht ohne ersichtlichen Rechtsirrtum ab. In Frage könnte hier nur kommen, ob der eingerichtete und ausgeübte Gewerbebetrieb der Klägerin als eines der „sonstigen Rechte" des § 823 Abs. 1 durch die Handlungen des Beklagten als verletzt angesehen werden könnte. Nach der feststehenden Rechtsprechung des Reichsgerichts ist eine Verletzung des eingerichteten und ausgeübten Gewerbebetriebs nur dann gegeben, wenn der Eingriff sich unmittelbar gegen den Bestand des Gewerbebetriebs richtet, wenn entweder Betriebshandlungen tatsächlich verhindert werden, oder wenn seine rechtliche Zulässigkeit verneint oder seine Schließung oder Einschränkung verlangt wird. Sie liegt nicht vor, wenn dem Gewerbetreibenden nur ein wirtschaftlicher Gewinn entzogen, seine Aussicht auf Erwerb gestört wird (RGZ. Bd. 58 S. 24, Bd. 64 S. 52, Bd. 65 S. 210, Bd. 73 S. 107 und 253, Bd. 76 S. 35, Bd. 77 S. 217, Bd. 79 S. 224, Bd. 92 S. 132, Bd. 94 S. 248). Der Beklagte und sein Verkäufer D. haben aber durch Verwertung der Tierkadaver und Felle der Klägerin lediglich die Aussicht auf einen Erwerb genommen. Fehlt es an einem, vom Berufungsgericht durch seine Auslegung der Polizeiverordnung vom 28. November 1905/1. Februar 1906 verneinten besonderen gesetzlichen Schutze der Klägerin, der über diesen allgemeinen Schutz des Gewerbebetriebs hinausreicht und ihr einen von jedem Dritten zu wahrenden Anspruch auf die einzelnen Geschäfte verleiht, so bleibt nur eine Beschädigung des Vermögens der Klägerin übrig, die abgesehen von dem Falle des § 826 BGB. eine unerlaubte Handlung nach dem Bürgerlichen Gesetzbuche nicht darstellt.

---

63. Zur Anfechtung eines Pachtvertrags wegen Irrtums über die Vertrauenswürdigkeit des Pächters.

III. Zivilsenat. Urt. v. 3. Juni 1921 i. S. S. (Bekl.) w. P. (Kl.). III 299/20.

I. Landgericht Brieg. — II. Oberlandesgericht Breslau.

Der Kläger hat durch Vertrag vom 2. März 1919 dem Beklagten seine in Brieg gelegene Ziegelei verpachtet und darauf überlassen. Er hat den Pachtvertrag wegen Irrtums über die Vertrauenswürdigkeit des Beklagten angefochten und verlangt die Räumung der Pachtsache. Landgericht wie Berufungsgericht haben die Anfechtung des Vertrags für berechtigt erklärt und der Klage stattgegeben. Die Revision blieb erfolglos.

Aus den Gründen:

Mit Recht hat das Berufungsgericht die Anfechtbarkeit des zwischen den Parteien über die Ziegelei des Klägers geschlossenen Pachtvertrags wegen Irrtums über die Vertrauenswürdigkeit und Zuverlässigkeit des Pächters (§ 119 Abs. 2 BGB.) bejaht. Die Pacht gehört zu den Rechtsverhältnissen, die in besonderem Maße von den Grundsätzen der Treue und des Glaubens beherrscht werden. Sie erschöpft sich auf seiten des Pächters nicht in der Verpflichtung zur Zahlung des Pachtzinses und ist nicht allein auf diese Sachleistung gerichtet. Der Verpächter, der die Pachtsache dem Pächter zum Gebrauch überläßt, muß sich darauf verlassen können, daß dieser die Pachtsache pfleglich behandelt und von ihr den im Vertrag festgesetzten Gebrauch macht. Einer Person, deren Unzuverlässigkeit und Untreue ihm bekannt ist, wird der Verpächter das Pachtgut nicht anvertrauen. Zuverlässigkeit und Vertrauenswürdigkeit sind vielmehr Eigenschaften des Pächters, die nach der Verkehrsauffassung als wesentliche Eigenschaften des Pächters angesehen werden. Dies gilt auch für den Pachtvertrag der Parteien vom 2. März 1919. Nach diesem wurden dem Beklagten sehr erhebliche Vermögenswerte — die Ziegelei mit allem Zubehör, das Lehmlager und ein Bestand von etwa 450000 Stück ungebrannter Ziegel — überlassen; der Pächter erhielt auch insofern eine Vertrauensstellung, als die Einkünfte des Klägers von der Gewissenhaftigkeit des Pächters in der Erfüllung seiner Vertragspflichten abhängig waren. Die dem Verpächter eingeräumten Kontrollrechte gewährten keinen sicheren Schutz gegen ein vertragswidriges Verhalten des Pächters.

Diese wesentlichen Pächtereigenschaften fehlten dem Beklagten zur Zeit des Vertragsschlusses. Nach der Feststellung des Berufungsgerichts hat er sich in seiner dem Pachtbeginn unmittelbar vorausgehenden Dienststellung als Betriebsleiter der Ziegelei der K. Werke in Pf. dadurch eines groben Vertrauensmißbrauchs schuldig gemacht, daß er anfangs 1919 über eine größere Menge von Ziegeln absichtlich zum Nachteil seiner Dienstherrin verfügte und den dabei erzielten Erlös an sich nahm. Die günstigen Zeugnisse, die sich der Beklagte in früheren Dienststellungen erworben hat, sind nicht geeignet, den Mangel seiner Gesinnung zu heben und das Vertrauen zu seiner Zuverlässigkeit aufrecht zu erhalten. . . .

64. Zur Bedeutung der Klausel „freibleibend" bei Vertragsangeboten.

III. Zivilsenat. Urt. v. 3. Juni 1921 i. S. L. (Kl.) w. B. Holzlager G. m. b. H. (Bekl.). III 481/20.

I. Landgericht Weimar. — II. Oberlandesgericht Jena.

Die Klägerin behauptet, von der Beklagten 2 Wagen polnische Stammkiefern gekauft zu haben. Die Beklagte bestreitet, daß es zu einem sie zur Lieferung verpflichtenden Vertragsschlusse gekommen sei. Das Landgericht erklärte den auf Schadensersatz wegen Nichterfüllung gerichteten Klaganspruch dem Grunde nach für berechtigt, das Oberlandesgericht wies die Klage ab. Auf die Revision der Klägerin wurde das erstinstanzliche Urteil wieder hergestellt.

Gründe:

Nachdem die Parteien auf Grund eines von der Beklagten in einer Fachzeitschrift veröffentlichten Angebots polnischer Stammkiefern miteinander in Briefwechsel getreten waren, ließ die Beklagte der Klägerin am 3. November 1919 folgende schriftliche Mitteilung zugehen: „Auf Ihre w. Karte v. 1. d. erwidern ergebenst, daß es sich noch um 100 cbm 56 mm, 30 cbm 50 mm und 30 cbm 43 mm handelt, die wir Ihnen mit 230 ℳ, 240 ℳ resp. 250 ℳ per cbm Blockmaß ab Waggon K. b. Br. äußerst freibleibend abgeben würden." Am 5. November telegraphierte die Klägerin: „Akzeptiere je einen Wagen 43 und 50 mm, Besichtigung vorbehalten. Angebet Stapelplatz." Sie bestätigte noch an demselben Tage die Depesche brieflich und wiederholte am 8. November ihr Ersuchen um Angabe des Holzlagerortes, da die Beklagte ihn in ihrem Antwortschreiben vom 6. November nicht genau genug bezeichnet hatte. Nunmehr gab die Beklagte am 10. November der Klägerin drahtlich und brieflich die Nachricht, daß die Kiefern auf dem Sägewerk B. der Br.er Schleppschiffahrtgesellschaft besichtigt werden könnten. Der Brief, der irrtümlich vom 9. November datiert ist, trägt links oben den Maschinenschriftvermerk: „Stets freibleibend". Die Besichtigung fand statt, und am 12. November telegraphierte die Klägerin: „Aufgebet Schleppschiffahrt Verladeanweisung je einen Wagen 43 und 50 Millimeter nach Plauen. L." Nach Empfang dieser Depesche ließ die Beklagte 12 Tage lang nichts von sich hören. Erst am 24. November schrieb sie der Klägerin: . . . „Wir haben, um das Lager zu räumen, die Waggons bei unserer Anwesenheit in Br. nach hier dirigiert. Haben Sie noch Interesse daran, so bitten wir um Nachricht, die Preise werden sich entsprechend erhöhen".

Aus diesem unstreitigen Sachverhalte folgert das Oberlandesgericht, daß ein Vertrag, wenn überhaupt, so nur mit der Maßgabe zustande gekommen sei, daß eine Gebundenheit der Beklagten hinsichtlich ihrer Lieferpflicht nicht eintreten sollte.

Als Kaufvertrag kann ein derartiger Vertrag jedenfalls nicht bezeichnet werden, da das unabänderliche Wesen eines solchen gerade darin besteht, daß der Verkäufer sich verpflichtet, eine Sache zu liefern und dem Käufer das Eigentum daran zu verschaffen. Im übrigen kann aber die rechtliche Möglichkeit eines Vertrags, wie ihn das Oberlandesgericht angenommen hat, dahingestellt bleiben, da die Auslegung, die es den Briefen der Beklagten vom 3. und 10. (9.) November gibt, unhaltbar ist. Vor dem Weltkriege wurde die Klausel „freibleibend" üblicherweise nur bei Vertragsangeboten angewendet und vom Verkehr allgemein dahin verstanden, daß der Erklärende damit zum Ausdruck bringe, er lehne eine Bindung seinerseits ab und behalte sich die Entscheidung darüber, ob er den Vertrag auf der angegebenen Grundlage zum Abschlusse bringen wolle, bis zum Eintreffen der Antwort des Erklärungsempfängers vor. Kam der Vertrag aber zustande, dann hatte sich die rechtliche Bedeutung der Klausel erschöpft. Im Rahmen des abgeschlossenen Vertrags konnte sie keine Rechtswirkungen mehr äußern. Die durch den Krieg und die Revolution herbeigeführten unglücklichen Wirtschaftsverhältnisse, die Schwierigkeiten der Rohstoffbeschaffung, die zunehmende Arbeitsunlust, zahllose Streiks und das sprunghafte Emporschnellen der Löhne und Materialpreise bildeten jedoch für die Berechnungen und Versprechungen der Kaufleute eine so unsichere Grundlage, daß es ihnen häufig wünschenswert erschien, die Klausel „freibleibend" auch zu einem Bestandteile des Vertrags selbst zu machen und sich mit ihr nach der einen oder anderen Richtung, z. B. in bezug auf nachträgliche Preiserhöhungen, freie Hand zu wahren, ähnlich wie es früher durch die zahlreichen, einzelne bestimmte Fälle regelnden Kriegs- und Streikklauseln geschehen war. Welche rechtliche Tragweite einer etwaigen Klausel „Lieferung freibleibend" beizumessen wäre, braucht hier nicht erörtert zu werden. Denn in jedem Falle erfordern es Treu und Glauben, daß der Verkäufer, der in seinem Angebote mit der Klausel „freibleibend" einen von ihrer oben erörterten regelmäßigen Bedeutung abweichenden, außergewöhnlichen Sinn verbinden, hinsichtlich seiner Lieferpflicht mehr oder weniger weitgehende Vorbehalte machen will, seine Absichten in klarer, nicht mißzuverstehender Weise zu erkennen gibt. Der im Geschäftsleben — allerdings nur vereinzelt — sich zeigenden Neigung, durch die Wahl unklarer Worte unklare Verhältnisse zu schaffen, um je nach der Entwickelung der Dinge die dem Erklärenden günstigere Auslegung sich zu eigen zu machen, muß auf das Entschiedenste entgegengetreten werden. Ein solches Verhalten ist mit den Gepflogenheiten eines redlichen Handelsverkehrs nicht vereinbar, und derjenige, der ohne zwingenden Anlaß sich einer unklaren Ausdrucksweise bedient, muß mangels entgegenstehender Umstände diejenige Auslegung gegen sich gelten lassen, welche nach der Verkehrsauffassung die gewöhnliche und regelmäßige ist.

Völlig unerheblich ist daher der in dem Schreiben vom 10. (9.) November außerhalb des Brieftextes stehende Vermerk „Stets freibleibend", der ohne weiteren Zusatz keine Auskunft darüber gab, in welcher Beziehung die Bindung der Beklagten ausgeschlossen sein sollte. In seiner Unbestimmtheit und Allgemeinheit ist er rechtlich bedeutungslos. Unmöglich konnte er in der Empfängerin den Eindruck erwecken, die Schreiberin wolle trotz des Interesses, das sie nach dem Inhalte des Briefes einem schnellen Abschlusse ersichtlich entgegenbrachte, auch nach einem solchen in jeder Beziehung, insbesondere hinsichtlich ihrer Erfüllungspflicht freibleiben. Nun mag dem Oberlandesgericht zwar zugegeben werden, daß die Deutung, die es dem Satze des Briefes vom 3. November . . . „die wir Ihnen mit 230 *M* usw. äußerst freibleibend abgeben würden" zuteil werden läßt, dessen Wortlaut nicht gerade widerspricht. Daß sie aber die gewöhnliche ist, kann nicht anerkannt werden und ebensowenig, daß das genannte Schreiben allein oder in Verbindung mit dem Briefe vom 10. (9.) November und den sonstigen Umständen des Falles der Klägerin einen greifbaren Anhalt für eine solche Auslegung bot. Im Gegenteil, — Sätze wie: „Die Ware wird Ihnen Freude machen. Gewärtige Ihre Dispositionen und zwar umgehend" (Brief vom 6. November) und „Wir wollen in den nächsten Tagen unser Lager in B. räumen und brauchen nur schnelle, anstandslose Abnehmer. Da große Nachfrage, erbitten wir ihre Drahtentscheidung. . . . Die Ware macht wirklich Spaß" (Brief vom 10. (9.) November) mußten der Klägerin die Überzeugung verschaffen, daß der Beklagten an einer raschen endgültigen Geschäftserledigung und an schneller Lieferung und Abnahme viel gelegen sei. Bei dieser Sachlage mußte die Klägerin das Schreiben vom 3. November dahin verstehen und hat sie es tatsächlich dahin verstanden, daß die Beklagte ihr ein „freibleibendes Angebot" im gewöhnlichen Sinne gemacht, d. h. die Aufforderung an sie gerichtet hat, ihr, der Beklagten, nach Maßgabe der bekannt gegebenen Vertragsbedingungen einen annahmefähigen Vertragsantrag zu stellen. Zu einem solchen kam es zunächst freilich noch nicht. Auch die Klägerin wollte sich vor der Besichtigung der Kiefern nicht binden. Damit war die Beklagte aber einverstanden. Deshalb war sie, als die Klägerin unverzüglich nach der Besichtigung des Holzes durch die Depesche vom 12. November eine dem „freibleibenden Angebote" und den daran sich anschließenden Briefen entsprechende Bestellung machte und Auftrag zur sofortigen Verladung gab, nach Treu und Glauben verpflichtet, gleichfalls unverzüglich die Klägerin davon in Kenntnis zu setzen, ob es zu einem Vertragsschlusse komme, oder ob sie von dem Vorbehalte, den Vertragsschluß abzulehnen, Gebrauch mache. Darauf hatte die Klägerin, die je nach dem Ausfalle der Entscheidung ihre geschäftlichen Maßnahmen treffen mußte, nach Treu und Glauben unbedingt Anspruch. Kam die Beklagte ihrer Antwortpflicht nicht nach, schwieg sie, so durfte die Klägerin, die ohne schuldhaftes Zögern ihre Bereitwilligkeit erklärt hatte, auf die von der Beklagten vorgeschlagenen Vertragsbedingungen einzugehen, nach allgemeiner Verkehrsauffassung annehmen, daß die Angelegenheit geregelt, die Einigung vollzogen und der Vertrag zustande gekommen sei.

Die Beklagte war also verpflichtet, die Depesche vom 12. November noch an demselben oder am folgenden Tage zu beantworten. Das hat sie ohne erkennbaren Anlaß nicht getan. Sie hat erst am 24. November den oben wiedergegebenen Brief, in welchem sie das Telegramm der Klägerin überhaupt nicht erwähnt, geschrieben. Einen Grund, der geeignet wäre, ihr langes Schweigen zu entschuldigen, oder der sie genötigt hätte, die 2 Wagen Kiefern nach B., anstatt dem Verlangen der Klägerin gemäß nach Plauen zu senden, hat sie weder in dem Schreiben vom 24. November noch im Prozesse angegeben. Sie muß sich daher so behandeln lassen, als hätte sie auf die Bestellung vom 12. November eine ausdrückliche Annahmeerklärung abgegeben und durch sie den Vertragsschluß herbeigeführt.

---

65. Haftet der Arzt, dessen schuldhaftes Versehen die spätere Zuziehung eines anderen Arztes veranlaßt, für Fehler dieses zweiten Arztes?

III. Zivilsenat. Urt v. 3. Juni 1921 i. S. S. (Kl.) w. U. (Bekl.). III 41/21.

I. Landgericht Essen. — II. Oberlandesgericht Hamm.

Der Kläger hatte am 20. März 1911 durch einen Fall eine Verrenkung des rechten Hüftgelenks erlitten. Der zugezogene Arzt, der Beklagte, behandelte die Schmerzen des Klägers als Rheumatismus des Knies, ohne die Hüftgelenksverrenkung zu erkennen. Die Schmerzen dauerten fort und der Kläger begab sich deshalb am 8. Mai 1911 in ein Krankenhaus. Dort stellte der Oberarzt Dr. B. durch Röntgenaufnahme die Verrenkung fest, machte einen vergeblichen Einrenkungsversuch und beschränkte sich sodann auf Massage.

Dem gegen den Beklagten erhobenen Schadensersatzanspruch gab das Berufungsgericht mit der Einschränkung statt, daß der Beklagte für das Eingreifen des Dr. B., nämlich dafür, daß Dr. B. nach seinem Einrenkungsversuch den dabei abgeglittenen Schenkelkopf nicht wieder auf seine frühere Stelle zurückgeführt habe, nicht haftbar sei. Die hiergegen gerichtete Revision des Klägers hatte Erfolg.

Aus den Gründen:

Der Berufungsrichter geht zutreffend davon aus, daß der Einrenkungsversuch des Dr. B. mit der Pflichtverletzung des Beklagten in ursächlichem Zusammenhange stehe, fährt dann aber fort, „wenn die notwendigen Folgen eines solchen Versuchs bei ungünstigem Ausgange die oben bezeichnet hätten sein müssen, dann würden sie eine adäquate Folge der Pflichtverletzung des Beklagten sein." Diese Auffassung ist rechtsirrig. Der gewöhnliche, erfahrungsgemäße Verlauf der Dinge zeigt, daß bei der ärztlichen Behandlung nicht selten Fehler unterlaufen, sowohl Fehler, die auch bei äußerster Sorgfalt nicht vermieden werden können (vgl. RGZ. Bd. 97 S. 4, Bd. 78 S. 435), als auch Fehler, die auf zurechenbares Verschulden des Arztes zurückzuführen sind. Wenn also infolge Verschuldens des zuerst behandelnden Arztes ein zweiter zugezogen wird, so sind die etwaigen Fehler dieses zweiten Arztes durch das ursprüngliche Verschulden des ersten Arztes adäquat verursacht, außer, wenn dieser zweite Arzt gegen alle ärztliche Regel und Erfahrung schon die ersten Anforderungen an ein vernünftiges, gewissenhaftes ärztliches Verfahren in gröblichstem Maße außer Acht gelassen hat (vgl. JW. 1911 S. 755). Nur in diesem letzteren Falle kann und muß das ungewöhnlich grobe Verschulden des zweiten Arztes für die alleinige Ursache des dadurch bewirkten Schadens erachtet werden.

Hier hat der Berufungsrichter nicht ausdrücklich ausgesprochen, daß dem Dr. B. ein Verschulden zur Last falle; er äußert sich nur dahin: „die Zurückführung des Kopfes war unterblieben, obwohl sie möglich und nach ärztlicher Erfahrung notwendig war, sie lag durchaus im Bereich der Möglichkeit, und hätte von Dr. B. auch erwartet werden können." Sollen diese Äußerungen nur die Eigenschaft der angeblichen Unterlassung des Dr. B. als einer nicht notwendigen kennzeichnen, so ergibt sich die Ursächlichkeit zu Lasten des Beklagten nach dem Ausgeführten von selbst. Soll aber damit ein Verschulden des Dr. B. gemeint sein und festgestellt werden, so war dieses Verschulden nur ein leichtes, keinenfalls ein irgend gröbliches.

---

66. Zur Haftung der Vermieters gegenüber den Mietern für das Verschulden von Personen, durch die er bauliche Arbeiten im Miethause ausführen läßt.

III. Zivilsenat. Urt. v. 3. Juni 1921 i. S. Sch. (Kl.) w. W. (Bekl.).
III 470/20.

I. Landgericht III Berlin. — II. Kammergericht daselbst.

Der Ehemann der Klägerin hatte in dem den Beklagten gehörigen Hause eine Wohnung im dritten Stock gemietet und bewohnte diese mit der Klägerin. Am Morgen des 23. Oktober 1918 wurde er tot, die Klägerin im besinnungslosem Zustande in ihrem Schlafzimmer aufgefunden. Als Ursache des Todes des Ehemanns und der Erkrankung der Klägerin wurde eine Gasvergiftung festgestellt. Die Klägerin behauptet, daß die Gasvergiftung durch das Ausströmen von Gas in dem unter ihrer Wohnung liegenden Stockwerke herbeigeführt worden sei. Die Beklagten hätten in dieser unterliegenden Wohnung dem Klempnermeister G. Arbeiten an der Gasleitung übertragen, um diese durch eine elektrische Leitung zu ersetzen. Bei diesen am 21. Oktober von einem Arbeiter des G. ausgeführten Arbeiten sei das Gasrohr, das mit dem in der Wohnung des Gastwirts Gr. befindlichen Gasmesser in Verbindung gestanden habe, nicht verstöpselt, dagegen der Gasmesser geschlossen worden. Als dann der Gasmesser am 22. Oktober von dem Gastwirt Gr. wieder angestellt worden sei, sei das Gas aus dem offengelassenen Rohr ausgeströmt und durch die Decke in die darüber befindlichen Wohnräume, und zwar sowohl in die der Sch.schen Eheleute als auch in die des Gastwirts Gr. gedrungen.

Die Klägerin fordert den Ersatz des ihr durch die eigene Erkrankung und durch den Tod ihres Ehemanns entstandenen Schadens von den Beklagten. Sie stützt ihren Anspruch auf den von ihrem Ehemann geschlossenen Mietvertrag und auf außervertragliches Verschulden. Die Beklagten bestreiten die Behauptungen der Klägerin über die Ursache der Gasvergiftung und behaupten, daß die Klägerin selbst oder ihr Ehemann einen Gashahn in ihrer Wohnung versehentlich nicht geschlossen und so den Unfall verursacht hätten.

Die Klage wurde in beiden Vorrechtszügen abgewiesen. Die Revision der Klägerin führte zur Aufhebung des Berufungsurteils.

Gründe:

Das Berufungsgericht unterstellt die Behauptungen der Klägerin über die Ursache der Gasvergiftung als richtig. Es nimmt in Übereinstimmung mit der Rechtsprechung des erkennenden Senats (vgl. RGZ. Bd. 91 S. 24) an, daß der von dem Ehemann der Klägerin geschlossene Mietvertrag zugleich auch zugunsten der Klägerin selbst gemäß § 328 BGB. geschlossen sei und daß deshalb der Klägerin bei einer Verletzung der vertraglichen Sorgfaltspflicht seitens der Vermieter ein unmittelbarer Vertragsanspruch aus §§ 536, 538 BGB.

gegen diese zustehe. Es nimmt ferner zutreffend an, daß der Vermieter allen Mietern gegenüber aus dem Mietvertrage verpflichtet sei, sie nicht durch Arbeiten am Grundstücke zu schädigen, und daß er den durch schuldhafte Verletzung dieser Pflicht entstehenden Schaden zu ersetzen habe. Es weist jedoch die Klage ab, weil weder die Beklagten selbst ein Verschulden treffe, noch eine Haftung der Beklagten für die Fahrlässigkeit eines Erfüllungsgehilfen (§ 278 BGB.) gegeben sei. Ein persönliches Verschulden der Beklagten liege nicht vor, da sie die Arbeiten einem Fachmanne, dem Klempnermeister und Installateur G., übertragen und damit ihrer Sorgfaltspflicht für eine sachgemäße, die Mitbewohner des Hauses nicht gefährdende Ausführung der Arbeiten genügt hätten, zumal es sich um eine kleinere, leichtere Arbeit handelte, von der sie ohne weiteres annehmen durften, daß sie von dem erwählten Fachmann ordnungsmäßig erledigt werden würde. Eine Verkehrssitte, daß der Vermieter selbst oder durch Vertreter Facharbeiten, die er nicht zu beurteilen vermöge, überwache, bestehe nicht. Es könne deshalb von den Beklagten nicht verlangt werden, daß sie die Arbeit des G. überwachten. Eine Haftung der Beklagten aus § 278 BGB. aber sei nicht gegeben, weil es sich bei den Arbeiten an der Gasleitung nicht um die Erfüllung einer Verbindlichkeit der Beklagten gegenüber der Klägerin, sondern gegenüber dem Unterwohner gehandelt habe, G. und sein Arbeiter deshalb nicht als Erfüllungsgehilfen der Beklagten gelten könnten.

Die Revision beanstandet diese Ausführungen des Berufungsgerichts in beiden Punkten. Soweit sie sich gegen die Verneinung eines persönlichen Verschuldens der Beklagten wendet, ist sie nicht begründet. Eine Verpflichtung der Beklagten, die ordnungsmäßige Ausführung einer Arbeit, wie sie hier dem Klempnermeister G. übertragen worden war, persönlich zu überwachen oder durch einen Vertreter (Hausmeister) überwachen zu lassen, und insbesondere die Prüfung der ordnungsmäßigen Ausführung dieser Arbeit unmittelbar nach deren Beendigung vorzunehmen, kann nicht anerkannt werden. Eine spätere Vornahme dieser Prüfung, zu der die Beklagten in ihrem eigenen Interesse vielleicht Veranlassung hatten, hätte den Unfall nicht verhindert.

Dagegen ist die Rüge der Verletzung der §§ 278, 536, 538 BGB. begründet. Das Berufungsgericht erkennt selbst an, daß der Vermieter eine vertragliche Pflicht allen Mietern gegenüber hat, sie nicht durch Arbeiten am Grundstück zu schädigen. Es ergibt sich diese Verpflichtung ohne weiteres aus der in § 536 BGB. dem Vermieter auferlegten Grundpflicht, die vermietete Sache in einem zum vertragsmäßigen Gebrauche geeigneten Zustande nicht bloß zu überlassen, sondern sie während der Mietzeit auch in diesem Zustande zu erhalten.

Diese Pflicht beschränkt sich aber nicht darauf, daß schädigende Arbeiten am Grundstücke zu unterlassen sind, sondern sie erfordert eine positive Fürsorgetätigkeit für die Erhaltung der Mietsache in dem zum vertragsmäßigen Gebrauche geeigneten Zustande. Sie schließt deshalb auch die Verpflichtung ein, bei allen Arbeiten am Grundstücke, mögen sie auch in anderen Räumen, als den dem Mieter zum ausschließlichen Gebrauch oder zur Mitbenutzung überlassenen, vorgenommen werden, darauf bedacht zu sein, daß der Mieter in dem vertragsmäßigen Gebrauche der Mieträume nicht in unzulässiger Weise beeinträchtigt werde. Läßt der Vermieter Arbeiten am Hause vornehmen, die die Möglichkeit einer schädigenden Einwirkung der Mieträume in sich schließen, so ist er aus dem Mietvertrage verpflichtet, diese Arbeiten so zu bewirken, daß diese Gefahr vermieden wird, gleichviel in welchen Räumen des Hauses und aus welchem Anlaß diese Arbeiten vorgenommen werden.

Es kann keinem Zweifel unterliegen, daß der Vermieter, wenn ein Pfeiler des Erdgeschosses morsch wird, wenn eine Gas- oder Wasserleitung in irgendeinem Stockwerke derart schadhaft wird, daß daraus eine Gefahr auch für die Mieter der anderen Stockwerke entsteht, den Mietern auch dieser anderen Stockwerke gegenüber vertraglich verpflichtet ist, die erforderlichen Ausbesserungsarbeiten in sachgemäßer Weise vorzunehmen. Überträgt er diese Arbeiten einem anderen, so bedient er sich dieses anderen zur Erfüllung seiner Verbindlichkeit gegenüber allen diesen Mietern; er hat also nach § 278 BGB. dessen Verschulden wie sein eigenes zu vertreten. Die gleiche rechtliche Beurteilung muß aber auch dann Platz greifen, wenn die Gefahr für die Mieträume, die in jenen Fällen bereits entstanden ist, durch die Vornahme von Änderungen in den an andere vermieteten Räumen erst herbeigeführt wird. Wenn z. B. im Erdgeschoß ein Pfeiler ausgebrochen wird, um für Schaufenster Raum zu schaffen, so besteht zwar eine vertragliche Verpflichtung des Vermieters zur Vornahme dieser Arbeiten an sich gegenüber andern Mietern als dem des Erdgeschosses nicht, aber er hat allen Mietern des Hauses gegenüber die Vertragspflicht, diesen Umbau so vorzunehmen, daß die ihnen vermieteten Räume dadurch nicht beschädigt werden. Insoweit sind daher die Bauhandwerker, denen der Vermieter den Umbau überträgt, seine Erfüllungsgehilfen im Sinne des § 278 BGB. nicht nur gegenüber dem Mieter des Erdgeschosses, sondern gegenüber allen Mietern, deren Räume durch den Umbau gefährdet werden können. So bestand auch hier, wenn die Behauptungen der Klägerin der rechtlichen Beurteilung zugrunde gelegt werden, zwar eine Vertragspflicht der Beklagten zur Ersetzung der Gasleitung durch eine elektrische Leitung in dem unteren Stockwerke gegenüber der Klägerin nicht; wohl aber waren die Beklagten gegenüber der Klägerin und den sonstigen Mietern des Hauses verpflichtet, die Abnahme der Gasleitung so bewirken zu lassen, daß ein Ausströmen des Gases in deren Räume ausgeschlossen war. Die Personen, denen die Beklagten die Beseitigung der Gasleitung übertragen hatten, waren daher ihre Erfüllungsgehilfen auch gegenüber der Klägerin.

Diese Anwendung des § 278 BGB. hinsichtlich der Verpflichtung des Vermieters zur Erhaltung der Mietsache in dem zum vertragsmäßigen Gebrauch geeigneten Zustand entspricht der Haftung des Mieters für seine Angestellten hinsichtlich seiner Verpflichtung zur pfleglichen Behandlung der Mietsache. Die im Geschäftsbetriebe des Mieters in den Mieträumen tätigen Angestellten gelten als Erfüllungsgehilfen hinsichtlich dieser seiner Pflicht gegenüber dem Vermieter, auch wenn der Mieter zu der Vornahme der geschäftlichen Tätigkeit, in der er diese Angestellten verwendet, dem Vermieter gegenüber in keiner Weise verpflichtet ist (vgl. RGZ. Bd. 84 S. 222).

Die Haftung des Vermieters aus § 278 BGB. für Versehen bei der Vornahme baulicher Arbeiten tritt nicht nur ein, wenn der von ihm unmittelbar beauftragte Handwerker persönlich tätig wird und eine Schädigung der Mieter schuldhaft verursacht, sondern auch dann, wenn dieser die Arbeiten durch seine Angestellten ausführen läßt und von diesen einer schuldhaft handelt, sofern die Verwendung von Angestellten des Handwerkers im Einverständnis mit dem Vermieter erfolgt. Ist der Vermieter, wie das nach den heutigen Wirtschaftsverhältnissen regelmäßig der Fall ist, damit einverstanden, daß die Arbeiten von Angestellten des von ihm Beauftragten ausgeführt werden, so bedient er sich ihrer zur Erfüllung seiner Verbindlichkeit den Mietern gegenüber und haftet er für sie nach § 278 BGB. So kann hier eine Haftung der Beklagten für das Verschulden des Arbeiters in Frage kommen, den der Klempnermeister G. zur Verlegung der Leitung entsandt hatte.

Daß es sich, wenn die Klagebehauptungen richtig sind, um ein Verschulden bei, nicht bloß anläßlich, der Erfüllung einer Verbindlichkeit der Beklagten handeln würde, kann keinem Bedenken unterliegen.

---

67. Zur Auslegung des § 260 Abs. 1 BGB.

II. Zivilsenat. Urt. v. 3. Juni 1921 i. S. H. (Kl.) w. M. (Bekl.). II 590/20.

II. Landgericht Koblenz. — II. Oberlandesgericht Köln.

Im Oktober 1919 hat der Beklagte an den Kläger Bestandteile von deutschen Militärwagen, die als deutsches Heeresgut von der amerikanischen Militärbehörde beschlagnahmt und von dieser in unabgebautem Zustand an den Beklagten veräußert worden waren, und außerdem in N. und K. lagernden, von Protzkästen herrührenden Eisenschrot verkauft. Im einzelnen handelt es sich bei den Bestandteilen von Militärwagen um den aus dem Abbau der Wagen sich ergebenden gesamten Vorrat an Rotguß und Messing, ferner um verschiedene Arten von Rädern, die gleichfalls aus dem Abbau der Wagen gewonnen werden sollten, teils mit teils ohne Achsen. Mit der Behauptung, der Beklagte habe die Lieferung und die Erteilung von Auskunft über die abgebauten Teile verweigert, verlangt der Kläger Auskunfterteilung über die verschiedenen, aus dem Abbau der Wagen gewonnenen und ihm zu liefernden Bestandteile sowie über den in N. und K. lagernden Eisenschrot und Lieferung der hiernach sich ergebenden Mengen der einzelnen Teile. Der Beklagte hat jede Lieferungspflicht bestritten, weil der Kläger seiner vertraglichen Verpflichtung zur Zahlung des Kaufpreises „bei Verladung" in bezug auf zwei vom Beklagten verladene Eisenbahnwagen nicht nachgekommen sei und der Beklagte für diesen Fall sich das Recht ausbedungen habe, jede weitere Lieferung abzulehnen.

Der erste Richter hat die Klage zugesprochen, das Oberlandesgericht dagegen hat sie abgewiesen, weil kein gesetzlich vorgesehener Fall der Verpflichtung zur Auskunfterteilung vorliege. Auf die Revision des Klägers wurde das Berufungsurteil aufgehoben.

Gründe:

Eine allgemeine Verpflichtung des Schuldners zur Auskunfterteilung besteht nach dem Bürgerlichen Gesetzbuch allerdings nicht. Dem Berufungsgericht ist auch darin beizutreten, daß von den dort besonders vorgesehenen Fällen der Auskunftspflicht hier keiner zutrifft. Nach dem unbestrittenen Inhalt des Vertrags vom 1. Oktober 1919 war der Abbau der Wagen, durch den die dem Kläger zu liefernden Rotguß- und Messingmengen und verschiedenen Arten von Rädern mit und ohne Achsen gewonnen werden sollten, nach Zeit und Umfang in das Ermessen des Beklagten gestellt; er allein konnte daher, soweit der Abbau jeweils bewirkt war, wissen, welche Mengen von den einzelnen Gegenständen Kläger zu bekommen hatte. Dieser anderseits hatte schon wegen der Notwendigkeit der Bereitstellung des Entgelts ein begreifliches Interesse, über den Umfang der für ihn in Aussicht stehenden Lieferungen baldmöglichst Gewißheit zu erlangen. Ob unter diesen Umständen die Pflicht des Beklagten zur Erteilung der vom Kläger gewünschten Auskunft sich nach Treu und Glauben nicht aus dem Vertragsverhältnis der Parteien als solchem ergibt, kann auf sich beruhen. Denn diese Verpflichtung, soweit es sich um Auskunfterteilung durch Vorlegung eines Bestandsverzeichnisses handelt, folgt im vorliegenden Falle unmittelbar aus der Vorschrift des § 260 Abs. 1 BGB., wonach der zur Herausgabe eines Inbegriffs von Gegenständen Verpflichtete dem Berechtigten ein Verzeichnis des Bestandes vorzulegen hat. Daß Beklagter dem Kläger gegenüber zur Lieferung eines Inbegriffs von Gegenständen verpflichtet ist, kann bezüglich der aus dem Abbau der Wagen zu gewinnenden Metallmengen und Räder nicht zweifelhaft sein; dem Kläger fehlt jede Möglichkeit, die einzelnen Stücke, aus denen sich jene Mehrheit zusammsetzt, zu bezeichnen. Dasselbe gilt aber auch von dem vom Kläger weiter angekauften, in N. und K. lagernden Eisenschrot, mit der Maßgabe natürlich, daß es sich bei dem hier in Frage kommenden Bestandsverzeichnis vernünftigerweise nicht um die Anführung aller einzelnen die Gesamtheit darstellenden Teile handeln kann. Ohne Grund hat der Revisionsbeklagte in Abrede gezogen, daß die Vorschrift des § 260 BGB. auch innerhalb eines durch eingehende gesetzliche Bestimmungen geregelten besonderen Rechtsverhältnisses, wie es der Kauf darstellt, Anwendung finde. Für eine derartige Einschränkung des Geltungsgebiets des § 260 ergibt sich weder aus allgemeinen Grundsätzen noch aus den Vorschriften des Gesetzes selbst ein Anhalt. Die Motive zu § 777 des I. Entwurfs, wo eine dem jetzigen § 260 Abs. 1 inhaltlich gleiche Bestimmung vorgesehen war, lassen denn auch erkennen, daß § 777 allgemein dann anwendbar sein sollte, wenn jemand zufolge einer dem materiellen Rechte angehörenden Norm einen Inbegriff von Sachen oder Rechten herauszugeben hat. Auch die mit § 260 Abs. 1 sich befassende Entscheidung des I. Zivilsenats in RGZ. Bd. 90 S. 139 gibt der Annahme einer nur beschränkten Anwendbarkeit der Vorschrift keinen Raum. Mit dem Bestandsverzeichnis im Sinne des § 260 Abs. 1 erhält aber Kläger gerade die Auskunft, die er begehrt. Die Auskunftspflicht des Beklagten ist also vom Berufungsrichter rechtsirrtümlich verneint. Unrichtig wäre übrigens auch von dem diese Verpflichtung verneinenden Standpunkt des Vorderrichters aus die Abweisung der Klage, soweit sie auf Lieferung gerichtet ist. Das Berufungsgericht mußte, wie die Revision mit Recht bemerkt, gemäß § 139 ZPO. auf eine dem Wegfall der Auskunftspflicht entsprechende Änderung des Klagantrags hinwirken; keinesfalls durfte, ohne daß dies versucht wurde, auch der Anspruch auf Lieferung schlechtweg abgewiesen werden.

68. Kann der Schuldner, der vereinbarungsgemäß erst nach Friedensschluß zu liefern hatte, sich von der Lieferpflicht wegen der Entwertung der deutschen Währung lossagen?

VI. Zivilsenat. Urt. v. 6. Juni 1921 i. S. Pf. (Kl.) w. B. (Bekl.). VI 85/21.

I. Landgericht Crefeld, Kammer f. Handelssachen. — II. Oberlandesgericht Düsseldorf.

Die Düsseldorfer Gummiband-Weberei G. m. b. H., die Rechtsvorgängerin des Klägers, kaufte von dem Beklagten laut Bestätigungsschreiben vom 15. Februar 1917 2400 Pfund Garn zu bestimmt verzeichneten Preisen, mit der Klausel, daß die Preise sich für jeden angefangenen Monat bis zum Eintreffen der Rohbaumwolle in einem deutschen Hafen um 1% erhöhen, und mit der weiteren Bestimmung, daß die Verladung innerhalb 45 Tagen nach Eröffnung der Schiffahrt für die deutsche Flagge nach einem Nordseehafen zu erfolgen hat. Das Bestätigungsschreiben enthält außerdem noch folgende zwei Klauseln: 1. Jegliche behördliche Maßnahme soll beide Teile von der Erfüllung des Abschlusses entbinden; 2. Arbeiterausstände und Betriebsstörungen aller Art, Mobilmachung und Krieg sollen den Beklagten ermächtigen, die Lieferungen entsprechend hinauszuschieben. Am 28. Juli 1919 teilte der Kläger dem Beklagten mit, es sei ein Bremer Dampfer von Rotterdam mit 1200 Ballen Baumwolle nach Bremen abgegangen, und verlangte daraufhin Erledigung des Auftrags. Der Beklagte verweigerte die Erfüllung des Vertrags, da die Vertragserfüllung unter den im Sommer 1919 völlig umgewandelten Verhältnissen dem widerspreche, was die Parteien vernünftigerweise beabsichtigt hätten. Der Kläger erhob darauf Klage auf Lieferung von 1200 Pfund Garn zu den Preisen der Auftragsbestätigung vom 15. Februar 1917.

Das Landgericht verurteilte den Beklagten, das Oberlandesgericht wies die Klage ab. Das Reichsgericht stellte das landgerichtliche Urteil wieder her aus folgenden

Gründen:

Als der Garnkauf Mitte Februar 1917 zustande kam, war mit dem Eintritt Amerikas in den Krieg bereits zu rechnen; die Kriegslage war keineswegs günstig und wenn auch der Beklagte mit einem so überaus unglücklichen Ausgange nicht zu rechnen brauchte, so lag doch der Kriegsverlust derart im Bereiche der Möglichkeit, daß der Beklagte wegen dieser Tatsache allein sich nicht vom Vertrage lossagen darf; er hat sich auch durch eine besondere Kriegsklausel in dieser Hinsicht nicht von seiner Lieferpflicht freigezeichnet. Ebensowenig kann der Beklagte sich seiner vertraglichen Lieferpflicht durch den Hinweis auf die vom Berufungsgericht als gerichtsbekannt bezeichnete Tatsache entziehen, daß er Rohbaumwolle, deren er zur Herstellung des Garns bedurfte, im Sommer 1919 nur erwerben konnte, wenn er ein Vielfaches (vielleicht das Zehnfache) des Vertragspreises anlegte. Abgesehen davon, daß der Beklagte nur Händler ist und selber keine Garne fabriziert, müssen Verträge nach Treu und Glauben grundsätzlich selbst dann vom Schuldner erfüllt werden, wenn dieser durch die Beschaffung der inzwischen verteuerten Ware erheblichen Schaden erleiden würde. Für Kaufabschlüsse mit hinausgeschobener Lieferzeit gilt nichts anderes; Preisstürze wie Preissteigerungen, die bei diesen nichts Ungewöhnliches sind, müssen, wenn Treu und Glauben im Handelsverkehre weiter bestehen sollen, regelmäßig von den Vertragschließenden mit in den Kauf genommen werden. Diese Regel muß der Beklagte hier um so mehr gegen sich gelten lassen, als er sich bewußt auf ein gewagtes Geschäft mit steigender Preiskonjunktur eingelassen hat, gleichviel in welchem Umfange man dem Geschäft auf seiten des Beklagten Spekulationscharakter beilegen will.

Allerdings könnte dann eine Ausnahme Platz greifen, wenn die vom Beklagten geschuldete Leistung unter der Einwirkung außergewöhnlicher Umstände als eine ganz andere erscheinen würde, wie im Vertrage vorgesehen war. Daß die nach dem Kriege eingetretene Umwälzung aller wirtschaftlichen Verhältnisse derartige außergewöhnliche Ereignisse sein können, ist vom Reichsgerichte mehrfach anerkannt worden. Ähnlich lag der Fall in dem Urteile vom 22. Oktober 1918 (RGZ. Bd. 94 S. 68). Dort war bereits vor dem Kriege indische Baumwolle unter der Klausel gekauft worden, daß der Krieg von der Lieferpflicht entbinden solle; eine im Oktober 1914 getroffene Vereinbarung, es sollten die Rückstände erst nach dem Kriege geliefert werden, wurde nach Lage der damaligen Verhältnisse als nicht mehr verbindlich behandelt, weil es wesentlich darauf ankam, daß zur Zeit der Urteilsfällung die Einfuhr indischer Baumwolle durch den Krieg überhaupt unterbunden und auch nicht abzusehen war, wann nach Kriegsende und unter welchen wirtschaftlichen Verhältnissen neue Abladungen aus Indien eintreffen konnten. Hier liegt der Fall wesentlich anders. Die Einfuhr von Baumwolle nach Deutschland unter deutscher Flagge ist seit Sommer 1919 nicht mehr gehindert. Fest steht, daß bereits im Juli 1919 ein Bremer Dampfer von Rotterdam Baumwolle nach Bremen eingeführt hat. Nach der ausdrücklichen Vertragsklausel ist also die Lieferung fällig geworden; das hat der Beklagte auch an sich nicht bestritten. In Bremen finden wieder Auktionen von Rohbaumwolle statt. Rohbaumwolle ist in Deutschland wieder eine greifbare Ware geworden. Von einer durch außergewöhnliche Umstände bedingten Ungewißheit über Zeit und Art der Ausführbarkeit der Lieferung, wie im Falle des erwähnten Urteils in RGZ. Bd. 94 S. 68, kann hier keine Rede sein.

Dieser Sachlage wird das Landgericht durchaus gerecht, wenn es ausführt: Der Beklagte habe schon beim Vertragsschluß auf die Schwierigkeiten nach dem Kriege und auf die eintretenden Preissteigerungen Rücksicht genommen, indem er den Preis für jeden Monat bis zum Eintreffen der Rohbaumwolle in einem deutschen Hafen um 1% erhöhte. Er habe ein Spekulationsgeschäft eingehen wollen und auch abgeschlossen. Die geforderte Leistung sei für ihn nicht unmöglich geworden, da Rohbaumwolle in Bremen wieder zur Versteigerung gekommen sei. Auch der für Rohbaumwolle geforderte Preis sei nicht deshalb so hoch, weil die Ware im Werte gestiegen, sondern weil die deutsche Papiermark im Auslande fast wertlos geworden sei. Sei der Beklagte in der Lage, heute noch mit Gold, Silber oder mit ausländischen Werten zu kaufen, so sei der Preisunterschied gegenüber dem Vertragspreise nicht so bedeutend, wie es auf den ersten Blick scheine.

Wer, wie der Beklagte, unter den unsicheren Verhältnissen einer keineswegs günstigen Kriegslage ein gewagtes Geschäft eingeht, kann sich nicht von seiner Lieferpflicht deshalb lossagen, weil schließlich das Geschäft infolge des Tiefstandes der deutschen Valuta für ihn ein verlustbringender Fehlschlag geworden ist. Er muß diesen Fehlschlag auf sich nehmen und ist gehalten, nach Maßgabe des Vertrags zu liefern.

Wenn das Berufungsgericht dagegen ausführt, es könne nicht die Absicht der Parteien gewesen sein, den Vertrag auf alle Fälle und unter allen Umständen unbekümmert, was vorkommen mag, zur Ausführung zu bringen, so ist dies jedenfalls soweit zutreffend, als die beiden dem Vertrag eingefügten Klauseln reichen, wonach beide Teile im Falle behördlicher Maßnahmen von der Vertragserfüllung entbunden werden und der Beklagte wegen Arbeiterausständen, Betriebsstörungen, Mobilmachung und Krieg die Lieferungen entsprechend hinausschieben darf. Diese Klauseln können aber dem Beklagten hier in keiner Weise helfen; behördliche Maßnahmen sind nirgends verhängt worden und Rohbaumwolle kann ungestört in Deutschland eingeführt werden. Es geht aber nicht an, den engen Bereich jener Klauseln dahin auszudeuten, das nach dem Inhalte des Vertrags der Beklagte auch wegen sonstiger, durch die Zeitverhältnisse verursachter Erschwerungen seiner Lieferpflicht, als welche hier nur der verteuerte Marktpreis der Rohbaumwolle in Frage kommt, berechtigt sein sollte, den ganzen Bestand des Vertrags für rechtsunwirksam erklären zu lassen und sich von seiner Lieferpflicht überhaupt für entbunden zu erachten. . . .

69. Zum Begriff des Betriebsunfalls im Sinne des Beamtenunfallfürsorgegesetzes und des ursächlichen Zusammenhangs zwischen Betriebsunfall und Dienstunfähigkeit.

III. Zivilsenat. Urt. v. 7. Juni 1921 i. S. K. (Kl.) w. Preuß. Staat, jetzt Deutsches Reich (Bekl.). III 149/21.

I. Landgericht Erfurt. — II. Oberlandesgericht Naumburg a. S.

Der Kläger stand als Lokomotivheizer im preußischen Staatsdienst und wurde durch den im Einverständnis mit dem Finanzminister von dem Minister der öffentlichen Arbeiten erlassenen Bescheid vom 20. Juli 1916 zum 1. November 1916 mit einem Ruhegehalt von 936 ℳ ($^{26}/_{60}$ seines pensionsfähigen Diensteinkommens) wegen dauernder Dienstunfähigkeit in den Ruhestand versetzt. Er behauptet, daß die Dienstunfähigkeit die Folge eines im Dienste erlittenen Betriebsunfalls sei, und begehrt mit der Klage auf Grund des preußischen Beamtenfürsorgegesetzes, hilfsweise auf Grund des § 618 BGB., die Verurteilung des Beklagten zur Zahlung der Unfallpension und die Feststellung seiner Verpflichtung zur Erstattung der nach dem 1. November 1916 entstandenen Heilungskosten. In beiden Rechtszügen abgewiesen, hat er mit Erfolg Revision erhoben.

Gründe:

Der Kläger schildert seinen Unfall vom 26. Mai 1914, auf den er jetzt noch allein seinen Anspruch stützt, folgendermaßen: er sei, im Begriffe, Sand in den Sandbehälter der Lokomotive zu schütten, von der Leiter, mit der er auf diese gestiegen sei, gestürzt und heftig auf den Boden aufgeschlagen; der Sturz sei dadurch herbeigeführt worden, daß die Leiter, die windschief gewesen sei und am Ende keine Haken gehabt habe, ins Schwanken geraten sei. Der Beklagte hat dagegen behauptet, der Kläger habe schon damals an Tabes und Paralyse gelitten und sei infolge eines durch diese Krankheit verursachten Schwindelanfalls abgestürzt. Das Berufungsgericht ist zu der Überzeugung gelangt, daß diese Behauptung des Beklagten zutreffe, und hat daraufhin sowohl das Vorliegen eines Betriebsunfalls als auch den ursächlichen Zusammenhang zwischen der Schadhaftigkeit der Leiter und dem Unfall und die Ursächlichkeit des Unfalls für die Dienstunfähigkeit verneint. Seine Ausführungen, mit denen es diese Entscheidung begründet, sind aber rechtlich nicht einwandfrei.

Der Angriff der Revision gegen die Feststellung, daß die Taboparalyse, an der der Kläger jetzt leidet, nicht etwa erst infolge des Unfalls entstanden ist, sondern schon vor diesem vorhanden war, ist allerdings nicht begründet. Die Feststellung liegt völlig auf dem Gebiete der freien Beweiswürdigung und findet insbesondere auch in dem Gutachten K. eine ausreichende Grundlage. Sie schließt aber das Vorliegen eines Betriebsunfalls und eines ursächlichen Zusammenhangs zwischen dem Unfall und der Dienstunfähigkeit des Klägers nicht aus.

Bei seiner gegenteiligen Annahme geht der Berufungsrichter von der Ansicht aus, ein Betriebsunfall liege nur dann vor, wenn der Sturz ohne einen paralytischen Schwindelanfall nur durch die schlechte Beschaffenheit der Leiter verursacht sei. Der Begriff eines im Dienste erlittenen Betriebsunfalls im Sinne des Beamtenunfallfürsorgegesetzes erfordert aber nur einen ursächlichen Zusammenhang zwischen dem Betrieb und dem Unfall, und ein solcher ist auch dann gegeben, wenn der Betrieb nicht die alleinige, sondern nur eine mitwirkende Ursache des Unfalls gewesen ist (vgl. z. B. RGZ. Bd. 66 S. 109, Bd. 69 S. 58, Bd. 73 S. 289; JW. 1910 S. 650). Ist also in dem vorliegenden Falle der Unfall eine Folge der Tätigkeit des Klägers in dem technischen Betriebe der Eisenbahn gewesen, wäre er ohne diese nicht oder nicht mit so nachteiligen Folgen eingetreten, so liegt der erforderliche ursächliche Zusammenhang und damit ein Betriebsunfall vor. Diese Voraussetzung ist aber schon jetzt zu bejahen, obwohl nach der Feststellung des Vorderrichters der Sturz des Klägers auf einen paralytischen Schwindelanfall zurückzuführen ist, und auch wenn die Leiter nicht die von dem Kläger behaupteten Mängel gehabt haben sollte. Denn wenn der Kläger nicht in Ausübung seines Dienstes im Eisenbahnbetriebe die Leiter bestiegen hätte, hätte er nicht von ihr herabstürzen und eine so schwere Gesundheitsschädigung erleiden können.

Ebenso bedenklich ist die Verneinung des ursächlichen Zusammenhangs zwischen dem Unfall und der Dienstunfähigkeit. Auch sie beruht auf der irrigen Annahme, daß der Unfall die alleinige Ursache der letzteren gewesen sein müsse. Das Landgericht, dessen Ausführungen von dem Berufungsgericht gebilligt werden, erwähnt ausdrücklich, daß nach dem Gutachten K., das beide Vorderrichter ihrer Entscheidung zugrunde legen, die Verletzung, die der Kläger sich bei dem Sturze zugezogen hat, „mitgewirkt" habe, sie habe das Leiden wesentlich verschlimmert und in seinem Entwickelungsgange beschleunigt. Diese Mitwirkung wird von dem Berufungsrichter also nicht für bedeutsam erachtet. Aber auch der weitere Satz des angefochtenen Urteils ist zu beanstanden, es bestehe eine sehr hohe Wahrscheinlichkeit, daß sich die Dienstunfähigkeit auch ohne den Unfall herausgestellt hätte. Mit dieser Begründung kann der ursächliche Zusammenhang nicht verneint werden. Hierzu hätte es vielmehr einer positiven Feststellung der von dem Beklagten zu beweisenden Tatsache bedurft, daß die Dienstunfähigkeit auch ohne den Unfall eingetreten wäre. Der Kläger genügt seiner Beweislast durch den Nachweis, daß der Unfall nach dem natürlichen Verlaufe der Dinge geeignet war, die Dienstunfähigkeit herbeizuführen (vgl. z. B. RGZ. Bd. 95 S. 104, 249).

---

70. 1. Zum Begriff der „im Betriebe des Geschäfts entstandenen Verbindlichkeiten" im Sinne des § 28 Abs. 1 HGB.
2. Zur Auslegung des § 28 Abs. 2 HGB.

II. Zivilsenat. Urt. v. 7. Juni 1921 i. S. der off. Handelsges. D. & Fr. (Bekl.) w. M. (Kl.). II 512/20.

I. Landgericht Königsberg. — II. Oberlandesgericht daselbst.

Im Januar 1919 schloß die Klägerin mit dem Kaufmann B. in K. einen Vertrag, laut dessen sie in das von B. begründete Postkartengroßhandelsgeschäft in Firma C. W. B. in K. eintrat und das Geschäft vom Tage des Vertragsschlusses an „von beiden Teilnehmern gemeinsam fortgeführt" werden sollte. Über die rechtliche Form der Gesellschaft — ob stille Gesellschaft oder offene Handelsgesellschaft — ist in dem Vertrage nichts bestimmt; beide Parteien bezeichnen aber das Gesellschaftsverhältnis als stille Gesellschaft. Die Klägerin hat 4300 *M* in die Gesellschaft eingelegt. Am 1. Mai 1919 gründete B. mit den beiden Inhabern der offenen Handelsgesellschaft D. & Fr. eine offene Handelsgesellschaft zum Weiterbetriebe des Postkartengeschäfts. Die Gesellschaft zwischen ihm und der Klägerin war damit gelöst. Die Klägerin war aber noch bis zum 1. August 1919 in dem nunmehr unter der Firma B., D. & Co, betriebenen Geschäfte tätig. Nachdem ihr am 1. Juli zum Austritt auf den 1. August gekündigt worden war, stellte ihr B. am 2. Juli 1919 ein Schriftstück aus, in dem er als Teilhaber der Firma B., D. & Co. bestätigte, daß die Klägerin in die seinerzeit unter der Firma C. W. B. betriebene Papiergroßhandlung ein Kapital von 7000 *M* „und zwar 4300 *M* in bar und 2700 *M* Gewinn in den Monaten Februar, März bis April d. J." eingebracht habe. „Da ich" — heißt es in der Erklärung weiter — „die Firma C. W. B. in die Firma B., D. & Co. eingebracht habe, verpflichte ich mich, Frau M. für obige Summe von 7000 *M* gut zu stehen und bis zur Rückzahlung mit 10% per anno . . . zu verzinsen". In der Folge trat B. aus der offenen Handelsgesellschaft B., D. & Co. aus. Nunmehr erhob die Klägerin gegen die Firma D. & Fr. — wie sie nach B.'s Ausscheiden hieß — und gegen B. selbst Klage auf gesamtschuldnerische Zahlung von 7000 *M* nebst 4% Prozeßzinsen. Gegen B. wurde im landgerichtlichen Verfahren ein Antrag nicht gestellt. Die beklagte Firma D. & Fr. wandte im wesentlichen ein, daß B. der Klägerin vor dem 1. Mai 1919 mitgeteilt habe, der Übergang der Schuld auf die neue Gesellschaft sei durch Vereinbarung ausgeschlossen, und ferner, daß sich die Klägerin mit der von B. ihr zugesicherten Abfindungssumme von 7000 ℳ einverstanden erklärt und daß sie dem B. gegenüber ausdrücklich erklärt habe, sie wolle dann mit der Gesellschaft nichts mehr zu tun haben. Hierüber wurde der Klägerin der Eid zugeschoben, den sie angenommen hat. Das Landgericht hat auf diesen Eid erkannt; im Leistungsfalle soll die Beklagte Firma D. & Fr. antragsgemäß zur Zahlung von 7000 ℳ nebst 4% Zinsen seit 15. Oktober 1910 verurteilt, im Verweigerungsfalle die Klage dieser Beklagten gegenüber abgewiesen werden. Die Berufung der beklagten Firma D. & Fr. hatte keinen Erfolg. Ihre Revision wurde gleichfalls zurückgewiesen.

Gründe:

Die Revision bemängelt als angeblich rechtsirrig die Ansicht des Berufungsgerichts, daß die in dem Schriftstücke vom 2. Juli 1919 erwähnten Forderungen der Klägerin gegen B. im Gesamtbetrage von 7000 ℳ im Geschäftsbetriebe der Firma C. W. B., also vor Gründung der offenen Handelsgesellschaft B., D. & Co. entstanden seien und demnach § 28 HGB. Anwendung finde. Die Rüge ist nicht begründet. Bezüglich der 4300 ℳ ist nach dem oberlandesgerichtlichen Urteil unbestritten, daß die Klägerin sie in die im Januar 1919 mit B. eingegangene Gesellschaft eingebracht hat. Das zunächst mündliche Versprechen des B., der Klägerin bei Aufhören der Gesellschaft einen ihrer Einlage entsprechenden Geldbetrag und außerdem noch eine Abfindung von 2700 ℳ zu zahlen, ist nach der nicht angegriffenen Feststellung des Berufungsgerichts noch im Monat April 1919, also vor Gründung der am 1. Mai 1919 entstandenen offenen Handelsgesellschaft B., D. & Co. gegeben worden. Daß dies im Betriebe des Geschäfts der Firma C. W. B. geschehen ist, kann nicht zweifelhaft sein. Denn das Versprechen, das später — am 2. Juli 1919 — schriftlich bestätigt wurde, bezweckte die Rückerstattung der Einlage der Klägerin in Höhe von 4300 ℳ behufs Lösung des mit ihr eingegangenen Gesellschaftsverhältnisses; insoweit handelte es sich, da die Einlage bestimmungsgemäß in das Geschäft geflossen war, jedenfalls um eine Geschäftsschuld. Denselben Charakter trägt aber auch die von B. vor dem 1. Mai 1919 weiter übernommene Verpflichtung zur Zahlung der Abfindung von 2700 ℳ. Mag sie der Klägerin als Entgelt für geleistete Dienste oder lediglich zur Erlangung ihres Einverständnisses mit der Lösung der Gesellschaft zugesagt worden sein, in beiden Fällen liegt eine im Geschäftsbetriebe der Firma C. W. B. entstandene Verbindlichkeit vor. Denn auch das Versprechen einer

Abfindung, das der Inhaber einer Firma dem ausscheidenden stillen Gesellschafter gegenüber erklärt, erzeugt im Zweifel (vgl. § 344 Abs. 1 HGB.) eine zum Geschäftsbetriebe gehörige Verpflichtung im Sinne des § 28 Abs. 1 Satz 2 HGB. Der Berufungsrichter erachtet daher mit Recht die Voraussetzungen dieses § 28 Abs. 1 als gegeben.

Des weiteren wendet sich die Revision gegen die Auffassung des Berufungsgerichts, daß der Vorschrift des § 28 Abs. 2 HGB. durch die nach Behauptung der Beklagten vor Begründung der offenen Handelsgesellschaft B., D. & Co. erfolgte Mitteilung B.'s an die Klägerin, der Übergang der Schuld auf die neue Gesellschaft sei ausgeschlossen, nicht Genüge geschehen sei. Auch diese Rüge kann keinen Erfolg haben. Einmal läßt das, was B. der Klägerin mitgeteilt haben soll, nicht erkennen, daß eine auf Nichtübernahme der Verbindlichkeit gegen die Klägerin gerichtete Vereinbarung der neuen Gesellschafter zustande gekommen sei; die Mitteilung, so wie sie unter Beweis gestellt ist, konnte vielmehr mindestens ebensogut den Sinn haben, daß nach der rechtlichen Überzeugung des B. von einem Übergang der Schuld auf die neue Gesellschaft, auch abgesehen von einer Vereinbarung der Gesellschafter, nicht die Rede sein könne. Außerdem verlangt aber das Gesetz, worauf das Berufungsgericht mit Recht hinweist, Mitteilung an den Dritten durch einen Gesellschafter. Daraus ergibt sich, daß die Mitteilung erst nach Abschluß des Gesellschaftsvertrags wirksam erfolgen kann. Vorher kann eine von § 28 Abs. 1 HGB. abweichende Vereinbarung keine rechtliche Wirkung im Sinne des § 28 Abs. 2 äußern, da dieser Erfolg naturgemäß bedingt ist durch das Zustandekommen der Gesellschaft. Außerdem muß bei jeder Abmachung, die von den künftigen Gesellschaftern behufs Regelung des in Aussicht genommenen Gesellschaftsverhältnisses getroffen wird, mit der Möglichkeit der Abänderung im eigentlichen Gesellschaftsvertrag gerechnet werden; denn erst durch ihn erhalten solche Abmachungen regelmäßig ihre endgültige Gestalt. All das weist darauf hin, daß die im § 28 Abs. 2 vorgeschriebene Mitteilung durch einen Gesellschafter nur durch einen Gesellschafter im Rechtssinne, also erst nach Abschluß des Gesellschaftsvertrags erfolgen kann. Diese strenge Auslegung des § 28 Abs. 2 rechtfertigt sich um so mehr, wenn man sich vergegenwärtigt, daß die Mitteilung des „Gesellschafters" an den Dritten in ihrer Wirkung auf eine Stufe gestellt ist mit dem formalen Erfordernis der Eintragung der abweichenden Vereinbarung in das Handelsregister und deren Bekanntmachung. Auch die von der Revision versuchte Konstruktion, daß die Gesellschafter es bei der fürsorglich schon vor der Gesellschaftsgründung abgegebenen Erklärung des B. belassen und, indem sie sich darauf stützten, sie durch schlüssige Handlungen wiederholt hätten, muß versagen. Dem Dritten muß, wenn die Vereinbarung gegen ihn wirken soll, nach Gründung der Gesellschaft durch einen Gesellschafter kundgegeben werden, daß eine von § 28 Abs. 1 abweichende Vereinbarung der Gesellschafter getroffen worden sei. Dabei verbleibt es auch dann, wenn dem Dritten vor Gründung der Gesellschaft von einer derartigen für den Fall des Zustandekommens der Gesellschaft geschlossenen Vereinbarung der Beteiligten Mitteilung gemacht worden war. Es fehlt aber durchaus an einer unzweideutigen Erklärung eines Gesellschafters der Klägerin gegenüber, daß an der Vereinbarung, wie sie — angenommen — vor Gründung der Gesellschaft zwischen den Beteiligten getroffen worden war und von der die Klägerin vor dem 1. Mai 1919 durch B. Kenntnis erhalten hatte, auch die nunmehrigen Gesellschafter festhielten. Das Berufungsgericht hat in dieser Richtung weder eine ausdrückliche noch eine in schlüssigem Verhalten der Gesellschafter zu findende Willenserklärung festgestellt.

---

71. Zur Frage der Zulässigkeit des Rechtswegs gegen obrigkeitliche Maßnahmen eines Staates.

VII. Zivilsenat. Urt. v. 7. Juni 1921 i. S. früh. Großherzog von Sachsen-Weimar-Eisenach (Kl.) w. Gebiet Sachsen-Weimar-Eisenach (Bekl.). VII 521/20.

I. Landgericht Weimar. — II. Oberlandesgericht Jena.

Am 20. Februar 1919 bildete der Beklagte noch einen selbständigen Bundesstaat des Deutschen Reichs. Damals erließ die provisorische republikanische Landesregierung eine Bekanntmachung (Weimarisches Reg.-Bl. S. 49), in welcher es heißt: „§ 1. Sämtliche zum Kronfideikommiß-Vermögen, sowie sämtliche zum Sondervermögen des vormaligen Großherzogs von Sachsen, des Großherzoglichen Hauses und seiner Mitglieder gehörenden Gegenstände, soweit sie innerhalb Sachsen-Weimars befindlich sind, werden hiermit vorläufig mit Beschlag belegt. Die Verwaltung wird dem Staatsministerium, Departement der Finanzen, übertragen.“ Im § 2 ist angeordnet, daß in Ausübung der Eigentums- und Verfügungsrechte an den erwähnten Vermögensmassen der vormalige Großherzog und die sonstigen Genannten durch das Ministerialdepartement der Finanzen oder durch die von diesem beauftragte Behörde mit voller rechtlicher Wirkung vertreten werden. Verfügungen des vormaligen Großherzogs und der sonstigen Genannten über die beschlagnahmten Gegenstände werden für unwirksam erklärt. Zuwiderhandlungen werden den allgemeinen Bestimmungen des Strafgesetzbuchs unterstellt.

Der Kläger erblickt in der Bekanntmachung eine unzulässige Störung seines Besitzes, notfalls auch seines Eigentums, und hat mit der Ende Februar 1920 gegen den „Staatsfiskus Weimar“ erhobenen Klage beantragt, die — näher bezeichnete — Einrichtung des Schlosses Ettersburg aus der Beschlagnahme freizugeben. In der ersten mündlichen Verhandlung erhob der „Staatsfiskus“ die Einrede der Unzulässigkeit des Rechtswegs und verweigerte die Verhandlung zur Hauptsache. Das Landgericht hat die Einrede für begründet erachtet und die Klage abgewiesen. Das Oberlandesgericht hat die Berufung zurückgewiesen. Die Revision des Klägers hatte Erfolg.

Gründe:

Nach § 63 Abs. 1 der Verfassung des Landes Thüringen vom 11. März 1921 bildet jeder der ehemaligen thüringischen Freistaaten für die Übergangszeit unter dem Namen „Gebiet“ einen Kommunalverband höherer Ordnung mit dem Rechte der Selbstverwaltung. Die Übergangszeit soll nach § 10 des Übergangsgesetzes vom 9. Dezember 1920 (GS. f. Thür. 1920 S. 256) am 1. April 1922 enden. Diesen gesetzlichen Bestimmungen entsprechend ist der Beklagte im Eingange des Urteils bezeichnet worden.

1. Das Berufungsurteil ist auf Grund der mündlichen Verhandlung vom 29. September 1920 ergangen. Damals waren das Reichsgesetz vom 30. April 1920 (RGBl. S. 841), betr. das Land Thüringen, und die vorläufige Verfassung des Landes Thüringen vom 12. Mai 1920 (GS. f. Thür. 1920 S. 67) bereits in Kraft. Die Revision vertritt die Ansicht, daß der Beklagte schon nach diesen Gesetzen die Eigenschaft eines Staates verloren habe; das komme auch in den später erlassenen thüringischen Organisationsgesetzen zum Ausdruck. Die Revision meint weiter, daß die Zulässigkeit des Rechtswegs für die gegenwärtig angestrengte Klage schon deshalb nicht mehr zu beanstanden sei, weil eben der Beklagte kein Staat mehr sei. Das Oberlandesgericht ist auf die jetzt von der Revision angeregten Fragen nicht eingegangen, es hat bei Erlaß seines Urteils in dem Beklagten noch einen Staat erblickt.

2. Am 29. September 1920 war auch bereits das von dem damaligen Freistaat Sachsen-Weimar-Eisenach erlassene Übergangsgesetz vom 7. Juli 1919 (GS. f. Sachs.-Weim.-Eis. S. 282) in Kraft. Die Revision behauptet, daß durch dieses Übergangsgesetz die Bekanntmachung vom 20. Februar 1919 aufgehoben sei. Auch auf diese Frage ist das Oberlandesgericht nicht eingegangen, es hat die Beschlagnahmeverfügung vom 20. Februar 1919 nach wie vor als bestehend angesehen.

3. Abgesehen von den vorstehend gekennzeichneten Angriffen hat die Revision noch weitere Angriffe erhoben, mit denen sie sich auf den

Standpunkt des Berufungsrichters stellt, also den Beklagten noch als Staat betrachtet und das Fortbestehen der Beschlagnahmeverfügung voraussetzt. Diese Angriffe sind unbegründet.

Für die Frage, ob eine Klage vor dem ordentlichen Richter erhoben werden darf, sind der Aufbau und der Antrag der Klage maßgebend. Der Kläger behauptet, als Besitzer und Eigentümer der streitigen Sachen in seinem Besitz, und notfalls auch, in seinem Eigentum durch die Beschlagnahme gestört zu sein, und er verlangt Freigabe der Sachen aus der Beschlagnahme. Die Klage wendet sich also, wie der Berufungsrichter zutreffend hervorhebt, unmittelbar gegen die Beschlagnahmeverfügung. Das durch diese Verfügung geschaffene Rechtsverhältnis ist nicht schon deshalb bürgerlichen Rechtes, weil dadurch in Besitz und Eigentum des Klägers eingegriffen ist, entscheidend kommt vielmehr in Betracht, ob die Verfügung selbst auf dem Boden des bürgerlichen oder dem des öffentlichen Rechtes ergangen ist, d. h. ob der Beklagte bei Erlaß der Verfügung dem Kläger als gleichberechtigte Person im Verkehr des Privatrechts gegenüberstand, oder ob er darin als Staat kraft obrigkeitlicher Gewalt dem seiner Herrschaft unterworfenen Kläger im Wege des Befehls und Verbots gegenübertrat (RGZ. Bd. 93 S. 255, 258). Nach der Annahme des Oberlandesgerichts traf die letztere Möglichkeit zu. Die Landesregierung als Trägerin der obersten Staatsgewalt hat es für staatsnotwendig erachtet, die vermögensrechtliche Auseinandersetzung zwischen dem derzeitigen und dem ehemaligen Träger der Staatsgewalt durch eine vorläufige Beschlagnahme des fraglichen Vermögens zu sichern, und hat deshalb als Obrigkeit die erforderlichen Anordnungen getroffen. Die Auslegung, welche hier die Bekanntmachung vom 20. Februar 1919 gefunden hat, kann in der Revisionsinstanz nicht nachgeprüft werden, denn es handelt sich um eine landesgesetzliche Norm, die nur für den ehemaligen Freistaat Sachsen-Weimar-Eisenach erlassen ist, § 549 ZPO. Im übrigen ist ein Rechtsverstoß nicht ersichtlich. Ohne Grund beruft sich die Revision auf die Ausführungen des Reichsgerichts in der angeführten Entscheidung auf S. 259 oben. Dort wird ausgeführt, daß bei einer auf Grund des § 1004 BGB. erhobenen, also auf ein Privatrecht gestützten Abwehrklage der Rechtsweg ausgeschlossen ist, wenn schon nach dem Klagevortrage der abzuwehrende Eingriff auf Grund der Herrschaftsgewalt des Staates erfolgt ist. Gerade das trifft zu. Die Klage wendet sich gegen die Bekanntmachung vom 20. Februar 1919 und diese ist von dem Staate als der herrschenden Obrigkeit erlassen. Der Staat als Träger von Vermögensrechten — als Fiskus, wie man ihn in dieser Eigenschaft früher zu bezeichnen pflegte — kann sich zur Sicherung seiner Vermögensrechte auch an den ordentlichen Richter wenden und vor diesem mit andern Privatrechtssubjekten auf dem Boden der Gleichberechtigung verhandeln. Der Beklagte hätte also die Möglichkeit gehabt, zur Sicherung der von ihm beanspruchten Vermögensauseinandersetzung eine einstweilige Verfügung des Richters zu beantragen. Er hat das aber nicht getan, er hat vielmehr die ihm auch zustehenden Hoheitsrechte ausgeübt. Ein Fehlschluß der Revision ist es, die Maßnahme des Beklagten als rein „fiskalisch“ hinzustellen, weil sie letzten Endes Sicherungen auf dem Gebiete des Vermögensrechts bezweckte. Nicht der erstrebte Zweck ist maßgebend, sondern der Inhalt der staatlichen Äußerung.

Vergeblich beruft sich die Revision auf die Entscheidungen des Reichsgerichts Bd. 96 S. 215 und Bd. 97 S. 179. In der ersteren ist der Rechtsweg für eine Schadensersatzklage zugelassen, weil bei Gelegenheit der Ausübung von Staatshoheitsrechten durch Schießen in zu großer Nähe von Gebäuden eine Fahrlässigkeit begangen sein sollte. In dem zweiten Falle verlangte die Klägerin auf Grund des preußischen Gesetzes vom 1. August 1909 in Verbindung mit § 839 BGB. von dem preußischen Staat und einem Kreiskommunalverband Ersatz des Wertes von drei Kühen, weil diese ihr von dem Vorsitzenden des Kreisausschusses auf Anweisung des Regierungspräsidenten in ungesetzlicher Weise weggenommen worden seien, um die Klägerin wegen ungenügender Butterlieferung zu bestrafen. Mit Recht hat das Reichsgericht damals angenommen, daß es sich nach Inhalt und Antrag dieser Klage um eine bürgerliche Rechtsstreitigkeit handle. Die Revision hat es so hinzustellen gesucht, als ob auch mit der Klage im gegenwärtigen Rechtsstreit Beamte des Beklagten für ungesetzliche Maßnahmen verantwortlich gemacht werden sollten. Dem widerspricht aber der schon oben mitgeteilte Aufbau und Antrag der Klage.

Aus der Annahme des Berufungsrichters, daß das Sachsen-Weimarische Gesetz über das Strafandrohungsrecht der Polizeibehörden vom 7. Januar 1854 (Reg.-Bl. S. 17) nicht die Grundlage der Beschlagnahme bildete, zieht die Revision mit Recht den Schluß, daß dann eine Nachprüfung der Beschlagnahmeverfügung durch das thüringische Oberverwaltungsgericht ausgeschlossen sei. Wenn sie hieraus aber weiter folgern zu können meint, daß der ordentliche Rechtsweg gegeben sein müsse, so ist das irrig. Den dabei vorausgesetzten Rechtssatz, daß alle staatlichen Maßnahmen der Kontrolle entweder des Verwaltungsrichters oder des ordentlichen Richters unterliegen, gibt es nicht. Er ist auch nicht, wie die Revision meint, im § 13 GVG. ausgesprochen. Diese Vorschrift handelt nur von bürgerlichen Rechtsstreitigkeiten und verweist sie vor die ordentlichen Gerichte, soweit nicht auch für sie, also für die bürgerlichen Rechtsstreitigkeiten, die Zuständigkeit von Verwaltungsbehörden oder Verwaltungsgerichten begründet ist oder reichsgesetzlich besondere Gerichte bestellt oder zugelassen sind.

Die Rechtmäßigkeit der Beschlagnahmeverfügung zu prüfen, hat der Berufungsrichter abgelehnt. Vergebens bekämpft die Revision diesen Standpunkt. Die von einem Organ der Staatsgewalt zur Ausübung solcher Gewalt vorgenommene Handlung bleibt Amtshandlung, auch wenn sie den Gesetzen nicht entspricht. Sie wird dadurch nicht zu einer bloßen Privathandlung (vgl. RGZ. Bd. 93 S. 261). Auch gegen unrechtmäßige Amtshandlungen ist der Rechtsweg also nicht eröffnet. Ob eine Handlung rechtmäßig oder unrechtmäßig ist, kann der Richter erst prüfen, wenn die Frage in einem vor ihn gehörigen Verfahren aufgeworfen wird. Die Behauptung der Unrechtmäßigkeit genügt also nicht, um die Zuständigkeit des Richters zu begründen.

4. Nicht um die Rechtmäßigkeit oder Unrechtmäßigkeit der Beschlagnahmeverfügung handelt es sich aber, wenn der Kläger behauptet, die Beschlagnahme sei nachträglich durch ein Gesetz wieder aufgehoben worden. Hier dreht sich der Streit um das Bestehen oder Nichtbestehen der Beschlagnahme. Ist sie aufgehoben, so enthält der Beklagte dem Kläger den Besitz der streitigen Sachen ohne jeden Rechtsgrund vor. Die so begründete Klage wendet sich nicht gegen eine obrigkeitliche Maßnahme des Staates, sondern gegen den rechtlosen Angriff eines Dritten auf Besitz und Eigentum des Klägers. Dabei ist es dann nur ein rechtlich nicht in Betracht kommender Zufall, daß der rechtlose Angreifer gerade der Staat ist. Der Berufungsrichter durfte also die Frage nicht offen lassen, ob die Bekanntmachung vom 20. Februar 1919 inzwischen aufgehoben ist. Insoweit ist die Revision begründet und das angefochtene Urteil aufzuheben. Das Reichsgericht wäre in der Lage, nach § 565 Abs. 3 Nr. 1 ZPO. in der Sache selbst zu entscheiden. Nach Abs. 4 das. konnte die Sache jedoch auch zur anderweiten Verhandlung und Entscheidung an das Berufungsgericht zurückverwiesen werden, da für die in der Sache selbst zu erlassende Entscheidung die Anwendbarkeit eines Gesetzes, des Übergangsgesetzes vom 7. Juli 1919, in Frage kommt, auf dessen Verletzung die Revision nach § 549 ZPO. nicht gestützt werden kann. Von dieser Befugnis hat das Reichsgericht Gebrauch gemacht.

5. Für den Fall, daß der Berufungsrichter bei der ihm nach Nr. 4 obliegenden Prüfung zu dem Ergebnis kommt, daß die Bekanntmachung vom 20. Februar 1919 noch in Kraft ist, wird er sich auch mit den oben zu 1 wiedergegebenen Angriffen der Revision auseinanderzusetzen haben. Auch dabei handelt es sich um die Auslegung irrevisibler Gesetze, auch sie konnte dem Berufungsgericht überlassen werden.

72. 1. Wann handelt der Staat öffentlichrechtlich, wann privatrechtlich?
2. Kann der Staat außerhalb seines Gebiets Staatshoheitsakte vornehmen? Ist der Rechtsweg gegen solche Akte zulässig?

VII. Zivilsenat. Urt. v. 7. Juni 1921 i. S. Gebiet Gotha (Bekl.) w. früh. Herzog von Sachsen-Koburg und Gotha (Kl.). VII 528/20.

I. Landgericht Meiningen. — II. Oberlandesgericht Jena.

Der Beklagte, der damals noch ein selbständiger Bundesstaat des Deutschen Reichs war, hat unter dem 31. Juli 1919 ein am 2. August 1919 in der Gesetzsammlung für den Staat Gotha (S. 105) verkündetes Gesetz erlassen, in welchem es heißt:

§ 1. Das Gothaische Hausfideikommiß, das Lichtenberger Fideikommiß, das Ernst-Albert-Fideikommiß, die Schmalkaldener Forsten und das Hausallod des ehemaligen Herzoglichen Hauses werden — vorbehaltlich der Rechte anderer Staaten — beschlagnahmt und in das Eigentum des Staates übergeführt.

§ 2. Die Hofkammer wird aufgelöst. An ihre Stelle tritt . . . die Landesvermögensverwaltung. . . .

§ 4. Die Regierung wird ermächtigt, alle erforderlichen Maßnahmen zu treffen, um den Besitz des Staates sicherzustellen.

§ 5. Alle entgegenstehenden gesetzlichen Bestimmungen sind aufgehoben.

Auf Grund dieses Gesetzes hat der Beklagte dem Kläger den Besitz und die Verwaltung auch der in dem preußischen Kreise Herrschaft Schmalkalden gelegenen sog. Schmalkaldener Forsten entzogen. Zu diesen Forsten gehört die im Klagantrag genannte Parzelle. Der Antrag selbst geht dahin, 1. festzustellen, daß der Kläger fideikommissarischer Eigentümer ist der im Grundbuch von Steinbach-Hallenberg Bd. 1 Art. 29 als Eigentum des Herzogl. Sachsen-Gothaischen Gesamthauses aufgeführten Parzelle 17 „Gebrannter Stein" 135, 3468 ha Holzung, 2. den Beklagten zu verurteilen, dem Kläger diejenigen Rechte wieder einzuräumen, die ihm als fideikommissarischen Eigentümer des genannten Grundbesitzes zustehen, insbesondere dessen Besitz und Verwaltung. Die Klage ist Ende Januar 1920 erhoben und gegen den „Freistaat Gotha" gerichtet. Der so bezeichnete Beklagte hat in der ersten mündlichen Verhandlung vom 10. Mai 1920 die Unzulässigkeit des Rechtswegs eingewendet und die Verhandlung zur Hauptsache verweigert. Das Landgericht hat die Einrede durch Zwischenurteil verworfen, das Oberlandesgericht hat die Berufung zurückgewiesen. Auch die Revision blieb erfolglos.

Aus den Gründen:

... Darin ist allerdings der Revision beizupflichten, daß gerade nach den leitenden Sätzen des Berufungsurteils der Rechtsweg für unzulässig erachtet werden müßte. Es wird dort ausgeführt, daß in der Frage der Vermögensauseinandersetzung die Parteien an sich gleichberechtigt auf privatrechtlichem Boden gegenüberstanden; insoweit habe das Rechtsverhältnis des Klägers zum Beklagten nicht auf der Unterordnung des Staatsbürgers unter die Staatshoheit beruht. Offenbar in Erkenntnis dieser Rechtslage habe der Beklagte anfänglich versucht, auf gütlichem Wege mehr zu erreichen, als ihm nach dem Domänenabkommen zukam. Erst nach dem Scheitern der Vergleichsverhandlungen habe der Beklagte der Gesetzgebung sich bedient, um seine Ansprüche zu verwirklichen, deren Durchführung in anderer Weise aussichtslos erscheinen mußte. Daraus zieht der Berufungsrichter den Schluß, daß das Gesetz vom 31. Juli 1919 einem privatrechtlichen Zwecke diente, nicht einem Staatshoheitszweck, und daß der Eingriff in das Privateigentum des Klägers, den es darstellt, ein privatrechtlicher, kein öffentlichrechtlicher sei. Dieser Schluß ist nach zwei Richtungen hin von Rechtsirrtum beeinflußt. Unrichtig ist einmal die Annahme, daß der Staat sich stets auf dem Boden des Privatrechts bewege, wenn es sich um sein Vermögen handelt. Will z. B. der Staat sein Vermögen vermehren, um seine staatlichen Aufgaben besser erfüllen zu können, und führt er deshalb durch Gesetz Monopole ein, so handelt der Staat öffentlichrechtlich. Unrichtig ist ferner die Annahme, daß der verfolgte Zweck über den Charakter der Maßnahme entscheidet. Maßgebend ist weder der Zweck noch auch die Form der staatlichen Handlung, etwa die Gesetzesform; maßgebend ist vielmehr lediglich ihr Inhalt. Tritt der Staat den seiner Herrschaft unterworfenen Personen kraft obrigkeitlicher Gewalt im Wege des Gebots oder des Verbots gegenüber, so handelt er öffentlichrechtlich; stellt er sich gleichberechtigt neben sie, lädt er sie etwa vor den ordentlichen Richter, um einen Streit auszutragen, so handelt er privatrechtlich (vgl. RGZ. Bd. 93 S. 255). Würde der Berufungsrichter von diesen Gesichtspunkten ausgegangen sein, so würde er erkannt haben, daß der Beklagte bei Erlaß des Gesetzes vom 31. Juli 1919 öffentlichrechtlich gehandelt hat. Er verließ damit den Boden des Privatrechts, auf dem er bis dahin mit dem Kläger als einem Gleichberechtigten über eine gütliche Einigung verhandelt hatte, er trat auf den Boden des öffentlichen Rechts, um im Wege staatlichen Zwanges das durchzuführen, was er anders nicht erreichen konnte.

Das Berufungsurteil war aber aus folgenden Erwägungen aufrechtzuerhalten, die in ähnlicher Weise schon in dem Urteile des Landgerichts ausgesprochen sind: Nach einem anerkannten Grundsatze des zwischenstaatlichen Rechts endet die Staatshoheit eines jeden Staates an den Grenzen seines Gebiets. Da das im gegenwärtigen Rechtsstreite streitige Grundstück in Preußen liegt, so ist es der Staatshoheit des Beklagten nicht unterworfen. Der Beklagte konnte durch einen Staatshoheitsakt über dieses Grundstück nicht verfügen. Dessen ist er sich mehr oder weniger auch bewußt gewesen. Darauf deutet der im Gesetz vom 31. Juli 1919 zugunsten der Rechte anderer Staaten gemachte Vorbehalt hin. Allerdings hat diese Erkenntnis den Beklagten nicht abgehalten, auch das außerhalb Gothas belegene Eigentum des Klägers in das Gesetz vom 31. Juli 1919 einzubeziehen.

Ist aber dieses Gesetz nicht ein Akt der für Preußen maßgebenden Staatsgewalt, so ist es für die in Preußen liegenden Schmalkaldener Forsten und damit auch für das streitige Grundstück überhaupt nicht als der Akt einer Staatsgewalt anzusehen. Der Kläger ist in seinem Eigentum und seinem Besitz durch die Handlung eines anderen verletzt, und nur einen rechtlich nicht in Betracht kommenden Zufall bedeutet es, daß der andere ein auswärtiger Staat ist. Weil dieser auswärtige Staat in Preußen Staatshoheitsakte nicht vornehmen kann, so darf er auch seinerseits in Preußen sich nicht darauf berufen, daß er einen Staatshoheitsakt vorgenommen habe. Danach ist der Rechtsweg für die erhobene Klage zulässig.

Was die Revision gegen diese Folgerungen ausführt, ist nicht schlüssig.

1. Das Landgericht in Meiningen ist für die erhobene Klage, wie auch die Revision nicht verkennt, nach § 24 ZPO. als das ausschließlich zuständige Gericht der belegenen Sache angerufen worden. Schon in der Ausschließlichkeit dieses Gerichtsstandes für unbewegliche Sachen spiegelt sich die Staats- und Gebietshoheit wieder. Der Staat duldet nicht, daß fremde Richter über die in seinem Bereich liegenden Grundstücke urteilen. Wenn es deshalb auch eine — auf das Verhältnis der deutschen Länder untereinander allerdings nicht anwendbare — anerkannte Rechtsregel des zwischenstaatlichen Rechts ist, daß ein Staat vor den Gerichten eines anderen Staates auch in rein privatrechtlichen Streitigkeiten nicht belangt werden darf, so wird doch davon die ebenso anerkannte Ausnahme gemacht, daß bei dinglichen Klagen jeder Staat dem Gerichtsstand der belegenen Sache unterworfen ist (vgl. RGZ. Bd. 62 S. 165; Löning in der Festgabe für Fitting S. 267). Die Revision meint nun, daß das Landgericht in Meiningen als gothaisches Gericht geurteilt habe. Dabei übersieht die Revision, daß Gotha an dem gemeinschaftlichen Landgericht in Meiningen niemals beteiligt gewesen ist — nur Koburg war es —, und vor allem, daß das Landgericht in Meiningen angerufen worden ist, weil die preußischen Gebietsteile, in denen die Schmalkaldener

Forsten liegen, zu diesem Landgericht gehören. Das Landgericht hat also als preußisches Gericht gesprochen und dasselbe gilt von dem Oberlandesgericht.

2. Die Revision sucht weiter auszuführen, daß das Gesetz vom 31. Juli 1919 sich nur gegen den Kläger richte, und daß dieser als gothaischer Staatsbürger die gothaische Staatsgewalt anerkennen müsse. Dabei übersieht die Revision, daß in dem Gesetz vom 31. Juli 1919 auch eine Verfügung über preußisches Land liegt, daß diese unzulässig war und von dem Staate Preußen und seinen Organen, zu denen auch seine Richter gehören, nicht anerkannt werden kann.

3. Der von der Revision aufgestellte Rechtssatz, daß jedes deutsche Land das Recht eines anderen Landes respektieren muß, ist grundsätzlich richtig, nur bedingt, wie schon erwähnt, die Gebietshoheit gewisse Ausnahmen. Das Reich kann in den verfassungsmäßig bestimmten Grenzen in die Gebietshoheit der einzelnen Länder eingreifen, daraus ist aber für das Verhältnis der einzelnen Länder zu einander nichts herzuleiten. Das verkennt die Revision.

4. Die Schmalkaldener Forsten mögen als Teile des dem früheren Herrscherhause von Sachsen-Gotha gehörigen Fideikommisses der Fideikommißgesetzgebung des Staates Gotha unterliegen oder wenigstens unterlegen haben, das Gesetz vom 31. Juli 1919 hat aber mit der Fideikommißgesetzgebung als solcher nichts zu tun. Schon damit erledigen sich alle weiteren, von der Revision zu diesem Punkt gezogenen Schlüsse.

5. Der Vertrag vom 14. September 1866 (Gothaische GS. 1865—1867 S. 267) war kein „Staatsvertrag", kein Vertrag zwischen Preußen und Gotha, sondern ein Vertrag zwischen dem König von Preußen und dem Herzog von Gotha. Die Länder waren unbeteiligt, denn die Herrschaft Schmalkalden gehörte damals noch nicht zu Preußen und Gotha erwarb sie nicht. Abgesehen davon aber wahrt der Inhalt des Vertrags die preußische Staatshoheit in vollem Umfange. In Art. 1 Abs. 2 des Vertrags wird vereinbart, daß der Herzog befugt sein solle, hausstatutarische Bestimmungen zu treffen, und der König verpflichtet sich hier, diejenigen Maßregeln eintreten zu lassen, welche die Rechtsgültigkeit der Bestimmungen des Herzogs in dem Staatsgebiet Preußens zu sichern geeignet sind. Solche Maßregeln Preußens wurden also als erforderlich anerkannt, ihr Erlaß wurde vorbehalten.

---

73. 1. Handhabung der Bekanntmachung, betr. die Regelung des Verkehrs von aus dem Ausland eingeführtem Schmalz, vom 4. März/27. Juni 1916, im besetzten rheinischen Gebiet.

2. Zur Anwendung des § 1 Nr. 1 u. 4 der VO. gegen Preistreiberei, vom 8. Mai 1918.

II. Zivilsenat. Urt. v. 7. Juni 1921 i. S. M. (Bekl.) w. A. (Kl.). II 584/20.

I. Landgericht Köln, Kammer für Handelssachen. — II. Oberlandesgericht daselbst.

Am 9. August 1919 schlossen die Parteien einen Vertrag, inhaltlich dessen der in Köln wohnhafte Beklagte dem in Wiesbaden ansässigen Kläger 30000 kg amerikanisches Schweineschmalz zum Preise von je 16 *M* frei Wagen verzollt Köln, lieferbar innerhalb 10–14 Tagen verkaufte. Da der Beklagte weder bis zum 23. August 1919, noch trotz Mahnung und Fristsetzung gemäß § 326 Abs. 1 BGB. später lieferte, wurde der Kläger, der die Ware angeblich zum Kilopreise von 19 *M* weiterverkauft hatte, auf Schadensersatz wegen Nichterfüllung in Höhe von 90000 *M* nebst 5% Prozeßzinsen klagbar. Das Landgericht wies die Klage ab, weil der Beklagte die Ware nur an die Zentral-Einkaufsgesellschaft habe verkaufen dürfen und beim Kläger verbotener Kettenhandel vorliege. Das Oberlandesgericht erklärte den Klaganspruch für dem Grunde nach gerechtfertigt. Die Revision des Beklagten war erfolglos.

Aus den Gründen:

... 1. Die inzwischen — durch Art. II der VO. vom 31. Januar 1921 (RGBl. S. 138) — wiederaufgehobene Bekanntmachung, betr. die Regelung des Verkehrs von aus dem Ausland eingeführtem Schmalz (Schweineschmalz), vom 4. März 1916 (RGBl. S. 149) mit der durch die Bekanntmachung vom 27. Juni 1916 (RGBl. S. 612) erfolgten Abänderung bestimmte zwar unter Strafandrohung (§ 10), daß das nach ihrem Inkrafttreten aus dem Ausland eingeführte Schmalz nur durch die Zentral-Einkaufsgesellschaft m. b. H. in Berlin in den Verkehr gebracht werden dürfe, und daß, wer nach diesem Zeitpunkte Schmalz aus dem Ausland einführe, es an die Zentral-Einkaufsgesellschaft zu verkaufen und zu liefern habe (§ 1). Diese Bestimmungen standen jedoch der Rechtswirksamkeit eines Vertrags, durch den der Einführende das Schmalz anderweitig verkaufte, nicht schlechthin entgegen. Vielmehr ist davon auszugehen, daß ein solcher Vertrag, wenn nicht etwa die Absicht beider Teile auf die Umgehung der genannten Bestimmungen gerichtet und der Vertrag aus diesem Grunde nichtig war, für den in § 4 der Bekanntm. vom 4. März 1916 vorgesehenen Fall der Erklärung der Zentral-Einkaufsgesellschaft, das Schmalz nicht übernehmen zu wollen, als geschlossen zu gelten hatte (vgl. § 308 BGB.). Der Vertrag vom 9. August 1919 war sonach, da für eine Absicht der Parteien, das Übernahmerecht der auf Grund der Verordnung vom 24. Januar 1919 (RGBl. S. 131) an die Stelle der Zentral-Einkaufsgesellschaft getretenen Reichsstelle für Speisefette, Geschäftsabteilung, G. m. b. H. in Berlin zu vereiteln, keinerlei Anhalt vorliegt, von vornherein gültig. Denn wenn auch die Parteien eine ausdrückliche Erklärung der Reichsstelle für Speisefette, das Übernahmerecht nicht ausüben zu wollen, nicht erwarteten, so rechneten sie doch damit, daß die feindliche Besatzung den Handel mit aus dem Ausland eingeführten Schmalz im besetzten Gebiete freigegeben und daß die Reichsstelle für Speisefette sich dem gefügt, also ihre Übernahmeberechtigung tatsächlich aufgegeben hatte. Das entsprach aber der Sachlage. Die Bekanntmachungen vom 4. März und 27. Juni 1916 befinden sich unter den „Verordnungen über die einheitliche Bewirtschaftung eingeführter Lebens- und Futtermittel", die ausweislich der Nr. 6 des Amtsblatts des Kommissars für die besetzten rheinischen Gebiete vom 16. Juni 1920 (S. 42) von der „Hohen Interalliierten Rheinland-Kommission" in Gemäßheit des Art. 7 ihrer VO. Nr. 1 vom 10. Januar 1920, betr. Gesetzgebungsrecht und Verwaltungsbefugnis der Kommission usw., im Interesse des Unterhalts, der Sicherheit und der Bedürfnisse der Besatzungstruppen einer Prüfung unterzogen und innerhalb der zehntägigen Prüfungsfrist des Art. 8 Abs. 1 das. nicht beanstandet worden sind. Die Rheinlandkommission hat sich zur Prüfung deshalb für berechtigt gehalten, weil die Militärbefehlshaber der feindlichen Mächte die Anwendung der seit dem 31. Juli 1914 erlassenen deutschen Vorschriften über die Ein- und Ausfuhr, insbesondere auch über die Zentralisation der Einfuhr, in den besetzten Gebieten alsbald nach der Besetzung durchweg verboten hatten, und weil sie die Verbote für rechtmäßig ergangen und auch nach Inkrafttreten des Friedensvertrags für fortgeltend erachtet hat (vgl. H. und Dr. W. Vogels, Das Rheinlandabkommen sowie die Verordnungen der Hohen Kommission in Koblenz Bd. 1 S. 52, Bd. 2 S. 22; Bauer, JW. 1921 S. 501). Ob diese ihre Auffassung nach Art. 43 des Haager Landkriegsabkommens vom 18. Oktober 1907 (RGBl. 1910 S. 107, 147) und nach Art. 3 des Rheinlandabkommens vom 28. Juni 1919 (RGBl. S. 1336) gerechtfertigt war, kann dahingestellt bleiben. Die Inanspruchnahme des Prüfungsrechts beweist jedenfalls, daß zu der Zeit, wo der hier in Rede stehende Lieferungsvertrag geschlossen wurde und zu erfüllen war, die auf Außerkraftsetzung der Bekanntmachungen vom 4. März und 27. Juni 1916 gerichteten Anordnungen der Militärbefehlshaber noch nicht wieder aufgehoben worden waren, und daß, solange die Wiederaufhebung noch nicht erfolgt war, der Handel mit aus dem Ausland eingeführtem Schmalz in den besetzten Gebieten mindestens tatsächlich den Beschränkungen der erwähnten Bekanntmachungen nicht unterlag.

2. Der Revision ist ferner nicht zuzugeben, daß das Oberlandesgericht die Bestimmungen des § 1 Nr. 1 und 4 der VO. gegen Preistreiberei vom 8. Mai 1918 verletzt hätte.

Darin allein, daß ein in Wiesbaden wohnender Großhändler von einem in Köln ansässigen Großhändler eine von diesem aus Belgien einzuführende Menge Schmalz zum Kilopreise von 16 *M* kauft, um sie zu einem um 3 *M* höheren Preise an verschiedene Verbraucherverbände (Stadtgemeinden u. a.) weiterzuverkaufen, kann weder ein verbotener Kettenhandel noch eine sonstige unlautere Machenschaft im Sinne des § 1 Nr. 4 a. a. O. gefunden werden, und zwar selbst dann nicht, wenn der Preisaufschlag von 3 *M* im gegebenen Falle einen übermäßigen Gewinn (§ 1 Nr. 1 das.) enthalten sollte (RGZ. Bd. 96 S. 343, 330). Die behauptete Übermäßigkeit des vom Kläger angestrebten Gewinns hätte allerdings dem Beklagten vielleicht berechtigten Anlaß geben können, die Lieferung zu verweigern, weil es ihm nach Treu und Glauben nicht zuzumuten war, das Streben des Klägers nach Erzielung eines übermäßigen Gewinns zu begünstigen (RGZ. Bd. 96 S. 237, Bd. 99 S. 156). Allein seiner eigenen Darstellung nach hat der Beklagte von der Höhe des Preises, zu dem der Kläger das Schmalz weiterverkauft haben will, erst durch dessen Schadensberechnung, also zu einer Zeit Kenntnis erlangt, als er sich längst im Verzuge befand und die ihm gemäß § 326 Abs. 1 BGB. bestimmte Nachfrist bereits abgelaufen war. Das Oberlandesgericht hat daher mit Recht angenommen, daß die etwaige Übermäßigkeit des Gewinns, den sich der Kläger bei der Weiterveräußerung ausbedungen habe, nicht zur Abweisung der Klage, sondern nur zu einer dem zulässigen Gewinn entsprechenden Herabsetzung der erhobenen Schadensersatzforderung zu führen vermöchte. . . .

---

74. 1. Zum Begriff „Kostbarkeit" im internationalen Eisenbahnfrachtverkehr.
2. Zur Vorschrift, daß Kostbarkeiten im Frachtbrief ausdrücklich als solche zu bezeichnen sind.
3. Rechtliche Bedeutung der zu § 62 der Eisenbahnverkehrsordnung erlassenen Ausführungsbestimmung über die Verpackung gewisser Arten von Fellen.

I. Zivilsenat. Urt. v. 8. Juni 1921 i. S. K. (Kl.) w. sächs. Staat (Bekl.). I 409/20.

I. Landgericht Dresden, Kammer f. Handelssachen. — II. Oberlandesgericht daselbst.

Der Kläger übergab der Eisenbahn am 7. September 1918 eine Kiste mit Rauchwaren zur Beförderung als Eilgut von Leipzig nach Wien. Die Kiste hatte einen Umfang von 100×75×60 cm und wog mit Inhalt 82 kg. Der Inhalt war im Frachtbrief auf 290 gefärbte Kaninfelle, 50 zubereitete Schirasfelle, 362 zubereitete Iltisfelle, 64 gefärbte Fuchsfelle und 6 gefärbte Fuchsschweife angegeben. Belastet war das Gut im Frachtbriefe mit einer Nachnahme von 22245 ℳ. Diese Kiste lagerte nach ihrem Eintreffen in Wien dort kurze Zeit und wurde dann im Auftrage des Klägers nach Leipzig zurückgesandt. Hier wurde festgestellt, daß sie erbrochen und eines Teils ihres Inhalts beraubt war. Die verlorengegangenen Waren hat der Kläger auf 24 blaugefärbte Fuchsfelle im Werte von 5760 ℳ, 20 alaskagefärbte nordische Fuchsfelle, wert 9200 ℳ, 10 silbergefärbte Fuchsfelle, wert 2375 ℳ, 153 zugerichte Iltisschwarten, wert 826,20 ℳ, 23 Schirasfelle, wert 115 ℳ, 53 gefärbte Kaninfelle, wert 106 ℳ, und 5 gefärbte Fuchsschweife, wert 50 ℳ, angegeben. In Höhe des Gesamtwerts und der Frachtkosten von zusammen 18665 ℳ nebst Zinsen nahm er den Beklagten auf Schadensersatz in Anspruch. Der Beklagte vergütete ihm den Wert der Iltisschwarten, der Schirasfelle und der Kaninfelle mit 1047,20 ℳ nebst Zinsen. Im übrigen beantragte er Klagabweisung und wendete ein, daß die in Frage stehenden Waren Kostbarkeiten im frachtrechtlichen Sinne gewesen seien und für ihren Verlust von der Bahn nicht gehaftet werde, da bei ihrer Absendung die für die Kostbarkeiten geltenden gesetzlichen und tarifarischen Vorschriften nicht beobachtet worden seien.

Das Landgericht wies die Klage ab. Die Berufung des Klägers wurde zurückgewiesen. Auch die Revision hatte keinen Erfolg.

Gründe:

Auf das streitige Rechtsverhältnis finden die Bestimmungen des Internationalen Übereinkommens über den Eisenbahnfrachtverkehr vom 14. Oktober 1890 (RGBl. 1892 S. 793) Anwendung, da das Gut aus dem Gebiete des Deutschen Reichs in das Gebiet Österreich-Ungarns mit durchgehendem Frachtbrief auf Verbandseisenbahnstrecken versandt worden ist. Im Art. 3 des Übereinkommens ist den Ausführungsbestimmungen die Bezeichnung derjenigen Güter vorbehalten, die wegen ihres großen Werts, wegen ihrer besonderen Beschaffenheit oder wegen Gefährdung der Betriebssicherheit und -ordnung vom zwischenstaatlichen Eisenbahnverkehr ausgeschlossen oder dazu nur bedingungsweise zugelassen sind. Als Güter der letzteren Art werden im § 1 Abs. 2 Nr. 2 der Ausführungsbestimmungen Gold- und Silberwaren, Platina, Geld, geldwerte Münzen und Papiere, Dokumente, Edelsteine, echte Perlen, Pretiosen und „andere Kostbarkeiten“ genannt, mit dem Hinzufügen, daß diese Gegenstände entweder nach Maßgabe von Vereinbarungen zwischen den Regierungen der beteiligten Staaten oder von Tarifbestimmungen zugelassen werden, welche von den dazu ermächtigten Bahnverwaltungen aufgestellt und von allen zuständigen Aufsichtsbehörden genehmigt sind. Hinsichtlich Eisenbahnsendungen aus dem Deutschen Reiche nach Österreich-Ungarn war die Beförderung von Kostbarkeiten zu der hier in Rede stehenden Zeit durch den Eisenbahngütertarif Teil I Abt. A für den Verkehr zwischen den österreichischen, ungarischen und bosnisch-herzegowinischen Eisenbahnen einerseits, den deutschen, luxemburgischen, belgischen und niederländischen Eisenbahnen anderseits (gültig vom 1. September 1914), geregelt. Dieser Tarif enthält in Zusatzbestimmung 1 zu Art. 3 des Übereinkommens mit Beschränkung auf den Verkehr zwischen den österreichischen, ungarischen und bosnisch-herzegowinischen Eisenbahnen einerseits, den deutschen und luxemburgischen Eisenbahnen anderseits, folgende besondere Vorschrift: „Gold- und Silberwaren, Platina, Geld und geldwerte Münzen aus edlen Metallen sowie geldwerte Papiere, Dokumente, Edelsteine, echte Perlen, Pretiosen und andere Kostbarkeiten sind als solche im Frachtbrief ausdrücklich zu bezeichnen und werden nur als Eilgut zur Beförderung angenommen. Sie müssen in fest verschlossenen Fässern oder Kisten, die einzeln nicht unter 25 kg wiegen dürfen, gut verpackt sein. Das Verladen liegt dem Absender, das Ausladen dem Empfänger ob. Die Beförderung findet nur in besonderen Wagen, in die andere Güter nicht verladen werden dürfen, mit den von der Eisenbahn zu bestimmenden Zügen, in Österreich und Ungarn nur mit Personenzügen statt. Die Beförderung in Sonderzügen unterliegt besonderer Vereinbarung zwischen dem Absender und der Eisenbahn. Für jeden Wagen muß vom Absender ein Begleiter gestellt werden, der das tarifmäßige Fahrgeld zu entrichten hat".

Diese Bestimmungen erachtet das Berufungsgericht hinsichtlich der in Rede stehenden Sendung nicht für gewahrt. Es erwägt, daß die noch nicht ersetzten Felle bei ihrem außergewöhnlich hohen Werte im Vergleich mit ihrem Umfang und Gewicht als Kostbarkeiten im verkehrsrechtlichen Sinne anzusehen seien, und gelangt, übereinstimmend mit dem Landgericht, zu dem Ergebnis, daß der Kläger durch Nichtbeobachtung der Versendungsbedingungen seine Ersatzansprüche an die Bahn verwirkt habe.

Hiergegen erhebt die Revision die Rüge, daß der Vorderrichter den Begriff „Kostbarkeit" nicht allein unter Berücksichtigung der deutschen und österreichischen Verhältnisse habe bestimmen dürfen, vielmehr auch die Verhältnisse sämtlicher dem Übereinkommen angehörigen Länder hätte mit in Betracht ziehen müssen. Das müsse dazu führen, den Begriff „Kostbarkeit" für die fraglichen Felle auszuschließen, die, wie der Vorderrichter selbst annehme, auch in Deutschland und Österreich erst durch die Preisentwickelung des Kriegs zu Kostbarkeiten geworden seien.

Dieser Angriff ist nicht begründet. Bei der Bestimmung des Kostbarkeitsbegriffs ist das Berufungsgericht der ständigen Rechtsprechung des Reichsgerichts gefolgt, die den Begriff ganz allgemein, auch für den zwischenstaatlichen Eisenbahnverkehr, auf solche Frachtgüter anwendet, deren Wert im Verhältnis zu ihrem Gewichte und Umfang ungewöhnlich hoch ist (RGZ. Bd. 101 S. 87 Urt. vom 12. Juni 1920 I 86/20). In tatsächlicher Beziehung hat es festgestellt, daß der Wert der verloren gegangenen Felle 614 ℳ auf das Kilogramm bei Einrechnung der bereits ersetzten weniger wertvollen Stücke, und 1114 ℳ auf das Kilogramm bei Ausschluß der letzteren ausmacht, auch der Umfang der Kiste im Vergleich mit dem Werte des Inhalts gering war, und die Preissteigerung bei Fellen während des Kriegs in höherem Maße hervorgetreten ist, als sie sonst infolge der Geldentwertung bei anderen Waren Platz gegriffen hat. Diese Feststellungen reichen aus, um die Anwendung des Kostbarkeitsbegriffs auf das streitige Frachtgut zu rechtfertigen. Zur Prüfung der Frage, ob nicht nur in den beteiligten Staaten Deutschland und Österreich, sondern auch in allen übrigen Verbandsstaaten die fraglichen Felle als Kostbarkeit angesehen würden, hatte das Berufungsgericht keine Veranlassung. Aus § 1 Abs. 2 Nr. 2 (Abs. 2) der Ausführungsbestimmungen, woselbst die Regelung der Beförderung von Kostbarkeiten den Vereinbarungen der Regierungen der beteiligten Staaten vorbehalten worden ist, folgt ohne weiteres, daß in dieser Beziehung keineswegs innerhalb der Gesamtheit der Verbandsstaaten vollkommen gleiche Grundsätze zur Durchführung gebracht werden sollen, vielmehr dem freien Ermessen der einzelnen Staaten und den Sonderabmachungen unter ihnen der weiteste Spielraum gelassen worden ist. Im Sinne der Ausführungsbestimmungen liegt es daher, wenn die Frage, ob ein Gegenstand, der nicht zu den im § 1 Abs. 2 Nr. 2 ausdrücklich genannten gehört, im einzelnen Falle als Kostbarkeit zu gelten hat, nur nach den wirtschaftlichen Verhältnissen der bei der Beförderung jeweilig beteiligten Staaten entschieden wird. Daß die streitigen Felle bei Berücksichtigung der damaligen deutschen und österreichischen Verhältnisse die in der Rechtsprechung des Reichsgerichts erforderten Merkmale von Kostbarkeiten besaßen, wird von der Revision selbst nicht in Zweifel gezogen. Unter diesen Umständen kann es dahingestellt bleiben, ob nicht für die Bestimmung der Kostbarkeitseigenschaft im zwischenstaatlichen Eisenbahnfrachtverkehr sogar lediglich die wirtschaftlichen Verhältnisse am Versandorte maßgebend sind. Einen Anhalt für eine solche Annahme könnte der Art. 34 des Übereinkommens bieten, nach welchem für den Wertersatz der Handelswert oder der gemeine Wert am Versandorte maßgebend ist....

Die im Tarif angeordnete besondere Bezeichnung der Kostbarkeiten als solche wurde nicht dadurch entbehrlich, daß der Frachtbrief den Inhalt der Sendung genau angab und auch den Nachnahmebetrag nannte. Die oben mitgeteilte Tarifbestimmung schreibt unzweideutig vor, daß Kostbarkeiten als solche im Frachtbrief ausdrücklich zu bezeichnen sind. Der Grund für diese strenge Bestimmung ist darin zu finden, daß bei der Güterabfertigung meist untergeordnete Beamte beschäftigt werden, denen schwierigere Überlegungen nicht zuzumuten sind, sondern die nach festen, klaren Richtlinien zu verfahren haben. Für sie bedeutet daher erst die klare Bezeichnung einer Sache als „Kostbarkeit" einen genügenden Hinweis darauf, wie sie das Gut bei der Beförderung zu behandeln haben. Hierbei kann es dahingestellt bleiben, ob in jedem Falle gerade der Ausdruck „Kostbarkeit" gebraucht werden muß, oder ob es unter Umständen auch genügen könnte, wenn die Kostbarkeitseigenschaft auf andere Weise im Frachtbrief für jedermann außer Zweifel gestellt würde. An einer solchen klaren Bezeichnung fehlt es aber im vorliegenden Falle unbedenklich. Der Eisenbahn kann deshalb der Vorwurf einer Verletzung von Treu und Glauben nicht gemacht werden, wenn sie sich auf das Fehlen der Bezeichnung des Guts als Kostbarkeit beruft, mag auch bereits bei genauer Durchsicht des Frachtbriefs aus dessen übrigen Angaben, insbesondere nach Aufstellung einer rechnerischen Ermittelung, der hohe Wert des Guts feststellbar gewesen sein. Es kommt noch hinzu, daß es der im Art. 30 der Eisenbahn aufgebürdeten strengen Haftpflicht durchaus entspricht, wenn auch dem Absender eine genaue Befolgung der zugunsten der Eisenbahn getroffenen, zur Schadensverhütung bestimmten Vorschriften zugemutet wird. Deshalb ergibt sich aus der Unterlassung der vorgeschriebenen Angabe im Frachtbriefe die Anwendung des Art. 43 IntFrÜb., wonach jede Haftpflicht der Eisenbahn auf Grund des Frachtvertrags ausgeschlossen ist, wenn Gegenstände, die nur bedingungsweise zur Beförderung zugelassen sind, unter ungenauer oder unrichtiger Deklaration zur Beförderung aufgegeben werden, oder wenn die für sie vorgesehenen Sicherheitsvorschriften vom Absender außer acht gelassen werden. . . .

Weiter erörtert die Revision die Anwendbarkeit der Anlage II Ziff. 6 zum deutschen Eisenbahngütertarif Teil I Abteilung A (S. 99). Hier ist bestimmt, das folgende Felle: Biber, Biberseehund (Seal), Blaufuchs, Chinchilla, Hermelin, Marder, Nerz, Otter, Persianer, Seeotter, Silberfuchs, Skunks und Zobel, bei Aufgabe als Stückgut in fest verschlossenen hölzernen Kisten oder Fässern verpackt sein müssen. Die Revision vertritt die Ansicht, daß hierdurch für die genannten Fellarten, zu denen auch die noch streitigen gehörten, die Versendungsweise abschließend geregelt worden sei und nicht daneben auch noch die Kostbarkeitsvorschriften in Betracht kommen könnten. Diese Ansicht erscheint nicht zutreffend. Die Anlage II enthält lediglich eine Ausführungsbestimmung zu dem die Verpackung des Guts regelnden § 62 EVO., ist also für die Frage, wie Kostbarkeiten zu versenden sind, ohne jede Bedeutung. Sie kommt auch, wie die Eisenbahnverkehrsordnung selbst, für den internationalen Verkehr nur soweit in Betracht, als er nicht durch besondere Bestimmungen geregelt ist (§ 1 EVO.). Über die Verpackung und Versendung von Kostbarkeiten sind aber, wie oben dargelegt worden ist, in den zum Internationalen Frachtübereinkommen ergangenen Ausführungsbestimmungen und in dem für den vorliegenden Fall maßgeblichen zwischenstaatlichen Tarif eingehende Bestimmungen getroffen worden. Nach diesen allein ist daher zu entscheiden, ob die streitigen Felle als Kostbarkeiten anzusehen und welche Bedingungen bei ihrer Versendung zu beachten waren.

Der Revision kann endlich auch nicht darin beigepflichtet werden, daß es den Grundsätzen von Treu und Glauben und den Erfordernissen der Verkehrssicherheit widerspreche, wenn Waren, die vor dem Kriege nicht als Kostbarkeiten gegolten hätten, nunmehr infolge der Kriegs- und Valutaverhältnisse als Kostbarkeiten behandelt würden. Es ist bereits in zahlreichen Entscheidungen des Reichsgerichts ausgesprochen worden, daß sich bei vielen Waren, die früher gewöhnliches Handelsgut waren, infolge der Kriegsverhältnisse eine solche Werterhöhung herausgebildet hat, daß sie selbst bei Berücksichtigung der allgemeinen Preisverschiebung den Charakter des Außergewöhnlichen trägt und die Einordnung der Waren in die Reihe der Kostbarkeiten notwendig macht (RGZ. Bd. 101 S. 166). Eine derartige, nicht allein auf die allgemeine Geldentwertung zurückzuführende Wertsteigerung hat das Berufungsgericht hinsichtlich der in Rede stehenden Felle bedenkenfrei festgestellt, indem es noch näher ausgeführt hat, daß diese auch bereits lange vorher nahe an der Grenze der Kostbarkeiten gestanden hätten. Von einem Verstoß gegen Treu und Glauben kann nicht die Rede sein, wenn die Eisenbahn jetzt die Kostbarkeitsvorschriften auf solche im Preise ungewöhnlich gestiegenen Waren anwenden will. Die veränderten wirtschaftlichen Verhältnisse, auf deren Entwickelung die Eisenbahn einen Einfluß nicht ausüben konnte, rechtfertigen ohne weiteres die Anwendung der nunmehr auf das Rechtsverhältnis passenden gesetzlichen Bestimmungen. Eine vorherige entsprechende Belehrung der beteiligten Kreise konnte der Eisenbahn nicht zugemutet werden (Urt. vom 12. Juni 1920 I 86/20).

---

75. 1. Kann Schadensersatz wegen Nichterfüllung von dem nicht säumigen Teile auch dann noch gewählt werden, wenn er trotz endgültiger Erfüllungsweigerung des Gegners zunächst auf Erfüllung geklagt hat?

2. Wann ist das Gericht zur Wiedereröffnung der Verhandlung verpflichtet?
3. Erfordernisse der von der Nachfristbestimmung entbindenden Erfüllungsweigerung.

III. Zivilsenat. Urt. v. 10. Juni 1921 i. S. O. (Kl.). w. H. (Bekl.). III 514/20.

I. Landgericht Gera. — II. Oberlandesgericht Jena.

Die Beklagte bestellte am 12. Februar 1918 bei der Klägerin 200000 Granatfeuerzeuge. Letztere behauptet, es sei ein bindender Abschluß über diese Menge zustande gekommen, und hat, nachdem zunächst bis zum 27. April 1918 nur 19250 Stück geliefert waren und die Beklagte sich im November und Dezember 1918 mit der von der Klägerin angebotenen weiteren Lieferung nicht einverstanden erklärt hatte, im Februar 1919 Klage auf Zahlung des Preises für die von ihr am 23. Dezember 1918 der Beklagten angebotenen 30000 Stück erhoben. Nachdem sie gegen das klagabweisende Urteil des Landgerichts Berufung eingelegt hatte, erklärten in Schriftsätzen vom 23. März 1920, die sich nach der Behauptung der Klägerin gekreuzt haben, einerseits die Beklagte, sie werde den Anspruch anerkennen, anderseits die Klägerin, sie fordere jetzt Schadensersatz wegen Nichterfüllung, weil die Beklagte die Vertragserfüllung andauernd ernstlich verweigert habe. Die Klägerin begehrt jetzt die Verurteilung der Beklagten zu 5000 *M* als einem Teil des ihr durch die Nichtabnahme des ganzen Restes der Ware entstandenen Schadens. Die Beklagte hat die Abweisung dieses Schadensersatzanspruchs beantragt und ihre im ersten Rechtszuge vorgebrachten Einwendungen wiederholt, daß ein Vertrag über 200000 Stück Granatenfeuerzeuge nicht zustande gekommen sei, daß beide Teile durch mehr als halbjährige Unterbrechung der Lieferung auf die Erfüllung des Vertrags verzichtet hätten, und daß sie, die Beklagte, wegen Mangelhaftigkeit der gelieferten und der im Dezember 1918 angebotenen Ware zu dem in der Klagbeantwortung „vorsorglich“ erklärten Rücktritte von dem Vertrage berechtigt sei.

Das Oberlandesgericht hat die Berufung der Klägerin zurückgewiesen. Ihre Revision hatte keinen Erfolg.

Gründe:

Der Berufungsrichter führt aus, dadurch, daß die Klägerin zunächst auf Erfüllung geklagt habe, obwohl die Beklagte sich schon vor der Klagerhebung geweigert habe, den Kaufvertrag durch Abnahme und Bezahlung neuer Lieferungen zu erfüllen, habe sie mit verbindlicher Kraft unter den Rechten gewählt, die ihr der Verzug des Gegners an die Hand gegeben habe, nämlich zwischen dem Anspruch auf Erfüllung aus § 433 Abs. 2 BGB. und den Rechten auf Rücktritt oder Schadensersatz wegen Nichterfüllung aus § 326 BGB. Diese Wahl sei als empfangsbedürftige Willenserklärung unwiderruflich, wie nach § 326 Abs. 1 Satz 2 die Wahl der Rücktritts oder des Schadensersatzes. Wer trotz Erfüllungsweigerung des anderen Teils weitere Vertragserfüllung fordere, verzichte damit auf seine Rechte aus § 326, verzeihe dem Gegner sein vertragsuntreues Verhalten und könne später nicht ohne weiteres den Entschluß nach seiner eigenen Interessenlage ändern und den Gegner, der wissen müsse, wie er sich einzurichten habe, unvorbereitet vor ein völlig neues Verlangen stellen. Mit dem Erfüllungsverlangen verzichte er zwar nicht für alle Zukunft auf die Rechte aus § 326, er könne diese aber nur streng in den Schranken des § 326 ausüben.

Diese Ausführungen sind nicht zu billigen. Der II. Zivilsenat hat bereits in dem Urteile RGZ. Bd. 88 S. 406 ausgesprochen, daß im Falle eines Verzugs des einen Vertragsteils der andere sich auf die Geltendmachung des einfachen Erfüllungsanspruchs beschränken könne und es ihm grundsätzlich freigestellt sei, wann er dazu übergehen wolle, im Wege der Nachfristbestimmung seinen Anspruch zu verfolgen, und das Oberlandesgericht Hamburg hat in dem Urteile LZ. 1916 Sp. 1389 erkannt, daß selbst nach Rechtskraft des zur Erfüllung verurteilenden Erkenntnisses noch der Weg des § 326 BGB. beschritten werden kann. Dem kann nur beigepflichtet werden, und zwar auch für den Fall, daß der säumige Vertragsteil sich bereits vor Erhebung der Erfüllungsklage ernstlich und endgültig geweigert hat, den Vertrag zu erfüllen, und deshalb sein Vertragsgegner berechtigt war, ohne Nachfristsetzung Schadensersatz wegen Nichterfüllung zu verlangen oder von dem Vertrage zurückzutreten. Der § 326 Abs. 1 Satz 2 erklärt nur den Anspruch auf Erfüllung für ausgeschlossen, wenn der nichtsäumige Teil dem Gegner eine Nachfrist mit der im § 326 Abs. 1 Satz 1 vorgeschriebenen Androhung bestimmt hat und die Leistung nicht rechtzeitig erfolgt ist. Dafür, daß auch die Wahl des Anspruchs auf Erfüllung statt des bereits ohne Nachfristbestimmung zulässigen Anspruchs auf Schadensersatz wegen Nichterfüllung eine unwiderrufliche sei und die Verwirkung des letzteren zur Folge habe, gibt das Gesetz keinen Anhalt. Der V. Zivilsenat hat schon wiederholt (RGZ. Bd. 85 S. 282, Warneyer Bd. 12 S. 148) entschieden, daß die Wahl zwischen den beiden in § 326 Abs. 1 Satz 2 gewährten Rechten auf Schadensersatz wegen Nichterfüllung oder Rücktritt nicht nach § 326 unwiderruflich sei; der § 263 BGB. finde hierauf keine Anwendung, weil das Recht, Schadensersatz wegen Nichterfüllung zu verlangen oder vom Vertrage zurückzutreten, nicht ein unmittelbar aus dem Schuldverhältnisse sich ergebendes Recht auf eine von mehreren wahlweise geschuldeten Leistungen sei. Die Rücktrittserklärung sei zwar gemäß §§ 327, 346, 349 BGB. eine den Vertrag endgültig aufhebende, empfangsbedürftige, rechtsgeschäftliche Willenserklärung, die nach § 130 BGB. nicht einseitig widerrufen werden könne und den Anspruch auf Schadensersatz wegen Nichterfüllung des dadurch aufgehobenen Vertrags ausschließe. Die Erklärung, Schadensersatz wegen Nichterfüllung zu verlangen, sei aber keine rechtsgeschäftliche Willenserklärung, die eine Änderung der Rechtslage zur Folge habe, und könne für sich allein nicht die Wirkung haben, das Rücktrittsrecht zum Erlöschen zu bringen; in dieser Erklärung und in der Erhebung der Schadensersatzklage sei auch ein Verzicht auf das Rücktrittsrecht nicht zu finden. Ob diesen Ausführungen für den Anspruch auf Schadensersatz wegen Nichterfüllung im Verhältnisse zu dem Rücktrittsrecht beizupflichten ist — worüber in der Rechtslehre Streit besteht — bedarf hier keiner Entscheidung. Hinsichtlich des Anspruchs auf Erfüllung im Verhältnisse zu dem auf Schadensersatz wegen Nichterfüllung sind sie jedenfalls zutreffend. Die Erhebung jenes Anspruchs ist weder eine unabänderliche, rechtsgestaltende Willenserklärung, noch auch nach Treu und Glauben unter Berücksichtigung der Verkehrssitte für sich allein als ein Verzicht auf das Recht aufzufassen, Schadensersatz wegen Nichterfüllung wegen der bereits vorher erklärten ernstlichen Erfüllungsweigerung zu fordern. Das Gegenteil ist auch in den von dem Berufungsgericht angeführten Reichsgerichtsurteilen II 119/11 vom 10. Oktober 1911 (LZ. 1911 Sp. 927), II 174/12 vom 2. Juli 1912 (LZ. 1912 Sp. 927) und I 55/17 vom 2. Juni 1917 (Warneyer Bd. 10 S. 257 Nr. 167) nicht ausgesprochen worden. Bei ihnen handelte es sich um Verzichte auf ein Rücktrittsrecht wegen Vertragsverletzung durch Handlungen, die den Willen ergaben, bei dem Vertrage stehen bleiben zu wollen. Aus ihnen ist demnach für die hier zu entscheidende Frage nichts zu entnehmen.

Der Berufungsrichter zieht übrigens aus seiner Ansicht von der Unabänderlichkeit der Wahl des Erfüllungsanspruchs keine entscheidende Folge, indem er zugibt, daß der Verkäufer trotzdem noch zum Schadensersatzanspruch übergehen könne, sich dann aber streng an die Schranken des § 326 halten müsse. Das letztere gilt aber stets für die Geltendmachung eines Anspruchs auf Schadensersatz wegen Nichterfüllung, auch wenn ihr eine, nach dem angefochtenen Urteil unwiderrufliche, Wahl des Erfüllungsanspruchs nicht vorausgegangen ist.

Die Entscheidung des Rechtsstreits hängt demnach davon ab, ob die Klägerin Schadensersatz wegen Nichterfüllung fordern kann, obwohl sie nicht gemäß § 326 Abs. 1 Satz 1 der Beklagten eine Nachfrist zur Bewirkung der Leistung gesetzt hat. Diese Frage ist von dem Berufungsgericht in seinen weiteren Ausführungen ohne Rechtsverstoß verneint worden.

Daß die Erfüllung des Vertrags infolge des Verzugs der Beklagten für die Klägerin kein Interesse mehr habe und diese deshalb nach § 326 Abs. 2 von der Nachfristbestimmung entbunden sei, ist von ihr in dem Vorrechtszuge nicht geltend gemacht worden; sie hat nur behauptet, die Beklagte habe die Vertragserfüllung andauernd ernstlich verweigert. Durch Fragen auf eine Geltendmachung dieser neuen Begründung des Schadensersatzanspruchs hinzuwirken, war das Gericht auch nicht verpflichtet; soweit geht die Fragepflicht des § 139 ZPO. nicht. Deshalb brauchte es auch nicht dem Antrage der Klägerin auf Wiedereröffnung der Verhandlung zu entsprechen, um ihr zum Vortrage des Schriftsatzes vom 29. Oktober 1920 Gelegenheit zu geben, in dem behauptet war, eine weitere Anfertigung von Feuerzeugen sei nicht möglich gewesen, weil die Preise für die Materialien und Arbeitslöhne außerordentlich gestiegen seien. Denn nach feststehender Rechtsprechung (vgl. z. B. RG. VI 337/17 vom 22. November 1917, Warneyer Bd. 11 S. 69) kann neues Vorbringen nur dann Anlaß zur Wiedereröffnung der mündlichen Verhandlung geben, wenn sich aus ihm ergibt, daß die bisherige Verhandlung lückenhaft und eine angemessene Ausübung des Fragerechts unterblieben war, während sonst die Wiederöffnung durch § 156 ZPO. völlig in das Ermessen des Gerichts gestellt und die Ausübung dieses Ermessens von dem Revisionsgerichte nicht nachzuprüfen ist.

Es bleibt daher nur noch zu prüfen, ob die Nachfristsetzung deshalb nicht erforderlich war, weil die Beklagte die Erfüllung ernstlich und endgültig verweigert hatte. Bei dieser Prüfung ist davon auszugehen, daß an die von der Regel des § 326 Abs. 1, der Nachfristbestimmung, entbindende Erfüllungsverweigerung mit Rücksicht auf die schwerwiegenden Folgen, die sich an sie knüpfen, ein strenger Maßstab anzulegen ist (vgl. z. B. RGZ. Bd. 66 S. 421, Bd. 90, S. 317; JW. 1912 S. 140, 1918 S. 131; Warneyer Bd. 11 S. 11, 244, Bd. 13 S. 242; Seuff. Arch. Bd. 74 S. 359). Nicht darauf kommt es an, wie die Revision anzunehmen scheint, ob der nichtsäumige Teil annehmen konnte, eine Nachfristsetzung führe zum Ziele, sondern ob gewichtige tatsächliche Umstände vorliegen, die es als ausgeschlossen erscheinen lassen, daß der säumige Schuldner bei Nachfristsetzung erfüllen werde, so daß diese nur als leere Form zu betrachten wäre (vgl. z. B. RG. Bd. 66 S. 421; JW. 1910 S. 146, 1911 S. 711, 1919 S. 375; Warneyer Bd. 10 S. 373, Bd. 11 S. 11, 244; RG. I 90/20 vom 6. November 1920). Der Wille, nicht zu liefern, muß als unumstößlich und unabänderlich erkennbar hervortreten; solange die Möglichkeit einer Umstimmung gerade durch die Erklärungen nach § 326 Abs. 1 besteht, muß der Versuch einer solchen Beeinflußung des Willens auch unternommen werden (so RG. II 350/20, vom 18. Januar 1921). Von diesem Standpunkt aus ist die Verneinung einer ausreichenden Erfüllungsverweigerung durch den Vorderrichter im vorliegenden Falle nicht für rechtsirrig zu erachten. Allerdings ist die Berücksichtigung des Anerkenntnisses der Beklagten vom 23. März 1920 nicht zu billigen, da das Verhalten der Beklagten vor dem Übergange der Klägerin zum Schadensersatzanspruch entscheidet (vgl. JW. 1918 S. 551 Nr. 4) und der Berufungsrichter unterstellt, daß die beiden Schriftsätze vom 23. März 1920 sich gekreuzt haben. Er legt aber auch nicht auf dieses Anerkenntnis, sondern auf den Brief der Beklagten vom 19. Dezember 1918 entscheidendes Gewicht, in dem sie ihrer Erfüllungsweigerung hinzufügt, sobald sie wieder Bedarf habe, werde sie sich an die Klägerin wenden und neue Offerte einholen. Wenn das Berufungsgericht hieraus folgert, daß die Beklagte noch eine Aussicht auf Abnahme eröffnet habe, und eine endgültige und ernstliche Erfüllungsverweigerung verneint, obwohl die Beklagte in diesem Rechtsstreite das Zustandekommen eines Vertrags über 200000 Granatenfeuerzeuge bestritten, einen gegenseitigen Verzicht auf Vertragserfüllung behauptet und wegen positiver Vertragsverletzung „vorsorglich" den Rücktritt erklärt hatte, so liegt dies auf dem der Revision unzugänglichen tatsächlichen Gebiete."

---

76. **1. Nach welchen Grundsätzen ist die dem Enteigneten gemäß §§ 137, 148 des preuß. Allg. Berggesetzes zu gewährende „vollständige Entschädigung" zu bemessen? Ist § 8 des preuß. Enteignungsgesetzes vom 11. Juni 1874 ergänzend anzuwenden?**

2. Ist die Absicht des Enteigneten, durch seinen Sohn, einen Architekten, auf dem Grundstück eine Arbeiterkolonie zu errichten, auf die Bemessung der Entschädigung von Einfluß? Berücksichtigung persönlicher Verhältnisse des Enteigneten.

II. Zivilsenat. Urt. v. 14. Juni 1921 i. S. L. u. Gen. (Kl.) w. die Zeche Rheinpreußen (Bekl.). II 177/21.

I. Landgericht Cleve. — II. Oberlandesgericht Köln.

Die Rechtsvorgänger der jetzigen Kläger, die Eheleute L., waren Eigentümer eines in der Gemarkung Essenberg gelegenen Grundstücks von 734,68 Ar Größe. Im Jahre 1891 haben die Eheleute L. diesen Grundbesitz gemäß § 135 ABG. der Beklagten für bergbauliche Zwecke abgetreten. Durch Beschluß des Bezirksausschusses in Düsseldorf und des

Oberbergamts in Bonn, bestätigt durch Ministerialbescheid vom 19. April 1892, wurde die den Grundeigentümern von der Beklagten zu gewährende Entschädigung auf 90 *M* für das Ar, im ganzen auf 65529 *M* festgesetzt.

Die Enteigneten erhoben Klage auf Verurteilung der Beklagten zur Zahlung weiterer 69471 *M*.

Das Landgericht ist zu einer Gesamtschadenssumme von 83680 *M* gelangt und hat dementsprechend die Beklagte am 4. Juni 1904 zur Zahlung weiterer 18151 *M* verurteilt, im übrigen aber die Klage abgewiesen. Das Berufungsgericht hat den Klägern weitere 18151 *M* zugesprochen. Ihre weitergehende Berufung sowie die Berufung der Beklagten hat es zurückgewiesen. Die Revision beider Parteien hatte im wesentlichen keinen Erfolg. Nur wegen zweier kleinere Ansprüche der Kläger wurde aufgehoben und zurückverwiesen.

Aus den Gründen:

Das Berufungsgericht ist der Auffassung, daß bei Bemessung der in § 137 AGB. vorgesehenen Entschädigung die Vorschriften des preußischen Enteignungsgesetzes vom 11. Juni 1874 ergänzend anzuwenden seien. Diese Auffassung wird unter Berufung auf § 54 Nr. 2 EnteignG. von der Revision beider Parteien angegriffen. Die Kläger meinen, daß die Zugrundelegung der Vorschriften des bürgerlichen Rechts über den Schadensersatz zu einem für sie günstigeren Ergebnis führen würde. Die Beklagte erstrebt die Ausschaltung des § 10 EnteignG., welcher besagt, daß die bisherige Benutzungsart bei der Abschätzung nur bis zu demjenigen Geldbetrage Berücksichtigung finden könne, welcher erforderlich sei, damit der Eigentümer ein anderes Grundstück in derselben Weise und mit gleichem Betrage benutzen könne.

Die Frage der subsidiären Anwendbarkeit des Enteignungsgesetzes auf die bergbaurechtliche Zwangsabtretung ist streitig. Für eine solche haben sich hauptsächlich ausgesprochen Brassert-Gottschalk, Komm. zum ABG. 2. Aufl. Vorbem. zu §§ 135 flg., S. 485; Arndt in seinem Kommentar, Vorbem. zu § 135 und in seiner Anm. in JW. 1920. S. 582. Dagegen sind für Ausschaltung des genannten Gesetzes Völker in ZBergr. Bd. 51 S. 54; Klostermann-Fürst, Komm. 6. Aufl. S. 363; Isay, Komm. Bd. 2, S. 7, Preuß. OVG. vom 22. Dezember 1919 in JW. 1920, S. 582 Nr. 2 und RG. vom 14. Oktober 1919 VII 29/19. Für die Entscheidung dieses Rechtsstreits bedarf es keiner grundsätzlichen Stellungnahme zu der gekennzeichneten Rechtsfrage, da hinsichtlich des Umfangs der Entschädigung die Rechtslage sowohl für die Enteignung im engeren Sinne, als für die bergbaurechtliche Abtretung als auch für das bürgerliche Recht die gleiche ist.

§ 137 ABG. bestimmt, daß dem Grundeigentümer volle Entschädigung für das entzogene Land werden solle. Ganz das gleiche schreibt § 1 EnteignG. vor. Auch Art. 545 des Code civil enthielt eine entsprechende Bestimmung. Dafür, daß im übrigen nach dem zur Zeit der Abtretung geltenden bürgerlichen Rechte der Schadensersatz in weiterem Umfange zu verstehen wäre, fehlt es an jedem Anhalt; vgl. Zachariä-Crome Bd. 2 S. 580 (8. Aufl.). Auch für die schuldrechtliche Schadensersatzleistung unterscheidet das französische Recht zwischen erlittenem Schaden und entgangenem Gewinne. Beide zusammen sind von dem Ersatzpflichtigen zu erstatten. Ein Unterschied zwischen dem französischen Rechte und dem sonst in Preußen geltenden Rechte und auch dem Bürgerlichen Gesetzbuch ist in dieser Beziehung nicht zu erkennen. Ob es mit Rücksicht auf die Einheitlichkeit der Gesetzesanwendung wünschenswert erscheint, bei gleicher Rechtslage ein Zurückgreifen auf besonderes Landesrecht zu vermeiden (vgl. RGZ. Bd. 93 S. 11), oder ob es geboten erscheint, das bürgerliche Recht anzuwenden, wie Klostermann-Fürst, Komm. § 137 S. 381, Isay, § 137 Bd. 2 S. 25flg. und RG. vom 14. Oktober 1919 VII 29/19 wollen, kann dahingestellt bleiben, da unter allen Umständen die zu § 8 EnteignG. ergangene Rechtsprechung infolge gleicher Rechtslage herangezogen werden kann und muß, wie dies denn auch allerseits und insbesondere in der zuletzt angezogenen reichsgerichtlichen Entscheidung anerkannt wird (vgl. Brassert-Gottschalk a. a. O. S. 503; Isay a. a. O. S. 26).

Hiernach stellt sich die Rüge der Kläger, daß nicht der Plan des verstorbenen L., das enteignete Gelände durch seinen Sohn, den Architekten Jacob L., bebauen zu lassen, berücksichtigt worden sei, als unbegründet dar. Diese Schadensersatzbegründung hat mit der Benutzungsart und Fähigkeit nichts zu tun. Die Berufswahl oder der Arbeitsplan des Sohnes konnte die Verwertbarkeit des Geländes als Bauland überhaupt nicht beeinflussen. Die Verwertung seiner beruflichen Fähigkeiten wurde durch die Abtretung nicht unterbunden. Es fehlt an dem ursächlichen Zusammenhange zwischen Abtretung und Schaden. Im übrigen mußte die Aussicht der Bebauung des Geländes eine naheliegende und faßbare sein. Das ist sie nach den sämtlichen Gutachten und den Feststellungen des Berufungsgerichts nicht gewesen (vgl. hierzu RG. vom 12. Mai 1886 in ZBergr. Bd. 27 S. 373). . . .

---

77. Kann eine Polizeiverordnung für streupflichtige Straßenanlieger, die unter Billigung der Polizeiverwaltung die Erfüllung ihrer Verpflichtungen auf dritte Personen übertragen haben, die zivilrechtliche Haftung ausschließen?

VI. Zivilsenat. Urt. v. 11. April 1921 i. S. K. (Kl.) w. Z. u. Gen. (Bekl.). VI 600/20.

I. Landgericht Darmstadt. — II. Oberlandesgericht daselbst.

Die Klägerin behauptet, sie sei am 3. Februar 1919 auf dem Fußsteige vor dem Hause der Beklagten trotz vorsichtigen Gehens infolge Glatteises zu Falle gekommen und habe sich Verletzungen zugezogen. Auf ihre Klage auf Schadensersatz hat das Landgericht für den Fall der Leistung zweier Eide seitens der Klägerin den Anspruch dem Grunde nach für berechtigt erklärt, andernfalls abgewiesen. Das Oberlandesgericht hat die Klage abgewiesen. Die von der Klägerin eingelegte Revision hatte Erfolg.

Gründe:

Das Berufungsgericht hat ausgeführt, das Ortsstatut vom 14. September 1886 übertrage die Streupflicht nach Maßgabe „der bestehenden und noch erlassen werdenden Polizeiverordnungen" auf die Anlieger. Die hiernach in Frage kommende Polizeiverordnung sei die vom 9. Januar 1909, die das Ortsstatut ergänze und insbesondere die Streupflicht regele. Sie sei ein Bestandteil des Ortsstatuts, das ausdrücklich nähere Bestimmungen durch eine Polizeiverordnung vorsehe, widerspreche ihm auch nicht. Über den Rahmen der der Polizei durch Art. 56 der hessischen Städteordnung gesteckten Grenzen gehe sie nicht hinaus. Ebensowenig könne die Rede davon sein, daß sie sich mit § 831 BGB. in Widerspruch setze. Das Ortsstatut in Verbindung mit der es ergänzenden Polizeiverordnung sei als ein den Schutz anderer bezweckendes Gesetz im Sinne des § 823 Abs. 2 BGB. anzusehen. Die Beklagten könnten daher nur dann haftbar gemacht werden, wenn sie schuldvoll dagegen verstoßen hätten. § 8 der Polizeiverordnung bestimme, daß der Besitzer eines Grundstücks mit der Erfüllung seiner Verpflichtungen eine andere Person, wie z. B. einen Hausverwalter oder eine Gesellschaft oder Anstalt, die sich die Reinigung von Straßen zur Aufgabe gestellt habe, beauftragen könne; die Beauftragten seien für die Einhaltung der Vorschriften ausschließlich verantwortlich, wenn gewisse Bedingungen erfüllt seien. Im Entwurfe der Polizeiverordnung sei gesagt gewesen, daß die Beauftragten für die Einhaltung der Vorschriften „verantwortlich" seien. Die Bedenken des Amtsanwalts I zu D., daß damit jeder Hausbesitzer der aus § 3 der Polizeiverordnung herleitbaren Haftpflicht sich entziehen könne, habe der Generalstaatsanwalt für nicht beachtlich erklärt. Wenn darauf in die Verordnung die Bestimmung aufgenommen worden sei, die Beauftragten seien ausschließlich verantwortlich, so könne dies nur dahin ausgelegt werden, daß sie auch die zivilrechtliche Haftung treffen solle. Da die vorgeschriebenen Bedingungen erfüllt seien, sei eine zivilrechtliche Haftung der Beklagten nicht gegeben, sie könnten für den entstandeuen Schaden nicht haftbar gemacht werden.

Die Revision rügt Verletzung der §§ 823, 831 BGB. sowie des § 286 ZPO. Die Begründung des Berufungsgerichts, mit der es den Ausschluß der Haftung annehme, sei rechtsirrig. Diese Haftung habe durch § 8 der Polizeiverordnung weder ausgeschlossen noch eingeschränkt werden können, noch sei dies geschehen. Die Streupflicht sei schon durch § 3 des Ortsstatuts vom 14. September 1886 begründet gewesen. Es sei auch von der Klägerin darauf hingewiesen worden, daß es nach dem Kreisamtsbericht nicht zweifelhaft sein könne, daß man keine ausschließliche, sondern nur eine subsidiäre Haftung der beauftragten Gesellschaft habe festsetzen wollen.

Das Ortsstatut und die Polizeiverordnung haben nur für die Stadt D., jedenfalls nicht über den Bezirk des Berufungsgerichts hinaus Geltung, sind also nicht revisible Rechtsnormen im Sinne des § 549 ZPO. Danach ist die Entscheidung des Berufungsgerichts über den Inhalt und die Bedeutung des § 8 der Polizeiverordnung der Nachprüfung durch das Revisionsgericht entzogen. Zuzugeben ist der Revision allerdings, daß die vom Berufungsgericht gewählte Auslegung zu Ergebnissen führt, bezüglich deren es zum mindesten zweifelhaft erscheinen muß, ob sie der Gesetzgeber tatsächlich gewollt hat. Es wäre nur schwer verständlich, wenn er dem Grundstücksbesitzer das Recht hätte einräumen wollen, seine Verpflichtung zum Streuen z. B. auf einen völlig mittellosen Hausverwalter mit dem Erfolge zu übertragen, daß er selbst von aller und jeder Haftung frei würde und gegebenenfalls einen Geschädigten an den mittellosen Beauftragten verweisen konnte. Es fällt auch schwer, anzunehmen, daß die Polizeiverwaltung, die die Verordnung erlassen hat, die Prüfung der Eignung des Beauftragten in vollem Umfange hätte übernehmen und im Schadensfalle womöglich die Verantwortung für die Ordnungsmäßigkeit sich selbst hätte aufladen wollen, während der eigentlich Verpflichtete ganz frei ausgehen sollte. So berechtigt diese, vom Berufungsgericht wenigstens nicht ausdrücklich berücksichtigten Bedenken auch erscheinen, der Rüge, die die Revision gegen die Auslegung erhebt, können sie nicht zum Erfolge verhelfen.

Es kann danach nur in Betracht kommen, ob nicht durch die Anwendung der nicht revisiblen Rechtsnormen ein revisibles Gesetz verletzt ist, als welches die Revision die §§ 823, 831 BGB. bezeichnet. Diese Frage scheint auch das Berufungsgericht beschäftigt zu haben. Es hat sich aber damit begnügt, ohne weitere Begründung einfach auszusprechen, die Polizeiverordnung stehe mit § 831 BGB. nicht in Widerspruch. Ob darin ein Verstoß gegen § 551 Ziff. 7 ZPO. liegt, kann dahingestellt bleiben, da dieser Satz einen Rechtsirrtum enthält, der zur Aufhebung des Urteils führen muß.

Ortsstatut und Polizeiverordnung legen die Reinigungs- und

Streupflicht grundsätzlich den Grundstücksbesitzern auf. Soweit diese keinen Beauftragten bestellen oder die Voraussetzungen des § 8 der Polizeiverordnung nicht erfüllen, bewendet es für sie bei den Vorschriften der §§ 823 flg. BGB. Aber auch im Falle der Beauftragung eines Dritten unter Beobachtung der im § 8 a. a. O. aufgestellten Bedingungen ändert sich an dieser grundsätzlichen Regelung nichts, ihre Reinigungs- und Streupflicht wird nur für die Dauer des Bestehens des Verhältnisses zu dem Beauftragten unterbrochen, lebt also mit der Beendigung desselben in vollem Umfange wieder auf.

Zur Übertragung der Verpflichtung bedarf es eines Vertrags zwischen dem eigentlichen Verpflichteten, dem Grundstücksbesitzer, und dem Beauftragten. Mit einem solchen sind aber nach den allgemeinen Sätzen der §§ 823, 831 BGB. ohne weiteres die darin vorgesehenen Folgen der Auswahlsorgfalt und Aufsichtspflicht verbunden und können durch Parteivereinbarungen nicht ausgeschlossen werden. Sie verfolgen gerade den Zweck, zu verhindern, daß der in erster Linie Verpflichtete durch Bestellung eines Dritten seiner eigenen Verpflichtung, für die Sicherheit des Verkehrs die erforderliche Sorgfalt aufzuwenden, sich entzieht und im Schadensfalle sich durch einen vielleicht mittellosen Dritten gegen eine Inanspruchnahme deckt.

Diese gesetzlich festgelegten Folgen eines Vertrags können aber auch nicht dadurch beseitigt werden, daß eine Polizeibehörde ihm — und auch nur insoweit, als die Person des Beauftragten in Frage steht — nachträglich ihre Genehmigung erteilt. Dies mag für die strafrechtliche Verantwortung von Einfluß sein, die zivilrechtliche Haftbarkeit wird dadurch nicht berührt.

Hiernach verstößt die Polizeiverordnung in der Tragweite, die ihr das Berufungsgericht beilegt, gegen reichsgesetzliche Vorschriften und kann insoweit Anspruch auf Geltung nicht erheben. Dies hat das Berufungsgericht verkannt. Es mußte dieser Rechtsirrtum, auf dem die Entscheidung beruht, zur Aufhebung derselben und Zurückverweisung der Sache an das Berufungsgericht führen.

---

78. Zur Frage des Rücktritts vom Lieferungsvertrage wegen veränderter Umstände. Kann der Unternehmer seine Lieferungsweigerung damit begründen, daß die Erfüllung zum Vertragspreise auch den anderen Bestellern gegenüber seinen geschäftlichen Untergang nach sich ziehen würde?

III. Zivilsenat. Urt. v. 7. Juni 1921 i. S. W. (Kl.) w. A. H. & Co. Motorwagenwerke (Bekl.). III 508/20.

I. Landgericht Zwickau. — II. Oberlandesgericht Dresden.

Am 26. April 1917 bestellte der Kläger bei der Beklagten ein Automobil in bestimmt vorgeschriebener Ausstattung zum Preise von 27030 *M*. Für die Bereifung war ein besonderer Zuschlag von 750 *M* ausbedungen. Die Lieferung sollte sofort nach Beendigung des Krieges erfolgen. Trotz mehrfacher Mahnungen weigerte die Beklagte sich, den Kraftwagen zu dem vereinbarten Preise herzustellen und verlangte schließlich dessen Erhöhung um 60 v. H. Der Kläger begehrte daher klagend die Lieferung des Automobils gegen Zahlung von 27780 *M*, wurde jedoch in den beiden ersten Rechtszügen abgewiesen. Auf seine Revision wurde die Sache zur anderweiten Verhandlung und Entscheidung an das Berufungsgericht zurückverwiesen.

Gründe:

Das Oberlandesgericht hat die Klagabweisung, wie folgt, begründet: Es sei gerichtsbekannt, daß seit dem Kriegsende die Arbeitsleistungen zurückgegangen und die Aufwendungen für sie gestiegen seien, daß die Löhne und Gehälter sich mehr als verdoppelt hätten und daß Frachten, Kohlen- und Rohstoffpreise erheblich in die Höhe gegangen seien. Die wirtschaftlichen Verhältnisse, unter denen und nach denen die Gegenleistung des Klägers bemessen worden sei, hätten sich also von Grund aus derart geändert, daß die versprochene Sachleistung sich wirtschaftlich als eine andere darstelle als diejenige, welche die Parteien bei dem Vertragsschlusse im Auge gehabt hätten, und daher der Beklagten nach Treu und Glauben nicht mehr zuzumuten sei. Diese allgemeinen Erwägungen sind, weil sie die besonderen Verhältnisse des zur Entscheidung stehenden Falles unberücksichtigt lassen, nicht geeignet, das angefochtene Urteil zu tragen.

Nicht jede Erschütterung der wirtschaftlichen Grundlagen vermag schlechthin die einseitige Lösung eines Vertrags zu rechtfertigen, und zwar auch dann nicht, wenn die Vertragserfüllung für denjenigen, der zu einer Sachleistung verpflichtet ist, mit großen Geldverlusten verbunden sein würde (vgl. RGZ. Bd. 88 S. 172, Bd. 92 S. 322, Bd. 98 S. 260, Bd. 99 S. 258). Erst dann, wenn die Vertragserfüllung sich wirtschaftlich als unmöglich erweist, wenn sie, sei es allein, sei es im Zusammenhange mit dem Zwange, andere gleichartige Verträge unter gleichen Opfern erfüllen zu müssen, den Lieferanten geschäftlich vernichten oder doch an den Rand des geschäftlichen Ruins bringen würde, ergibt sich die wirtschaftliche und rechtliche Notwendigkeit, derjenigen Vertragspartei, die alle Nachteile der wirtschaftlichen Umwälzung der andern Partei aufbürden will, den Rechtsschutz zu versagen. Denn ein Ergebnis, das alle Vorteile der neuen, bei dem Vertragsschlusse nicht vorhersehbaren wirtschaftlichen Verhältnisse dem einen Vertragsteile allein zugute kommen und den anderen dabei wirtschaftlich zugrunde gehen läßt, würde von ehrbaren Volkskreisen nicht verstanden werden und mit ihrem Gerechtigkeitsgefühl in schroffen Widerspruch treten. Rechtsgeschäfte vermögensrechtlichen Inhalts sind — wie überhaupt alle Rechtsgeschäfte — nicht Selbstzweck, sondern diese Rechtsgeschäfte haben lediglich die Erreichung der wirtschaftlichen Zwecke zum Ziel, die mit ihnen verfolgt werden. Bei der Rechtsfindung auf diesem Gebiete müssen daher in erster Linie die wirtschaftlichen Interessen berücksichtigt werden, und das Recht muß ihnen, soweit es nur irgend möglich ist, elastisch angepaßt werden. Nur so kann die Rechtsprechung ihrer wahren Aufgabe, dem praktischen Leben, also den Lebensbedürfnissen und den Lebensanforderungen zu dienen, gerecht werden. Von diesen Gesichtspunkten aus sind die Urteile des erkennenden Senats vom 8. Juli und 22. Oktober 1920 (RGZ. Bd. 99 S. 258, Bd. 100 S. 134) ergangen. Ihnen, insbesondere dem Urteile vom 22. Oktober 1920, wird freilich entgegengehalten, daß sie den subjektiven Verhältnissen des Lieferungsverpflichteten eine zu große Bedeutung für die Aufrechterhaltung oder Aufhebung eines Vertrags einräumen und daß die Entscheidung je nach der Kapitalkraft des Lieferanten und der Anzahl der von ihm geschlossenen gleichartigen Verträge verschieden ausfallen könne. Das letztere ist richtig, stellt aber in Wirklichkeit gar keinen Einwand dar, denn es entspricht einem selbstverständlichen Satze, daß ein Urteil sich nur auf den Umständen des Einzelfalls aufbauen darf. Die vermißte objektive Grundlage wird aber durch die Grundsätze von Treu und Glauben (§§ 157, 242 BGB.) geschaffen. Das, was nach ihnen einem Erfüllungspflichtigen noch zugemutet werden kann, läßt sich eben nicht nach einer gleichmäßigen Schablone, sondern nur nach der Lage des Einzelfalls unter Berücksichtigung der Einwirkung der Erfüllung oder Nichterfüllung auf die subjektiven Verhältnisse beider Teile bestimmen. Der erste Einwand enthält daher eine petitio principii.

Der in den genannten Entscheidungen vom 8. Juli und 22. Oktober 1920 entwickelte Rechtsgedanke hat bereits in einem früheren Urteile des VII. Zivilsenats vom 2. Dezember 1919 (RGZ. Bd. 98 S. 18) Ausdruck gefunden. Dort ist in einem Falle, in dem es sich um die Erfüllung eines während des Krieges geschlossenen Werklieferungsvertrags handelte — und ein solcher steht auch hier in Frage — auf die Behauptung der Unternehmerin „sie sei gezwungen den Konkurs anzumelden, wenn sie" — unter den veränderten wirtschaftlichen Verhältnissen — „an dem streitigen Vertrage oder anderen ähnlichen Verträgen festgehalten würde", entscheidender Wert gelegt worden. Seitdem bewegt sich die Rechtsprechung des VII. Zivilsenats ständig in gleicher Richtung. In dem Urteil vom 10. Dezember 1920 (RGZ. Bd. 101 S. 79) hat er ausgeführt, daß die Feststellung des Berufungsgerichts, die Beklagte, die Unternehmerin, „für die noch eine größere Anzahl ähnlicher Geschäfte laufe, würde ruiniert sein, wenn man sie" — unter den neuen Wirtschaftsverhältnissen — „zwänge, zu den Vertragspreisen zu liefern", die Abweisung der Lieferungsklage rechtfertige, und in dem Urteile vom 15. April 1921 (VII 371/20) hat er unter Bezugnahme auf die in RGZ. Bd. 99 S. 258 und Bd. 100 S. 134 abgedruckten Entscheidungen ausgesprochen, daß er hinsichtlich „der Zulassung des Einwands der Existenzvernichtung dem III. Zivilsenat folge". Der I. Zivilsenat hat allerdings in dem Urteile vom 8. Dezember 1920 (RGZ. Bd. 101 S. 74) erklärt, daß er in dieser Beziehung dem III. Zivilsenat nicht beizutreten vermöge, hat aber eine Begründung für seine abweichende Rechtsauffassung nicht gegeben, so daß, da auf ihr seine damalige Entscheidung auch nicht beruht, weder für eine sachliche Erörterung dieses Widerspruchs noch für Anrufung der vereinigten Zivilsenate (§ 137 GVG.) Raum ist.

Im vorliegenden Falle sind nun aber die Voraussetzungen, welche nach den obigen Ausführungen eine Lieferungsweigerung zu begründen vermögen, nicht einmal schlüssig behauptet, geschweige denn festgestellt worden. Die von der Beklagten und dem Berufungsrichter hervorgehobenen wirtschaftlichen Erschwernisse, Beschränkung der Arbeitszeit, Rückgang der Arbeitsleistung, Erhöhung der Löhne und Materialpreise sind an sich solche, die durch erhöhte Geldaufwendungen zu beheben waren, und diese Mehraufwendungen berechnet die Beklagte für Ende Juni, Ende Oktober und Ende Dezember 1919 so, daß die Herstellung des Automobils in den genannten Monaten zu dem Vertragspreise ihr einen Verlust von 20000—30000 *M* gebracht haben würde.... Es kann aber nicht schlechthin anerkannt werden, daß ihr die Tragung eines solchen bei einem Einzelgeschäfte nicht zuzumuten sei. Daß sie jedoch viele gleichartige Verträge geschlossen, daß sie bei der Erfüllung eines Vertrags zum vereinbarten Preise auch die anderen in gleicher Weise zu erfüllen hätte und daß dazu mit Rücksicht auf die Gesamtheit der zu erwartenden Verluste ihre Kapitalkraft nicht ausreichen würde, hat sie nicht behauptet. Sie hat sich nur auf das Rundschreiben des Vereins Deutscher Motorfahrzeug-Industrieller vom 30. November 1919 bezogen, in dem im Hinblick auf die Steigerung der Herstellungskosten grundsätzlich alle bisher geschlossenen Lieferungsverträge für aufgehoben erklärt werden. Das geht selbstverständlich nicht an.

Nun liegt es aber sehr nahe, daß eine Automobilfabrik wie die der Beklagten eine Anzahl ähnlicher Bestellungen aus der Kriegszeit in die Friedens- und Revolutionszeit hinübergenommen hat, so daß eine Erörterung dieses Punktes und der Wirkung, welche die Gesamtheit dieser Verträge auf die Wirtschaftslage der Unternehmerin ausübte, ohne weiteres geboten war. Demgegenüber war aber auch zu prüfen, weshalb die Beklagte seit November 1918 mit dem Bau des

Kraftwagens nicht wenigstens begonnen und ihn, ehe im Herbst 1919 die letzten großen Lohn- und Preissteigerungen einsetzten, nicht wenigstens teilweise fertiggestellt hatte. Ein Hindernis dafür ist, wenn man von der der Beklagten angeblich fehlenden Lederausstattung absieht, ihrem Vortrage bisher nicht zu entnehmen. Diese Prüfung war um so notwendiger, als nach der Behauptung des Klägers die Beklagte ihm bei der Bestellung im Frühjahr 1917 wahrheitsgemäß versichert haben soll, sie habe das Untergestell des Wagens in Friedensbeschaffenheit, sowie die übrigen Materialien, Holz, Lack und Leder vorrätig. Die Erheblichkeit dieses Vorbringens kann das Oberlandesgericht nicht mit dem Hinweise darauf entkräften, daß im Kriege das gesamte Material der Automobilfabriken beschlagnahmt und daß ihnen verboten worden sei, für Private zu arbeiten. Denn daraus folgt noch nicht, daß das beschlagnahmte Material für den Staat auch in Anspruch genommen und verbraucht worden ist und daß es nach Aufhebung des Bauverbots nicht sofort, wie der Vertrag vorsah, für den Kläger hätte verwendet werden können. Von diesen Gesichtspunkten aus wird der Berufungsrichter noch einmal in eine Erörterung des Sachverhalts einzutreten haben. . . .

---

79. 1. Genügt es zur „bestimmten Angabe des Interesses" im Sinne des § 70 Abs. 1 Nr. 2 ZPO., wenn der Beitretende sich als Streitverkündeten bezeichnet?
2. Zum Begriff der Protokollanlage nach § 176 Abs. 2 FGG.

II. Zivilsenat. Urt. v. 14. Juni 1921 i. S. Polyphonwerke u. Gen. (Kl.) w. R. u. Gen. (Bekl.). II 567/20.

I. Landgericht I Berlin. — II. Kammergericht daselbst.

In zwei notariellen Urkunden vom 25. Mai 1918 (Nr. 113 und 114 des Registers), nachträglich abgeändert durch notarielle Erklärungen vom 10., 17. und 18. Juni dess. J., machte der Beklagte L. der Klägerin Firma K. das Angebot, daß er sein Geschäft in eine Kommanditgesellschaft umwandeln wolle, bei der außer dem Fabrikdirektor W. der Mitbeklagte R. persönlich haftender Gesellschafter, L. selbst sowie die Klägerin Firma K. oder eine von ihr zu benennende andere Firma Kommanditisten sein sollten. Nach § 12 der Offerte Nr. 113 sollte die Kommanditgesellschaft auf Verlangen jedes Kommanditisten in eine Aktiengesellschaft umgewandelt werden, sobald die etwa erforderliche Genehmigung zu deren Errichtung von dem Minister für Handel und Gewerbe erteilt sein würde. Gründer der Aktiengesellschaft, für deren Gründung und Verfassung eine Reihe von Vorschriften gegeben wurde, sollten die Kommanditgesellschaft und vier von der Firma K. zu bezeichnende Personen sein. Am Schluß des § 12 heißt es: „Soweit hier nicht besondere Bestimmungen für den Gesellschaftsvertrag der Aktiengesellschaft getroffen sind, gelten für denselben die Bestimmungen der Satzung der Polyphonwerke Aktiengesellschaft, deren Abdruck diesem Vertrage beigefügt ist." Das Protokoll Nr. 113 wurde vorgelesen, von L. und den Vertretern der Firma K. genehmigt und eigenhändig unterschrieben, ohne daß jedoch eine Verlesung der als Anlage beigefügten Satzung der Polyphonwerke stattgefunden hätte.

In einer notariellen Urkunde vom 23. Juli 1918 nahm die Klägerin K. das Vertragsangebot an, wobei sie an ihrer Statt die mitklagende Aktiengesellschaft Polyphonwerke als Kommanditistin bezeichnete. Nach Behauptung der beiden Klägerinnen sollen R. sowie der Kaufmann v. Woe., den sie unter Zustimmung der Beklagten an die Stelle des W. gesetzt haben wollten, das Angebot mündlich angenommen haben. Es entstanden aber Weiterungen hinsichtlich der Firma der neuen Kommanditgesellschaft, und schließlich erklärten die Beklagten, daß sie sich an den Vertrag nicht für gebunden hielten. Die Klägerinnen erhoben Klage auf Zahlung von Schadensersatz wegen Nichterfüllung. Die Beklagten bestritten, daß ein Vertrag zustandegekommen sei.

Nachdem das Landgericht die Klage abgewiesen hatte, verkündeten die Klägerinnen dem beurkundenden Notar Ke. den Streit. Zur Begründung bemerkten sie, sie glaubten, für den Fall eines ungünstigen Ausgangs des Prozesses einen Anspruch auf Schadloshaltung gegen ihn erheben zu können. Während der Berufungsinstanz trat Ke. ihnen nicht bei. Als aber das Kammergericht die Berufung zurückgewiesen hatte, legte er Revision ein, indem er sich als „streitverkündeten Nebenintervenienten" und die Polyphonwerke — nur diese, nicht auch die Firma K. — als Klägerin bezeichnete. Das Reichsgericht gab dem Rechtsmittel statt.

Gründe:

1. Die Zulässigkeit der Revision ist nicht zu beanstanden.

Nach fester Rechtsprechung des Reichsgerichts kann der Beitritt des Nebenintervenienten auch jetzt noch, obwohl die Revision seit der Novelle vom 5. Juni 1905 durch Einreichung der Revisionsschrift beim Gericht eingelegt wird, mit dieser Einlegung verbunden werden (vgl. RGZ. Bd. 76 S. 166). Es versteht sich auch von selbst, daß die Rechtsmitteleinlegung durch jemand, der bisher noch nicht Nebenintervenient war, sich aber bei der Einlegung als solchen bezeichnet, die Erklärung des Beitritts (§ 70 Nr. 3 ZPO.) enthält. Aber auch die Vorschrift des § 70 Nr. 2 ZPO. („bestimmte Angabe des Interesses, welches der Nebenintervenient hat") muß als erfüllt angesehen werden. Sobald in zweiter Instanz der Einwand der Formnichtigkeit des Vertrags auftauchte, hatten beide Klägerinnen dem Intervenienten den Streit verkündet und ihm für den Fall des Unterliegens den Rückgriff angedroht. Er war daher auf das lebhafteste an ihrem Obsieg interessiert, denn er mußte die Verwirklichung der Drohung befürchten, und zwar nicht nur von seiten seiner Auftraggeberin, der Firma K., sondern auch von seiten der Polyphonwerke, da ihm die Pflicht zu sorgfältiger Beurkundung auch dieser Klägerin gegenüber oblag (vgl. RGZ. Bd. 86 S. 105). Fragen kann sich nur, ob er sein Interesse durch die Worte der Revisionsschrift „streitverkündeter Nebenintervenient" im Sinne des Gesetzes „bestimmt angegeben" hat. In dieser Hinsicht nahm allerdings die ältere Rechtsprechung einen strengeren Standpunkt ein, und auch vom Reichsgerichte sind Urteile erlassen, wonach die Bezeichnung eines Nebenintervenienten als Streitverkündeten nicht hinreichen sollte (vgl. JW. 1897 S. 285 Nr. 1 und 1902 S. 213 Nr. 4). Allein wenn man auf den Zweck des § 70 Nr. 2 sieht, kommt es doch nur darauf an, den Gegner der unterstützten Partei in die Lage zu setzen, daß er den Grund des Beitritts sofort erkennt. Dieser Grund muß deutlich zum Ausdruck gebracht sein. Hat aber eine Partei dem Intervenienten unter der Androhung des Rückgriffs den Streit verkündet, so kann hierüber nicht der geringste Zweifel obwalten. Es ist leerer Formalismus, zu verlangen, daß in solchem Falle der Inhalt des Streitverkündungsschriftsatzes in dem Schriftsatz über den Beitritt wiederholt werden müsse. Da das Reichsgericht in stets steigendem Maße dazu übergegangen ist, die Zivilprozeßordnung als Zweckmäßigkeitsnorm zu behandeln und auch ihre Form- und Mußvorschriften einer freien Auslegung zu unterziehen, kann auch das unter der Herrschaft des jetzigen Gesetzes ergangene Urteil des IV. Zivilsenats JW. 1902 S. 213 Nr. 4 den erkennenden Senat nicht mehr nötigen, die Entscheidung der Vereinigten Zivilsenate anzurufen.

Ist hiernach die Revision in zulässiger Form eingelegt, so ist das doch nur für die Polyphonwerke geschehen, da nur sie in der Revisionsschrift als Klägerin erscheinen. Die Ansicht, daß gleichwohl das Rechtsmittel wegen Notwendigkeit der Streitgenossenschaft auch für die Mitklägerin Firma K. wirksam sei, geht fehl. **Die Klägerinnen machen Schadensersatzansprüche geltend; jede von ihnen kann nur Ersatz des ihr selbst entstandenen Schadens beanspruchen; der Fall einer notwendigen Streitgenossenschaft (§ 62 ZPO.) ist nicht gegeben.**

2. In der Sache selbst hat das Berufungsgericht die Klage abgewiesen, weil mit Bezug auf die in § 12 des Vertrags geregelte

Frage der Umwandlung der Kommanditgesellschaft in eine Aktiengesellschaft die gesetzlichen Formvorschriften nicht beobachtet worden seien.

In der Tat kann nicht bezweifelt werden, daß ein Formverstoß insoweit vorliegt. Die Bestimmungen des § 12 bilden den Vorgründungsvertrag einer Aktiengesellschaft und bedurften nach § 182 HGB. verb. mit § 125 BGB., wie der Gesellschaftsvertrag der Aktiengesellschaft selbst, zu ihrer Gültigkeit der gerichtlichen oder notariellen Beurkundung (vgl. Warneyer 1920 Nr. 84). An einer solchen Beurkundung fehlt es bei den Komplementaren der Kommanditgesellschaft — N. und W. oder v. Woe. — gänzlich. Diese Personen haben überhaupt keine Vertragserklärung beurkunden lassen; die Behauptung der jetzt allein noch klagenden Polyphonwerke geht, was sie betrifft, nur dahin, daß sie dem Vertrage mündlich sowie durch Mitunterzeichnung einer privatschriftlichen Anmeldung der Kommanditgesellschaft zum Handelsregister beigetreten seien.

Auch von seiten L.s und der Firma K. ist dem Gesetze nicht Genüge geschehen. § 176 Abs. 2 FGG. schreibt vor, daß eine Schrift, auf die in der Erklärung Bezug genommen und die dem Protokoll als Anlage beigefügt wird, einen Teil des Protokolls bildet, und nach § 177 Abs. 1 das. muß das Protokoll vorgelesen und von den Beteiligten genehmigt werden. Nach der ständigen Rechtsprechung des V. Zivilsenats des Reichsgerichts (RGZ. Bd. 54 S. 195, Bd. 61 S. 145, Bd. 72 S. 412, Bd. 96 S. 182), der sich der jetzt erkennende Senat schon in Bd. 71 S. 320 angeschlossen hat, erstreckt sich diesen Vorschriften zufolge das Erfordernis der Vorlesung und Genehmigung auch auf die Anlage. Allerdings darf der Begriff der Protokollanlage im Sinne des § 176 Abs. 2 nicht über diejenigen Schriften hinaus ausgedehnt werden, die ein Stück der zu beurkundenden Erklärung enthalten. Weiter ist aber auch das Reichsgericht nie gegangen, und darum verfehlt das Beispiel, womit die Revision diese Rechtsprechung widerlegen will, das Ziel. Wenn ein der notariellen Form bedürftiger Vertrag zur Ausbeutung eines Riesenschriftwerks, etwa eines Konversationslexikons, geschlossen werden soll und dieses überflüssigerweise der Verhandlung beigefügt wird, so kann von einer Vorlesung natürlich keine Rede sein. Im vorliegenden Fall aber haben die Erschienenen die Verfassung der künftigen Aktiengesellschaft nur unvollständig geregelt und im übrigen auf das als Anlage beigefügte Statut der Klägerin verwiesen. Mit Unrecht meint die Revision, die Anlage sei „nur" zur genauen Bestimmung der Erklärung beigefügt gewesen, was sie „unnötig" findet. Richtig ist allein, daß, wenn der § 12 des Vertrags mit den ausdrücklich geregelten Punkten geschlossen hätte, die Urkunde vollständig und gültig gewesen sein würde. Dies aber doch lediglich deshalb, weil dann die dispositiven Vorschriften des Handelsgesetzbuchs über Aktiengesellschaften die Lücke ausgefüllt haben würden, während hier die Erschienenen gerade nicht das Gesetz, sondern das Statut einer bestimmten Aktiengesellschaft zur Ergänzung heranziehen wollten. Fügten sie dieses dem Protokolle bei, so war eine Verlesung unerläßlich, und es steht fest, daß eine solche nicht stattgefunden hat.

Hiernach ist der § 12 des Vertrags nichtig, d. h. nichtig sind alle diejenigen Vereinbarungen, die sich auf die Möglichkeit der Umwandlung der Kommanditgesellschaft in eine Aktiengesellschaft und auf die Verfassung der künftigen Aktiengesellschaft beziehen. Nach § 139 BGB. bleibt aber weiter zu prüfen, ob der Vertrag auch ohne jene Vereinbarungen geschlossen sein würde. In dieser Beziehung hat das Berufungsurteil den Streitstoff nicht erschöpft. (Wird ausgeführt).

---

80. Ist die Revision als unzulässig zu verwerfen, wenn die Revisionsbegründung keine Revisionsanträge enthält?

VI. Zivilsenat. Urt. v. 16. Juni 1921 i. S. B. (Kl.) w. Stadt R. (Bekl.). VI 84/21.

I. Landgericht Elberfeld. — II. Oberlandesgericht Düsseldorf.

Die Klägerin wurde als Fahrgast der Straßenbahn beim Zusammenstoße zweier Wagen verletzt. Sie verlangt von der Beklagten, die ihre Ersatzpflicht nach dem Haftpflichtgesetz anerkannt hat, außerdem noch ein Schmerzensgeld von 10000 *M*. Das Landgericht wies die Klage ab, da die Beklagte den Entlastungsbeweis aus § 831 BGB. hinsichtlich des Bremsers, welcher den Unfall durch pflichtwidriges Verlassen des Wagens herbeigeführt habe, erbracht habe. Ihre Berufung wurde zurückgewiesen, weil Schmerzensgeld nach dem Haftpflichtgesetze nicht verlangt werden könne und die Beklagte den Beweis ihrer Sorgfalt nach § 831 BGB. erbracht habe.

Hiergegen hat die Klägerin Revision eingelegt und am 9. April 1921 eine „Revisionsbegründung" nachfolgen lassen; in dieser wird gerügt, es sei nicht beachtet worden, daß die Klage auch auf den mit der Beklagten geschlossenen Beförderungsvertrag gestützt worden sei; die Beklagte habe für schuldhaftes Verhalten ihrer Angestellten zu haften, Schmerzensgeld könne auch beim Vorliegen vertraglicher Verhältnisse gefordert werden; verletzt seien die §§ 287, 847 BGB. und § 5 der Eisenbahnverkehrsordnung.

Von Amts wegen darauf hingewiesen, daß die Revisionsbegründung keinen Revisionsantrag enthalte, hat der Anwalt der Klägerin durch den am 20. Mai 1921 eingereichten Schriftsatz eingeräumt, es sei durch ein Versehen des Bureaus die Einfügung des üblichen Revisionsantrags unterblieben, doch lasse die Revisionsbegründung deutlich erkennen, daß das Berufungsurteil angefochten und dessen Aufhebung beantragt werden sollte; dies müsse um so mehr genügen, als in den Vorinstanzen ein Schmerzensgeld von 10000 ℳ gefordert und kein Anlaß gegeben war, von diesem Antrag abzuweichen. Demnach hat er nachträglich den Antrag gestellt, das Berufungsurteil aufzuheben und nach den Berufungsanträgen der Klägerin zu erkennen. Die Revision wurde als unzulässig verworfen aus folgenden

Gründen:

Nach der strengen Vorschrift des § 554 ZPO. muß der Revisionskläger die Revision in der gesetzlichen Form und Frist begründen, widrigenfalls sie nach § 554a ZPO. als unzulässig zu verwerfen ist. Zur gesetzlichen Form gehört, daß die Revisionsbegründung nicht bloß Revisionsgründe, sondern auch Revisionsanträge enthalten muß, nämlich eine bestimmte Erklärung, inwieweit das Urteil angefochten und dessen Aufhebung beantragt werde. Gerade die zu verlesenden Anträge bilden nach § 559 ZPO. die Grenzen, in denen vom Revisionsgerichte das Berufungsurteil nachgeprüft werden darf. Ein solcher Revisionsantrag fehlt jedoch, wie auch der Anwalt der Klägerin einräumt, in der Begründungsschrift vom 9. April; der nachträgliche, erst am 20. Mai eingereichte Antrag kann aber, weil damals die Frist für die Revisionsbegründung nach § 554 Abs. 2 ZPO. bereits abgelaufen war, als verspätet nicht mehr berücksichtigt werden. Vergeblich sucht die Revision die Begründungsschrift vom 9. April dahin auszudeuten, daß durch sie zugleich auch die nach § 554 Abs. 1 Nr. 1 ZPO. vorgeschriebenen Revisionsanträge als erklärt anzusehen seien. Gewiß lassen die Gründe, die gesetzlich angeben sollen, worauf die Revision gestützt wird, eine diesem Zwecke entsprechende, insoweit also begrenzte Auslegung zu. Aber da das Gesetz ausdrücklich die Gründe der Revision und die Revisionsanträge als zwei verschiedene Elemente der Revisionsbegründung behandelt und für jedes von ihnen eine formgerechte Erklärung vorschreibt, ist es nicht angängig, aus den Gründen, wenn sie auch einen ihrer Tragweite entsprechenden Antrag auf Abänderung des angefochtenen Urteils als vom Revisionskläger beabsichtigt vermuten lassen, die in keiner Weise formgerecht zum Ausdruck gelangten, also im Sinne des § 554 Abs. 1 Nr. 1 ZPO. fehlenden Revisionsanträge zu ergänzen.

Der Standpunkt der Revision, die aus den Revisionsgründen allein die förmlich nicht gestellten Revisionsanträge herausdeuten möchte, würde dazu führen, die strenge Formvorschrift des § 554 Abs. 1 Nr. 1 ZPO., daß die Begründungsvorschrift vor allem bestimmt erklärte Revisionsanträge enthalten muß, geradezu zu verleugnen und praktisch zu entwerten.

---

81. Zur Anwendung des § 269 Abs. 1 BGB.

II. Zivilsenat. Urt. v. 17. Juni 1921 i. S. F. & Cie. (Kl.) w. L. (Bekl.). II 519/20.

I. Landgericht Köln, Kammer für Handelssachen. — II Oberlandesgericht daselbst.

Im November 1919 erhob die Klägerin beim Landgericht in Köln, als dem Gerichte des Erfüllungsortes, Klage auf Verurteilung des Beklagten zur Zahlung von 210633,50 *M* nebst 6 % Zinsen seit dem 23. Oktober 1919 mit folgender Begründung:

Gemäß der Rechnung vom 23. Oktober 1919 habe sie dem Beklagten 55 Faß Schmalz zum Gesamtpreise von 213501,32 *M* verkauft. Die in Köln lagernde Ware sei dort abzunehmen und sofort bei der Übernahme zu bezahlen gewesen. Der Beklagte habe auch sofort 3501,32 *M* in bar und den Rest in zwei von der Essener Creditanstalt in Mülheim a. d. Ruhr ausgestellten, auf die Reichsbank daselbst gezogenen weißen Schecks gezahlt. Der Beklagte habe aber die Schecks vor der am 27. Oktober erfolgten Vorlegung bei der Reichsbank sperren lassen. Gegen die Ausstellerin habe sie, die Klägerin, nicht vorgehen können, da zur Zeit der Vorlegung die zehntägige Einlösungsfrist bereits abgelaufen gewesen sei, die Ausstellerin daher scheckmäßig nicht mehr hafte. Der Beklagte sei verpflichtet, nicht nur die Schecksumme von 210000 *M* mit 6 % nach Scheckrecht zu vergütenden Zinsen zu zahlen, sondern auch die Kosten zu erstatten, die infolge der von ihm veranlaßten unberechtigten Sperrung entstanden seien.

Der Beklagte beantragte die Abweisung der Klage, weil in Ermangelung einer dahingehenden Vereinbarung das angerufene Gericht örtlich unzuständig und weil die Klage auch sachlich unbegründet sei. Das Landgericht gab dem Klagantrage statt, dagegen wies das Oberlandesgericht die Klage wegen örtlicher Unzuständigkeit des Gerichts ab. Die Revision der Klägerin hatte Erfolg.

Aus den **Gründen:**

... Der Vertrag zwischen der in Köln ansässigen Klägerin und dem in Mülheim a. d. Ruhr wohnhaften Beklagten ist gelegentlich der Anwesenheit des Beklagten in Köln dort am 23. Oktober 1919 geschlossen und dort sogleich beiderseits in der Weise erfüllt worden, daß die Klägerin dem Beklagten die in Köln befindliche Ware übergeben und der Beklagte der Klägerin zur Bezahlung des auf 213501,32 ℳ vereinbarten Kaufpreises einen Barbetrag von 3501,32 ℳ und zwei von der Essener Creditanstalt in Mülheim a. d. Ruhr unter dem 15. Oktober 1919 ausgestellte, auf die Reichsbank daselbst gezogene Schecks über 180000 und 30000 ℳ ausgehändigt hat. Die Schecks sind zwar nicht an Zahlungsstatt, sondern zahlungshalber hingegeben worden, auch waren sie nicht in Köln, sondern in Mülheim a. d. Ruhr einzulösen; mit ihrer Hingabe war jedoch von seiten des Beklagten alles zur Erfüllung seiner Zahlungsverpflichtung Erforderliche geschehen, wenn die beiden Schecks, wie bei normalem Verlaufe der Dinge zu erwarten war, demnächst eingelöst wurden. Aus dem Umstand aber, daß sogleich beim Abschluß des Vertrags die zu dessen Erfüllung erforderlichen Leistungen beider Teile in Köln tatsächlich bewirkt worden sind, hätte das Oberlandesgericht, zumal im Hinblick auf die Kaufmannseigenschaft der Parteien, bis zum Beweise des Gegenteils folgern müssen, daß für beide Teile Köln als Erfüllungsort ausdrücklich oder stillschweigend vereinbart worden war. Mit der Möglichkeit, daß die Schecks nicht eingelöst werden würden, hat die Klägerin sicherlich nicht gerechnet und der Beklagte nach Treu und Glauben nicht rechnen dürfen. Es ist daher verfehlt, wenn das Oberlandesgericht meint, die Tatsache, daß die Schecks in Mülheim a. d. Ruhr einzulösen gewesen seien, stehe der Annahme einer stillschweigenden Abmachung des Inhalts entgegen, daß für den Fall der Nichtbegleichung der Schecks die Zahlung in Köln zu erfolgen habe, während es anderseits anerkennt, daß aus jener Tatsache allein eine Einigung auf Mülheim a. d. Ruhr als Erfüllungsort nicht zu folgern sei. Nicht darauf kommt es an, wo die zahlungshalber hingegebenen Schecks einzulösen waren, sondern darauf, daß sie in Köln, wo auch die Barzahlung erfolgt ist, zahlungshalber hingegeben worden sind.

Hiernach ist das angefochtene Urteil wegen Verletzung des § 269 BGB. und des § 29 ZPO. aufzuheben, die Einrede der Unzuständigkeit des Gerichts zurückzuweisen und die Sache zur anderweiten Verhandlung und Entscheidung an das Oberlandesgericht zurückzuverweisen. . . .

---

82. Wem steht die Sorge für die Person des Kindes zu, wenn die Ehe aus alleinigem Verschulden eines Ehegatten geschieden ist und derjenige Eheteil, dem zunächst das Fürsorgerecht gemäß § 1635 BGB. zustand, es infolge einer Anordnung des Vormundschaftsgerichts verliert?

IV. Zivilsenat. Beschl. v. 19. Juni 1921 in der Vormundschaftssache F. IV B 2/21.

I. Vormundschaftsbehörde Hamburg. — II. Landgericht daselbst.

Die Ehe des Maschinisten F. in Hamburg ist im Jahre 1916 aus alleinigem Verschulden der Frau geschieden worden; die Sorge für die Person der drei vorhandenen Kinder stand deshalb nach § 1635 BGB. dem Vater zu. Nachdem vielfache Mißhelligkeiten hinsichtlich des Rechtes der Mutter zum persönlichen Verkehre mit den Kindern (§ 1636 BGB.) vorgekommen waren, hat am 6. August 1920 der Vater den Antrag gestellt, ihm hinsichtlich der 19 jährigen Tochter Erna die elterliche Gewalt zu entziehen und einen Vormund für sie zu bestellen, weil sie seinen Anordnungen nicht Folge leiste und er selbst demnächst nach auswärts in Dienst gehen wolle. Die Hamburgische Vormundschaftsbehörde, welche auf Grund reichsgesetzlich zugelassener Hamburgischer Sonderbestimmungen an Stelle des Amtsgerichts als Vormundschaftsgericht zuständig ist, hat mit Beschluß vom 17. September 1920 dem bezeichneten Antrage stattgegeben und zugleich ausgesprochen, daß der Mutter die Sorge für die Person der Tochter Erna entzogen werde. Auf Beschwerde der Mutter hat das Landgericht in Hamburg durch Beschluß vom 3. November 1920 ausgesprochen, daß der Beschluß der Vormundschaftsbehörde insoweit aufgehoben werde, als er der Mutter die Sorge für die Person der Tochter entzogen hat; zur Begründung ist gesagt, daß durch die Entziehung der elterlichen Gewalt gegenüber dem Vater die Mutter das Recht der Fürsorge für die Person der Tochter nicht erlangt habe und daß deshalb kein Raum für eine Anordnung sei, durch welche der Mutter dieses Fürsorgerecht entzogen würde. Gegen diesen Beschluß hat die Hamburgische Behörde für öffentliche Jugendfürsorge weitere Beschwerde eingelegt mit dem Antrage, unter Aufhebung des angefochtenen Beschlusses entsprechend dem Beschlusse der Vormundschaftsbehörde zu erkennen. Das Oberlandesgericht in Hamburg hält die weitere Beschwerde für unbegründet und würde sie zurückgewiesen haben, wenn es sich nicht daran durch Beschlüsse des Kammergerichts (ZBlfFG. Bd. 6 S. 277 und Recht 1908 Nr. 2339), sowie der Oberlandesgerichte Colmar (ZBlfFG. Bd. 13 S. 39) und Karlsruhe (ZBlfFG. Bd. 14 S. 663) behindert sähe, in welchen ausgesprochen sei, daß die Sorge für die Person des Kindes, wenn sie bisher dem schuldlos geschiedenen Ehegatten gemäß § 1635 BGB. zugestanden habe, diesem aber nachträglich gemäß § 1666 BGB. entzogen werde, kraft Gesetzes auf den andern Elternteil übergehe. Es hat daher die Beschwerde gemäß § 28 FGG. dem Reichsgericht vorgelegt.

Die Rechtslage ist im Streitfalle nicht ganz die nämliche, wie sie in den Fällen war, durch deren Entscheidung sich das Oberlandesgericht an der von ihm als zutreffend erachteten Entscheidung behindert glaubt. Dort war dem bisher fürsorgeberechtigten Elternteil vom Vormundschaftsgericht nur das Recht der Sorge für die Person des Kindes entzogen worden, während im Streitfalle dem Vater die elterliche Gewalt im ganzen entzogen und auf diese Weise die Bestellung eines Vormundes nötig geworden ist. Die Rechtsfolgen beider Maßnahmen sind, wie später noch zu erwähnen, nicht die gleichen. Immerhin wirft sich in beiden Fällen die Frage auf, ob für die Mutter, die bisher zufolge § 1635 kein Fürsorgerecht gehabt hat, durch die gegen den Vater getroffene Maßnahme ein solches Recht, sei es in vollem, sei es in einem beschränkteren (§ 1698 BGB.) Umfang entsteht. Der Fall des § 28 FGG. kann deshalb als gegeben angenommen werden.

Beizupflichten ist dem Oberlandesgericht Hamburg darin, daß der Hamburgischen Behörde für öffentliche Jugendfürsorge die Sachbefugnis für die weitere Beschwerde zuzuerkennen ist. Dieser Behörde obliegt nach dem Hamburgischen Gesetz vom 9. Februar 1910 über die Fürsorge für Minderjährige die Wahrnehmung der Geschäfte des Gemeindewaisenrats. Die Beschwerde ist deshalb so anzusehen, als ob sie von einem Gemeindewaisenrat eingelegt wäre.

Über die Frage, ob der Gemeindewaisenrat zur Beschwerde gegen Anordnungen des Vormundschaftsgerichts berechtigt ist, besteht in der Rechtslehre Meinungsverschiedenheit (vgl. die Zusammenstellungen bei Schlegelberger Anm. 21 zu § 57 FGG., Unger in ZZP. Bd. 37 S. 340); in der Rechtsprechung wird das Beschwerderecht des Gemeindewaisenrats allgemein anerkannt (vgl. Kammergericht im ZBlfFG. Bd. 1 S. 87 und öfter, Bayr. Oberstes Landesgericht Entsch. in Zivils. Bd. 18 S. 23). Der Senat trägt kein Bedenken, sich dieser Rechtsprechung anzuschließen; es liegt im Sinne des Gesetzes über die freiwillige Gerichtsbarkeit, daß in Angelegenheiten der Sorge für die Person Minderjähriger der Kreis der Beschwerdeberechtigten nicht eng gezogen und daß namentlich ein Beschwerderecht, das der § 57 Nr. 9 dieses Gesetzes jedem gewährt, der ein berechtigtes Interesse hat, die Angelegenheit wahrzunehmen, einer Behörde nicht abgesprochen wird, in deren Aufgabe gerade die Fürsorge für Minderjährige fällt.

Ein gewisses Bedenken gegen die Zulässigkeit der Beschwerde ließe sich insoweit erheben, als in Zweifel gezogen werden könnte, ob denn die Behörde für Jugendfürsorge — oder die Tochter Erna, deren Rechte die bezeichnete Behörde in diesem Verfahren vertritt — durch den angefochtenen Beschluß des Landgerichts überhaupt beschwert ist. Denn der Zustand, den die Beschwerdeführerin herbeiführen will, daß nämlich im gegebenen Falle die Mutter die Sorge für die Person der Tochter nicht ausüben dürfe, soll auch nach der Rechtsanschauung des Landgerichts bestehen. Immerhin hat der landgerichtliche Beschluß eine andere rechtliche Bedeutung, als sie die von der Beschwerdeführerin angestrebte Entscheidung haben soll, da er sich nicht gegen die Mutter richtet und keine Grundlage für etwaige gegen sie erforderlich werdende Zwangsmaßnahmen bietet. Es besteht deshalb auch nach dieser Richtung kein Grund, die Zulässigkeit der Beschwerde zu verneinen.

Was sodann die sachliche Würdigung der weiteren Beschwerde anlangt, so betrifft, wie oben schon erwähnt, die Meinungsverschiedenheit zwischen dem Oberlandesgericht Hamburg einerseits und dem Kammergericht und den ihm folgenden Oberlandesgerichten Colmar und Karlsruhe andrerseits die Frage, welche Rechtsfolgen eintreten, wenn dem Elternteil, dem bisher auf Grund des § 1635 BGB. das Recht der Sorge für die Person des Kindes zustand, dieses Recht durch Anordnung des Vormundschaftsgerichts nach § 1666 entzogen wird. Das Kammergericht nimmt an, daß das bezeichnete Recht kraft Gesetzes auf den anderen Elternteil übergehe, das Oberlandesgericht Hamburg stellt das in Abrede und sagt, das Fürsorgerecht sei in solchen Fällen durch den Vormund, wenn ein solcher bestellt wird, andernfalls durch einen besonderen Pfleger auszuüben.

Die Entscheidung hängt im wesentlichen davon ab, welche Tragweite der Vorschrift in § 1635 BGB. beizulegen ist.

Bei Prüfung dieser Frage darf zunächst der Erwägung kein Raum gegeben werden, daß etwa der für schuldig erklärte Ehegatte sich weniger zur Erziehung der Kinder eigne als der andere. Das ist keineswegs der Standpunkt des Gesetzes, wie sich aus den Motiven Bd. 4 S. 623, 625 sowie daraus ergibt, daß das Gesetz auch einem für schuldig erklärten Ehegatten das Fürsorgerecht beläßt, nämlich dann, wenn beide Teile für schuldig erklärt sind.

Damit wird natürlich die praktisch sehr wichtige Frage, ob etwa einer der Elternteile nach seinen persönlichen Eigenschaften sich nicht zur Erziehung der Kinder eignet, keineswegs ausgeschaltet; denn dem Vormundschaftsgericht bleibt in jedem Falle, wie auch die Rechtsfrage zu entscheiden ist, die Befugnis gewahrt, im Interesse der Kinder eine abweichende Regelung zu treffen, so daß die praktische Bedeutung der hier umstrittenen Frage gering ist. Für die Prüfung der Rechtsfrage kommt diesen Erwägungen überhaupt keine ausschlaggebende Bedeutung zu.

Das Oberlandesgericht Hamburg verwertet denn auch den Gesichtspunkt, welcher Elternteil sich für die Erziehung der Kinder besser eigne, nicht für die Begründung seiner Anschauung, stützt sie vielmehr hauptsächlich auf folgende Erwägung: Die Regelung der verschiedenen

Fälle, wann die Sorge für die Person des Kindes je nach Umständen von dem einen oder dem andern Elternteil auszuüben sei, sei im Bürgerlichen Gesetzbuch in einer so eingehenden Weise erfolgt, daß diese Regelung als erschöpfend angesehen werden müsse, und da hierbei der Fall der Entziehung des Fürsorgerechts bei geschiedener Ehe nicht behandelt sei, also eine Regelung dieses Falles unter dem Gesichtspunkte des Elternrechts nicht vorgenommen worden sei, so müsse hier die allgemeine Vorschrift des Vormundschaftsrechts in § 1793 eingreifen, wonach der Vormund, gegebenenfalls ein Pfleger, die Sorge für die Person des Kindes auszuüben habe.

Das Kammergericht legt dagegen das entscheidende Gewicht auf das natürliche Recht, welches den Eltern auf die Erziehung ihrer Kinder zustehe, und meint, dieses Recht dürfe keinem Elternteil abgesprochen werden, ohne daß dies in einer ausdrücklichen gesetzlichen Vorschrift gesagt sei; auch der Elternteil, der nach § 1635 zunächst nicht fürsorgeberechtigt sei, stehe den Kindern immer noch näher als ein Dritter, dem das Fürsorgerecht durch Anordnung des Vormundschaftsgerichts übertragen würde.

Der Senat tritt der letzteren Anschauung bei. Der § 1635 muß dahin ausgelegt werden, daß er auch einem für schuldig erklärten Elternteil das ihm von der Natur aus zustehende Recht auf Fürsorge für die Person der Kinder nicht in weiterem Umfange entziehen will, als es das entgegenstehende Interesse des anderen Elternteils verlangt. Mit Recht weist das Kammergericht darauf hin, daß im Falle des Todes des bisher fürsorgeberechtigten Elternteils der andere Teil kraft Gesetzes trotz § 1635 das Fürsorgerecht uneingeschränkt erlangt, und zieht daraus die Schlußfolgerung, daß dies auch dann gelten müsse, wenn das entgegenstehende Recht des bisher berechtigten Elternteils in anderer Weise als durch seinen Tod wegfällt. Das Oberlandesgericht Hamburg will diese Schlußfolgerung nicht gelten lassen, weil es für den bisher fürsorgeberechtigten Teil etwas anderes bedeute, ob zu seinen Lebzeiten oder erst nach seinem Tode dem anderen das Fürsorgerecht zufalle; im letzteren Falle habe er das Interesse daran verloren, ob die Sorge für die Person des Kindes dem anderen Elternteil oder einem Fremden zustehe; jedenfalls sei der Übergang des Rechtes auf den anderen zu seinen Lebzeiten eine größere Härte für ihn als der Übergang nach seinem Tode. Diese Erwägungen können schon deshalb nicht als durchschlagend anerkannt werden, weil es durchaus nicht notwendig ist, wohl auch nicht der Regel entspricht, daß geschiedene Eheleute dauernd in dem Maß erbitterte Feinde bleiben, daß der eine die Kinder lieber in der Hand eines Fremden als in der des anderen leiblichen Elternteils wissen will. Jedenfalls würde eine derartige Gesinnung keine Berücksichtigung durch den Gesetzgeber verdienen, immer abgesehen von dem oben erwähnten und in anderer Weise zu regelnden Falle, daß etwa der für schuldig erklärte Teil keine zur Erziehung der Kinder geeignete Persönlichkeit ist.

Das Oberlandesgericht Hamburg hat übrigens bei seinen Erwägungen außer Betracht gelassen, daß — bei beiderseitiger Schuldigerklärung — zwei fürsorgeberechtigte Elternteile vorhanden sein können. In solchem Falle würde der von ihm vertretene Standpunkt dazu führen, daß die Sorge für die Person der Kinder zum Teil von einem Elternteile, zum andern Teil von einem Fremden auszuüben wäre. Das hat das Gesetz sicher nicht anordnen wollen.

In der Rechtslehre sind die Meinungen geteilt. Auf der Seite des Kammergerichts stehen: Staudinger, Anm. 4 Abs. 4 zu § 1635, Blume, Anm. 5 zu § 1635, Endemann, § 167 Anm. 67, Kipp-Enneccerus, § 83 bei Anm. 33, Schmidt-Bardeleben im Recht 1906 S. 994.

Auf der Seite des Oberlandesgerichts Hamburg stehen: Planck, Anm. 6 zu § 1635, Komm. v. RGR. Anm. 3 zu § 1684, Sievering im Recht 1906 S. 107.

Einen besonderen Standpunkt nimmt Schultheis im ZBlfFG. Bd. 7 S. 876 ein; er meint, daß zwar das der Mutter entzogene Fürsorgerecht auf den Vater übergehe, aber nicht umgekehrt, und begründet das damit, daß dem für schuldig erklärten Vater die elterliche Gewalt verblieben sei, nur vermindert um das der Mutter zukommende Fürsorgerecht, so daß sich beim Wegfalle des letzteren die elterliche Gewalt in seiner Hand wieder zu ihrem vollen Umfang ergänze, wogegen der für schuldig erklärten Mutter kein Recht verbleibe, das in der bezeichneten Weise einer Ergänzung fähig wäre. Diese Meinung kann nicht als zutreffend anerkannt werden. Zunächst ist auch hier der Fall außer Betracht gelassen, daß beide Teile für schuldig erklärt und die Kinder zwischen ihnen geteilt sind. Aber auch gegenüber der allein schuldig erklärten Mutter schlagen die bezeichneten Gründe nicht durch. Allerdings hat diese zunächst gegenüber den Kindern kein Recht mehr, das sie betätigen könnte (wenn man nicht etwa die Befugnis zum Verkehr mit den Kindern nach § 1636 als eine Art Überrest ihres Fürsorgerechts ansehen will). Aber immerhin dauert ihr natürliches Recht auf Erziehung der Kinder in Gestalt einer Anwartschaft fort, welche beim Wegfalle des ihr im Wege stehenden Rechtes des Vaters wirksam werden kann. Das ergibt sich aus dem Umstande, daß ihr Recht mit dem Tode des Vaters in Wirksamkeit tritt; es muß in gleicher Weise in dem Falle zur Geltung kommen, wenn das Recht des Vaters durch Entziehung wegfällt.

Der angefochtene landgerichtliche Beschluß, der die gleiche Rechtsanschauung vertritt wie das Oberlandesgericht in Hamburg, stützt sich noch auf folgende Zweckmäßigkeitserwägung: Eine Ausdehnung der beim Tode des Fürsorgeberechtigten eintretenden Rechtsfolge auf den Fall der Entziehung verbiete sich schon deshalb, weil die für den ersteren Fall getroffene gesetzliche Regelung in der Praxis zu Unzuträglichkeiten führe; es stelle sich nämlich öfters beim Ableben des bisher fürsorgeberechtigten Teiles heraus, daß eine Entfremdung zwischen den Kindern und dem anderen Teil eingetreten sei, welche den Übergang des Sorgerechts auf den letzteren als nicht wünschenswert erscheinen lasse, ohne daß es in der Regel möglich sei, sofort die Voraussetzungen für eine Entziehung durch das Vormundschaftsgericht festzustellen. Dieser Erwägung kann keine durchschlagende Bedeutung zuerkannt werden. Im Falle des Todes des fürsorgeberechtigten Teiles mag es oft so stehen, daß die Verhältnisse beim anderen Teile dem Vormundschaftsgerichte nicht bekannt sind; im Falle der Entziehung liegt das anders. Hier ist es in der Praxis anerkannt, daß es Sache des Vormundschaftsgerichts ist, gleichzeitig mit dem Verfahren, das auf Entziehung gegenüber dem bisher fürsorgeberechtigten Teil abzielt, eine Prüfung der Verhältnisse beim anderen Teile vorzunehmen (KJB. 46 A 37, vgl. auch Entsch. des Bayr. Obersten Landesgerichts in Zivils. Bd. 13 S. 136). Falls dabei die Voraussetzungen für ein Eingreifen des Vormundschaftsgerichts gegen den letzteren nicht festgestellt werden können, muß eben das natürliche Elternrecht in Wirksamkeit treten. Wie es in den vom Landgerichte noch weiter herangezogenen Fällen zu halten sei, daß die Ehegatten bloß getrennt leben oder daß erst nach Entziehung des Fürsorgerechts die Scheidung erfolgt, bedarf hier keiner Erörterung; zwingende Schlußfolgerungen zugunsten der vom Landgerichte verfochtenen Anschauung ergeben sich aus der Heranziehung jener Fälle nicht.

Wie eingangs schon erwähnt, unterscheidet sich von den früher zur Entscheidung gekommenen Fällen der Streitfall insofern, als hier dem Vater die elterliche Gewalt im vollen Umfang entzogen worden und dadurch die Bestellung eines Vormundes erforderlich geworden ist. Ob eine solche im Gesetze nicht ausdrücklich vorgesehene Entziehung bei der gegebenen Sachlage angängig war, ist hier nicht nachzuprüfen, da der Vater die Anordnung des Vormundschaftsgerichts nicht angefochten hat, so daß sie ihm gegenüber wirksam geworden ist. Welche Rechtsfolgen der Mutter gegenüber sich daraus ergeben, ist aus § 1698 BGB. zu entnehmen. Denn dieser Paragraph bezieht sich nicht, wie aus dem Wortlaute, namentlich aus der Verweisung auf § 1634, gefolgert werden könnte, nur auf eine noch bestehende Ehe. Das ist mit Sicherheit aus den Beratungen der Kommission für die zweite Lesung (Prot. Bd. 6 S. 301) zu ersehen; wenn dort auch nur der Fall der Scheidung wegen Geisteskrankheit ausdrücklich erwähnt worden ist, so ergibt sich doch aus dem Zusammenhang ohne weiteres, daß § 1698 auch die Verhältnisse bei geschiedener Ehe im Auge hat. Nach § 1698 kann nun die für allein schuldig erklärte geschiedene Ehefrau das Recht der Sorge für die Person der Kinder nicht im vollen Umfang, aber doch in dem dort bezeichneten beschränkten Umfange beanspruchen, und es bedarf deshalb der Prüfung, ob ihr dieses beschränkte Recht zu belassen oder, wie seitens der Vormundschaftsbehörde geschehen war, zu entziehen sei. Zur Vornahme dieser Prüfung muß die Sache an das Landgericht zurückverwiesen werden.

---

83. Wann liegt eine unzulässige Anfechtung der Entscheidung über den Kostenpunkt vor?

II. Zivilsenat. Urt. v. 21. Juni 1921 i. S. M. (Kl.) w. B. (Bekl.). II 1/21.

I. Landgericht I Berlin, Kammer für Handelssachen. — II. Kammergericht daselbst.

Der Kläger hatte Klage auf Schadensersatz erhoben wegen Nichtabnahme von Kies und ein rechtskräftiges Urteil erstritten, das den Anspruch dem Grunde nach für gerechtfertigt erklärte. Im Betragsverfahren forderte der Kläger für 1175 nicht abgenommene Wagenladungen mit der Behauptung, daß er an jedem Wagen 7 ℳ verdient haben würde, nach unten abgerundet 8000 ℳ nebst 5 % Zinsen seit dem 2. August 1913. Der Beklagte wurde durch Urteil vom 6. Dezember 1918 seinem Anerkenntnis gemäß zur Zahlung von 5922 ℳ verurteilt. Der Kläger ermäßigte darauf seinen Anspruch dahin, daß er nur noch Zahlung von 2078 ℳ nebst 5 % Zinsen seit dem 2. August 1913 beanspruchte. Der erste Richter schätzte jedoch den Gewinn des Klägers an einem Wagen Kies nur auf 6 ℳ. Demgemäß verurteilte er den Beklagten durch Urteil vom 9. Mai 1919 in Höhe von 1128 ℳ mit Zinsen. Im übrigen wies er die Klage ab und entschied über die Kosten dahin, daß die in der Berufungsinstanz sowie die vorher in erster Instanz erwachsenen Kosten gegeneinander aufgehoben würden, die späteren erstinstanzlichen Kosten dem Beklagten zur Last fielen.

Gegen dieses Urteil legte der Kläger Berufung ein. In der Berufungsschrift war ein Antrag nicht enthalten. In einem Schriftsatze vom 26. Mai 1920 kündigte er den Antrag an, daß ihm noch 5 % Zinsen von 5922 ℳ seit dem 2. August 1913 gezahlt und die Kosten mit Ausnahme eines gewissen Teiles, wovon $^2/_7$ ihn träfen, sämtlich dem Beklagten auferlegt würden. In der mündlichen Verhandlung stellte er statt dessen den Antrag, den Beklagten zu verurteilen, über das Urteil des Landgerichts hinaus noch weitere 6872 ℳ nebst 5 % Zinsen seit dem 2. August 1913 zu zahlen, jedoch abzüglich der durch das Anerkenntnisurteil zugesprochenen 5922 ℳ. Der Beklagte schloß sich der Berufung nach Ablauf der Berufungsfrist mit der Bitte um eine für ihn günstigere Kostenentscheidung an.

Das Kammergericht verwarf die Berufung als unzulässig und erklärte die Anschließung für unwirksam. Zur Begründung führte es aus, es handle sich für den Kläger entgegen § 99 Abs. 1 ZPO. nur um eine Anfechtung der Kostenentscheidung. Den abgewiesenen Kapitalanspruch von 950 ℳ und den Anspruch auf Zinsen davon wolle er, wie es überzeugt sei, ernstlich nicht geltend machen, denn nachdem über die Höhe des an einem Wagen Kies entgangenen Gewinns im ersten Rechtszuge drei Gutachten eingeholt worden seien, könne er nicht erwarten, daß das Kammergericht über eine so einfache Frage nochmals Gutachten einziehen werde. Auch die Dürftigkeit dessen, was er gegen die Abweisung der 950 ℳ vorbringe, beweise, daß es ihm auf diesen Punkt in Wirklichkeit nicht ankomme.

Auf die Revision wurde das Urteil des Kammergerichts aufgehoben und die Berufung für zulässig erklärt.

Gründe:

Die angefochtene Entscheidung ist aus dem Bestreben entsprungen, Umgehungen des § 99 Abs. 1 ZPO. entgegenzutreten, kann aber nicht gebilligt werden. Der vom Vorderrichter angeführte Fall, daß jemand Berufung zur Hauptsache nur wegen einer Mark einlegt, im übrigen eine andere Kostenverteilung beantragt und eine nähere Begründung der Berufung zur Hauptsache auf Befragen ablehnt, liegt ganz anders. Hier ist der Wille, das Urteil ernstlich nur wegen des Kostenpunkts zu bekämpfen, gleichsam mit Händen zu greifen; es ist schlechthin ausgeschlossen, daß ein solcher Rechtsmittelkläger an dem zur Hauptsache gestellten Antrag um seiner selbst willen ein verständiges und schutzwürdiges Interesse hätte. Anders wenn, wie im vorliegenden Fall, ein Antrag gestellt wird, an dem eine Partei sehr wohl ein Interesse haben kann, und nur der Verdacht auftaucht, daß gerade diese bestimmte Partei nach der konkreten Gestaltung der Umstände in Wahrheit nicht daran interessiert sei. Der jetzige Kläger ist in erster Instanz mit 950 ℳ nebst Zinsen unterlegen, die er nach seinem Berufungsantrage zuerkannt haben will. Die Ansicht des Berufungsgerichts, daß es ihm trotzdem nur um eine Änderung der Kostenverurteilung zu tun sei, beruht allein auf der Annahme, daß er an einen Erfolg in der Hauptsache nicht glaube. Das ist nun schon eine prozessual und materiellrechtlich äußerst bedenkliche Stütze. Mit Recht rügt die Revision Verletzung des § 139 ZPO., da das Berufungsgericht die Gründe, die es zu seiner Annahme geführt haben, in der mündlichen Verhandlung nicht kundgegeben, den § 99 ZPO. und die Zulässigkeit der Berufung nicht zur Erörterung gestellt hat. Sachlich werden die Beweisgründe des Berufungsgerichts von der Revision mit Entschiedenheit bestritten. U. a. macht sie geltend, man dürfe es einem Rechtsanwalt nicht zutrauen, daß er seiner Partei, nur damit sie von den bisher aufgelaufenen Kosten einen geringeren Teil zu tragen habe, die Belastung mit den ganzen, nach einem Objekt von 950 *M* berechneten Kosten des neuen Berufungsverfahrens zuziehe. Es kommt hinzu, daß der in der mündlichen Verhandlung von dem Berufungsgericht verlesene und allein maßgebende Antrag den Kostenpunkt überhaupt nicht erwähnt.

Indes könnte sich alles dies auch anders verhalten, ohne daß der Behandlungsweise des Vorderrichters zugestimmt werden dürfte. Wäre es gestattet, daß das Rechtsmittelgericht die inneren Gedanken und Motive des Rechtsmittelklägers untersuchte, um zu ermitteln, ob er es mit dem Antrage zur Hauptsache ernst meine, so wäre die Frage der Zulässigkeit des Rechtsmittels, die doch vor allem klar sein muß, auf eine schwankende und unsichere Grundlage gestellt. Solche Seelenforschung darf der Richter nicht treiben. Daher hat schon der III. Zivilsenat des Reichsgerichts in Gruchot Bd. 40 S. 1187 (auszugsweise auch JW. 1896 S. 70 Nr. 6) ausgesprochen, daß die Berufung nicht deshalb als unzulässig verworfen werden darf, weil der Berufungskläger nur zu dem Zwecke, eine Änderung der Kostenentscheidung herbeizuführen, einen Antrag in der Sache selbst stellt, den er nach Ansicht des Gerichts für aussichtslos hält. Das ist feste Rechtsprechung des Reichsgerichts; vgl. aus neuerer Zeit namentlich das Urteil des jetzt erkennenden Senats vom 30. April 1918 II 511/17 (JW. 1918 S. 510 Nr. 11, Warneyer 1918 Nr. 126, Gruchot Bd. 62 S. 655). Auch die Kommentare stehen auf demselben Standpunkte; vgl. zu § 99 ZPO. Stein bei Anm. 14, Skonietzki-Gelpcke Anm. 5a, Förster-Kann Anm. 1 c d d, Sydow-Busch Anm. 4.

84. Verkauf von Gegenständen, die aus dem Ausland einzuführen sind und im Inland nur durch eine Reichsstelle oder mit deren Genehmigung in Verkehr gebracht werden dürfen.

II. Zivilsenat. Urt. v. 24. Juni 1921 i. S. Isomur-Co. m. b. H. (Bekl.) w. B. & Co. (Kl.). II 80/21.

I. Landgericht Hamburg, Kammer f. Handelssachen. — II. Oberlandesgericht daselbst.

Im Oktober 1919 verkaufte die Klägerin der Beklagten 1000 Kisten kondensierte Milch cif Hamburg zum Preise von 9 Dollar 80 Cents die Kiste, Lieferung gegen Dreimonatssichttratte, die von einer bekannten Großbank zu akzeptieren war; die Bank sollte der Klägerin schriftlich bestätigen, daß sie die Tratte bei Vorkommen ordnungsmäßig akzeptieren werde. Wegen dieser Bankgarantie mahnte die Klägerin und setzte eine Nachfrist, die ergebnislos verlief. Mit der Klage forderte sie 300 Dollars als Teil des ihr durch die Nichterfüllung entstandenen Schadens. Die Beklagte wandte ein, der Vertrag sei wegen der Bestimmungen über Einfuhr von Milcherzeugnissen aus dem Auslande nichtig.

Die Vorinstanzen gaben der Klage statt. Die Revision hatte Erfolg.

Gründe:

Die Einfuhr von Milcherzeugnissen aus dem Ausland ist geregelt durch die Bundesratsverordnungen vom 18. April und 16. Dezember 1916 (RGBl. S. 302, 1391), durch die Verordnung vom 24. Januar 1919 (RGBl. S. 131) und die Ausführungsbestimmungen des Reichskanzlers (RGBl. 1916 S. 303, 1392). Danach dürfen sie nur durch die Reichsstelle für Speisefette, Geschäftsabteilung, Gesellschaft m. b. H. in Berlin, oder mit deren Genehmigung in den Verkehr gebracht werden. Wer sie aus dem Ausland einführt, hat sie an diese Reichsstelle zu verkaufen und zu liefern. Er hat ihr den Eingang der Waren und deren Aufbewahrungsort unverzüglich anzuzeigen, worauf sich die Reichsstelle unverzüglich zu erklären hat, ob sie die Waren übernehmen will. Das Eigentum geht mit dem Zeitpunkt auf die Reichsstelle über, in dem die Übernahmeerklärung dem Veräußerer zugeht. Bis zur Abnahme hat der Einführende die Waren mit der Sorgfalt eines ordentlichen Kaufmanns aufzubewahren und in handelsüblicher Weise zu versichern. Verletzungen der Anzeige-, Lieferungs- und Aufbewahrungspflicht sind unter Strafe gestellt.

Die Klägerin hat nun die Konnossamente der Beklagten nicht etwa übergeben, während die Ware noch schwamm. Hätte sie das getan, ohne daß über die Erfüllung der Pflichten des Einführenden etwas zwischen ihnen bestimmt wäre, so hätte sie der Beklagten überlassen mögen, wie sie sich mit der Reichsstelle abfinden wollte. Allein nach Feststellung des Berufungsgerichts sind beide Parteien darüber einverstanden, daß die Ware vor Übergabe der Papiere im Hafen eingelagert worden ist und vertragsmäßig dort zu empfangen war. Alsdann aber lagen die Einführerpflichten der Klägerin ob, denn als Einführender gilt nach § 2 Abs. 3 AusfBest. „wer nach Eingang der Ware im Inlande zur Verfügung über sie für eigene oder fremde Rechnung berechtigt ist". Mit Unrecht sucht das Berufungsgericht die gegenteilige Annahme, wonach Einführende die Beklagte gewesen wäre, aus dem Umstande herzuleiten, daß der Hafen Freihafen, also Zollausland war. Im Sinne der mit der Einfuhr von Waren sich befassenden Verordnungen, die nicht das Zollwesen betreffen, sondern rein wirtschaftlichen Charakter haben, ist unter „Ausland" das politische, nicht das Zollausland zu verstehen. Schon mit Überschreitung der territorialen Grenze, nicht erst mit der Einfuhr in das Zollinland begann das Inverkehrbringen der Ware, und schon im Freihafen durfte die Reichsstelle die Hand auf sie legen.

Für das Verhältnis der Parteien untereinander folgt hieraus, daß die Klage unbegründet ist. Allerdings geht es zu weit, wenn die Beklagte den Kaufvertrag für nichtig erachtet wissen will. Die Verbote der Verordnungen über Milcheinfuhr aus dem Auslande richten sich nur gegen diejenige Vertragspartei, die die Ware einführt, nicht gegen den Vertrag als solchen; § 134 BGB. greift daher nicht Platz. Da es der Reichsstelle freistand, die Inverkehrbringung durch die Klägerin zu genehmigen, trägt der erkennende Senat auch Bedenken, mit dem in einem gleichliegenden Fall ergangenen Urteil des III. Zivilsenats des Reichsgerichts III 203/18 vom 15. Oktober 1918 auszusprechen, daß der Vertrag nach § 306 BGB. auf eine unmögliche Leistung gerichtet gewesen sei. Entscheidend ist aber, daß die Klägerin nicht den geringsten Versuch gemacht hat, die Genehmigung der Reichsstelle zu erwirken, vielmehr die Ware ohne diese Voraussetzung angeboten hat. Nach Treu und Glauben durfte die Beklagte eine Beteiligung an der danach beabsichtigten Umgehung des Gesetzes ablehnen (§ 242 BGB.; vgl. RGZ. Bd. 99 S. 157). Dies um so mehr, als ihre eigenen Interessen bedroht waren, wenn sie über die fehlende Genehmigung hinwegsah. Hätte sie sich dadurch auch nicht strafbar gemacht, so würde sie doch Gefahr gelaufen sein, daß die Reichsstelle die Ware noch bei ihr in Anspruch nahm. Wie in RGZ. Bd. 99 S. 236 dargelegt ist, kommt der Bestimmung, daß die Ware nur durch die Reichsstelle oder mit deren Genehmigung in den Verkehr gebracht werden darf, neben den Sätzen über die Verpflichtungen des Einführenden eine selbständige Bedeutung zu, kraft deren die Reichsstelle die Ware auch dann an sich ziehen kann, wenn sie vom Einführenden schon weitergegeben ist. Da mithin die Klägerin die Milch nicht frei von Rechten Dritter angeboten hat, die gegen die Beklagte geltend gemacht werden konnten, ergibt sich das Recht zur Weigerung der Abnahme auch aus §§ 434, 440 BGB.

Das angefochtene Urteil muß hiernach aufgehoben und in der Sache selbst die Klage abgewiesen werden.

85. Hat die Mängelanzeige, die in den Geschäftsräumen des abwesenden Geschäftsinhabers von seinen Angestellten durch den Fernsprecher entgegengenommen wird, die gleiche Wirkung, wie wenn sie von dem Geschäftsinhaber persönlich entgegengenommen worden wäre?

III. Zivilsenat. Urt. v. 24. Juni 1921 i. S. J. (Kl.) w. P. & F. (Bekl.). III 15/21.

I. Landgericht Dresden, Kammer f. Handelssachen. — II Oberlandesgericht daselbst.

Die in Dresden ansässige Beklagte verkaufte im August 1918 dem in Berlin ansässigen Kläger einen Bahnwagen Glaubersalz. Der im September gelieferte Wagen enthielt aber nicht reines Glaubersalz, sondern eine Mischung von solchem und Steinsalz. Der Kläger verlangte wegen schuldhaft mangelhafter Vertragserfüllung Schadensersatz. Das Landgericht erklärte den Anspruch für gerechtfertigt. Das Berufungsgericht wies die Klage ab. Auf die Revision des Klägers wurde das Berufungsurteil aufgehoben und die Sache an das Berufungsgericht zurückverwiesen.

Gründe:

Das Berufungsgericht weist die Klage wegen Verspätung der Mängelanzeige nach § 377 HGB. ab, weil diese dem Handlungsagenten der Beklagten, dem Kaufmann F. in Berlin, persönlich frühestens zwei Tage nach der Entdeckung des Mangels gemacht worden, eine von dem Kläger behauptete frühere Mitteilung durch Fernsprecher aber mangels Weitergabe durch die Angestellten des F. an diesen unwirksam gewesen sei. Das Berufungsgericht geht also gemäß § 86 Abs. 2 HGB. davon aus, daß eine Mängelanzeige mit Wirkung für den Verkäufer auch dessen Handlungsagenten gemacht werden könne, verlangt aber in diesem Fall eine Erklärung gegenüber dem Agenten selbst und will eine in seiner Abwesenheit durch den Fernsprecher eingehende Anzeige nur dann gelten lassen, wenn sie von den sie entgegennehmenden Angestellten dem Agenten übermittelt worden ist. Diese Einschränkung ist aber mit den Anforderungen des modernen Verkehrs nicht vereinbar.

Der Kaufmann, der sich zur Erledigung des Geschäftsverkehrs besonderer Geschäftsräume mit Angestellten bedient, gibt dadurch zu erkennen, daß er mittels dieser Einrichtung mit Dritten zu verkehren bereit ist, und muß daher geschäftliche Kundgebungen, die auf diesem Wege in den Bereich seines Geschäfts gelangen, so gegen sich gelten lassen, als wenn sie an ihn persönlich gelangt wären. Das gilt auch für Mängelanzeigen im Sinne des § 377 HGB. Eine in seiner Abwesenheit eingehende Anzeige dieser Art muß daher als in dem Zeitpunkte gemacht angesehen werden, in dem sie in den Geschäftsräumen von einem seiner Angestellten entgegengenommen wird. Auf das

Mittel der Kundgebung kann es dabei nicht entscheidend ankommen. Die mündliche Mitteilung ist daher ebenso als dem Geschäftsinhaber zugegangen anzusehen wie etwa eine in den Geschäftsräumen für ihn abgegebene schriftliche Nachricht. Der mündlichen Erklärung steht aber die durch den Fernsprecher vermittelte gleich. Gerade für Erklärungen der letzteren Art ist eine andere Beurteilung ausgeschlossen durch die Bedeutung, die der Fernsprechverkehr im modernen Geschäftsleben gewonnen hat. Dieser Geschäftsverkehr mittels des Fernsprechers wäre praktisch undurchführbar, wenn Dritte wirksam nur mit dem Geschäftsinhaber persönlich verhandeln könnten oder doch bei Mitteilungen, die in dessen Abwesenheit gegenüber Angestellten gemacht werden, sich noch darüber vergewissern müßten, daß sie von den Angestellten an den Geschäftsherrn weitergegeben werden. Die Mitteilung, die in den Geschäftsräumen des abwesenden Geschäftsinhabers von seinen Angestellten durch den Fernsprecher entgegengenommen wird, muß daher die gleiche Wirkung haben, wie wenn sie von dem Geschäftsinhaber persönlich entgegengenommen worden wäre. Die Gefahr, die damit für ihn verbunden sein kann, wird ihm nicht unbilligerweise auferlegt. Da er selbst durch seine Beteiligung am Fernsprechverkehr sich zur Entgegennahme von Mitteilungen durch den Fernsprecher bereit erklärt, muß er auch dafür Sorge tragen, daß geschäftliche Mitteilungen, die auf diesem Wege einlaufen, ihm von seinen Angestellten übermittelt werden. Unter regelmäßigen Verhältnissen wird er auch in der Lage sein, von solchen Mitteilungen Kenntnis zu erhalten. Fehler in der Geschäftseinrichtung und Nachlässigkeiten der Angestellten, die ausnahmsweise dazu führen, daß der Geschäftsinhaber keine Kenntnis erhält, dürfen nicht dem Dritten schaden, der im Vertrauen auf das dargebotene Verkehrsmittel handelt. Freilich kann es nicht genügen, wenn beliebige Personen, wie z. B. eine mit der Reinigung der Geschäftsräume betraute Person, die Erklärungen am Fernsprecher entgegennehmen. Es muß sich um kaufmännische Angestellte handeln, aber auch genügen, wenn sich der Dritte darüber vergewissert, mit einem solchen Angestellten zu verhandeln. Das Reichsgericht hat in RGZ. Bd. 61 S. 125 als Grundsatz ausgesprochen, daß Willenserklärungen, die mittels des Fernsprechers an das Kontor eines Kaufmanns in seiner Abwesenheit gelangen, ihm in dem Augenblicke zugehen, in dem sie von einem dazu Befugten entgegengenommen werden, als welcher in der Regel jeder kaufmännische Angestellte des Kontors anzusehen sei. Was hier für rechtsgeschäftliche Willenserklärungen ausgesprochen ist, muß um so mehr für Mängelanzeigen im Sinne des § 377 HGB. gelten, die nur die tatsächliche Mitteilung von Mängeln enthalten. Für den Fall der Mängelanzeige läßt sich unterstützend auch die Vorschrift des § 377 Abs. 4 heranziehen, die zwar weder unmittelbar noch entsprechend anzuwenden ist, aber immerhin erkennen läßt, daß es für die Anwendung des § 377 überall mehr auf die Betätigung des Käufers, als auf die Ankunft der Anzeige bei dem Verkäufer ankommt. Die hier anerkannte Auffassung wird auch im Schrifttum, so von Staub-Könige HGB. § 377 Anm. 25 in Verb. mit § 54 Anm. 13 und Anhang zu § 361 Anm. 31a; Ritter HGB. § 377 Anm. 13f, § 362 Anm. 10b, vertreten. Die gegenteilige, namentlich in Erörterungen zu § 130 BGB. hervortretende Meinung (vgl. Planck BGB. § 130 Erl. 1c und 3 und dort erwähnte Schriftsteller) würde dazu führen, den Angestellten des Geschäftsinhabers als Boten des Dritten zu behandeln. Das wäre für den Verkehr unter Kaufleuten gerade das Gegenteil dessen, was der Verkehrsanschauung entspricht. Das Berufungsurteil kann danach nicht aufrecht erhalten werden; vielmehr muß es aufgehoben und die Sache an das Berufungsgericht zurückverwiesen werden. Was die Frage der Mängelanzeige betrifft, so bedarf es noch der Feststellung, von wem, an wen und mit welchem Inhalte die behauptete Mitteilung durch den Fernsprecher gemacht worden ist, worüber bis jetzt noch nichts feststeht. . . .

---

86. Zur Anwendung des § 1 Nr. 4 der Verordnung gegen Preistreiberei vom 8. Mai 1918.

II. Zivilsenat. Urt. v. 28. Juni 1921 i. S. O. (Kl.) w. N. (Bekl.). II 40/21.

I. Landgericht I Berlin, Kammer f. Handelssachen. — II. Kammergericht daselbst.

Im Dezember 1918 kaufte der Glasermeister N. von der Beklagten einen Waggon Gartenglas. Der Preis wurde „freibleibend unter den bekannten Hüttenbedingungen" auf 7,50 *M* bis 60 addierte Zentimeter und 7,90 *M* bis 80 addierte Zentimeter für den Quadratmeter vereinbart. Unter dem 22. Januar 1919 teilte die Beklagte dem N. mit, daß die Hüttenpreise um 35% erhöht worden seien, daß sie ihm jedoch noch zu 9,45 *M* bis 60 addierte Zentimeter und zu 9,95 bis 80 addierte Zentimeter für den Quadratmeter liefern wolle, womit N. sich einverstanden erklärte. Nachdem N. vergeblich Lieferung verlangt hatte, verkaufte er die Ware zu einem um etwa 5% höheren Preise an den Kläger, der sie seinerseits, wiederum mit etwa 5% Aufschlag, an Br. verkaufte. Als die Beklagte im April 1919 auf Grund der Hüttenbedingungen den im Januar erhöhten Preis um 17% steigern wollte, lehnte N. dies ab und übertrug seinen vertraglichen Anspruch gegen die Beklagte auf den Kläger, der zur Klage schritt und schließlich den Antrag stellte, die Beklagte zu verurteilen, ihm, dem Kläger, einen Waggon feste Masse Gartenglas bis 60 addierte Zentimeter zum Preise von 7,50 ℳ den Quadratmeter und bis 80 addierte Zentimeter zum Preise von 7,90 ℳ den Quadratmeter zuzüglich 35 % Aufschlag zu liefern. Die Beklagte erhob u. a. den Einwand des Kettenhandels, auch machte sie geltend, daß der Anspruch auf Erfüllung gemäß § 326 BGB. ausgeschlossen sei. Das Landgericht hielt letzteres für durchgreifend und erkannte auf Abweisung der Klage. Das Kammergericht wies die Berufung des Klägers zurück. Es mißbilligte zwar den Entscheidungsgrund des Landgerichts, nahm aber an, daß der Weiterverkauf R.s an den Kläger Kettenhandel sei, und daß daher der Beklagten die Lieferung nicht mehr zugemutet werden könne. Die Revision des Klägers hatte Erfolg.

Aus den Gründen:

Unterstellt man mit dem Kammergerichte, daß R. das in Rede stehende Gartenglas von der Beklagten gekauft hat, um es zur Ausführung von Verglaserarbeiten zu verwenden, die ihm übertragen worden waren, daß er aber infolge Lieferungsverzugs der Beklagten genötigt war, sich das zu den übernommenen Arbeiten erforderliche Glas anderweitig zu beschaffen, daß er infolgedessen für das ihm von der Beklagten zu liefernde Glas in seiner Verglaserei keine Verwendung mehr hatte und daß er nur deswegen dazu übergegangen ist, dieses Glas mit einem Preisaufschlage von etwa 5 % an den Kläger zu verkaufen, so kann weder davon ohne weiteres die Rede sein, daß R. sich durch den Verkauf an den Kläger einer unlauteren Machenschaft, insbesondere des Kettenhandels im Sinne des § 1 Abs. 1 Nr. 4, Abs. 2 der Verordnung gegen Preistreiberei, vom 8. Mai 1918 (RGBl. S. 395), schuldig gemacht hätte, noch auch davon, daß es der Beklagten nach § 242 BGB. nicht zugemutet werden könnte, zu der Erfüllung dieses Verkaufs durch Lieferung der Ware die Hand zu bieten. Denn bei der als richtig unterstellten Sachlage war das zwischen der Beklagten und R. abgeschlossene Kaufgeschäft von vornherein völlig einwandfrei, R. hatte aus dem Vertrag einen durchaus rechtmäßigen Lieferungsanspruch gegen die Beklagte erlangt, und er konnte dieses Anspruchs füglich nicht dadurch verlustig gehen, daß er das Glas, weil es ihm von der Beklagten nicht rechtzeitig geliefert wurde, zur Ausführung der ihm übertragenen Arbeiten nicht mehr verwenden konnte, andere Arbeiten aber, zu denen er es hätte gebrauchen können, zur Zeit nicht auszuführen hatte. Er wäre also, wenn er beabsichtigt hätte, das gekaufte Glas solange aufzubewahren, bis sich ihm eine andere Gelegenheit bot, es in seiner Verglaserei zu verarbeiten, zur Geltendmachung seines Lieferungsanspruchs unbedenklich berechtigt gewesen, wie er anderseits, wenn die Beklagte noch nicht im Verzuge gewesen sein sollte, das Glas auf Verlangen der Beklagten hätte abnehmen müssen. Ist das aber richtig, so kann ihn auch nicht lediglich deswegen, weil er das für ihn selbst einstweilen unverwendbar gewordene Glas mit einem geringen Preisaufschlag an den Kläger verkauft und so die Möglichkeit eines schnelleren Verbrauchs durch dessen Abnehmer herbeigeführt hat, der Vorwurf verbotenen Kettenhandels oder sonstwie einer unlauteren Machenschaft treffen. Eine andere Frage ist allerdings die, ob etwa der Kläger, der nicht an einen Zwischenhändler, sondern an einen Verbraucher weiterverkauft haben will, durch den Kauf von R. gegen das Verbot des Kettenhandels verstoßen hat, und ob der Beklagte aus diesem Grunde zur Verweigerung der Lieferung berechtigt ist. Allein eine Feststellung dahin, daß der Kläger sich aus Eigensucht als unnützes Zwischenglied in den Verteilungsgang der Ware eingeschoben habe, hat das Kammergericht bisher nicht getroffen, auch schon deshalb nicht treffen können, weil nichts dafür beigebracht worden war, daß R. in der Lage gewesen wäre, das Glas unmittelbar an einen anderen Verbraucher zu verkaufen.

---

87. Ist die Auflassungsvollmacht auch dann nach § 31 GBO. stempelfrei, wenn in der Urkunde, in der sie erteilt ist, nicht das ganze der Auflassung zugrunde liegende Rechtsgeschäft beurkundet ist, sondern nur das Angebot dazu oder dessen Annahme?

VII. Zivilsenat. Urt. v. 28. Juni 1921 i. S. R. (Kl.) w. preuß. Staat (Bekl.). VII 569/20.

I. Landgericht Altona. — II. Oberlandesgericht Kiel.

Am 7. September 1916 hat der Kläger als Notar eine Urkunde aufgenommen, in der jemand einem andern anbot, ihm sein Grundstück unter bestimmten Bedingungen abzukaufen, und gleichzeitig einem Dritten Auflassungsvollmacht erteilte. Das Angebot wurde unter dem 28. September 1916 angenommen. Dem erwähnten Bevollmächtigten ist das Grundstück aufgelassen worden. Der Kläger hat zu der Auflassungsvollmacht 3 *M* Stempel verwendet, der Beklagte hat von ihm weitere 7 *M* erfordert. Mit seiner Klage verlangt der Kläger, festzustellen, daß jene Forderung unberechtigt ist. Das Landgericht und das Oberlandesgericht haben die Klage abgewiesen. Die Revision blieb ohne Erfolg.

Gründe:

... Die Stempelforderung des Beklagten ist an sich nach Tarifst. 73 PreußStempStG. gerechtfertigt. Vergeblich beruft sich der Kläger auf den Schutz des § 31 GBO. Hier heißt es: „Wird im

Falle der Auflassung eines Grundstücks . . . die erforderliche Einigung des Berechtigten und des anderen Teiles durch Bevollmächtigte vor dem Grundbuchamt erklärt, so ist die Vollmacht stempelfrei, wenn das der Einigung zugrunde liegende Rechtsgeschäft von einem Notar beurkundet und die Vollmacht in der Urkunde erteilt ist."

Die übrigen Voraussetzungen dieser Vorschrift sind unstreitig erfüllt, gestritten wird nur darüber, ob die Auflassungsvollmacht in der Urkunde erteilt ist, welche das der Auflassung zugrunde liegende Rechtsgeschäft enthält. Die Revision will das Angebot und die Annahme unter Berufung auf § 128 BGB. als eine einzige Urkunde ansehen, die Revisionsbeantwortung will sie als zwei selbständige Urkunden behandelt wissen und findet dann die Vollmacht in einer Urkunde, die nur ein Vertragsangebot enthält. Die Streitfrage hat dem Senat schon einmal vorgelegen, RGZ. Bd. 78 S. 156. Damals ist sie unbeantwortet geblieben. Jetzt hat der Senat sie im Sinne des Beklagten entschieden.

Erst die Reichstagskommission hat den § 31 in die Grundbuchordnung eingefügt. Der ausgesprochene Zweck war dabei der, einen Ausgleich zu schaffen für gewisse Vorteile, welche Art. 143 Abs. 1 EinfG. z. BGB. bestimmten Gebieten gewährte. Namentlich blieb danach in den Bezirken des früheren rheinischen Rechtes die Möglichkeit bestehen, die Auflassung eines Grundstücks vor einem Notar zu erklären. Hatten also zwei Leute einen Grundstückskaufvertrag vor einem Notar abgeschlossen, so konnten sie im Anschluß an den Vertrag bei dem Notar sofort auch die Auflassung vornehmen. In den anderen Gebieten des deutschen Reichs mußten sie entweder selbst zum Grundbuchamt gehen oder einen Bevollmächtigten dorthin schicken. Der Stempel für diese Vollmacht sollte ihnen durch § 31 GBO. erlassen werden. Es ist nun aber ohne weiteres klar, daß die Bewohner der ehemals rheinischrechtlichen Gebiete nicht besonders bevorzugt waren, wenn sie den Grundstückskaufvertrag in der Form des § 128 BGB. schlossen. In einem solchen Falle konnte regelmäßig die Auflassung ebenfalls nicht in unmittelbarem Anschluß an das Zustandekommen des Vertrags erklärt werden. Die Beteiligten oder die von ihnen bestellten Bevollmächtigten mußten sich erst noch gemeinsam auf dem Grundbuchamt oder vor einem Amtsgericht oder vor einem Notar einfinden, um „bei gleichzeitiger Anwesenheit" nach § 925 BGB. die Auflassung vorzunehmen. Möglich war allerdings, daß der den Vertragsschluß Anbietende oder sein Bevollmächtigter schon zur Annahmeerklärung bei dem Notar erschien, und daß dann sofort nach der Annahme das Grundstück vor dem Notar aufgelassen wurde, aber auch in diesem Falle mußte immer einer der Beteiligten — sei es selbst, sei es vertreten durch einen Bevollmächtigten — sich zweimal bei dem Notar einfinden, und schickte er einen Bevollmächtigten, so mußte er die Stempelkosten für die Vollmacht bezahlen. Hier bestand deshalb kein wesentlicher Anlaß, einen Ausgleich zu schaffen; der gesetzgeberische Grundgedanke versagt also, wenn der Grundstückskaufvertrag in der Form des § 128 BGB. geschlossen wird.

Es kommt aber weiter noch zweierlei in Betracht. Als das Reich den § 31 GBO. in sein Gesetz aufnahm, griff es in einer damals noch ungewöhnlichen Weise in die Stempelgesetzgebung der Bundesstaaten ein. Außerdem ist es eine Ausnahmevorschrift, die von dem Reich aufgestellt ist. Beide Umstände nötigen zu vorsichtiger und einschränkender Auslegung. Folgt man diesem Gebote, so läßt sich die Notwendigkeit nicht begründen, unter der Urkunde im Sinne des § 31 GBO. zwei äußerlich getrennte Urkunden, Angebot und Annahme, zusammenzufassen. . . .

---

88. Wirkt das gegen eine offene Handelsgesellschaft ergangene rechtskräftige Urteil auch gegen den im Laufe des Rechtsstreits vor Erlaß des Urteils aus der Gesellschaft ausgeschiedenen Gesellschafter?

VI. Zivilsenat. Urt. v. 30. Juni 1921 i. S. v. Kl. (Bekl.) w. G. (Kl.). VI 76/21.

I. Landgericht Düsseldorf. — II. Oberlandesgericht daselbst.

Die Klägerin fordert auf Grund Schlußscheins vom 1. August 1919 von der offenen Handelsgesellschaft v. Kl., Kr. und H. sowie von deren Gesellschaftern v. Kl. — dem Revisionskläger —, Georg und Ferdinand Kr. und H. die Zahlung von 145298 *M* für gekauften Wein.

Das Landgericht hat durch Versäumnisurteil vom 5. November 1919 die Gesellschaft und die Gesellschafter Kr., durch Versäumnisurteil vom 28. Januar 1920 den Gesellschafter H. und durch Urteil vom 4. Februar 1920 den Revisionskläger v. Kl. nach dem Klagantrage verurteilt. Das Oberlandesgericht hat die Berufung des v. Kl. zurückgewiesen.

Seine Revision hatte keinen Erfolg.

Aus den Gründen:

. . . Das Berufungsgericht stellt aus dem Handelsregister fest, daß nach den Eintragungen vom 3. November 1919 der Beklagte v. Kl. aus der Gesellschaft ausgeschieden, der Name der Firma in Kr. & H. geändert worden und H. und die beiden Kr. die persönlich haftenden Gesellschafter seien. Als Tag des Beginns der Gesellschaft Kr. & H. sei wie bei der Eintragung der ursprünglichen Gesellschaft unter der früheren Firma der 1. August 1919 angegeben. Hieraus ergebe sich, daß die Gesellschaft nicht aufgelöst, sondern nur durch Ausscheiden des v. Kl. geändert worden sei. Zur Zeit der Klagerhebung habe die Gesellschaft noch unter der alten Firma bestanden; die Klage sei also gegen die Gesellschaft ordnungsmäßig erhoben. Auch das Versäumnisurteil sei am 13. November 1919 an die alte Firma zu Händen des vertretungsberechtigten Mitinhabers H. zugestellt. Daß als Empfänger in der Zustellungsurkunde noch die alte Firma benannt war, sei bedeutungslos, weil das Urteil gegen diese Firma lautete und die beklagte Gesellschaft auch nach Änderung der Firma weiter bestand. Das Versäumnisurteil sei daher, da weder Einspruch noch Berufung eingelegt worden, gegen die beklagte Gesellschaft rechtskräftig. Der Beklagte v. Kl. hafte aus § 128 HGB. für die rechtskräftig festgestellte Verbindlichkeit der Gesellschaft persönlich als Gesamtschuldner. . . .

(Nach Zurückweisung des einzigen Angriffs der Revision, daß das Versäumnisurteil vom 5. November 1919 die Verpflichtung der Gesellschaft erst ins Leben gerufen habe, daher gegen den vorher ausgeschiedenen Gesellschafter nicht wirke, wird fortgefahren:)

Eine andere, von der Revision nicht angeschnittene aber umstrittene Frage ist die, ob das gegen die Gesellschaft ergangene Urteil auch Rechtskraft im Sinne des § 129 Abs. 1 HGB. gegen den Gesellschafter erzeugt, der im Laufe des Rechtsstreits ausgeschieden ist, ob also das Berufungsgericht mit Recht den Beklagten, der laut des Eintrags im Handelsregister vom 3. November 1919 aus der Gesellschaft ausgetreten ist, mit Einwendungen gegen die Gesellschaftschuld nicht hören will, die nicht in seiner Person begründet sind, weil die Rechtskraft des am 5. November 1919 gegen die Gesellschaft erlassenen Versäumnisurteils in diesem Umfang auch gegen ihn wirke.

Die Ansicht des Berufungsgerichts, für die es keine Gründe gegeben hat, bewegt sich in der Richtung der bisherigen reichsgerichtlichen Rechtsprechung. Danach ist die offene Handelsgesellschaft die Vereinigung der in eine Gesamtheit zusammengefaßten Gesellschafter. Sie ist die Trägerin des von dem Privatvermögen der Gesellschafter gesonderten Gesellschaftvermögens und als solche mit den in § 124 HGB. bezeichneten wichtigen Rechten ausgestattet. Zwar ist sie keine juristische Person. Doch ist ihr aus wirtschaftlichem Bedürfnis und zur Sicherheit des Rechtsverkehrs soviel Selbständigkeit zugemessen, daß sie in mancher Beziehung jenem Rechtsgebilde ähnlich erscheint. Dies tritt besonders im Gesellschaftprozeß hervor. Partei ist hier die Verbindung oder Gemeinschaft der Gesellschafter als solche in gewissem Gegensatz zu den Gesellschaftern, die neben der Gesellschaft als Streitgenossen verklagt werden können. An der Parteieigenschaft der Gesellschaft wird nichts geändert, wenn während des Rechtsstreits ein Gesellschafter aus der Gesellschaft ausscheidet oder in die Gesellschaft eintritt. Der Gegner wird nicht davon berührt. Seiner Einwilligung bedarf es zu dieser Verschiebung nicht, die im Innern der Gesellschaft vor sich geht. (So schon RGZ. Bd. 45 S. 322 und die dort angeführten Entscheidungen.) Nach RGZ. Bd. 49 S. 343 steht sogar dem Gesellschafter, der wegen einer Gesellschaftschuld belangt wird, die bereits Gegenstand eines Rechtstreits gegen die Gesellschaft ist, die Einrede der Rechtshängigkeit zu. Sieht man selbst von dieser im Schrifttum vielfach bekämpften Entscheidung ab, so führen die vorentwickelten Grundsätze doch zu der Folgerung, daß das in dem Gesellschaftprozeß ergehende Urteil Rechtskraftwirkung auch gegen den Gesellschafter äußert, der im Lauf des Prozesses ausgetreten ist. Er war Glied der Vereinigung der Gesellschafter, als die Klage erhoben wurde. Aus eigener Macht kann er sich dem Schicksal der Klage nicht entziehen.

Es ist zwar richtig, daß der Gesellschafter mit seinem Ausscheiden den Einfluß auf die Vertretung der Gesellschaft und die fernere Prozeßführung verliert. Seine Haftung für die Verbindlichkeit der Gesellschaft bleibt jedoch bestehen, und wenn selbst das Urteil der Rechtskraft gegen ihn entbehrte, so würden die Feststellungen in dem Rechtsstreit und ihre gerichtliche Würdigung von hoher Bedeutung für ihn sein. Er wird sich deshalb um den weiteren Verlauf des Rechtsstreits, der für ihn keine fremde, sondern eine eigene Angelegenheit bildet, kümmern müssen. Dazu ist er in der Lage. Er kann als Nebenintervenient eintreten und sich gegen Nachteile aus der Prozeßführung der Gesellschaft schützen. Hier war der Beklagte zudem als Gesellschafter mitverklagt, und es war ihm unbenommen, den Erlaß des Versäumnisurteils zu hindern (§ 69 ZPO.) oder Einspruch dagegen einzulegen. Unvermeidliche Beeinträchtigungen, die das Ausscheiden mit sich bringt, muß im übrigen der Ausscheidende in den Kauf nehmen.

Würde anderseits dem Urteil im Gesellschaftprozeß die Rechtskraftwirkung gegen den Ausgeschiedenen versagt, so müßte, um nur den Fall zu erwähnen, wo die Gesellschaft verklagt wird, der Gläubiger eine neue Klage gegen den Ausgeschiedenen anstrengen, auch wenn diesem keine persönlichen Einwendungen gegen die Gesellschaftschuld zur Seite stehen. In dem neuen Rechtstreit könnte eine der früheren widersprechende Entscheidung fallen, was doch nach Möglichkeit verhütet werden sollte. Auch ist die Gefahr nicht von der Hand zu weisen, daß, wenn das Urteil gegen den Ausgeschiedenen nicht wirkt, die Gesellschaft in Versuchung geraten könnte, mit ihm, der ein besonders zahlkräftiger Teilhaber sein mag, zum Schaden des Gläubigers zusammenzuspielen (zu kolludieren).

Der Senat ist daher dem Berufungsgericht beigetreten. Auch ist dessen Annahme nicht zu beanstanden, daß das Versäumnisurteil vom 5. November 1919 der Gesellschaft ordnungsmäßig zugestellt worden ist, wenngleich sie die Firma geändert hatte. Denn die Firma ist nur der Handelsname; ihre Änderung hat hier den Bestand der Gesellschaft nach der Feststellung des Berufungsgerichts unberührt gelassen.

89. Kann für einen gegen das Deutsche Reich geführten Rechtsstreit die deutsche Gerichtsbarkeit infolge einer im Friedensvertrage vom 28. Juni 1919 angeordneten Abtretung preußischen Staatsgebietes erlöschen?

VII. Zivilsenat. Urt. v. 1. Juli 1921 i. S. Schloßsee-Entwässerungsgenossenschaft zu Niederzehren (Kl.) w. das Deutsche Reich, vertreten früher durch eine Abwickelungsstelle in Danzig, jetzt durch das Landesfinanzamt in Stettin (Bekl.). VII 591/20.

I. Landgericht Danzig. — II. Oberlandesgericht Marienwerder.

Auf Grund eines Vertrags vom 21. September 1915 hatte die Inspektion der Kriegsgefangenenlager im Bereiche des XVII. Armeekorps der Klägerin 200 Kriegsgefangene und 26 Wachtmannschaften zu Meliorationsarbeiten gestellt. Als Unterkunftsvergütung sollte Klägerin bis auf Widerruf 15 ₰ für den Tag und Kopf erhalten. Die Vergütung ist ihr auch bis zum 30. August 1916 gezahlt worden. Da die Gefangenen und Bewachungsmannschaften bei ihr bis 1. Dezember desselben Jahres verblieben sind, verlangte Klägerin mit der Klage Nachzahlung von 3084,60 *M* als Vergütung für 91 Tage und 226 Köpfe. Der Beklagte beantragte Klagabweisung und forderte mittels Widerklage die vom 1. Mai bis 10. August 1916 gezahlte Unterkunftsvergütung von 4187,55 *M* wegen eines schon im April desselben Jahres erfolgten Widerrufs der Zahlungspflicht zurück. Das Landgericht in Danzig wies durch Urteil vom 6. November 1919 die Klage ab und verurteilte auf die Widerklage die Klägerin zur Zahlung von 4187,55 *M* an den Beklagten. Die Klägerin legte am 31. Dezember 1919 bei dem Oberlandesgericht in Marienwerder Berufung ein. Dieses erklärte durch Urteil vom 21. Oktober 1920 die weitere Rechtsverfolgung vor dem Oberlandesgerichte für unzulässig, da für den Rechtsfall die deutsche Gerichtsbarkeit erloschen sei. Auf die Revision der Klägerin wurde das Berufungsurteil aufgehoben und die Sache an das Berufungsgericht zurückverwiesen aus folgenden

Gründen:

... Dem vom Beklagten in der Revisionsverhandlung gestellten Antrag auf Aussetzung des Verfahrens war nicht stattzugeben. Allerdings steht zwischen dem Deutschen Reiche und der Freien Stadt Danzig das Inkrafttreten eines Rechtspflegeabkommens in Aussicht. Am 27. August 1920 ist von Bevollmächtigten der beiden Staaten ein solches Abkommen unterzeichnet worden, in welchem unter anderem grundsätzlich vorgesehen ist, daß eine Abgabe von Rechtsstreitigkeiten, die am 10. Januar 1920 bereits bei einem preußischen Oberlandesgericht oder dem deutschen Reichsgericht anhängig waren, an das vorläufige Obergericht der Freien Stadt Danzig nicht stattfinde, und am 1. Dezember 1920 hat der deutsche Reichstag dem Abkommen beigestimmt (RT. 1920 S. 1409 und Drucks. Nr. 994). Zur Ratifikation des Staatsvertrags und zu seiner die Gesetzeskraft begründenden Veröffentlichung ist es indes noch nicht gekommen. Der erkennende Senat sieht sich jedoch auch abgesehen von dem Inhalte des sonach rechtlich erst im Entwurfe vorliegenden Rechtspflegeabkommens in der Lage, schon jetzt eine die Instanz abschließende Entscheidung zu treffen, die angezeigt erscheint, die Angelegenheit sachdienlich zu fördern.

Die im Berufungsurteil vertretene Ansicht, daß für den vorliegenden Streitfall die deutsche Gerichtsbarkeit erloschen sei, kann nicht Billigung finden. Abzulehnen ist vor allem die Erwägung des Urteils, praktisch spreche gegen die Fortdauer der deutschen Gerichtsbarkeit in den fiskalischen Sachen, daß grundsätzlich der Fiskus des erwerbenden Staats an die Stelle des bisherigen deutschen oder preußischen Fiskus als dessen Rechtsnachfolger mit allen seinen Rechten und Pflichten trete und deshalb auch die im Prozeß verfolgte Schuld des deutschen oder preußischen Fiskus wegen Übergangs auf den ausländischen Staat materiell im Regelfall nicht mehr bestehe; ob im Einzelfall ein Verzicht des erwerbenden Staats auf diesen Übergang der Rechte und Pflichten anzunehmen sei oder besondere Vereinbarungen vorlägen, müsse in jedem einzelnen Falle näher dargelegt werden; hier sei es nicht geschehen. Diese Erwägung läßt den Verhandlungsgrundsatz außer acht. Zur Klage kommt ein aus einem schuldrechtlichen Vertrag im Jahre 1916 erwachsener Geldanspruch in Frage, erhoben von einer Genossenschaft, die in dem noch jetzt zu Deutschland gehörigen Gebiet ihren Sitz hat, als Gläubigerin gegen den deutschen Reichsmilitärfiskus als Schuldner. Letzterer hat den Anspruch bestritten und mit der Widerklage einen aus dem Jahre 1916 herrührenden, seitens der Klägerin bestrittenen Bereicherungsanspruch geltend gemacht. Weder aus den Sachvorträgen der Parteien noch sonstwie, insbesondere auch nicht aus dem Friedensvertrage von Versailles, ergibt sich irgendwelcher Anhalt dafür, daß die den Gegenstand des Rechtsstreits bildenden Forderungsrechte oder Schuldverpflichtungen auf eine andere Rechtspersönlichkeit übergegangen seien. Nach dem für die Entscheidung maßgeblichen Streitverhältnisse handelt es sich lediglich um einen Geldanspruch der

Klägerin gegen den Beklagten und um einen Geldanspruch des letzteren gegen erstere.

Für die Frage des Fortbestandes oder der Erlöschung der deutschen Gerichtsbarkeit kommt nur der Anspruch der Klägerin in Betracht. Die Widerklage hat nur nebensächliche Bedeutung. Im Einklang mit dem Berufungsurteil ist ferner anzunehmen, daß seit dem 10. Januar 1920, dem Zeitpunkte des Inkrafttretens des Friedensvertrags, die deutsche Gerichtsbarkeit für das Gebiet der jetzigen Freien Stadt Danzig untergegangen ist. Daraus folgt, daß das Landgericht Danzig seit dem 10. Januar 1920 nicht mehr zur Ausübung deutscher Gerichtsbarkeit berufen ist. Nicht aber ist der allgemeinen grundsätzlichen Folgerung des Berufungsurteils beizustimmen, daß seitdem auch das Oberlandesgericht Marienwerder die Entscheidungsgewalt über die am 10. Januar 1920 bei ihm schon anhängigen Berufungen gegen Urteile des Danziger Landgerichts verloren habe. Wenn auch dies Landgericht im mehrerwähnten Zeitpunkt als preußisches Gericht wegfiel, so blieben doch die von ihm vorher erlassenen Urteile, unter ihnen die in vorliegender Sache ergangene Entscheidung vom 6. November 1919, als Urteilssprüche einer preußischen Gerichtsbehörde bestehen, die jedenfalls in der Zeit bis zum 10. Januar 1920 gültig nur durch Berufung an das übergeordnete preußische Oberlandesgericht Marienwerder angefochten werden konnten (vgl. auch Entsch. des Reichsfinanzhofs Bd. 2 S. 258). Der Gedanke des Berufungsrichters, ein Erlöschen der Gerichtsbarkeit der ersten Instanz müsse für alle Instanzen wirken, geht viel zu weit. Nachdem das Berufungsgericht rechtsgültig mit der Berufung befaßt worden war, ist seine Spruchbefugnis nicht lediglich wegen der Abtrennung der im Art. 100 des Friedensvertrags umgrenzten, den Sitz des erstinstanzlichen Gerichts enthaltenden Gebietsteile von Deutschland erloschen. Erhebliche Bedenken gegen die Fortdauer der Spruchbefugnis des Berufungsgerichts könnten erst entstehen, wenn infolge der in jenem Artikel behandelten Gebietsabtretung die inneren Beziehungen des Klaganspruchs zum deutschen Inland geschwunden wären. Näher ist aber hierauf nicht einzugehen. Es steht immer nur in Frage, ob hier in zweiter Instanz deutsch-preußische oder danziger Gerichtsbarkeit einzutreten hatte. Nach einem anerkannten völkerrechtlichen Grundsatze kann ein Staat selbst aus rein privatrechtlichen Geschäften vor den Gerichten eines fremden Staates nicht belangt werden, es sei denn — was hier nicht in Betracht kommt — daß er sich solcher Gerichtsbarkeit freiwillig unterworfen hat oder es sich um eine Klage in ausschließlichem Gerichtsstand handelt (vgl. v. Liszt, Völkerrecht § 7; Droop bei Gruchot Bd. 26 S. 289 flg.; RGZ. Bd. 22 S. 29, Bd. 62 S. 165; auch JW. 1920 S. 1011). Nach diesem feststehenden Grundsatze, den der Berufungsrichter übersehen hat, kommt im vorliegenden, gegen das Deutsche Reich als Beklagten geführten Rechtsstreit die Entscheidungsgewalt in zweiter Instanz nicht einer im Gebiete der Freien Stadt Danzig, sondern einer in Deutschland bestehenden oberen Gerichtsbehörde zu. Wie aus dem Aufsatz in JW. 1921 S. 141 flg. ersichtlich ist, hat auch das in Danzig errichtete vorläufige Obergericht für Prozesse, die sich gegen den preußischen oder den deutschen Reichsfiskus richteten, mehrfach das Bestehen der danziger Gerichtsbarkeit verneint. Die mit der Revision angefochtene, lediglich auf der irrigen Annahme des Erlöschens der deutschen Gerichtsbarkeit ruhende Entscheidung ist sonach hinfällig. An der örtlichen Zuständigkeit des Berufungsgerichts kann ein Zweifel nicht obwalten. Sie ist aus der zur Zeit der Klagerhebung bestandenen Zuständigkeit des erstinstanzlichen Gerichts (§§ 12, 13, 18 ZPO.) abzuleiten. Jede Veränderung der die örtliche Zuständigkeit begründenden Umstände, namentlich der Übergang des Rechtes zur Vertretung des Beklagten auf eine Behörde mit dem Sitze in Stettin, ist einflußlos (§ 263 Nr. 2 ZPO., vgl. Gruchot Bd. 47 S. 576).

---

90. Regeln sich im Falle des Verkaufs eines Landguts die Gewährleistungsansprüche wegen Viehmängel auch dann nach den Grundsätzen der §§ 481 flg. BGB., wenn das Grundstück nebst Zubehör verkauft und die zu diesem gehörende Viehherde in einer die Ertragsfähigkeit des Grundstücks beeinträchtigenden Weise verseucht ist, oder greifen in solchem Falle die Grundsätze der §§ 459 flg. Platz?

V. Zivilsenat. Urt. v. 15. Juni 1921 i. S. J. (Bekl.) w. M. (Kl.).
V 6/21.

I. Landgericht Schweidnitz. — II. Oberlandesgericht Breslau.

Durch Vertrag vom 6. April 1916 hat der Kläger vom Beklagten dessen Rittergut mit dem vorhandenen lebenden und toten Inventar sowie sämtlichen Beständen und Erzeugnissen gekauft; das Gut ist ihm übergeben und aufgelassen worden. In dem Vertrag ist jede Gewähr für das Nichtvorhandensein baulicher oder irgendwelcher anderer Mängel ausgeschlossen. Der Kläger behauptet, bei dem Vertragsabschlusse von dem Beklagten über Mängel der Kaufsache arglistig getäuscht worden zu sein, indem dieser ihm wider besseres Wissen die unter dem Rindviehbestande herrschende Verkalbungsseuche verschwiegen und das Vorhandensein dieser Seuche auf ausdrückliche Frage verneint, das schlechte Aussehen des Viehes vielmehr mit Futtermangel begründet habe. Er behauptet, dadurch Schaden erlitten zu haben einmal in der Richtung, daß eine Anzahl von Viehstücken teils als minderwertig hätte verkauft werden müssen, teils eingegangen sei, auch das Jungvieh nicht zur Aufzucht behalten werden könne, und sodann in der Richtung, daß wegen der vorhandenen großen Ansteckungsgefahr das Pflaster des Viehstalls habe entfernt und durch Beton ersetzt werden müssen. Einen Teilbetrag dieses Schadens hat er eingeklagt. Das Landgericht hat den Klaganspruch für dem Grunde nach gerechtfertigt erklärt. Die Berufung des Beklagten ist zurückgewiesen worden.

Auch seine Revision hatte keinen Erfolg.

Aus den Gründen:

... Der Berufungsrichter erachtet den Anspruch auf Schadensersatz, insoweit er auf die unter dem Kuhbestande herrschende Verkalbungsseuche gestützt ist, für gerechtfertigt zwar nicht nach § 463 Satz 1 BGB., da Zusicherungen über Gesundheit oder Fehlerfreiheit in dem Vertrage nicht enthalten seien, vielmehr die Gewährleistung für das Nichtvorhandensein irgendwelcher Mängel ausdrücklich ausgeschlossen sei, wohl aber aus § 463 Satz 2, weil der Beklagte, wenn er auch nicht Kenntnis von dem Bestehen der Seuche gehabt, doch mindestens den Verdacht des Bestehens dieser Seuche gehegt und davon dem Kläger keine Mitteilung gemacht, auf die ausdrückliche Frage des Sohnes des Klägers das Vorhandensein der Seuche vielmehr verneint habe, und zwar obwohl er bei der Gefährlichkeit der Seuche darüber nicht in Zweifel gewesen sei, daß die Kenntnis von der Seuche für den Entschluß des Klägers, zu kaufen, und namentlich für die Höhe des von ihm zu bewilligenden Preises von großer Bedeutung war. Der Berufungsrichter verkennt nicht, daß eine Gewährleistungspflicht aus § 463 ausgeschlossen sein würde, wenn auf den vorliegenden Kaufvertrag hinsichtlich des mitverkauften Viehes die Vorschriften der §§ 481 flg. BGB. über die Gewährleistung bei dem Verkaufe der dort bezeichneten Viehgattungen Anwendung zu finden hätten, weil die Verkalbungsseuche nicht zu den nach § 1 der VO. vom 27. März 1899 bei Rindvieh als Hauptmängel geltenden Mängeln gehört. Er vertritt aber die Auffassung, daß im vorliegenden Falle die Gewährleistungspflicht des Beklagten nicht auf diejenigen Mängel beschränkt sei, für die der Verkäufer nach den Vorschriften über die Gewährleistung bei Viehverkäufen einzustehen habe. Allerdings sei im Schrifttum überwiegend die Ansicht vertreten, daß die §§ 481 flg. auch dann Anwendung fänden, wenn Vieh als Zubehör eines Grundstücks verkauft sei; der vorliegende Fall sei aber insofern besonders gestaltet, als es sich hier nicht um Mängel bei einzelnen mitverkauften Viehstücken handle, sondern um eine Verseuchung der ganzen vorhandenen Kuhherde, und im Zusammenhange damit auch der den Tieren eingeräumten

Ställe. Denn der Kläger behaupte, daß zur tunlichsten Beseitigung der großen Ansteckungsgefahr das Pflaster des Viehstalles entfernt und durch Beton ersetzt werden müsse und daß die hierdurch entstehenden Kosten auf 3000 *M* veranschlagt worden seien. Hiernach habe nicht nur ein Mangel der Herde, sondern auch des Grundstücks selbst vorgelegen, und über diesen einheitlichen Mangel müsse auch nach einheitlichen Rechtsgrundsätzen entschieden werden. Deshalb sei die Anwendung der nur für Viehmängel geltenden Gewährleistungsvorschriften auf den vorliegenden Fall nicht angängig und sei es sonach unerheblich, daß die Verkalbungsseuche nicht zu den Hauptmängeln beim Rindvieh gehöre.

Die Revision des Beklagten meint demgegenüber, bei dem Verkauf eines Gutes mit lebendem Inventar sei über die Gewährleistung für Mängel des Grundstücks und des Viehes nicht nach einheitlichen Grundsätzen zu entscheiden, vielmehr müßten, soweit das Vieh in Frage stehe, die Grundsätze über Viehkauf, und könnten diejenigen über den gewöhnlichen Kauf nur in Ansehung des Grundstücks zur Anwendung kommen; deshalb sei ein Minderungsanspruch ausgeschlossen hinsichtlich des Viehes und müsse hinsichtlich dieses die Klage ohne weiteres abgewiesen werden.

Der Revision ist zuzugeben, daß in der Rechtslehre überwiegend, und zwar ohne Einschränkung, der Satz aufgestellt wird, auch bei dem Verkauf von Vieh als Zubehör eines Grundstücks seien die Sondervorschriften der §§ 481 flg. BGB. anwendbar; vgl. Staudinger, § 481 Anm. 1e; Neumann zu §§ 470 Anm. 3, 477 III 5, 481 Anm. 1; Komm. von Reichsgerichtsräten § 481 Anm. 2; Stölzle, Viehkauf § 481 II 1c; Hanke, Sonderrecht des Viehkaufs § 4 Nr. 2 (S. 12). Jedoch wird die entgegengesetzte Ansicht mit ausführlicher Begründung vertreten von Thiele (Z. Notar. Vereins 1911 S. 632flg.), dem sich das Oberlandesgericht Königsberg in zwei Urteilen vom 26. Februar 1912 (Posener Monatsschr. 1912 S. 29) und vom 19. März 1913 (Rspr. OLG. Bd. 28 S. 128) angeschlossen hat, und ferner von André in Achilles-Greiff BGB. Anm. 1f zu § 459. Diese letztere Ansicht schließt sich an zwei unter der Herrschaft des preuß. Allg. Landrechts für dieses Rechtsgebiet ergangene Entscheidungen des Reichsgerichts (Gruchot Bd. 36 S. 938 und JW. 1901 S. 429 Nr. 18) an, die aussprechen, daß der aus der Fehlerhaftigkeit eines als Pertinenz eines Landguts verkauften Viehbestandes entnommene Gewährleistungsanspruch rechtlich nach denselben Grundsätzen behandelt werden müsse wie der Gewährleistungsanspruch wegen Fehlerhaftigkeit des Landguts, und daß deshalb die für bewegliche Sachen vorgeschriebenen Gewährleistungsfristen auf die Gewährleistung für Mängel eines solchen Zubehörs keine Anwendung finden könnten. Ob die Gründe dieser Entscheidungen auch für das Recht des Bürgerlichen Gesetzbuchs noch von Bedeutung sind, kann dahingestellt bleiben. Denn dem Berufungsrichter muß darin beigestimmt werden, daß die Anwendung der §§ 481 flg. jedenfalls dann ausgeschlossen ist, wenn Gewährleistung nicht wegen Mangelhaftigkeit einzelner Viehstücke als solcher verlangt, vielmehr geltend gemacht wird, daß infolge der Mangelhaftigkeit des den Zwecken des Grundstücks zu dienen bestimmten lebenden Inventars die Tauglichkeit des Grundstücks selbst, eines Landguts, zu dem im Vertrage vorausgesetzten Gebrauche beeinträchtigt werde und also ein Fehler des Grundstücks selbst im Sinne der §§ 459 flg. BGB. vorliege. Daß auch Mängel des Zubehörs sich als Fehler des Grundstücks darstellen können, hat der erkennende Senat bereits in dem Urteile vom 4. Mai 1892 (Gruchot Bd. 36 S. 940) hervorgehoben; auch hat er in einer neuerdings ergangenen Entscheidung (V 398/20 vom 16. Februar 1921) ausgesprochen, daß der Umfang (die Zahl) des Inventarbestandes eines Grundstücks an Vieh, insofern dadurch die hinreichende Ausrüstung des Grundstücks zu dem Zwecke, dem es dienen soll, insbesondere zum Milchertrage, beeinträchtigt wird, sich als eine Eigenschaft des Grundstücks darstellen kann. Daß Gleiches bei einer Verseuchung der Kuhherde, die dem Milchertrag und der Versorgung des Gutes mit Dünger sowie der Viehaufzucht zu dienen hat, gelten muß, kann nicht zweifelhaft sein. Bildet aber die Verseuchung der Viehherde als Fehler des Grundstücks die Grundlage des Gewährleistungsanspruchs, so erstreckt sich der wegen arglistigen Verschweigens dieses Fehlers nach § 463 Satz 2 BGB. begründete Anspruch auf Schadensersatz wegen Nichterfüllung nicht nur, wie die Revision meint, auf die infolge der Verseuchung in den Ställen erforderlich gewordenen Ausbesserungen, sondern auch auf die durch sie hervorgerufene Verminderung der Ertragfähigkeit des Grundstücks, ohne daß die Vorschriften der §§ 481 flg. entgegenstünden. Daß ein Schaden in dieser Richtung entstanden ist, hat der Berufungsrichter festgestellt, indem er den Einwand des Beklagten, ein Schaden sei überhaupt nicht entstanden, weil die Kuhherde infolge ihres schlechten Ernährungszustandes bei der Bemessung des Kaufpreises so niedrig bewertet worden sei, daß der Kläger diesen Wert auch erlangt habe, obwohl er Vieh als krank habe verkaufen müssen, mit der Erwägung zurückweist, eine im Futterzustande stark herabgekommene, sonst gesunde Viehherde sei immer noch erheblich wertvoller als eine ebensolche aber auch noch kranke. Auf Grund dieser Feststellung konnte er den Klaganspruch, soweit er auf die Verkalbungsseuche gestützt ist, ohne Einschränkung auf einzelne von den geltend gemachten Schadensposten gemäß § 304 ZPO. für dem Grunde nach gerechtfertigt erklären. . . .

91. Zur Frage, wann die Drohung mit Erstattung einer Strafanzeige im Sinne des § 123 BGB. widerrechtlich ist.

II. Zivilsenat. Urt. v. 5. Juli 1921 i. S. B. (Bekl.) w. K. (Kl.). II 601/20.

I. Landgericht Hamburg. — II. Oberlandesgericht daselbst.

Kurz vor Ostern 1919 kaufte der Kläger, angeblich als Einkäufer des Magistrats der Stadt B., vom Beklagten etwa 30000 kg Lebensmittel, die, aus Dänemark eingeführt, in Nordschleswig lagern sollten, um den Einheitspreis von 6 *M* für das kg. Es wurde vereinbart, daß der Kläger gegen Aushändigung der Duplikatfrachtbriefe über die unmittelbar an den Magistrat in B. zu sendenden Waren den Kaufpreis von 180000 *M* zu zahlen, schon vorher aber diesen Betrag zu hinterlegen habe. Über diese Sicherheitsleistung hat der Kläger dem Beklagten eine von Dr. M., Hilfsarbeiter der damaligen Anwälte des Klägers, unterzeichnete Bescheinigung vom 16. April 1919 ausgehändigt, in der erklärt wird, daß der Kläger 180000 *M* hinterlegt habe und dieser Betrag durch den Unterzeichner gegen Vorlegung ausreichender Legitimation und der bahnamtlich gestempelten Frachtbriefe an den Beklagten auszuzahlen sei. Der Beklagte hat sodann, wie er behauptet, nicht bloß 30000 kg, sondern 50000 kg Lebensmittel verladen und auf die ihm vom Kläger gelieferten Frachtbriefe nach B. abgesandt, nachdem dieser ihm erklärt habe, daß er auch eine 30000 kg übersteigende Menge gebrauchen könne. Um Ostern 1919 verlangte der Beklagte vom Kläger in H. Zahlung des Kaufpreises, die dieser mit der Begründung verweigerte, daß er erst Nachricht von dem Eintreffen der Ware in B. erwarte. Nach mehrfachen Verhandlungen stellte der Kläger dem Beklagten am 26. April 1919 eine notarielle Urkunde aus, in der er die gleichzeitig vorgenommene, „lediglich zu Sicherungszwecken" erfolgte Abtretung seiner Ansprüche gegen die Stadtverwaltung B. an den Beklagten bestätigte, seine Verpflichtung zur anderweiten Deckung der Forderung des Beklagten sowie zur Bezahlung des jedenfalls fälligen Betrags von 180000 *M* anerkannte und sich hierwegen der sofortigen Zwangsvollstreckung unterwarf. Auf Grund dieser Urkunde hat der Beklagte am 7. Mai 1919 eine Reihe von Möbelstücken und anderen Einrichtungsgegenständen im Gesamtanschlage von rund 34000 *M* beim Kläger pfänden lassen.

Nunmehr beantragt der Kläger, diese Zwangsvollstreckung für unzulässig zu erklären. Er bestreitet die Schuld von 180000 *M* aus verschiedenen Gründen, namentlich auch deshalb, weil er zur Ausstellung der vollstreckbaren Urkunde vom Beklagten durch Drohung mit der Erstattung einer Betrugsanzeige und sofortiger Verhaftung bestimmt worden sei.

Das Landgericht hat die Zwangsvollstreckung aus der Urkunde vom 26. April 1919 für unzulässig erklärt. Das Oberlandesgericht hat die Berufung des Beklagten zurückgewiesen, weil die Anfechtung der vollstreckbaren Urkunde wegen Drohung begründet sei. Die Revision des Beklagten hatte Erfolg.

Aus den Gründen:

Das Berufungsurteil ist nur insoweit angefochten, als es in Übereinstimmung mit der Entscheidung des Landgerichts die Zwangsvollstreckung aus der vollstreckbaren Urkunde vom 26. April 1919 für unzulässig erklärt, die Berufung des Beklagten gegen das landgerichtliche Urteil also zurückweist. Dieser Ausspruch beruht auf der Feststellung, daß der Beklagte dem Kläger vor der Unterzeichnung jener Urkunde mit Anzeige bei der Staatsanwaltschaft gedroht habe, um ihn zum Unterzeichnen zu veranlassen, und daß die Drohung für den Kläger auch bestimmend gewesen sei, seine Unterschrift unter die Urkunde zu setzen. Die Drohung sei an und für sich zwar nicht widerrechtlich gewesen, da jeder, der an das Vorliegen einer strafbaren Handlung glaube, das Recht zur Erstattung einer Strafanzeige habe; widerrechtlich sei sie aber dadurch geworden, daß sie als Mittel benützt worden sei, um den Kläger in seiner Entschließung zu bestimmen und einen Erfolg zu erreichen, den herbeizuführen der Beklagte kein Recht gehabt habe. Denn weder nach dem Vertrage noch aus sonstigem Rechtsgrunde habe dem Beklagten ein Anspruch auf Erteilung einer vollstreckbaren Urkunde zugestanden. Deshalb sei die rechtzeitig erklärte Anfechtung der in der Urkunde abgegebenen Erklärung des Klägers begründet und die Zwangsvollstreckung aus ihr unzulässig.

Auf den Zusammenhang, in dem nach der Darstellung des Beklagten die Drohung mit Strafanzeige ausgesprochen wurde, ist das Berufungsgericht mit keinem Worte eingegangen, es hat vielmehr aus diesem Vorbringen, das den Verlauf wiederholter, unter Mitwirkung der beiderseitigen Anwälte gepflogener Verhandlungen wiedergibt, lediglich den einen, vom Beklagten zugegebenen Umstand herausgegriffen, daß er — wie schon bei der Besprechung vom 25. April — so auch am 26. April 1919 kurz vor Errichtung der vollstreckbaren Urkunde eine Strafanzeige bei der Staatsanwaltschaft machen zu wollen erklärt hat. Bei dieser von der Revision mit Recht gerügten prozeßordnungswidrigen Betrachtungsweise war eine sachgemäße Beurteilung der Erklärung des Beklagten ausgeschlossen, sowohl nach der Seite ihrer Einwirkung auf die Entschließung des Klägers als namentlich in der Richtung ihrer Rechtswidrigkeit. Legt man die Darstellung des Beklagten über das Zustandekommen der vollstreckbaren Urkunde zugrunde, so drängen sich erhebliche Zweifel schon daran auf, ob für den Entschluß des Klägers, die Urkunde zu unterzeichnen, wirklich die vom Beklagten geäußerte Absicht der Erstattung einer Strafanzeige oder nicht vielmehr das Auftreten des Notars Dr. H. und die Erkenntnis bestimmend war, daß bei Berücksichtigung der ganzen Sachlage und insbesondere des eigenen Zugeständnisses des Klägers über das Nichtvorhandensein der zu zahlenden 180000 ℳ der Vorschlag der Ausstellung einer vollstreckbaren Urkunde kein unbilliges Verlangen darstelle. Unter keinen Umständen aber kann, wenn von der Richtigkeit des Vorbringens des Beklagten ausgegangen wird, die Drohung mit der Strafanzeige als widerrechtlich bezeichnet werden. Denn dann lag die Sache so, daß die Bedingung für die Verpflichtung des Klägers zur Zahlung der nach der Bescheinigung des Dr. M. vom 16. April 1919 hinterlegten 180000 ℳ eingetreten war, nachdem Beklagter dem Dr. M. als dem Vertreter des Klägers am 23. April 1919 unmittelbar vor dem Erscheinen der angeblichen Kriminalbeamten die Duplikatfrachtbriefe übergeben hatte. Dasselbe wäre übrigens auch dann der Fall, wenn beim Erscheinen dieser Leute die Frachtbriefe, die sie an sich nahmen und mit denen sie dann verschwanden, dem Dr. M. noch nicht ausgefolgt gewesen sein sollten. Denn dann wurde — wenn die Darstellung des Beklagten zutrifft — diesem die Aushändigung der Duplikatfrachtbriefe an den Kläger oder Dr. M. durch den Kläger unmöglich gemacht, da dringender Verdacht dafür besteht, daß die angeblichen Kriminalbeamten vom Kläger bestellt waren und auf seine Weisung handelten. Im weiteren Verlaufe der Verhandlungen lehnte, wie Beklagter vorträgt, der Kläger die Zahlung der 180000 ℳ mit der seinem Abkommen mit dem Beklagten zuwiderlaufenden Begründung ab, er wolle erst die Ankunft der Sendung in B. abwarten, und schließlich räumte er ein, das Geld sei überhaupt nicht vorhanden, er müsse es erst wieder anschaffen. Außerdem hielt er sein am 25. April gegebenes Versprechen, am anderen Tage zu bezahlen, nicht ein. Wenn bei dieser Sachlage der Beklagte, dessen Recht auf Zahlung der Kläger offensichtlich zu vereiteln suchte, mit einer Strafanzeige drohte, so kann von einer Widerrechtlichkeit nicht entfernt die Rede sein. Dies wäre auch dann nicht anders, wenn Beklagter mit der Drohung bezweckt haben sollte, den Kläger zur Unterzeichnung der vollstreckbaren Urkunde zu bestimmen. Denn der Beklagte, der bei dem ausweichenden Verhalten des Klägers allen Anlaß hatte, dessen Zahlungswilligkeit und -fähigkeit zu bezweifeln, war begreiflicher Weise bestrebt, zu erreichen, was er nach der Sachlage erreichen konnte, und demgemäß, wenn nicht sofortige Zahlung, so doch wenigstens die Möglichkeit alsbaldiger Zwangsvollstreckung gegen den Kläger zu erlangen. Er erstrebte, indem er den Kläger zur Unterzeichnung der vollstreckbaren

Urkunde zu veranlassen suchte, keineswegs etwas Rechtswidriges, sondern nur einen nicht gleichwertigen Ersatz für die ihm durch das vertragswidrige Verhalten des Klägers entgangene sofortige Zahlung in Höhe von 180000 *M*. Der formale Gesichtspunkt, daß der Beklagte nicht von vornherein einen Anspruch auf etwaige Sicherstellung durch Erteilung einer vollstreckbaren Urkunde hatte, drückt seiner Handlungsweise nicht den Stempel des Widerrechtlichen auf; das Wesentliche ist, daß ihm das Recht auf Zahlung zustand und er sich nur einen minder wertvollen Ersatz dafür zu verschaffen suchte und verschafft hat, weil der Kläger die Erfüllung seiner Zahlungsverpflichtung unter allerlei Ausflüchten verweigert hatte.

92. Unvermögen des Käufers zur Herausgabe des Kaufgegenstandes bei der Wandlung.

II. Zivilsenat. Urt. v. 5. Juli 1921 i. S. U. (Bekl.) w. S. (Kl.). II 71/21.

I. Landgericht Hamburg, Kammer f. Handelssachen. — II. Oberlandesgericht daselbst.

Im Herbst 1918 verhandelte der Kaufmann W. mit dem Beklagten wegen Ankaufs des Zigarrenvorrats des letzteren, der aus vier verschiedenen Marken, insgesamt aus 7500 Stück bestand; 5500 Stück davon waren von einer und derselben Marke „Gretel". Nachdem Beklagter dem W. einige Proben überlassen hatte, kam zwischen ihnen ein Kaufvertrag über die 7500 Zigarren zustande; W. zahlte den Kaufpreis an den Beklagten und dieser sandte die Zigarren auf W.s Weisung dem Kläger. Nach Empfang der Zigarren stellte der Kläger dem Beklagten die 5500 Stück „Gretel" als nicht probegemäß zur Verfügung und verlangte insoweit Rückgängigmachung des Kaufvertrags und Rückzahlung des Kaufpreises. Beklagter erklärte sich zur Rücknahme der ganzen 7500 Stück bereit, die Rücknahme der 5500 Stück Marke „Gretel" für sich allein lehnte er ab.

Der Kläger verlangt mit der Behauptung, W. habe ihm seine etwaigen Ansprüche aus dem mit dem Beklagten abgeschlossenen Kaufvertrage für alle Fälle abgetreten, Rückzahlung des gezahlten Betrags aus dem Gesichtspunkte der Wandlung wegen Probewidrigkeit der 5500 Stück Marke „Gretel". Er behauptet, er sei zur Rückgabe des ganzen Postens von 7500 Stück in der Lage. Der Beklagte bestreitet dies und behauptet, daß der Kläger die 2000 Stück, die nicht von der Marke „Gretel" waren, bereits verkauft habe.

Das Landgericht hat den Beklagten zur Rückzahlung von 9570 *M* Zug um Zug gegen Rückgabe der 7500 Zigarren verurteilt. Es erachtet das Wandlungsbegehren bezüglich der sämtlichen 7500 Stück für begründet, weil die Form der gelieferten Zigarren von der Marke „Gretel" von der des Musters erheblich abgewichen sei. Das Oberlandesgericht hat die Berufung des Beklagten zurückgewiesen. Auf seine Revision wurde das Berufungsurteil aufgehoben und die Sache zurückverwiesen.

Aus den Gründen:

Die Auffassung des Berufungsgerichts, daß die sämtlichen 7500 Zigarren als zusammengehörend verkauft (§ 469 Satz 2 BGB.) zu betrachten seien und der rechtzeitig gerügte Mangel der Nichtübereinstimmung der 5500 Stück Marke „Gretel" mit der Probe den Kläger zur Wandlung des ganzen Kaufvertrags berechtige, wird von der Revision nicht angefochten. Beanstandet wird lediglich die Ausführung, daß die Frage der Fähigkeit des Klägers zur Rückgabe der sämtlichen 7500 Stück zwar für die Zwangsvollstreckung, nicht aber für die Entscheidung des Rechtsstreits selbst von Erheblichkeit sei, und daß es demnach auf die Eideszuschiebung über das durch Weiterverkauf eines Teiles der Zigarren herbeigeführte Unvermögen des Klägers zur Herausgabe des ganzen Postens nicht ankomme.

Die Rüge ist unbegründet.

Aus den §§ 346 bis 348, 350 bis 354, 356 BGB. ergibt sich allerdings nicht unmittelbar, daß außer der im § 351 erwähnten verschuldeten Unmöglichkeit der Herausgabe des empfangenen Gegenstandes auch das bloße verschuldete Unvermögen hierzu den Rücktritt und gemäß § 467 BGB. die Wandlung ausschließe. Das Reichsgericht hat aber stets den Standpunkt vertreten, daß, abgesehen von dem Falle der Unmöglichkeit der Herausgabe, dem Wandlungsbegehren auch dann nicht zu entsprechen sei, wenn feststehe, daß der Käufer die von ihm weiterveräußerte Sache nicht wiederzuerlangen und eben deshalb nicht zurückzuerstatten vermöge; denn dann müßte auch der Rücktritt — nach § 354 Satz 2 BGB. — unwirksam werden, RGZ. Bd. 50 S. 190. Für die Unzulässigkeit der Wandlung auch bei verschuldetem Unvermögen des Käufers zur Herausgabe spricht entscheidend die Erwägung, daß das Gesetz mit sich selbst in Widerspruch geriete, wenn es die Wandlung da zulassen wollte, wo sie tatsächlich unausführbar ist. Aus der Unstatthaftigkeit der Wandlung folgt aber mit Notwendigkeit, daß die Frage, ob der Kläger den Kaufgegenstand, die sämtlichen 7500 Zigarren, herauszugeben imstande ist oder nicht, innerhalb des Rechtsstreits entschieden werden muß und nicht mit dem Berufungsgericht in das Stadium der Zwangsvollstreckung verwiesen werden darf. Denn sonst müßte, wenn im übrigen die Voraussetzungen der Wandlung vorlägen, der auf Rückgängigmachung des Kaufes verklagte Verkäufer verurteilt werden und endgültig auch die Prozeßkosten tragen, obwohl es, wie möglicherweise von vornherein feststeht, zur Rückgewähr der Kaufsache von seiten des Käufers gar nicht kommen kann. Ein solches Ergebnis wäre widersinnig. Wie die vom Revisionsbeklagten herangezogene Vorschrift des § 283 BGB. zu einer anderen Beurteilung sollte führen können, ist nicht erfindlich.

Nun hat der Beklagte durch Eideszuschiebung Beweis dafür angetreten, daß der Kläger zufolge Verkaufs von 2000 von den 7500 Zigarren zur Rückgewähr der ganzen gekauften Ware, wie er selbst dem Beklagten gegenüber bestätigt habe, außerstande sei. Dieser Beweisantritt ist nach dem Ausgeführten erheblich.

---

93. 1. Führung des Nachweises der Zahlung des Gerichtsgebührenvorschusses für die Revisionsinstanz gemäß § 554 Abs. 7 ZPO. 2. Beweislast im Falle des § 149 preuß. AllgBergges. Ist § 830 Abs. 1 Satz 2 BGB. entsprechend anwendbar?

V. Zivilsenat. Urt. v. 6. Juli 1921 i. S. G. (Kl.) w. Sch. u. Gen. (Bekl). V 465/20.

I. Landgericht Gleiwitz. — II. Oberlandesgericht Breslau.

Der Kläger behauptet, daß ein ihm gehöriges Grundstück durch den von den beiden Beklagten betriebenen Bergbau beschädigt worden sei. Er hat deshalb Klage erhoben und beantragt die gesamtschuldnerische Verurteilung der Beklagten zur Vornahme der von den Sachverständigen im Rechtsstreit für erforderlich erachteten Reparaturen und Verankerungen sowie zur Zahlung der von den Sachverständigen ermittelten Schadensersatzsumme. Beide Vorinstanzen haben die Klage abgewiesen. Die Revision des Klägers hatte Erfolg.

Aus den Gründen:

A. Zur Zulässigkeit der Revision.

... Ein von Amts wegen zu berücksichtigendes Bedenken gegen die Zulässigkeit der Revision könnte sich in der Richtung erheben, ob nicht etwa die Frist zur Erbringung des Nachweises der Zahlung des Gebührenvorschusses versäumt und deshalb die Revision als nicht in gesetzlicher Form begründet zu erachten wäre (§ 554 Abs. 7 ZPO.). Bei Prüfung der Frage kann für den vorliegenden Fall dahingestellt bleiben, ob der zu führende Nachweis sich darauf zu erstrecken hat, daß der Betrag des Vorschusses innerhalb der Frist wirklich in das Vermögen des Reichsfiskus gelangt ist, insbesondere dadurch, daß er dem

Postscheckkonto der Oberpostkasse Leipzig als Kassenstelle des Reichsgerichts innerhalb der Frist gutgeschrieben worden ist. Denn der Nachweis solcher Gutschrift ist im vorliegenden Fall als rechtzeitig geführt zu erachten.

Der erkennende Senat hat bereits ausgesprochen (Urt. v. 16. Okt. 1918, V 41/18), daß zur Führung dieses Nachweises die innerhalb der Frist erfolgende Einreichung des Posteinzahlungsscheins genügen kann, sofern aus diesem bei freier Beweiswürdigung zu entnehmen ist, daß nach dem ordnungsmäßigen postalischen Geschäftsgang auch die Gutschrift innerhalb der Frist erfolgt sei, und diese Annahme nachträglich, wenn auch erst nach Ablauf der Frist, sich bestätigt. Von dieser Rechtsauffassung abzugehen, besteht kein Anlaß. Es entsprach aber im vorliegenden Falle dem ordnungsmäßigen Geschäftsgange, daß der am 3. Mai nachmittags in Hindenburg eingezahlte Betrag noch am übernächsten Tage — 5. Mai — dem Postscheckkonto der Oberpostkasse Leipzig gutgeschrieben wurde, wie das auch tatsächlich geschehen ist. Sonach ist im vorliegenden Falle die Frist des § 554 Abs. 7 als gewahrt anzusehen.

B. Zur Sache selbst.

Beide Vorinstanzen haben die auf die §§ 148, 149 ABG. gestützte Klage abgewiesen, weil sie den dem Kläger obliegenden Beweis nicht als erbracht ansahen, daß die in seinen Gebäuden entstandenen Schäden gerade auf den Bergbau der beiden Beklagten oder eines von ihnen ursächlich zurückzuführen seien.... Was insbesondere die von den Zeugen bekundeten Erderschütterungen betreffe, so habe der Sachverständige bewiesen, daß, falls wirklich die Schäden durch sie hervorgerufen sein sollten, jedenfalls der für die Erschütterungen verantwortliche Abbau sich mit Sicherheit nicht feststellen lasse, da Abbau nicht nur im Felde der beiden Beklagten, sondern noch weiter westlich im Felde von unstreitig nicht den Beklagten gehörigen Gruben in den hier in Betracht kommenden Jahren umgegangen sei und auch in R. verspürte Erderschütterungen ausgelöst habe.

Die Revision scheint zunächst in materieller Richtung Verletzung des § 149 ABG. durch Verkennung der Beweislast rügen zu wollen, indem sie ausführt, diese Bestimmung habe durch die Novelle von 1902 die jetzt geltende Fassung erhalten, um den Beschädigten die bis dahin bestandene Schwierigkeit der Feststellung, welches Bergwerk den Schaden verursacht habe, zu erleichtern; schon vor der Novelle aber habe, wenn einer der beteiligten Bergwerksbesitzer geltend machen wollte, daß der Schaden nicht durch das Zusammenwirken der verschiedenen Abbaue entstanden, sondern ganz oder in getrennten Teilen auf ein einzelnes Bergwerk zurückzuführen sei, ihn die Beweislast getroffen. Diese Ausführungen gehen jedoch fehl und die Bezugnahme auf das in RGZ. Bd. 8 S. 283 veröffentlichte Urteil des erkennenden Senats ist nicht geeignet, sie zu rechtfertigen. § 149 lautete in der früheren Fassung:

„Ist der Schaden durch den Betrieb zweier oder mehrerer Bergwerke verursacht, so sind die Besitzer dieser Bergwerke gemeinschaftlich und zwar zu gleichen Teilen zur Entschädigung verpflichtet.

Im Verhältnis der Bergwerksbesitzer unter sich ist der Nachweis eines anderen Teilnahmeverhältnisses und der Anspruch auf Erstattung des Zuvielgezahlten nicht ausgeschlossen.“

Aus dieser Fassung ergab sich deutlich, daß Voraussetzung für die Anwendung der Bestimmung zunächst der nach allgemeinen Grundsätzen von dem Beschädigten zu führende Nachweis war, daß der Schaden durch das Zusammenwirken zweier oder mehrerer Bergwerke verursacht sei und daß sich unter diesen das dem beklagten Bergwerksbesitzer gehörige Bergwerk befinde. Erst wenn dieser Beweis geführt war, griff hinsichtlich des jedem der beteiligten Bergwerke zufallenden Anteils an dem Schaden die gesetzliche Vermutung Platz, daß der Schaden von jedem der beteiligten Bergwerke zu gleichen Teilen verursacht sei, und zwar in der Weise, daß diese Vermutung in dem Verhältnisse zwischen dem Beschädigten und den Bergwerksbesitzern unwiderleglich war (praesumtio iuris et de iure), so daß alle beteiligten Bergwerksbesitzer für den Schaden unbedingt zu gleichen Teilen dem Beschädigten hafteten, während im Verhältnis unter ihnen jedem einzelnen der Nachweis verstattet war, daß sein Bergwerk nur einen geringeren Anteil, das der anderen einen größeren Anteil an der Schadensverursachung habe, und er im Falle der Führung dieses Beweises von dem anderen dasjenige zurückverlangen konnte, was er über den Anteil seines Bergwerks an der Verursachung hinaus an den Beschädigten gezahlt hatte. Diese Rechtslage ist auch in dem angeführten Urteile des erkennenden Senats deutlich hervorgehoben, indem an die Spitze der dortigen Ausführungen der Satz gestellt ist, Voraussetzung für die Anwendung des § 149 sei, daß der Schaden, um dessen Ersatz es sich handle, durch den Betrieb von zwei oder mehreren Bergwerken verursacht worden sei, und indem weiter ausgeführt wird, der klagende Grundeigentümer müsse nachweisen, daß ein einheitlicher Schaden vorliege, der in dem Zusammenwirken des Bergwerksbetriebs einer jeden in Anspruch genommenen Gewerkschaft seine beschädigende oder wenigstens mitbeschädigende Ursache habe, und daß, wenn er den Beweis geführt habe, daß jeder Bergbau den Schaden mitverursacht habe, ihm die mehreren Bergbauenden zu gleichen Teilen zum Ersatze verpflichtet seien. Auch die in diesem Urteil eingehend wiedergegebene Entstehungsgeschichte der ursprünglichen Fassung des § 149 und die Darlegung der Rechtslage, die vor dem Inkrafttreten des Berggesetzes, insbesondere auf Grund eines Plenarbeschlusses der Obertribunals bestand, zeigen, daß der Beschädigte stets seinen Klagegrund, die Verursachung des Schadens durch den Betrieb der mehreren Bergwerke, zu beweisen hatte und daß nur der Nachweis des Anteilverhältnisses nicht erforderlich sein sollte, wobei dann in Frage kam, ob den einzelnen Bergwerksbesitzern gegenüber dem Beschädigten der Nachweis eines anderen als des gesetzlich verwirkten gleichen Anteilsverhältnisses gestattet oder ob (wie schließlich im Gesetze bestimmt wurde) dieser Nachweis nur unter ihnen selbst im Regreßverfahren von Bedeutung sein sollte. Auch in der Begründung der Novelle von 1902 (ZBergr. Bd. 42 S. 176) ist der bisherige Rechtszustand dahin wiedergegeben, es sei in § 149 zugunsten des klagenden Grundbesitzers nachgelassen, daß er sich auf den Nachweis beschränken dürfe, daß mehrere, von ihm zu ermittelnde Bergwerke den Schaden verursacht haben, während jedes der nachweisbar beteiligten Bergwerke dann ohne weiteres zu einem gleichen Anteile (Kopfteile) für den Schaden hafte. An dieser Rechtslage ist aber auch durch die Novelle von 1902 nichts geändert, da diese nur an die Stelle der anteilsweisen Haftung der mehreren Bergwerksbesitzer die gesamtschuldnerische Haftung gegenüber dem Beschädigten gesetzt, im übrigen, unter Ablehnung weiterer mit tief einschneidenden Folgen verbundener Gesetzesänderungen, an den Voraussetzungen des Schadensersatzanspruchs nichts geändert hat. Vgl. die Begründung a. a. O. S. 181; Westhoff, Solidarische Haftbarkeit für Bergschäden (ZBergr. Bd. 42 S. 421). Irreführend ist deshalb die Bemerkung bei Isay zu § 149 Erl. B I, die unter Bezugnahme auf das angeführte Urteil des erkennenden Senats sagt, den Bergwerksbesitzer treffe die Beweislast, wenn er geltend mache, es liege kein Zusammenwirken, sondern eine getrennte Schadenszufügung vor.

Aber auch eine entsprechende Anwendung des § 830 Abs. 1 Satz 2 BGB., derzufolge von mehreren an einer unerlaubten Handlung „Beteiligten" jeder für den Schaden verantwortlich ist, wenn sich nicht ermitteln läßt, wer von ihnen durch seine Handlung den Schaden verursacht hat, ist unstatthaft. Schon in RGZ. Bd. 67 S. 261 ist vom VI. Zivilsenat ausgesprochen, daß die Sondervorschrift dieser Gesetzesstelle nicht über den Kreis der unerlaubten Handlungen hinaus angewendet werden dürfe. Der Revision kann zugegeben werden, daß dieser Ausspruch der Annahme, daß § 830 Abs. 1 Satz 2 auf den Schadensersatzanspruch aus § 148 ABG. Anwendung finden könne, formell um deswillen nicht entgegenstehe, weil es sich damals um einen Bereicherungsanspruch gehandelt hat, also nicht die gleiche Rechtsfrage im Sinne des § 137 GVG. vorlag. Aber sachlich trifft die Erwägung auch für den vorliegenden Fall zu. Zwar wird die entsprechende Anwendung einer gesetzlichen Vorschrift durch ihre Natur als Sondervorschrift nicht grundsätzlich ausgeschlossen; aber es bedarf bei solcher Anwendung einer besonders genauen Prüfung, ob die Gesichtspunkte, welche der für einen bestimmten Fall gegebenen Sondervorschrift zugrunde liegen, auch in dem zu entscheidenden Falle zutreffen. Das aber muß hier verneint werden. Die strenge Haftung eines jeden bei einer unerlaubten Handlung „Beteiligten", auch wenn eine Verursachung des Schadens durch ihn nicht nachgewiesen werden kann, läßt sich nur rechtfertigen durch den deliktischen Charakter der Handlung, der ein rechtswidriges und schuldhaftes Verhalten des Täters voraussetzt. Das ist auch in der Kommission zweiter Lesung für das Bürgerliche Gesetzbuch (Prot. Bd. 2 S. 606) dadurch zum Ausdruck gekommen, daß sie die in dem ersten Entwurf (§ 714) noch nicht enthaltene Erweiterung der Haftpflicht der an einem gemeinsamen „Vergehen" Beteiligten billigte. Für einen durch rechtmäßige Ausübung des Bergwerkseigentums (§ 54 ABG.) entstandenen Schaden trifft aber weder das Erfordernis der Rechtswidrigkeit noch dasjenige des Verschuldens zu. Abgesehen hiervon geht es auch nicht an, auf ein von dem Berggesetz, dessen Bestimmungen durch Art. 67 EG. z. BGB. aufrechterhalten sind, erschöpfend geregeltes Rechtsverhältnis die nur zur Ergänzung heranzuziehenden Vorschriften des allgemeinen bürgerlichen Rechtes anzuwenden. Eine solche erschöpfende Regelung der Haftung mehrerer Bergwerksbesitzer, deren Bergbau für den einem Grundbesitzer entstandenen Schaden in Betracht kommen kann, enthält aber der § 149 ABG. Dabei ist die Schwierigkeit des Nachweises des ursächlichen Zusammenhangs durch den Grundbesitzer in solchen Fällen nicht verkannt worden, wie namentlich die Begründung zur Novelle von 1902 zeigt (ZBergr. Bd. 42 S. 176), aber bei der vom Gesetzgeber beabsichtigten Ausgleichung zwischen den Interessen des Grundbesitzes und des Bergbaues ist eine den Bergbau noch mehr belastende Regelung abgelehnt worden. Dabei muß es sein Bewenden behalten.

Ist sonach der Kläger vom Berufungsrichter ohne Rechtsirrtum als beweispflichtig erklärt dafür, daß die seinem Grundstück entstandenen Beschädigungen gerade auf den Bergbau der beiden Beklagten zurückzuführen sind, so kann sich nur fragen, ob bei der Würdigung des Beweisergebnisses in dieser Richtung ein Rechtsirrtum des Berufungsrichters, etwa eine Verkennung der Grundsätze über den ursächlichen Zusammenhang, oder ein von der Revision gerügter Prozeßverstoß unterlaufen ist. Dabei ist nicht außer acht zu lassen, daß diese Beweiswürdigung nach Maßgabe des § 287 ZPO. unter Würdigung aller Umstände nach freiem Ermessen zu erfolgen hatte und auch die Frage, ob und inwieweit eine beantragte Beweisaufnahme anzuordnen sei, dem Ermessen des Berufungsrichters anheimgegeben war.

Anderseits darf nicht außer acht gelassen werden, daß bei der Ermittelung von Zusammenhängen, deren Feststellung im Sinne unbedingter Wahrheit sich dem menschlichen Erkennen entzieht, ein der Gewißheit nahe kommender hoher Grad von Wahrscheinlichkeit genügen muß, um den Beweis als erbracht anzusehen. . . . (Folgt die Ausführung, daß in dieser Hinsicht die Feststellungen des Berufungsrichters, soweit die Ursächlichkeit des Bergbaus der Beklagten für die Erschütterungen in Betracht kommt, prozessual nicht bedenkenfrei sind.)

---

94. 1. Kann gegen eine auf § 1 des preuß. Tumultschadensgesetzes vom 11. März 1850 gestützte Klage wegen Plünderung von Waren mit Erfolg eingewendet werden, daß die Waren wegen Zuwiderhandlung gegen § 1 der Bekanntmachung vom 16. Januar 1917 über die Regelung der Einfuhr hätten polizeilich beschlagnahmt werden können?

2. Zur Anwendung der § 134 u. § 138 Abs. 1 BGB. auf solche Zuwiderhandlungen.

VI. Zivilsenat. Urt. v. 7. Juli 1921 i. S. der Stadt E. (Bekl.) w. W. (Kl.). VI 160/21.

I. Landgericht Elberfeld. — II. Oberlandesgericht Düsseldorf.

Die Klägerin behauptet, daß, als sie am 30. Juni 1919 vom Bahnhof in E. zu ihrem dortigen Lager in der Karlstraße eine größere Menge von einer Pariser Firma gelieferter Stoffe abfahren ließ, eine Menschenmenge sich zusammengerottet, den Kutscher vom Wagen geworfen und eine Reihe von Ballen geraubt habe. Auf Grund des § 1 des preuß. TG. v. 11. März 1850 verlangt sie von der beklagten Stadtgemeinde Schadensersatz. Der Klaganspruch ist dem Grunde nach für gerechtfertigt erklärt, die Revision der Beklagten hiergegen zurückgewiesen worden.

Aus den Gründen:

. . . Die Beklagte hat u. a. bestritten, daß die Klägerin zur Zeit der Plünderung Eigentümerin der Waren gewesen sei, und hat weiter geltend gemacht, es könne ihr auch deshalb kein Schadensersatz zugesprochen werden, weil die Waren, die die Klägerin selbst als französische Stoffe bezeichnet, sog. Schleichwaren gewesen seien, einem Einfuhrverbot und damit der polizeilichen Beschlagnahme unterlegen hätten. Dies hat die Klägerin bestritten. Das Berufungsgericht hat den Kauf der Waren als rechtsgültig angesehen und ausgesprochen, die Klägerin sei durch ihn und die Übersendung der Waren Eigentümerin geworden. Durch die Beraubung sei ihr also der Schaden an ihrem Eigentum entstanden. Eine Beweisaufnahme darüber, ob eine Beschlagnahme der Waren, wenn gegen ein Einfuhrverbot in das unbesetzte deutsche Gebiet eingeführt, habe erfolgen können, hat das Berufungsgericht nicht für geboten erachtet. Denn jedenfalls werde, selbst wenn dies als richtig angenommen werde, dadurch das Verhältnis der Parteien zueinander nicht berührt.

Die Revision wendet ein, keinesfalls könne der Schadensersatz auch für diesen letztangeführten Fall der verbotswidrigen Einfuhr gefordert werden. Nach dem Tumultschadensgesetz solle ein Schaden ersetzt werden, der unter Umständen eingetreten sei, die es unbillig erscheinen lassen, daß der Geschädigte den Schaden allein trage. Darum werde er auf die Allgemeinheit abgewälzt, von der Gemeinde ersetzt. Dieser Grund des Anspruchs versage aber, wenn es sich um Sachen handle, die das Gesetz nicht dulde und die nach ihm gerade der Allgemeinheit verfallen sein sollen. Den Verlust solcher Sachen brauche die Allgemeinheit nicht zu ersetzen.

Ein allgemeiner Rechtssatz dieser Richtung kann indessen nicht ohne weiteres anerkannt werden. Wer sich einer im Wege Rechtens erfolgenden Beschlagnahme nicht erwehren kann, braucht sich die Sachen noch nicht gewaltsam und rechtswidrig von einem Dieb, Räuber oder Plünderer wegnehmen zu lassen. Mehr aber als dies letztere wird von dem Gesetz bei im übrigen erfülltem Tatbestand nicht vorausgesetzt. Auch ist die ersatzpflichtige Gemeinde nicht diejenige „Allgemeinheit", der die verbotene Ware gegebenenfalls „verfallen" wäre.

Für den an sich möglichen Gesichtspunkt eines mitursächlichen Selbstverschuldens (§ 254 BGB.) fehlt es an jeder tatsächlichen Unterlage, da nichts dafür vorgetragen ist, daß die Plünderung auf die Annahme einer verbotswidrigen Einfuhr oder sonstige damit zusammenhängende Umstände zurückzuführen sei. Auf eine von der Revision etwa gewollte Verneinung der Kausalität der Plünderung für den Schaden — weil dieser ohnehin durch Beschlagnahme eingetreten wäre — endlich braucht nicht eingegangen zu werden, weil das Berufungsgericht selbst gar nicht annimmt, daß die Beschlagnahme in dem unterstellten Falle der verbotswidrigen Einfuhr sicher und jedenfalls erfolgt wäre. Es spricht im Gegenteil aus: „Übrigens wurden auch damals in großem Umfang Baumwoll- und Leinenwaren, um die es sich hier handelt, aus dem besetzten Gebiet eingeführt und diese Einfuhr wurde geduldet." Damit ist eben auf die Möglichkeit, daß die Ware nicht beschlagnahmt worden wäre, ausdrücklich hingewiesen.

Der zu ersetzende Sachschaden wird in § 1 preuß. TG. als „Beschädigungen des Eigentums" bezeichnet. Ob danach nur der Eigentümer auf Schadensersatz klagen oder ob und unter welchen

Voraussetzungen auch einem andern, der durch die Beschädigung des Eigentums Schaden erlitten hat, aber nicht selbst Eigentümer, sondern z. B. Mieter, Pächter, Herausgabepflichtiger ist, ein Schadensersatzanspruch gegen die Gemeinde zugebilligt werden kann, braucht hier nicht entschieden zu werden. Denn das Berufungsgericht hat mit Recht angenommen, daß die Klägerin zur Zeit der Plünderung Eigentümerin der Waren gewesen sei. Als Einfuhrverbot im Sinne des vom Berufungsgericht unterstellten Sachverhalts kommt nur die Vorschrift des § 1 der Bekanntmachung vom 16. Januar 1917 über die Regelung der Einfuhr (RGBl. S. 41) in Frage, wonach die Einfuhr aller Waren über die Grenzen des Deutschen Reichs nur mit Bewilligung der zuständigen Behörde gestattet ist und auf Zuwiderhandlungen hiergegen die Strafvorschriften des Vereinszollgesetzes über Konterbande Anwendung finden (§ 2). Die Frage ist, ob der Eigentumserwerb an der Ware auf seiten der Klägerin etwa wegen Nichtigkeit des Geschäfts nicht eingetreten ist, wofür die Vorschriften der § 134 und § 138 Abs. 1 BGB. in Betracht kommen. Dafür ergibt der vorliegende Sachverhalt indessen keinen ausreichenden Anhalt. Das in Rede stehende Verbot richtet sich gegen die Einfuhr, d. i. zunächst eine Tatsache, kein Rechtsgeschäft. Und das Verbot richtet sich nur gegen den Einführenden, nicht gegen dessen Lieferanten. Schließen beide einverständlich zu dem Zwecke verbotener Einfuhr einen Kauf- oder Lieferungsvertrag ab, dann mag für das Geschäft als solches, weil verbotswidrig, Nichtigkeit nach § 134 in Frage kommen. Hat aber der Lieferant hier, wo nichts dergleichen gegen ihn festgestellt ist, schlechthin geliefert und dem Käufer überlassen, sich mit den Einfuhrbeschränkungen abzufinden, so kann kein beiderseits verbotswidriges Geschäft und folgeweise (RGZ. Bd. 60 S. 277) keine Nichtigkeit nach § 134 angenommen werden. Es bleibt also nur noch die Frage, ob etwa die Klägerin durch die Verbotswidrigkeit der nachgefolgten Einführung der Ware gehindert worden ist, das Eigentum daran zu erwerben, oder ob sie es etwa aus diesem Grunde verloren hat. Dafür gibt das in § 2 der Bekanntm. vom 16. Januar 1917 herangezogene Vereinszollgesetz keinen Anhalt. Nach § 156 das. gehen die beschlagnahmten Gegenstände erst mit dem Zeitpunkte der Beschlagnahme in das — auflösend bedingte (RGZ. Bd. 55 S. 232) — Eigentum des Staates über. Kommt es zu solcher Beschlagnahme nicht, so werden die Eigentumsverhältnisse an der Ware durch Konterbande nicht berührt.

Mangels weiterer Klärung der tatsächlichen Sachlage ergibt sich mithin kein Anhalt aus § 134 BGB., Nichtigkeit des Eigentumserwerbs auf seiten der Klägerin anzunehmen. Dem gleichen Zwecke wie die Regelung der Wareneinfuhr durch die Bekanntmachung vom 16. Januar 1917 — eine Vergrößerung der wirtschaftlich schädlichen

Verschuldung Deutschlands gegenüber dem Ausland zu verhüten — diente auch die Devisenordnung vom 8. Februar 1917 (RGBl. S. 105). Wie bereits in der Entscheidung RGZ. Bd. 98 S. 254 ausgesprochen, ist der Abschluß eines Kaufvertrags ohne die dort erforderte Genehmigung der Reichsbank nichtig. Nach der Devisenordnung ist (§ 3 das.) die Eingehung gewisser Verbindlichkeiten gegenüber im Ausland ansässigen Personen verboten. Dieses Verbot richtet sich unmittelbar gegen das Rechtsgeschäft als solches — nicht nur gegen die Tatsache einer ohne Genehmigung erfolgenden Einfuhr — und trifft schon nach seinem Inhalte die beiden Teile, aus denen das Rechtsgeschäft sich zusammensetzt, die Eingehung der Verbindlichkeit nicht minder als den Erwerb des Forderungsrechts. Die Nichtigkeit des gegen das Verbot der Devisenordnung verstoßenden Geschäfts ergibt daher noch nichts für die Ungültigkeit eines Geschäfts, dem unerlaubte Einfuhr der durch das Geschäft erlangten Ware nachgefolgt ist.

Auch für die Annahme eines Verstoßes gegen die guten Sitten im Sinne des § 138 Abs. 1 fehlt es an ausreichendem tatsächlichen Anhalt. Nach dem unterstellten Sachverhalt liegt nichts vor als die Tatsache der ungenehmigten Einfuhr und etwa die Annahme, daß die Klägerin die Ware zum Zwecke einer solchen erworben habe. Daß damit schon der ganze Vertrag oder der Eigentumserwerb sittenwidrig werde, kann nicht gesagt werden. Dadurch wird die Rechtsprechung, wonach Geschäfte, die der Förderung des gewerbsmäßigen Schmuggels dienen, nach § 138 Abs. 1 BGB. nichtig sind (RGZ. Bd. 42 S. 295, Bd. 96 S. 282, VI 276/16, 242/20, 16/21), nicht berührt. Auch braucht nicht darauf eingegangen zu werden, ob von diesen Grundsätzen nach Sachlage eine Ausnahme mit Rücksicht auf die durch den Krieg geschaffene Notlage in Deutschland zu machen sein würde (vgl. Warneyer 1919 Nr. 105, Urt. vom 21. Oktober 1920 VI 242/20, auch vom 20. Dezember 1920 VI 394/20). Übrigens würde auch der Verstoß gegen ein gesetzliches Verbot das Geschäft nicht ohne weiteres zu einem sittenwidrigen machen (RGZ. Bd. 88 S. 254)...

---

95. Unter welchen Voraussetzungen besteht ein Ersatzanspruch der Berufsgenossenschaft aus § 903 RVO. gegen den Unternehmer, der einen Betriebsleiter gemäß § 913 Abs. 1 RVO. bestellt hat? Haftet der Unternehmer schlechthin, wenn er nach § 913 Abs. 2 strafbar ist?

VI. Zivilsenat. Urt. v. 7. Juli 1921 i. S. Gebr. V. u. Gen. (Bekl.) w. Ziegelei-Berufsgenossenschaft (Kl.). VI 219/21.

I. Landgericht Karlsruhe. — II. Oberlandesgericht daselbst.

Der bei der Klägerin versicherte Hilfsdreher W. ist am 8. Dezember 1917 im Dienste der Beklagten zu 1 in der von ihr während des Krieges als Hilfsgewerbe betriebenen Granatendreherei dadurch verunglückt, daß er bei seiner Arbeit ausrutschte und mit dem linken Arm in das Zahnrad einer Drehbank geriet. Die Klägerin fordert von den Beklagten aus § 903 RVO. Ersatz ihrer Aufwendungen für den Verletzten, weil das Zahnrad nicht genügend verwahrt gewesen sei. Die Beklagte zu 1 ist eine Aktiengesellschaft, die eine Ziegelei betreibt, der Beklagte zu 2 ihr technischer Direktor und Vorstandsmitglied.

Das Landgericht hat die Klage abgewiesen. Das Oberlandesgericht hat die Beklagten nach dem Antrage verurteilt.

Ihre Revision blieb erfolglos.

Aus den Gründen:

... In Frage steht nur, ob die Beklagten durch Bestellung eines Betriebsleiters in der Person des Ingenieurs Sch. von der Ersatzpflicht frei geworden sind. Sch. hat als Zeuge angegeben, daß die Leitung des technischen Betriebs, insbesondere der Granatendreherei, ihm unter der Oberaufsicht des Beklagten zu 2 unterstanden sei. Das Berufungsgericht hat nicht untersucht, ob ihm die Pflichten, die dem Beklagten zu 2 auf Grund der Reichsversicherungsordnung oblagen, übertragen worden seien. Es unterstellt, daß Sch. ein mit der Erfüllung dieser Pflichten betrauter Betriebsleiter im Sinne des § 913 Abs. 1 RVO. war, erachtet aber dennoch die beiden Beklagten mit folgender Begründung für haftpflichtig: Der Beklagte zu 2, dem als Vorstand der Beklagten zu 1 die technische Oberaufsicht über den Fabrikbetrieb obgelegen habe, hätte bei ordnungsmäßiger Beaufsichtigung des Sch. wissen müssen, daß eine Reihe von Zahnrädern nicht richtig verwahrt war. Der Mangel sei in zwei Revisionsberichten des genossenschaftlichen Kontrollbeamten vom 10. März 1917 und 24. September 1917 berührt worden. Wenn auch die Berichte dem Beklagten zu 2 unbekannt geblieben sein mochten, so hätte ihm doch das Fehlen eines sachgemäßen Schutzes an den Zahnrädern nicht verborgen bleiben können, wenn er den Sch. einigermaßen sorgfältig beaufsichtigt hätte. In diesem Falle hätte er auf Abstellung des Mißstandes drängen müssen. Er habe das nicht getan und daher bei Beaufsichtigung des Stellvertreters die im Verkehr erforderliche Sorgfalt nicht beobachtet. Sonst wäre der Unfall des W. vermieden worden. Der Beklagte zu 2 hafte daher aus §§ 913 Abs. 2, 903 und neben ihm die Beklagte zu 1 aus § 904 Abs. 1 Ziff. 1 RVO. für die Aufwendungen der Klägerin.

Die Revision verlangt zunächst die Entscheidung über die in dem Urteile vom 25. März 1918 VI 443/17 (JW. 1918 S. 617) offen gelassene Frage, ob sich durch Bestellung eines Betriebsleiters der

Pflichtenkreis des Unternehmers und seine Haftung einschränken. Diese Frage müsse bejaht und damit eine Pflicht der Beklagten verneint werden, den sachverständigen Betriebsleiter in der von dem Berufungsgericht geforderten Weise zu beaufsichtigen und sich um die technische Angelegenheit, welche Unfallverhütungsmaßregel die bessere sei, zu bekümmern. Der Betriebsleiter bedürfe höchstens einer ganz allgemeinen Aufsicht. Jedenfalls hätte geprüft werden müssen, ob der Unternehmer, der einen Betriebsleiter nicht mit der erforderlichen Sorgfalt beaufsichtigt, deshalb schon die besondere Berufsaufmerksamkeit außer acht lasse, wie dies zur strafrechtlichen Verurteilung nötig sein würde.

Für die Revisionsinstanz ist davon auszugehen, daß Sch. als Betriebsleiter nach Maßgabe des § 913 Abs. 1 RVO. bestellt war. Für diesen Fall ist die von der Revision gewünschte Entscheidung in dem Urteile des Senats Bd. 95 S. 181 dahin ergangen, daß, obwohl § 913 in den Abschnitt der Reichsversicherungsordnung über Strafvorschriften eingeordnet sei, aus der an die Spitze gestellten Befugnis des Unternehmers, die ihm auf Grund dieses Gesetzes obliegenden Pflichten einem Betriebsleiter zu übertragen, sich ergebe, daß der Unternehmer durch seine Nichtbefolgung der Unfallverhütungsvorschriften nicht mehr die Aufmerksamkeit außer acht lasse, zu der er vermöge seines Gewerbes besonders verpflichtet war. In dem Urteile des Senats vom 2. Dezember 1920 VI 305/20 ist sodann ausgesprochen, daß der Unternehmer, wenn § 913 ihm gestatte, die Pflichten gegen die Berufsgenossenschaft, insbesondere die der Beobachtung der Unfallverhütungsvorschriften, auf den Betriebsleiter zu übertragen, auch keine Verantwortung mehr dafür trage, daß die letzteren unbeachtet geblieben seien; es sei denn, daß er wahrgenommen hätte, daß die Vorschriften vernachlässigt würden, und nicht eingeschritten wäre. Durch die letztere Einschränkung sollte nur ein augenfälliges Beispiel, das regelmäßig die Mithaftung des Unternehmers begründe, gegeben, keineswegs seine Mithaftung auf diesen alleinigen Fall eingegrenzt werden.

Die nähere Prüfung, ob und unter welchen Voraussetzungen die Haftung des Unternehmers aus § 903 RVO. neben die des Betriebsleiters tritt, der gemäß § 913 Abs. 1 bestellt ist, ergibt Folgendes:

§ 913 ist den § 151 GewO., § 82a KrankenVersG., § 177 InvVersG. nachgebildet. Abs. 1 enthält trotz der Stellung unter den Strafvorschriften den allgemeinen Grundsatz, daß der Unternehmer dem Betriebsleiter die Pflichten aus der Reichsversicherungsordnung übertragen darf. Kann sich der Unternehmer durch die Übertragung vor Strafe schützen, so wird sie auch, wie in dem Urteile Bd. 95 S. 181 betont ist, zivilrechtliche Wirkung äußern müssen, wenn nicht ihr Wert und ihre Bedeutung wieder zerfließen sollen.

Abs. 2 betrifft nur die strafrechtliche Haftung der Stellvertreter und des Unternehmers, und zwar bezieht er sich bloß auf die Strafvorschriften der Reichsversicherungsordnung, nicht auf diejenigen des gemeinen Strafrechts. Die strafgerichtliche Feststellung, die § 903 als Erfordernis für den Ersatzanspruch gegen den Unternehmer verlangt, hat mit den strafrechtlichen Tatbeständen der Versicherungsordnung nichts zu tun. Die Zwangs- und Ordnungsstrafen des Gesetzes scheiden in dieser Hinsicht ganz aus, und auch die Kriminalstrafen der Versicherungsordnung (§§ 23, 140 bis 143, 767, 911) liegen auf einem andern Gebiet. Vorsätzliche Herbeiführung des Unfalls im Sinne des § 903 steht nur höchst selten und jedenfalls hier nicht in Frage. Die Fahrlässigkeitsvergehen, die der Haftung aus § 903 zugrunde liegen, sind vielmehr die in §§ 222 Abs. 2, 230 Abs. 2 StGB. mit Strafe bedrohten. Daraus folgt, daß die Fälle der Strafbarkeit des Unternehmers neben dem Betriebsleiter, die § 913 Abs. 2 aufführt, nicht ohne weiteres, wie es von dem Berufungsgericht geschieht, zur Begründung des Ersatzanspruchs aus § 903 übernommen werden können. Anderseits darf aus dem Umstand, daß der Unternehmer wegen Verfehlungen gegen die Reichsversicherungsordnung, insbesondere gegen die Unfallverhütungsvorschriften, sich trotz zulässiger Bestellung eines Betriebsleiters sogar strafbar machen kann, geschlossen werden, daß das Gesetz ihn in diesem Fall ebensowenig der zivilrechtlichen Haftung gänzlich entheben wollte.

Unter welchen Umständen die Mithaftung des Unternehmers eintritt, läßt sich nicht im allgemeinen bestimmen, sondern wird sich nach der Lage des Einzelfalls richten. Bedeutsam kann dabei sein, ob der Unternehmer sachkundig ist oder nicht, wie groß sein Gesamtbetrieb ist, ob er an der Betriebsstelle wohnt oder nicht, usw. In jedem Fall ist aber Voraussetzung der Fahrlässigkeit im Sinne des § 903 und damit der Haftung des Unternehmers, daß er diejenige Aufmerksamkeit außer acht gelassen hat, zu welcher er vermöge seines Amtes, Berufes oder Gewerbes besonders verpflichtet war, und daß er ferner bei Beobachtung der erforderlichen Sorgfalt einen mit einer Körperverletzung des Verunglückten verbundenen Unfall, wenn auch nicht gerade in der Gestalt, wie er eingetreten ist, und, falls der Verunglückte zu Tode gekommen ist, die Tötung als mögliche Folge des Fehlens der von ihm geschuldeten Aufmerksamkeit hat voraussehen können, endlich, daß der Unfall durch die bezeichnete Fahrlässigkeit herbeigeführt worden ist.

Das Berufungsgericht hat nicht festgestellt, daß der Beklagte zu 2 um die unzureichende Sicherung des Zahnrads gewußt hat, sondern nur, daß er darum hätte wissen müssen, wenn er den Sch. ordnungsmäßig beaufsichtigt hätte, und daß er durch den Mangel der Beaufsichtigung den Unfall des W. mitverursacht hat.

Die Annahme, daß der Unternehmer durch die Unterlassung der pflichtmäßigen Überwachung der kraft des § 913 eingesetzten Stellvertreter eine Fahrlässigkeit im Sinne des § 903 begehen kann, ist bedenkenfrei. Dagegen hat das Berufungsgericht, weil es § 913 Abs. 2 für maßgebend gehalten hat, nicht geprüft, ob bei dem Beklagten zu 2 die ersterwähnten Merkmale dieser Fahrlässigkeit vorhanden waren. Doch nötigt diese Lücke nicht dazu, das Urteil aufzuheben; sie kann auf Grund der Feststellungen darin ergänzt werden. . . .

(Es wird sodann dargelegt, daß der Beklagte die durch seinen Beruf ihm besonders auferlegte Aufmerksamkeit außer acht gelassen habe, indem er es an der gebotenen Überwachung fehlen ließ, und daß er die Verletzung eines Arbeiters als Folge dieses Mangels habe voraussehen können.)

---

96. 1. Erfordernisse des Tatbestands nach § 313 und § 526 ZPO.
2. Verwertung des Inhalts von Strafakten durch Parteivortrag, insbesondere im Urkundenprozeß.
3. Kann der Prokurist einer Partei nach § 137 ZPO. gehört werden?
4. Welche Bedeutung hat die Übersendung eines Inhaberschecks an eine Bank von ihren Kunden „zur Gutschrift"?

V. Zivilsenat. Urt. v. 9. Juli 1921 i. S. W. u. G. (Kl.) w. H. (Bekl.). V 156/21.

I. Landgericht Meiningen. — II. Oberlandesgericht Jena.

Der Beklagte hat dem Kaufmann S. in Suhl am 6. September 1920 einen Scheck über 500000 *M*, der auf die Bank von Thüringen gezogen war, ausgestellt und übergeben. Der Scheck sollte zur Anzahlung auf den Kaufpreis für 74000 Gewehre und Karabiner dienen, die S. dem Beklagten zu 75 *M* für das Stück zu liefern hatte. S. hat den Scheck, nachdem er auf dessen Rückseite seine Unterschrift gesetzt hatte, der Klägerin, seiner Bank, zur Gutschrift übersandt. Die bezogene Bank von Thüringen hat aber den ihr laut Bescheinigung am 7. September 1920 zur Zahlung vorgelegten Scheck nicht eingelöst, weil der Beklagte ihn bereits am 6. September 1920 gesperrt hatte.

Die Klägerin hat nunmehr von dem Beklagten H. als Aussteller des Schecks und dem Kaufmann S. auf Grund seiner Unterschrift auf der Rückseite des Schecks im Urkundenprozeß gesamtschuldnerisch die Zahlung des Scheckbetrags verlangt und ist in erster Instanz mit ihrem Anspruch gegen S. ganz, gegen H. bis auf einen geringfügigen Zinsbetrag auch durchgedrungen. Gegen den Klaganspruch hat nur der Beklagte H. Einwendungen erhoben, S. hat ihn anerkannt. H. hat eingewendet, daß er von S. durch Betrug zur Hingabe des Schecks bestimmt worden sei und daß die Klägerin in Kenntnis davon mit S. zusammenwirke, um ihn zu schädigen. Außerdem hat er geltend gemacht, daß S. zur Rückgabe des Schecks verpflichtet gewesen sei, weil der Kaufvertrag, zu dessen Erfüllung der Scheck gegeben worden sei, nichtig gewesen und von S. auch nicht erfüllt worden sei, dies sich aber auch die Klägerin entgegenhalten lassen müsse, weil sie den Scheck „durch Prokuraindossament" (richtig als Inkassomandatar) nur zur Einziehung von S. erhalten habe und im übrigen auch mit dem Nichtanspruch desselben vertraut gewesen sei, als sie den Scheck von S. erworben habe, um dem Beklagten seine Einwendungen abzuschneiden. Auch stehe ihr entgegen, daß sie den Scheck erst nach Kenntnis von der Sperrung und, ohne sich nach der Deckung zu erkundigen, von S. bekommen habe.

Das Landgericht hat die Behauptungen des Beklagten H. mangels eines im Urkundenprozeß zulässigen Beweismittels nicht für bewiesen erachtet. Das Berufungsgericht hat aber die Klage gegen ihn abgewiesen, indem es angenommen hat, daß die Klägerin von S. nur bevollmächtigt worden sei, den Scheckbetrag in dessen Interesse bei der Bank für Thüringen zu erheben, und, da sie eigene Rechte aus dem Scheck nicht gewonnen habe, jetzt nur als vorgeschobene Person für S. streite, um diesem die Schecksumme einzubringen, womit sie arglistig handle.

Die Revision der Klägerin führte zur Aufhebung des Berufungsurteils.

Aus den Gründen:

... Die Revision kann zwar das Berufungsurteil nicht deshalb beanstanden, weil im Tatbestande nicht festgestellt ist, daß das Urteil erster Instanz vorgetragen worden ist. Denn daß die Beobachtung der Vorschrift des § 526 ZPO. im Tatbestand ausdrücklich beurkundet sein muß, ist aus dem Gesetz nicht zu entnehmen. Es genügt, wenn der Tatbestand erkennen läßt, daß die Parteien den Prozeßstoff nach Maßgabe des erstinstanzlichen Urteils in der Berufungsverhandlung vorgetragen haben. Das aber ergibt sich aus dem Berufungsurteil. Denn auf S. 3 und 4 desselben ist unter Bezug auf das erstinstanzliche Urteil besonders hervorgehoben, daß der Beklagte die gleichen Einwendungen, wie im ersten Rechtszuge, vorgebracht und die Klägerin gemäß ihren Schriftsätzen alles, was von ihrer eigenen Darstellung abweicht, bestritten habe. Beides heißt nichts anderes, als daß die Parteien auf der Grundlage des ersten Urteils vor dem Berufungsgericht verhandelt und damit auch dessen Inhalt vorgetragen haben.

Der Revision ist aber darin Recht zu geben, daß in dem Berufungsurteile der Tatbestand und die Gründe in unklarer Weise miteinander vermischt sind, so daß sich das Vorbringen der Parteien aus dem Urteile nicht mit deutlicher Sicherheit ergibt. Allerdings ist eine äußerliche Trennung des Tatbestandes von den Entscheidungsgründen nicht ausdrücklich vorgeschrieben. Aber bei einer Zusammenfassung beider muß erkennbar sein, was Parteianführung und was richterliche Erwägung ist. Diesem Erfordernis wird das Berufungsgericht nicht gerecht. Insbesondere ist, soweit der Inhalt der Strafakten gegen S. in Betracht kommt, nicht zu ersehen, was die Parteien aus diesen Akten vorgetragen haben und was das Berufungsgericht auf Grund des Inhalts dieser Akten festgestellt hat. Die Anführung, daß beide Teile aus diesen Akten vorgetragen haben, was „sich auf den Rechtsstreit bezieht“, ist unzulänglich. Denn damit bleibt ungewiß und für die Parteien nicht nachprüfbar, was aus den Akten als vorgetragen angenommen ist, da über die Frage, ob ein in diesen Akten verbriefter Vorgang auf den Rechtsstreit Bezug hat, verschiedene Meinungen bestehen können. Die aus den Akten vorgetragenen Bestandteile müssen genau bezeichnet sein (JW. 1907 S. 392, 483, Recht 1908 Nr. 2207).

Unrichtig ist die Meinung der Revision, daß die Vorlage der Strafakten nur im Rahmen einer Beweisaufnahme hätte erfolgen dürfen. Es ist auch zulässig, daß der Inhalt von Akten als Parteivorbringen in den Prozeß eingeführt wird, indem die Parteien aus den Akten vortragen, was sie zur Begründung ihrer Rechtsbehauptung für zweckdienlich halten. Das kann auch im Urkundenprozesse geschehen, da für diesen einschränkende Vorschriften nur über den Beweis der vorgebrachten Behauptungen, nicht aber für den Parteivortrag gegeben sind. Widerspricht der Gegner dem aus den Akten Vorgetragenen nicht, d. h. bestreitet er nicht, daß das Vorgetragene in den beigezogenen Akten tatsächlich steht, was die Regel sein wird, so folgt daraus allerdings nur, daß der Akteninhalt richtig wiedergegeben ist und die Akten das Vorgetragene enthalten, nichts aber über die sachliche Richtigkeit des vorgetragenen Akteninhalts. Das macht jedoch einen Beweis durch Vorlegung der Akten nicht erforderlich, weil auch im Falle des Urkundenbeweises die materielle Beweiskraft der Urkunde durch den Inhalt der Urkunde allein nicht entschieden wird. Denn auch in diesem Falle steht durch die Urkunde nur fest, was sie enthält, nicht aber, ob richtig ist, was in ihr erklärt ist. Darum hatte es keine Bedenken, den Inhalt der Strafakten, wie geschehen, nur aus dem Parteivortrage zu würdigen, wogegen auch die Vorschriften der §§ 592, 595 ZPO. nicht sprechen, da ein Beweis auch im Urkundenprozesse nicht in Frage kommt, wenn über die Parteianführungen kein Streit besteht (RGZ. Bd. 13 S. 370, Bd. 30 S. 408). Bedurfte es aber einer Beweisaufnahme zur Vorlegung der Strafakten nicht und ist eine solche auch tatsächlich nicht erfolgt, so entfallen auch die Beschwerden, die die Revision darüber erhebt, daß der Beweis durch die nur allgemeine Bezugnahme auf die Strafakten nicht in gehöriger Form angetreten sei, dazu vielmehr die zu beweisenden Tatsachen und die als Beweis herangezogenen Aktenstellen genau und im einzelnen hätten angegeben werden müssen.

... Die Revision rügt auch, daß die Erklärungen des Prokuristen der Klägerin Verwertung gefunden haben und dessen Persönlichkeit vom Berufungsgericht ohne prozeßgerechte Unterlage gewürdigt worden sei. Diese Rüge ist begründet. Denn offenbar ist der Prokurist gemäß § 137 ZPO. wie eine Partei gehört worden, und das war unzulässig. Seine Bekundungen hatten darum nur den Wert einer Zeugenaussage, die im Urkundenprozesse schon wegen der Unzulässigkeit der Zeugenvernehmung und sonach auch abgesehen von der Nichtbeeidigung nicht benutzt werden konnte. Aus diesem Grunde war auch für die Würdigung der Persönlichkeit des Prokuristen auf Grund seiner Vernehmung kein Raum.

Dagegen stand nichts im Wege, die Bekundungen und schriftlichen Erklärungen des Mitbeklagten S. in den Strafakten gemäß § 286 ZPO. zu würdigen, soweit sie aus jenen Akten vorgetragen sind. Denn in dieser Beziehung standen die Auslassungen des S. nicht anders, wie der sonstige Inhalt der Strafakten. Als Parteibehauptung ist ihre Würdigung nicht erfolgt. Es kommt deshalb auch nicht darauf an, daß S., mag er wegen der fehlenden Kostenentscheidung auch noch nicht ganz aus dem Prozeß ausgeschieden gewesen sein, an dem Berufungsverfahren selber gar nicht beteiligt war.

... Schon die hervorgehobenen Prozeßverstöße mußten zur Aufhebung des Urteils führen. Aber auch in materiellrechtlicher Beziehung sind die Ausführungen des Berufungsgerichts nicht frei von Rechtsirrtum, was ebenfalls zur Aufhebung des Urteils führen mußte.

Da der fragliche Scheck ein Inhaberscheck ist, so kommt ein eigentliches Indossament nicht in Frage. Es bedarf deshalb auch keiner Prüfung, ob das Prokuraindossament für das Scheckrecht anzuerkennen ist. Jedenfalls ist es auch im Rahmen des Scheckgesetzes zulässig, daß der Scheckinhaber den Scheck einem anderen zu dem Zwecke überträgt, die nach § 15 des Scheckgesetzes bestehenden Rechte für seine, des Übertragenden, Rechnung im eigenen Namen geltend zu machen (Lessing Scheckgesetz I d zu § 8). Ob in solchem Falle das Eigentum an dem Scheck bei dem Auftraggeber bleibt oder der Einziehende es erwirbt, was unbeschadet der in der Entscheidung JW. 1908 S. 479 ausgesprochenen Grundsätze für die Legitimation beim Inhaberscheck vielleicht nicht gerade erforderlich ist, kann auf sich beruhen. Auch im letzteren Falle bleibt er Inkassomandatar, weil er den Scheck nur zur

Einziehung hat. Nicht aber kann die Übertragung zur Einziehung mit dem Berufungsgericht lediglich daraus entnommen werden, daß S. den Scheck der Klägerin „zur Gutschrift" überschickt hat und dieser so auch von der Klägerin angenommen worden ist. ... Es kann nicht zugegeben werden, daß die Übersendung eines Schecks „zur Gutschrift" vom Bankkunden an seine Bank in der Regel nichts anderes bedeutet, als daß die Bank die Einlösung des Schecks besorgen soll. Aus den Worten: „Zur Gutschrift" folgt eine solche Auffassung nicht. Denn zur Gutschrift kann ein Scheck der Bank auch so gegeben werden, daß diese Eigentümerin des Schecks wird, um sich aus der Schecksumme für eine eigene Forderung bezahlt zu machen. Es hätte das Berufungsgericht deshalb zum mindesten angeben müssen, ob es nach den ihm bekannten Gepflogenheiten des Handelsverkehrs üblich ist, die Übersendung eines Schecks zur Gutschrift in dem von ihm angenommenen Sinne zu verstehen. Bestand in dieser Beziehung keine Offenkundigkeit, so mußte das Gericht von dem Beklagten den Beweis dafür verlangen, daß die Übersendung zur Gutschrift nur als Auftrag zur Einziehung im Bankverkehre verstanden zu werden pflegt. Hierbei wäre die Klägerin in die Lage gekommen, sich gegenbeweislich auf die zwischen ihr und S. bestehenden Geschäftsbedingungen zu beziehen. Sie hätten möglicherweise ergeben, daß bei Hingabe von Wechseln und Schecks an die Bank für gewöhnlich das Forderungsrecht auf die Bank übertragen zu werden pflegt, was, wenn es auch unbeschadet des Ausgleichs zwischen Kunden und Bank geschieht, die Annahme eines bloßen Einziehungsauftrags mindestens nicht ohne weiteres rechtfertigt, umgekehrt allerdings auch nicht ausschließt. Vielleicht könnte in dieser Beziehung auch das etwaige Guthaben der Klägerin gegen S. zur Zeit des Scheckerwerbs von Erheblichkeit sein, ohne daß daraus aber zwingend geschlossen werden dürfte, daß die Klägerin den Scheck nicht bloß oder nicht ganz nur zur Einziehung übertragen erhalten hat.

Die Sache bedarf hiernach noch einer weiteren Erörterung.

---

97. Bedarf es zur Löschung einer Nachlaßhypothek außer der Löschungsbewilligung des Vorerben auch dann der Zustimmung des Nacherben, wenn der Vorerbe zugleich die Umschreibung der Hypothek auf seinen Namen beantragt?

V. Zivilsenat. Beschl. v. 9. Juli 1921 in der Grundbuchsache von M. Bl. 45. V B 1/21.

I. Amtsgericht Mittweida. — II. Landgericht Chemnitz.

Die Frage ist vom Reichsgericht in Übereinstimmung mit den Vorentscheidungen bejaht worden aus folgenden

Gründen:

Im Grundbuche von M. Bl. 45 steht in Abteilung III Nr. 20 seit dem 25. Oktober 1895 eine Buchhypothek von 12000 *M* für L. eingetragen. L. ist am 17. April 1905 gestorben. Durch Testament vom 14. April 1905 hat er die Beschwerdeführerin, seine Ehefrau, zur alleinigen Vorerbin und mehrere Personen für den Fall des Todes der Beschwerdeführerin zu seinen Nacherben eingesetzt. In den gerichtlichen Protokollen vom 17. Dezember 1920 und 15. April 1921 beantragte die Beschwerdeführerin die Umschreibung der Hypothek auf ihren Namen unter Einreichung eines Erbscheins nach ihrem Ehemann und bewilligte und beantragte zugleich die Löschung der Hypothek mit der Erklärung, der Grundstückseigentümer habe ihr die 12000 *M* nebst Zinsen ausgezahlt. Der Grundbuchrichter beanstandete die Anträge, weil zwar nicht zur Umschreibung der Hypothek auf den Namen der Beschwerdeführerin als der alleinigen Vorerbin des eingetragenen Gläubigers, wohl aber zu der Löschung der Hypothek die Zustimmung der Nacherben erforderlich sei. Hiergegen machte die Beschwerdeführerin in ihrer Beschwerde geltend, es bedürfe, da die Hypothek zuvor auf ihren Namen umgeschrieben werden solle und dabei zugleich die Rechte der Nacherben gemäß § 52 GBO. von Amts wegen eingetragen werden müßten, zur Löschung der Hypothek nicht der Zustimmung der Nacherben. Die Beschwerde wurde jedoch zurückgewiesen. Die dagegen eingelegte weitere Beschwerde legte das Oberlandesgericht Dresden gemäß § 79 Abs. 2 GBO. dem Reichsgerichte vor mit der Äußerung, es erachte die Beibringung der Zustimmung der Nacherben zur Löschung der Hypothek nicht für erforderlich und möchte der weiteren Beschwerde stattgeben mit der Maßgabe, daß wegen fehlender Zustimmung des Grundstückseigentümers zur Löschung (§ 27 Abs. 1 GBO.) eine Zwischenverfügung gemäß § 18 Abs. 1 GBO. zu treffen sei, sehe sich jedoch an einer solchen Entscheidung durch die Entscheidung des Reichsgerichts in RGZ. Bd. 65 S. 214 sowie durch die Entscheidungen des Kammergerichts in KGJ. Bd. 22 A S. 315 und Bd. 30 A S. 261 verhindert, da darin der Grundsatz ausgesprochen sei, daß es zur Löschung einer zur Vorerbschaft gehörenden Hypothek der Zustimmung des Nacherben auch dann bedürfe, wenn die Hypothek unter Eintragung des Rechtes des Nacherben auf den Vorerben eingetragen sei.

Es besteht kein Bedenken, daß die Voraussetzungen des Abs. 2 § 79 GBO. gegeben sind und daher gemäß Abs. 1, 3 das Reichsgericht zur Entscheidung über die weitere Beschwerde zuständig ist. Jedoch muß, entgegen der Auffassung des Oberlandesgerichts Dresden, die weitere Beschwerde für unbegründet erachtet werden.

In RGZ. Bd. 65 S. 214 ist, wenn von dem dort gegebenen, vorliegend nicht in Betracht kommenden Fall einer befreiten Vorerbschaft (§ 2136 BGB.) abgesehen wird, vom Reichsgericht folgendes dargelegt worden: Nach §§ 2113 Abs. 1, 2114 BGB. ist die Verfügung des Vorerben über eine zur Erbschaft gehörende Hypothek im Falle des Eintritts der Nacherbfolge insoweit unwirksam, als sie das Recht des Nacherben vereiteln oder beeinträchtigen würde. Insoweit wird also das Verfügungsrecht des Vorerben durch das Recht des Nacherben beschränkt; über die Dauer der Vorerbschaft hinaus ist der Vorerbe zu Verfügungen nicht befugt. Da nun gemäß § 2113 Abs. 3 BGB. hinsichtlich der Rechtswirkung der Verfügungen des Vorerben die Vorschriften über den Rechtserwerb Dritter in gutem Glauben an die Richtigkeit des Grundbuchs (§ 892 BGB.) Anwendung finden, so darf der Grundbuchrichter auf Grund der Verfügung des Vorerben über eine zur Erbschaft gehörende Hypothek die Eintragung einer Rechtsänderung nur vornehmen, wenn entweder die Verfügung sich ausdrücklich auf die Dauer der Vorerbschaft beschränkt, oder wenn in geeigneter Weise dem Nacherben die Möglichkeit gewahrt wird, beim Eintritte der Nacherbfolge die Unwirksamkeit der über die Dauer der Vorerbschaft hinausgehenden Verfügung auch gegenüber dem Dritterwerber mit Erfolg geltend zu machen. In letzterer Hinsicht ist, wenn die Übertragung der Hypothek Gegenstand der Verfügung ist, ein geeignetes Schutzmittel für den Nacherben die Eintragung des Vorerben und zugleich des Rechtes des Nacherben gemäß § 52 GBO. Denn hierdurch wird das Recht des Nacherben Dritten gegenüber erkennbar gemacht und demnach dem Nacherben die bezeichnete Möglichkeit erhalten. Der Grundbuchrichter hat daher in diesem Falle die Eintragung der Rechtsänderung von der Eintragung des Vorerben- und des Nacherbenrechts abhängig zu machen. Soll aber auf Grund der Verfügung des Vorerben die Löschung einer zur Erbschaft gehörenden Hypothek erfolgen, so versagt das Schutzmittel der vorherigen Eintragung des Vorerben und des Rechtes des Nacherben. Denn durch die Löschung werden alle auf die Hypothek bezüglichen Eintragungen aus dem Grundbuche beseitigt; es würde mithin auch die Eintragung des Nacherbenrechts wieder beseitigt werden, so daß das Nacherbenrecht aus dem Grundbuche doch nicht ersichtlich wäre. Eine vorläufige Löschung etwa mit dem Vorbehalte des Rechtes des Nacherben, im Falle des Eintritts der Nacherbfolge wegen Unwirksamkeit der Verfügung des Vorerben die Wiedereintragung der Hypothek zu verlangen, ist dem Gesetz unbekannt. Deshalb darf in einem solchen Falle die Löschung gemäß § 19 GBO. vom Grundbuchrichter nur dann vorgenommen werden, wenn die Einwilligung des Nacherben beigebracht wird.

Es liegt kein Anlaß vor, von dem aus diesen Darlegungen sich ergebenden, auch im neueren Schrifttum fast einmütig geteilten Rechtsstandpunkt abzugehen. Auch das Oberlandesgericht Dresden verneint die Notwendigkeit der Zustimmung des Nacherben zur Vornahme der Löschung einer zur Erbschaft gehörenden Hypothek nur für den Fall, daß das Recht des Nacherben eingetragen sei, indem es annimmt, daß in dem gegenwärtigen Falle zufolge des Antrags der beschwerdeführenden Vorerbin auf Umschreibung der in Rede stehenden Nachlaßhypothek das Recht der Nacherben gemäß § 52 GBO. eingetragen werde und auch nach Löschung der Hypothek eingetragen bleibe. In dieser Hinsicht führt das Oberlandesgericht zunächst aus, in dem materiellen Rechte könne die Notwendigkeit der Zustimmung des Nacherben nicht als begründet angesehen werden. Der Schutz des Nacherben erschöpfe sich darin, daß die Verfügung des Vorerben im Falle des Eintritts der Nacherbfolge unter den im § 2113 Abs. 1 BGB. bestimmten Voraussetzungen unwirksam sei. Der Vorerbe sei an der Verfügung nicht gehindert, insbesondere nicht an die Zustimmung des Nacherben gebunden. Erst mit dem Eintritte der Nacherbfolge endige die Wirkung der Verfügung; es trete der frühere Rechtszustand wieder ein. Infolge der Löschung der Hypothek stehe nunmehr das Grundbuch mit der wirklichen Rechtslage nicht im Einklang und es sei damit der Anspruch auf die Berichtigung des Grundbuchs mit dem Ziele der Wiedereintragung der Hypothek mit dem bisherigen Range an der bereitesten Stelle des Grundbuchs gegeben (§ 894 BGB.). Der Berichtigungsanspruch versage nur dann, wenn das Recht des Nacherben im Grundbuche nicht eingetragen und die Unwirksamkeit der Löschung infolge der Grundsätze vom gutgläubigen Erwerbe fortgefallen sei (§ 892 Abs. 1 Satz 1 BGB.). Sei das Recht des Nacherben gemäß § 52 GBO. im Grundbuch eingetragen, so sei der Nacherbe gegen die Gefahren, die für ihn infolge dieser Grundsätze vom gutgläubigen Erwerbe bestünden, gesichert. Es stehe dann der grundbuchlichen Eintragung der Verfügung des Vorerben nichts entgegen.

Dies ist alles richtig, liegt aber neben der Sache und steht dem dargelegten Rechtsstandpunkte des Reichsgerichts nicht entgegen. Es handelt sich nicht darum, daß der Vorerbe für sich allein nach materiellem Rechte der Befugnis entbehre, über eine zur Erbschaft gehörende Hypothek zu verfügen, daß daher, wenn auf Grund der Verfügung hinsichtlich der Hypothek eine Rechtsänderung in das Grundbuch eingetragen würde, das Grundbuch wegen Unwirksamkeit der eingetragenen Rechtsänderung unrichtig werden würde und daß deshalb der Grundbuchrichter es ablehnen müßte, auf Grund der Verfügung des Vorerben ohne Zustimmung des Nacherben die begehrte Eintragung vorzunehmen. Vielmehr steht in Frage, ob der Grundbuchrichter deswegen, weil der Nacherbe dagegen zu schützen sei, daß er nach Eintritt der Nacherbfolge die Wiedereintragung der Hypothek mit ihrem früheren Range unter Geltendmachung der Unwirksamkeit der zuvor erfolgten Löschung nicht herbeiführen könnte, wegen der von Dritten in gutem Glauben an die Richtigkeit des Grundbuchs, also auch an das Nichtbestehen der gelöschten Hypothek, erworbenen Rechte die Löschung der Hypothek auf Grund der sich als Verfügung darstellenden Löschungsbewilligung des Vorerben abzulehnen habe, wenn nicht zugleich dem Nacherben der erforderliche Schutz gewährleistet werden könne und gewährleistet werde. Nach § 2113 Abs. 1, § 2114 BGB. ist der Vorerbe in der Verfügung über eine zur Erbschaft gehörende Hypothek hinsichtlich seiner Beziehung zum Nacherben beschränkt. Würde auf Grund des von dem Vorerben gestellten Verfügungsantrags die Hypothek für den Vorerben umgeschrieben ohne einen Vermerk über die zum Schutze des Nacherben bestehende Verfügungsbeschränkung, so würde das Grundbuch unrichtig werden, denn es würde das Grundbuch den Vorerben als unbeschränkt Berechtigten ausweisen, während dieser in Wirklichkeit durch die Nacherbfolge in seiner Verfügung beschränkt gewesen wäre (RGZ. Bd. 61 S. 232). In dieser Hinsicht greift die Vorschrift des § 52 GBO. ein, daß bei der Eintragung eines Vorerben zugleich das Recht des Nacherben von Amts wegen einzutragen ist. Zweck der Vorschrift ist, die Verfügungsbeschränkung im Grundbuch für Dritte erkennbar zu machen und dadurch den Nacherben gegenüber den aus dem öffentlichen Glauben des Grundbuchs sich ergebenden Gefahren zu sichern (Denkschrift zu § 50 des Entwurfs). Wird demgemäß bei jener Eintragung des Vorerben zugleich das Recht des Nacherben eingetragen, so ist das Grundbuch richtig, denn es ist aus ihm in Verbindung mit § 2113 Abs. 1, § 2114 BGB. zu entnehmen, daß der Vorerbe nicht unbeschränkt Berechtigter zu der Hypothek sei, daß vielmehr, wenn er über die Hypothek eine Verfügung treffe, diese im Falle des Eintritts der Nacherbfolge der Unwirksamkeit unterliegen könne, nämlich dann, wenn und insoweit sie das Recht des Nacherben vereitele oder beeinträchtige. Würde die Hypothek auf Löschungsbewilligung des Vorerben im Grundbuche gelöscht ohne eine Kennzeichnung, daß der durch die Löschungsbewilligung über die Hypothek verfügende Vorerbe der vorbezeichneten Verfügungsbeschränkung unterlag, so würde das Grundbuch unrichtig sein, weil die Hypothek als unbedingt nicht mehr bestehend zu gelten hätte, während zufolge des Rechtes des Nacherben im Falle des Eintritts der Nacherbfolge die Verfügung des Vorerben unwirksam sein und deshalb die Hypothek in Wirklichkeit noch zu Recht bestehen könnte. Zu jener Kennzeichnung würde auch hier die Eintragung des Rechtes des Nacherben ein geeignetes Mittel sein, wenn sie trotz Löschung der Hypothek mit der

Wirkung Bestand behielte, daß sie weiterhin für und gegen jedermann als Inhalt des Grundbuchs zu gelten hätte. Wird dagegen durch die Löschung der Hypothek zugleich die erfolgte Eintragung des Rechtes des Nacherben mit der Wirkung beseitigt, daß sie fortan als im Grundbuche nicht vorhanden anzusehen ist, so kann sie als ein geeignetes Mittel nach der bezeichneten Richtung nicht gelten. Eine andere Möglichkeit aber, bei Löschung der Hypothek den Inhalt des Grundbuchs dahin richtig zu stellen, daß das Hypothekenrecht nicht unbedingt erloschen sei, ist nicht gegeben. Insbesondere ist, wie bereits bemerkt, die Eintragung eines Vorbehalts des Rechtes des Nacherben, im Falle des Eintritts der Nacherbfolge die Unwirksamkeit der Verfügung des Vorerben geltend zu machen und die Wiedereintragung der Hypothek zu verlangen, dem Gesetz unbekannt. Ist daher jene Auffassung über völlige Beseitigung einer Eintragung des Rechtes des Nacherben durch Löschung der Hypothek gerechtfertigt, so hat der Grundbuchrichter, um zu verhüten, daß das Grundbuch unrichtig werde, und zugleich nach dem Grundgedanken des § 52 GBO. darauf zu halten, daß bei Unrichtigkeit des Grundbuchs der Nacherbe nicht den aus dem öffentlichen Glauben des Grundbuchs sich ergebenden Gefahren ausgesetzt sei, die Löschung der Hypothek auf Grund der Löschungsbewilligung des Vorerben allein abzulehnen. Wird dagegen die Erklärung des Nacherben über Zustimmung zu der Löschungsbewilligung des Vorerben beigebracht, so hat die Löschung der Hypothek zu erfolgen; denn zufolge der Zustimmung des Nacherben ist die Verfügung des Vorerben unbedingt und voll wirksam (§ 185 BGB.), und daher erlischt durch die Löschung auf Grund dieser Verfügung die Hypothek völlig und endgültig, so daß das Grundbuch durch Vornahme der Löschung nicht unrichtig wird (RGZ. Bd. 61 S. 232, Bd. 70 S. 33). Demnach kommt es für die Frage, ob der Grundbuchrichter, wenn das Recht des Nacherben eingetragen ist, die Löschung der Hypothek auf Grund der Löschungsbewilligung des Vorerben ohne Zustimmung des Nacherben vornehmen darf, darauf an, ob die Eintragung des Nacherbenrechts trotz Löschung der Hypothek Bestand in dem zuerst bezeichneten Sinne behält.

In dieser Hinsicht erklärt das Oberlandesgericht unter Verneinung der Notwendigkeit der Zustimmung des Nacherben, es lasse sich nicht sagen, daß durch die Löschung der Hypothek auch die Eintragung des Rechtes des Nacherben aus dem Grundbuche selbst dann beseitigt werde, wenn diese Eintragung nicht gelöscht werde; die Behauptung, daß durch die Löschung eines Rechtes alle auf das Recht bezüglichen Eintragungen beseitigt würden, auch wenn sie ihrerseits nicht gelöscht würden, bedürfe des Beweises. Die Eintragung einer Verfügungsbeschränkung bei einem Recht entfalte, solange sie bestehe, ihre Wirkung auch dann, wenn das Recht gelöscht sei. Das Verhältnis sei dasselbe, wie das durch die Eintragung eines Widerspruchs gegen die Löschung begründete. Wie der Widerspruch seine Wirkung in bezug auf ein gelöschtes Recht zu äußern vermöge, so sei es nur folgerichtig, daß auch die Eintragung des Rechtes des Nacherben in ihrer Wirkung als Verfügungsbeschränkung den Schutz in bezug auf ein gelöschtes Recht verleihe.

Dies ist jedoch nicht zutreffend. Wird die Löschung eines eingetragenen Rechtes vorgenommen, so scheidet das Recht aus dem Grundbuche so aus, wie wenn es niemals eingetragen gewesen wäre. Die notwendige Folge ist, daß auch alle das Recht betreffenden Eintragungen aus dem Grundbuche schwinden. Dies gilt auch von Verfügungsbeschränkungen, denn sie werden gegenstandslos und verlieren ihre Bedeutung, weil es ihnen zufolge der Löschung des Rechtes an der grundbuchmäßigen Unterlage fehlt und die Löschung nichts übrig läßt, wofür sie von Belang sein könnten. Nach dem für Preußen vorgeschriebenen Verfahren wird auch die Beseitigung aller auf das Recht bezüglichen Einschreibungen sinnfällig gemacht dadurch, daß außer der Eintragung eines Löschungsvermerks (§ 47 Abs. 1 GBO.) gemäß § 13 Abs. 3 AllgVerf. zur Ausführung der Grundbuchordnung vom 20. November 1899 die ganze Eintragung rot unterstrichen wird. Nach dem Verfahren in Sachsen, um das es sich vorliegend handelt, wird bei Löschung von Hypotheken allerdings gemäß § 112 der Verordnung zur Ausführung der Grundbuchordnung vom 26. Juli 1899 nur die Geldsumme und der in die Spalte „Anmerkungen" einzuschreibende Hinweis auf den in die nämliche Spalte, in der sich die Eintragung der Hypothek befindet, einzutragenden Löschungsvermerk rot unterstrichen, so daß alle sonstigen auf die Hypothek bezüglichen Eintragungen kein äußeres Kennzeichen der erfolgten Löschung erhalten. Jedoch ist, wenn danach auch ein Vermerk des Nacherbenrechts trotz Löschung der Hypothek dem Auge in unveränderter Gestalt erscheint und wenn ferner der Löschungsvermerk nur den Inhalt hat, daß die Hypothek gelöscht sei, daraus nicht zu entnehmen, daß der Vermerk des Nacherbenrechts als noch bestehend zu gelten hätte. Vielmehr ist in dem ein einheitliches Ganzes bildenden Grundbuchblatt durch den Löschungsvermerk, den Hinweis darauf in Spalte „Anmerkungen" und die roten Unterstreichungen für jedermann ersichtlich gemacht, daß die ganze Hypothekeintragung zur Löschung gebracht worden sei, und ist daraus mit Notwendigkeit zu folgern, daß auch die Eintragung des Nacherbenrechts, da sie mit der Hypothekeintragung in untrennbarem Zusammenhange steht und ein mit dieser ihrer Grundlage hinfällig werdender Vermerk, nicht eine selbständig für sich bestehende Rechtseintragung ist, gänzlich erloschen sei. Daher wäre beispielsweise, wenn demnächst eine Briefhypothek eingetragen würde, in den Hypothekenbrief (§ 57 Abs. 2 Nr. 4 GBO.) nichts von den auf die gelöschte Hypothek bezüglichen Eintragungen aufzunehmen, insbesondere nicht etwa zu vermerken, daß die Hypothek zwar gelöscht sei, aber die Eintragung des Nacherbenrechts Bestand behalten habe.

Daraus ergibt sich, daß auch dann, wenn der Vorerbe, wie vorliegend, die Umschreibung einer zur Erbschaft gehörenden Hypothek auf seinen Namen beantragt und zufolge dieses Antrags bei seiner Eintragung gemäß § 52 GBO. auch das Recht des Nacherben eingetragen würde, der Grundbuchrichter auf Grund gleichzeitiger Löschungsbewilligung des Vorerben für sich allein die Löschung der Hypothek nicht vornehmen darf, sondern daß zur Löschung die Zustimmung des Nacherben erforderlich ist.

Hiernach war die weitere Beschwerde als unbegründet zurückzuweisen.

---

98. 1. Wird die Ausschlußfrist des § 5 des Preuß. Tumultschadengesetzes vom 11. März 1850 (PrTG.) durch die Erhebung einer Feststellungsklage auch dann gewahrt, wenn die Feststellungsklage nicht allen Erfordernissen des § 256 ZPO. genügt?

2. Inwieweit sind die Vorschriften des § 1 PrTG. durch § 15 Abs. 1 des Reichsgesetzes über die durch innere Unruhen verursachten Schäden vom 12. Mai 1920 (RTG.) abgeändert?

3. Zum Begriffe der Zusammenrottung nach § 1 PrTG.

VI. Zivilsenat. Urt. v. 31. Mai 1921 i. S. Stadtgemeinde Berlin (Bekl.) w. D. Erben (Kl.). VI 72/21.

I. Landgericht I Berlin. — II. Kammergericht daselbst.

Die Kläger sind Eigentümer des Grundstücks Große Frankfurterstraße Nr. 59 in Berlin. Das dort stehende Fabrikgebäude wurde am 24. Dezember 1918 bei dem Kampfe gegen die Volksmarinedivision von einem Artilleriegeschoß getroffen und nicht unerheblich beschädigt. Von der Beklagten verlangen die Kläger Schadensersatz auf Grund des preußischen Tumultschadengesetzes vom 11. März 1850. Das Landgericht hat der Klage stattgegeben, die Berufung und die Revision der Beklagten blieben erfolglos.

Gründe:

Die Revision rügt, das angefochtene Urteil verletze § 5 PrTG. dadurch, daß es die für die gerichtliche Geltendmachung des Schadensersatzanspruchs vorgeschriebene Ausschlußfrist von vier Wochen als gewahrt ansehe. Dieser Auffassung kann nicht zugestimmt werden.

In tatsächlicher Hinsicht steht fest, daß die Kläger ihren Schaden am 28. Dezember 1918 bei der Beklagten angemeldet haben, womit die für die Anmeldung vorgeschriebene Frist von 14 Tagen gewahrt war. Durch einen Bescheid vom 5. März 1919, der den Klägern am 13. dess. Mts. zugegangen ist, lehnte die Beklagte die Leistung von Schadensersatz ab. Nunmehr wurde die vorliegende Klage erhoben und der Beklagten am 5. April 1919, somit innerhalb der von dem Empfang des Bescheids an laufenden Frist, zugestellt. Der in der Klageschrift enthaltene auf Feststellung gerichtete Antrag wurde aber im Rechtsstreite nicht verlesen, vielmehr erklärten die Kläger in einem Schriftsatze vom 28. April 1919, seitens des Magistrats seien die Kosten der Wiederherstellung auf 12850 ℳ geschätzt, hiermit seien sie einverstanden und beantragten daher, die Beklagte zur Zahlung dieser Summe nebst Prozeßzinsen zu verurteilen. In der mündlichen Verhandlung vom 4. November 1919 wurde dieser Antrag zuerst verlesen. Die Beklagte hat nun in der vorigen Instanz ausgeführt, der Schadensersatzanspruch habe schon zur Zeit der Klagerhebung seiner Höhe nach festgestanden, die Kläger hätten daher sofort auf Leistung klagen können und die Feststellungsklage habe der im § 256 ZPO. aufgestellten Voraussetzungen entbehrt. Eine unzulässige Feststellungsklage aber wahre die Ausschlußfrist des § 5 nicht. Das Berufungsgericht nimmt dagegen an, daß den Klägern zwar das rechtliche Interesse an der alsbaldigen Feststellung der Schadensersatzpflicht gefehlt habe, erachtet aber trotzdem die Ausschlußfrist als gewahrt. Daß die Klage, wenn der Antrag nicht in einen Leistungsantrag umgewandelt worden wäre, hätte abgewiesen werden müssen, ändere nichts daran, daß der Anspruch gerichtlich geltend gemacht sei. Die Revision hält diese Erwägung für rechtsirrig, es ist aber dem Berufungsgericht im Ergebnis zuzustimmen.

Was unter der gerichtlichen Geltendmachung zu verstehen sei, ist im preußischen Tumultschadengesetz nicht näher gesagt, war vielmehr aus den zur Zeit seines Erlasses geltenden Prozeßgesetzen zu entnehmen. Nach jetzigem Recht unterliegt es keinem Zweifel, daß die Erhebung einer Klage die gerichtliche Geltendmachung eines Anspruchs enthält. Der Feststellungsklage diese Wirkung für Ansprüche aus dem Tumultschadengesetz zu versagen, liegt kein ausreichender Anlaß vor, wie der Senat schon in dem RGZ. Bd. 99 S. 39 abgedruckten Urteil angenommen hat. Zweifelhaft könnte nur sein, ob für die Wahrung der Frist des § 5 durch Erhebung einer Feststellungsklage zu fordern ist, daß noch nicht auf Leistung geklagt werden konnte. Die Bedeutung einer Ausschlußfrist liegt darin, daß nach ihrem Ablauf eine gewisse Handlung nicht mehr vorgenommen werden kann. Hier ist nun die Klagerhebung fristgemäß erfolgt, die Klage war zwar mit einem Mangel behaftet, aber dieser Mangel war verbesserungsfähig, und er ist, bevor es zu einer Entscheidung über die Feststellungsklage kam, verbessert worden. Bei einer ähnlichen Sachlage hat das Reichsgericht in einem Fall, in dem es sich um die Unterbrechung der Verjährung handelte (RGZ. Bd. 100 S. 149), es nicht für notwendig erklärt, daß die Feststellungsklage allen prozessualen Erfordernissen, insbesondere denen des § 256 ZPO., entspreche, um eine Unterbrechung der Verjährung (BGB. § 209) herbeizuführen. Nun lassen sich freilich die für die Verjährung geltenden Grundsätze nicht ohne weiteres auf Ausschlußfristen übertragen (vgl. für die frühere preußische Praxis Entsch. des Obertribunals, Bd. 40 S. 1); auch ist die Tragweite verschiedener Ausschlußfristen nicht immer die gleiche. Mit den Ausschlußfristen des preußischen Tumultschadengesetzes, insbesondere der Anmeldefrist von 14 Tagen, sollte, wie die Verhandlungen der ersten Kammer erkennen lassen (Stenogr. Bericht 1850 Bd. 5 S. 2433), erreicht werden, daß die Schäden möglichst schnell zur Kenntnis der Gemeinden kämen, damit diese den wirklichen Schaden feststellen und ihre Einwendungen begründen, auch andere Ersatzpflichtige heranziehen könnten, es sollte das ganze Verfahren nach Möglichkeit beschleunigt werden. Die Anmeldefrist haben die Kläger gewahrt, in der Feststellungsklage aber haben sie im Antrag ausdrücklich gesagt, daß es sich um den durch die Zerstörung eines Frontpfeilers und des Fahrstuhlkopfes des dortigen Fabrikgebäudes entstandenen Schaden handle. Hiermit haben die Kläger den von ihnen verfolgten Anspruch der gerichtlichen Entscheidung unterbreitet, auch die Beklagte in den Stand gesetzt, zur Wahrung ihrer Interessen das Erforderliche zu veranlassen. Daß die Feststellungsklage, wenn sie als solche weiter verfolgt worden wäre, hätte abgewiesen werden müssen, schließt nicht aus, daß der Schadensersatzanspruch in ausreichender Weise gerichtlich geltend gemacht worden ist.

Weiter rügt die Revision als rechtsirrig, daß das Berufungsgericht den Tatbestand einer Zusammenrottung im Sinne des § 1 PrTG. als gegeben erachtet hat. Ob das zutrifft, würde dann unerheblich sein, wenn Ansprüche auf Ersatz von Tumultschäden seit dem Erlasse des Reichsgesetzes vom 12. Mai 1920 gemäß § 15 daselbst nicht mehr durch das Vorhandensein einer Zusammenrottung oder eines Zusammenlaufs bedingt wären, wie im Schrifttum angenommen worden ist. Es wird gesagt, die Vorschrift des § 15 Abs. 1 RTG. enthalte eine Anpassung des Landesrechts an § 1 daselbst; dem preußischen Tumultschadengesetz gegenüber bedeute sie insofern eine Erweiterung, als an die Stelle der Begriffe „Zusammenrottung" und „Zusammenlauf" der weitergehende Begriff der „inneren Unruhen" zu treten habe. Für den Geltungsbereich des § 15 Abs. 1 käme es nur darauf an, ob ein Vermögensschaden im Zusammenhange mit inneren Unruhen durch offene Gewalt oder ihre Abwehr entstanden sei. Dieser Ansicht kann nicht zugestimmt werden. Nach dem Entwurfe des § 1 RTG. sollte ein Ersatzanspruch gegen das Reich wegen der Schäden an beweglichem und unbeweglichem Eigentum sowie an Leib und Leben gewährt werden, die seit dem 1. November 1918 im Zusammenhange mit inneren Unruhen bei einer Zusammenrottung oder einem Zusammenlaufe von Menschen durch offene Gewalt oder die dagegen ergriffenen Abwehrmaßregeln unmittelbar verursacht seien oder noch verursacht würden. Bei der Beratung im Ausschuß der Nationalversammlung wurden aber in der ersten Lesung die Worte „bei einer Zusammenrottung oder einem Zusammenlaufe von Menschen" gestrichen. Nach dem Berichte des 21. Ausschusses der Nationalversammlung, Drucks. 1920 Nr. 2752 S. 2, war geltend gemacht worden, daß durch weittragende Geschosse Beschädigungen in Gegenden hervorgerufen sein könnten, in denen keine Zusammenrottung stattgefunden habe; auch wurde erwähnt, daß in München die schwersten Schäden durch Gewaltmaßnahmen der Räteregierung entstanden seien, ohne daß man von einer andauernden Zusammenrottung sprechen könne. Bei der Streichung ist es geblieben, so daß der Ersatzanspruch aus § 1 RTG. unabhängig davon ist, ob der Schaden bei einer Zusammenrottung oder einem Zusammenlaufe verursacht wurde. Dagegen ist nicht ersichtlich, daß dies auch für die nach § 15 Abs. 1 zu beurteilenden Schäden zu gelten hätte. Hier wird zunächst ausdrücklich bestimmt, daß die „bisherigen Gesetze" maßgebend bleiben sollen, dann aber eine Einschränkung dahin gemacht, daß der Ersatz mittelbaren Schadens und entgangenen Gewinns sowie der Ersatz für Gegenstände, die dem Luxusbedürfnisse des Betroffenen dienen, nicht beansprucht werden kann. Sollten die bisherigen Gesetze weiter, insbesondere auch insoweit geändert werden, als sie tatsächliche Voraussetzungen für die Haftung der Gemeinde aufstellen, so hätte es nahe gelegen, dies ebenso ausdrücklich auszusprechen, wie ihre Änderung in bezug auf die Schadenshöhe.

Die Rüge ist aber nicht begründet, vielmehr der Tatbestand einer Zusammenrottung ausreichend festgestellt. Das Berufungsgericht geht zutreffend davon aus, daß die Zusammenrottung einer Menschenmenge mit einer gewissen Organisation der Teilnehmer verträglich ist. Es erkennt auch an, daß eine reguläre Truppenabteilung, die unter dem Befehl ihrer Offiziere handelt, nicht als eine Zusammenrottung bezeichnet werden kann (RGZ. Bd. 100 S. 16), stellt aber fest, daß es sich bei der Volksmarinedivision nicht um eine solche Truppe gehandelt habe. Aus der Art ihrer Bildung und ihrem späteren Verhalten wird das näher begründet und festgestellt, daß, wenn die Regierung für Unterkunft und Entlohnung gesorgt habe, dies notgedrungen in dem Bestreben geschehen sei, diese aufsässigen Elemente einigermaßen im Zaume zu halten. Ob den Ausführungen des Berufungsgerichts in allen Einzelheiten gefolgt werden kann, darf dahin gestellt bleiben; denn jedenfalls ist ohne Rechtsirrtum angenommen, daß die Division an dem jetzt allein in Betracht kommenden 24. Dezember 1918 eine Zusammenrottung bildete. Nach der Darstellung des Berufungsgerichts war es Anfang Dezember 1918 zu Zwistigkeiten mit der Kommandantur gekommen, weil die Führung der Division sich weigerte, über die Stärke der Truppe Angaben zu machen. Als dann Meldungen über Diebstähle im Schloß erfolgten, verlangte die Regierung die Räumung des Schlosses und machte hiervon die Zahlung der am 21. Dezember 1918 fälligen Löhnung abhängig. Dem Verlangen wurde nicht entsprochen, vielmehr erzwang die Division die Auszahlung von 80000 *M*. Weiter wurde der damalige Stadtkommandant Wels am 23. Dezember mit seinem Adjutanten gefangen genommen, die Fernsprechzentrale der Reichskanzlei besetzt und das Reichskanzlergebäude abgesperrt. Nunmehr kam es zu den Kämpfen zwischen den Regierungstruppen und der Marinedivision, an denen auf seiten der letzteren auch Zivilisten teilnahmen, die von den Matrosen mit Waffen versehen wurden. Hiernach kann die Volksmarinedivision am 24. Dezember 1918 einer regulären Truppe nicht gleichgestellt werden, sie ist vielmehr mit den Zivilpersonen, die sich ihr angeschlossen hatten, als eine zusammengerottete Menschenmenge anzusehen, deren bewaffnete Auflehnung von den Truppen unterdrückt werden sollte. Ob alle Volksbeauftragten mit dieser Maßregel einverstanden waren, was Beklagte in Abrede stellt, ist für die Gesetzlichkeit des Vorgehens unerheblich. Bei den so entstandenen Kämpfen ist das Gebäude der Kläger durch ein fehlgehendes Geschoß beschädigt worden. Ob die Volksmarinedivision ursprünglich zur Unterstützung der damaligen Regierung gebildet und militärisch organisiert wurde, kann auf sich beruhen, weil hieraus noch nicht folgt, daß sie auch am 24. Dezember als reguläre Truppe betrachtet werden müßte und es sich an diesem Tage nicht um einen Kampf der Regierungstruppen gegen eine zusammengerottete Menschenmenge gehandelt hätte. Die von der Beklagten hierüber angetretenen Beweise brauchten daher nicht erhoben zu werden. Was aber die Behauptung angeht, die Division habe im November und Anfang Dezember 1918 die Zivilpersonen, die sich ihr angeschlossen hatten, aus ihrem Verband entfernt, so hat das Berufungsgericht mit Recht bemerkt, daß hierdurch die Beteiligung von Zivilisten an den Kämpfen vom 24. Dezember 1918 nicht widerlegt werden könne. Es ist auch nicht zu beanstanden, daß das Berufungsgericht die von ihm festgestellten Tatsachen als gerichtsbekannt bezeichnet und bemerkt, daß sie insbesondere durch die Tageszeitungen zur allgemeinen Kenntnis gekommen seien. Daß Tatsachen dadurch im Sinne des

§ 291 ZPO. offenkundig werden können, daß sie in der Presse verbreitet werden, ist nicht zu bezweifeln und wird nicht dadurch gehindert, daß, wie die Revision hervorhebt, häufig auch ungenaue Nachrichten durch die Zeitungen laufen. Es spricht nichts dafür, daß das Berufungsgericht über den Begriff der Offenkundigkeit rechtlich geirrt habe. . . .

---

99. Hat die Post ein unmittelbares Klagerecht gegen den Empfänger einer Nachnahmesendung, wenn der Postschaffner die mit Nachnahme belasteten Pakete gegen das Versprechen späterer Zahlung ausgeliefert hat?

VII. Zivilsenat. Urt. v. 21. Juni 1921 i. S. Deutsches Reich (Kl.) w. Einkaufsverein der Drogenhändler (Bekl.). VII 18/21.

I. Landgericht Hannover. — II. Oberlandesgericht Celle.

Am 11. September 1919 überbrachte der Postschaffner M. vom Postamt II in H. dem Beklagten mit dem Post-Paketwagen 20 Wertpakete, die mit insgesamt 5540 *M* Nachnahme und mit 108 *M* Porto und Bestellgeld belastet waren. Da P., der Geschäftsführer des Beklagten, nicht soviel Geld in der Kasse hatte, anderseits M. wegen Überlastung des Paketwagens die Pakete nicht wieder zurücknehmen wollte, wurde vereinbart, daß die Pakete dableiben und M. das Geld gegen Mittag abholen sollte. Die Pakete wurden durch M. und einen von ihm zugezogenen Hilfsbeamten abgeladen, es fand sich aber dabei noch eine dritte Person in Postuniform, der wegen Unterschlagungen aus dem Postdienst entlassene frühere Postillon D. ein, der nach dem Zeugnis P.s sich an dem Abladen beteiligte und bei der Vereinbarung hinter M. stand, von diesem aber nach dessen Zeugnis, als er seiner ansichtig wurde, weggewiesen wurde. M. überließ P. auch die Begleitadressen mit dem Auftrage, die Beträge zusammenzurechnen und zu quittieren. Mittags erschien dann D., ließ sich von P. das Geld auszahlen, trennte von den Begleitadressen die Abschnitte ab, die er P. überließ, und nahm die Adressen an sich. Als sodann M. sich einfand, war D. bereits verschwunden.

Der Kläger machte den Beklagten, weil er an eine unberechtigte Person gezahlt habe, verantwortlich und erhob Klage auf Zahlung von 5648 *M*. Der Beklagte bestritt die Berechtigung des Klägers zur Klage, wandte auch ein, daß er an D., der mit abgeladen habe und durch Postuniform sowie die Nachnahmepapiere nach § 370 BGB. legitimiert gewesen sei, habe zahlen dürfen.

Das Landgericht hat den Beklagten antragsgemäß verurteilt, das Oberlandesgericht aber die Klage abgewiesen. Auf die Revision des Klägers ist das Berufungsurteil aufgehoben und die Sache in die Vorinstanz zurückverwiesen worden.

Aus den Gründen:

... Das Landgericht hatte seine Entscheidung auf die von M. mit P. getroffene Vereinbarung gestützt, zu der M. vielleicht nicht berechtigt gewesen sei, die aber der Kläger nachträglich durch Erhebung der Klage genehmigt habe. Von der hiernach dem Beklagten obliegenden Zahlungspflicht habe sich dieser durch die Zahlung an den Schwindler D. nicht befreien können, denn mit diesem habe P. nicht verhandelt und von ihm auch die Nachnahmepapiere nicht erhalten, so daß der Beklagte auf § 370 BGB. sich nicht berufen könne.

Das Oberlandesgericht hat die Frage, ob der Beklagte durch die Zahlung an D. von seiner Zahlungsverbindlichkeit sich endgültig befreit hat, dahingestellt gelassen und die Klage aus dem Grund abgewiesen, weil zwischen den Parteien keine den Kläger zur Klage berechtigenden Beziehungen beständen. Eine unerlaubte Handlung falle dem Beklagten nicht zur Last, eine Vereinbarung, wie sie das Landgericht angenommen, sei aber rechtsgültig nicht zustande gekommen. § 19 der (gemäß § 50 des Reichspostgesetzes vom 28. Oktober 1871 erlassenen) Postordnung vom 20. März 1900 schreibe zwingend vor, daß Nachnahmesendungen nur gegen Berichtigung des Nachnahmebetrags ausgehändigt werden dürften. Eine Abweichung davon sei eine Verletzung der Dienstvorschriften, die auch durch eine Genehmigung der Oberpostdirektion nicht habe geheilt werden können. Denn auch diese sei zu einer Abänderung nicht befugt gewesen. Auch aus dem Gesetz und aus dem Vertragsverhältnis zum Absender sei ein Klagerecht der Post gegenüber dem Empfänger der Sendung nicht abzuleiten.

Demgegenüber hat die Revision zunächst mit Recht gerügt, daß die Postordnung vom 20. März 1900 (RZBl. S. 53), auf deren Wortlaut im § 19 IV der Berufungsrichter seine Entscheidung gegründet habe, zur Zeit des hier in Rede stehenden Vorgangs überhaupt nicht mehr in Geltung gewesen sei, und daß § 19 IV der jetzigen Postordnung vom 28. Juli 1917 (RGBl. S. 763) das Wörtchen „nur", aus dem der Berufungsrichter die zwingende Natur der Bestimmung abgeleitet habe, nicht enthalte, sondern nur besage: „Am Bestimmungsorte wird die Nachnahmesendung dem Empfänger vorgezeigt und gegen den Nachnahmebetrag ausgehändigt". Aber auch abgesehen hiervon war das Berufungsurteil nicht haltbar. Daß Stundungen des Nachnahmebetrags nicht unbedingt ausgeschlossen, vielmehr unter Umständen die Gewährung von Einlösungsfristen bis zur Dauer von 7 Tagen zulässig ist, ergab schon die Postordnung vom 20. März 1900 im § 19 IV, übereinstimmend mit dem jetzigen § 19 VI. Freilich ist dabei, wenigstens als Regel, vorausgesetzt, daß die Sendung dem Empfänger nicht ausgehändigt wird, solange der Nachnahmebetrag nicht bezahlt ist. Die Möglichkeit einer solchen verfrühten Aushändigung beim Vorliegen besonderer Umstände und bei völliger Sicherheit des Empfängers ist jedoch nicht ausgeschlossen. Die Postordnung selbst (§ 19 VI, jetzt 19 VIII) rechnet mit der Möglichkeit einer Aushändigung ohne Einziehung des Nachnahmebetrags. Wenn dort in einem solchen Falle die Post dem Absender gegenüber für haftbar erklärt wird „vorbehaltlich der Abtretung seines Anspruchs gegen den Empfänger", so ist damit nicht gesagt, daß jeder unmittelbare Anspruch gegen den Empfänger, auch da, wo er aus dem Gesetz oder einer Vereinbarung hergeleitet werden kann, ausgeschlossen sein soll. Im § 72 Abs. 4 EVO. vom 23. Dezember 1908 ist bestimmt: „Ist das Gut ohne Einziehung der Nachnahme ausgeliefert worden, so hat die Eisenbahn dem Absender den Schaden bis zum Betrage der Nachnahme zu ersetzen, vorbehaltlich ihres Anspruchs gegen den Empfänger." In Beziehung auf diesen bestimmen § 436 HGB. und § 76 Abs. 4 EVO.: „Durch Annahme des Gutes und des Frachtbriefs wird der Empfänger verpflichtet, der Eisenbahn nach Maßgabe des Frachtbriefs Zahlung zu leisten." Die Eisenbahn kann hiernach auch nachträglich die Nachnahme von dem Empfänger einziehen (vgl. **Eger**, EVO. 3. Aufl. S. 348 Anm. 347, S. 384, 396; **Eger**, Frachtrecht, 2. Aufl. Bd. 2 S. 362). Ja selbst, wo diese Vorschriften nicht anwendbar sind, weil nur das Frachtgut, aber nicht der Frachtbrief übergeben ist, kann aus der Annahme des Frachtguts und der Kenntnis der Nachnahmebelastung eine vertragsmäßige Verpflichtung zur Zahlung des Nachnahmebetrags nach der Verkehrssitte und den Verkehrsanschauungen hergeleitet werden (RGZ. Bd. 95 S. 122; JW. 1919 S. 450 Nr. 12).

Die frachtrechtlichen Vorschriften finden nun freilich nach § 452 HGB. auf die Beförderung von Gütern durch die Postverwaltung keine Anwendung. Auch die Postordnung bestimmt aber im § 50 Abs. VI, übereinstimmend mit § 50 VI der Fassung vom 20. März 1900: „Hat der Empfänger die Sendung angenommen, so ist er . . . zur Zahlung des Portos und der Gebühren verpflichtet und kann sich davon durch spätere Rückgabe der Sendung nicht befreien." Hiernach wird im vorliegenden Falle, da P. von M. die Nachnahmesendungen mit den Begleitadressen, also doch wohl endgültig, übernommen und nur eine Stundung der Geldzahlung stattgefunden hatte, zunächst kaum ein Bedenken darüber obwalten können, daß der Kläger die Postgebühren (Porto und Bestellgeld) im Betrage von 108 M auch nach der Aushändigung der Pakete von dem Beklagten einfordern, und sofern dieser nicht etwa — was der Berufungsrichter offen gelassen hat — durch die Zahlung an D. freigeworden ist, auch einklagen durfte. In betreff des Nachnahmebetrags von 5540 *M* fehlt es allerdings in der Postordnung an einer dem § 50 Abs. VI a. a. O. entsprechenden Bestimmung. Hier greifen aber alle die Erwägungen durch, die der I. Zivilsenat des Reichsgerichts in dem bereits angezogenen Urteil RGZ. Bd. 95 S. 124 in dem analogen Falle der Eisenbahn-Nachnahme beim Versagen der frachtrechtlichen Bestimmungen aus den allgemeinen Bestimmungen über Treu und Glauben und aus den Verkehrsanschauungen abgeleitet hat. „In dieser Hinsicht — so heißt es dort — kann es einem Zweifel nicht unterliegen, daß derjenige, der Frachtgut an sich nimmt, wissend, daß es mit einer Nachnahme belastet ist, zu deren Bezahlung er vorher aufgefordert war, und der dann trotz Aufforderung keine Anstalten macht, es herauszugeben, so anzusehen ist, wie einer, der sich zur Bezahlung der Nachnahme und der Fracht verpflichtet hat." Im vorliegenden Falle hat ohne Zweifel der Beklagte durch seinen Geschäftsführer P. eine solche Verpflichtung sogar ausdrücklich übernommen. Die Gründe, aus denen der Berufungsrichter diese Verpflichtung nicht gelten lassen will, beruhen teils auf der irrigen Annahme, daß die angeblich zwingenden Vorschriften der Postordnung vom 20. März 1900 noch in Geltung seien, teils auf einer ungenügenden Würdigung dieser Vorschriften. Vereinbarungen über Stundung des Nachnahmebetrags sind, wie bereits erwähnt, in gewissem Umfange zulässig. Insoweit die Zuständigkeit des Postamts und des überbringenden Postbeamten dazu nicht ausgereicht haben sollte, ist jedenfalls, wie das Landgericht zutreffend angenommen hat, durch die das Reich vertretende Oberpostdirektion bei Anstellung der Klage Genehmigung eingetreten, so daß der Klage, soweit sie auf Gesetz und Vertrag sich gründet, Bedenken nicht entgegenstehen.

Im übrigen würde auch dann, wenn man — der beiläufigen Andeutung des Berufungsrichters folgend — annehmen könnte, daß M. die Nachnahmesendungen an P. nicht endgültig, sondern nur zur einstweiligen Verwahrung abgegeben hätte, nicht jeder unmittelbare Anspruch des Klägers gegen den Beklagten ausgeschlossen sein. Der Kläger hätte dann den mittelbaren Besitz behalten, und wegen fahrlässiger Beeinträchtigung und Entziehung dieses Besitzes könnten nach § 823 BGB. P., und nach § 31 BGB. der Beklagte verantwortlich gemacht werden (JW. 1911 S. 939 Nr. 2; RGZ. Bd. 57 S. 94, Bd. 59 S. 326). Weiter könnte durch das unberechtigte Behalten der Nachnahme-Pakete auch in diesem Falle, wie in dem in RGZ. Bd. 95 S. 122 behandelten, eine nachträgliche stillschweigende Zahlungsverpflichtung entstanden sein. . . .

100. 1. Zur Frage des vorzeitigen Deckungskaufs.
2. Muß der Käufer, der an Stelle ihm nicht gelieferter Ware sich mit Rohstoffen eindeckt und die Ware selbst herstellt, die sich hieraus für ihn ergebenden günstigeren Verkaufsmöglichkeiten sich als Gewinnausgleich anrechnen lassen?

I. Zivilsenat. Urt. v. 2. Juli 1921 i. S. B. (Kl.) w. S. (Bekl.). I 28/21.

I. Landgericht Glogau. — II. Oberlandesgericht Breslau.

Die Beklagte verkaufte der Klägerin im Sommer 1916 zwei Stückfaß ausländischen Kognak zum Preise von 1000 ℳ für 100 l reinen Alkohols, lieferte aber die Ware trotz Mahnung und Fristsetzung nicht. Im September 1916 erhob die Klägerin Klage auf Erfüllung. Da sie gleichwertige Ware zur Eindeckung nicht erhalten konnte, stellte sie selbst Kognak aus Obsttrestern unter Zusatz von reinem Alkohol her, den sie sich am 4. Oktober und 17. November 1916 anschaffte. Am 1. Mai 1917 ging die Klägerin dann zur Schadensersatzklage über und berechnete zunächst ihren Schaden abstrakt auf 12000 ℳ. Später machte sie den Schaden auf Grund konkreter Berechnung nur in Höhe von 7740 ℳ geltend. Dieser Betrag wurde ihr von beiden Vorinstanzen zugesprochen. Die Revision der Beklagten hatte keinen Erfolg.

Gründe:

1. Die erste Revisionsrüge bemängelt, daß das Berufungsgericht die beiden Deckungskäufe der Klägerin vom 4. Oktober und 17. November 1916 der Schadensberechnung zugrunde gelegt habe. Dies erscheine unzulässig, weil die Klägerin noch während des Rechtsstreits Erfüllung verlangt und durch Schreiben vom 21. Januar 1917 der Beklagten zur Lieferung eine Frist von 5 Tagen gesetzt habe. Die Klägerin habe hiernach nicht Verzugsschaden gefordert, weder allein noch neben dem Schaden wegen Nichterfüllung, sondern lediglich letzteren. Für diesen könnten aber die genannten Deckungskäufe nicht herangezogen werden.

Mit dieser Rechtsauffassung irrt die Revision. Als Regel ist anzunehmen, daß der zur Deckung schreitende Käufer sich einzudecken hat, sobald er auf die Erfüllungsweigerung des Verkäufers hin Schadensersatz wegen Nichterfüllung begehrt. Die maßgebende Zeit für den Deckungskauf, die nach Wahl des Käufers der Zeitpunkt des eingetretenen Verzugs oder das Ende der Nachfrist ist, erfährt aber insofern keine Einschränkung, als der Käufer, solange er noch Erfüllung heischt, zwar nicht auch Schadensersatz begehren darf, aber dann, wenn es seitens des Verkäufers zur Erfüllung nicht gekommen ist, gleichwohl seinen Schaden nach den beiden genannten Zeitpunkten bestimmen kann. Tut er dies in Form der konkreten Schadensberechnung mittels Deckungskaufs, so muß er allerdings nachweisen, daß der vorzeitige Deckungskauf nach den Grundsätzen von Treu und Glauben, welche das ganze Deckungskaufverfahren beherrschen, zeitlich wie sachlich angemessen war. Beides hat der Vorderrichter im gegenwärtigen Fall aus tatsächlichen Gründen ohne Rechtsirrtum für gegeben erachtet. . . . Wenn die Klägerin gleichwohl noch Erfüllung begehrte und noch eine Nachfrist setzte, so tat sie das auf ihre Gefahr, falls Beklagte dann tatsächlich noch erfüllte (RGZ. Bd. 52 S. 154).

Im übrigen kann sich die Beklagte durch die Heranziehung der genannten Deckungskäufe als Grundlage der Schadensberechnung nicht für beschwert erachten; denn zeitlich wie sachlich ist die Beklagte dadurch besser gefahren, als wenn sich die Klägerin später und mit vollwertigem Kognak eingedeckt hätte.

2. Dieser Gesichtspunkt war auch richtunggebend für die Prüfung des zweiten Revisionsangriffs. Er geht dahin, daß das Oberlandesgericht auf den von der Beklagten geltend gemachten Anspruch der Schadensausgleichung nicht entsprechend eingegangen sei.

Was der Käufer beim Weiterverkauf als Gewinn erzielt, das verbleibt ihm, weil es den Verkäufer nichts angeht, was der Käufer mit seiner Ware anfängt (RGZ. Bd. 52 S. 154). Nur dann, wenn nach Lage des Falles wegen Mangels gleicher Ware der Käufer sich mit besserer Ware eindecken durfte und eingedeckt hat, muß er den Gewinn, den er durch den Erwerb besserer Ware erzielt hat, sich in Anrechnung bringen lassen, falls er seinen Schaden auf den Unterschied des ursprünglichen Kaufpreises der Ware und des Preises der Deckungsware berechnet.

Die Revision glaubt, daß dieser Fall hier gegeben sei, weil die Deckungsware einen höheren Handelswert dadurch erlangt habe, daß sie ohne Verstoß gegen die Kriegswuchergesetzgebung zu höherem Preise veräußert werden konnte, als dies mit der Kaufware der Fall gewesen wäre. Denn bezüglich der letzteren wäre die Klägerin nur Händlerin gewesen, bezüglich der Deckungsware trete sie als Erzeugerin auf, da sie sich mit Rohstoffen eingedeckt und selbst die Ware hergestellt habe. Der Fall, daß eine Ware höheren Handelswert haben kann, wenn sie von den einengenden Bestimmungen der Kriegswucherverordnung nicht getroffen wird, ist an sich wohl denkbar. Nur kann dieser Gedanke im vorliegenden Falle nicht zur Gewinnausgleichung herangezogen werden. Denn Beklagte übersieht, daß der Umstand, vermöge dessen die Ware einen höheren Handelswert vielleicht erhalten hat, nicht beim Erwerb der Rohstoffe schon eingetreten ist, sondern auf die Herstellertätigkeit der Klägerin zurückgeht. Der Gewinn, den die Klägerin hierdurch in Gestalt von größerer Freiheit bei der Preisbildung erzielt hat, geht die Beklagte hier ebensowenig etwas an, wie derjenige, der bei günstiger Veräußerung der Ware sonst zutage tritt. Die zur Verarbeitung gekommenen Rohstoffe waren, da es sich um Obsttrester unter Beimischung von Weindestillat handelte, sicher nicht von höherem Handelswert als die in der Kaufware enthaltenen. Die Einheitlichkeit des schaden- und gewinnbringenden Ereignisses hat der Erstrichter demnach hier, wo es sich um eine konkrete Schadensberechnung handelt, ohne Rechtsirrtum abgelehnt (RGZ. Bd. 93 S. 134).

---

101. Rechtliche Natur des Anspruchs der Hypothekengläubiger aus § 101 VersVG. Ist § 1127 Abs. 2 BGB. auf diesen Anspruch anwendbar?

VII. Zivilsenat. Urt. v. 5. Juli 1921 i. S. M. Feuerversicherungsgesellschaft (Bekl.) w. H. Spar- und Darlehnskassenverein (Kl.). VII 519/20.

I. Landgericht Oppeln. — II. Oberlandesgericht Breslau.

Kr. hatte als eingetragener Eigentümer des Grundstücks Colonnowska Nr. 2 dessen Gebäude bei der Beklagten gegen Feuersgefahr mit der Bestimmung versichert, daß eine Entschädigung nur zur Wiederherstellung des Gebäudes gezahlt werden sollte. Im Jahre 1914 entstand an dem Gebäude ein Brandschaden, dessen Höhe auf 5453,75 *M* festgestellt wurde. Kr. ist wegen Beihilfe zur Brandstiftung an diesem Gebäude rechtskräftig verurteilt worden. Zur Zeit des Brandes standen im Grundbuche des Grundstücks in Abt. III unter Nr. 4 für den Buchdruckereibesitzer K. 824,02 *M* und für den Kläger 5675,98 *M*, ferner für Sm. unter Nr. 5 7500 *M* und unter Nr. 6 13907,18 *M* eingetragen. Sm. ist verstorben und von seiner Frau beerbt worden. Nach dem Brande wurde das Grundstück zwangsweise versteigert und der Frau Sm. zugeschlagen. Dabei sind die Hypotheken Nr. 5 und 6 ausgefallen, die übrigen Eintragungen infolge Aufnahme in das geringste Gebot bestehen geblieben, dann aber bis auf die Hypothek des Klägers unter Nr. 4 von 5675,98 *M* gelöscht worden. Der Kläger hat seinen Anspruch auf die Brandentschädigung an Frau Sm. abgetreten. Er hat dann der Frau Sm. ein Darlehen in Höhe der Entschädigung zum Wiederaufbau des beschädigten Gebäudes gewährt. Der Wiederaufbau ist erfolgt. Frau Sm. hat schließlich dem Kläger für das Darlehen ihre Ansprüche auf die Brandentschädigung abgetreten. Die dinglich Berechtigten, deren Rechte nach der Zwangsversteigerung gelöscht worden waren, haben ihre Zustimmung dazu erklärt, daß die Brandentschädigung an den Kläger gezahlt werde. Der Kläger behauptet, er sei zur Erhebung der Brandentschädigungsgelder berechtigt, die Beklagte habe auch seine Forderung anerkannt, später aber es abgelehnt, unbedingt Zahlung zu leisten. Mit der Klage verlangt Kläger die Verurteilung der Beklagten zur Zahlung von 5453,75 *M* nebst Zinsen. Die Beklagte hat Abweisung der Klage in Höhe von 50,75 *M* und im übrigen beantragt, sie ihren Anerkenntnissen gemäß zu verurteilen, an den Kläger 5403 *M* Zug um Zug gegen Übergabe der zur Umschreibung in Höhe des gezahlten Betrags der Hypothek des Klägers auf sie erforderlichen Urkunden oder Zug um Zug gegen Mitwirkung des Klägers zu dieser Grundbuchberichtigung zu zahlen. Das Landgericht wies die Klage in Höhe von 50,75 *M* ab und verurteilte die Beklagte unbedingt, dem Kläger 5403 *M* nebst Zinsen zu zahlen. Die Berufung der Beklagten blieb erfolglos. Ihre Revision wurde zurückgewiesen aus folgenden

Gründen:

Der beklagte Versicherer ist zwar nach § 61 VersVG. und § 12 der Versicherungsbedingungen wegen des Verhaltens des bei der Brandstiftung beteiligten Versicherungsnehmers Kr. diesem gegenüber von der Verpflichtung zur Leistung frei geworden, seine Verpflichtung einem Hypothekengläubiger gegenüber aus § 1127 Abs. 1 BGB. ist aber nach § 101 VersVG. bestehen geblieben. Gestützt auf die letztere Vorschrift macht der Kläger in erster Reihe als Zessionar der Frau Sm. deren Ansprüche auf die Versicherungssumme geltend, die ihr als Gläubigerin der unter Nr. 5 und 6 auf dem Pfandgrundstück eingetragen gewesenen Hypotheken zustehen. Erst in zweiter Reihe fordert der Kläger hilfsweise die Zahlung der Versicherungssumme in seiner Eigenschaft als Gläubiger der unter Nr. 4 für ihn eingetragenen Hypothek.

Prüft man zunächst diesen hilfsweise erhobenen Anspruch, so erweist er sich nach § 1127 Abs. 2 BGB. als unbegründet. Nach dieser Vorschrift erlischt die in Abs. 1 bestimmte Haftung der Forderung gegen den Versicherer, wenn der versicherte Gegenstand wiederhergestellt oder Ersatz für ihn beschafft ist. Im vorliegenden Falle hat Frau Sm., nachdem sie das Pfandgrundstück in der Zwangsversteigerung durch Zuschlag erworben hatte, den versicherten Gegenstand durch Wiederaufbau wiederhergestellt. Damit war die hypothekarische Pfandhaftung der Forderung auf die Versicherungssumme, soweit eine solche noch bestand, endgültig beseitigt. Bis zum Wiederaufbau würde die Haftung für die Hypothek Nr. 4, die in das geringste

Gebot aufgenommen war und insofern von den Folgen der Zwangsversteigerung unberührt geblieben ist, und bis zu dem, schon vor dem Wiederaufbau erfolgten, Ausfall in der Zwangsversteigerung und der darauf erfolgten Löschung würde auch die Haftung für die Hypotheken Nr. 5 und 6 bestehen geblieben sein, wenn nicht schon vorher der Gegenstand der Haftung, nämlich die Forderung des Versicherungsnehmers gegen den Versicherer, nach § 61 VersVG. mit dem Zeitpunkte der Brandlegung untergegangen wäre. An die Stelle der pfandweisen Haftung der Forderung des Versicherungsnehmers ist nun zwar nach § 101 VersVG. ein selbständiger, unmittelbarer Anspruch der Hypothekengläubiger auf die Versicherungssumme getreten; es fragt sich aber, ob nicht auch auf diesen Anspruch hinsichtlich der allein noch bestehen gebliebenen Hypothek Nr. 4 die Vorschrift des § 1127 Abs. 2 entsprechend anzuwenden und deshalb die auf diese Hypothek sich gründende Forderung auf die Versicherungssumme als erloschen anzusehen ist. Diese Frage ist zu bejahen.

Die im § 1127 Abs. 1 angeordnete Erstreckung der Hypothek auf die Forderungen aus der Versicherung, die an sich dem Versicherungsnehmer als bloß persönliche, schuldrechtliche Ansprüche zustehen, liegt nicht in der Rechtskonsequenz, ist vielmehr im Interesse des Realkredits geschaffen worden, um einem schwerwiegenden praktischen, wirtschaftlichen Bedürfnisse zu genügen. Geht nach § 61 VersVG. infolge des Verhaltens des Versicherungsnehmers dessen Forderung unter, so muß freilich aus formal-juristischen Gründen die Haftung dieser Forderung erlöschen. Das praktische Bedürfnis der Realsicherheit bleibt aber bestehen. Erfolgt der Wiederaufbau, so ist schon hierdurch dies Bedürfnis anderweit, ohne Inspruchnahme der Versicherungssumme, befriedigt, soweit es schützenswert und billig erscheint; der Zustand, der vor dem Brande dem Hypothekengläubiger gesetzliche Sicherheit gewährte, ist völlig wiederhergestellt. Würde man ihm außer dieser Sicherheit das Recht zugestehen, sich wegen seiner Hypothek auch noch aus der Versicherungssumme bezahlt zu machen, die an Stelle des durch den Brand zerstörten Gebäudes getreten ist, so würde das eine ungerechtfertigte Bereicherung des Hypothekengläubigers darstellen und eben diese soll durch den Abs. 2 des § 1127 verhindert werden. Alle vorstehend in dieser Beziehung angeführten Gründe für das Erlöschen des hypothekarischen Anspruchs auf Befriedigung aus der Versicherungssumme treffen in gleicher Weise auch auf den durch § 101 VersVG. gegebenen Ersatzanspruch zu. Zwar ist im § 101 die im Abs. 2 des § 1127 gegebene Vorschrift nicht wiederholt, aber dieser Abs. 2 ist neben dem § 101 bestehen geblieben und entsprechend auf jenen Ersatzanspruch anzuwenden. Nichts spricht dafür, daß der Gesetzgeber bei der Erlassung des Versicherungsvertragsgesetzes irgendwie zu der den Schutz des Hypothekengläubigers auf das erforderliche Maß einschränkenden Vorschrift des Abs. 2 in Gegensatz hat treten und dem darin ausgedrückten allgemeinen vernünftigen und schon aus der Natur der Sache folgenden Rechtsgedanken die weitere Anwendung hat versagen wollen. Jeder Anspruch des Gläubigers der Hypothek Nr. 4 auf die Versicherungssumme, die infolge des in der Vergangenheit liegenden Brandes zu zahlen ist, hat hiernach seine Grundlage verloren. Dagegen erstreckt sich die Hypothek Nr. 4 nach § 1127 Abs. 1 wiederum kraft Gesetzes auf die neue Forderung gegen den Versicherer, wenn nach dem Wiederaufbau des Gebäudes dieses von neuem versichert worden ist oder versichert wird. Sind im Falle des § 101 VersVG. mehrere Hypothekengläubiger vorhanden, so richtet sich selbstverständlich die Reihenfolge, in der sie sich an die Versicherungssumme halten dürfen, nach der Rangordnung ihrer Hypotheken untereinander. Gerade dieser Umstand aber zeigt, daß der im § 101 gegebene Anspruch im Grunde hypothekenrechtlicher Natur ist, und hieraus wieder ergibt sich die Notwendigkeit, auch auf diese Ersatzforderung die Vorschrift des § 1127 Abs. 2 anzuwenden.

Ansprüche auf die Versicherungssumme glaubt der Kläger aus eigenem Recht auch noch darauf gründen zu können, daß er der Frau Sm. das Geld zum Wiederaufbau hergegeben und daß die Beklagte ihre Verpflichtung zur Zahlung der Versicherungssumme auch anerkannt habe. Aber durch das Darleihen des Geldes hat der Kläger keine andern Ansprüche als solche schuldrechtlicher Natur gegen die Darlehensnehmerin erworben. Überdies hat ihm diese „zur Abgeltung“ ihrer Darlehensschuld ihre Ansprüche auf Brandentschädigung abgetreten, so daß er nur diese Ansprüche noch geltend machen könnte. In der das angebliche Anerkenntnis enthaltenden Urkunde vom 1. November 1917 ist ein Versprechen, unbedingte Zahlung zu leisten, wie sie der Kläger erstrebt, nicht enthalten. Die Beklagte, die Zahlung an sich auch jetzt nicht verweigert, erklärt nur, Zahlung werde gemäß §§ 101 und 102, also in der Weise erfolgen, wie sie ihrem in der Klagebeantwortung enthaltenen, auch jetzt von ihr noch aufrechterhaltenen Antrag entspricht.

Es bleibt hiernach nur zu erörtern, ob der Kläger auf Grund des ihm von Frau Sm. abgetretenen Anspruchs auf die Brandentschädigung unbedingte Zahlung verlangen kann. Diesen Anspruch hat Frau Sm. nicht, wie der Kläger behauptet, durch den Erwerb des Grundstücks in der Zwangsversteigerung miterworben, denn sie konnte in der Zwangsversteigerung nicht mehr Recht erlangen als der bisherige Eigentümer gehabt hat. Dieser aber hatte den Versicherungsanspruch verloren (Urteil des erkennenden Senats v. 3. März 1916 VII 417/15). Da das Recht des Klägers als des Gläubigers aus der Hypothek Nr. 4 nach § 1127 Abs. 2 erloschen ist, muß als Erstberechtigte zur Brandentschädigung nach § 101 VersVG. die Inhaberin der Hypothek Nr. 5 von 7500 *M*, also Frau Em., jetzt ihr Sonder-Rechtsnachfolger, der Kläger, gelten. Dieses Recht ist von dem Wiederaufbau des Gebäudes unberührt geblieben, denn der Wiederaufbau, durch den die frühere Sicherheit wiederhergestellt wurde, ist erst erfolgt, nachdem die Hypotheken Nr. 5 und 6 bereits ausgefallen und gelöscht waren; diese Hypotheken haben also aus dem Wiederaufbau keinen Vorteil erlangen können. Gerade für solche ausgefallene Hypothekengläubiger ist der durch den § 101 gegebene Schutz bestimmt. Auch der § 17 der Versicherungsbedingungen, der schon nach seiner Überschrift die Sicherung des Realkredits bezweckt, steht dem Anspruche der Frau Em. nicht entgegen. Denn die Wiederherstellung ist bereits erfolgt und die vor dem Versicherungsfall eingetragenen Realgläubiger haben sämtlich in die unbedingte Zahlung an den Kläger gewilligt. Der § 102 VersVG. bestimmt nun zwar, daß, soweit der Versicherer auf Grund der §§ 100, 101 den Hypothekengläubiger befriedigt, die Hypothek auf ihn übergeht. Der auf diese Vorschrift gegründete Einwand der Beklagten ist jedoch unbegründet, da inzwischen die Hypotheken Nr. 5 und 6 gelöscht sind und der Übergang daher gegenstandslos geworden ist. Durch die Löschung sind aber die schon durch das Eintreten des Versicherungsfalls erworbenen Rechte der Frau Em. in Beziehung auf die in der Zwangsversteigerung zum Verkaufe nicht mitverstellten Brandentschädigungsgelder nicht verloren (RGZ. Bd. 8 S. 170, Bd. 100 S. 89, 90). Da überdies die Beklagte nach den obigen Ausführungen durch Zahlung der Versicherungssumme nicht den Gläubiger der Hypothek Nr. 4, sondern den der Hypothek Nr. 5 befriedigt, könnte sie bestenfalls nur den Übergang der letzteren Hypothek beanspruchen; sie verlangt aber die Umschreibung der Hypothek Nr. 4 auf ihren Namen. Diese durch die Zwangsversteigerung als sicher erwiesene Hypothek will jedoch der Kläger behalten und er kann von der Beklagten nicht gezwungen werden, auf sie von der Beklagten Zahlung anzunehmen und sie damit der Beklagten zu überlassen. Wäre aber selbst die Hypothek Nr. 5 aus § 102 auf die Beklagte übergegangen, so würde sie doch hinter alle Hypothekengläubiger, also auch hinter Frau Em. als Inhaberin der Hypothek Nr. 6 nach § 102 Satz 2 zurücktreten und der Frau Em. weichen müssen, ohne Aussicht zu haben, die Versicherungssumme für sich behalten zu dürfen. Würde die Beklagte gegen die Zahlung der Versicherungssumme die sichere Hypothek Nr. 4 eintauschen und sie vor den dieser nachfolgenden Hypotheken geltend machen dürfen, so würde sie sich entgegen dem gesetzgeberischen Zwecke der §§ 101, 102 auf Kosten der Realgläubiger bereichern. Das Berufungsurteil war hiernach aufrechtzuerhalten.

---

102. 1. Setzt der Anspruch auf Löschung eines Warenzeichens aus § 9 Nr. 1 WZG. voraus, daß die Eintragung des jüngeren Warenzeichens ein Schutzrecht hat entstehen lassen, das für den Löschungskläger auf Grund seiner früheren Eintragung bereits besteht?

2. Ist es für die Frage der Gleichartigkeit von Waren, die durch verwechslungsfähige Warenzeichen geschützt sind, von Bedeutung, daß für einen Teil ein Freizeichen besteht?

II. Zivilsenat. Urt. v. 1. Juli 1921 i. S. J. (Kl.) w. L. (Bekl.). II 33/21.

I. Landgericht Freiberg. — II. Oberlandesgericht Dresden.

Für die Klägerin ist seit dem 27. März 1909 unter Nr. 116164 in die Zeichenrolle des Reichspatentamts das Warenzeichen Juno für Zigaretten, Zigarettenpapier und Zigarettenhülsen eingetragen. Als Geschäftsbetrieb ist dabei Zigarren- und Zigarettenfabrik angegeben. Das Wort Juno ist im Jahre 1908 zum Freizeichen für Zigarren erklärt worden.

Für den Beklagten ist am 2. Juni 1919 unter Nr. 232661 das Warenzeichen Julo für „sämtliche Tabakfabrikate" in die Zeichenrolle eingetragen worden. Als Geschäftsbetrieb ist Herstellung und Vertrieb von Tabakfabrikaten angegeben. Während der Rechtsstreit vor dem Landgerichte schwebte, ist auf Antrag des Beklagten am 20. November 1919 bei seinem Warenzeichen eingetragen worden, daß es für sämtliche Tabakfabrikate mit Ausnahme von Zigarren gelöscht sei.

Die Klägerin hat auf Einwilligung des Beklagten in die Löschung des für ihn eingetragenen Warenzeichens Julo mit der Begründung geklagt, daß es für den ihrigen gleichartige Waren bestimmt sei und die Gefahr der Verwechselung beider Zeichen im Verkehr bestehe. Der Beklagte hat in erster Linie ein Schutzrecht der Klägerin bestritten, da Juno Freizeichen für Zigarren sei, im übrigen hat er die Verwechselungsgefahr beider Zeichen in Abrede gestellt.

Das Landgericht hat nach dem Klagantrage erkannt, das Oberlandesgericht hat die Klage abgewiesen. Die Revision der Klägerin hatte Erfolg.

Gründe:

Das Warenzeichen umfaßt nach §§ 5 und 12 WZG. regelmäßig die Waren, für die es eingetragen ist, und die diesen gleichartigen. Das Berufungsgericht ist der Ansicht, daß sich das Warenzeichen „Juno" der Klägerin nur auf die Waren, für die es eingetragen ist, also Zigaretten, Zigarettenpapier und Zigarettenhülsen, nicht aber auf Zigarren beziehe, obgleich es feststellt, daß diese an sich jenen Waren im zeichenrechtlichen Sinne gleichartig sind. Es verneint die Ausdehnung des Schutzes auf Zigarren deshalb, weil diese wegen der Freizeicheneigenschaft der Bezeichnung Juno für Zigarren aus dem Kreise der durch das Warenzeichen der Klägerin geschützten Waren ausscheiden. Das Berufungsgericht nimmt also an, daß das Wort Juno als Freizeichen für Zigarren nicht Warenzeichen für diese sein könne. Diese Ansicht ist zutreffend, wird von der Revision auch nicht bemängelt.

Das Berufungsgericht zieht nun aus der Freizeicheneigenschaft des Wortes Juno für Zigarren weiter den Schluß, daß die Eintragung des Wortzeichens Julo für den Beklagten als Warenzeichen für Zigarren trotz der Verwechselungsfähigkeit dieses Wortes mit Juno nicht ein Schutzrecht für ihn habe entstehen lassen, das die Klägerin auf Grund der früher für sie erfolgten Eintragung des Warenzeichens Juno und dessen erweiterter Geltung nach den Grundsätzen der Gleichartigkeit der Waren und der Verwechselungsfähigkeit der Zeichen schon erworben habe. Das Bestehen eines solchen Schutzrechtes der Klägerin hält das Berufungsgericht für eine notwendige Voraussetzung des Löschungsanspruchs und sieht daher diesen Anspruch, weil es das Vorhandensein jenes vermeintlichen Erfordernisses vermißt, nicht als gegeben an. Das Berufungsgericht versagt hiernach der Klägerin den Löschungsanspruch deshalb, weil ihr Schutzrecht sich nicht auf die Verwendung des Wortes Juno für Zigarren erstreckt.

Mit Recht wendet sich die Revision gegen die Auffassung des Berufungsrichters, als sei nach § 9 Abs. 1 Nr. 1 WZG. eine Voraussetzung des Löschungsanspruchs, daß die Eintragung des jüngeren Warenzeichens ein Schutzrecht habe entstehen lassen, welches für den Löschungskläger bereits bestehe. Klageberechtigt ist nach § 9 Abs. 1 Nr. 1 derjenige, für den das Zeichen des Neueingetragenen oder ein der Gefahr der Verwechselung mit diesem Zeichen ausgesetztes ähnliches Zeichen auf Grund einer früheren Anmeldung für dieselben oder für gleichartige Waren eingetragen ist. Diese Voraussetzungen sind gegeben. Es liegt sowohl eine Verwechselungsgefahr der Zeichen wie auch eine Gleichartigkeit der geschützten Waren vor. Was zunächst die Verwechselungsgefahr betrifft, so wird diese, wie auch das Berufungsgericht nicht verkennt, nicht durch den Umstand ausgeschlossen, daß die Bezeichnung Juno für Zigarren Freizeichen ist. Nach der vom Berufungsgerichte bedenkenfrei festgestellten Verwechselungsgefahr des für den Beklagten für Zigarren eingetragenen Wortzeichens Julo mit dem Warenzeichen der Klägerin Juno ist nach § 20 WZG. die Rechtslage die gleiche, als ob auch für den Beklagten das Wortzeichen Juno als Warenzeichen eingetragen wäre. Eine solche Eintragung unterläge aber nach § 9 Abs. 1 Nr. 1 a. a. O. der Löschung, wenn auch die Klägerin dem Beklagten den Gebrauch dieses Wortes wegen seiner Freizeicheneigenschaft für Zigarren nicht untersagen könnte. Wenn der Beklagte in der Revisionsinstanz die Verwechselungsfähigkeit des für ihn eingetragenen Warenzeichens Julo mit dem Freizeichen Juno zu seinen Gunsten geltend zu machen sucht, indem er ausführt, daß, da Juno Freizeichen für Zigarren sei, es auch das verwechselungsfähige Wort Julo sei, so geht dieser Versuch fehl. Bei der Anmeldung des Wortzeichens Julo als Warenzeichen für Zigarren hätte es das Patentamt wegen der Verwechselungsgefahr mit dem Freizeichen Juno möglicherweise selbst als Freizeichen betrachten und deshalb seine Eintragung als Warenzeichen für Zigarren ablehnen können. Wenn das aber — wie hier — nicht geschehen ist, sondern der Anmeldung stattgegeben und das Zeichen als Warenzeichen eingetragen worden ist, so gilt es für die Dauer der Eintragung als Warenzeichen mit allen sich daraus ergebenden Rechtswirkungen; es kann daher auch nicht nach Belieben seines Inhabers als Freizeichen angesehen werden.

Weiter hat das Berufungsgericht ohne Rechtsirrtum die Gleichartigkeit von Zigarren mit den Waren des Schutzbereichs der Klägerin im Sinne des § 9 Abs. 1 Nr. 1 a. a. O. bejaht. Danach sind Zigarren einerseits und Zigaretten sowie das zu ihrer Herstellung nötige Zigarettenpapier nebst Zigarettenhülsen anderseits, wenn sie sich auch durch Herstellung und Material unterscheiden, nach Gattung und Zweckbestimmung einander so nahestehend, daß der Abnehmer im regelmäßigen Verkehr annehmen muß, diese Waren entstammten, falls sie mit demselben oder mit verwechselungsfähigen Zeichen versehen sind, derselben Ursprungsstätte. Es ergibt sich daraus die Möglichkeit, daß das verbrauchende (rauchende) Publikum die mit dem Warenzeichen Julo versehenen Zigarren des Beklagten für Erzeugnisse der Klägerin ansieht (RGZ. Bd. 60 S. 324). Wenn das Berufungsgericht aber trotzdem deshalb, weil die Bezeichnung Juno für Zigarren Freizeichen ist, die Gleichartigkeit dieser Ware mit den oben angegebenen Waren ablehnen zu müssen glaubt, so beruht diese Auffassung, wie die Revision zutreffend annimmt, auf einer Verkennung des Begriffs der Gleichartigkeit. Denn Waren, die nach den oben dargelegten Grundsätzen nach der für diese Beurteilung maßgebenden Anschauung und Auffassung des gewerblichen und Handelsverkehrs gleichartig sind, wie das nach der Feststellung des Berufungsgerichts an sich hier der Fall ist, können diese Eigenschaft nicht deshalb verlieren, weil die Bezeichnung Juno für Zigarren ein Freizeichen ist. Das maßgebende kaufende Raucherpublikum beurteilt die Frage der Gleichartigkeit nur nach der Art der Waren und ist daher der Möglichkeit einer Verwechselung oder Täuschung ausgesetzt, wenn es die in Betracht kommenden Waren mit demselben oder mit ähnlichen, die Verwechselungsgefahr begründenden Zeichen versehen sieht. Der Umstand, daß das Zeichen auf der einen der sich so nahe stehenden Waren ein Freizeichen ist, scheidet für das verbrauchende Publikum bei seiner Beurteilung der Gleichartigkeit von Waren aus. Es kann hierauf schon deshalb kein Gewicht legen, weil es nicht immer weiß, daß das eine Zeichen ein Freizeichen ist; aber selbst wenn es das wissen und die Bedeutung kennen sollte, würde es nicht anders urteilen. Aus dem gleichen Grunde ist auch der vom Beklagten in der Revisionsinstanz geltend gemachte Gesichtspunkt verfehlt, eine zeichenrechtliche Gleichartigkeit bestehe schon deshalb nicht, weil sonst das für Zigarren anerkannte Freizeichen Juno vom Patentamt nicht als Warenzeichen für Zigaretten, Zigarettenpapier und Zigarettenhülsen eingetragen worden wäre. Nicht dieser Umstand, sondern allein die Auffassung des Verkehrs ist, wie dargelegt, entscheidend für die Beantwortung der Frage, welche Waren als gleichartig im zeichenrechtlichen Sinne anzusehen sind. Daher ist es für diese Frage auch rechtlich unerheblich, ob der Beklagte, wie er in der Revisionsinstanz weiter behauptet, durch die nachträgliche Beschränkung seines ursprünglich für sämtliche Tabakfabrikate eingetragenen Warenzeichens Julo auf Zigarren den Gegensatz zwischen diesen und den Waren der Klägerin zum Ausdruck bringen wollte.

Hiernach sind sämtliche Voraussetzungen des § 9 Abs. 1 Nr. 1 WZG. erfüllt: Das Zeichen des Beklagten, das wegen der Gefahr der Verwechselung mit dem der Klägerin als diesem gleichlautend rechtlich zu behandeln ist, steht für die Klägerin auf Grund früherer Anmeldung für gleichartige Waren in der Zeichenrolle des Patentamts eingetragen. Weitere Voraussetzungen, insbesondere daß der Löschungsanspruch, wie das Berufungsgericht meint, nur dann gegeben sei, wenn die Eintragung des jüngeren Warenzeichens ein Schutzrecht habe entstehen lassen, das für den Löschungskläger auf Grund seiner früheren Eintragung bereits bestehe, sind dem Gesetze fremd. Im übrigen ist die vom Berufungsgerichte vermißte angebliche Voraussetzung gegeben. Denn das Wortzeichen des Beklagten Julo als Warenzeichen für Zigarren erstreckt sich nach den obigen Ausführungen ohne weiteres auch auf die durch das Warenzeichen der Klägerin Juno geschützten Zigaretten, Zigarettenpapier und Zigarettenhülsen als gleichartige Waren und kollidiert daher mit dem Warenzeichen der Klägerin (§ 20 WZG.). . . .

---

103. 1. Ist die Klage des Kindes gegen die Mutter auf Feststellung der Unehelichkeit eine Personenstandsklage im Sinne des § 640 ZPO.? Ist es für die Beurteilung der Frage von Bedeutung, ob Unehelichkeit infolge außerehelicher Geburt oder Abstammung aus nichtiger Ehe geltend gemacht wird?

2. Ist die Klage als Feststellungsklage im Sinne des § 256 ZPO. zulässig?

IV. Zivilsenat. Urt. v. 4. Juli 1921 i. S. O. (Kl.) w. T. (Bekl.) u. M. (Nebeninterv.). IV 181/21.

I. Landgericht Jena. — II. Oberlandesgericht daselbst.

Der Kläger hat gegen seine Mutter Klage auf Feststellung seiner Unehelichkeit erhoben. Er behauptet, nicht der Ehe der Beklagten mit ihrem verstorbenen ersten Ehemanne, sondern einem außerehelichen Geschlechtsverkehre seiner Mutter mit dem Nebenintervenienten zu entstammen.

Das Landgericht hat die Entscheidung von einem Eide der Beklagten darüber abhängig gemacht, daß sie mit ihrem verstorbenen ersten Ehemann in der Empfängniszeit keinen Geschlechtsverkehr gehabt habe. Das Oberlandesgericht hat auf die Berufung des Nebenintervenienten die Klage abgewiesen. Die Revision des Klägers ist zurückgewiesen worden.

Gründe:

Der Annahme des Berufungsgerichts, daß es sich bei der von einem Kinde gegen seine Mutter erhobenen Klage auf Feststellung seiner Unehelichkeit nicht um eine Personenstandsklage im Sinne der §§ 640, 641, 643 ZPO. handeln kann, ist beizutreten. Der § 641 behandelt nur die Anfechtungsklage des Ehemanns im Sinne der §§ 1596, 1593 BGB., also nicht die Fälle, wo die Unehelichkeit oder Ehelichkeit seitens der Mutter, ihres Ehemanns, des Kindes oder seitens eines Dritten deshalb geltend gemacht wird, weil das Kind überhaupt nicht in der Ehe oder später als am dreihundertzweiten Tage nach der Auflösung der Ehe geboren ist, ferner wenn die Feststellung der Unehelichkeit wegen einer beiden Elternteilen bekannten Nichtigkeit der Ehe begehrt wird, oder endlich in dem hier vorliegenden Falle des § 1593 BGB., daß der Ehemann der Mutter gestorben ist, ohne sein Anfechtungsrecht verloren zu haben.

Ob die Geltendmachung der Unehelichkeit in allen diesen Fällen eine Personenstandsklage im Sinne des § 640 ZPO. ist, hängt davon ab, ob mit der Klage die Feststellung des Bestehens oder Nichtbestehens eines Eltern- und Kindesverhältnisses zwischen den Parteien begehrt wird. Diese Voraussetzung ist im vorliegenden Falle nicht gegeben.

Allerdings hängt die Frage, ob ein Eltern- oder Kindesverhältnis besteht, nicht allein davon ab, ob das Kind von der Ehefrau geboren ist, wie das im Schrifttum unter mißverständlicher Auslegung einer in der Begründung zu § 1632 Entwurf I BGB. sich findenden Bemerkung (Mot. Bd. 4 S. 1007) behauptet worden ist. Es kann für diese Frage vielmehr (abgesehen von der Begründung des Kindschaftsverhältnisses durch Annahme an Kindesstatt oder Legitimation) auch entscheidend in Betracht kommen, ob die Abstammung eine eheliche oder uneheliche ist; vgl. die Begründung der Novelle von 1898 zur ZPO. S. 134 (Hahn-Mugdan Mat. Bd. 8 S. 125). Allein es ist hierbei zu beachten, daß die Frage, ob die Geburt eine eheliche oder uneheliche ist, für die Feststellung des Eltern- und Kindesverhältnisses immer nur im Verhältnis zwischen dem Kinde und dem Ehemann der Mutter von Bedeutung sein kann. Im Verhältnis zu diesem ist die Klage auf Feststellung der Unehelichkeit, soweit sie mit Rücksicht auf §§ 1593, 1596 BGB., § 641 ZPO. nach dem oben Vorgetragenen zulässig ist, stets eine Personenstandsklage im Sinne des § 640, nicht aber im Verhältnis des Kindes zur Mutter. Denn wie das Oberlandesgericht unter Berufung auf § 1705 BGB. zutreffend ausführt, hat auch das unehelich geborene Kind im Verhältnis zu seiner Mutter stets die Rechtsstellung eines ehelichen Kindes. In dem Rechtsstreite zwischen Mutter und Kind auf Feststellung der ehelichen oder unehelichen Geburt handelt es sich in Wahrheit nicht um das Rechtsverhältnis des Kindes zu dem mit ihm in Streit befangenen Elternteil, sondern um das Rechtsverhältnis zwischen dem Kinde und einem außerhalb des Rechtsstreites stehenden Dritten (dem Ehemann); vgl. Hellwig, System Bd. 2 S. 34. Nun unterscheidet sich zwar das Rechtsverhältnis, in dem das uneheliche Kind zu seiner Mutter steht, von dem gleichen Rechtsverhältnis des ehelichen Kindes insofern, als nach der besonderen Vorschrift des § 1707 BGB. das uneheliche Kind nicht der elterlichen Gewalt der Mutter unterworfen ist. Allein diese Regelung hat mit der Frage, ob zwischen Mutter und Kind ein Eltern- und Kindesverhältnis im Rechtssinne besteht, an sich nichts zu tun. Es ist deshalb auch gerade in § 640 ZPO. die Klage auf Bestehen oder Nichtbestehen der elterlichen Gewalt der einen Partei über die andere als eine selbständige Personenstandsklage neben der Klage auf Feststellung des Eltern- und Kindesverhältnisses zugelassen und damit den Beteiligten der Weg gewiesen, auf dem sie diesen allerdings wesentlichen Inhalt des Kindschaftsverhältnisses mit Wirkung gegen Dritte (§ 643) zur Feststellung bringen können.

Daß die hier in Frage stehende Klage keine Personenstandsklage im Sinne des § 640 ZPO. ist, entspricht auch der in der Begründung zu § 1471 Entw. I BGB., Mot. Bd. 4 S. 663, klar zum Ausdruck kommenden Auffassung des Gesetzgebers. Nachdem dort (S. 661 flg.) erörtert ist, ob einem Dritten nach dem Tode des Ehemanns der Mutter die Geltendmachung der Unehelichkeit eines nach der gesetzlichen Vermutung als ehelich geltenden Kindes überhaupt gestattet werden soll, und nachdem diese Frage im bejahenden Sinne beantwortet ist, heißt es dann wörtlich: „In allen Fällen, in welchen auf Grund des § 1471 (jetzt 1593) die Unehelichkeit nach Maßgabe der §§ 1469, 1470 (jetzt 1591, 1592) geltend gemacht werden kann, erfolgt diese Geltendmachung im Gegensatz zu der als einseitiges Rechtsgeschäft sich darstellenden Anfechtung und zu dem Rechtsstreit über die Anfechtungsklage — § 627a (641) ZPO. — lediglich nach Maßgabe der allgemeinen Grundsätze durch prozessualischen Akt, sei es im Wege einer Feststellungsklage nach Maßgabe des § 231 (256) ZPO., sei es inzidenter als Präjudizialpunkt bei Gelegenheit der Geltendmachung eines von der Unehelichkeit des Kindes abhängigen Anspruchs oder der Bestreitung einer durch die Ehelichkeit des Kindes bedingten Verpflichtung."

Weiterhin heißt es an der schon oben angezogenen Stelle der Begründung Bd. 4 S. 1007, wo das Verhältnis zwischen den jetzigen §§ 640 und 641 ZPO. besprochen wird, wörtlich: „In dem Prozesse, welcher die Feststellung des Eltern- und Kindesverhältnisses nach Maßgabe des § 627c (640) ZPO. zum Gegenstande hat, steht nur zur Entscheidung, ob das Kind von der Ehefrau geboren ist." Eine andere Auffassung des Gesetzgebers geht auch nicht aus der gleichfalls schon oben angeführten Begründung zur ZPO. (Mot. zur Nov. von 1898 S. 134) hervor. Wenn dort als unter § 640 fallend der Rechtsstreit hervorgehoben wird, in dem jemand behauptet, das uneheliche Kind einer bestimmten Frau zu sein, so ist dabei offensichtlich nur an einen Streit über die Abstammung, nicht an einen solchen über die Art der Abstammung (ob ehelich oder unehelich) gedacht worden.

Ein irgendwie erhebliches Bedürfnis dafür, daß der Mutter oder dem Kinde die Möglichkeit gewährt wird, die Unehelichkeit des Kindes nach dem Tode des Vaters mit Wirkung gegen Dritte zur Feststellung zu bringen, liegt nicht vor. In Frage könnte ein solches insoweit kommen, als es sich darum handelt, die erforderlichen Unterlagen für die Einleitung einer vormundschaftlichen Fürsorge oder die Berichtigung des Standesamtsregisters (§ 26 PerſStG.) zu schaffen. Allein im ersteren Falle ist dem Bedürfnis schon durch die in § 640 gewährte Klage auf Feststellung des Bestehens oder Nichtbestehens der elterlichen Gewalt Rechnung getragen und in dem erwähnten zweiten Falle tritt das Bedürfnis in seiner Bedeutung wesentlich zurück, wenn man erwägt, daß ein geeigneter Weg, die Berichtigung des Standesamtsregisters zu erreichen, auch in allen andern Fällen, wo nach dem Tode beider Eltern die Unehelichkeit geltend gemacht wird, nicht zu Gebote steht.

Umgekehrt müssen vielmehr die Nachteile, die mit der Einordnung von Klagen der vorausgesetzten Art unter die Personenstandsklagen verknüpft sein würden, für überwiegend erachtet werden. Es würde sich nämlich dann die mißliche Folge ergeben, daß alle Klagen zwischen Mutter und Kind, bei denen die Frage der unehelichen oder ehelichen Geburt nur eine Vorfrage bildete, sowie sämtliche bei Lebzeiten von Mutter und Kind gegen dritte Personen oder von diesen erhobene Klagen auf Feststellung der Unehelichkeit von vornherein der Abweisung oder doch der Aussetzung gemäß § 154 ZPO. unterliegen müßten, weil, solange die Voraussetzungen des § 640 ZPO. gegeben sind, die dort geordneten Verhältnisse in einem anderen Verfahren nicht zum Austrag gebracht werden können; vgl. RGZ. Bd. 76 S. 283, 287, 288, Stein, Komm. z. ZPO. Vorbem. I vor § 640. Bedenken gegen eine solche Regelung würden sich auch in anderer Richtung ergeben, namentlich im Verhältnis des Kindes zu dessen angeblichem unehelichen Erzeuger. Würde dem Kinde und der Mutter die Möglichkeit gegeben werden, die Feststellung der Unehelichkeit durch einen zwischen ihnen selbst geführten Rechtsstreit mit Wirkung gegen Dritte herbeizuführen, so könnte bei einem einverständlichen Handeln von Mutter und Kind die Verteidigung des demnächst mit der Unterhaltsklage in Anspruch Genommenen erheblich erschwert, wenn nicht unmöglich gemacht werden. Es liegt nach alledem keine Veranlassung vor, das Anwendungsgebiet des § 640 ZPO. über seinen Wortlaut und dessen gesetzgeberischen Zweck hinaus auf Rechtsstreitigkeiten der vorliegenden Art zu erweitern.

Die gegenwärtige Entscheidung entspricht im Ergebnis der fast einstimmigen Rechtsprechung der Oberlandesgerichte und der überwiegenden Meinung des Schrifttums, wo jedoch vielfach ein abweichender Standpunkt für den Fall eingenommen wird, daß die Feststellung der Unehelichkeit wegen einer beiden Elternteilen bekannt gewesenen Nichtigkeit der Ehe (§ 1699 BGB.) begehrt wird. Allein eine solche unterschiedliche Behandlung muß als folgewidrig abgelehnt werden. Soweit in dem Urteile des erkennenden Senats vom 9. November 1916 IV 204/16 (Warneyer 1917 Nr. 259, JW. 1917 S. 567, Gruchot Bd. 61 S. 495) eine von der gegenwärtigen Entscheidung abweichende Auffassung vertreten ist, wird sie nicht aufrecht erhalten.

Die erhobene Klage kann daher nur als eine Feststellungsklage im Sinne des § 256 ZPO. angesehen werden. Als solche aber unterliegt sie der Abweisung, weil nach der nicht zu beanstandenden Annahme des Berufungsgerichts ein rechtliches Interesse an der alsbaldigen Feststellung nicht dargetan ist. Ein solches ist, wie in dem angefochtenen Urteil zutreffend ausgeführt wird, nicht schon damit dargetan, daß der Kläger den Nebenintervenienten M. demnächst als seinen angeblichen außerehelichen Erzeuger auf Unterhalt verklagen will, weil das Feststellungsurteil in dem gegenwärtigen Rechtsstreite keine Rechtskraftwirkung gegen M. äußern würde, und weil in dem Unterhaltsrechtsstreite selbst über die Unehelichkeit des Klägers als Vorfrage mit entschieden werden könnte. Verfehlt ist endlich die Berufung der Revision auf § 68 ZPO. Der Nebenintervenient ist nur Gehilfe der Hauptpartei. Entscheidend kann daher immer nur sein, ob ein Feststellungsinteresse der Hauptpartei gegenüber gegeben ist.

---

104. Wird die fünfjährige Frist zur Erhebung der Nichtigkeitsklage (§ 28 Abs. 3 Patentgesetz) durch den Versailler Vertrag oder das Berner Abkommen vom 30. Juni 1920 (RGBl. S. 1557) oder durch die deutschen Ausführungsgesetze dazu beeinflußt?

I. Zivilsenat. Urt. v. 6. Juli 1921 i. S. G. (Kl.) w. R. Aktiengesellschaft (Bekl.). I 268/21.

I. Reichspatentamt.

Der Kläger, ein Angehöriger des Deutschen Reichs, hat beantragt, das Patent 242900, dessen Inhaberin eine in Wien ansässige Aktiengesellschaft ist, wegen Mangels der Patentfähigkeit gemäß § 10 Nr. 1 PatG. für nichtig zu erklären. Die Bekanntmachung der Erteilung des Patents (§ 27 Abs. 1 PatG.) ist am 2. Januar 1912 erfolgt. Die Nichtigkeitsklage ist am 7. Januar 1921 erhoben worden.

Das Reichspatentamt hat den Nichtigkeitsantrag als unstatthaft verworfen. Die Berufung des Klägers hatte keinen Erfolg.

Gründe:

Der Kläger meint, daß im § 15 des Ausführungsgesetzes zum Friedensvertrag, vom 31. August 1919 (RGBl. S. 1530), das Wort „Begründung" die Bekämpfung von gewerblichen Schutzrechten mitumfasse und daß demgemäß durch jene Gesetzesvorschrift auch die in § 28 Abs. 3 PatG. vorgeschriebene fünfjährige Antragsfrist für die Erhebung der gegenwärtigen Nichtigkeitsklage verlängert sei. Dem kann aber nicht zugestimmt werden. Vielmehr bezieht sich die fragliche Vorschrift in § 15 nach Wortlaut, Sinn und Zweck nur auf die zum Erwerb oder zur Erhaltung gewerblicher Schutzrechte erforderlichen Handlungen.

Ebensowenig steht das Reichsgesetz vom 3. August 1920 betreffend das Berner Abkommen vom 30. Juni 1920 dem Kläger zur Seite. Welche Rechte der Kläger in seiner Eigenschaft als deutscher Reichs- und Gebietsangehöriger aus dem Friedensvertrage vom 28. Juni 1919, insbesondere aus den Artikeln 307, 300a daselbst, oder aus dem Berner Abkommen über die Erhaltung oder Wiederherstellung der durch den Weltkrieg betroffenen gewerblichen Eigentumsrechte vom 30. Juni 1920 herleiten kann, ist für den gegenwärtigen Rechtsstreit unerheblich. Denn jene Vereinbarungen regeln nur die gegenseitigen Verhältnisse zwischen den Vertragsstaaten und deren Angehörigen und haben eine darüber hinausgehende Bedeutung auch nicht etwa durch ihre Veröffentlichung im Deutschen Reichsgesetzblatt erlangt. Da die Beklagte keinem der in den genannten Staatsverträgen Deutschland gegenüberstehenden Vertragsstaaten angehört, werden die hier maßgeblichen Rechtsverhältnisse der Parteien durch jene Staatsverträge ebensowenig berührt, als wenn es sich um zwei inländische Beteiligte handelte.

---

105. Über die Bedeutung mehrfacher Einlegung der Berufung.

IV. Zivilsenat. Urt. v. 13. Juli 1921 i. S. H. (Bekl.) w. H. u. Gen. (Kl.). VI 158/21.

I. Landgericht Hamburg. — II. Oberlandesgericht daselbst.

Der Beklagte ist durch das Urteil des Landgerichts zur Zahlung einer Rente an seine drei minderjährigen Kinder verurteilt; das Urteil ist am 9. Oktober 1920 zugestellt worden. Gegen dieses Urteil hat zunächst Rechtsanwalt Dr. S., der den Beklagten in erster Instanz vertreten hatte, für ihn mit Schriftsatz vom 26. Oktober, bei Gericht eingegangen am 27. gl. Mts., Berufung eingelegt. Am 8. November hat dann namens des Beklagten auch Rechtsanwalt E. Berufung eingelegt. Mit Schriftsatz vom 8. November, bei Gericht eingegangen am 9., dem Gegner zugestellt am 10. gl. Mts., hat Rechtsanwalt Dr. S. erklärt, daß er die am 26. Oktober eingelegte Berufung zurückziehe. Das Oberlandesgericht hat die Berufung des Beklagten als unzulässig verworfen. Die von letzterem eingelegte Revision hatte Erfolg.

Gründe:

Die von Rechtsanwalt E. eingelegte Berufung ist vom Oberlandesgericht mit folgender Begründung als unzulässig angesehen worden: Es stehe fest, daß vorher bereits eine andere Berufung von Rechtsanwalt Dr. S. für den Beklagten eingelegt gewesen sei, gegen deren Zulässigkeit und Wirksamkeit der Beklagte nichts habe vorbringen können. Da also die erste Berufung rechtswirksam eingelegt gewesen sei und geschwebt habe, so habe dem Beklagten naturgemäß, solange ihre Zurücknahme nicht erfolgt gewesen sei, nicht dasselbe Rechtsmittel noch einmal zugestanden. Seine zweite Berufung sei danach zur Zeit der Einlegung unzulässig gewesen und habe auch durch die nachträglich erfolgte Zurücknahme der ersten Berufung nicht zulässig werden können.

Diese Erwägungen gehen insofern fehl, als das Berufungsgericht den einzelnen Rechtsmittelschriftsatz und das durch ihn eingeleitete Verfahren unrichtigerweise dem Rechtsmittel als solchem gleichsetzt. Daß beides auseinandergehalten werden muß, ergibt sich ohne weiteres daraus, daß das Rechtsmittel weiter verfolgt werden kann, auch wenn eine zunächst eingelegte Berufung zurückgenommen worden ist (RGZ. Bd. 96 S. 186) und sogar — sofern es im übrigen die Prozeßlage gestattet — wenn sie wegen Formmangels verworfen worden ist (Stein Bem. III zu § 535 ZPO.). Daß nach Zurücknahme der ersten Berufung die Einlegung der zweiten zulässig gewesen wäre, nimmt übrigens das Berufungsgericht selbst an und erkennt damit den Unterschied zwischen dem einzelnen Berufungsschriftsatz und dem Rechtsmittel als solchem an.

Bedeutet aber der einzelne Berufungsschriftsatz etwas anderes als das Rechtsmittel selbst, so ist weder aus dem Gesetze noch aus dem Begriff des Rechtsmittels etwas gegen die Zulässigkeit einer wiederholten Einlegung des nämlichen Rechtsmittels durch verschiedene Schriftsätze zu entnehmen. Eine solche Wiederholung geschieht nicht selten, wenn Zweifel an der Ordnungsmäßigkeit der ersten Einlegung bestehen. Sie kann in einem Falle wie dem vorstehenden auch dadurch veranlaßt sein, daß der zweite mit der Vertretung der Partei in der Berufungsinstanz beauftragte Anwalt von der ersten Einlegung gar nichts erfährt, oder daß er, weil er ihre Ordnungsmäßigkeit zunächst nicht nachprüfen kann, es für sachdienlich hält, seinerseits einen Schriftsatz einzureichen, der den Anforderungen der Prozeßordnung genügt, um die Partei für alle Fälle vor Schaden zu bewahren.

Nun ist so viel richtig, daß der zweite Berufungsschriftsatz zunächst die rechtlichen Wirkungen einer Berufungseinlegung: Hemmung der Rechtskraft des Urteils erster Instanz und Übertragung der Entscheidung an den Richter zweiter Instanz (Suspensiveffekt und Devolutiveffekt), nicht haben kann, weil diese Wirkungen zuvor schon eingetreten waren. Aber daraus ist nicht zu folgern, daß die zweite Einlegung unzulässig wäre; sie ist nur zunächst wirkungslos. Es verhält sich damit nicht anders, als wenn eine Rechtshandlung des materiellen Rechtes, etwa eine Veräußerung, eine Erbschaftsausschlagung oder dergl., aus irgendeinem Grunde wiederholt vorgenommen wird; auch in solchem Falle übt die zweite Rechtshandlung zunächst keine rechtliche Wirkung aus, kann jedoch eine solche erlangen, wenn die Wirksamkeit der zuerst vorgenommenen nachträglich wegfällt. Davon, daß eine solche wiederholte Rechtshandlung unzulässig wäre, kann auf dem Gebiete des Prozesses so wenig die Rede sein wie auf dem materiellrechtlichen Gebiete.

Der Standpunkt des Berufungsgerichts müßte folgerichtig dahin führen, daß bei der häufig vorkommenden vorsorglichen wiederholten Einlegung eines Rechtsmittels jedesmal von Amts wegen und entgegen den Anträgen der Parteien auf eine Prüfung der Frage eingegangen werden müßte, ob die erste Einlegung ordnungsmäßig war, weil davon die Zulässigkeit der zweiten abhinge. Etwas derartiges geschieht jedoch in der Praxis nie.

Was die Kosten einer unnötigerweise mehrfach erfolgten Einlegung anlangt, so können sie gemäß § 91 ZPO. als nicht zur zweckentsprechenden Rechtsverfolgung notwendig der obsiegenden Partei auferlegt werden.

---

106. Erbringt die im Anfechtungsprozesse rechtskräftig erfolgte Feststellung der Unehelichkeit eines während bestehender Ehe geborenen Kindes auch für den nachfolgenden Ehescheidungsprozeß den Beweis, daß die Mutter sich des Ehebruchs schuldig gemacht hat?

VI. Zivilsenat. Urt. v. 21. April 1921 i. S. G. (Kl.) w. G. (Bekl.). VI 589/20.

I. Landgericht Meiningen. — II. Oberlandesgericht Jena.

Die Parteien haben am 4. April 1916 die Ehe geschlossen. Am 11. September 1918 hat die Beklagte ein Kind geboren, dessen Ehelichkeit der Kläger durch eine gegen das Kind, vertreten durch seinen Pfleger, gerichtete Klage mit dem Erfolge angefochten hat, daß es rechtskräftig für nicht ehelich erklärt worden ist. Das Urteil geht davon aus, daß der Kläger in der gesetzlichen Empfängniszeit vom 13. November 1917 bis 14. März 1918 nicht in S. gewesen sei, danach auch das Kind von ihm nicht empfangen sein könne. Die Beklagte war an diesem Rechtsstreite nicht beteiligt, ist auch in ihm nicht als Zeugin vernommen worden.

Der Kläger hat gegen die Beklagte eine auf Ehebruch gestützte Ehescheidungsklage erhoben. Das Landgericht hat dieser Klage stattgegeben; das Oberlandesgericht hat dagegen die Entscheidung von einem von der Beklagten zu leistenden Eide abhängig gemacht, daß sie in der Zeit vom 23. Oktober 1917, dem Tage der Abreise ihres Mannes, bis zum 14. März 1918 mit einer fremden Mannsperson geschlechtlich nicht verkehrt habe. Die Revision wurde zurückgewiesen.

Gründe:

Das Oberlandesgericht hat ausgeführt: Es sei erwiesen, daß der Kläger am 24. Oktober 1917 von S. abgereist sei. Wenn das Kind der Beklagten von ihm empfangen sei, sei es frühestens am 323. Tage nach der Beiwohnung geboren. Damit sei zwar die gewöhnliche und gesetzlich längste Empfängniszeit erheblich überschritten, aber keineswegs bewiesen, daß es im Ehebruche erzeugt sein müsse. Nach dem eingeholten Gutachten seien wissenschaftlich sichere Fälle beobachtet worden, in denen Kinder 300, 310, 320 und 330 Tage nach der Empfängnis geboren worden seien. Der vorliegende Fall gehöre danach, wenn das Kind am 323. Tage nach der Beiwohnung geboren worden sei, nicht einmal unbedingt zu den ganz seltenen Fällen der längsten, wissenschaftlich beobachteten Schwangerschaftsdauer. Hieraus sei also ein Ehebruch nicht zu entnehmen. Da aber doch ein gewisser Verdacht gegen die Beklagte vorliege, sei auf den Eid zu erkennen.

Die Revision rügt demgegenüber Verletzung des § 1592 BGB., der bezüglich der Empfängniszeit eine feste Regel aufstelle und einen Gegenbeweis für eine längere Schwangerschaftsdauer nur zugunsten der Ehelichkeit zulasse. Hier sei rechtskräftig festgestellt, daß das Kind der Beklagten nicht ehelich sei. Damit sei der Ehebruch der Beklagten erwiesen. Zum Beweise, daß das Kind vom Kläger erzeugt sei, hätte die Beklagte gar nicht zugelassen werden dürfen. Diese Rüge ist nicht begründet.

Ein Urteil aus § 641 ZPO. in Verbindung mit §§ 1591 flg. BGB., durch das, wie im Vorprozesse, die Anfechtung der Ehelichkeit eines von seiner Ehefrau geborenen Kindes durch den Ehemann für begründet erklärt und die Nichtehelichkeit des Kindes ausgesprochen wird, wirkt nach § 643 ZPO., wenn es, wie hier, zu Lebzeiten der Parteien rechtskräftig geworden ist, für und gegen alle, also auch gegen die Mutter. Dies ergibt sich aus dem klaren Wortlaute des Gesetzes, aber auch aus den Motiven zum BGB. (Bd. 4 S. 62, 670, 673), wo die Bedenken einer solchen Wirkung der Mutter gegenüber ausdrücklich hervorgehoben aber mit Rücksicht darauf, daß die Feststellung im Offizialverfahren erfolge und es der Mutter freistehe, ihre Interessen durch Beitritt zum Rechtsstreite wahrzunehmen, nicht für durchschlagend erachtet worden sind.

Damit wird aber die Wirkung der Rechtskraft nur nach der subjektiven Seite über den Kreis der im § 325 ZPO. genannten Personen hinaus ausgedehnt, und zwar auf alle. In objektiver Hinsicht bleibt es jedoch bei der Bestimmung des § 322 ZPO., daß Urteile nur insoweit der Rechtskraft fähig sind, als über den durch die Klage erhobenen Anspruch entschieden ist.

Hiernach erledigt sich der Angriff der Revision, mit der Feststellung der Unehelichkeit des Kindes im Vorprozesse sei auch der Ehebruch der Beklagten im vorliegenden Ehescheidungsprozesse erwiesen, von selbst. Das Urteil des Vorprozesses konnte materiell nur insoweit rechtskräftig werden, als es über den geltend gemachten Anspruch, die Unehelichkeit des Kindes festzustellen, zusprechend oder abweisend entschied.

Die Entscheidung, daß das Kind unehelich sei, kann und muß hier als Beweisumstand gegen die Frau gewürdigt werden, aber der Frau gegenüber ist damit, daß ihr Kind für unehelich erklärt wurde, noch nicht entschieden, daß die Frau des Ehebruchs schuldig ist. Demgemäß war im vorliegenden Falle, da die Beweisführung im Ehescheidungsprozesse an Beweisregeln nicht gebunden ist, die Beklagte berechtigt, dem auf Ehebruch gestützten Ehescheidungsanspruche dadurch entgegenzutreten, daß sie den Beweis antrat, daß das Kind aus dem letzten ehelichen Verkehre mit dem Ehemanne herrühre, und das Berufungsgericht durfte ihn, ohne gegen irgendwelche Rechtsgrundsätze zu verstoßen, erheben und seine Folgerungen daraus ziehen.

---

107. Ist das Reichsgericht zuständig zur Entscheidung über die Beschwerde einer gemäß Bekanntmachung, betr. das Verfahren für die Zuwendung von Reichsmitteln an Deutsche für Schäden im Ausland, vom 15. November 1919 (RGBl. S. 1891) gebildeten Spruchkommission wegen Verweigerung der Rechtshilfe?

Feriensenat. Beschl. v. 27. Juli 1921. IV B 4/21.

Die Frage wurde verneint aus folgenden

Gründen:

Die gemäß der Bekanntmachung der Reichsregierung, betreffend Verfahren für die Zuwendung von Reichsmitteln an Deutsche für Schäden im Ausland, vom 15. November 1919 gebildete Spruchkommission hatte das Amtsgericht Berlin-Mitte um eidliche Vernehmung eines Zeugen ersucht. Dieses Amtsgericht hatte das Ersuchen abgelehnt, weil die Spruchkommission selbst zur Erhebung dieses Beweises befugt sei. Auf die dagegen von der Spruchkommission erhobene Vorstellung entschied das Kammergericht, daß das Amtsgericht Berlin-Mitte nicht gehalten sei, dem Rechtshilfeersuchen der Spruchkommission nachzukommen. Gegen diese Entscheidung wendet sich die erhobene Beschwerde.

Diese Beschwerde ist unzulässig. Die Bestimmungen der §§ 157 flg. GVG. über die Rechtshilfe betreffen, wie der Wortlaut des § 157 unzweifelhaft ergibt, nur die Rechtshilfe in bürgerlichen Rechtsstreitigkeiten und in Strafsachen, wie nach § 2 EinfG. z. GVG. die Vorschriften des Gerichtsverfassungsgesetzes überhaupt nur auf die ordentliche streitige Gerichtsbarkeit und deren Ausübung Anwendung finden. Zur

Ausdehnung dieser Vorschriften auf die Rechtshilfe gegenüber anderen Behörden als den Gerichten und auf andere Rechtsverhältnisse als die der ordentlichen streitigen Gerichtsbarkeit bedürfte es einer gesetzlichen Bestimmung, wie sie in § 2 FGG., § 61 des Gewerbegerichtsgesetzes und anderen Gesetzen ausdrücklich getroffen und nach der Rechtsprechung des Reichsgerichts (vgl. RGZ. Bd. 33 S. 423, Bd. 64 S. 178 [180], Beschluß vom 28. Dezember 1905 IVB 442/05 bei Gruchot Bd. 50 S. 1044) auch in § 32 des Patentgesetzes vom 7. April 1891 als zum Ausdruck gebracht anzusehen ist. Insbesondere bedürfte es eines Gesetzes, und zwar eines Reichsgesetzes, um die Zuständigkeit des Reichsgerichts zur Entscheidung über die Beschwerde gegen einen die Rechtshilfe für unzulässig erklärenden Beschluß eines Oberlandesgerichts, wie sie in § 160 Abs. 1 Satz 3 GVG. für die ordentliche streitige Gerichtsbarkeit gegeben ist, auf Angelegenheiten anderer Art zu übertragen.

Vgl. Rechtsprechung des Reichsgerichts in Strafsachen Bd. 9 S. 480; RGSt. Bd. 19 S. 438flg., Bd. 20 S. 101 (103); Beschluß des Reichsgerichts vom 7. Februar 1896 II Bs. 14/96 in JW. 1896 S. 145; Beschluß v. 28. November 1912 IV B 7/12 in Leipz. Zeitschr. 1913 (Bd. 7) Sp. 85, weiter auch RGZ. Bd. 55 S. 275, Bd. 57 S. 397.

Hier handelt es sich zweifellos um eine außerhalb der ordentlichen streitigen Gerichtsbarkeit liegende Angelegenheit. Eine gesetzliche Vorschrift, welche die Anwendung des § 160 Abs. 1 Satz 3 GVG. auf den vorliegenden Fall rechtfertigen könnte, besteht nicht. Auch die Bestimmung des § 8 der Bekanntmachung vom 15. November 1919 welche anordnet, daß die Gerichts- und Verwaltungsbehörden innerhalb ihrer Zuständigkeit dem Ersuchen der Spruchkommissionen und ihrer Vorsitzenden um Rechtshilfe zu entsprechen haben, soweit nicht besondere gesetzliche Bestimmungen entgegenstehen, enthält keinen Hinweis auf die §§ 157flg. GVG. Es würde aber der Reichsregierung auch durchaus die Befugnis fehlen, im Wege einer bloßen Verwaltungsvorschrift, wie sie die Bekanntmachung vom 15. November 1919 darstellt, die durch § 160 Abs. 1 Satz 3 GVG. geschaffene Zuständigkeit des Reichsgerichts zu erweitern. Aus dem Reichsgesetze betreffend einen Anleihekredit für das Rechnungsjahr 1919 usw., vom 29. August 1919 (RGBl. S. 1491), zu dessen Ausführung die Bekanntmachung vom 15. November 1919 bestimmt war, läßt sich eine Ermächtigung der Reichsregierung zum Erlasse einer die Zuständigkeit des Reichsgerichts regelnden Rechtsverordnung schlechterdings nicht herleiten. Den Erfordernissen solcher gesetzlichen Vorschriften, welche die Reichsregierung zum Erlasse von Verordnungen mit Gesetzeskraft ermächtigen, wie z. B. § 28 (vgl. Abs. 2 daselbst) des Ausführungsgesetzes zum Friedensvertrage vom 31. August 1919 (RGBl. S. 1530), § 8 des Reichsgesetzes über die Vergütung von Leistungen für die feindlichen Heere im besetzten Reichsgebiet usw. vom 2. März 1919 (RGBl. S. 261) und § 1 des Reichsgesetzes über eine vereinfachte Form der Gesetzgebung für die Zwecke der Übergangswirtschaft vom 17. April 1919 (RGBl. S. 394) ist schon deshalb nicht genügt, weil die Zustimmung des Reichsrats zum Erlasse der Bekanntmachung vom 15. November 1919 nicht nachgesucht worden ist — vgl. Art. 77, 179 Abs. 2 der Reichsverfassung vom 11. August 1919.

Das Reichsgericht ist somit zur Entscheidung auf die erhobene Beschwerde nicht zuständig. Es unterliegt deshalb nicht seiner Prüfung, ob das Amtsgericht Berlin-Mitte im vorliegenden Falle — sei es auf Grund der Bekanntmachung vom 15. November 1919, sei es auf Grund des § 38 der preußischen Verordnung über die anderweite Organisation der Gerichte vom 2. Januar 1849 (GS. S. 1) — verpflichtet war, dem Ersuchen der Spruchkommission nachzukommen.

---

108. Zum Abschluß des Vertrags ohne Erklärung der Annahme.

II. Zivilsenat. Urt. v. 16. September 1921 i. S. W. (Bekl.) w. Sch. (Kl.). II 68/21.

I. Landgericht Köln, Kammer für Handelssachen. — II. Oberlandesgericht daselbst.

Am 10. April 1919 offerierte die Klägerin dem Beklagten freibleibend echte Remy-Reisstärke zu 60 *M* das kg ab Lager Köln, netto Kasse. Sie bemerkte dabei, daß sie Aufträge auf jede Menge entgegennehme, die Ware aber nur in Postpaketen bis zu 10 kg versenden könne und Bestellungen je nach der Größe entweder gegen Nachnahme oder gegen vorherige Überweisung des Betrags ausführen werde. Der Beklagte telegraphierte am 29. April: „Ersuche um Zusendung offerierter Remystärke in Postpaketen Nachnahme per Expreß; senden Sie mir einige hundert kg"; ferner telegraphierte er am 6. Mai 1919: „Liefern Sie jedes Quantum Remystärke in Postpaketen expreß Nachnahme oder Eilgut, Akkreditiv abgelehnt."

16 auf diese Bestellung hin übersandte Pakete löste der Beklagte ein. Außerdem aber gab die Klägerin am 17. und 21. Mai beim Postamt Köln an seine Adresse noch weitere 20 Nachnahmepakete auf, von denen das Postamt am 3. Juli bescheinigt hat, sie seien nach Köln zurückgesandt worden, weil der Beklagte, nachdem er am 24. und 27. Mai Frist verlangt, am 4. Juni die Annahme endgültig verweigert habe. Der Inhalt dieser Bescheinigung wurde in der Korrespondenz,

die sich hierüber entspann, vom Beklagten bestritten. Er behauptete, die Post habe ihm nur die 16 eingelösten Pakete vorgewiesen; da inzwischen der Marktpreis der Ware erheblich gefallen sei, brauche er weitere Mengen nicht mehr abzunehmen.

Mit der im Juli 1919 erhobenen Klage forderte die Klägerin ursprünglich die auf die 20 Pakete entfallende Nachnahme von 11626,60 *M* zuzüglich 114,30 *M* verauslagtes Rückporto und Bestellgeld. Während des Prozesses veräußerte sie die Ware im Wege des Selbsthilfeverkaufs und beantragte nunmehr, den Beklagten zur Zahlung von 9348,70 *M* nebst Zinsen zu verurteilen.

Die Vorinstanzen gaben diesem Antrage statt. Die Revision wurde zurückgewiesen.

Gründe:

Das Berufungsgericht führt aus, der Beklagte wolle durch Zeugen dartun, daß ihm die streitigen Nachnahmepakete im Mai 1919 durch die Post in Leipzig nicht vorgezeigt worden seien. Es könne dahingestellt bleiben, ob er damit einen tauglichen Gegenbeweis gegen die Bescheinigung des Postamts Köln vom 3. Juli 1919 angetreten habe. Jedenfalls stehe die Absendung durch die Klägerin fest, und das genüge für ihren Anspruch, da nach § 447 BGB. die Transportgefahr dem Beklagten zur Last falle.

Die Revision rügt Verletzung der §§ 130, 146, 147 BGB. Die beiden Telegramme vom 29. April und 6. Mai 1919 nennten keine bestimmte Menge der Ware, wie dies für den Abschluß des Kaufs erforderlich sei, und stellten sich somit rechtlich nur als Vertragsangebote dar. Innerhalb der vom Gesetz gewährten Frist habe die Klägerin keine andere Annahmeerklärung abgegeben, als sie in der Absendung der Ware liege. In dieser Bedeutung aber — nicht als eventuelle Erfüllungsleistung, sondern als Annahme des Vertragsangebots — hätten die Sendungen dem Beklagten zugehen müssen. Nur insoweit also, als ihm die Post die Nachnahmepakete zur Einlösung vorgewiesen habe, sei ein Kaufvertrag zustande gekommen; im übrigen, d. h. mit Bezug auf die streitigen 20 Pakete, fehle es an dem Abschluß des Vertrags.

Dieser Angriff ist nicht begründet. Allerdings war das Schreiben der Klägerin vom 10. April 1919 nur eine Aufforderung, Offerten zu machen. Da ferner die Telegramme des Beklagten zusammengefaßt keine irgendwie bestimmbare Menge der Ware angaben, ist der hier gegebene Fall nicht mit dem Fall einer freibleibenden bestimmten Offerte des Verkaufslustigen und eines ihr angepaßten Antwortschreibens des Kaufliebhabers auf gleiche Linie zu stellen. Ein Vertrag konnte nicht schon durch Stillschweigen auf die Bestelltelegramme des Beklagten geschlossen werden, vielmehr mußte noch etwas Weiteres hinzukommen, damit das Vertragsangebot wirksam angenommen wurde. Erklärt zu werden brauchte die Annahme aber nicht.. Es liegt ein typischer Anwendungsfall des § 151 BGB. vor; dadurch, daß der Beklagte die starken Preisschwankungen unterliegende Ware „expreß" bestellte, hatte er auf eine ihm gegenüber abzugebende Erklärung der Annahme verzichtet (vgl. RGZ. Bd. 84 S. 323). Nötig war nur, daß der Annahmewille der Klägerin nicht rein intern blieb, sondern sich in einer Handlung äußerte, die die Zustimmung zu dem vorgeschlagenen Vertrag ergab. Eine solche Handlung nahm die Klägerin vor, indem sie die 20 Pakete bei der Postanstalt in Köln zur Versendung an den Beklagten auflieferte. Es war das keine bloße Vorbereitung der Annahme, vielmehr tat sie damit alles, was ihr zur Ausführung des Vertrags oblag. Wenn die Leipziger Postbeamten, wie der Beklagte in dem vorgetragenen Schriftsatze vom 11. Februar 1920 behauptet, pflichtwidrig unwahre Bescheinigungen ausgestellt haben, um sich Arbeit zu ersparen, so ist das kein Grund, der Annahmehandlung die Wirksamkeit abzusprechen. Auch durch den Umstand, daß die Sendungen in der Zwischenzeit zwischen der Aufgabe zur Post und der Ankunft beim Beklagten noch widerrufen werden konnten, wurde das Zustandekommen des Vertrags nicht gehindert. Nicht einmal der Widerruf selber hätte diese Rechtsfolge herbeiführen können; es wäre immer dabei verblieben, daß mit der Absendung der Vertrag geschlossen war (vgl. RGZ. Bd. 36 S. 324).

Nun setzt der Klaganspruch nach § 373 HGB. Annahmeverzug des Beklagten voraus. Hat die Post die Nachnahmesendungen nach Köln zurückgehen lassen, ohne sie ihm vorzuzeigen, so ist er mangels eines tatsächlichen Angebots, das er hätte annehmen können, damals noch nicht in Verzug geraten (§§ 293, 294 BGB.). Allein die Klägerin hat ihm in dem Briefwechsel der Parteien die Ware wiederholt angeboten. Daß das verspätet gewesen sei, kann er nicht geltend machen, denn an dem Mißlingen des ersten Angebots war sie schuldlos, und die Gefahr einer Verzögerung des Transports hatte er zu tragen (§ 447 BGB.). Es genügte bei dieser Sachlage auch ein wörtliches Angebot, da er erklärt hatte, die Ware zu dem bedungenen Preise nicht annehmen zu wollen (§ 295 BGB.). . . .

---

109. Hat der zur Behandlung eines milzbrandverdächtigen Tieres zugezogene private Tierarzt auch für die mit dem Tiere befaßten Personen zur Verhütung einer Ansteckung Sorge zu tragen?

VI. Zivilsenat. Urt. v. 19. September 1921 i. S. K. (Bekl.) w. W. (Kl.). VI 191/21.

I. Landgericht Karlsruhe. — II. Oberlandesgericht daselbst.

Der Kläger, Metzgermeister in L., hat sich am 16. Juli 1912 daselbst bei der Notschlachtung eines milzbrandkranken Rindes, die ihm dessen Eigentümer H. übertragen hatte, eine Vergiftung zugezogen und verlangt Schadensersatz von dem Beklagten, einem nichtbeamteten Tierarzt, der von dem Eigentümer des kranken Tieres zugezogen worden war. Er behauptet, der Beklagte habe es durch Fahrlässigkeit verschuldet, daß bei der unter seiner Mitwirkung geschehenen Tötung und Untersuchung des Tieres er, der Kläger, der am linken Daumen eine kleine vernarbte Wunde hatte, sich angesteckt und daß aus dem Eindringen von Milzbranderregern sich ein schweres Siechtum entwickelt habe.

Der erste Richter hat die Klage abgewiesen und ausgesprochen, daß den Beklagten kein Vorwurf treffe. Das Berufungsgericht hat den Klaganspruch zu drei Vierteln dem Grunde nach zuerkannt, zu einem Viertel dagegen wegen Selbstverschuldens des Klägers abgewiesen.

Die Revision des Beklagten wurde zurückgewiesen.

Aus den Gründen:

... Das Berufungsgericht macht dem Beklagten zum Vorwurf, daß er nach der Tötung des Tieres, — obwohl er auf das dem After des Tieres entfließende Blut einerseits, auf die Daumennarbe des Klägers anderseits aufmerksam gemacht worden war, — es unterlassen habe, für richtige Desinfektion und Behandlung der Wundnarbe Sorge zu tragen und dem Kläger die Weiterarbeit am Tiere zu verbieten, und diesen sowie die übrigen beteiligten Personen über die Ansteckungsgefahr und die Notwendigkeit der Desinfektion angemessen zu belehren. Diese Vorwürfe sind nach den getroffenen Feststellungen tatsächlich begründet und tragen das Urteil.

Zutreffend geht das Berufungsgericht bei dieser Beurteilung davon aus, daß der Beklagte in den Richtungen, worin es ihm Unterlassungen zur Last legt, eine allgemeine Rechtspflicht zum Handeln hatte, die er schuldhaft verletzt hat und deren Verletzung eine Haftung aus § 823 BGB. zu begründen geeignet ist (RGZ. Bd. 97 S. 12). Wie auch in den Vorinstanzen nicht verkannt worden ist, kommt ein Vertragsverhältnis zwischen dem Beklagten und dem Kläger nicht in Frage. Jener war wie dieser lediglich von dem Tiereigentümer H. zur Hilfeleistung zugezogen, beide standen nur zu diesem in einem Vertragsverhältnis. Auch soweit der Beklagte den Kläger an dem Tiere arbeiten ließ oder hieß, besteht kein ausreichender Anhalt dafür, die Begründung einer vertraglichen Beziehung zwischen den Parteien anzunehmen. Eine hierauf zu stützende Verpflichtung nach Art des Arztes, der eine Behandlung übernommen hat, dahin, gewissenhaft nach

Kunstregeln zu verfahren (vgl. Warneyer 1916 Nr. 226), ist für das Verhältnis des Beklagten zum Kläger nach der Sachlage nicht anzunehmen.

Die für die Anwendbarkeit insbesondere des § 823 Abs. 1 BGB. entscheidende Frage ist daher, ob ein zu einem kranken Tiere als veterinärwissenschaftlicher Berater zugezogener Tierarzt eine allgemeine Rechtspflicht dahin hat, auch für die Gesundheit und körperliche Unversehrtheit der an der Wartung und Behandlung des Tieres und gegebenenfalls des Kadavers tätigen Personen Sorge zu tragen.

Im Sinne der Viehseuchengesetzgebung (RGes. vom 26. Juni 1909 RGBl. S. 519; Ausführungsvorschriften des Bundesrats vom 7. Dezember 1911 samt vier Anlagen RGBl. 1912 S. 4) sind die praktisch in Betracht kommenden Fürsorgepflichten neben der Polizeibehörde zunächst nur dem beamteten Tierarzt auferlegt, das ist in Baden der Bezirkstierarzt. Der Beklagte war dies nicht, vielmehr bei der Behandlung des Rindes lediglich in privater Eigenschaft als approbierter Tierarzt und nicht in irgendeiner polizeilichen oder sonstwie öffentlichrechtlichen Stellung tätig.

Als privater Tierarzt war er nun aber zum kranken Tiere zugezogen, dessen Behandlung war die Berufsleistung, zu der er sich verpflichtete. Zu einer Erstreckung seiner Pflichten auf das Leben und die Gesundheit jener mittätigen Personen ergibt sich dessenungeachtet die Grundlage aus seiner Berufsstellung. Der staatlich approbierte Tierarzt ist nicht nur zu einer auf die Erhaltung der im Viehstand vorhandenen Vermögenswerte gerichteten Tätigkeit berufen. Die Krankheiten der Haustiere bedrohen auch den Menschen mit Ansteckungs- und Erkrankungsgefahr. Die viehseuchenpolizeilichen Vorschriften richten sich auch gegen die der menschlichen Gesundheit drohenden Gefahren, namentlich soweit sie mit der Wartung des gesunden, des kranken oder mit der Beseitigung des toten Tieres verbunden sind; so z. B. die besonders auf den Milzbrand bezüglichen §§ 97—101 jener Ausführungsvorschriften, die in gleicher und ähnlicher Art auch für andere Krankheiten gegeben sind. Gegenüber solchen Personen befindet sich der Tierarzt kraft seiner Berufsstellung und mit Rücksicht auf seine wissenschaftlich begründete Vorbildung in der Lage, daß er, soweit ihrer Gesundheit von dem Krankheitsfall des Tieres Gefahren drohen, auch hierfür im Rahmen seiner Berufsbetätigung Sorge zu tragen, je nach Umständen also Anordnungen zu treffen, Ratschläge zu erteilen, Belehrung zu geben hat. Kommt er dem vorsätzlich oder unter Außerachtlassung der im Verkehr gebotenen Sorgfalt nicht in ausreichendem Maße nach, so trifft ihn die Haftung nach §§ 823 Abs. 1, 276 BGB.

Es gibt keine allgemeine Rechtspflicht für jedermann dahin,

gegen die Gefährdung fremder Gesundheit tätig zu sein. Niemand ist ohne weiteres gehalten, z. B. im Vorbeigehen auf der Straße ein gefährliches Spiel fremder Kinder, eine gefahrdrohende Rauferei, unvorsichtige Behandlung ansteckungsgefährlicher Wäsche von Kranken u. a. m. zu hindern. Anders derjenige, der, indem er eine damit in gewissem Zusammenhange stehende Berufstätigkeit ausübt und sich dafür dem Publikum anbietet, eine Verantwortung dafür übernimmt, daß da, wo von seinen Diensten Gebrauch gemacht wird, ein geordneter Verlauf der Dinge gewährleistet ist. Durch eine Berufsbetätigung oder einen Gewerbebetrieb dieser Art werden solche besonders gearteten allgemeinen Rechtspflichten erzeugt, die man in einem umfassenden Sinne Verkehrspflichten nennen kann. Vgl. in verwandtem Sinne insbesondere die Entscheidungen des erkennenden Senats RGZ. Bd. 102 S. 41 (zu 3) und in der Sache VI 431/15 vom 17. Februar 1916. Auch wenn also die Interessen des Tiereigentümers H., der den Beklagten zugezogen hatte, von der Erkrankung des Klägers rechtlich nicht berührt sind, trifft den Beklagten für diese die Verantwortung, weil bei einer von ihm berufsmäßig geleisteten Tierbehandlung keine genügende Vorkehrung gegen die Gefährdung der menschlichen Gesundheit getroffen worden ist.

Dafür, was in dieser Hinsicht zu geschehen hatte, sind die seuchenpolizeilichen Vorschriften maßgebend. Diese sind nicht nur für Fälle festgestellter Milzbranderkrankung gegeben, sondern gelten in wesentlichem Umfange schon für Fälle des bloßen Verdachts, so z. B. §§ 97, 101 der Ausführungsvorschriften. Soweit der Beklagte Anlaß hatte, belehrend oder sonstwie gegen die Ansteckungsgefahr einzugreifen, hatte dies nach Maßgabe der bestehenden Vorschriften zu geschehen. Diese mußten dem Beklagten als Tierarzt bekannt sein; er hat sich denn auch auf eine Unkenntnis in dieser Hinsicht nicht berufen. Endlich ist es für das Ergebnis der Beurteilung nicht entscheidend, ob der Beklagte schon die Ansteckung schuldhaft verursacht hat oder erst die daraus hervorgegangene Erkrankung in ihrer besonderen Schwere. Auch wenn ihm für den Zeitpunkt der Ansteckung noch keine Fahrlässigkeit zur Last gelegt wird, kann die Verurteilung darauf gestützt werden, daß die weitere Entwickelung der Dinge durch seine Fahrlässigkeit zum Schaden des Klägers ungünstig gestaltet worden sei....

---

110. Wird im Falle des § 142 HGB. die Klage des Gesellschafters auf Ermächtigung zur Alleinübernahme des Geschäfts notwendig dadurch erledigt, daß während des Prozesses die offene Handelsgesellschaft in Liquidation tritt?

II. Zivilsenat. Urt. v. 20. September 1921 i. S. K. (Kl.) w. M. (Bekl.). II 91/21.

I. Landgericht Freiberg. — II. Oberlandesgericht Dresden.

Der Kläger und der Kaufmann M. waren seit dem 1. Juli 1916 die einzigen Inhaber der offenen Handelsgesellschaft C. A. in Freiberg. Mit der im Juli 1919 erhobenen Klage stellte der Kläger die Behauptung auf, M. sei dauernd unfähig, die Pflichten eines Gesellschafters zu erfüllen, und beantragte, vom Gericht für berechtigt erklärt zu werden, das Geschäft ohne Liquidation mit Aktiven und Passiven zu übernehmen. Das Landgericht erkannte demgemäß. Während des Berufungsverfahrens, am 7. Juni 1920, starb M. Eine Bestimmung für den Fall des Todes war im Gesellschaftsvertrage nicht getroffen. Der Erbe des Verstorbenen, der jetzige Beklagte, bat um Abweisung der Klage. Diesem Antrage gab das Oberlandesgericht mit der Begründung statt, die Klage auf Alleinübernahme des Geschäfts sei durch den Tod des Gesellschafters und die dadurch herbeigeführte Liquidation erledigt.

Auf die Revision wurde das Berufungsurteil aufgehoben und die Sache in die Vorinstanz zurückverwiesen.

Gründe:

Nach § 142 HGB. kann, wenn zwei Personen eine offene Handelsgesellschaft bilden und bei der einen die Voraussetzungen vorliegen, unter denen bei einer größeren Zahl von Gesellschaftern nach § 140 die Ausschließung aus der Gesellschaft zulässig wäre, die andere auf Antrag vom Gericht ermächtigt werden, das Geschäft ohne Liquidation mit Aktiven und Passiven zu übernehmen. Der Berufungsrichter hält eine Ausschließung und folgeweise auch eine Alleinübernahme des Geschäfts nach Eintritt der Liquidation für rechtlich unstatthaft. Hierfür beruft er sich vor allem auf das Urteil des I. Zivilsenats des Reichsgerichts RGZ. Bd. 74 S. 62, das diesen Satz anscheinend allgemein ausspricht.

Die Begründung, die der I. Zivilsenat dort gibt, hat in der Literatur lebhaften Widerspruch hervorgerufen (vgl. Düringer-Hachenburg, HGB. § 140 Anm. 11 mit Nachw.; dazu jetzt Wieland, Handelsrecht Bd. 1 § 64 Anm. 9, § 65 Anm. 4). Hierauf braucht aber nicht eingegangen zu werden, da dem Urteile selber die Tragweite, die ihm vom Berufungsrichter beigemessen wird, in Wirklichkeit nicht zukommt. Es behandelt lediglich den Fall, daß die Klage auf Ausschließung des Mitgesellschafters erst nach Eintritt der Liquidation erhoben wird. Im vorliegenden Falle hatte der Kläger sich mit dem Antrag auf Ermächtigung zur Geschäftsübernahme längst an das Gericht gewandt, als der Beklagte starb und nach § 131 Nr. 4,

§ 145 HGB. das Liquidationsstadium eröffnet wurde. Hätte der Beklagte die, wie zu unterstellen, begründete Klage sofort anerkannt, so würde sein Tod einflußlos geblieben sein. Dadurch, daß er den Prozeß in die Länge zog, darf die Rechtslage des Klägers nicht verschlechtert werden. Die konstitutive Wirkung des Urteils, das in den Fällen der §§ 140, 142 ergeht, nötigt zu einer solchen Folgerung nicht, zumal § 140 Abs. 2 ausdrücklich bestimmt, daß für die Auseinandersetzung der Zeitpunkt der Klagerhebung maßgebend sein soll. Es ist auch nicht richtig, daß die Liquidation mit Notwendigkeit dazu führte, die Übernahme des Geschäfts im ganzen tatsächlich unmöglich zu machen. Die Versilberung des Gesellschaftsvermögens kann aufgehalten sein, insbesondere kraft Vereinbarung der Beteiligten, und durch Einwirkung einer einstweiligen Verfügung ist der Kläger auch einseitig imstande, sie zu hemmen.

In der Sache II 565/10 (JW. 1911 S. 721 Nr. 29) hat der erkennende Senat in einem dem jetzigen ähnlichen Falle die Klage auf Geschäftsübernahme nach Eintritt der Liquidation für unstatthaft erklärt. Diese Ansicht wird hiermit aufgegeben. Gegenüber dem Urteil des I. Zivilsenats Bd. 74 S. 62 bedarf es bei der dargelegten Verschiedenheit der Tatbestände keiner Anrufung der Vereinigten Zivilsenate, um auszusprechen, daß der Eintritt der Liquidation als solcher — im Gegensatz zu einer durch die Liquidation etwa herbeigeführten Veräußerung des Gesellschaftsvermögens — die bereits vorher anhängig gemachte Klage unberührt läßt.

---

111. Ist § 5 Nr. 1 des Reichsgesetzes, betr. den Schutz der infolge des Krieges an Wahrnehmung ihrer Rechte behinderten Personen, vom 4. August 1914 entsprechend auf den privaten Pfandverkauf nach § 1233 Abs. 1, §§ 1234 bis 1240 BGB. anwendbar?

VI. Zivilsenat. Urt. v. 22. September 1921 i. S. H. (Kl.) w. M. (Bekl.). VI 189/21.

I. Landgericht Hamburg. — II. Oberlandesgericht daselbst.

Der Kläger hatte bis zu seiner am 17. März 1915 erfolgten Einberufung zum Heere vom Beklagten einen Friseurladen in Miete und war mit der Zahlung des Mietzinses in Rückstand geraten. Im Dezember 1913 hatte der Beklagte gegen den Kläger ein vollstreckbares Urteil auf Zahlung von 1750 *M* rückständigem Mietzins erwirkt. Durch ein Abkommen zwischen den Parteien vom 12. März 1915 erhielt der Beklagte das freie Verfügungsrecht über den Laden und verzichtete auf seine Ansprüche gegen den Kläger aus dem

Mietverhältnis für die Folgezeit. Das zum Friseurgeschäft gehörige Inventar wurde bei dem Abgange des Klägers zum Heere in dem von ihm im übrigen geräumten Laden belassen. Am 5. Juli 1918 ließ der Beklagte dieses Zubehör ohne vorherige Benachrichtigung des Klägers öffentlich versteigern. Wegen des ihm hierdurch entstandenen Schadens fordert der Kläger vom Beklagten Ersatz. Er wendet gegen die Zulässigkeit der Versteigerung ein, er habe damals bei einem mobilen Truppenteil an der Westfront gestanden; nach § 5 KTSchG. sei die Versteigerung seines Eigentums unzulässig gewesen. Der Beklagte habe sich ferner dadurch schadensersatzpflichtig gemacht, daß er bei Vornahme des Verkaufs den Vorschriften der §§ 1234, 1237, 1241 BGB. zuwidergehandelt habe.

Das Landgericht gab der Klage zum Teil statt, das Berufungsgericht wies sie ab. Der Revision wurde stattgegeben, weil das Berufungsgericht zwar einen Verstoß des Beklagten gegen die Vorschriften der §§ 1234, 1237 BGB. angenommen, die Entstehung eines Schadens aber mit unzureichender Begründung verneint hatte. Die in der Überschrift bezeichnete Frage wurde dagegen in Übereinstimmung mit dem Berufungsgericht verneint aus folgenden

Gründen:

Zutreffend geht das Berufungsgericht davon aus, daß der Beklagte mit der Verfügungsgewalt über den Laden den unmittelbaren Besitz an den vom Kläger dahin eingebrachten Gegenständen erhalten und als Pfandbesitzer gemäß §§ 1233, 1228, 1257 BGB. an und für sich das Recht gehabt habe, sich für seine fällige Mietzinsforderung durch Verkauf der Pfandsachen zu befriedigen. Nach § 1233 hatte er die Wahl, ob er den Verkauf nach §§ 1234 bis 1240 BGB. bewirken oder ob er, da er einen vollstreckbaren Titel hatte, den Verkauf nach den für den Verkauf einer gepfändeten Sache geltenden Vorschriften bewirken wollte. Der Beklagte hat den ersten Weg gewählt. Der Kläger will die Vorschrift des § 5 KTSchG., wodurch die Zwangsvollstreckung gegen die in § 2 das. bezeichneten Kriegsteilnehmer wegen Geldforderungen gewissen Beschränkungen unterworfen, insbesondere in Nr. 1 die Versteigerung und die anderweite Verwertung (vgl. § 825 ZPO.) beweglicher körperlicher Sachen für unzulässig erklärt wird, auch auf den hier gegebenen Fall einer Pfandversteigerung nach §§ 1233 bis 1240 BGB. ausgedehnt sehen. Das Berufungsgericht hat dies mit zutreffender Begründung abgelehnt.

Keinem Zweifel kann unterliegen, daß die Vorschrift des § 5 Nr. 1 Ges., soweit sie hier in Betracht kommt, nur von einem Zwangsvollstreckungsverfahren nach den Regeln der Zivilprozeßordnung spricht, also den privaten Pfandverkauf nach § 1233 Abs. 1 BGB. jedenfalls nicht unmittelbar trifft. Aber auch für eine entsprechende Anwendung der Vorschrift auf den gegenwärtigen Fall besteht kein genügender Anhalt. Daraus, daß der Gläubiger, der für seinen Rechtsanspruch bereits einen Vollstreckungstitel erwirkt hatte, sich einen so schwerwiegenden Eingriff in dessen Verwirklichung gefallen lassen muß, kann nicht etwa gefolgert werden, daß derjenige Gläubiger, dessen Recht noch nicht durch einen Vollstreckungstitel gesichert ist oder wenigstens nicht mittels eines solchen verwirklicht werden soll, nicht günstiger gestellt sein dürfe. Dies entspricht nicht dem Sinn und Zweck des Gesetzes. Es geht davon aus, daß der Kriegsteilnehmer im Versteigerungsverfahren des Gerichtsvollziehers oder bei einer von dem Vollstreckungsgericht nach § 825 ZPO. angeordneten anderweiten Verwertung beweglicher körperlicher Sachen seine Interessen nicht genügend wahrnehmen könne und Gefahr laufe, durch Mindererträgnis Schaden zu leiden. Mit klaren Worten aber beschränkt das Gesetz diese Fürsorge in der hier allein in Betracht kommenden Nr. 1 des § 5 auf die Zwangsvollstreckung in bewegliche körperliche Sachen. Gehemmt wird nur die Versteigerung, nicht auch die Pfändung, und im übrigen berührt das Gesetz überhaupt nicht die Zwangsvollstreckung in Forderungen und andere Vermögensrechte (§§ 828 flg. ZPO.) und die Zwangsvollstreckung zur Erwirkung der Herausgabe von Sachen und zur Erwirkung von Handlungen und Unterlassungen (§§ 883 flg. ZPO.). Diese Beschränkungen sind mannigfach erörtert und insbesondere im Schrifttum zuweilen auch beanstandet, aber nicht beseitigt worden; sie sind unzweifelhaft von der Gesetzgebung gewollt. Demgegenüber kann nicht angenommen werden, daß man bei Abfassung des Gesetzes den Fall des § 1233 Abs. 1 BGB. übersehen habe, während der des Abs. 2 das. von den beabsichtigten Schutzmaßnahmen betroffen wird. Die private Pfandverwertung nach §§ 1234 bis 1240 gibt ganz bestimmte Vorschriften, die der Wahrung der Interessen des Schuldners dienen sollen, so in § 1234: Androhung —, § 1237: Bekanntmachung der öffentlichen Versteigerung, — § 1241: Benachrichtigung vom Ergebnis, wozu wegen etwaiger Abweichungen von dem Vorgeschriebenen noch auf das Erfordernis der Einigung in §§ 1245, 1246 und auf die Regelung der Rechtsfolgen einer vorschriftswidrigen Pfandveräußerung in § 1243 hingewiesen sei. Das Gesetz ist davon ausgegangen, daß hierdurch eine besondere Fürsorge für den als Kriegsteilnehmer abwesenden Schuldner überflüssig werde.

Wie die Zulässigkeit des geschehenen Pfandverkaufs zu beurteilen wäre, wenn der Kläger eine Zahlungsfrist oder einen Vollstreckungsaufschub nach den Bekanntmachungen vom 7. August 1914, 20. Mai 1915 und 8. Juni 1916 (RGBl. 1914 S. 359, 1915 S. 288 und

290, 1916 S. 452) erwirkt hätte, braucht nicht entschieden zu werden, da der Kläger unstreitig von diesem Schutzbehelf keinen Gebrauch gemacht hat. . . .

---

112. Schließt der Ablauf der im § 5 des Preußischen Tumultschadengesetzes vom 11. März 1850 für die gerichtliche Geltendmachung von Schadensersatzforderungen vorgeschriebenen Frist eine spätere Erweiterung des Klagantrags aus?

VI. Zivilsenat. Urt. v. 31. Mai 1921 i. S. Stadtgemeinde Berlin (Bekl.) w. Erben St. (Kl.). VI 81/21.

I. Landgericht I Berlin. — II. Kammergericht daselbst.

Der Erblasser der Kläger, St., hatte in dem Hause Lindenstr. 3 in Berlin, in dem sich auch die Geschäftsräume des Vorwärts befanden, eine Wohnung inne. Bei den Kämpfen im Januar 1919 wurde das Haus durch mehrere Volltreffer von Minen und Granaten beschädigt. Nach der Behauptung der Kläger wurden zwei Vorderzimmer der Wohnung vollständig in Trümmer gelegt, die Einrichtung der übrigen aber stark beschädigt. Auf Grund des Preußischen Tumultschadengesetzes verlangen sie von der Beklagten Schadensersatz. Das Landgericht erklärte den Anspruch schlechthin, das Kammergericht nur im Rahmen des § 15 des Gesetzes über die durch innere Unruhen verursachten Schäden vom 12. Mai 1920 dem Grunde nach für gerechtfertigt. Die Revision der Beklagten wurde zurückgewiesen.

Aus den Gründen:

. . . Die Revision hält § 5 des Tumultgesetzes dadurch für verletzt, daß das Berufungsgericht die dort für die gerichtliche Geltendmachung des Schadens vorgeschriebene Ausschlußfrist von vier Wochen als gewahrt erachtet hat. In tatsächlicher Hinsicht kommt hierzu folgendes in Betracht:

Durch ein Schreiben vom 14. Januar 1919, das bei der Beklagten am folgenden Tage einging, zeigte St. an, daß bei der Beschießung des Vorwärtsgebäudes am 11. desselben Monats ein großer Teil der Einrichtung seiner dort befindlichen Wohnung vernichtet sei. Er mache „hiermit" den ihm entstandenen Schaden der Stadt gegenüber geltend und lasse eine Aufstellung über die Höhe seines Anspruchs sobald als möglich folgen. Letzteres geschah mit einem Schreiben vom 5. Februar 1919, in dem unter Berufung auf eine von einem Sachverständigen vorgenommene Abschätzung der Schaden an der Wohnungseinrichtung auf 119377 ℳ angegeben wurde; zugleich wurden noch andere Ersatzansprüche angekündigt, die nach erfolgter Feststellung geltend gemacht werden würden. Von der Beklagten wurde durch einen Bescheid vom 20. April 1919, der dem St. am 14. Mai 1919 zugestellt wurde, die Gewährung von Schadensersatz abgelehnt. Die Klage ist der Beklagten am 17. Mai 1919 zugestellt. In ihr wird der Sachschaden auf 119377 *M* beziffert und dieser Betrag durch eine beigefügte eingehende Abschätzung eines Sachverständigen erläutert, weiterer Schaden, namentlich wegen der notwendigen Räumung der Wohnung, wird vorbehalten und gesagt, es werde „unter Vorbehalt der weitergehenden Ansprüche" zunächst ein Teilbetrag von 10 000 *M* geltend gemacht. In einem Schriftsatze vom 7. Juni 1919 wurde der Klagantrag auf 130000 *M* erweitert, dieser Antrag wurde in der mündlichen Verhandlung vom 24. Juni 1919 verlesen.

Wie dieser Sachverhalt ergibt, ist sowohl die Anmeldung des Schadens wie die Erhebung der Klage innerhalb der im § 5 vorgeschriebenen Ausschlußfristen von 14 Tagen und vier Wochen erfolgt. Es kann sich nur darum handeln, ob die erwähnten Akte sachlich geeignet waren, den Ersatzanspruch der Kläger zu wahren. Das Berufungsgericht bejaht diese Frage im vollen Umfang. Das Schreiben vom 14. Januar 1919 legt es dahin aus, daß St. hiermit seinen gesamten durch die Beschießung des Vorwärtsgebäudes ihm entstandenen Schaden angemeldet habe, während das spätere Schreiben vom 5. Februar 1919 für die Wahrung der Anmeldefrist unerheblich sei. Diese Auffassung ist rechtlich nicht zu beanstanden. Die Beklagte will aber die Ausschlußfrist nur in Höhe des ursprünglichen Antrags von 10000 *M* als gewahrt gelten lassen, sie hat daher schon in zweiter Instanz beantragt, die Klage in Höhe von 120000 *M* abzuweisen, in Höhe von 10000 *M* aber mit den aus dem Reichstumultgesetz folgenden Beschränkungen dem Grunde nach für gerechtfertigt zu erklären. Den gleichen Standpunkt vertritt die Revision. Sie will die Bedeutung der Ausschlußfrist nach modernen Rechtsgrundsätzen beurteilt wissen und meint, der Geschädigte müsse zu ihrer Wahrung jeden Anspruch, den er zu haben glaubt, innerhalb der Frist anhängig machen, wie dies auch für den analogen Fall der Anspruchsverjährung anerkannt sei. Könne er den Umfang seiner Forderung innerhalb der Frist noch nicht übersehen, so stehe ihm der Weg der Feststellungsklage offen.

Die Revision kann mit ihrem Angriffe nicht durchdringen. Für den Fall der Verjährung wird allerdings anerkannt, daß nach dem Bürgerlichen Gesetzbuche bei der Einklagung eines Teils eines Anspruchs die Verjährung nur insoweit unterbrochen wird, als Rechtshängigkeit entsteht. Verjährungs- und Ausschlußfristen sind aber rechtlich verschieden, und die für erstere geltenden Regeln können nicht ohne weiteres auf Ausschlußfristen angewendet werden. Diese Anschauung hat für das frühere Recht auch das vormalige preußische Obertribunal vertreten (Entsch. OTrib. Bd. 40 S. 6). In welcher Weise eine Ausschlußfrist zu wahren ist, hängt zunächst von den gesetzlichen Bestimmungen ab, auf denen sie beruht. Im § 5 Preuß. TG. ist nun lediglich die gerichtliche Geltendmachung der Forderung vorgeschrieben, eine Anforderung, der nach dem jetzigen Prozeßrechte durch Klagerhebung an sich genügt ist (§ 267 ZPO.). Eingeklagt werden muß aber, wie das Berufungsgericht mit Recht sagt, die angemeldete Forderung. Daß hierbei auf die ziffermäßige Übereinstimmung des Antrags der Klage mit der Anmeldung kein besonderes Gewicht gelegt werden darf, ergibt sich schon daraus, daß die innerhalb der kurzen Frist von 14 Tagen nötige Anmeldung eine genaue Bezifferung des Schadens häufig gar nicht enthalten könnte und diese daher auch nicht verlangt werden darf (RGZ. Bd. 98 S. 118). Das Gesetz hat im § 4 ein besonderes Verfahren vorgesehen, in dem der angerichtete Schaden vorläufig ermittelt und festgestellt werden soll. Welche Wirkung es aber hat, wenn der angemeldete Schaden nur teilweise eingeklagt wird, ist aus dem Gesetze selbst nicht unmittelbar zu entnehmen. Aus der Entstehungsgeschichte, Stenogr. Berichte der preußischen Ersten Kammer Bd. 5 S. 2432 flg., ergibt sich indessen, daß die kurzen Fristen, namentlich die Anmeldefrist, vor allem im Interesse der Gemeinden eingeführt wurden, die dagegen geschützt werden sollten, daß noch nach Jahren Entschädigungsansprüche erhoben würden, während die Gemeinden nicht mehr imstande seien, den wirklichen Schaden festzustellen; auch sei es für diese sehr erwünscht, möglichst bald diejenigen heranzuziehen, die Beiträge zum Schadensersatze zu leisten hätten. Diesem Bedürfnis genügt aber schon eine ausreichende tatsächliche Begründung der Schadensersatzforderung, wie sie hier vorliegt, in Verbindung mit dem erkennbaren Willen, für den dargelegten Schaden Ersatz zu verlangen. Weder Wortlaut noch Zweck des Gesetzes nötigen dagegen zu der Annahme, daß auch in einem solchen Falle der Klagantrag nach Ablauf der Ausschlußfrist nicht mehr wirksam erhöht werden könne. Es kommt hinzu, daß das frühere preußische Recht den allgemeinen Satz hatte: „Wer einen Teil seines Rechts ausübt, der erhält dadurch das ganze Recht", § 570 ALR. I 9. Allerdings ist dieser Satz nicht dahin verstanden worden, daß die Einklagung eines Teils einer Forderung stets die Ausübung des ganzen Forderungsrechts enthalte, und daß im Falle der Verjährung eine Teilklage immer die Verjährung bezüglich der ganzen Forderung unterbreche. Ging die Absicht des Klägers nur auf eine beschränkte Betätigung seines Rechts, so reichte auch die Wirkung nicht weiter, wohl aber, wenn die teilweise Ausübung eine Betätigung des ganzen Rechts enthalten sollte (vgl. RGZ. Bd. 39 S. 216, Bd. 34 S. 261).

Bei einer derartigen Rechtslage kann nicht angenommen werden, daß der Ausschlußfrist des § 5 die Bedeutung zukomme, eine prozessual zulässige Erweiterung des Klagantrags nach ihrem Ablauf zu verhindern. Aus ihrer rechtlichen Natur als solcher läßt sich dies nicht folgern. Dem entspricht auch die vom Berufungsgerichte herangezogene Rechtsprechung des Reichsgerichts zu § 30 des preuß. EnteigG. vom 11. Juni 1874. Dort wird den Beteiligten für die Beschreitung des Rechtswegs gegen die Entschädigungsfestsetzung der Regierung eine Frist von sechs Monaten gewährt; das Reichsgericht aber hat angenommen, daß der Kläger mit der Beschreitung des Rechtswegs dem Gebote des § 30 genügt habe und auch nach Ablauf der Frist zur Ausdehnung des Klagantrags berechtigt sei, obgleich es sich, wie hier, um eine Ausschlußfrist handelt (RGZ. Bd. 12 S. 299, Bd. 93 S. 315). Daß die Rechtslage im Falle des § 30 a. a. O. im übrigen mit der vorliegenden nicht völlig übereinstimmt, mag der Revision zugegeben werden, ist aber für die jetzige Entscheidung unerheblich. Ob andere Ausschlußfristen, etwa die von der Revision erwähnte des § 41 KO., in gleicher Weise zu beurteilen sind, bedarf jetzt keiner Erörterung.

Dem Berufungsgericht ist auch darin zuzustimmen, daß der Klaganspruch nur im Rahmen des § 15 des Reichsgesetzes über die durch innere Unruhen verursachten Schäden vom 12. Mai 1920 berechtigt ist. Bei der Prüfung der Schadenshöhe sind daher alle Beträge auszuscheiden, die sich als Ersatz für mittelbaren Schaden und entgangenen Gewinn sowie als Ersatz für Gegenstände, die dem Luxusbedürfnis dienten, herausstellen.

---

113. Welcher Zeitpunkt ist für die Bemessung des Schadensersatzes bei der Beschädigung einer Sache maßgebend?

VI. Zivilsenat. Urt. v. 13. Juni 1921 i. S. B. (Bekl.) w. D. (Kl.). VI 68/21.

I. Landgericht Kiel. — II. Oberlandesgericht daselbst.

Im Juni 1918 geriet ein Pferd des Klägers auf ein von dem Beklagten gepachtetes Kohlfeld und richtete dort Schaden an. Der Beklagte und sein Knecht suchten es zu vertreiben und warfen nach ihm mit Stöcken und Latten. Ein Wurf traf das Auge, das verloren ging. Der Kläger forderte deshalb Schadensersatz, zunächst in Höhe von 3000 *M*. Das Landgericht erklärte den Anspruch dem Grunde nach für gerechtfertigt, die Berufung des Beklagten wurde zurückgewiesen. In dem Verfahren über den Betrag des Anspruchs erhöhte der Kläger seine Forderung auf 6600 *M* und drang mit diesem Verlangen in beiden Vorinstanzen durch. Die Revision des Beklagten blieb erfolglos.

Gründe:

In den Vorinstanzen ist dem Kläger ein Schadensersatz von 6600 *M* deswegen zugesprochen worden, weil es sich um ein sehr wertvolles junges Tier gehandelt habe, das nach dem Gutachten des Sachverständigen zur Zeit der Urteilsfällung einen Wert von 22000 bis 25000 *M* im unverletzten Zustande gehabt hätte, durch die Verletzung aber um 30—40 v. H. entwertet sei. Diese Bewertung hält die Revision für rechtsirrig und führt aus, daß sie gegen §§ 249 flg., 286 BGB. verstoße. Nicht der Zeitpunkt der Urteilsfällung, sondern der der Entstehung des Schadens sei maßgebend, Kläger möge Verzugsschaden verlangen können, dahin sei aber der durch das Sinken des Geldwertes entstehende Schaden nicht zu rechnen.

Mit diesem Angriff kann die Revision nicht durchdringen. Gemäß § 249 BGB. hat der Schadensersatzpflichtige den Zustand herzustellen, der bestehen würde, wenn der zum Ersatz verpflichtende Umstand nicht eingetreten wäre. Ist aber, wie im vorliegenden Falle, die Herstellung nicht möglich, so muß der Gläubiger nach § 251 BGB. in Geld entschädigt werden. Diese Entschädigung ist, wie schon der erste Zivilsenat, RGZ. Bd. 101 S. 419, im Falle des Verlustes von Sachen angenommen hat, so zu bemessen, daß der Geschädigte den vollen Gelderſatz für allen Schaden erhält, der sich, einschließlich etwa entgangenen Gewinns, als unmittelbare oder mittelbare Folge des schädigenden Ereignisses darstellt. Der Kläger muß hiernach so gestellt werden, wie er stehen würde, wenn er sich noch im Besitze des unverletzten Pferdes befände. Das geschieht nicht, wenn ihm nur 30 v. H. des Wertes zugesprochen werden, den das Pferd zur Zeit des Unfalls hatte, die seitdem eingetretene große Preissteigerung aber, die nicht als bald vorübergehend angesehen werden kann, außer Betracht gelassen wird. Daß für die Bemessung der Höhe eines Schadens stets nur die zur Zeit seines Eintritts bestehenden Verhältnisse maßgebend seien, ist nicht zutreffend (RGZ. Bd. 98 S. 56, vgl. auch Bd. 102 S. 143), vielmehr ist die gesamte Sachlage zu beachten, wie sie sich zur Zeit des Urteils darstellt, und dem Kläger im Rahmen der gestellten Anträge Ersatz für alle Schäden zu gewähren, die sich in diesem Zeitpunkt als Folgen der Verletzung des Pferdes ergeben. Der ursächliche Zusammenhang wird auch nicht dadurch ausgeschlossen, daß die Preisgestaltung wesentlich durch den Krieg und seine Folgen bestimmt worden ist, denn ohne die Verletzung des Pferdes würde dessen Mehrwert dem Kläger zugute gekommen sein. Ob und inwieweit der Gebrauchswert des Pferdes für den Kläger durch die Verletzung vermindert worden ist, kann auf sich beruhen, weil der Kläger Anspruch auf den Ersatz seines vollen Schadens hat, der sich nicht auf den Gebrauchswert beschränkt. . . .

114. 1. Kann die Aktiengesellschaft ihre Forderung auf Einzahlung der noch ausstehenden Kapitaleinlage abtreten?

2. Kann bei einer zur Sicherung vorgenommenen Abtretung der Drittschuldner dem Zessionar entgegenhalten, daß dieser vom Zedenten befriedigt worden sei?

3. Wird der Drittschuldner, welcher trotz Empfangs der Anzeige von der Abtretung Zahlung an den Zedenten leistet, weil er die Abtretung für unwirksam hält, befreit?

II. Zivilsenat. Urt. v. 23. September 1921 i. S. St. (Bekl.) w. D. (Kl.) II 61/21.

I. Landgericht Neuwied. — II. Oberlandesgericht Frankfurt a. M.

Die Aktiengesellschaft für Feuerungsanlagen schuldete dem Fabrikbesitzer D. 39000 *M*. Zur Sicherheit trat sie dem Gläubiger unter anderem ihre Forderung gegen den Beklagten auf Einzahlung der einberufenen letzten 20% seiner Aktienkapitalseinlage zum Betrage von 13500 *M* ab. Der Kläger fordert aus abgeleitetem Rechte mit der Klage Verurteilung des Beklagten zur Zahlung eines Teilbetrags von 5000 *M*.

Der Beklagte hält die Abtretung der Forderung auf Einzahlung der Kapitaleinlage für rechtlich unzulässig und daher nichtig. Er habe deshalb auch ungeachtet der ihm zuteil gewordenen Anzeige von der Abtretung die noch geschuldete Einlage an die Aktiengesellschaft gezahlt. Der Kläger sei aber auch nicht berechtigt, die Forderung gegen den Beklagten geltend zu machen, da er oder sein Rechtsvorgänger wegen seiner eigenen Forderung von der Aktiengesellschaft voll befriedigt sei.

Das Landgericht hat die Entscheidung von einem Eide des Klägers abhängig gemacht, daß weder er noch nach seiner Überzeugung sein Rechtsvorgänger wegen seiner Forderung befriedigt sei. Das Oberlandesgericht hat den Beklagten unbedingt verurteilt. Die Revision des Beklagten blieb erfolglos.

Gründe:

Die Revision bittet um Nachprüfung der Frage, ob nach § 221 HGB. die Abtretung der Forderung auf Einzahlung der restlichen Kapitalseinlage zulässig ist. Es muß aber diese Frage mit dem Berufungsgerichte bejaht werden. Die Dinge liegen hier nicht anders als bei der Gesellschaft mit beschränkter Haftung, für welche das Reichsgericht bereits mehrfach im gleichen Sinne entschieden hat (vgl. RGZ. Bd. 76 S. 436, Bd. 85 S. 352). § 221 HGB. verbietet dem Aktionär, gegenüber der Einlageforderung mit einer Gegenforderung aufzurechnen, um der Gesellschaft den wirklichen Eingang des Aktienkapitals zu sichern. Insofern besteht ein öffentliches Interesse. Die Gläubiger der Gesellschaft sollen darauf rechnen dürfen, daß die Gesellschaft, welcher sie Kredit geben, das öffentlich bekannt gegebene Vermögen wirklich besitzt oder doch wenigstens hereinbekommen hat. Gegen diesen Zweck wird nicht verstoßen, wenn die Gesellschaft mit den ihr satzungsgemäß zufallenden Mitteln einen Gläubiger befriedigt. Im Gegenteil: zu solcher Befriedigung ist sie verpflichtet, und das Aktienkapital soll nicht nur der Eingehung neuer Geschäfte, sondern vor allem auch der Tilgung der alten Geschäftsschulden dienen. Ob nun die Gesellschaft restliche Einlagen von den Aktionären einzieht und ihre Gläubiger aus den so eingehenden Mitteln befriedigt, oder ob sie ihre Forderung auf die Einlageneinzahlung an Gläubiger abtritt, ist gleichgültig. Die wirtschaftliche Wirkung ist die gleiche, und es wäre eine leere Förmlichkeit, wollte man auf dem umständlicheren Wege der Doppelzahlung bestehen. Mit Recht hat das Berufungsgericht verneint, daß § 717 BGB. der Abtretungsmöglichkeit entgegenstehe; insoweit mag auf die Ausführungen des Reichsgerichts in RGZ. Bd. 76 S. 436 verwiesen werden. Ebensowenig kommt im vorliegenden Falle die Vorschrift des § 399 BGB. in Betracht, da nicht einzusehen ist, inwiefern die Leistung an den Rechtsnachfolger des Gläubigers eine Änderung erleiden sollte (vgl. übrigens auch Staub HGB., 10. Aufl., § 221 Anm. 6 und Fischer in Ehrenbergs Handb. des ges. Handelrechts Bd. 3., Abt. 1 S. 365).

Die Revision rügt ferner, daß das Berufungsgericht zu Unrecht die Einwendung des Beklagten, daß der Kläger oder seine Rechtsvorgänger wegen des Restes der Forderung von 39000 *M* befriedigt seien, für unbeachtlich gehalten habe. Es sei arglistig, wenn der Kläger die Forderungen, die ihm nur zur Deckung abgetreten worden seien, eintreiben wollte, obgleich diese Forderung getilgt sei.

Auch dieser Angriff kann nicht zum Ziele führen. Die Sicherungsabtretung ist eine Vollabtretung im Interesse des Zessionars. Dieser wird Gläubiger, ohne daß der Zedent die Möglichkeit hätte, die Abtretung zu widerrufen; vgl. u. a. Urteil des RG. vom 13. Dezember 1907, II 328/07; Oertmann, Vorb. 3b zu §§ 398flg. BGB. Dem Zedenten steht, wenn er den Zessionar befriedigt hat, lediglich das Recht zu, die Rückübertragung der abgetretenen Forderung zu beanspruchen. Ein ipso jure-Rückfall der Forderung findet nur ausnahmeweise dann statt, wenn die Abtretung unter der auflösenden Bedingung der Befriedigung des Zessionars erfolgt ist. Ein solcher Ausnahmefall liegt hier nicht vor. Im übrigen bewirkt die Abtretung als abstrakte Verfügung die Übertragung der Forderung ohne Rücksicht auf den unterliegenden Rechtsgrund. Das hat auch für die Sicherungszwecken dienende, sogenannte fiduziarische Abtretung zu gelten. Es kann daher dem Drittschuldner nicht gestattet sein, dem Zessionar Einwendungen entgegenzuhalten, welche sich auf Inhalt und Fortdauer des der Abtretung zugrunde liegenden Rechtsverhältnisses stützen. Ob die Entscheidungen des Reichsgerichts in RGZ. Bd. 39 S. 166, Bd. 53 S. 417 und vom 13. Dezember 1907, II 328/07, mit diesem Grundsatze in Einklang stehen, braucht hier nicht entschieden zu werden. In den dort erörterten Fällen handelte es sich um eine zu Einziehungszwecken erfolgte und dann vom Abtretenden widerrufene Abtretung (Einziehungsvollmacht). Im vorliegenden Rechtsstreit ist eine Behauptung dahin, daß es sich um eine Abtretung zu Einziehungszwecken handle, nicht nur nicht aufgestellt, sondern es steht unstreitig fest, daß die Abtretung zur Sicherung des Zessionars, also in dessen Interesse vorgenommen worden ist. Was im übrigen der Inhalt der zwischen den Abtretungsparteien bestehenden Rechtsbeziehungen ist oder war, ob insbesondere die Geltendmachung der abgetretenen Forderung im Einverständnis der Abtretenden oder gegen ihren Willen erfolgt, steht völlig dahin. In dieser Beziehung sind von keiner Partei Behauptungen aufgestellt worden. Diese Rechtsbeziehungen im Rechtsstreit zwischen Zessionar und Drittschuldner aufzurollen, ist aber auch dem letzteren versagt. Es würde sich um die Erhebung von Einreden aus der Person eines Dritten handeln.

Dem Berufungsgericht ist endlich auch darin beizutreten, daß der Zahlung, die trotz Mitteilung von der geschehenen Abtretung an die Zedentin geleistet wird, die befreiende Wirkung zu versagen ist. Die in § 407 BGB. behandelte Kenntnis des Drittschuldners liegt regelmäßig dann vor, wenn dieser die Mitteilung erhalten hat, daß sein Gläubiger die Forderung einem Dritten durch entsprechende Willenserklärung abgetreten habe. Das allein ist notwendig, um den guten Glauben des Drittschuldners auszuschließen. Es soll nur durch die Abtretung die Stellung des Drittschuldners nicht verschlechtert werden. Dieses Ziel wird durch die Benachrichtigung von der Abtretung hinlänglich erreicht. Darüber hinaus hat der Grundsatz, daß durch die Abtretung der Zessionar die abgetretene Forderung erwirbt, daß er — wie § 398 Satz 2 vorschreibt — an die Stelle des bisherigen Gläubigers tritt, das Anrecht auf vorzugsweise Berücksichtigung. Der Drittschuldner, welchem die erfolgte Abtretung zweifelsfrei bekannt gegeben worden ist, und der trotzdem an seinen ursprünglichen Gläubiger leistet, kann im Sinne des § 407 BGB. nicht mehr als gutgläubig angesehen werden. Versagt er der Abtretung auf Grund eigener Rechtsüberzeugung die Wirksamkeit, so tut er das auf seine Gefahr. Er hat auch kein berechtigtes Interesse auf den Schutz seiner Rechtsansicht; denn es besteht für ihn die Möglichkeit, sich über deren Richtigkeit Rat einzuholen und in zweifelhaften Fällen gemäß § 372 BGB. die geschuldete Leistung zu hinterlegen.

Daß der Drittschuldner, der eine zunächst sich als zuverlässig darstellende Mitteilung von der erfolgten Abtretung erhalten hat, verpflichtet ist, seinerseits etwaigen Zweifeln nachzugehen und sich Gewißheit zu verschaffen, hat das Reichsgericht bereits RGZ. Bd. 88 S. 4 ausgesprochen. Der hier erörterte Fall, in dem die Rechtswirksamkeit der Abtretung in Frage steht, ist entsprechend zu behandeln; im übrigen vgl. noch über die Kenntnis des Drittschuldners beim gesetzlichen Forderungsübergang (cessio legis) RGZ. Bd. 60 S. 204.

---

115. Kann der Verkäufer, der einen Selbsthilfeverkauf nach § 373 HGB. ausgeführt hat, später davon absehen, das Veräußerungsgeschäft als Selbsthilfeverkauf gelten zu lassen?

I. Zivilsenat. Urt. v. 24. September 1921 i. S. N. & Co. (Kl.) w. Sch. & Co. (Bekl.). I 24/21.

I. Landgericht Hildesheim. — II. Oberlandesgericht Celle.

Die Klägerin kaufte von der Beklagten am 23. Januar 1920 5 Kuxe der Gewerkschaft Caroline zum Preise von je 11700 ℳ, focht aber gleich darauf den Kaufvertrag wegen Irrtums an. Die Beklagte wies die Anfechtung durch Schreiben von demselben Tage zurück und erklärte, daß sie, falls die Klägerin nicht bis zum 26. Januar 1920 vormittags 10 Uhr die Ordnungsmäßigkeit des Geschäfts bestätigen würde, die 5 Kuxe am 26. Januar 1920 in Essen an der Nachmittagsbörse für die Klägerin bestens versteigern lassen und die Klägerin für den entstehenden Schaden in Anspruch nehmen würde. Demgegenüber hielt die Klägerin ihre Anfechtung aufrecht und erklärte, sie könne die von der Beklagten angedrohte „Exekution" nicht anerkennen und lehne die Vergütung jeden Schadens, der dadurch der Beklagten entstehen sollte, ab. Mit Schreiben vom 28. Januar 1920 teilte die Beklagte der Klägerin mit, sie habe in Ausführung der angesagten Exekution die 5 Kuxe an der Düsseldorfer Börse am 27. Januar 1920 verkauft, wobei ein Überschuß über den mit der Klägerin vereinbarten Kaufpreis erzielt worden sei. Das genannte Schreiben der Beklagten enthält eine ziffermäßige Abrechnung und schließt mit den Worten: „Ein Schaden ist uns durch Ihre Nichtanerkennung des Abschlusses nicht entstanden, wodurch unsere Ansprüche gegen Sie erledigt sind. Den überschießenden Betrag von 11801,85 ℳ werden wir zu wohltätigen Zwecken verwenden." Nunmehr verlangte die Klägerin von der Beklagten die Herausgabe des Überschusses und erhob, als die Beklagte die Zahlung verweigerte, dieserhalb Klage.

Die Klage wurde in allen drei Instanzen abgewiesen, vom Reichsgericht aus folgenden

Gründen:

Die Beklagte hat am 27. Januar 1920 5 Kuxe der Gewerkschaft Caroline verkauft und dabei einen höheren Preis erzielt, als der Kaufpreis beträgt, welcher bei dem am 23. Januar 1920 zwischen der Klägerin als Käuferin und der Beklagten als Verkäuferin vereinbarten Kauf von Kuxen derselben Art festgesetzt worden ist. Die Klägerin erhebt Anspruch auf jenen Mehrerlös mit der Behauptung, der von der Beklagten am 27. Januar 1920 vorgenommene Verkauf sei für Rechnung der Klägerin ausgeführt, da er entweder als Selbsthilfeverkauf im Sinne von § 373 HGB. oder als Selbsthilfeverkauf wegen verzögerter Abnahme der Kuxe seitens der Käuferin im Sinne der Essen-Düsseldorfer Börsengebräuche vom 1. Januar 1920 unter III zu behandeln sei. Beim Bestreiten der Beklagten ist es Sache der Klägerin, die zur Begründung ihrer Klage erforderlichen Nachweise zu erbringen. Mit Recht hat das Berufungsgericht angenommen, daß dies der Klägerin nicht gelungen sei.

Sollte es sich wirklich um einen Selbsthilfeverkauf nach § 373 HGB. handeln, so gebührt allerdings, wie in der Rechtsprechung und im Schrifttum allgemein anerkannt ist, der Mehrerlös der Klägerin. Dasselbe ist der Fall, wenn die Essen-Düsseldorfer Börsengebräuche maßgebend sein sollten. Nun stand aber die Vornahme eines Selbsthilfeverkaufs sowohl nach § 373 HGB. als auch nach den Essen-Düsseldorfer Börsengebräuchen im freien Belieben der Beklagten. Hieran wird nichts geändert, wenn die Beklagte mit dem Schreiben vom 23. Januar 1920 einen solchen Selbsthilfeverkauf angedroht oder bei Vornahme des Verkaufs der Kuxe am 27. Januar 1920 zunächst an einen solchen Selbsthilfeverkauf gedacht haben sollte. Denn die bloße Tatsache der Androhung eines Selbsthilfeverkaufs seitens des Verkäufers oder die bloße, bei Vollziehung des Verkaufs vorhandene Absicht desselben, einen Selbsthilfeverkauf vorzunehmen, hat für sich allein keine den Verkäufer nach der hier maßgeblichen Richtung hin bindende Wirkung (Düringer-Hachenburg HGB. § 373 Anm. 18, 22, 23, 26, 42, 43, § 374 Anm. 3; Staub HGB. § 373 Anm. 13b, 21, 51, § 374 Anm. 1, Anhang zu § 374 Anm. 31; Urteile des Reichsgerichts vom 11. Februar 1907 I 146/07 und 4. Juli 1916 II 259/15). Vielmehr konnte die Beklagte in ihrem Verhältnis zur Klägerin auch noch nach Ausführung des angedrohten Verkaufs von seiner Behandlung als Selbsthilfeverkauf jedenfalls so lange Abstand nehmen, als die Klägerin ihrerseits einer solchen Auffassung des Verkaufs ablehnend gegenüberstand. Dies hat die Klägerin, welche nach Empfang des den Verkauf der Kuxe androhenden Schreibens der Beklagten vom

23. Januar 1920 die Rechtsgültigkeit des zwischen den Parteien abgeschlossenen Kaufvertrags und die Zulässigkeit eines Selbsthilfeverkaufs seitens der Beklagten ausdrücklich bestritten hat, bis zu dem Zeitpunkte getan, wo sie durch das Schreiben der Beklagten vom 28. Januar 1920 erfuhr, daß ein Mehrerlös erzielt war. Danach war die Beklagte noch bei Abfassung und Absendung ihres Schreibens vom 28. Januar 1920 berechtigt, die Behandlung des Geschäfts als eines im Verhältnis der Parteien wirksamen Selbsthilfeverkaufs abzulehnen. Dies konnte die Beklagte in verschiedener Weise zum Ausdruck bringen. So war sie in der Lage, im Hinblick darauf, daß die Klägerin nicht nur in Annahmeverzug (Gläubigerverzug) sondern auch in Zahlungsverzug (Schuldnerverzug) war und die Erfüllung des zwischen den Parteien geschlossenen Kaufvertrags ernstlich verweigerte, den Verkauf, der übrigens nicht, wie angedroht, in Essen sondern anderswo vollzogen worden ist, als Deckungsverkauf gemäß § 326 BGB. zu behandeln. Die Beklagte konnte aber auch jenen Verkauf als ein selbständiges, von dem zwischen den Parteien abgeschlossenen Vertrag unabhängiges Geschäft betrachten, wie dies im Berufungsurteil zutreffend dargelegt worden ist. In beiden Fällen würde der Mehrerlös der Beklagten zustehen. Es kann dahingestellt bleiben, ob aus dem Schreiben der Beklagten an die Klägerin vom 28. Januar 1920 eine Erklärung zu entnehmen ist, daß die Beklagte einen jener Wege gewählt hat oder welchen anderen Weg sie hat einschlagen wollen. Denn jedenfalls ist in dem genannten Schreiben vom 28. Januar 1920 trotz seiner unbestimmten Fassung mit genügender Klarheit zum Ausdruck gekommen, daß der Verkauf als ein für Rechnung der Klägerin vollzogener Selbsthilfeverkauf — sei es nach § 373 HGB. sei es nach den Essen-Düsseldorfer Börsengebräuchen — keinesfalls gelten sollte, da die Beklagte ausdrücklich den Mehrerlös für sich in Anspruch nimmt. Mangels einer dahin gehenden Erklärung der Beklagten kann die Klägerin aber aus dem früheren, auf einen Selbsthilfeverkauf hinweisenden Verhalten derselben Ansprüche auf den Mehrerlös nicht herleiten.

---

116. Wie ist die Entschädigung des Patentinhabers zu bemessen, wenn das Reich ohne eine Bestimmung des Reichskanzlers (§ 5 Abs. 2 PatG.) die Erfindung eines Patents in Benutzung genommen hat?

I. Zivilsenat. Urt. v. 28. September 1921 i. S. Reichsmilitärfiskus (Bekl.) w. H. (Kl.). I 46/21.

I. Landgericht I Berlin. — II. Kammergericht daselbst.

Die Klägerin ist Inhaberin des Patents 255823 und des Zusatzpatents 255826. Diese Patente schützen eine Kompressionsfederbinde. Der Beklagte hat die Erfindung der Patente in den Jahren 1916 bis 1918 in Benutzung genommen und danach für das Heer Kompressionsbinden in großem Umfange hergestellt. Die Klägerin fordert Entschädigung. Beide Vorinstanzen gaben der Klage teilweise statt. Die Revision des Beklagten wurde zurückgewiesen.

Aus den Gründen:

Das Kammergericht hat die als Entschädigung zugebilligten Beträge für gerechtfertigt erachtet auf Grund der Feststellung, daß, wenn der Beklagte die in Betracht kommenden Binden (151302 Stück) nicht selbst unter Benutzung der Erfindung der Patente der Klägerin hergestellt hätte, diese dem Beklagten die Binden geliefert und alsdann die zuerkannten Beträge als angemessenen Gewinn erzielt haben würde. Die Revision ist der Ansicht, daß nicht der entgangene Gewinn gefordert werden könne, vielmehr nur eine angemessene Lizenzgebühr gemäß § 5 Abs. 2 PatG. Dem kann nicht beigetreten werden. Es handelt sich nicht um den in § 5 Abs. 2 besonders geregelten Fall der Zwangslizenz auf Grund einer Bestimmung des Reichskanzlers, vielmehr hat hier die Heeresverwaltung, ohne sich um den ihr bekannten Patentschutz zu kümmern und ohne eine Bestimmung des Reichskanzlers über die Zwangslizenz gemäß § 5 Abs. 2 herbeizuführen, die Erfindung für das Heer in Benutzung genommen, wogegen der Klägerin, abgesehen von der nachträglichen Entschädigungsklage, ein Rechtsmittel, insbesondere eine Unterlassungsklage, nicht gewährt war (RGZ. Bd. 79 S. 427). In solchem Falle, der im Patentgesetz nicht geregelt ist, entspricht es der Billigkeit, daß für die nachträgliche Entschädigung der allgemeine Rechtsgrundsatz Platz greift, wie er z. B. im § 75 EinlALR. zum Ausdruck gebracht ist, wonach in dem Maße, in welchem jemand seine privaten Rechte dem allgemeinen Wohl aufzuopfern gezwungen wurde, er zu entschädigen ist. Zu einer solchen Entschädigung gehört auch der entgangene Gewinn. . . .

---

117. 1. Ist § 5 des preuß. Staatshaftungsgesetzes durch Art. 131 Abs. 1 Satz 3 der Reichsverfassung aufgehoben?

2. Findet letztere Vorschrift auch auf bereits zur Zeit der Verkündung der Reichsverfassung begründete Ansprüche Anwendung?

3. Ist im Falle einer Klagänderung die Zulässigkeit des Rechtswegs für den neu erhobenen Anspruch zu prüfen?

III. Zivilsenat. Urt. v. 30. September 1921 i. S. D. (Kl.) w. Kreiskommunalverband Sch. (Bekl.). III 96/21.

I. Landgericht Hagen. — II. Oberlandesgericht Hamm.

Am 24. Januar 1919 verfügte der Landrat in Sch. als Vorsitzender des Kreisausschusses des Beklagten die Beschlagnahme von Lebensmitteln, die die Klägerin für ihre Schwerarbeiter angeschafft hatte, und überwies sie dem Amte L. gegen Zahlung der Höchstpreise zu Massenspeisungen. Die hiergegen eingelegte Beschwerde der Klägerin wurde von dem Regierungspräsidenten in A. mit der Begründung zurückgewiesen, der Kreisausschuß sei auf Grund des § 72 der Reichsgetreideordnung für die Ernte 1918 zu der Beschlagnahme berechtigt gewesen, da die beschlagnahmten Lebensmittel der öffentlichen Bewirtschaftung unterlägen und der Klägerin nicht überwiesen worden seien.

Die Klägerin beansprucht nun von dem beklagten Kreiskommunalverband Erstattung des Anschaffungspreises der Lebensmittel mit der Behauptung, diese hätten aus Dörrgemüse bestanden, das von der Reichsgetreideordnung nicht erfaßt worden sei und der öffentlichen Bewirtschaftung nicht unterlegen hätte. Dies hätte der Landrat bei Anwendung der erforderlichen Sorgfalt ohne weiteres erkennen können; er habe daher in Ausübung der ihm anvertrauten öffentlichen Gewalt seine Amtspflichten fahrlässig verletzt, wofür der Beklagte einzustehen habe. Hilfsweise hat die Klägerin im zweiten Rechtszuge sich auf ungerechtfertigte Bereicherung berufen.

Die Einrede der Unzulässigkeit des Rechtswegs ist vom Landgerichte verworfen worden. Das Berufungsgericht hat sie dagegen für begründet erklärt und die Klage abgewiesen. Die Revision der Klägerin hatte Erfolg.

Gründe:

1. Soweit die Klägerin ihren Anspruch auf das Staatshaftungsgesetz vom 1. August 1909 gestützt hat, ist sie vom Berufungsrichter wegen Unzulässigkeit des Rechtswegs auf Grund des § 5 dieses Gesetzes in Verbindung mit § 6 des Gesetzes über die Zulässigkeit des Rechtswegs in Beziehung auf polizeiliche Verfügungen vom 11. Mai 1842 abgewiesen worden, weil die Beschlagnahmeanordnung des Landrats vom 24. Januar 1919 als eine polizeiliche Verfügung anzusehen sei und die gegen sie erhobene Beschwerde nicht zu ihrer Aufhebung geführt habe. Diese Entscheidung ist zwar nicht, wie die Revision meint, deshalb unzutreffend, weil die Klägerin behauptet hatte, der Landrat habe seine Befugnisse schuldhaft überschritten; denn das ist für die Frage der Zulässigkeit des Rechtswegs ohne Belang (vgl. RGZ. Bd. 102 S. 250). Sie unterliegt aber der Aufhebung, weil die Vorschrift des § 5 des Staatshaftungsgesetzes durch Art. 131

der Reichsverfassung vom 11. August 1919 als aufgehoben anzusehen ist. In dem Urteile des erkennenden Senats vom 29. April 1921 (III 373/20, RGZ. Bd. 102 S. 166) ist die Bedeutung des Art. 131 und besonders sein Verhältnis zu den Staatshaftungsgesetzen eingehend erörtert worden. An dem dort vertretenen Standpunkt hält der Senat auch gegenüber dem inzwischen zu seiner Kenntnis gelangten Erkenntnisse des Gerichtshofs zur Entscheidung der Kompetenzkonflikte vom 12. März 1921 (Preuß. Verwaltungsbl. Bd. 42 S. 525) fest, nach dem der Art. 131 nicht unmittelbar wirkendes Recht enthält, sondern nur einen allgemeinen Grundsatz festlegt, also nur eine Richtschnur für die künftige Gesetzgebung gibt. In jenem Urteil ist zwar die Frage der fortdauernden Gültigkeit des § 5 nicht entschieden worden (RGZ. Bd. 102 S. 171). Seine Ausführungen, auf die hiermit verwiesen wird, zwingen aber zu dem Schlusse, daß § 5 durch den für sofort und unmittelbar anwendbar erklärten Grundsatz des Art. 131 Abs. 1 Satz 3, nach dem für die Schadensersatzklagen gegen den Staat oder die Körperschaft, in deren Dienst der schuldige Beamte steht, der ordentliche Rechtsweg nicht ausgeschlossen werden darf, aufgehoben ist. Denn nach dem durch § 5 auf diese Schadensersatzklagen für anwendbar erklärten § 6 des Ges. vom 11. Mai 1842 bildet die Aufhebung der polizeilichen Verfügung im Beschwerdewege die Vorbedingung für die Zulässigkeit des Rechtswegs gegen den schuldigen Beamten (vgl. RGZ. Bd. 18 S. 124, Bd. 20 S. 300, Bd. 26 S. 266, Bd. 51 S. 328, Bd. 59 S. 171, Bd. 91 S. 186). Ist eine solche Aufhebung nicht erfolgt, so ist der Rechtsweg ausgeschlossen. Es handelt sich hier also nicht etwa um eine bloße Beschränkung des Rechtswegs, wie in den Fällen der Notwendigkeit einer Vorentscheidung (vgl. RGZ. Bd. 102 S. 170), sondern um dessen Ausschließung für den Fall der Nichtaufhebung der polizeilichen Verfügung im Beschwerdewege. Die Vorschrift des § 6 kann demnach auf die im Art. 131 angeführten Schadensersatzklagen gegen den Staat oder die Körperschaft, in deren Dienst der schuldige Beamte steht, nach Art. 131 Abs. 1 Satz 3 keine Anwendung mehr finden.

Diese Bestimmung des Art. 131 über die Unzulässigkeit des Ausschlusses des ordentlichen Rechtswegs hat als prozeßrechtliche Vorschrift sofort Geltung erlangt und den Rechtsweg auch für bereits zur Zeit der Verkündung der Verfassung begründete Ansprüche eröffnet (vgl. RGZ. Bd. 48 S. 406, Bd. 101 S. 426). Sie ist daher auf den vorliegenden Fall anwendbar, obwohl die dem Landrate vorgeworfene Amtspflichtverletzung bereits im Januar 1919 geschehen ist.

2. Den Klagegrund der ungerechtfertigten Bereicherung hat der Berufungsrichter auf Grund des Einwandes der Klagänderung mit Recht zurückgewiesen. . . . (Wird näher ausgeführt) . . . Liegt aber eine

Klagänderung vor, so ist die Zulässigkeit des Rechtswegs für den neu erhobenen, auf Grund der Einrede der Klagänderung zurückgewiesenen Anspruch nicht zu prüfen (vgl. JW. 1908 S. 153 Nr. 27; Warneyer 1908 Nr. 674, 1910 Nr. 282).

Demnach ist mit dem Landgerichte die Einrede der Unzulässigkeit des Rechtswegs für den allein in Betracht kommenden Anspruch aus dem Staatshaftungsgesetze zu verwerfen und die Sache gemäß § 538 Nr. 2 ZPO. an das Landgericht zurückzuverweisen.

---

118. 1. Gehört zum Begriff des arglistigen Verschweigens im Sinne des § 463 BGB., daß der Käufer getäuscht worden ist? 2. Zum Begriff des selbständigen Angriffsmittels im Sinne des § 303 ZPO.

II. Zivilsenat. Urt. v. 30. September 1921 i. S. W. (Bekl.) w. S. (Kl.). II 171/21.

I. Landgericht Hamburg, Kammer f. Handelssachen. — II. Oberlandesgericht daselbst.

Der Kläger hat vom Beklagten „20000 Pfund (Pfund-Dosen) Gulasch, gebrauchsfähige gute Ware, ohne Haltbarkeitsgarantie" gekauft und an S., A. & Co. in Hamburg verkauft, die sie an den Magistrat von P. weiterverkauft haben. Dort ist die Ware abgenommen und als verdorben erkannt worden. Dem Beklagten gegenüber ist verspätet gerügt worden.

Der Kläger behauptet, daß die Ware bereits zur Zeit des Kaufabschlusses verdorben gewesen sei und Beklagter ihm das arglistig verschwiegen habe. Er hat auf Befreiung von den Ansprüchen seines Abnehmers Klage erhoben.

Das Landgericht hat die Klage abgewiesen. Das Oberlandesgericht hat zunächst das Angriffsmittel der Klage, daß der Beklagte zur Zeit des Verkaufs die nicht vertragsmäßige Beschaffenheit der Ware gekannt und arglistig verschwiegen habe, durch Zwischenurteil für berechtigt erklärt. Zugleich ist dem Kläger die Auflage gemacht worden, sich darüber zu erklären, wie er den Klagantrag angesichts der Tatsache rechtfertige, daß die beiden Verträge, Ankauf vom Beklagten und Verkauf an S. A. & Co., sich nicht decken. Weiter heißt es in der Auflage, es sei anzunehmen, daß, nachdem Kläger sich mit S. A. & Co. verglichen habe, deren Ansprüche erschöpfend bestimmt seien; und schließlich wird die Frage gestellt, ob Beklagter sich noch jetzt auf den Zeugen P. dafür berufe, daß Kläger die Ware vor dem Kauf angesehen habe.

Darauf hat der Kläger seinen Anspruch dahin geändert, daß er Rückzahlung des Preises abzüglich des Erlöses in P. beansprucht. Im weiteren Verfahren hat das Oberlandesgericht darüber, ob Kläger die Ware vor Kaufabschluß angesehen und gebilligt hat, den Zeugen P. sowie einen weiteren Zeugen K. vernommen und sodann unter Aufhebung des angefochtenen Urteils den Beklagten nach dem Klagantrag verurteilt. Die Revision des Beklagten ist zurückgewiesen worden.

Aus den Gründen:

Die Revision rügt den Erlaß des Zwischenurteils. Der Richter habe, indem er die beiden Fragen, ob der Beklagte den Fehler der Ware arglistig verschwiegen habe und ob dem Kläger der Fehler beim Ankauf bekannt gewesen sei, getrennt und erstere vorweg durch Zwischenurteil entschieden habe, über den Beweis eines einzelnen Tatbestandmoments, nicht über ein Angriffsmittel in seiner Gesamtheit Entscheidung getroffen. Die Rüge ist unbegründet.

Es war vom Kläger auf Befreiung von allen Ansprüchen geklagt worden, welche sein Abnehmer der Ware gegen ihn erheben könne. Die Klage ist auf einen Betrug gegründet, der nicht bei Erfüllung des Vertrags (§ 377 Abs. 5 HGB.), sondern beim Vertragsschlusse begangen sein soll. Beruft sich der Käufer darauf, durch positive Vorspiegelung falscher Tatsachen getäuscht worden zu sein, so muß er allerdings nicht nur die Täuschungshandlung des Verkäufers, sondern auch die Täuschung, d. h. daß er in Irrtum versetzt worden sei, behaupten. Das gleiche gilt im allgemeinen, wenn dem Gegner arglistiges Verschweigen wahrer Tatsachen vorgeworfen wird. Anders aber liegt es, wenn es sich, wie hier, um das arglistige Verschweigen eines Fehlers der gekauften Sache handelt. Hier ist die Materie in dem § 463 BGB. geregelt. Danach ist Voraussetzung des Anspruchs nur das arglistige Verschweigen des Fehlers. Behauptet der Verkäufer, daß der Käufer die Ware und deren Fehler gekannt habe, so beruft er sich auf den § 460 BGB. Seine Behauptung erscheint prozeßrechtlich als Einrede. Was das Reichsgericht im Fall RGZ. Bd. 55 S. 210 in Beziehung auf die Vorschrift des § 377 Abs. 5 ausgesprochen hat, gilt allgemeiner und namentlich auch vom Falle des Betrugs beim Abschluß des Vertrags. Wenn daher auch der Vorderrichter in seinem Zwischenurteil unzweideutig die Fragen des arglistigen Verschweigens einerseits und der Irrtumserregung anderseits geschieden und nur über ersteres abgesondert abgeurteilt hat, so hat er damit doch nur, dem Gesetz entsprechend, über das dem Einwand des Beklagten gegenüber selbständige Angriffsmittel des Klägers entschieden. . . .

119. Kann eine Aktiengesellschaft, die im Transportgewerbe eine gewisse Monopolstellung einnimmt, sich in ihren Geschäftsbedingungen von der Haftung für ein grobes Verschulden ihrer leitenden Angestellten freizeichnen?

I. Zivilsenat. Urt. v. 1. Oktober 1921 i. S. H. (Kl.) w. Rh. u. S.-Schiffahrts-Ges. (Bekl.). I 135/21.

I. Landgericht Köln, Kammer für Handelssachen. — II. Oberlandesgericht daselbst.

Am 10. Januar 1919 ließ der Kaufmann B. 4 Kisten und 6 Pack isolierter Kupferdrahtleitung durch einen Fuhrmann zu dem auf dem Hafengelände in Köln befindlichen Empfangsgebäude der beklagten Aktiengesellschaft fahren mit dem Auftrage, die Ware der Beklagten zur Beförderung nach Düsseldorf an die Adresse der Klägerin zu übergeben. Nach Angabe der Klägerin vollzog der Fuhrmann diesen Auftrag und überbrachte er seinem Auftraggeber eine vom 10. Januar 1919 datierte mit D. als „Vertreter" der Beklagten unterzeichnete Urkunde. Die Güter sind bei der Klägerin nicht angelangt, sondern abhanden gekommen. Die Klägerin behauptet, daß zwischen B. und der Beklagten ein Vertrag über die Empfangnahme und Beförderung der Güter zustande gekommen sei und daß B. seine Ansprüche gegen die Beklagte ihr übertragen habe. Demgemäß verlangt sie von der Beklagten Schadensersatz für den Verlust der Güter.

Das Landgericht gab der Klage statt. Das Oberlandesgericht verurteilte die Beklagte nur zur Zahlung von 285 *M* nebst Zinsen; im übrigen wies es die Klage ab. In der Revisionsinstanz wurde das erste Urteil wiederhergestellt.

Gründe:

Das Berufungsgericht läßt es dahingestellt, ob durch die Unterzeichnung der als Konnossement bezeichneten Urkunde vom 10. Januar 1919 seitens des Absenders der Ware B. einerseits und des Vorarbeiters der Beklagten D. anderseits ein Frachtvertrag zum Abschluß gekommen ist, da jedenfalls D. die Güter für die Beklagte in einer diese verpflichtenden Weise zum Zwecke der Beförderung in Empfang genommen habe. Die betreffenden Feststellungen des Berufungsgerichts genügen, um grundsätzlich die Beklagte zum Ersatz des eingeklagten Schadens verpflichtet erscheinen zu lassen. Anderseits muß die Klägerin, welche ihre Ansprüche ausschließlich aus der Urkunde vom 10. Januar 1919 herleitet, die dort ausdrücklich in Bezug genommenen „Verladungsbedingungen" auch dann gegen sich gelten lassen, wenn ein eigentlicher Frachtvertrag mit der Beklagten nicht getätigt sein sollte. Da ferner die Beklagte gegen die Höhe der Klagforderung an sich keine

Einwendungen erhoben hat, ist sie in vollem Umfange sachfällig, falls sie sich nicht auf die Freizeichnungsklausel in § 9 der „Verladungsbedingungen" berufen kann.

Nun hat das Berufungsgericht ausgeführt: es sei als mindestens grobfahrlässig zu erachten, wenn, wie hier, das von dem Vorarbeiter D. in Empfang genommene und nicht zurückgegebene Gut von den Arbeitern und Angestellten der Beklagten eine derartige geschäftliche Behandlung erfahren habe, daß es nicht nur in den Hallen der Beklagten nicht aufzufinden, sondern auch in ihren Büchern und Schiffspapieren keinerlei Eintragung darüber erfolgt sei. Eine Geschäftseinrichtung, welche es ermögliche, daß trotz etwa entgegenstehender Anordnungen der Beklagten ein Vorarbeiter sich für befugt halten könne, nicht nur die Güter anzunehmen, sondern sogar Frachtbriefe (richtiger: Konnossemente oder Ladescheine) über sie auszustellen, ohne daß die kaufmännischen Angestellten der Beklagten hiervon etwas erführen, lasse auf eine starke Vernachlässigung der in solchem Betriebe erforderlichen Aufsichtsführung seitens der leitenden Angestellten schließen. Diese grobfahrlässige geschäftliche Behandlung des Guts sei die unmittelbare Ursache seines Verlustes gewesen und begründe die grundsätzliche Haftpflicht der Beklagten.

Danach ist ohne erkennbaren Rechtsirrtum ein für den Verlust des Guts mitwirkendes, also ursächliches grobfahrlässiges Verschulden von leitenden Angestellten der Beklagten, bestehend in einer ungewöhnlich mangelhaften Einrichtung und Beaufsichtigung ihres Geschäftsbetriebes, festgestellt worden. Ein solches Verschulden der geschäftsführenden Organe der beklagten Aktiengesellschaft hat als eigenes Verschulden derselben zu gelten.

Es kann dahingestellt bleiben, ob die Freizeichnung in den „Verladungsbedingungen" (§ 9 Abs. 2) sich überhaupt auf ein Verschulden der eben erwähnten Art bezieht. Denn jedenfalls würde eine so weit gehende Freizeichnung im Hinblick auf die vom Berufungsgericht dargelegte Monopolstellung der Beklagten ein Mißbrauch dieser Machtstellung und somit als gegen die guten Sitten verstoßend rechtsunwirksam sein, selbst wenn man diese Freizeichnung mit dem Berufungsgericht für die übrigen, nicht in leitender Stellung befindlichen Angestellten der Beklagten gelten lassen wollte (RGZ. Bd. 20 S. 115, Bd. 52 S. 402, Bd. 99 S. 108, Bd. 62 S. 266). Denn der Hinweis auf die zur Zeit der hier fraglichen Versendung herrschende Unsicherheit im gesamten Beförderungsgewerbe muß versagen, wenn es sich, wie hier, um die eigenen Handlungen oder Unterlassungen der leitenden Angestellten des Transportunternehmers handelt. Die Frage, ob die Beklagte einen Vertrag der in der Urkunde vom 10. Januar 1919 vorgesehenen Art ohne die Freizeichnung abgeschlossen haben würde oder nicht (§ 139 BGB.), ist hier ohne Bedeutung, da die Haftung der Beklagten schon durch die bloße Tatsache der rechtsverbindlichen Übernahme des Guts (receptum) begründet ist. ...

---

120. Rechtsverhältnis zwischen dem Vermieter und dem Mieter, an dessen Stelle unter Fortdauer seiner Haftung ein neuer Mieter in den Mietvertrag eingetreten ist. Erlischt die Haftung des ersten Mieters durch Änderung des ursprünglichen Mietvertrags oder durch Eintritt eines dritten Mieters in diesen ohne seine Zustimmung?

III. Zivilsenat. Urt. v. 7. Oktober 1921 i. S. P. u. Gen. (Kl.) w. Ehel. B. (Bekl.). III 108/21.

I. Landgericht III Berlin. — II. Kammergericht daselbst.

Durch schriftlichen Vertrag vom 3. Oktober 1912 vermieteten der Vater und Erblasser der drei Mitklägerinnen, der Rechnungsrat P., und die weiteren Mitkläger den Beklagten Räume im Erdgeschoß ihres Hauses in Charlottenburg zum Betrieb einer Bierwirtschaft für die Zeit vom 1. Oktober 1912 bis 1. Juli 1922 gegen einen monatlich im voraus zahlbaren Mietzins von zunächst (bis 1. Juli 1916) 12000 *M* jährlich. Am 27. Mai 1914 wurde auf der Mietvertragsurkunde vermerkt, daß zufolge Vereinbarung für die Beklagten die Eheleute H. vom 28. Mai 1914 ab in den vorstehenden Vertrag einträten, die Beklagten jedoch „für diesen Vertrag haftbar blieben"; dieser Vermerk wurde von den vier Vermietern, den Beklagten und den Eheleuten H. unterschrieben. Auf Grund dieser Vereinbarung beanspruchen die Kläger von den Beklagten die Zahlung des Mietzinses, mit dem die Eheleute H. für die Zeit vom September 1914 bis Dezember 1915 im Rückstande geblieben sind. Die Beklagten bestreiten ihre Zahlungspflicht, weil die Vermieter als neue Mieter an Stelle der Eheleute H. am 1. Mai 1915 den Gastwirt S. und später, nach dem Dezember 1915, wieder andere Personen angenommen, auch das Mietverhältnis in mehrfacher Hinsicht geändert hätten, nämlich durch die Abnahme eines Raumes und durch die Abrede mit den Eheleuten H. und mit S., daß die den Mietern das Bier liefernde Brauerei für jede Tonne Bier einen Aufschlag von 15 *M* über den Bierpreis hinaus von den Mietern einziehen und an die Vermieter abführen, der Rest des Mietzinses aber bis Kriegsende gestundet sein sollte.

Das Landgericht hat die Klage abgewiesen. Das Berufungsgericht hat die Beklagten zur Zahlung des Mietzinsrückstandes für die Zeit bis April 1915 verurteilt und die Kläger mit ihren weitergehenden

Ansprüchen abgewiesen; es nimmt an, daß die Haftung der Beklagten mit der Überlassung der Räume an S. am 1. Mai 1915 erloschen sei. Gegen dieses Urteil haben beide Teile mit Erfolg Revision eingelegt.

Gründe.

Durch die Vereinbarung der Vermieter, der Beklagten und der Eheleute H. vom 27. Mai 1914, daß die letzten an Stelle der Beklagten vom 28. Mai 1914 ab in den Mietvertrag vom 3. Oktober 1912 eintreten, die Beklagten aber für diesen Vertrag haftbar bleiben sollten, ist, wie das Berufungsgericht zutreffend annimmt, ein Gesamtschuldverhältnis geschaffen worden. Neben die weiterhaftenden Beklagten traten die Eheleute H. als Mieter und Mitschuldner der Mieterverbindlichkeiten. Ein Bürgschaftsverhältnis wurde nicht begründet; es wurden weder die Eheleute H., die als Bezieher der Mieträume das für die Annahme einer selbständigen, gesamtschuldnerischen Verpflichtungen erforderliche eigene, unmittelbare Interesse an den Leistungen des Mietvertrags hatten, Bürgen der Beklagten, noch diese Bürgen jener, da aus der Willenserklärung vom 27. Mai 1914 nicht zu entnehmen ist, daß die Beklagten in die Bürgenstellung übertreten sollten. Ihre bisherige Haftung für den Mietzins erlitt vielmehr durch den Eintritt der Eheleute H. in ihrer Rechtsgestaltung keine Änderung.

Bei einem Gesamtschuldverhältnisse wirken nun nach §§ 422 flg. BGB. grundsätzlich, von der Erfüllung (einschließlich der Leistungen an Erfüllungsstatt, der Hinterlegung und der vollzogenen Aufrechnung) und dem Gläubigerverzug abgesehen, Tatsachen, die die Leistungspflicht zu verändern, zu erhöhen oder zu beseitigen geeignet sind, nur für und gegen den Gesamtschuldner, in dessen Person sie eintreten, soweit sich nicht aus dem Schuldverhältnis ein anderes ergibt. Demnach sind auch in einem Falle der vorliegenden Art grundsätzlich Abreden, die der Vermieter mit dem neu eingetretenen Mieter ohne Zustimmung des weiterhaftenden ersten Mieters trifft, gegenüber dem letzteren ohne Wirkung; seine Haftung besteht trotzdem im bisherigen Umfange weiter. Dies setzt aber voraus, daß der Vermieter seinerseits seine Vertragspflichten aus dem ursprünglichen Mietvertrage weiter erfüllt. Wenn und soweit dies nicht der Fall ist, stehen dem forthaftenden ersten Mieter gegenüber der Mietzinsklage die Einwendungen zu, die das Mietrecht dem Mieter bei Nichterfüllung der Vermieterpflichten gewährt. Wenn z. B. der Vermieter mit einem späteren Mieter einen neuen Mietvertrag abschließt, durch den der ursprüngliche beseitigt wird, und sich so außerstande setzt, den letzteren zu erfüllen, so wird, wie der erkennende Senat bereits in dem Urteile vom 11. Dezmber 1903, III 244/03, ausgesprochen hat, der erste Mieter frei, sofern er nicht auch die Haftung aus diesem Vertrag übernimmt. Dies gilt nicht nur dann, wenn der alte Vertrag durch den neuen ausdrücklich aufgehoben, letzterer ganz an die Stelle des ersteren gesetzt wird, sondern auch dann, wenn der alte Vertrag in wesentlichen Bestimmungen abgeändert wird, weil auch darin eine Aufhebung zu finden ist. Ob die Haftung des ersten Mieters auch dann erlischt, wenn an Stelle des für ihn unter Fortdauer seiner Haftung eingetretenen zweiten Mieters ohne seine Zustimmung ein Dritter in den ursprünglichen Mietvertrag eintritt, ist eine Frage der Auslegung der Vereinbarung, durch die die Forthaftung des ersten Mieters nach dem Eintritt eines anderen bestimmt ist. Die Ansicht der Kläger, daß der zweite Mieter auf Grund der Vereinbarung seines Eintritts an Stelle des ersten allein über die Mieträume zu verfügen berechtigt sei und der erste Mieter sich daher auch deren Überlassung an einen Dritten unter Fortdauer seiner Haftung gefallen lassen müsse, kann in dieser Allgemeinheit ebensowenig gebilligt werden, wie die Meinung, daß der erste Mieter durch den ohne seine Zustimmung erfolgten Eintritt eines Dritten in den ursprünglichen Mietvertrag frei werde. Vielmehr entscheiden die Umstände des Einzelfalls. Gegen jene Ansicht spricht insbesondere die Erwägung, daß für die Frage, ob der erste Mieter trotz des Eintritts eines andern weiterhaften will, vielfach die Persönlichkeit und die Zahlungsfähigkeit des Eintretenden von ausschlaggebender Bedeutung sein wird.

In dem vorliegenden Falle ist nun zwar das Berufungsgericht zutreffend davon ausgegangen, daß durch den Abschluß eines neuen Mietvertrags zwischen dem Vermieter und dem neu eingetretenen Mieter oder durch eine Abänderung des ursprünglichen Mietvertrags in wesentlichen Punkten die Haftung des ersten Mieters erlösche. Seine Entscheidung, daß diese Voraussetzung nicht vor dem 1. Mai 1915, wohl aber mit S.s Eintritt an diesem Tage gegeben gewesen sei, wird aber mit Recht in ersterer Hinsicht von den Beklagten und in letzterer von den Klägern angefochten, weil das Parteivorbringen nicht erschöpfend und einwandfrei gewürdigt ist.

1. Das Aufhören der Haftung der Beklagten mit dem 1. Mai 1915 begründet der Vorderrichter damit, daß die Kläger die Mieträume seit diesem Tage, an dem S. „auf Grund eines neuen Vertrags", nicht als Untermieter der Eheleute H., die Räume bezogen habe, nicht den Beklagten und den Eheleuten H., wozu sie nach der Vereinbarung vom 27. Mai 1914 jenen gegenüber verpflichtet gewesen seien, sondern einer dritten Person „vorgehalten" hätten. Er stellt aber auf Grund von S.s Zeugnis fest, daß dieser mit H. seinen Eintritt in den Mietvertrag vereinbart habe und daß der beabsichtigte Abschluß eines schriftlichen Mietvertrags zwischen P. und S. nicht erfolgt sei. Danach würde S. nicht auf Grund eines neuen Mietvertrags, sondern auf Grund des zwischen den Vermietern und den Beklagten

geschlossenen ursprünglichen Mietvertrags die Räume benutzt haben. Ist das aber der Fall, so ist in der Überlassung der Räume an S. die Erfüllung des ursprünglichen Mietvertrags zu finden und diese Tatsache nicht ausreichend, eine Weiterhaftung der Beklagten auszuschließen, wenn letztere die Überlassung der Räume an S. als Erfüllung der Vermieterpflichten sich gegenüber gelten lassen mußten, sei es, daß sie durch die Vereinbarung vom 27. Mai 1914 den Eheleuten H. das Recht eingeräumt hatten, im Einvernehmen mit den Vermietern die Mieterstellung auf eine dritte Person weiter zu übertragen, oder daß sie sich später mit S.s Eintritt in den ursprünglichen Mietvertrag unter Fortdauer ihrer Haftung einverstanden erklärt haben. Daß dieses oder jenes ausdrücklich erklärt sei, ist nicht behauptet worden. Die Kläger glauben aber eine stillschweigende Zustimmung der Beklagten zur Fortsetzung des Vertrags durch S. daraus herleiten zu können, daß die Beklagten stets alle nötigen Maßnahmen den Vermietern überlassen hätten, ohne je Widerspruch zu erheben, und daß sie sich später, am 28. Mai/2. Juni 1916, mit einer anderweiten Vermietung der Räume unbeschadet der Vertragsrechte der Kläger ausdrücklich einverstanden erklärt hätten, und zwar in Kenntnis des Umstandes, daß in der Zwischenzeit S. mit Zustimmung der Eheleute H. die Räume innegehabt habe. Von diesem Vorbringen hat der Vorderrichter nur die Zustimmungserklärung vom 28. Mai/2. Juni 1916 berücksichtigt, die übrigen Behauptungen überhaupt nicht erwähnt und jene für bedeutungslos erklärt, weil sie nur für die Zukunft erbeten sei und deshalb nur für diese wirken könne. Wußten die Beklagten aber damals von der Weitervermietung an S. und waren sie mit dieser nicht einverstanden gewesen, so lag es nahe, daß sie deshalb ihre Weiterhaftung bestritten und die Zustimmungserklärung verweigerten. Ein Rückschluß aus dieser auf ihr Einverständnis mit S.s Eintritt in den ursprünglichen Mietvertrag an Stelle der Eheleute H. unter Fortdauer ihrer Haftung ist demnach nicht ausgeschlossen. Ob ein solches vorliegt, unterliegt der Prüfung des Tatrichters.

Für die Entscheidung der Fragen, ob die Vermieter den Beklagten gegenüber berechtigt waren, den S. an Stelle der Eheleute H. in den ursprünglichen Mietvertrag unter Fortdauer der Haftung der Beklagten eintreten zu lassen, und ob die Beklagten hierzu ihre Zustimmung gegeben haben, sind auch die Vermögensverhältnisse der Eheleute H. bedeutsam. Waren diese, wie die Kläger behauptet hatten, zahlungsunfähig, so lag deren Ausscheiden aus dem Mietverhältnis und der Eintritt eines zahlungsfähigen neuen Mieters im Interesse der Beklagten, wie die Kläger mit Recht hervorgehoben haben, und war deren Einverständnis mit diesem Wechsel eher anzunehmen. Betrieb aber, wie die Beklagten behaupten, H. neben der Gastwirtschaft eine Konservenfabrik, die ihm weit mehr einbrachte, als der von ihm geschuldete Mietzins betrug, und hatte er bei seinem Ausscheiden aus dieser Fabrik im Jahre 1915 eine Abfindung von 22500 *M* erhalten, so ist nicht nur im höchsten Grade unwahrscheinlich, daß die Beklagten in Kenntnis dieser Verhältnisse dem Eintritte des S. an Stelle des H. zugestimmt haben und daß dieser Wechsel im Sinne der Vereinbarung vom 27. Mai 1914 gelegen hat, sondern es läßt sich auch die Frage aufwerfen, ob nicht die Annahme des S. an Stelle des H. als Mieter durch die Kläger wider Treu und Glauben verstieß und die Beklagten sich deshalb weigern können, den Mietzins für die spätere Zeit zu zahlen. Die Vermögensverhältnisse der Eheleute H. sind nun aber in dem angefochtenen Urteile nicht völlig geklärt worden. Der Berufungsrichter läßt die Frage, ob die Kläger aus H.s Einkünften aus der Konservenfabrik den Mietzins hätten erlangen können, dahingestellt und erwähnt die Behauptung der Beklagten über die Abfindungssumme überhaupt nicht. Er stellt endlich auch nicht fest, wann die von ihm für die Zahlungsunfähigkeit der Eheleute H. verwerteten Ereignisse der Klage und fruchtlosen Zwangsvollstreckung eingetreten sind, ob vor dem Eintritte des S. in den Mietvertrag oder später.

Dagegen ist dem Berufungsgerichte beizupflichten, wenn es die Behauptung der Kläger für unerheblich erklärt, zwischen den Vermietern und S. sei ein neuer Mietvertrag nicht zustande gekommen, weil Rechnungsrat P. allein mit diesem verhandelt habe, ohne von den anderen Vermietern bevollmächtigt zu sein. Der Abschluß eines rechtsgültigen neuen Mietvertrags ist nicht die Voraussetzung für das Erlöschen der Haftung der Beklagten; es genügt vielmehr die Nichterfüllung des ursprünglichen Mietvertrags infolge der tatsächlichen Überlassung der Mieträume an einen Dritten, der nicht in den ursprünglichen Vertrag mit Zustimmung der Beklagten eingetreten ist.

2. Die Fortdauer der Haftung der Beklagten bis zum 1. Mai 1915 ist zunächst nicht, wie die Beklagten meinen, zu verneinen wegen des Abkommens der Vermieter mit den Eheleuten H., daß der Mietzins durch ein Aufgeld von 15 *M* auf jede Tonne Bier getilgt und zum Restbetrage bis zum Kriegsende gestundet werden sollte. Hierin ist mit dem Vorderrichter nur eine teilweise Stundung in Verbindung mit der Abrede einer besonderen Tilgungsweise zu finden, aus der die Beklagten keine Rechte herleiten können, sofern nicht das Abkommen mit dem Vorsatze, sie zu schädigen, getroffen ist. Eine wesentliche Änderung des Mietvertrags vom 3. Oktober 1912 in dem oben erörterten Sinne ist darin nicht zu finden.

Dagegen werden die Ausführungen, mit denen der Berufungsrichter die ohne Zustimmung der Beklagten erfolgte Abtrennung des einen Mietraums und dessen Überlassung an den Pförtner für unerheblich erklärt, von der Revision mit Recht angegriffen. Jener legt zu Unrecht lediglich auf die geringe Größe des Raumes entscheidendes Gewicht. Diente dieser, wie die Beklagten behauptet haben, für Vereinszwecke, geschlossene Gesellschaften und sonstige besondere Veranstaltungen, so konnte er auch trotz seiner geringen Größe für den Gastwirtschaftsbetrieb und folglich für das Mietverhältnis von wesentlicher Bedeutung sein. Ein „Austausch" von Räumen, von dem in dem angefochtenen Urteile weiter die Rede ist, steht nicht in Frage; daß für jenen Raum ein anderer zur Erfüllung des Mietvertrags vom 3. Oktober 1912 für den Betrieb der Gastwirtschaft gewährt sei, ist nicht behauptet worden. Daß endlich die Abtrennung auf ausdrücklichen Wunsch des H. im Interesse des Betriebs seiner Konservenfabrik, zu dem die bisherige Pförtnerwohnung gebraucht wurde, erfolgte und so H.s Zahlungsfähigkeit zu heben geeignet schien, ist den Beklagten gegenüber grundsätzlich ohne Bedeutung.

Übrigens wäre auch zu erwägen, ob nicht die Entziehung dieses Raumes, auch wenn er für das Mietverhältnis nicht wesentlich war, die Beklagten wenigstens zur Mietzinsminderung für die Zeit der Entziehung berechtigte, weil die Vermieter infolgedessen nicht den vollen vertragmäßigen Gebrauch der in dem Vertrage vom 3. Oktober 1912 bezeichneten Mieträume gewähren konnten und gewährt haben."

...

121. 1. Ist der Art. 307 des Versailler Vertrags auf die Nichtigkeitsklage des § 28 des Patentgesetzes anwendbar?

2. Unter welchen Voraussetzungen kann das Reichsgericht die Entscheidung über die Nichtigkeitsklage an das Reichspatentamt zurückverweisen?

I. Zivilsenat. Urt. v. 28. September 1921 i. S. Soc. Als. (Kl.) w. B., B. & Co. (Bekl.). I 277/21.

I. Reichspatentamt.

Die Beklagte ist Inhaberin des Patents 271304, dessen Erteilung am 16. Februar 1914 bekannt gemacht worden ist. Die Klägerin, eine in Frankreich ansässige Firma, beantragte auf Grund des § 10 Nr. 1 PatG., das Patent für nichtig zu erklären. Ihr Antrag ging am 7. Januar 1921 beim Patentamt ein. Das Patentamt wies ohne weitere Anhörung der Parteien den Antrag wegen Ablaufs der fünfjährigen Ausschlußfrist als unstatthaft ab.

Die Berufung der Klägerin hatte Erfolg.

Gründe:

Das Patentamt hat zur Begründung seiner Entscheidung ausgeführt, daß sich weder aus Art. 307 noch aus Art. 300 des Versailler Vertrags die Befugnis der Klägerin, die Nichtigkeitsklage nach Ablauf der fünfjährigen Ausschlußfrist des § 28 Abs. 3 PatG. zu erheben, herleiten lasse. Was insbesondere die Anwendung des Art. 307 betrifft, so meint es, in dem nach Art. 440 maßgebenden englischen und französischen Text könnten die dort gebrauchten Ausdrücke „oppose" und „opposition" sich nur auf eine in der Entwickelung befindliche Angelegenheit beziehen, nicht auf eine solche, die schon abgeschlossen sei. Damit stimme die englische Gesetzessprache überein. Sie verstehe unter „opposition" das, was dem deutschen Einspruch entspreche. Zur Beseitigung eines bereits erteilten Patents dagegen biete das englische Recht die „revocation".

Diese Erwägungen sind jedoch nicht zu billigen.

Zutreffend geht allerdings das Patentamt davon aus, daß der Beurteilung der Frage, um die es sich hier handelt, der englische und der französische Text des Versailler Vertrags zugrunde zu legen sind (Art. 440).

Unrichtig ist es aber schon, wenn das Patentamt sich auf die englische Gesetzessprache beruft. Diese kann hier nicht maßgebend sein. Es handelt sich bei dem Versailler Vertrag nicht um ein englisches Gesetz, sondern zunächst um einen Vertrag zwischen einer großen Anzahl von Staaten. Die im Art. 307 gebrauchten Ausdrücke können daher nur nach ihrem natürlichen Wortsinne sowie nach dem Zusammenhang und dem Zweck der Bestimmung verstanden werden. Übrigens sprechen auch die englischen Gesetzesbestimmungen, auf welche das Patentamt sich beruft, nicht davon, daß einem Rechte, sondern davon, daß der Gewährung eines Rechts entgegen getreten werden könne.

Es ist hiernach zu prüfen, wie der Art. 307 nach seinem natürlichen Wortsinne zu verstehen ist. Nach diesem Artikel soll den Beteiligten eine Mindestfrist von einem Jahre gewährt werden, um alle nach den Gesetzen der in Betracht kommenden Staaten erforderlichen Maßnahmen zu treffen, „relating to the ... opposing rights", Maßnahmen also, bei denen es sich darum handelt, sich einem Recht zu widersetzen, einem Recht entgegenzutreten. Diese Ausdrucksweise ist offenbar ganz allgemein gehalten, und es fehlt jede Möglichkeit, sie ihres Wortlauts wegen lediglich auf den Fall zu beziehen, daß es sich um ein erst in der Entstehung begriffenes Recht handelt. Sie umfaßt zweifellos auch solche Fälle, in denen nicht die Begründung eines Rechts verhindert, sondern ein Recht, das an sich besteht, entkräftet oder vernichtet werden soll. Dasselbe gilt auch von dem französischen Text, und es müßte auch dann gelten, wenn man den deutschen Ausdruck

„Widerspruch" zugrunde legen wollte. Einem Recht widerspricht, wer verlangt, daß ein Recht, obwohl es an sich gegeben ist, nicht verwirklicht wird.

Für diese Auffassung spricht weiter auch der Zusammenhang. Es handelt sich im Art. 307 nicht allein um die Möglichkeit, einem Recht entgegenzutreten, vielmehr betrifft er die Maßnahmen „relating to the obtaining, preserving or opposing" von Rechten. Der englische Text, der diese drei verschiedenen Ziele der Maßnahmen nebeneinander aufführt, ist insofern am deutlichsten. Nimmt man sie zusammen, so hat man alles, was bei gewerblichen Schutzrechten überhaupt in Frage kommt, nämlich Begründung und Erhaltung zugunsten des Berechtigten, Vereitelung der Wirksamkeit des Rechts zu seinen Ungunsten, zugunsten also derjenigen, denen das Recht zum Nachteil gereicht.

Das Patentamt vermißt selbst einen inneren Grund für die Regelung, die nach seiner Auffassung durch den Art. 307 getroffen sei. In der Tat ist nicht ersichtlich, was zu einer solchen Regelung hätte Anlaß geben können. Die Ausschlußfrist für eine Nichtigkeitsklage kann an sich schon zu Unbilligkeiten führen. Sie muß es erst recht tun, wenn die Erhebung der Nichtigkeitsklage durch den Krieg verhindert war, und es war eine den Verhältnissen entsprechende Maßnahme, wenn der Vertrag dazu benutzt wurde, diese Unbilligkeit zu beseitigen. . . .

Das Patentamt weist ferner selbst darauf hin, daß in einzelnen Staaten, wie Frankreich, für die Anfechtung eines Patents keine zeitliche Grenze gesetzt ist. In Frankreich besteht also ohne Rücksicht auf jeden Zeitablauf die Möglichkeit, geltend zu machen, daß ein Patent mit Unrecht erteilt sei, und wer dies geltend machen will, hat keinen Nachteil dadurch, daß der Krieg ihn zeitweilig daran verhinderte. Es wäre aber offenbar eine für Frankreich und die in gleicher Lage befindlichen Länder unbillige Auslegung des Art. 307, wenn man nicht annehmen wollte, daß ihre Angehörigen durch die in ihm getroffene Bestimmung eine ähnliche Möglichkeit erhielten.

Die Klägerin als französische Staatsangehörige hatte mithin noch ein Jahr lang nach dem Inkrafttreten des Versailler Vertrags die Möglichkeit, die Nichtigkeitsklage zu erheben, und es steht ihr nicht entgegen, daß die Ausschlußfrist des § 28 PatG. schon verstrichen war.

Gleichgültig ist dabei für die Anwendung des Art. 307, welchem Staate der Inhaber des angefochtenen Patents angehört. Er kann ein Deutscher oder ein Ausländer sein, insbesondere auch einem Staate angehören, der nicht am Abschlusse des Versailler Vertrags beteiligt war. Entscheidend ist insofern allein, daß es sich um ein deutsches Patent handelt. . . .

Nun macht allerdings die Beklagte geltend, daß die Klägerin lediglich von deutschen Firmen, die ein Klagerecht nicht mehr hätten, vorgeschoben sei. Die Beklagte erklärt jedoch selbst, daß die Klägerin Lizenznehmerin der betreffenden deutschen Firmen sei. Wenn sie aber die Lizenznehmerin von Firmen ist, denen das angefochtene Patent entgegensteht, dann ergibt sich ohne weiteres, daß sie an der Vernichtung dieses Patents auch ein eigenes Interesse hat. Es kann daher nicht angenommen werden, daß sie lediglich als vorgeschobene Person klage und ein Mißbrauch des Klagerechts vorliege. Ihre Klagebefugnis war mithin nicht zu beanstanden.

Hiernach ist die Klage mit Unrecht vom Patentamt ohne sachliche Prüfung abwiesen worden. Diese sachliche Prüfung muß noch nachgeholt werden, und es war zu dem Zwecke die angefochtene Entscheidung aufzuheben und die Sache an das Patentamt zurückzuverweisen. Die Zurückverweisung ist unbedenklich zulässig, wenn auch der Verstoß, der von dem Patentamt begangen ist und zu seiner Entscheidung geführt hat, nicht das Verfahren betrifft (RGZ. Bd. 74 S. 212). Gerade in einem Falle, wie er hier vorliegt, besteht ein besonderes Bedürfnis für die Zurückverweisung. Im Nichtigkeitsverfahren kommt es ganz wesentlich auf die technischen Verhältnisse an. Sie müssen geklärt werden. Es wäre daher sinnwidrig, wenn der Gang des Verfahrens dazu führte, daß die technischen Fragen ausschließlich vom Reichsgericht geprüft würden. Die technische Behörde ist das Patentamt. Deshalb ist es auch in erster Linie seine Sache, die technischen Verhältnisse klarzulegen; es kann nicht im Sinne des Patentgesetzes liegen, wenn die erforderliche Untersuchung lediglich in der zweiten Instanz angestellt wird.

---

122. Hat der als Heeresbeamter des Beurlaubtenstandes zum Kriegsdienst einberufene Pensionär den Anspruch auf Pensionserhöhung nach § 58 des Reichsbeamtengesetzes?

III. Zivilsenat. Urt. v. 30. September 1921 i. S. L. (Kl.) w. Deutsches Reich (Bekl.). III 84/21.

I. Landgericht Aurich. — II. Oberlandesgericht Celle.

Der Kläger, seit 1894 Marinezahlmeister, war wegen eines auf Tropenfahrt entstandenen Leidens zum 31. Dezember 1900 als Marineoberzahlmeister mit Pension in den Ruhestand versetzt und durch Kabinettsorder vom 17. Februar 1914 zum Marinestabszahlmeister der Seewehr I ernannt. Bei der Mobilmachung 1914 wurde er einberufen; er tat als Brigade- und als Stabszahlmeister Dienst bis 31. Juli 1918, auf welchen Tag seine Entlassung als Marinestabszahlmeister der Seewehr I aus dem aktiven Marinedienst erfolgte. Wegen der durch den Krieg 1914/1918 herbeigeführten Dienstbeschädigung ist ihm an Stelle der früheren Pensionserhöhung die Kriegszulage nach §§ 12 Abs. 2, 32 Abs. 6, 59 des Offizierspensionsgesetzes (OPG.) bewilligt worden. Dagegen wurde sein Gesuch um anderweite Festsetzung einer höheren Pension durch Bescheid des Reichsmarineamts abgeschlagen.

Die Klage fordert höhere Pension zunächst für die Zeit vom 1. August 1918 bis 1. Oktober 1919 in beziffertem Betrage und stützt den Anspruch auf § 58 RBG. und § 33 OPG.

Das Landgericht hat aus § 58 RBG. verurteilt, aus § 33 OPG. abgewiesen; der Berufungsrichter hat völlig abgewiesen, und zwar, soweit der Anspruch aus dem Offizierpensionsgesetz erhoben ist, wegen mangelnder gesetzlicher Vertretung des für solche Ansprüche durch die oberste Marineverwaltungsbehörde, nicht durch den Marineintendanten, zu vertretenden Beklagten. Die Revision hatte Erfolg.

Gründe:

Zutreffend führt der Berufungsrichter aus, daß der Kläger durch seine Einberufung zum Kriegsdienst nicht wieder zum aktiven Marinebeamten geworden ist. Er war vielmehr lediglich als zur Seewehr I, also zum Beurlaubtenstande, gehörig zur Kriegsdienstleistung als Heeresbeamter des Beurlaubtenstandes einberufen; er war also auch nicht etwa ein nur aus Veranlassung einer Mobilmachung zum Dienste in der Militärverwaltung wieder herangezogener pensionierter Beamter. Damit war der Kläger in eine Stellung des Reichsdienstes mit der Folge des Ruhens seiner früheren Pension eingetreten (§ 57 RBG.), und es fragt sich nur, ob diese Stellung eine „an sich zur Pension berechtigende" war (§ 58 RBG.). Der Berufungsrichter verneint dies unter Anwendung des § 38 RBG. Diese Anwendung des § 38 ist jedoch rechtsirrtümlich. Die Pensionsberechtigung der Heeresbeamten des Beurlaubtenstandes wird in § 33 OPG. besonders und unabhängig von § 38 RBG. geregelt, und zwar dahin, daß sie bei Dienstunfähigkeit infolge einer Dienstbeschädigung Pension erhalten, so lange die Dienstfähigkeit infolge der Dienstbeschädigung aufgehoben ist. „An sich zur Pension berechtigend" bedeutet, wie der erkennende Senat bereits in der Entscheidung vom 3. Mai 1918 (RGZ. Bd. 92 S. 427) dargelegt hat, nur die grundsätzliche Anwartschaft auf Ruhegehalt, ohne daß die weiteren gesetzlichen Voraussetzungen eines wirklichen Pensionsanspruchs bereits gegeben sein müssen. Übrigens hat der Kläger sogar wirklich eine Dienstbeschädigung mit der Folge dauernder Gesundheitsschädigung durch den Krieg 1914/1918 erlitten.

Lediglich für die Vorfrage der Pensionsberechtigung an sich kommt § 33 OPG. in Betracht. Der erhobene Pensionsanspruch selbst leitet sich ausschließlich aus § 58 RBG. ab, so daß die Frage der Vertretung des Marinefiskus für die auf das OPG. gestützten Pensionsansprüche ausscheidet. Denn der Kläger war als Heeresbeamter des Beurlaubtenstandes eben auch zugleich Pensionär, und seine neu hinzutretende Dienstzeit hat mehr als ein Jahr, nämlich vier volle Jahre, betragen. Es treffen also die Voraussetzungen des § 58 Abs. 1 RBG. zu, und gerade diese — nach seiner nunmehrigen, um die Zeit vom 31. Juli 1914 bis 31. Juli 1918 verlängerten Dienstzeit und nach seinem in der neuen Stellung als Marinestabszahlmeister bezogenen Diensteinkommen — neu zu berechnende Pension fordert der Kläger.

Dieser Anspruch, der durch die dem Kläger gewährte Kriegszulage nicht berührt wird, ist hiernach begründet.

---

123. Wann berechtigt eine Beleidigung, deren sich eine Partei bei Teilerfüllung eines Vertrags schuldig macht, die andere Partei zum Rücktritt von dem noch unerfüllten Teil des Vertrags?

I. Zivilsenat. Urt. v. 1. Oktober 1921 i. S. P. (Kl.) w. W. (Bekl.). I 70/21.

I. Landgericht Hannover, Kammer f. Handelssachen. — II. Oberlandesgericht Celle.

Die Klägerin kaufte am 3. Januar 1920 von der Beklagten zwei Ladungen Gußbruch. Die Beklagte lieferte eine Wagenladung; sodann erklärte sie ihren Rücktritt vom Vertrage, weil der Ehemann der Klägerin anläßlich der Lieferung der ersten Wagenladung und die Klägerin selbst in einem Briefe sich beleidigender Äußerungen gegenüber der Beklagten schuldig gemacht hätten.

Das Landgericht hat der auf Schadensersatz wegen Nichterfüllung gerichteten Klage stattgegeben. Das Oberlandesgericht hat die Klage abgewiesen. Die Revision der Klägerin hatte Erfolg.

Aus den Gründen:

... In gewissen beleidigenden Äußerungen, deren der Ehemann P. sich schuldig gemacht hat, hat das Berufungsgericht einen zum Rücktritt berechtigenden Grund erblickt. Der tatsächliche Hergang war der folgende: Als die Beklagte Zahlung gegen Vorzeigung der Faktura fordern wollte, wurde ein Fräulein W. zur Klägerin geschickt. Als sie um Zahlung bat, hat P. erwidert: „Hat der Jude kein Geld mehr?" ... Nachdem dann eine andere Angestellte der Beklagten vergeblich versucht hatte, Barzahlung zu erlangen, schickte die klagende Firma noch am selben Tage einen Scheck mit einem Begleitschreiben, in welchem es heißt: „Wenn ich gemein bin, so sind Sie in Ihrer Handlungsweise noch viel gemeiner, das zeugt richtig Ihrer Art. ... Ihr Fräulein ... hätte einige Minuten warten können, aber das zeugt wieder Ihrer Gesinnung in voller Größe." Das Berufungsgericht hat angenommen, daß die Beklagte, die nach der ersten Beleidigung noch einen Teil der verkauften Ware geliefert und dafür Zahlung angenommen hat, sich deshalb auf diese erste Beleidigung nicht mehr berufen könne, daß aber die neue Beleidigung in dem Begleitschreiben ihr einen Grund zum Rücktritt gegeben habe.

Daß die Äußerungen des Ehemanns P. und vor allem die Nachschrift des Briefs beleidigend sind, kann einem Zweifel nicht unterliegen. Dem Berufungsgericht kann aber darin nicht gefolgt werden, daß diese Beleidigungen die Beklagte zum Rücktritt vom Vertrage berechtigten. Die Rechtsprechung des Reichsgerichts steht auf dem Standpunkte, daß grundsätzlich der Bestand eines Vertrags durch ein beleidigendes, also sittenwidriges Verhalten einer Partei bei der Vertragserfüllung nicht berührt wird. Anders liegt die Sache dann, wenn entweder durch ein solches Verhalten der Vertragszweck erheblich gefährdet wird, oder wenn die weitere Vertragserfüllung ein Zusammenwirken der Parteien erfordert und ein solches nach der Art und der Schwere der Beleidigungen dem Vertragsgegner nicht wohl zugemutet werden kann, weil mit deren Wiederholung gerechnet werden muß. Eine Gefährdung des Vertragszwecks kann insbesondere dann vorliegen, wenn sich das Vertragsverhältnis auf gegenseitiges Vertrauen der Vertragsteile gründet, wie das hauptsächlich bei gesellschaftsartigen Verhältnissen der Fall ist, aber unter Umständen auch bei Vertretungs-, Verlags-, Lizenzverträgen und dergl. angenommen werden muß. Von Bedeutung wird in allen Fällen sein, ob das Vertragsverhältnis auf längere Dauer berechnet ist.

Entsprechend diesen Grundsätzen hat das Reichsgericht den Rücktritt vom Vertrag in einem Falle, wo der Inhaber eines Blumengeschäfts sich auf unbeschränkte Zeit verpflichtet hatte, seinen Bedarf an Blumen bei dem Inhaber einer Gärtnerei zu decken, für grundsätzlich zulässig erklärt, weil der letztere durch unfreundliches Wesen, Schikane und wiederholte Erhebung von Strafanzeigen das gute Einvernehmen und das Vertrauen des anderen Teils, das zur gedeihlichen Fortsetzung des Geschäftsverhältnisses nötig war, zerstört hatte (RGZ. Bd. 78 S. 385). Entgegengesetzt ist dagegen in Fällen entschieden, wo es sich weder um ein sehr langdauerndes Vertragsverhältnis handelte noch ein eigentliches Zusammenwirken der Parteien erforderlich war, und zwar insbesondere in Fällen des Großhandels. So ist in der Entscheidung bei Gruchot Bd. 51 S. 954 ein Rücktritt wegen Beleidigungen nicht zugelassen worden, und ebenso ist entschieden worden in dem Falle bei Warneyer 1910 Nr. 422, trotzdem es sich hier um sehr arge Beschimpfungen handelte, große Interessen auf dem Spiele standen und weitere Schwierigkeiten bei der Abwickelung des überseeischen Kaufvertrags vorausgesehen wurden, wie sich des näheren aus dem Berufungsurteil, Hans. Ger.-Ztg., Hauptbl. 1910 Nr. 60, ergibt. In dieser ständigen Rechtsprechung steht das Bestreben im Vordergrunde, die Frage des persönlichen Verhaltens nicht mit der Frage der Rechtsbeständigkeit lästiger Verträge zu verquicken, abgesehen von den erwähnten Ausnahmefällen, wo das Vertrauen zur Person des Vertragsgegners ohne weiteres mit dem Inhalte des Vertrags in Verbindung steht.

An diesen Grundsätzen ist festzuhalten. Vorliegendenfalls handelt es sich um ein einzelnes Kaufgeschäft, also um ein Geschäft, das nicht auf längere Dauer berechnet war und nicht ein besonderes Vertrauen der Vertragsteile zueinander zur Grundlage hatte. Die Vorlegung der Frachtbriefduplikate, gegen welche Zahlung zu erfolgen hatte, und die Einkassierung des Geldes machte persönliche Beziehungen der Parteien zueinander nicht nötig; sie konnte durch dritte Personen, Boten oder eine Bank erfolgen. Da dies, insbesondere auch die Vermittelung durch eine Bank, keineswegs eine unübliche oder fernliegende Maßnahme darstellte, erscheinen die Ausführungen des Berufungsgerichts, daß bei der noch ausstehenden Lieferung persönliche Verhandlungen erforderlich sein würden, nicht überzeugend. Es läßt sich also nicht sagen, daß der Inhaber der beklagten Firma ohne den Rücktritt sich einer ernstlichen Gefahr erneuter persönlicher Verunglimpfung ausgesetzt haben würde. Mithin fehlt es an einem ausreichenden Grunde, der die Beklagte zum Rücktritt wegen der erfolgten Beleidigung berechtigte. . .

---

124. Inwiefern ist der mit der Geschäftsführung beauftragte Gesellschafter einer Gesellschaft nach bürgerlichem Rechte befugt, gegen den ausgesprochenen Willen eines der übrigen Gesellschafter Rechtshandlungen vorzunehmen?

II. Zivilsenat. Urt. v. 7. Oktober 1921 i. S. H. E. (Kl.) w. B. (Bekl.). II 169/21.

I. Landgericht Altona. — II. Oberlandesgericht Kiel.

Der Kläger, sein Bruder Louis, C. sr. und C. jr. hatten miteinander einen Gesellschaftsvertrag zur Verwertung zweier Grundbesitze geschlossen. Es ist nicht aufgeklärt, ob damals schon die Grundstücke erworben waren oder erst erworben werden sollten. Am 13. April 1911 ist der Beklagte in die Gesellschaft eingetreten. Dabei übernahm er bei der B. Bank die selbstschuldnerische Mitbürgerschaft für einen Kredit zugunsten der genannten Ländereien. Zu geschäftsführenden Gesellschaftern sollen Kläger und C. sr. bestellt worden sein. Am 31. März 1917 sind die Grundstücke öffentlich als gemeinschaftliches Eigentum des C. sr. und des Klägers versteigert worden, wobei der Kläger den Zuschlag erhielt.

Der Kläger behauptet, daß damit die Gesellschaft beendet sei. Er hat eine Aufstellung vorgelegt, wonach das Unternehmen Verlust gebracht hat, der zu $^1/_5$, oder vielmehr, da die beiden C. zahlungsunfähig seien, zu $^1/_3$ auf den Beklagten entfalle. Er klagt auf Zahlung des berechneten Betrags oder Hinterlegnng des Geldes zugunsten der übrigen Gesellschafter.

Der Beklagte behauptet, daß er dem Verkauf des Grundstücks widersprochen habe, der nur unternommen sei, um ihn aus der Gesellschaft herauszudrängen und er weist darauf hin, daß der Erwerb der Grundstücke durch den Kläger gegen § 181 BGB. verstoße und nichtig sei.

Beide Unterinstanzen haben die Klage abgewiesen. Die Revision des Klägers hat zur Aufhebung des Urteils und Zurückverweisung der Sache geführt aus folgenden

Gründen:

Die Begründung des angefochtenen Urteils geht fehl. Der Vorderrichter gelangt zu dem Ergebnis, daß das Gesellschaftsverhältnis der Parteien und der übrigen Mitglieder noch andauere, weil der Verkauf der Grundstücke, der der Zweck der Gesellschaft gewesen sei, wegen Verstoßes gegen § 181 BGB. nichtig gewesen sei. Der Kläger habe, als er sich in der Versteigerung den Zuschlag erteilte, zugleich als Vertreter der Gesellschaft und in eigenem Namen gehandelt und daher mit sich selbst kontrahiert, wofür die nach § 181 erforderlichen Voraussetzungen nicht vorgelegen hätten. Das ist von vornherein schon insofern unrichtig, als der Verkauf überhaupt nicht im Namen der Gesellschaft vorgenommen worden ist. Es kommt nicht darauf an, ob die Grundstücke, wie der Vorderrichter sagt, wirtschaftlich zum Vermögen der Gesellschaft gehört haben, was er übrigens selbst sofort dahin richtig stellt, daß im Gesellschaftsvermögen nur der Anspruch auf die in Aussicht genommene Verwertung dieses Objektes gelegen habe. Entscheidend ist, wer der Verkäufer gewesen ist. Nicht nur wahrscheinlich, wie der Vorderrichter sagt, sondern sicher ist, daß die Grundstücke selbst Gesellschaftsvermögen nicht geworden sind. Dem Versteigerungsprotokoll ist zu entnehmen, daß sie im Grundbuch auf den Kläger und C. sr. eingetragen waren, und weiter ergibt das Protokoll mit aller Sicherheit, daß diese beiden letzteren, vertreten durch ersteren, die Verkäufer gewesen sind. Dem Kläger war es als Miteigentümer unbenommen, mitzubieten, und als er sich den Zuschlag erteilte, hat er käuflich seinen Anteil überhaupt nicht, den Anteil des C. von diesem erworben, Ein Kontrahieren im Namen der Gesellschaft lag überhaupt nicht vor. Daß Kläger als Vertreter des C. mit sich kontrahieren durfte, ist von keiner Seite in Zweifel gezogen worden.

In Frage steht nur — und das nur ist der sachliche Streitpunkt unter den Parteien — ob der Beklagte den Verkauf, obwohl er ihm ausdrücklich widersprochen hatte, als für Rechnung der Gesellschaft geschehen gelten lassen muß. Behauptet war, daß von vornherein der Kläger und C. sr. mit der Geschäftsführung der Gesellschaft betraut worden seien. Hierauf ist der Vorderrichter nicht eingegangen. Wenn das richtig ist, wenn ferner hieran auch der später hinzugetretene Beklagte seinerseits gebunden war und wenn anzunehmen sein sollte, daß mit jener Vereinbarung den genannten beiden im Sinne des § 710 BGB. die Geschäftsführung hat übertragen werden sollen, dann waren die übrigen Gesellschafter und also auch der Kläger von der Geschäftsführung ausgeschlossen und letzterer nicht berechtigt, dem Verkauf der Grundstücke zu widersprechen. Es käme dann nur darauf an, ob der Verkauf nach Lage der Verhältnisse dem gemeinschaftlichen Interesse der Gesellschafter dergestalt widersprach, daß die Geschäftsführer dadurch gegen die ihnen als Beauftragten der Gesellschaft nach § 713 BGB. obliegenden Verpflichtungen verstoßen haben. Das Bürgerliche Gesetzbuch hat die Möglichkeit, einzelne Gesellschafter von der Geschäftsführung geradezu auszuschließen, aus den Bestimmungen des Handelsgesetzbuchs über die offene Handelsgesellschaft nach ihrem wesentlichen Gehalt in die Gesellschaft nach bürgerlichem Recht hinübergenommen. Vgl. §§ 114 flg. HGB., § 710 BGB. Daß damit dem nichtgeschäftsführenden Gesellschafter jeder Einfluß auf die Geschäftsführung und namentlich auch das Recht, einer Vornahme der geschäftsführenden Gesellschafter zu widersprechen, hat genommen werden sollen, ist in § 115 HGB. deutlicher zum Ausdruck gekommen. Aber hinreichend deutlich ergibt auch im Bürgerlichen Gesetzbuch der Zusammenhang der Bestimmung, daß die in § 710 vorgeschriebene „entsprechende" Anwendung des § 709 nur bedeuten kann, daß das, was in § 709 von allen Gesellschaftern gesagt ist, im Fall des § 710 von den geschäftsführenden gilt. Das bestätigt überdies der § 716, wo positiv die Rechte umschrieben werden, die dem Gesellschafter auch dann verbleiben sollen, wenn er von der Geschäftsführung ausgeschlossen ist.

Anhang:

Entscheidungen des vorläufigen Staatsgerichtshofs.

Vorwort.

Art. 108 der Reichsverfassung vom 11. August 1919 lautet: „Nach Maßgabe eines Reichsgesetzes wird ein Staatsgerichtshof für das Deutsche Reich errichtet." Bis zum Inkrafttreten dieses hier vorgesehenen Staatsgerichtshofs hat Art. 172 der Reichsverfassung einen vorläufigen Staatsgerichtshof vorgesehen, der die Befugnisse des Staatsgerichtshofs einstweilen wahrzunehmen hat und sein Verfahren selbst regelt. Danach ist der vorläufige Staatsgerichtshof zuständig für die Meinungsverschiedenheiten zwischen Reichsregierung und Landesregierungen hinsichtlich der Reichsaufsicht nach Art. 15 der Reichsverfassung, für Streitigkeiten über die Vermögensauseinandersetzungen, die durch Änderungen des Gebietes von Ländern und die Neubildung von Ländern innerhalb des Reichs nach Art. 18 der Reichsverfassung erfolgen, für Verfassungsstreitigkeiten nach Art. 19 der Reichsverfassung, für die Bedingungen, unter denen die Post- und Telegraphenverwaltungen Bayerns und Württembergs sowie die Staatseisenbahnen, die Wasserstraßen und Seezeichen vom Reich nach Art. 170, 171 übernommen werden, soweit bis zum 1. Oktober 1920 noch keine Verständigung erzielt war. Dazu kommen noch die Meinungsverschiedenheiten aus Staatsverträgen über die Übernahme solcher Einrichtungen auf das Reich, wenn die Zuständigkeit des Staatsgerichtshofs vereinbart ist, sowie die Streitigkeiten über das Enteignungs- und Eisenbahnhoheitsrecht des Reichs nach Art. 90 der Reichsverfassung.

Der vorläufige Staatsgerichtshof, dessen Zuständigkeit so umschrieben ist, besteht nach Art. 172 der Reichsverfassung aus einem Senat von sieben Mitgliedern, wovon der Reichstag vier und das Reichsgericht aus seiner Mitte drei wählt. Der Reichstag hat aus seiner Mitte als ordentliche Mitglieder gewählt die Herren:

Dr. Conrad Bayerle, Universitätsprofessor in München,
Johannes Hoffmann, Ministerpräsident a. D., Volksschullehrer in Kaiserslautern.
D. Dr. Wilhelm Kahl, Universitätsprofessor in Berlin-Wilmersdorf,
Dr. Carl Petersen, Senator in Hamburg.

Als Stellvertreter wurden gewählt die Abgeordneten:
Erich Emminger, Zweiter Staatsanwalt in Augsburg,
Dr. Georg Gradnauer, Ministerpräsident a. D. in Dresden.
Adolf Kempkes, Rechtsanwalt in Essen,
Alexander Pohlmann, Regierungspräsident in Magdeburg.

Das Reichsgericht hat gewählt die Herren:
Senatspräsident Koenige,
Reichsgerichtsrat Rosenberg II,
Reichsgerichtsrat Dr. Pietzcker.

Als Stellvertreter:
Herrn Reichsgerichtsrat Dr. Strecker.

In Übereinstimmung mit Regierung und Reichstag ist der vorläufige Staatsgerichtshof unter dem Vorsitz des Senatspräsidenten am Reichsgericht zusammengetreten. Er hat in seiner Eröffnungssitzung vom 21. Februar 1921 seine Verfahrensordnung festgelegt und in § 3 zum Präsidenten das dienstälteste, vom Reichsgericht gewählte ordentliche Mitglied, im Falle seiner Behinderung das nächstälteste vom Reichsgericht gewählte Mitglied bestimmt. Am 12. Juli 1921 hat die zweite Sitzung des vorläufigen Staatsgerichtshofs stattgefunden; in dieser Sitzung sind die zwei hier folgenden Entscheidungen ergangen.

Inzwischen ist das Gesetz über den Staatsgerichtshof vom 9. Juli 1921 (RGBl. S. 905) zustande gekommen, nach dessen § 35 der vorläufige Staatsgerichtshof für die bis zum Inkrafttreten dieses neuen Gesetzes bei ihm anhängigen Sachen zuständig bleibt. Dieses neueste Gesetz regelt nun auch, wie in Art. 59 der Reichsverfassung vorgesehen, das Verfahren bei sog. Ministeranklagen unter Erweiterung der Zuständigkeit des Staatsgerichtshofs nach § 15 des Gesetzes. Das neue Gesetz gliedert den Staatsgerichtshof nur noch für Ministeranklagen an das Reichsgericht an, in allen übrigen Sachen ist darin die Angliederung an das erst noch nach Art. 107 der Reichsverfassung zu errichtende Reichsverwaltungsgericht ausgesprochen. Solange das Reichsverwaltungsgericht noch nicht besteht, tritt an seine Stelle nach § 31 des Gesetzes das Reichsgericht. Die bei der Errichtung des Reichsverwaltungsgerichts beim Staatsgerichtshof anhängigen Sachen werden von ihm gemäß § 34 in seiner bisherigen Besetzung entschieden.

Leipzig im Oktober 1921. **Koenige.**

125.

In Sachen
der **Landtagsfraktion des Landeswahlverbandes Braunschweig**
wider
das **Staatsministerium Braunschweig,**

betr. Feststellung der einjährigen Wahlperiode gemäß § 5 des Braunschweigischen Gesetzes vom 15. November 1918 hat auf den Antrag der Landtagsfraktion des Landeswahlverbandes Braunschweig der vorläufige Staatsgerichtshof in der Sitzung vom 12. Juli 1921 für Recht erkannt:

Der Antrag wird zurückgewiesen.

Gründe:

I.

Vor der Revolution galt im damaligen Herzogtum Braunschweig die Bestimmung, daß die Wahlperiode des Landtags vier Jahre dauere (§ 11 des G. v. 6. Mai 1899, der gemäß § 20 desselben Gesetzes einen Teil des Landesgrundgesetzes bildete, Gesetz- und Verordnungssammlung für die Braunschweigischen Lande 1899 Nr. 31 S. 294, 297). Nach der Revolution hat der Arbeiter- und Soldatenrat in Braunschweig ein Landesgesetz über die Wahlen zu den Gemeindevertretungen und zur Landesvertretung erlassen (G. vom 15. November 1918, GVS. 1918 Nr. 64 S. 283). § 5 dieses Gesetzes lautet: „Die Gemeindevertretungen und die Landesvertretung werden alle Jahre neu gewählt.“ In § 4 desselben Gesetzes war ferner vorgeschrieben, daß die Wahlen zum Landtag am 22. Dezember 1918 stattfinden sollten. Die an diesem Tage gewählte Landesvertretung (Landesversammlung) ist durch G. vom 15. April 1920, das sie selbst beschlossen hatte, mit dem Ablauf des 15. Mai 1920 aufgelöst worden (GVS. 1920 Nr. 58 S. 260). Die Wahlperiode hat also bei diesem ersten Landtag tatsächlich länger als ein Jahr gedauert.

In dem Auflösungsgesetz vom 15. April 1920 war gleichzeitig bestimmt, daß die Neuwahlen für die künftige Landesversammlung nach den Grundsätzen des Landesgesetzes vom 15. November 1918 stattfinden sollten, welches neben Vorschriften über das aktive und passive Wahlrecht (§§ 1, 2) sowie über die Zahl der Landtagsmitglieder (§ 3) auch die erwähnte Vorschrift über die Notwendigkeit jährlicher Neuwahlen enthält.

Der am 16. Mai 1920 gewählte zweite Landtag besteht seit 14 Monaten; er hat also gleichfalls die Dauer eines Jahres überschritten. Die Zahl seiner Mitglieder beträgt 60; nämlich 23 Mitglieder der bürgerlichen Rechtsparteien, welche die Fraktion des Landeswahlverbandes bilden, 5 Demokraten, 20 Unabhängige, 9 Mehrheitssozialisten und 3 Kommunisten. Die Landesregierung ist eine rein sozialistische.

Schon während der Dauer des ersten Landtags, der vom 22. Dezember 1918 bis 15. Mai 1920 bestanden hat, sind Meinungsverschiedenheiten darüber hervorgetreten, wie lange er seine Funktionen ausüben dürfe.

Am 27. Februar 1919 hat der erste Landtag dem Freistaate Braunschweig eine vorläufige Verfassung gegeben. Diese Verfassung enthält keine ausdrückliche Bestimmung über die Dauer des ersten Landtags und der folgenden Landtage. In § 3 der vorläufigen Verfassung ist jedoch gesagt: „Die am 22. Dezember 1918 gewählte Landesversammlung hat die Aufgabe, dem Lande eine Verfassung zu geben, die Handlungen, Gesetze und Verordnungen der vorläufigen Regierung nachzuprüfen sowie sonstige dringende Landesgesetze zu beschließen."

Bei Beratung des § 3 beantragte der Abg. **Rönneburg**, den Zusatz beizufügen: „Die am 22. Dezember 1918 gewählte Landesversammlung ist auf die Dauer von zwei Jahren gewählt." Nach den Äußerungen des Abg. **Bracke** sollte dieser Zusatz verhüten, daß schon im nächsten Jahre wieder ein Wahlkampf geführt würde. Der Antrag **Rönneburg** ist in der Sitzung vom 22. Februar 1919 abgelehnt worden.

Einige Monate später — am 22. Mai 1919 — fand in der Landesversammlung eine Verhandlung statt, die für die Frage der gesetzlichen oder verfassungsmäßigen Dauer dieser Versammlung von Interesse ist. Die Landesversammlung hatte einen Ausschuß zur Nachprüfung von Gesetzen der vorläufigen Regierung eingesetzt. Dieser Ausschuß erstattete am 22. Mai 1919 Bericht über das Wahlgesetz vom 15. November 1918. Er schlug vor, dieses in zwei Teile zu zerlegen, nämlich in ein Gesetz über die Wahlen zu den Gemeindevertretungen und in ein Gesetz über die Wahlen zu der Landesvertretung. In dem zweiten Gesetz sollte nicht mehr gesagt werden „Die Landesvertretung wird alle Jahre neu gewählt", sondern „Die Wahlen zu der Landesversammlung finden in den verfassungsmäßig festgesetzten Zeiträumen im Monat Januar statt". Der Abg. **Hampe** beantragte, diese Bestimmung dahin abzuändern, daß die Wahlen zur Landesversammlung alle drei Jahre (eventuell alle zwei Jahre) stattfinden sollten. Der Abg. **Rönneburg** stellte den Antrag, die Wahlen alle zwei Jahre stattfinden zu lassen. Die Debatte über diese Anträge ergab, daß bei der Landesversammlung oder wenigstens bei einem erheblichen

Teil derselben eine große Unklarheit über den bestehenden Rechtszustand herrschte (vgl. die Äußerungen der Abg. Hampe S. 1239, Stegmann S. 1241, Rönneburg und Bracke S. 1242). Die Beratung endete damit, daß das Gesetz über die Wahlen zur Landesversammlung an den Ausschuß zurückverwiesen wurde.

Am 22. Dezember 1919 war das erste Jahr nach der Wahl vom 22. Dezember 1918 abgelaufen. In der letzten Sitzung vor diesem Zeitpunkt — am 12. Dezember 1919 — erklärte der die Verhandlung leitende Vizepräsident, daß er die Festsetzung des Termins der nächsten, nach den Weihnachtsferien abzuhaltenden Sitzung dem Präsidenten vorbehalte. Nach dem Sitzungsprotokoll Nr. 88 und 89 S. 260 ist diese Erklärung im Einvernehmen mit der Versammlung abgegeben worden. Aus dem ausführlichen Sitzungsbericht S. 4150 ist nicht zu ersehen, in welcher Weise die Versammlung ihr Einverständnis mit der Erklärung des Vizepräsidenten bekundet hat.

In der Sitzung vom 20. Januar 1920 stellte der unabhängige Abg. Örter — jetzt Präsident der Landesregierung — folgenden Antrag: „Die am 20. Januar 1920 im Landtagsgebäude zusammengetretenen Landtagsabgeordneten erkennen an, daß auf Grund des § 5 des G. über die Wahlen zu den Gemeindevertretungen und zur Landesvertretung ihre Mandate mit dem 22. Dezember 1919 abgelaufen sind. Sie können daher nicht in die geschäftliche Behandlung der Tagesordnung der Landesversammlung eintreten. Sie fordern die Landesregierung auf, sofort Neuwahlen zur Landesversammlung auszuschreiben." Dieser Antrag wurde mit 39 gegen 11 Stimmen abgelehnt.

In derselben Sitzung beantragte der Abg. Hampe: „Mit Rücksicht auf den von einer Minderheit der Landesvertretung gehegten Zweifel an dessen fortdauerndem Rechtsbestand und mit Rücksicht auf diesen, von einem Teil der Bevölkerung geteilten Standpunkt beschließt die Landesversammlung: „1. den Staatsgerichtshof für das Deutsche Reich über die strittige Frage anzurufen, 2. bis zu dessen Entscheidung die Landesversammlung als zu Recht bestehend anzusehen, 3. für den Fall, daß der Staatsgerichtshof die Rechtsbeständigkeit des jetzigen Landtags verneinen sollte, Indemnität für die inzwischen zu fassenden Beschlüsse des jetzigen Landtags bei dem künftigen Landtage nachzusuchen." Dieser Antrag wurde dem Rechtsausschuß überwiesen, der zu dem Ergebnis kam, der erste Teil des Antrags, der sich auf die Anrufung des Staatsgerichtshofs bezog, sei abzulehnen; dagegen sei der zweite Teil, der die Rechtsbeständigkeit der Versammlung betraf, zur Annahme zu empfehlen.

In der Sitzung vom 6. Februar 1920 hat hierauf die erste Landesversammlung den Antrag ihres Rechtsausschusses mit einem Zusatzantrag des Abg. Schelz angenommen. Sie hat beschlossen: „Die Rechtsbeständigkeit der Landesversammlung wird anerkannt. Sie besteht bis zur Erledigung ihrer in § 3 der vorläufigen Verfassung vom 27. Februar/1. März 1919 bestimmten Aufgaben, insbesondere bis sie dem Lande eine endgültige Verfassung gegeben und die Handlungen, Gesetze und Verordnungen der vorläufigen Regierung nachgeprüft hat" (S. 4734, 4740). In Wirklichkeit hat die erste Landesversammlung nicht bis zur Erfüllung ihrer Aufgaben bestanden. Sie hat — wie bereits erwähnt — durch Gesetz vom 15. April 1920 ihre Auflösung ausgesprochen, ohne dem Lande eine Verfassung gegeben zu haben.

In der zweiten Landesversammlung, die am 16. Mai 1920 gewählt worden war, wurde am 3. Mai 1921 — also kurze Zeit vor Ablauf des ersten Jahres nach der Wahl — ein Antrag Hampe auf Anberaumung von Neuwahlen abgelehnt (S. 68 flg.).

Am folgenden Tage — dem 4. Mai 1921 — gab der Abg. Hampe im Namen der Fraktion „Landeswahlverband" die Erklärung ab, daß sie gegen eine Verlängerung der gegenwärtigen Landesversammlung über den 15. Mai d. J. hinaus von vornherein schärfsten Widerspruch erhebe, daß sie jeden Versuch, die gegenwärtige Landesversammlung nach dem 15. Mai tätig werden zu lassen, als gesetz- und verfassungswidrig ablehne und allen nach dieser Zeit gefaßten Beschlüssen die Anerkennung versage (Niederschrift 81 S. 203).

Hierauf erklärte auch der Abg. Rönneburg für die demokratische Partei, daß die Rechtsgrundlage für ein Weitertagen der Landesversammlung über ein Jahr hinaus höchst zweifelhaft sei. Seine Fraktion habe daher dem Antrag auf Auflösung der Landesversammlung zugestimmt und weise die Verantwortung für die Rechtsunsicherheit, die durch Ablehnung des Antrags entstanden sei, den sozialistischen Parteien zu (S. 203).

Der Abg. Junke (U.S.P.) stellte nunmehr den Antrag: „Die Legislaturperiode der am 16. Mai 1921 gewählten Landesversammlung endigt mit der Verabschiedung der Verfassung und der mit ihr unmittelbar in Zusammenhang stehenden Reformgesetze. Die Legislaturperiode darf nicht über den 15. Mai 1922 ausgedehnt werden."

Dieser Antrag wurde dem Verfassungsausschuß zur schleunigen Prüfung und Berichterstattung überwiesen. Der Ausschuß legte den Entwurf eines Gesetzes über die Dauer der gegenwärtigen Landesversammlung vor, der im wesentlichen mit dem Antrag Junke übereinstimmte (Drucksache Nr. 300 vom 6. Mai 1921).

In der Sitzung vom 13. Mai 1921 wurde über den Gesetzentwurf des Verfassungsausschusses verhandelt. Der Entwurf wurde mit Stimmengleichheit — 29 gegen 29 Stimmen — abgelehnt (S. 36).

Hiermit war der Versuch, die Amtsdauer der am 16. Mai 1920 gewählten Landesversammlung durch ein besonderes Gesetz auf zwei Jahre festzusetzen, gescheitert.

Die 23 Mitglieder der Fraktion „Landeswahlverband" haben nunmehr die Entscheidung des Staatsgerichtshofs angerufen und den Antrag gestellt: „festzustellen 1. daß nach § 5 des Braunschweigischen Gesetzes vom 15. November 1918 eine einjährige Wahlperiode festgesetzt ist, 2. daß, nachdem nunmehr die Wahlperiode der am 16. Mai 1920 gewählten Braunschweigischen Landesversammlung abgelaufen ist, das Verlangen, unverzüglich Neuwahlen auszuschreiben, berechtigt ist, 3. daß die am 16. Mai 1920 gewählte Braunschweigische Landesversammlung am 15. Mai 1921 ihr Ende erreicht hat". Eventuell wurde noch der Antrag gestellt, eine der Rechts- und Sachlage sonst entsprechende Entscheidung zu treffen.

Auf diese Anträge hat das Braunschweigische Staatsministerium durch Schriftsatz vom 13. Juni 1921 erklärt: In Braunschweig bestehe kein Verfassungsstreit zwischen Regierung und Landesversammlung, sondern ausschließlich ein Streit zwischen Mehrheit und Minderheit der Landesversammlung über das Gesetz vom 15. November 1918; die Regierung könne nur die Beschlüsse der Mehrheit der Landesversammlung anerkennen und ausführen.

In der mündlichen Verhandlung wiederholte der Vertreter des Landeswahlverbandes die gestellten Anträge und suchte, sie zu begründen.

Die Vertreter der Braunschweigischen Landesregierung bestritten, daß die Landesregierung ein „streitender Teil" im Sinne des Art. 19 sei, und erklärten im übrigen die Anträge für unbegründet.

II.

Der Antrag auf Entscheidung des Staatsgerichtshofs ist nicht von der Braunschweiger Landesversammlung, sondern von einer Minderheit dieser Versammlung — der Fraktion des Landeswahlverbandes — gestellt worden. Es ist daher zu prüfen, ob einzelne Fraktionen oder Mitglieder eines Landtags als „streitender Teil" im Sinne des Art. 19 der Reichsverfassung angesehen werden können.

Der Begriff Verfassungsstreitigkeiten bezeichnet seinem Wortlaut nach lediglich Streitigkeiten über die Verfassung, also Streitigkeiten, welche die Verfassung zum Gegenstand haben. Aus dem Wortlaut allein kann daher für die Entscheidung der vorliegenden Frage nichts gefolgert werden.

Die Entstehungsgeschichte des Art. 19 ergibt, daß im Verfassungsausschuß der Nationalversammlung zwei verschiedene Ansichten über die Auslegung dieser Bestimmung (Art. 17 des Entwurfs) hervorgetreten sind.

In der Sitzung des Verfassungsausschusses vom 20. März 1919 führte der Vertreter des Reichsjustizministeriums — Geh. Regierungsrat Zweigert — aus: „Die Frage, wer der streitende Teil im Sinne des Art. 17 ist, kann nur insoweit zu Zweifeln Anlaß geben, als es sich um Verfassungsstreitigkeiten innerhalb eines Gliedstaates handelt. ... Für den Art. 76 Abs. 2 der bisherigen Reichsverfassung, der die Erledigung von Verfassungsstreitigkeiten innerhalb eines Bundesstaats auf Anrufen eines Teils dem Bundesrate zuwies, wurde in der Wissenschaft und Staatspraxis überwiegend angenommen, daß unter Verfassungsstreitigkeiten nur Streitigkeiten zwischen der Regierung und der Volksvertretung eines Bundesstaates zu verstehen sind. An dieser Rechtslage wird durch den Art. 17, der in dem entscheidenden Punkt mit dem bisherigen Recht übereinstimmt, nichts geändert" (Aktenstück Nr. 391 S. 114). Denselben Standpunkt vertritt die Denkschrift, welche das Reichsministerium des Innern am 2. April 1919 dem Verfassungsausschuß als Erläuterung zu Art. 17 des Entwurfs vorgelegt hat.

Dagegen hat der Bayerische Bevollmächtigte Dr. von Graßmann am 20. März 1919 im Verfassungsausschuß erklärt: „Die Ansicht des Herrn Geheimrats Zweigert, daß unter Verfassungsstreitigkeiten nur Streitigkeiten zwischen Regierung und Parlament zu verstehen sind, ist zu eng. Verfassungsstreitigkeiten sind auch zwischen Einzelpersonen und dem Staat sowie zwischen Religionsgemeinschaften und dem Staat denkbar" (Aktenstück Nr. 391 S. 115). Der Abg. Dr. Kahl hat als Berichterstatter in der Sitzung des Verfassungsausschusses vom 3. Juni 1919 ebenfalls geäußert: „Verfassungsstreitigkeiten sind Streitigkeiten über die Auslegung oder die Anwendung der Landesverfassung. Entscheidend ist nicht, daß der Streit darüber gerade zwischen der Regierung und der Volksvertretung stattfindet, wenn das auch der häufigste Fall ist, sondern daß der Gegenstand des Streites die Verfassung betrifft, wobei es wiederum gleichgültig ist, ob es sich um einen in der Verfassungsurkunde enthaltenen Satz handelt oder um einen in einem sonstigen Verfassungsgesetze stehenden Satz" (Aktenstück Nr. 391 S. 409).

Dieselbe Meinungsverschiedenheit hat schon unter der Herrschaft der alten Reichsverfassung hinsichtlich der Auslegung des Art. 76 Abs. 2 bestanden, die dem Art. 19 der neuen Reichsverfassung als Vorbild gedient hat. Die Frage ist im Reichstage bei Besprechung von Petitionen, welche Mecklenburgische Verfassungsangelegenheiten betrafen, wiederholt erörtert worden. Die Mecklenburgische Regierung, die Reichsregierung und der Bundesrat stellten sich regelmäßig auf denselben Standpunkt, den gegenwärtig die Braunschweigische Landesregierung vertritt. Sie behaupteten: Verfassungsstreitigkeiten sind nur Streitigkeiten zwischen Regierung und Landesvertretung; eine solche Streitigkeit besteht in Mecklenburg nicht; folglich ist Art. 76 Abs. 2 nicht anwendbar, vgl. z. B. Reichstagsverh. vom 12. Mai 1869 Sten. Ber. S. 941 (mecklenbg. Staatsminister v. Bülow), vom 24. Januar 1905 Sten. Ber. S. 4001 (Staatssekretär Graf Posadowsky).

Dagegen herrschte im Reichstage eine andere Auffassung vor, die in einem Bericht der Petitionskommission vom 1. Mai 1869 besonders eingehend begründet worden ist. In diesem Bericht (Reichstagsverh. Bd. 9 S. 515) ist gesagt: „Eine ältere Ansicht gestand die Berechtigung (sc. zur Erhebung des Verfassungsstreits) nur den Ständen oder repräsentativen Körperschaften zu. Allein man hat sich überzeugt, daß diese Ansicht ad absurdum führt. Denn mit ihr können die Regierungen einen ihnen unbequemen Verfassungsstreit offenbar dadurch vereiteln, daß sie die berechtigte Körperschaft auflösen und damit das zur Streiterhebung allein berechtigte Subjekt vernichten. Dasselbe gilt von einer anderen Ansicht, nach welcher jeder einzelne Staatsbürger als solcher einen Verfassungsstreit beliebig erregen kann. Denn das würde jedem Sonderling die Befugnis verleihen, Regierung und Volk in Aufregung um die höchsten Interessen des Staats zu versetzen und zu erhalten. Dagegen verdient eine Mittelansicht Anerkennung, welche zwar die Berechtigung der Staatsangehörigen zu Klagen über Verfassungsverletzungen in thesi statuiert, aber um Frivolitäten zu verhüten, im einzelnen Falle (in hypothesi) je nach dessen Beschaffenheit dem richterlichen Ermessen unterstellt wissen will." Vgl. auch Bericht der Petitionskommission vom 31. Mai 1872 (Reichstagsverh. Bd. 26 Drucks. Nr. 120 S. 537 flg.), ferner die Sitzungsberichte vom 12. Mai 1869 (Reichstagsverh. Bd. 8 S. 941 flg.) und 12. Juni 1872 (Reichstagsverh. Bd. 25 S. 943 flg.).

In der staatsrechtlichen Literatur haben schon seit den Tagen des deutschen Bundes angesehene Schriftsteller die Meinung vertreten, daß in besonderen Ausnahmefällen die Berechtigung einzelner Personen und Körperschaften zur Erhebung von Verfassungsbeschwerden bei dem Bundestag und Bundesrat anerkannt werden müsse, vgl. Zachariä, Deutsches Staats- und Bundesrecht, 3. Aufl. (1867) Bd. 2 S. 777, Hänel, Deutsches Staatsrecht (1892) S. 568, Meyer-Anschütz, Lehrbuch des Deutschen Staatsrechts, 7. Aufl. (1919) S. 943 Anm. 12, Fleischmann, Die Zuständigkeit des Bundesrats für Erledigung von öffentlichrechtlichen Streitigkeiten (1904) S. 37. Allerdings war die Frage auch in der Literatur sehr bestritten. Der Standpunkt der Regierungen ist gebilligt von Laband, Staatsrecht des Deutschen Reiches, 5. Aufl. Bd. 1 (1911) S. 271, v. Seydel, Kommentar zur Verfassungsurkunde, 2. Aufl. (1897) S. 407, v. Jagemann, Die deutsche Reichsverfassung (1904) S. 218, Arndt, Verfassung des Deutschen Reichs, 5. Aufl. (1913) Art. 76 Anm. 7 S. 363.

Bei Entscheidung der Streitfrage ist zu berücksichtigen, daß die tatsächlichen und rechtlichen Verhältnisse in den einzelnen Ländern seit der Revolution erheblich verändert sind. Ein Verfassungsstreit zwischen Landesregierung und Landesvertretung wegen Bruchs der Landesverfassung, wie er früher in Hannover und anderen Ländern vorgekommen ist, ist heute kaum noch möglich. Er wird durch Art. 17 der neuen Reichsverfassung verhindert oder wenigstens sehr erschwert, denn dieser Artikel schreibt vor: 1. Jedes Land muß eine freistaatliche Verfassung mit einer Volksvertretung haben, die nach einem bestimmten, näher bezeichneten Wahlsystem zu wählen ist. 2. Jede Landesregierung bedarf des Vertrauens der Volksvertretung. Bei Zuwiderhandlungen gegen Art. 17 muß jede Landesregierung mit der Gefahr rechnen, daß die Reichsregierung auf Grund des Art. 48 Abs. 1 der Reichsverfassung einschreitet. Möglich bleibt aber trotz des Art. 17 der gemeinsame Verfassungsbruch einer Landesregierung und der Mehrheit einer Volksvertretung, und zwar in doppelter Richtung: Entweder wird die Verfassung geändert, ohne daß die erschwerenden Vorschriften über Verfassungsänderungen beachtet werden, oder die Verfassung wird nicht geändert, tatsächlich aber hinsichtlich einzelner Bestimmungen, z. B. hinsichtlich der Dauer der Landesvertretung, außer Kraft gesetzt, damit die Mehrheit der Landesvertretung und die von ihr berufene Regierung möglichst lange im Besitz der politischen Macht bleiben. Wäre in solchen Fällen keine Abhilfe im Wege des Art. 19 möglich, so müßte für die Minderheit der Landesvertretung und für die große Masse der Wähler derselbe Zustand der Rechtlosigkeit fortbestehen, dessen Beseitigung durch Schaffung eines Bundesgerichts oder Staatsgerichtshofs schon seit den Zeiten des Deutschen Bundes erstrebt wurde, vgl. Frankfurter Reichsverfassung vom 28. März 1849 § 126 flg.

Im vorliegenden Falle wird eine gemeinschaftliche Verfassungsverletzung der Landesregierung und der Landesversammlung von Braunschweig behauptet. Die Antragsteller müssen schon in ihrer Eigenschaft als Angehörige des Landtags und einer Landtagsfraktion für legitimiert erachtet werden, solche Verletzungen auf dem in der Reichsverfassung bezeichneten Wege zu rügen. Ob sie das gleiche Recht auch in ihrer Eigenschaft als wahlberechtigte Staatsbürger besitzen, bedarf im vorliegenden Falle keiner Prüfung.

III.

Art. 19 der Reichsverfassung kann auf den vorliegenden Fall nur dann angewendet werden, wenn im Lande Braunschweig kein Gericht zur Erledigung von Verfassungsstreitigkeiten besteht.

Vor der Revolution galt § 231 der Neuen Landschaftsordnung vom 12. Oktober 1832, nach dem Verfassungsstreitigkeiten durch ein „Kompromißgericht" entschieden werden sollten. Diese Vorschrift ist ausdrücklich aufgehoben durch § 26 Ges. zur Änderung der Neuen Landschaftsordnung vom 20. Juni 1919 (GVS. 1919 Nr. 86 S. 199). Eine neue Bestimmung über die Erledigung von Verfassungsstreitigkeiten ist in der vorläufigen Verfassung für den Freistaat Braunschweig vom 27. Februar 1919 nicht enthalten und auch sonst nicht erlassen.

Hiernach muß die Zuständigkeit des vorläufigen Staatsgerichtshofs zur Entscheidung des Braunschweigischen Verfassungsstreits für gegeben erachtet werden.

VI.

In der Sache selbst ist zunächst zu prüfen, ob das Gesetz vom 15. November 1918 überhaupt in rechtswirksamer Weise erlassen worden ist. Es trägt die Unterschrift „Der Arbeiter- und Soldatenrat" (ohne weitere Angabe). Aus diesen Worten ist nicht ersichtlich, ob der Arbeiter- und Soldatenrat der Stadt oder des Landes Braunschweig der Gesetzgeber gewesen ist. Allein im Gesetz selbst wird ausdrücklich unterschieden zwischen den Orts-Arbeiter- und Soldatenräten einerseits und dem Landes-Arbeiter- und Soldatenrat anderseits (§ 4, 7). Diese Unterscheidung des Gesetzgebers spricht für die Annahme, daß das Gesetz von einer Personenvereinigung ausgegangen ist, welche die Funktionen des Arbeiter- und Soldatenrats für das ganze Land ausübte. Hiermit stimmt auch die sonst übliche Gesetzessprache überein, welche den Arbeiter- und Soldatenrat des Landes Braunschweig kurzweg als den Arbeiter- und Soldatenrat bezeichnet (vgl. GVS. 1918 S. 263, 266, 267, 279, 301, 302, 303, 304, 305, 306, 307, 309, 327, 328, 329, 350).

Dieser Arbeiter- und Soldatenrat hat die tatsächliche Herrschaft im Lande Braunschweig längere Zeit hindurch ausgeübt, wie in einem Bericht des Rechtsausschusses der Braunschweiger Landesversammlung vom 4. Februar 1920 ausdrücklich festgestellt ist (Drucks. Nr. 318 S. 2). Die von ihm erlassenen Gesetze müssen daher im Lande Braunschweig ebenso für rechtswirksam erachtet werden wie die Gesetze der Volksbeauftragten im Reiche (vgl. RGSt. Bd. 53 S. 66, Bd. 54 S. 157). In Wirklichkeit haben auch mehrere Ausschüsse der ersten Landesversammlung das Gesetz vom 15. November 1918 als rechtsverbindlich anerkannt, nämlich der Ausschuß zur Prüfung von Gesetzen der vorläufigen Regierung in seinem Vorschlag vom 22. Mai 1919, der die Zerlegung des Gesetzes in zwei Teile bezweckte, und der Rechtsausschuß in seinem Bericht vom 4. Februar 1920. Die Landesversammlung selbst hat zweimal Gesetzesvorlagen angenommen, welche die Rechtsgültigkeit des Gesetzes vom 15. November 1918 zur Voraussetzung haben, nämlich 1. das Gesetz vom 28. November 1919 (GVS. 1919 S. 452), durch welches die Amtszeit der auf Grund des Gesetzes vom 15. November 1918 gewählten Stadtverordneten und Gemeindevorsteher bis zum 31. März 1921 verlängert wurde. 2. Das Gesetz vom 15. April 1920, durch welches bestimmt wurde, daß die Wahlen für die neue Landesversammlung nach den Grundsätzen des Landesgesetzes vom 15. November 1918 stattfinden sollten. Endlich hat auch das Braunschweigische Staatsministerium das Gesetz vom 15. November 1918 als rechtsgültig anerkannt. In einem Schreiben, welches diese Behörde am 17. November 1919 an die Landesversammlung richtete (Drucks. Nr. 244) ist gesagt, „die Wahlperiode der genannten Gemeindeorgane nach dem Wahlgesetz vom 15. November 1918 läuft am 15. Dezember d. J. ab".

Wäre das Gesetz vom 15. November 1918 nicht rechtsgültig, so würde die rechtliche Grundlage für die auf Grund dieses Gesetzes gewählten Landesversammlungen und ihre Beschlüsse fehlen.

V.

Das Gesetz vom 15. November 1919 ist weder durch die erste noch durch die zweite Landesversammlung ausdrücklich aufgehoben worden. Es kann sich daher nur um die Frage handeln, ob es stillschweigend — durch schlüssige Handlungen — außer Kraft gesetzt ist, soweit es sich auf die Landesversammlung bezieht.

Die erste Landesversammlung hat es in § 3 der vorläufigen Verfassung als eine ihrer Aufgaben bezeichnet, dem Lande eine Verfassung zu geben. Sie hat hierdurch zum Ausdruck gebracht, daß sie ihre Stellung als diejenige einer konstituierenden Nationalversammlung für das Land Braunschweig auffaßte. Mit dieser Stellung ist eine zeitliche Beschränkung ihrer Funktionen nicht vereinbar. § 3 der vorläufigen Verfassung hat daher die Wirkung gehabt, daß § 5 des Gesetzes vom 15. November 1918 für die Dauer der konstituierenden Landesversammlung stillschweigend außer Kraft gesetzt wurde. Allerdings ist die erste Landesversammlung sich des Umfangs ihrer Rechte zunächst sehr wenig bewußt gewesen, wie insbesondere die Verhandlungen vom 22. Mai 1919 (S. 1239 flg.) beweisen. Sie hat jedoch später — in der Sitzung vom 12. Dezember 1919 — stillschweigend ihr Einverständnis erklärt, daß nach den Weihnachtsferien, also nach Ablauf der einjährigen Frist des § 5, weitere Sitzungen anberaumt würden. Durch diese schlüssige Handlung hat sie zu erkennen gegeben, daß sie durch die Vorschrift des § 5 nicht gebunden sein wolle. Durch die Annahme des Zusatzantrags Schelz in der Sitzung vom 6. Februar 1920 (S. 4734, 4740) hat sie ferner bekundet, daß sie eine feste zeitliche Schranke für ihre Tätigkeit nicht anerkenne.

VI.

Zweifelhaft kann sein, ob die Grundsätze, die für die erste Landesversammlung gelten, auch auf die zweite Anwendung finden. Das Gesetz vom 15. April 1920 enthält keine ausdrückliche Bestimmung darüber, daß der zweiten, am 16. Mai 1920 gewählten Landesversammlung die Funktionen einer konstituierenden Nationalversammlung für Braunschweig übertragen werden. Die zweite Landesversammlung selbst hat auch niemals beschlossen, daß sie die Aufgabe habe oder übernehme, dem Lande eine Verfassung zu geben. Es entspricht jedoch der Natur der Sache, daß die Aufgaben, welche die erste Landesversammlung nicht erledigt hat, auf ihre Nachfolgerin übergehen. Mit dem Wegfall der ersten Landesversammlung ist das Bedürfnis, die vorläufige Verfassung durch eine endgültige zu ersetzen, nicht hinfällig geworden. Das berufene Organ zur Schaffung dieser endgültigen Verfassung ist nunmehr die zweite Landesversammlung. Letztere hat mit der Aufgabe, die neue Landesverfassung zu schaffen, gleichfalls die rechtliche Natur einer konstituierenden Nationalversammlung für das Land Braunschweig erlangt.

Hiernach sind die gestellten Anträge zwar zulässig, aber aus sachlichen Gründen abzulehnen.

Die hier getroffene Entscheidung bezieht sich nur auf die gegenwärtige Lage des Braunschweigischen Verfassungsstreits. Die bisherigen Vorgänge in der Braunschweigischen Landesversammlung und die mündliche Verhandlung vor dem Staatsgerichtshof haben keinen schlüssigen Beweis für die Annahme ergeben, daß die Landesregierung und die Mehrheit des Landtags die Erledigung der Verfassungsfrage verschleppen, um sich möglichst lange im Besitz der politischen Macht zu erhalten. Sollten später in dieser Beziehung neue Tatsachen und Beweismittel beigebracht werden, so würde die gegenwärtige Entscheidung einer nochmaligen Prüfung der Frage auf Grund der veränderten Sachlage nicht entgegenstehen.

126.

In Sachen
des **Senats** in **Bremen**
wider
die **Bürgerschaft** in **Bremen**

hat auf den Antrag des ersteren vom 11. Februar 1921 der vorläufige Staatsgerichtshof in der Sitzung vom 12. Juli 1921 für Recht erkannt:

Es wird festgestellt, daß der Beschluß der Bremischen Bürgerschaft vom 30. Juli 1920 über das Gesetz, betr. Untersuchungsausschüsse der Bürgerschaft, mit der Verfassung der freien Hansestadt Bremen vom 18. Mai 1920 in Widerspruch steht.

Gründe:

Die Vorgeschichte des von der Bürgerschaft in Bremen beschlossenen, von dem Senate beanstandeten Gesetzes ist die folgende: Die Bürgerschaft hatte einen Ausschuß eingesetzt mit dem Auftrage, zu prüfen, ob anläßlich eines bestimmten Vorfalles ein Eingreifen der Volksvertretung bei einer Behörde angezeigt sei oder nicht. Der Ausschuß hatte mehrere Personen zur Vernehmung vorgeladen; einige derselben hatten sich geweigert, zu erscheinen. Es wurde darauf in der Bürgerschaft derjenige Antrag gestellt, der sodann Gesetz geworden ist: der Antragsteller führte aus, einem Untersuchungsausschusse müßten die Rechtsmittel gegeben werden, die nötig seien, um „das Verfahren durchzusetzen" und den ihm gewordenen Antrag zu erledigen. Die Bürgerschaft hat sodann am 30. Juli 1920 in einmaliger Lesung mit einer Mehrheit von 43 gegen 40 Stimmen folgenden Beschluß gefaßt:

„1. Gesetz, betreffend Untersuchungsausschüsse der Bürgerschaft.

Untersuchungsausschüsse, die die Bürgerschaft einsetzt, können die für erforderlich erachteten Beweise selbst oder mittels Ersuchens der Gerichte oder Verwaltungsbehörden erheben. Dem Ersuchen um Beweiserhebung sind die Bremischen Behörden Folge zu leisten verpflichtet; auch ihre Akten haben sie den Ausschüssen vorzulegen. Auf die Erhebungen der Ausschüsse und der von ihnen ersuchten Behörden finden die Bestimmungen der Strafprozeßordnung sinngemäße Anwendung vorbehältlich des Brief-, Post-, Telegraphen- und Fernsprechgeheimnisses.

2. In die Geschäftsordnung unter „Ausschüsse" als § 35a aufzunehmen:

Untersuchungsausschüsse sind auf Antrag von einem Fünftel der Mitglieder der Bürgerschaft einzusetzen."

Der Senat erachtete diesen Beschluß für verfassungswidrig und hat der Bürgerschaft hiervon Kenntnis gegeben, indem er gemäß § 4 Abs. 4 der Bremischen Verfassung Einspruch erhob. Die Bürgerschaft hat jedoch erklärt, auf ihrem Beschluß beharren zu wollen. Darauf hat der Senat der Bürgerschaft mitgeteilt, daß er zunächst die verfassungsrechtliche Streitfrage gemäß Art. 19 und Art. 172 der Reichsverfassung zum Austrage bringen wolle. Er hat sodann bei dem vorläufigen Staatsgerichtshofe beantragt, festzustellen, daß der Beschluß der Bremischen Bürgerschaft vom 30. Juli 1920 über das Gesetz, betr. Untersuchungsausschüsse der Bürgerschaft, mit den §§ 60, 61 und 29 der Verfassung der freien Hansestadt Bremen vom 18. Mai 1920 in Widerspruch steht.

Die Bürgerschaft hat keinen bestimmten Antrag gestellt, sondern sich darauf beschränkt, auf die aus den Verhandlungen der Bürgerschaft vom 30./31. Juli und vom 19. September 1920 ersichtlichen Gründe Bezug zu nehmen, die die damalige Mehrheit für die Rechtsgültigkeit des Gesetzes vorgetragen hat.

Daß der Beschluß der Bürgerschaft den für Verfassungsänderungen im § 58 der Verfassung vorgeschriebenen Förmlichkeiten nicht gerecht geworden ist, steht fest.

Bei der Entscheidung der dem vorläufigen Staatsgerichtshofe vorgelegten Streitfrage kann zunächst dahingestellt bleiben, ob die im § 4 Abs. 4 der Bremischen Verfassung für den Einspruch des Senats vorgeschriebenen Förmlichkeiten auch dann beachtet werden müssen, wenn nicht ein Volksentscheid nach der Bremischen Verfassung, sondern eine Entscheidung des vorläufigen Staatsgerichtshofs begehrt wird, wie dies der Senat annimmt. Denn jedenfalls sind diese Förmlichkeiten gewahrt, wie die Ausführungen, die der Senat gegeben hat, erweisen.

Sodann ist zu bemerken, daß der Senat in seinem Antrage nur von dem Beschlusse der Bürgerschaft über das Gesetz betreffend Untersuchungsausschüsse spricht. Der Beschluß der Bürgerschaft gliedert sich jedoch in zwei Teile, von denen sich nur der erste als Gesetz, der zweite aber als eine Abänderung der Geschäftsordnung der Bürgerschaft bezeichnet. Daß der Senat auch den zweiten Teil anfechten will, ergibt sich aus der Anziehung des § 29 der Bremischen Verfassung, in welchem angeordnet ist, daß die Bürgerschaft nach Stimmenmehrheit entscheidet, falls die Verfassung kein anderes Stimmenverhältnis vorschreibt. Die Anziehung dieser Bestimmung kann sich nur gegen den zweiten Teil des Beschlusses richten.

In der Sache selbst ist zunächst zu erörtern, ob der erste Teil des Beschlusses der Bremischen Verfassung widerspricht. Der Senat bestreitet nicht, daß die Bürgerschaft berechtigt ist, in einzelnen Fällen Untersuchungsausschüsse einzusetzen; er bestreitet aber, daß diesen Ausschüssen durch Gesetz ohne Einhaltung der für Verfassungsänderungen vorgeschriebenen Förmlichkeiten obrigkeitliche Befugnisse beigelegt werden dürfen, wie dies in der Begründung des Einspruchs näher ausgeführt ist.

Es erscheint angemessen, zunächst einen Blick auf die geschichtliche Entwickelung des sog. Enqueterechts zu werfen, das ist des Rechts der Volksvertretungen, über Fragen, die zu ihrer Kompetenz stehen, durch Ausschüsse Untersuchungen anzustellen. Dieses Recht ist in Deutschland in einem Einzelfalle zum ersten Male im Jahre 1816 in Sachsen-Weimar-Eisenach durch § 91 des Grundgesetzes über die landständige Verfassung dieses Großherzogtums vom 5. Mai 1816 anerkannt. Im übrigen hatte bis zum Jahre 1848 das Enqueterecht kaum irgendwelche Anerkennung gefunden, vielmehr waren die Stände, wenn sie die Abstellung von Mißständen herbeizuführen wünschten, der Regel nach auf die Anbringung von Beschwerden beim Landesfürsten oder bei der Regierung beschränkt. Die Sachlage änderte sich teilweise im Jahre 1848. In der geplanten Reichsverfassung vom 28. März 1849 war im § 99 bestimmt, daß dem Reichstage das Recht der Erhebung von Tatsachen zustehen solle. Ähnliche Bestimmungen wurden damals in die Verfassungen einiger deutscher Länder aufgenommen. In der preußischen Verfassung vom 31. Januar 1850 hieß es im Art. 82: „Eine jede Kammer hat die Befugnis, behufs ihrer Information Kommissionen zur Untersuchung von Tatsachen zu ernennen.“ Von dieser Befugnis haben die Kammern jedoch nur einen beschränkten Gebrauch gemacht. Ob die Ausschüsse irgendwelche behördlichen Rechte ausüben durften (z. B. Zeugen vorladen, Akten einfordern), war in Preußen durchaus bestritten. In ähnlicher Weise bestimmte die Verfassung von Waldeck vom 7. August 1852 im § 64, daß der Landtag befugt ist, . . . zur Aufklärung von Tatsachen und zur Vorbereitung seiner Beratungsgegenstände Ausschüsse einzusetzen. In dem bayerischen Geschäftsganggesetze vom 19. Januar 1872 ist nach Art. 33 der Kammer und den Ausschüssen das Recht beigelegt, für den Umfang ihres Wirkungskreises diejenigen Erläuterungen und Aufschlüsse, die sie für erforderlich erachten, von den Staatsministerien zu verlangen; Art. 23 spricht von Berichten, die ein Ausschuß . . . über Beschwerden abzugeben hat: eigentliche Untersuchungsausschüsse sind — jedenfalls ausdrücklich — nicht vorgesehen. Auch in der Verfassung des Deutschen Reiches vom 16. April 1871 ist von Untersuchungsausschüssen nicht die Rede. Anträge, dem Reichstage das Recht zur Einsetzung solcher Ausschüsse ausdrücklich beizulegen, wurden zu einem Teil abgelehnt und kamen zum anderen Teile nicht zur Verabschiedung.

Die Frage, ob das Enqueterecht den Volksvertretungen durch ein gewöhnliches, nicht verfassungänderndes Gesetz verliehen werden könne, ist bei den verfassungsrechtlichen Streitigkeiten nirgends gestreift. Nur in den Reichstagsverhandlungen über die soeben erwähnten Anträge wurde von einzelnen Abgeordneten erwähnt, eines Gesetzes bedürfe es nicht; das Recht zur Bestellung solcher Ausschüsse stehe jeder Volksvertretung als natürliches Recht zu.

Die deutsche Staatsrechtslehre stand hinsichtlich des Enqueterechts auf folgendem Standpunkte: Das Kontrollrecht der Volksvertretungen über die Maßnahmen der Regierungen war grundsätzlich überall anerkannt. Über den Umfang herrschte allerdings Streit. Während Schulze, Deutsches Staatsrecht B. 1 S. 479, und Meyer-Anschütz, Lehrbuch des Staatsrechts § 96 S. 331, aussprachen, daß den Landtagen ein das ganze Gebiet der Verwaltung umfassendes Recht der Kontrolle zustehe, wollte Anschütz in Kohlers Enzyklopädie, Bd. 4 S. 144, das Kontrollrecht nur in der Form eines Interpellations- und Informationsrechts anerkennen. Was speziell das Deutsche Reich angeht, so sprach Seydel, Kommentar, Art. 23 III, dem Reichstage das Recht der Untersuchung von Tatsachen ab, hielt es aber für zuläßig, daß der Reichstag Auskunftspersonen mündlich oder schriftlich vernehme, wenngleich er diese nicht zwingen könne, sich vernehmen zu lassen. Weiter ging Laband; er billigte (Staatsrecht Bd. 1 § 33) dem Reichstage das Recht zu, Kenntnis zu erlangen, in welcher Weise die Regierungsorgane tätig gewesen seien; er war weiter der Meinung (DJZ. 1913 S. 605), daß der Reichstag zur Prüfung des von der Regierung befolgten Verfahrens und auch für eine einzelne Angelegenheit Ausschüsse einsetzen könne, die jedoch nicht das Recht zur Vernehmung und Beeidigung von Auskunftspersonen hätten. Über die Aufgaben und Befugnisse der Ausschüsse war die Rechtslehre — besonders auch in Berücksichtigung der im englischen und französischen Rechtsleben hierfür aufgestellten Grundsätze — zu folgenden Ergebnissen gelangt: Die Untersuchungsausschüsse können sich nur mit solchen Angelegenheiten befassen, die zur Zuständigkeit der Volksvertretung gehören. Sie dürfen nur Tatsachen ermitteln und feststellen, nicht aber irgendwie in die Verwaltung eingreifen. Sie sind nur von Fall zu Fall zur Erörterung einzelner bestimmter Fragen einzusetzen. Obrigkeitliche oder behördliche Befugnisse stehen ihnen nicht zu.

Bevor auf die Entscheidung der streitigen Fragen eingegangen wird, sind weiter die Bremischen Verfassungsverhältnisse einer Erörterung zu unterziehen. Nach der bis zum Umsturz im Jahre 1918 gültigen Verfassung waren Träger der Staatsgewalt Senat und Bürgerschaft zusammen; beide waren gleichberechtigte Organe. Die Gewaltenteilung, d. h. die Trennung der Staatsfunktionen, war nicht scharf durchgeführt. Die Verwaltung wurde teilweise durch Deputationen geführt, welche sich aus Mitgliedern des Senats und der Bürgerschaft zusammensetzten. Sie waren Behörden, selbständige Staatsorgane. Außerdem gab es vorberatende und begutachtende Deputationen; dies waren parlamentarische Ausschüsse, die gleichfalls aus Mitgliedern des Senats und der Bürgerschaft bestanden; sie hatten die Aufgabe, die Arbeiten für das Plenum vorzubereiten und die gemeinsame Verständigung zu fördern; sie konnten auch in Konfliktsfällen als Vermittlungsorgane eingesetzt werden.

Die neue Bremische Verfassung vom 18. Mai 1920 beseitigte die bisherige Verfassung und mit ihr wichtige Grundsätze der bisherigen, in jahrhundertelanger Übung geltenden Verfassungselemente. Bremen ist in ein parlamentarisch regiertes Gemeinwesen umgestaltet. Die Volkssouveränität ist der Ausgang aller Gewalt im Staate. Die aristokratische Stellung des bisherigen Senats als Regierung wird in wesentlichen Punkten beseitigt. Die gesetzgebende Gewalt geht auf die Bürgerschaft allein über, § 56, die Senatsmitglieder bedürfen des Vertrauens der Bürgerschaft und müssen zurücktreten, wenn ihnen dieses entzogen wird, § 53. Die beratenden Deputationen sind beibehalten. An eine solche kann die Bürgerschaft eine zu ihrer Zuständigkeit gehörende

Angelegenheit vor endgültiger Stellungnahme zur Vorbereitung und Begutachtung verweisen. Die Deputation wird aus Vertretern der Bürgerschaft und des Senats gebildet, § 28. Auch die Mitwirkung der Bürgerschaft bei der Verwaltung ist erhalten geblieben, § 61. Ein Enqueterecht ist der Bürgerschaft in der neuen Verfassung nicht beigelegt worden.

An der Hand dieser Darlegungen ist die Verfassungsmäßigkeit des angefochtenen Beschlusses der Bürgerschaft zu erörtern. Der Beschluß ist dem Artikel 34 der neuen Reichsverfassung nachgebildet, welcher auch in die Verfassung vieler Länder Aufnahme gefunden hat. In erster Linie fragt sich, ob die Einsetzung von parlamentarischen Untersuchungsausschüssen an sich selbst — also zunächst abgesehen von den den Ausschüssen zur Durchführung ihrer Aufgabe beigelegten Machtmitteln — der Bremischen Verfassung widerspricht. Diese Frage ist zu verneinen. Es gibt keine Bestimmung in der Bremer Verfassungsurkunde oder in dem sogenannten materiellen Verfassungsrecht Bremens, die den Worten oder dem Sinne nach die Einsetzung von Ausschüssen verböte. Allerdings sieht der § 28 der Verfassung vor, daß die Bürgerschaft Angelegenheiten, die zu ihrer Zuständigkeit gehören, an einen beratenden Ausschuß, der aus Vertretern der Bürgerschaft und des Senats besteht, verweisen kann. Dabei handelt es sich also um einen gemeinschaftlichen, nicht um einen rein parlamentarischen Ausschuß. Aber der § 28 ist nur dispositiver Natur. Es ist nirgends vorgesehen, daß andere Ausschüsse, als die gemeinschaftlichen „beratenden Deputationen" unzulässig sein sollen. Die Einsetzung von parlamentarischen Ausschüssen ist an sich also nicht verfassungswidrig. Vorausgesetzt ist dabei allerdings, daß es sich um Ausschüsse handelt, die den vorstehend angeführten, von der Rechtslehre entwickelten Regeln entsprechen: Sie dürfen nur von Fall zu Fall eingesetzt werden; sie dürfen nur mit solchen Angelegenheiten befaßt werden, die verfassungsgemäß zur Zuständigkeit der Bürgerschaft stehen; sie dürfen nur Tatsachen erörtern und feststellen, dagegen nicht in die Verwaltung irgendwie eingreifen. Der Senat hat denn auch in seiner Mitteilung an die Bürgerschaft vom 13. August 1920 im letzten Absatz erklärt, es solle nicht verneint werden, daß sich im Einzelfalle das Bedürfnis zur Einsetzung eines Untersuchungsausschusses der Bürgerschaft ergeben könne.

Nun hat aber das angefochtene Gesetz den Ausschüssen — auch hierin in Anlehnung an den Art. 34 der Reichsverfassung — weitgehende Befugnisse beigelegt, und hiermit verstößt das Gesetz allerdings gegen die Bremische Verfassung. Die verliehenen Befugnisse sind behördlicher, obrigkeitlicher Natur; die Ausschüsse sollen nach dem Gesetz das Recht haben, Beweise durch Ersuchen der Gerichte oder Verwaltungsbehörden zu erheben, welchen Ersuchen die Bremischen Behörden Folge zu leisten verpflichtet sind; sie können die Akten der Behörden einfordern; sie können — in sinngemäßer Anwendung der Bestimmungen der Strafprozeßordnung — Zeugen und Sachverständige zum Erscheinen, zur Aussage und zur Beeidigung ihrer Aussage zwingen. Das widerspricht aus folgenden Gründen der Verfassung: Die Verfassung hat, wie bereits hervorgehoben, die Trennung der staatlichen Funktionen beibehalten. Der Bürgerschaft steht die Gesetzgebung zu, dem Senate die Regierung und Verwaltung, den Gerichten die Rechtspflege. An diese Grundsätze ihrer Verfassung ist die Bürgerschaft gebunden, denn wenn auch nach § 2 die Staatsgewalt vom Volke ausgeht, so unterliegt doch die Volksvertretung den durch die Verfassung gesetzten Schranken, solange nicht diese Schranken in den für eine Verfassungsänderung bestimmten Formen beseitigt oder geändert sind. Dies ist der entscheidende Punkt. Es können also nicht behördliche Funktionen, die ein Ausfluß der Regierungsgewalt sind, durch ein mit nicht qualifizierter Mehrheit beschlossenes Gesetz einer anderen Körperschaft, als der von der Verfassung mit der Regierung und Verwaltung betrauten, übertragen werden. Insbesondere kann die Bürgerschaft nicht Rechte, die ihr selbst nicht zustehen, einem parlamentarischen Ausschuß übertragen. Daraus ergibt sich, daß die Bekleidung der Ausschüsse mit den im Gesetze vorgesehenen Befugnissen jedenfalls zum überwiegenden Teile unzulässig ist. Die Beanstandung des in Rede stehenden Gesetzes durch den Senat ist also berechtigt.

Was die Fassung des entscheidenden Teiles angeht, so könnte in Frage kommen, ob entweder das ganze Gesetz oder aber nur diejenigen Teile des Gesetzes, die nach vorstehendem mit der Verfassung nicht im Einklange stehen, als verfassungswidrig bezeichnet werden sollten. Der vorläufige Staatsgerichtshof hat davon abgesehen, in letzterem Sinne zu verfahren, hat vielmehr das ganze Gesetz als eine Einheit angesehen. Dafür war maßgebend, daß, wenn die verfassungswidrigen Teile gestrichen werden, nur ein wenig bedeutungsvoller Rest übrig bleiben würde, der gerade diejenigen Bestimmungen nicht enthielte, auf die es der Bürgerschaft nach ihren Beratungsprotokollen ankam.

Der zweite Teil des Beschlusses über eine Ergänzung der Geschäftsordnung der Bürgerschaft erweist sich gleichfalls als nicht verfassungsgemäß. Es ist beschlossen, in die Geschäftsordnung folgende Bestimmung aufzunehmen: „Untersuchungsausschüsse sind auf Antrag von einem Fünftel der Mitglieder der Bürgerschaft einzusetzen.“ Diese Bestimmung widerspricht gleichfalls der Verfassung. Die Einsetzung der Ausschüsse hat durch die Bürgerschaft zu erfolgen. Die Bürgerschaft beschließt nach § 29 der Verfassung mit einfacher Stimmenmehrheit — sofern nicht die Verfassung ein anderes Stimmenverhältnis vorschreibt —, und die Mitglieder sind nach § 29 nur ihrem Gewissen unterworfen.

Diesen Grundsätzen der Verfassung widerspricht es, wenn die Bürgerschaft durch das Verlangen eines Fünftels ihrer Mitglieder gezwungen werden soll, eine bestimmte Maßnahme zu treffen, wodurch sie also insoweit ihrer Beschlußfreiheit verlustig gehen würde. Die streitige Bestimmung hätte mithin nur durch die Verfassung oder durch eine Verfassungsänderung (§ 58) eingeführt werden können.

Danach war dem Antrage des Senats stattzugeben. Es erschien nach der Sachlage nicht erforderlich, im entscheidenden Teile, der sich im wesentlichen an die Wortfassung des Antrags des Senats anschließt, besonders zum Ausdruck zu bringen, daß die Feststellung der Verfassungswidrigkeit nicht nur das eigentliche Gesetz, sondern auch die beschlossene Änderung der bürgerschaftlichen Geschäftsordnung ergreift.

Register.

Die Zahlen bedeuten die Seiten.

A. Sachregister.

C

D

E

G

H

J

K

R

S

T

U

V

W

Z

B. Gesetzesregister.

1. Reichsgesetze.

b. Einführungsgesetz z. Bürgerlichen Gesetzbuche.

c. Allg. Deutsches Handelsgesetzbuch (a. F.).

d. Handelsgesetzbuch von 1897.

2. Landesrecht.

Bayern.

Braunschweig.

3. Gemeines Recht.

Concilium Tridentinum.

4. Ausländisches Recht.

C. Zusammenstellung der Entscheidungen nach der Zeitfolge.

Entscheidungen des vorläufigen Staatsgerichtshofs.

Zusammenstellung

der

im 102. Bande

mitgeteilten Entscheidungen

nach

Oberlandesgerichtsbezirken.

(Die Zahlen bezeichnen die Nummern der Entscheidung.)

Berlin	5. 6. 13. 14. 20. 21. 25. 27. 31. 37. 41. 42. 44. 47. 50. 54. 59. 60. 66. 79. 83. 86. 98. 112. 116. 120.
Breslau	63. 90. 93. 100. 101.
Celle	9. 15. 22. 99. 115. 122. 123.
Darmstadt	77.
Dresden	36. 53. 74. 78. 85. 102. 110.
Düsseldorf	40. 68. 80. 88. 94.
Frankfurt a.M.	3. 114.
Hamburg	10. 12. 16. 24. 26. 32. 33. 38. 43. 46. 55. 84. 91. 92. 105. 111. 118.
Hamm	1. 49. 65. 117.
Jena	8. 28. 58. 64. 71. 72. 75. 96. 103. 106
Karlsruhe	56. 95. 109.
Kassel	4. 61.
Kiel	18. 51. 62. 87. 113. 124.
Köln	2. 30. 57. 67. 73. 76. 81. 108. 119.
Königsberg	45. 48. 52. 70.
Marienwerder	89.
Naumburg a.S.	69.
Stettin	11. 19.
Stuttgart	17. 23. 35.

Reichspatentamt	104. 121.
Landgericht Bremen	7.
Landgericht Chemnitz	97.
Landgericht Hamburg	82.
Landgericht Nürnberg	34.
Reichsgericht unmittelbar	29. 39. 107.
Vorl. Staatsgerichtshof	125. 126.

Berichtigungen.

Dreiundneunzigster Band.

S. 34 Z. 18 v. o. statt „Bd. 52 S. 277" lies „Bd. 52 S. 77".
„ 34 „ 19 v. o. statt „Jur. Wochenschr. 1910 S. 955" lies „Jur. Wochenschr. 1910 S. 953 Nr. 38".

Hundertunderster Band.

S. 432 Z. 13 v. u. streiche „also" hinter „Es ist".

Hundertundzweiter Band.

S. 162 Z. 11 v. u. statt „1919" lies „1918".

Generalregister zu Bd. 71—80.

S. 472 Z. 13 v. u. statt „76, 386" lies „78, 385".

Generalregister zu Band 91—100.

S. XX Z. 5 v. u. statt „einundachtzigsten" lies „einundneunzigsten".
„ 4 v. u. statt „neunzigsten" lies „hundertsten".
„ 31 „ 13 v. u. statt „91, 225" lies 91, 255".

Kolibri 360 GmbH
Ferdinand-Jühlke-Straße 7
99095 Erfurt, Deutschland
produktsicherheit@kolibri360.de